かたな 行《い(く)》 象《ぞう》 羊《ひつじ》 犬《いぬ》 門《もん》 立《た(つ)》

形声文字《けいせいもじ》

今《いま》まで作《つく》られた文字《もじ》の、いみを表《あらわ》す部分《ぶぶん》と読《よ》み方《かた》をしめす部分《ぶぶん》を組《く》み合《あ》わせて、新《あたら》しいいみを表《あらわ》すようにした字《じ》です。

いみ

＋

読《よ》み方《かた》

門《モン》 巷《コウ》 士《シ》 葉《ヨウ》 生《セイ》 寺《ジ》

↓

問《と(う)》 港《みなと》 志《こころざし》 葉《は》 星《ほし》 持《も(つ)》

特別《とくべつ》な文字《もじ》

◉転注文字《てんちゅうもじ》

字《じ》が表《あらわ》しているいみが変《か》わって、ほかのことがらを表《あらわ》すようになった字《じ》です。

楽…おんがく
⇩
たのしい

音楽《おんがく》は人《ひと》をたのしませるので、「楽」は「たのしい」いみにも使《つか》われるようになりました。

◉仮借文字《かしゃもじ》

字《じ》が表《あらわ》しているいみに関係《かんけい》なく、ほかのことがらをさしている字《じ》です。

北…そむく
⇩
きた

「北」は「そむく」いみを表《あらわ》していましたが、方角《ほうがく》の「きた」として使《つか》われるようになりました。

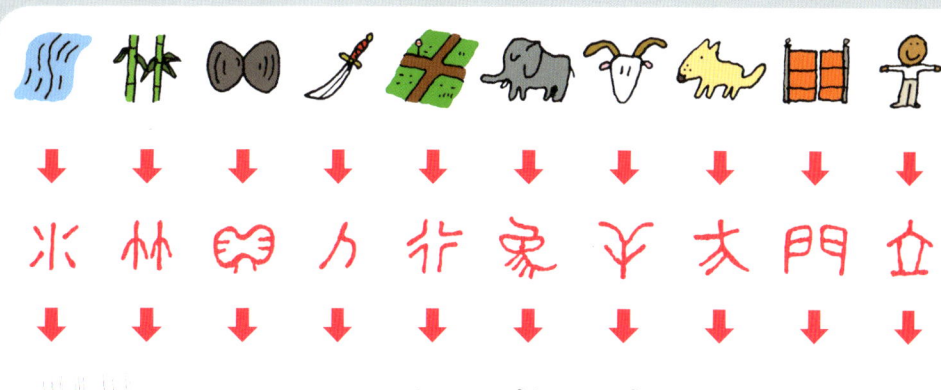

おもな部《ぶ》首《しゅ》

へん

形《かたち》	なまえ	例
イ	にんべん	仲
土	つちへん	地
木	きへん	村
氵	さんずい	海
彳	ぎょうにんべん	待
糸	いとへん	細
日	ひへん	明
禾	のぎへん	秋
言	ごんべん	話
扌	てへん	投
子	こへん	孫
冫	にすい	冷
阝	こざとへん	陸
忄	りっしんべん	快
女	おんなへん	姉
月	にくづき	胸
金	かねへん	鉄
犭	けものへん	犯
ネ	しめすへん	神
衤	ころもへん	補
食	しょくへん	飲
足	あしへん	路
米	こめへん	粉
車	くるまへん	輪
石	いしへん	砂
馬	うまへん	駅
舟	ふねへん	船
弓	ゆみへん	引
矢	やへん	知
口	くちへん	鳴
方	ほうへん・かたへん	旅
王	おうへん・たまへん	球

つくり

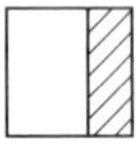

形	なまえ	例
刂	りっとう	利
力	ちから	動
卩	ふしづくり	印
彡	さんづくり	形
欠	あくび	欲
殳	ほこづくり・るまた	殺
斤	おのづくり	断
阝	おおざと	郡
頁	おおがい	頂
隹	ふるとり	雑
攵	ぼくにょう・のぶん	放

かんむり

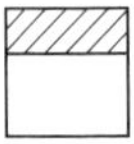

形	なまえ	例
亠	なべぶた	亡
冖	わかんむり	写
宀	うかんむり	宮
艹	くさかんむり	草
竹	たけかんむり	筆
雨	あめかんむり	雪
穴	あなかんむり	空
癶	はつがしら	発
耂	おいかんむり	老

あし

形	なまえ	例
灬	れっか・れんが	点
心	こころ	思
皿	さら	益
儿	ひとあし・にんにょう	兄

たれ

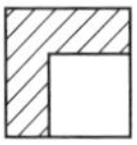

形	なまえ	例
厂	がんだれ	原
广	まだれ	広
尸	しかばね	居
疒	やまいだれ	病

にょう

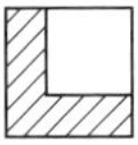

形	なまえ	例
辶	しんにょう・しんにゅう	進
廴	えんにょう	延
走	そうにょう	起

かまえ

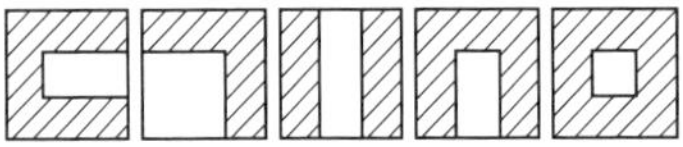

形	なまえ	例
囗	くにがまえ	国
門	もんがまえ	開
冂	けいがまえ・まえがまえ	冊
行	ぎょうがまえ	術
勹	つつみがまえ	包
匚	はこがまえ	区

部分《ぶぶん》 形《かたち》 なまえ （例）

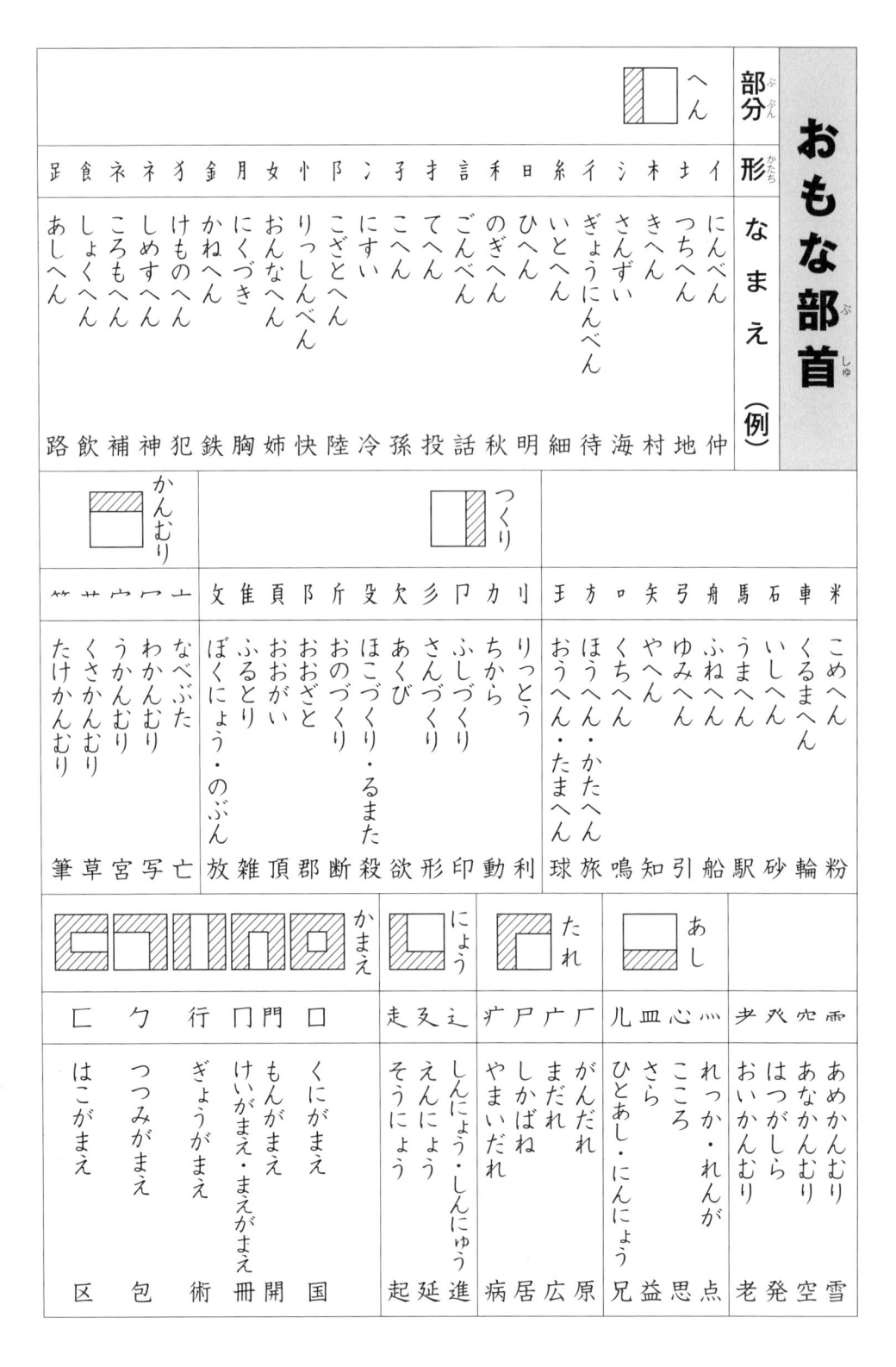

小学生のための

漢字をおぼえる辞典

第五版

川嶋　優・編集
五味太郎・絵

旺文社

もくじ

装丁イラスト　五味太郎　　装丁デザイン　ももはらるみこ

はじめに

漢字《かんじ》は、たいへん便利《べんり》な字《じ》です。なぜなら、字《じ》一《ひと》つ一《ひと》つが「読《よ》み」と「意味《いみ》」の両方《りょうほう》を表《あらわ》しているからです。このような字《じ》は、世界《せかい》でもめずらしいのです。そして、めずらしいなあ、不思議《ふしぎ》だなあ、なるほどなあと読《よ》んだり考《かんが》えたりしているうちに、いつのまにかたくさんの知識《ちしき》が頭《あたま》に入《はい》ってしまいます。

そのため国《くに》は、世界《せかい》に誇《ほこ》れるこの便利《べんり》な漢字《かんじ》の学習《がくしゅう》に、積極的《せっきょくてき》に力《ちから》を注《そそ》いできました。そして、今回《こんかい》、新《あたら》しい学習指導要領《がくしゅうしどうようりょう》では、小学校《しょうがっこう》の学年別漢字配当表《がくねんべつかんじはいとうひょう》に二〇字《じ》の漢字《かんじ》が追加《ついか》されることに決《き》まり、この「漢字《かんじ》をおぼえる辞典《じてん》」も新《あら》たな学年別漢字配当表《がくねんべつかんじはいとうひょう》に沿《そ》った改訂版《かいていばん》として、第五《だいご》版《はん》を刊行《かんこう》することになりました。

この「漢字《かんじ》をおぼえる辞典《じてん》」は、最初《さいしょ》からおもしろく楽《たの》しく勉強《べんきょう》できるように、いろいろな工《く》夫《ふう》をこらして作《つく》ってあります。勉強《べんきょう》でだいじなのは、おもしろいなあと感《かん》じながら、楽《たの》しく取《と》り組《く》んでいくことだからです。そして、何《なん》と言《い》っても、小学生《しょうがくせい》のみなさんの目《め》や心《こころ》を引《ひ》きつけるのは五味太郎先生《ごみたろうせんせい》のさし絵《え》です。何回見《なんかいみ》ても、楽《たの》しくなる絵《え》ばかりです。そして、いつのまにか漢字《かんじ》の世界《せかい》に引《ひ》きこまれてしまいます。

小学生《しょうがくせい》のみなさん、どうぞ楽《たの》しみながら漢字《かんじ》の学習《がくしゅう》にはげんでください。そして、りっぱな漢《かん》字博士《じはかせ》になってください。きっとなれます。期待《きたい》しています。

学習院名誉教授《がくしゅういんめいよきょうじゅ》　川嶋《かわしま》　優《ゆたか》

この辞典《じてん》の特色《とくしょく》

一　字《じ》がさがしやすい

小学校《しょうがっこう》で習《なら》う漢字《かんじ》（教育漢字《きょういくかんじ》とよぶことにします）は、一〇二六字《じ》です。この辞典《じてん》ではその一〇二六字《じ》を、一年生《いちねんせい》から学年順《がくねんじゅん》に並《なら》べ、同《おな》じ学年《がくねん》の中《なか》では、漢字《かんじ》の音読《おんよ》みの五十《ごじゅう》音順《おんじゅん》に並《なら》べてあります。何年生《なんねんせい》で習《なら》う字《じ》なのかわからないとき、音読《おんよ》みはわかるけれど訓読《くんよ》みがわからないとき、また、訓読《くんよ》みはわかるけれど音読《おんよ》みがわからないときなどは、「音訓《おんくん》さくいん」を利用《りよう》しましょう。また、画数《かくすう》や部首《ぶしゅ》でさがすことができる「総画《そうかく》さくいん」「部首別《ぶしゅべつ》さくいん」もあります。

二　字体《じたい》や送《おく》りがながきちんとしている

文部科学省《もんぶかがくしょう》は、漢字《かんじ》の字体《じたい》の違《ちが》いをある程度《ていど》認《みと》めています。また、送《おく》りがなの例外《れいがい》もある程度《ていど》認《みと》めています。ただし、それはあくまでも大人用《おとなよう》です。小学生《しょうがくせい》は、正《ただ》しい書《か》き方《かた》をきちんと覚《おぼ》えることがだいじです。

まず、この辞典《じてん》で使《つか》われている字体《じたい》は、教科書《きょうかしょ》などで学習用《がくしゅうよう》として使《つか》われている「教科書体《きょうかしょたい》」です。この字《じ》の、点《てん》のつけ方《かた》、はねる・はらう・とめる、長《なが》い・短《みじか》いなどをよく見《み》て、正《ただ》しい形《かたち》をきちんと覚《おぼ》えましょう。次《つぎ》に、送《おく》りがなも、決《き》められているとおりにきちんと覚《おぼ》えましょう。

三　意味《いみ》と熟語《じゅくご》をわかりやすく説明《せつめい》している

それぞれの漢字《かんじ》の意味《いみ》を、必要《ひつよう》で基本的《きほんてき》なものにしぼり、わかりやすくしめしました。また、それぞれに応《おう》じた熟語《じゅくご》をできるだけたくさんのせました。⬘のところは、その漢字《かんじ》が上《うえ》に使《つか》われている熟語《じゅくご》、⬙のところは、その漢字《かんじ》が下《した》に使《つか》われている熟語《じゅくご》です。熟語《じゅくご》の一部《いちぶ》には、その熟語《じゅくご》がどのようにしてできているのかを、赤《あか》い漢字《かんじ》をつなげると熟語《じゅくご》が浮《う》かび上《あ》がるようにしてしめしました。こうすることで、熟語《じゅくご》のなりたちが自然《しぜん》に覚《おぼ》えられるようにしました。

四 「もっとしろう」を活用《かつよう》する

もっとしろう 欄《らん》には、その漢字《かんじ》を使《つか》ったことわざや慣《かん》用句《ようく》、四字熟語《よじじゅくご》などをまとめてのせました。また、使《つか》い方《かた》の注意《ちゅうい》やおもしろい記事《きじ》などものせてありますので、楽《たの》しみながら、漢字《かんじ》の知識《ちしき》を増《ふ》やすことができます。「なるほどそうなのか」と思《おも》うものが、きっとたくさんあるはずです。

五 全《ぜん》ページがカラーで、楽《たの》しみながら使《つか》える

この辞典《じてん》は、漢字辞典《かんじじてん》の入門書《にゅうもんしょ》として作《つく》りました。ですから、幼稚園児《ようちえんじ》にもわかることばもたくさん入《い》れました。また、親《した》しみをもってもらうために、有名《ゆうめい》な五味太郎《ごみたろう》先生《せんせい》に絵《え》をかいていただきました。先生《せんせい》は最初《さいしょ》の版《はん》からこの辞《じ》典《てん》にかかわってくださり、改訂版《かいていばん》のたびに、絵《え》を直《なお》してくださいました。もう四十年《よんじゅうねん》以上《いじょう》のおつきあいです。そして今回《こんかい》も、子《こ》どもたちのためならと、追加《ついか》された二〇字《じ》の絵《え》を、新《あら》たにかいてくださいました。楽《たの》しい絵《え》を見《み》ながら、漢字《かんじ》の知識《ちしき》を身《み》につけることができます。

六 中学受験《ちゅうがくじゅけん》にも使《つか》える

おん くん と書《か》いてあるところに、（　）のついているものがあります。これは、中学生以上《ちゅうがくせいいじょう》で習《なら》う読《よ》みです。けれど、小学生《しょうがくせい》にもおなじみの読《よ》み方《かた》があるので、すべてのせました。これもこの辞典《じてん》の特色《とくしょく》です。また、熟語《じゅくご》に、中学生以上《ちゅうがくせいいじょう》のものものせました。ふりがながついているので、けっして難《むずか》しくはありません。ですから、中学受験《ちゅうがくじゅけん》で、小学生《しょうがくせい》の学力以上《がくりょくいじょう》のものを要求《ようきゅう》されても、あわてなくてすみます。どんどん見《み》て、読《よ》んで、中学《ちゅうがく》の分《ぶん》まで実力《じつりょく》をつけてしまいましょう。

この辞典《じてん》は、幸《さいわ》いなことに、親子二代《おやこにだい》にわたって使《つか》ってくださっているご家庭《かてい》がたくさんあります。ぜひ、三代《さんだい》・四代《よんだい》にわたって使《つか》い古《ふる》してください。

そうなることを、心《こころ》から願《ねが》っています。

この辞《じ》典《てん》のきまり

カ（火） 44

火

① 見出《みだ》しの漢字《かんじ》

一年

4画［火0画］

② 総画数《そうかくすう》

③ 部首《ぶしゅ》と部首内《ぶしゅない》の画数《かくすう》

④ 読《よ》み

おん　カ

くん　ひ・(ほ)

⑤ いみ

いみ

■ひ。あかり。◆（火《ひ》の力《ちから》）火力《かりょく》・火気《かき》・火口《かこう》・火災《かさい》・火事《かじ》・火薬《かやく》・火柱《ひばしら》・火鉢《ひばち》・火花《ひばな》・火元《ひもと》・火《ほ》影《かげ》・◆消火《しょうか》・大火《たいか》・点火《てんか》・発火《はっか》・放火《ほうか》・防火《ぼうか》・炭火《すみび》・花火《はなび》

⑥ 熟語《じゅくご》のなりたち

⑦ つかいかた

つかいかた

●ろうそくの**火**《ひ》。●**火山**《かざん》が**噴火**《ふんか》する。

●先週《せんしゅう》の**火曜日**《かようび》。●油《あぶら》に**引火**《いんか》する。

●**出火**《しゅっか》の原因《げんいん》。●落《お》ち葉《ば》を集《あつ》めて**たき火**《び》をする。

⑧ もっとしろう

もっとしろう

●**火**《ひ》**に油**《あぶら》**を注**《そそ》**ぐ** ― 勢《いきお》いをいっそう激《はげ》しくする。

●**火**《ひ》**を見**《み》**るよりも明**《あき》**らか** ― はっきりしていて、疑《うたが》いがない。

●**火**《ひ》**のない所**《ところ》**に煙**《けむり》**は立**《た》**たぬ** ― うわさが立《た》つのには、何《なに》かもとになるものがある。

⑨ なりたち

なりたち

ほのおの形《かたち》（）からできた字《じ》で、もえる「ひ」を表《あらわ》しています。

⑩ つかいわけ

つかいわけ

●**火**《ひ》・**灯**《ひ》

「**火**《ひ》」はもえる「ひ」を、「**灯**《ひ》」は「ともしび」のいみを表《あらわ》しています。

火《ひ》…火《ひ》が燃《も》える。

灯《ひ》…灯《ひ》がともる。

⑪ とくべつなよみ

とくべつなよみ

※「ほ」という読《よ》み―火《ほ》影《かげ》

⑫ 筆順《ひつじゅん》

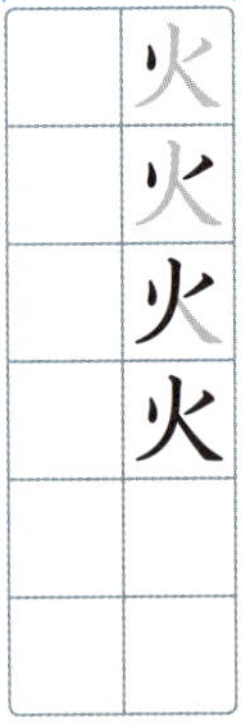

⑬ 書《か》き方《かた》の注意点《ちゅういてん》

①【見出《みだ》しの漢字《かんじ》】見出《みだ》し漢字《かんじ》は学年順《がくねんじゅん》に並《なら》べ、同《おな》じ学年《がくねん》の中《なか》では漢字《かんじ》の音読《おんよ》みの五十音順《ごじゅうおんじゅん》に並《なら》べました。次《つぎ》のページの「漢字《かんじ》のさがし方《かた》」を参考《さんこう》に、「音訓《おんくん》さくいん」「部首別《ぶしゅべつ》さくいん」「総画《そうかく》さくいん」を利用《りよう》してさがしてみましょう。

②【総画数《そうかくすう》】漢字全体《かんじぜんたい》の画数《かくすう》をしめしました。

③【部首《ぶしゅ》と部首内《ぶしゅない》の画数《かくすう》】漢字《かんじ》の部首《ぶしゅ》と、部首内《ぶしゅない》での画数《かくすう》（部首《ぶしゅ》をのぞいた画数《かくすう》）をしめしました。

④【読《よ》み】音読《おんよ》みはカタカナ、訓読《くんよ》みはひらがなでしめしました。（細字《ほそじ》は送《おく》りがな）
—のついた読《よ》みはかぎられた読《よ》み方《かた》です。（→⑪）
（　）内《ない》の読《よ》みは小学校《しょうがっこう》で習《なら》わない読《よ》み方《かた》です。

⑤【いみ】漢字《かんじ》のいみと、そのいみで使《つか》われる熟語《じゅくご》をしめしました。いみがいくつかある場合《ばあい》には1 2 3…で分《わ》けました。◆は上《うえ》につく熟語《じゅくご》、◆は下《した》につく熟語《じゅくご》です。

⑥【熟語《じゅくご》のなりたち】どのようにしてこの熟語《じゅくご》ができているかを赤文字《あかもじ》を使《つか》ってわかるようにしました。

⑦【つかいかた】見出《みだ》しの漢字《かんじ》を使《つか》った実際《じっさい》の例文《れいぶん》をしめしました。

⑧【もっとしろう】見出《みだ》しの漢字《かんじ》を使《つか》ったことわざや慣用句《かんようく》、使《つか》い方《かた》の注意《ちゅうい》など多《おお》くの記事《きじ》をまとめてのせました。

⑨【なりたち】どのようにしてその漢字《かんじ》ができたかをくわしく説明《せつめい》しました。

⑩【つかいわけ】同《おな》じ読《よ》み方《かた》でいみのちがう漢字《かんじ》、まぎらわしい漢字《かんじ》のつかいわけを説明《せつめい》しました。

⑪【とくべつなよみ】常用漢字表《じょうようかんじひょう》の付表《ふひょう》にのっているとくべつな読《よ》み方《かた》をする熟語《じゅくご》をしめしました。
※印《じるし》では、「おん」「くん」欄《らん》で—のついたかぎられた読《よ》み方《かた》と、都道府県名《とどうふけんめい》に用《もち》いられる漢字《かんじ》の読《よ》み方《かた》をしめしました。また、〈読《よ》みにちゅうい〉として、読《よ》み方《かた》に注意《ちゅうい》が必要《ひつよう》なものをのせました。

⑫【筆順《ひつじゅん》】漢字《かんじ》の筆順《ひつじゅん》を、一年生《いちねんせい》は全画《ぜんかく》（最大十二画《さいだいじゅうにかく》）、二年生《にねんせい》から六年生《ろくねんせい》では最大八段階《さいだいはちだんかい》までしめしました。

⑬【書《か》き方《かた》の注意点《ちゅういてん》】はねる・はねない、だす・ださないなど、小学生《しょうがくせい》が正《ただ》しい字《じ》、上手《じょうず》な字《じ》を書《か》くために注意《ちゅうい》すべき点《てん》をしめしました。
※「筆順《ひつじゅん》」「書《か》き方《かた》の注意点《ちゅういてん》」は、二年生《にねんせい》から六年生《ろくねんせい》では「読《よ》み」の次《つぎ》にしめしてあります。

漢字《かんじ》のさがし方《かた》

● 漢字《かんじ》の読《よ》みがわかるとき

漢字《かんじ》の読《よ》みがわかるときは、「音訓《おんくん》さくいん」（7ページ）を使《つか》ってさがしましょう。「音訓《おんくん》さくいん」にはこの辞典《じてん》にのせた漢字《かんじ》の音《おん》（カタカナ）と訓《くん》（ひらがな）を五十音順《ごじゅうおんじゅん》にならべてあります。

● 漢字《かんじ》の部首《ぶしゅ》がわかるとき

漢字《かんじ》の部首《ぶしゅ》がわかるときは、「部首別《ぶしゅべつ》さくいん」（30ページ）を使《つか》ってさがしましょう。「部首別《ぶしゅべつ》さくいん」には部首《ぶしゅ》の画数《かくすう》が少《すく》ないものから、部首内《ぶしゅない》では漢字《かんじ》の画数順《かくすうじゅん》でならべてあります。

● 読《よ》み方《かた》も部首《ぶしゅ》もわからないとき

漢字《かんじ》の読《よ》みも部首《ぶしゅ》もわからないときは、その漢《かん》字《じ》が何画《なんかく》でできているかをかぞえて、「総画《そうかく》さくいん」（25ページ）でさがしましょう。

つかいわけさくいん

音《おん》訓《くん》さくいん

▽音読《おんよ》みはカタカナ、訓読《くんよ》みはひらがな（「-」の下《した》は、送《おく》りがな）でしめしてあります。配列《はいれつ》は五十音順《ごじゅうおんじゅん》で、音読《おんよ》み、訓読《くんよ》みの順《じゅん》です。同《おな》じ読《よ》みの場合《ばあい》は、画数順《かくすうじゅん》にならべてあります。

▽漢字《かんじ》の上《うえ》の丸数字《まるすうじ》は、習《なら》う学年《がくねん》をしめし、漢字《かんじ》の下《した》の算用数字《さんようすうじ》はページをしめします。

あ

アイ ④愛 275
あい ③相 240
あいだ ②間 130
あ-う ②会 127 ②合 147
あお ①青 81
あお-い ①青 81
あか ①赤 84
あか-い ①赤 84
あか-す ②明 194
あか-らむ ①赤 84 ②明 194
あか-らめる ①赤 84
あ-かり ②明 194
あ-がる ①上 75 ④挙 289
あか-るい ②明 194
あか-るむ ②明 194
あき ②秋 158
あきな-う ③商 235
あき-らか ②明 194
アク ③悪 205
あ-く ②明 194 ①空 53 ③開 211
あ-くる ②明 194
あ-ける ②明 194 ①空 53 ③開 211
あ-げる ①上 75 ④挙 289
あさ ②朝 176
あざ ①字 66
あさ-い ④浅 314
あし ①足 90
あじ ③味 263
あじ-わう ③味 263
あず-かる ⑥預 472
あず-ける ⑥預 472
あそ-ぶ ③遊 266
あたい ⑥値 455 ⑤価 350
あたた-か ③温 210 ⑥暖 454
あたた-かい ③温 210 ⑥暖 454
あたた-まる ③温 210 ⑥暖 454
あたた-める ③温 210 ⑥暖 454
あたま ②頭 182
あたら-しい ②新 163
あた-り ④辺 332
あ-たる ②当 180
アツ ⑤圧 345
あつ-い ⑤厚 364 ③暑 234 ④熱 325
あつ-まる ③集 232
あつ-める ③集 232
あ-てる ②当 180
あと ②後 142
あな ⑥穴 425
あに ②兄 137
あね ②姉 153
あば-く ⑤暴 405
あば-れる ⑤暴 405
あ-びせる ④浴 337
あ-びる ④浴 337
あぶ-ない ⑥危 419
あぶら ③油 265
あま ①天 98 ①雨 39
あま-す ⑤余 407
あま-る ⑤余 407
あ-む ⑤編 402
あめ ①天 98 ①雨 39
あや-うい ⑥危 419
あやつ-る ⑥操 451
あや-ぶむ ⑥危 419
あやま-ち ⑤過 351
あやま-つ ⑤過 351
あやま-る ⑥誤 428 ⑤謝 376
あゆ-む ②歩 191
あら-う ⑥洗 448
あらそ-う ④争 315
あら-た ②新 163
あらた-まる ④改 281
あらた-める ④改 281
あらわ-す ③表 258 ⑥著 456 ⑤現 362
あらわ-れる ③表 258 ⑤現 362
あ-る ⑤在 369 ③有 265
ある-く ②歩 191
あ-わす ②合 147
あ-わせる ②合 147
アン ③安 205 ②行 146 ④案 275 ③暗 205

い

イ ④以 275 ④衣 276 ④位 276 ③医 206 ⑤囲 345 ③委 206 ⑤易 347 ⑥胃 413 ⑥異 413 ⑤移 345 ③意 206 ⑥遺 413
い ④井 310

う

え

お

か

く

す

な

に

ぬ

ね

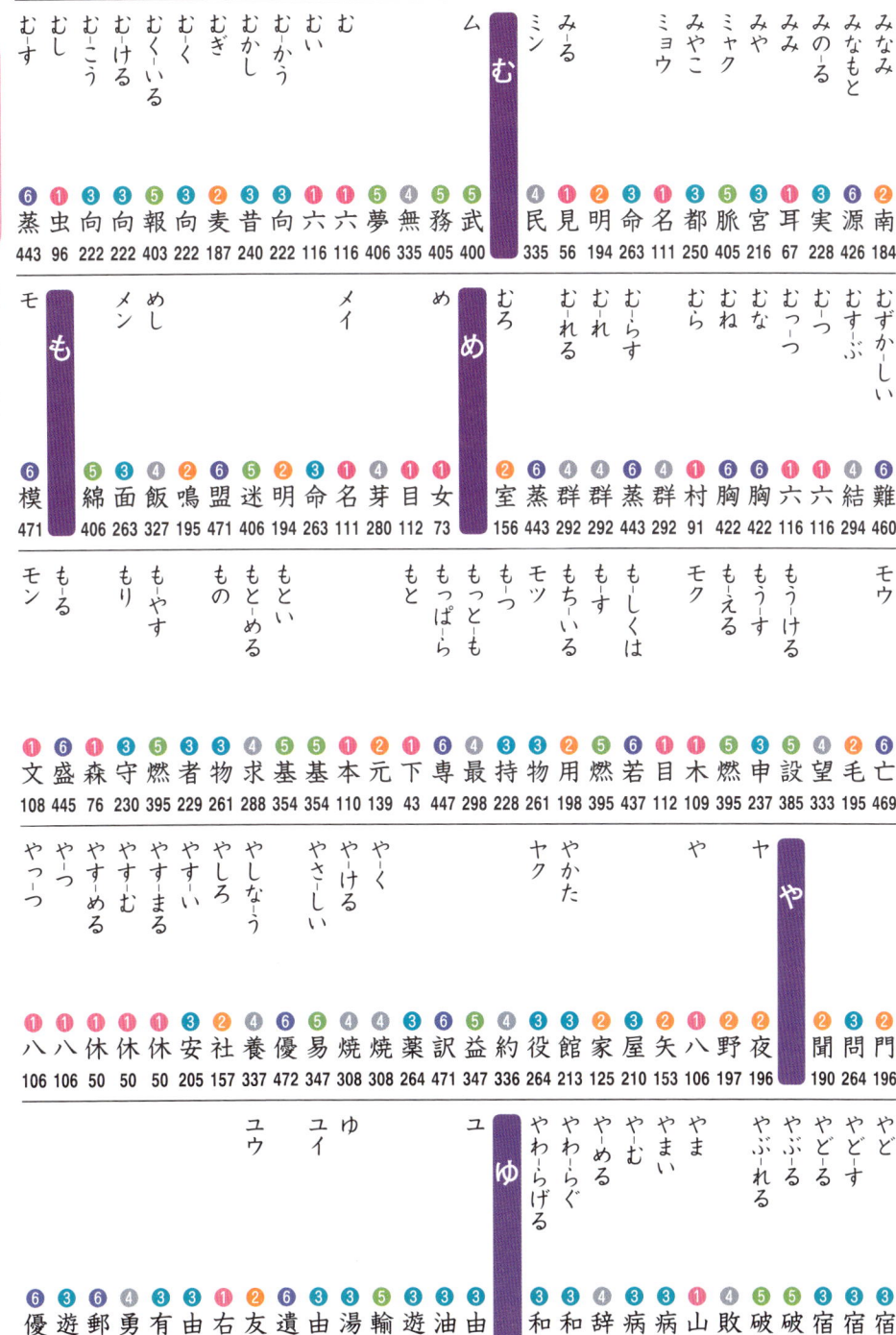

総《そう》画《かく》さくいん

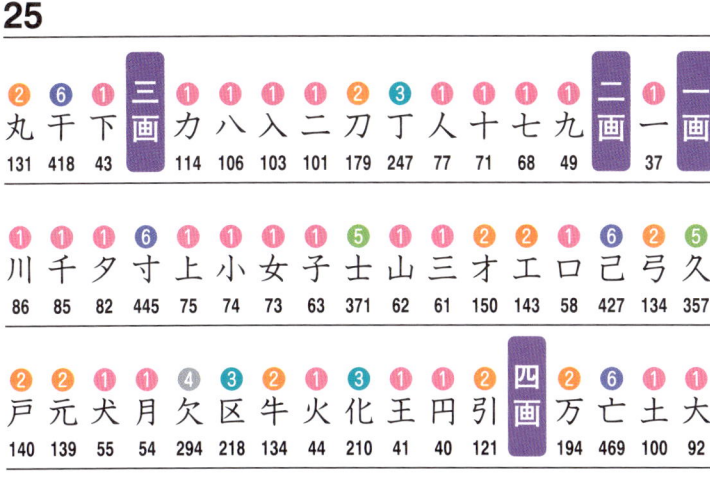

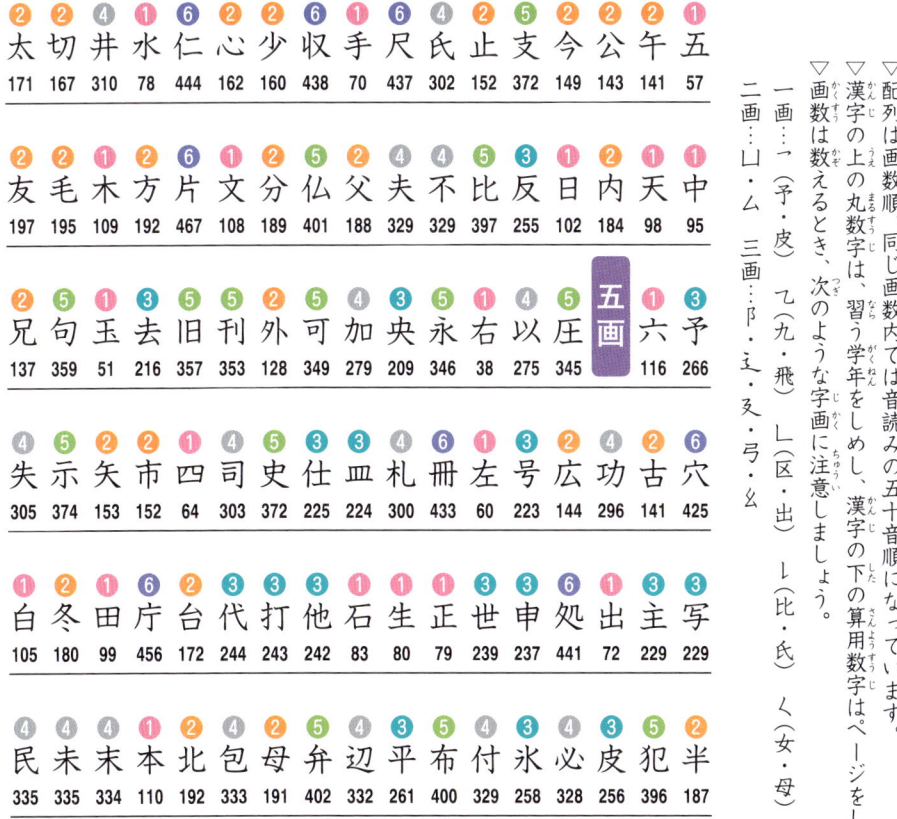

▽配列《はいれつ》は画数順《かくすうじゅん》、同《おな》じ画数内《かくすうない》では音読《おんよ》みの五十音順《ごじゅうおんじゅん》になっています。
▽漢字《かんじ》の上《うえ》の丸数字《まるすうじ》は、習《なら》う学年《がくねん》をしめし、漢字《かんじ》の下《した》の算用数字《さんようすうじ》はページをしめします。
▽画数《かくすう》は数《かぞ》えるとき、次《つぎ》のような字画《じかく》に注意《ちゅうい》しましょう。
一画…乛(予・皮)　乙(九・飛)　乚(区・出)　𠄌(比・氏)　く(女・母)　フ(友・反)
二画…凵・ム　三画…阝・辶・廴・弓・幺

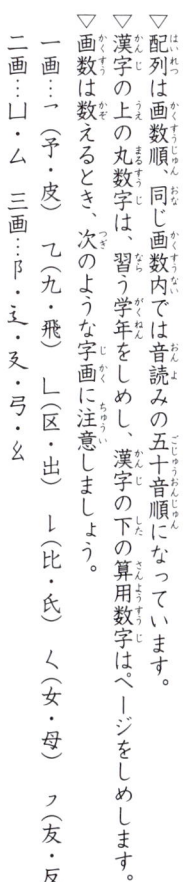

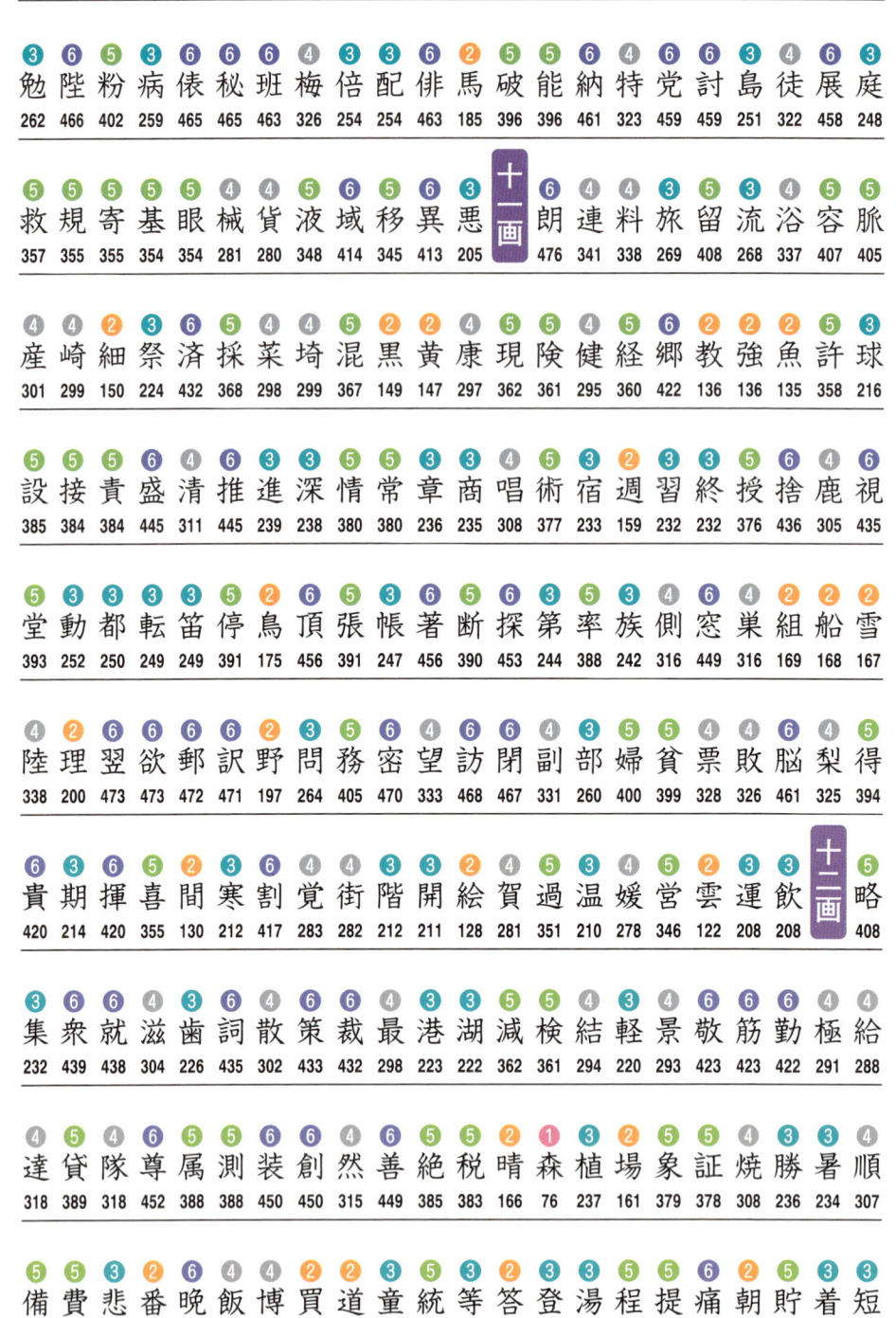

部《ぶ》首《しゅ》別《べつ》さくいん

▽部首《ぶしゅ》の配列《はいれつ》は、画数順《かくすうじゅん》です。部首内《ぶしゅない》での漢字《かんじ》の配列《はいれつ》は画数順《かくすうじゅん》、同画数内《どうかくすうない》では五十音順《ごじゅうおんじゅん》です。
▽漢字《かんじ》の上《うえ》の丸数字《まるすうじ》は、習《なら》う学年《がくねん》をしめし、漢字《かんじ》の下《した》の算用数字《さんようすうじ》はページをしめします。
※漢字《かんじ》のへんなどになると画数《かくすう》がかわるものは、その画数《かくすう》の最後《さいご》に、もとの漢字《かんじ》と画数《かくすう》をしめしています。
忄→心（四画）　扌→手（四画）　氵→水（四画）　犭→犬（四画）
※八画《はちかく》の部首《ぶしゅ》「阜《おか》」は、他《ほか》の文字《もじ》の一部《いちぶ》となると省略形《しょうりゃくけい》の三画《さんかく》「阝《こざとへん》」となり、漢字《かんじ》の左側《ひだりがわ》に置《お》かれます。

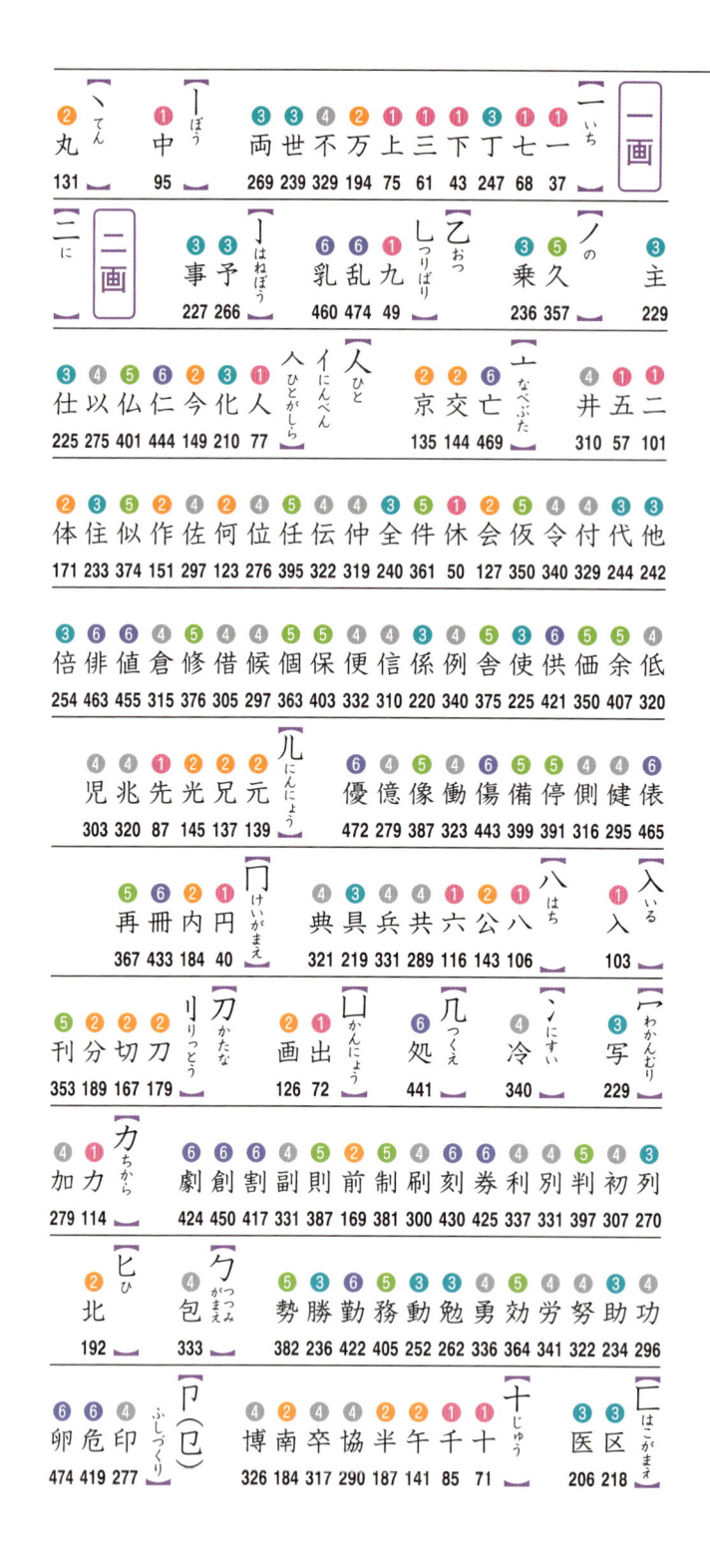

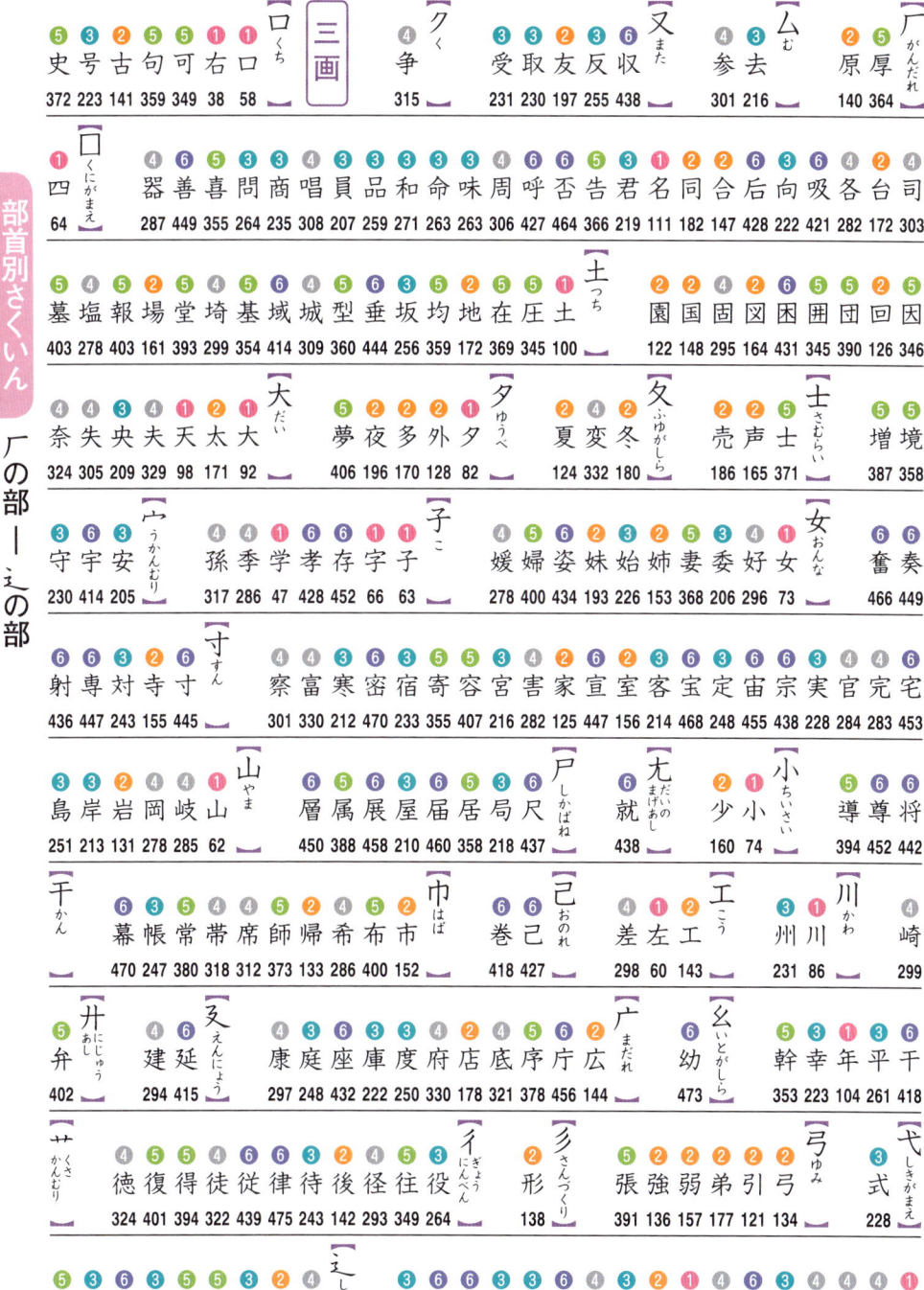

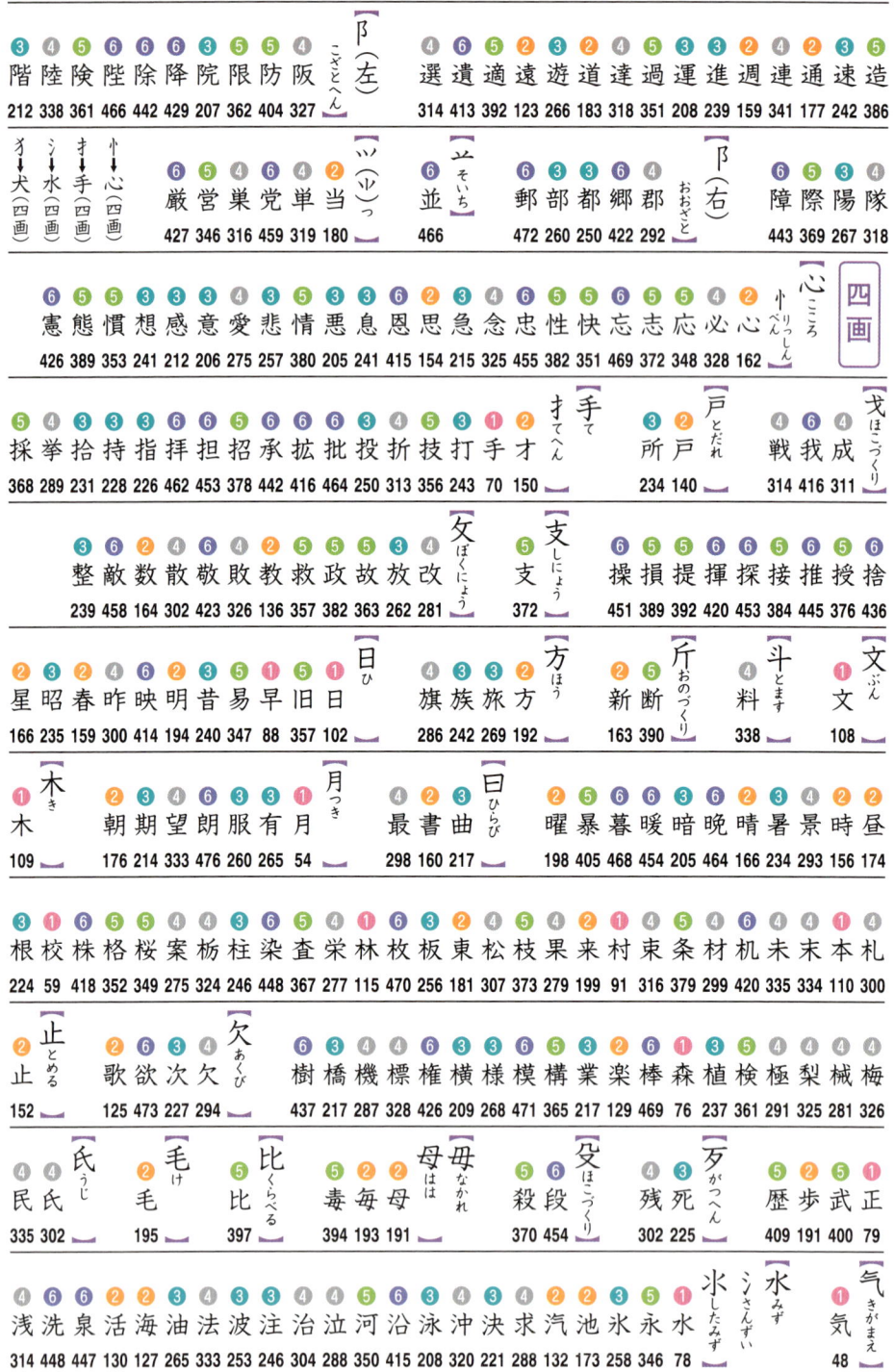

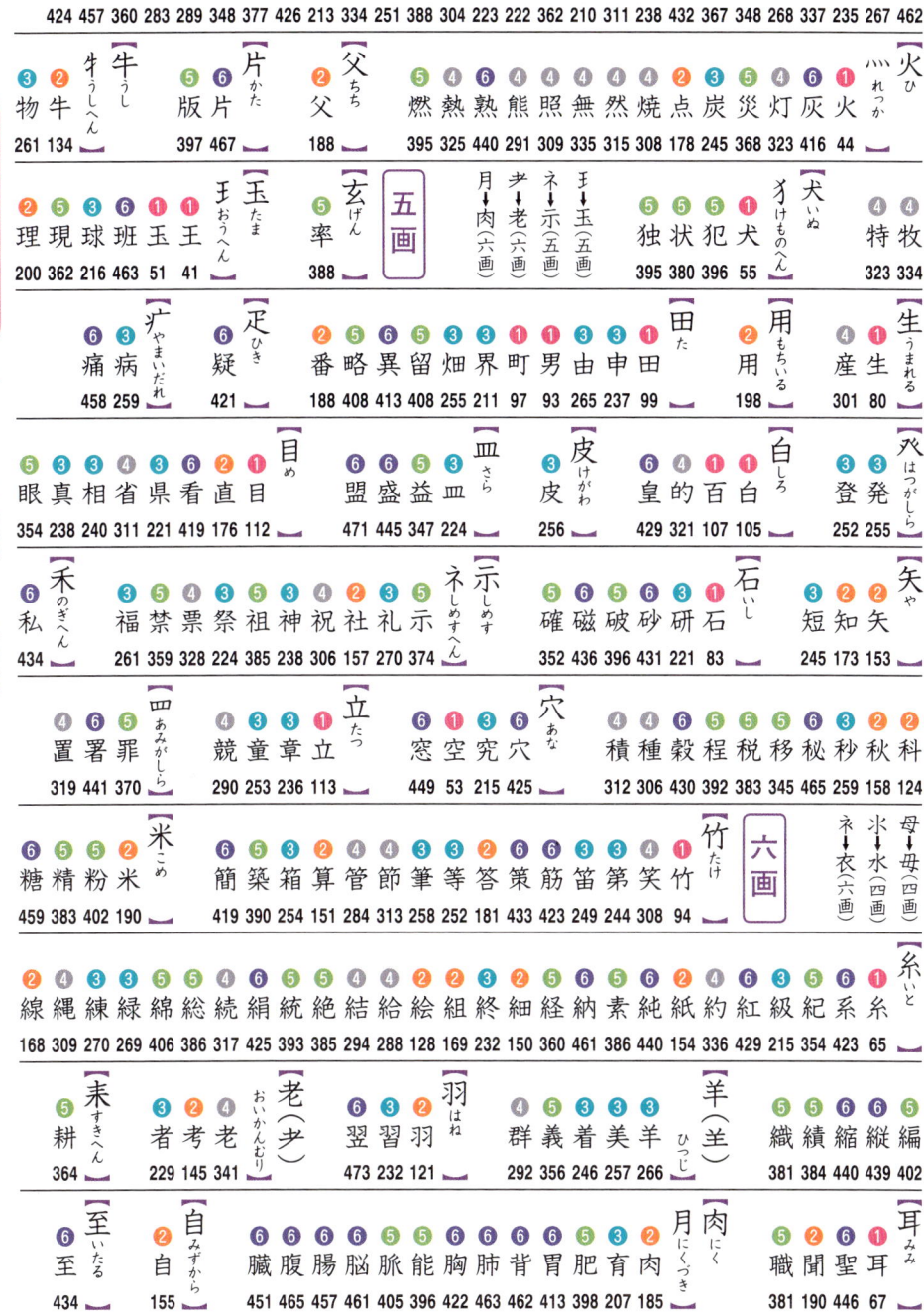

80字《じ》

一年《いちねん》で習《なら》う漢字《かんじ》

一《いち》年《ねん》で習《なら》う漢《かん》字《じ》

80字《じ》

一 37
二 101
三 61
四 64
五 57
六 116
七 68
八 106
九 49
十 71

百 107
千 85
日 102
月 54
火 44
水 78
木 109
金 52
土 100
左 60

右 38
上 75
下 43
大 92
中 95
小 74
目 112
耳 67
口 58
手 70

足 90
人 77
子 63
女 73
男 93
先 87
生 80
学 47
校 59
赤 84

青 81
白 105
正 79
早 88
山 62
川 86
林 115
森 76
田 99
竹 94

花 45
草 89
犬 55
虫 96
貝 46
天 98
空 53
気 48
夕 82
雨 39

村 91
町 97
石 83
玉 51
車 69
音 42
本 110
字 66
文 108
力 114

名 111
年 104
入 103
出 72
立 113
見 56
休 50
円 40
王 41
糸 65

一

1画［一0画］

おん　イチ・イツ

くん　ひと・ひと-つ

いみ

1 ひとつ。◆(一《ひと》つの群《む》れ)一群《いちぐん》・一行《いちぎょう》・一代《いちだい》・一台《いちだい》・一段《いちだん》・一枚《いちまい》・一万《いちまん》・一命《いちめい》・一種《いっしゅ》・一周《いっしゅう》・一生《いっしょう》・一本《いっぽん》・一皿《ひとさら》 ◆万一《まんいち》

2 はじめ。◆(一番《いちばん》に着《つ》く)一着《いっちゃく》・一位《いちい》 ◆第一《だいいち》

3 それだけ。ひとまとまり。すべて。◆一丸《いちがん》・一同《いちどう》・一念《いちねん》・一切《いっさい》・一式《いっしき》 ◆画一《かくいつ》・均一《きんいつ》・統一《とういつ》

4 もっともすぐれている。◆一流《いちりゅう》 ◆世界一《せかいいち》

5 ほんのすこし。◆一見《いっけん》・一睡《いっすい》・一息《ひといき》

一年

つかいかた

●一《いち》に五《ご》をたす。●みんなで心《こころ》を一《いつ》にする。

●一《ひと》つ屋根《やね》の下《した》に住《す》む。●池《いけ》を一周《いっしゅう》する。

●一休《ひとやす》みする。

もっとしろう

●一進一退《いっしんいったい》-少《すこ》し進《すす》んだり、また、あともどりしたりする。

●一石二鳥《いっせきにちょう》-(一《ひと》つの石《いし》を投《な》げて二羽《にわ》の鳥《とり》を落《お》とすことから)一《ひと》つのことをして、二《ふた》つのものを手《て》に入《い》れる。

●一《いち》から十《じゅう》まで-何《なに》から何《なに》まで。

なりたち

一本《いっぽん》の線《せん》で、数《かず》の「ひとつ」のいみに使《つか》われます。

とくべつなよみ

一日《ついたち》・一人《ひとり》

一

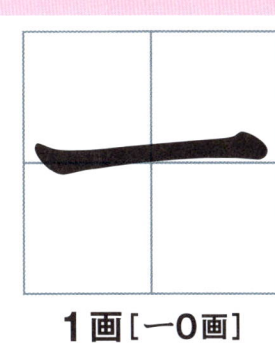

右

5画［口2画］

おん　ウ・ユウ

くん　みぎ

いみ

1 **みぎ。** ◆（右《みぎ》の岸《きし》）右岸《うがん》・右折《うせつ》・右腕《うわん》・右足《みぎあし》・右《みぎ》手《て》 ◆左右《さゆう》

2 **今《いま》までのやり方《かた》がよいとする考《かんが》え。** ◆右派《うは》

つかいかた

●角《かど》を右《みぎ》に曲《ま》がる。●右《みぎ》のうでをのばす。

●交差点《こうさてん》を右折《うせつ》する。●道《みち》の右側《みぎがわ》を歩《ある》く。

もっとしろう

●**右往左往《うおうさおう》**ー右《みぎ》へ行《い》ったり、左《ひだり》へ行《い》ったり、うろうろする。

●**右《みぎ》に出《で》る者《もの》がない**ー（むかし中国《ちゅうごく》で右《みぎ》が上《うえ》の位《くらい》だったことから）その人《ひと》がいちばんすぐれている。

●**右《みぎ》へならえ**ー①右側《みぎがわ》の人《ひと》にそろえて並《なら》ぶ。②人《ひと》の意見《いけん》や行動《こうどう》に、何《なん》の考《かんが》えもなしに従《したが》う。

●［右《みぎ》と左《ひだり》の書《か》き順《じゅん》］
「左《ひだり》」は「一」を最初《さいしょ》に書《か》きますが、「右《みぎ》」は「ノ」を最初《さいしょ》に書《か》きます。

なりたち

もとの形《かたち》は口。右手《みぎて》を表《あらわ》す（ウ）と口《くち》で「仕事《しごと》を助《たす》ける」いみを表《あらわ》します。「みぎ」のいみには「又（）」の字《じ》が使《つか》われていましたが、「右」の字《じ》が使《つか》われるようになりました。

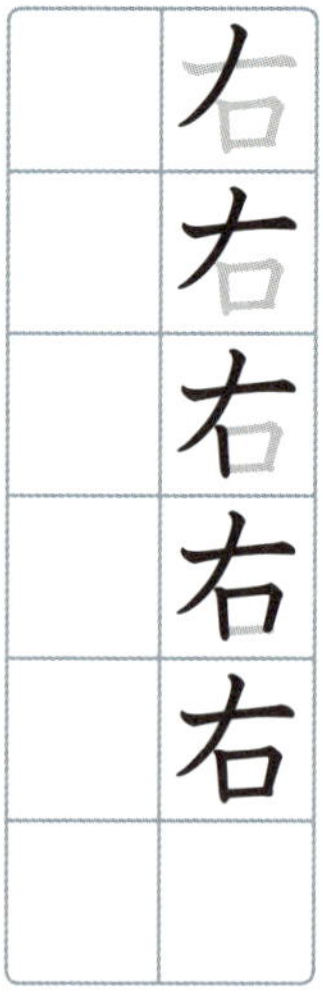

雨

8画［雨0画］

おん ウ

くん あめ・あま

いみ

■あめ。◆(雨《あめ》の天気《てんき》)雨天《うてん》・雨季《うき》・雨量《うりょう》・雨足《あまあし》・雨具《あまぐ》 ◆降雨《こうう》・豪雨《ごうう》・晴雨《せいう》・風雨《ふうう》・暴風雨《ぼうふうう》・霧《きり》雨《さめ》・小雨《こさめ》・春雨《はるさめ》・氷雨《ひさめ》

つかいかた

●今日《きょう》は**雨**《あめ》になりそうだ。●**雨**《あめ》のち曇《くも》りの予報《よほう》。●激《はげ》しい**雷雨**《らいう》。●**雨上がり**《あめあ》のすがすがしい天気《てんき》。●真《ま》っ黒《くろ》い**雨雲**《あまぐも》。●洗濯物《せんたくもの》が**雨ざらし**《あま》になる。●**雨戸**《あまど》を閉《し》める。

もっとしろう

●**雨垂《あまだ》れ石《いし》をうがつ**－雨垂《あまだ》れが長《なが》い間《あいだ》には石《いし》に穴《あな》をあけてしまうように、小《ちい》さな努力《どりょく》でも続《つづ》ければ成功《せいこう》する。

●**雨降《あめふ》って地固《じかた》まる**－雨《あめ》が降《ふ》ったあと、ゆるんでいた地面《じめん》がかたくなるように、もめごとがあったあと、かえって物事《ものごと》が落《お》ち着《つ》いて、よい状態《じょうたい》になる。

なりたち

天《てん》(一)とたれさがったくも(冂)としずく(⁝⁝)からできた字《じ》で、「あめ」を表《あらわ》します。

とくべつなよみ

五月雨《さみだれ》・時雨《しぐれ》・梅雨《つゆ》

※「あま」という読《よ》み―雨具《あまぐ》・雨雲《あまぐも》・雨水《あまみず》など

※〈読《よ》みにちゅうい〉「霧雨・小雨・春雨・秋雨」などは「きりさめ・こさめ・はるさめ・あきさめ」と読《よ》みます。

円

4画［冂2画］

おん　エン

くん　まる-い

いみ

1 **まる。まるい。** ◆(円《まる》い形《かたち》)円形《えんけい》・円周《えんしゅう》・円熟《えんじゅく》・円陣《えんじん》・円卓《えんたく》・円柱《えんちゅう》・円筒《えんとう》　◆半円《はんえん》

2 **お金《かね》の単位《たんい》。** ◆(円《えん》の価値《かち》が高《たか》い)円高《えんだか》・円安《えんやす》　◆百円《ひゃくえん》

3 **あたり。** ◆九州一円《きゅうしゅういちえん》

つかいかた

●紙《かみ》に**円**《えん》をえがく。●**円い**《まる》皿《さら》。●**円く**《まる》輪《わ》になる。●**円陣**《えんじん》を組《く》む。●**円満**《えんまん》な家庭《かてい》。

なりたち

古《ふる》い字《じ》は圓。口は「かこむ」いみを表《あらわ》し、員(イン)がエンと変《か》わって読《よ》み方《かた》と「まるい」いみをしめしています。「まるい」いみに使《つか》われ、また、貝がお金《かね》を表《あらわ》すので、お金《かね》の単位《たんい》としても使《つか》われます。

つかいわけ

●**円《まる》い・丸《まる》い**

「まるい」は、ふつう「**丸《まる》い**」を使《つか》いますが、平《たい》らに見《み》えるまるの場合《ばあい》には、「**円《まる》い**」も使《つか》えます。

円《まる》い…円《まる》い窓《まど》。円《まる》い輪《わ》になっておどる。

丸《まる》い…日《ひ》の丸《まる》。丸《まる》ごと。丸《まる》める。

※「円《えん》」「丸《がん》」にもこのきまりが当《あ》てはまります。

・平《ひら》たい形《かたち》のまる…円盤投《えんばんな》げ

・球《たま》の形《かたち》のまる…砲丸投《ほうがんな》げ

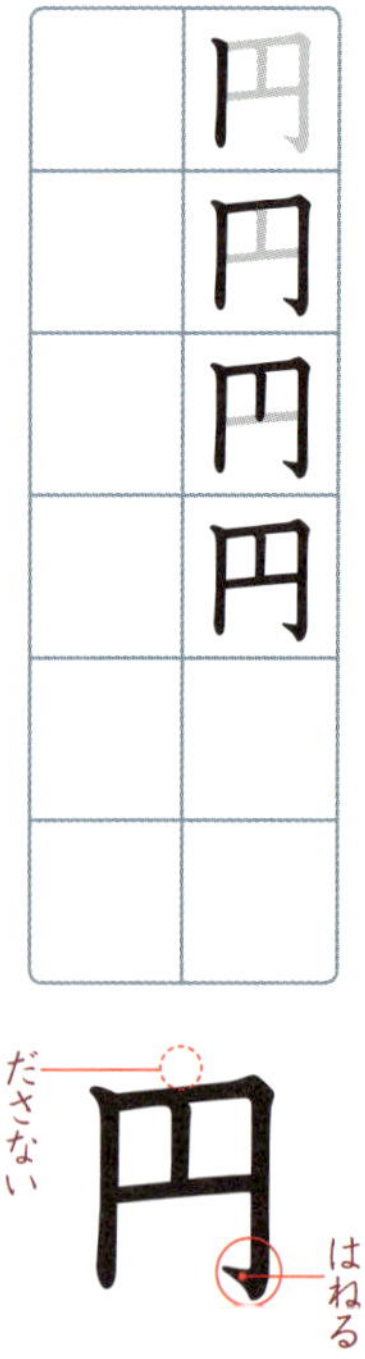

王

4画［王0画］

おん　オウ

くん

いみ

1 国《くに》をおさめる人《ひと》。おうさま。◆(王《おう》さまの冠《かんむり》)王《おう》 冠《かん》・王宮《おうきゅう》・王国《おうこく》・王子《おうじ》・王室《おうしつ》・王女《おうじょ》 ◆国王《こくおう》・女王《じょおう》・親王《しんのう》

2 いちばんすぐれているもの。◆三冠王《さんかんおう》・新人王《しんじんおう》・得点王《とくてんおう》

3 仏《ほとけ》の世界《せかい》を守《まも》る神《かみ》。◆仁王《におう》・四天王《してんのう》

一年

つかいかた

●百獣《ひゃくじゅう》の王《おう》ライオン。●王位《おうい》につく。

●王座《おうざ》を決定《けってい》する。●陸上界《りくじょうかい》の王者《おうじゃ》。

●発明王《はつめいおう》エジソン。

もっとしろう

●王手《おうて》をかける ー 勝《か》ちを決《き》める最後《さいご》の段階《だんかい》をむかえる。(「王手《おうて》」は、将棋《しょうぎ》で相手《あいて》の王将《おうしょう》を取《と》ろうとする手《て》)

なりたち

大《おお》きなおのの形《かたち》(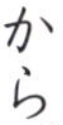)からできた字《じ》で、大《おお》きな力《ちから》を表《あらわ》し、「もっともすぐれているもの、おうさま」のいみに使《つか》われます。

とくべつなよみ

※〈読《よ》みにちゅうい〉「親王・勤王」などは「シンノウ・キンノウ」と読《よ》みます。

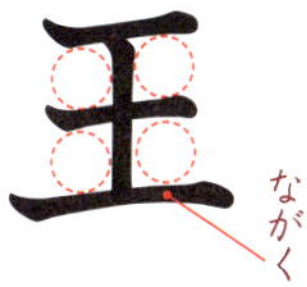

音

9画［音0画］

一年

おん オン・（イン）

くん おと・ね

いみ

1 **おと。** ◆（音《おと》の速《はや》さ）音速《おんそく》・音階《おんかい》・音楽《おんがく》・音声《おんせい》・音程《おんてい》・音頭《おんど》・音波《おんぱ》・音符《おんぷ》 ◆高音《こうおん》・低音《ていおん》・録音《ろくおん》・子音《しいん》・母音《ぼいん》・足音《あしおと》

2 **漢字《かんじ》のおん。** ◆（音《おん》と訓《くん》）音訓《おんくん》

3 **たより。** ◆音信《おんしん》（いんしん） ◆福音《ふくいん》

つかいかた

●**音**《おん》で読《よ》む。●雷《かみなり》の**音**《おと》で飛《と》び起《お》きる。●虫《むし》の**音**《ね》が聞《き》こえる。●文章《ぶんしょう》を**音読**《おんどく》する。●**音量**《おんりょう》を調節《ちょうせつ》する。●車《くるま》の**騒音**《そうおん》がひどい。●正《ただ》しい**発音**《はつおん》で話《はな》す。●だれかの**靴音**《くつおと》がする。●ピアノの美《うつく》しい**音色**《ねいろ》。●**本音**《ほんね》を語《かた》り合《あ》う。

もっとしろう

●［漢字《かんじ》の音《おん》と訓《くん》］
中国《ちゅうごく》から伝《つた》わった漢字《かんじ》の読《よ》み方《かた》を音《おん》（音読《おんよ》み）といい、日本語《にほんご》のいみにあてた読《よ》み方《かた》を訓《くん》（訓読《くんよ》み）といいます。

なりたち

言《げん》（言）に一を加《くわ》えた形《かたち》（音）からできた字《じ》で、ふしのある声《こえ》を表《あらわ》し、「ふし、おと」のいみに使《つか》われます。

とくべつなよみ

※〈読《よ》みにちゅうい〉「観音」は「カンノン」と読《よ》みます。

下

3画［一2画］

おん カ・ゲ

くん した・しも・（もと）・さ-げる・さ-がる・くだ-る・くだ-す・くだ-さる・お-ろす・お-りる

いみ

1 **した。** ◆（下《した》の位《くらい》）下位《かい》・下級《かきゅう》・下等《かとう》・下半身《かはんしん》・下品《げひん》・下着《したぎ》 ◆眼下《がんか》・地下《ちか》・氷点下《ひょうてんか》・部下《ぶか》

2 **くだる。おりる。おろす。** ◆（山《やま》を下《くだ》る）下山《げざん》・下降《かこう》・下車《げしゃ》・下船《げせん》・下落《げらく》 ◆投下《とうか》・落下《らっか》

3 **おわりのほう。あとのほう。** ◆下旬《げじゅん》・下半期《しもはんき》

つかいかた

●ビルの屋上《おくじょう》から**下**《した》を見《み》る。●和歌《わか》の**下**《しも》の句《く》。●食器《しょっき》を**下げる**《さ》。●熱《ねつ》が**下がる**《さ》。●坂道《さかみち》を**下る**《くだ》。●命令《めいれい》を**下す**《くだ》。●荷物《にもつ》を**下ろす**《お》。●幕《まく》が**下りる**《お》。●川《かわ》の**下流**《かりゅう》。●小学生《しょうがくせい》**以下**《いか》は無料《むりょう》。●**天下**《てんか》を取《と》る。●本《ほん》の**下巻**《げかん》。●**上下**《じょうげ》にゆれる。●**下手**《したて》に出《で》る。●舞台《ぶたい》の**下手**《しもて》。●**下半期**《しもはんき》の成績《せいせき》。

なりたち ある所《ところ》からしたにあることをしめす一と丅が組《く》み合《あ》わさってできた字《じ》で、「した、おわりのほう」のいみに使《つか》われます。

つかいわけ

●**提げる**《さ》・**下げる**《さ》 →〈提《てい》〉392ページ

●**元**《もと》・**下**《もと》・**本**《もと》・**基**《もと》 →〈元《げん》〉139ページ

とくべつなよみ 下手《へた》

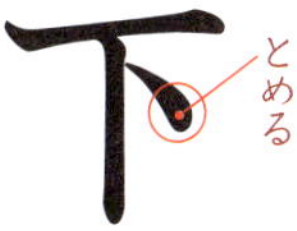

火

4画［火0画］

おん　カ

くん　ひ・(ほ)

いみ

■ひ。あかり。◆（火《ひ》の力《ちから》）火力《かりょく》・火気《かき》・火口《かこう》・火《か》災《さい》・火事《かじ》・火薬《かやく》・火柱《ひばしら》・火鉢《ひばち》・火花《ひばな》・火元《ひもと》・火《ほ》影《かげ》 ◆消火《しょうか》・大火《たいか》・点火《てんか》・発火《はっか》・放火《ほうか》・防火《ぼうか》・炭火《すみび》・花火《はなび》

つかいかた

●ろうそくの火《ひ》。
●火山《かざん》が噴火《ふんか》する。
●先週《せんしゅう》の火曜日《かようび》。
●油《あぶら》に引火《いんか》する。
●出火《しゅっか》の原因《げんいん》。
●落《お》ち葉《ば》を集《あつ》めてたき火《び》をする。

もっとしろう

●**火《ひ》に油《あぶら》を注《そそ》ぐ**－勢《いきお》いをいっそう激《はげ》しくする。
●**火《ひ》を見《み》るよりも明《あき》らか**－はっきりしていて、疑《うたが》いがない。
●**火《ひ》のない所《ところ》に煙《けむり》は立《た》たぬ**－うわさが立《た》つのには、何《なに》かもとになるものがある。

なりたち

ほのおの形《かたち》(火)からできた字《じ》で、もえる「ひ」を表《あらわ》しています。

つかいわけ

●**火《ひ》・灯《ひ》**

「**火**《ひ》」はもえる「ひ」を、「**灯**《ひ》」は「ともしび」のいみを表《あらわ》しています。

火《ひ》…火《ひ》が燃《も》える。

灯《ひ》…灯《ひ》がともる。

とくべつなよみ

※「ほ」という読《よ》み―火《ほ》影《かげ》

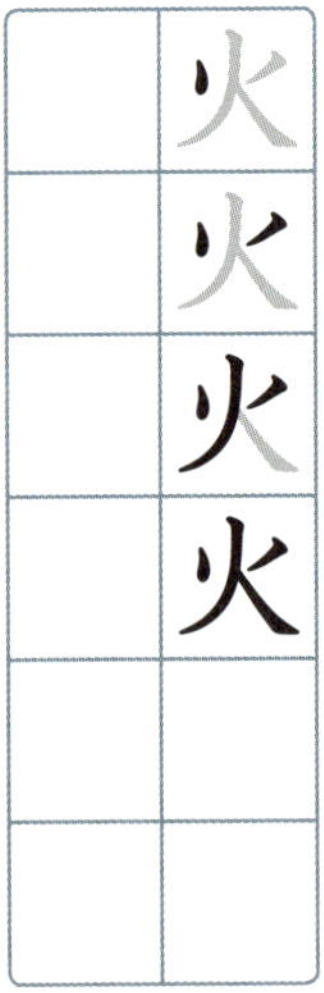

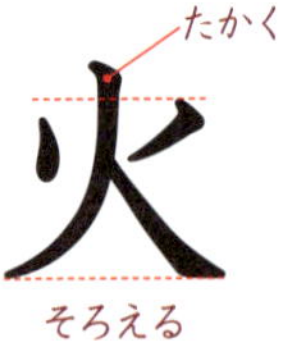

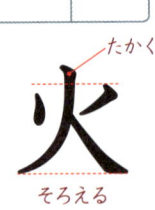

花

7画[艹4画]

おん　カ

くん　はな

いみ

1 はな。◆(花《はな》の畑《はたけ》)花畑《はなばたけ》・花壇《かだん》・花瓶《かびん》・花粉《かふん》・花《か》弁《べん》・花園《はなぞの》・花束《はなたば》・花火《はなび》・花見《はなみ》・花輪《はなわ》 ◆生花《せいか》・造花《ぞうか》・綿花《めんか》・雄花《おばな》・草花《くさばな》・火花《ひばな》・雌花《めばな》

2 はなのように美《うつく》しいもの。◆花形《はながた》・花婿《はなむこ》・花嫁《はなよめ》

つかいかた

●桜《さくら》の花《はな》が咲《さ》く。●花《はな》の都《みやこ》パリ。
●チューリップが開花《かいか》する。●花《はな》びらが散《ち》る。
●花吹雪《はなふぶき》が舞《ま》う。●生《い》け花《ばな》を習《なら》う。

もっとしろう

●**花鳥風月《かちょうふうげつ》** ― 花《はな》や鳥《とり》や風《かぜ》や月《つき》など、自然《しぜん》の味《あじ》わいのある景色《けしき》。
●**花冷《はなび》え** ― 春《はる》、桜《さくら》が咲《さ》くころに一時的《いちじてき》に寒《さむ》くなること。
●**花《はな》も実《み》もある** ― 外《そと》から見《み》た感《かん》じも内容《ないよう》も、ともにりっぱである。
●**花《はな》を持《も》たせる** ― 名誉《めいよ》や手《て》がらを相手《あいて》にゆずる。相《あい》手《て》をたてる。
●**花《はな》より団子《だんご》** ― 見《み》て美《うつく》しいものよりも、実際《じっさい》に役立《やくだ》つもののほうがいいということ。

なりたち

艹はもと艸で「くさ」を表《あらわ》し、化がカという読《よ》み方《かた》をしめしています。「くさのはな」を表《あらわ》しています。

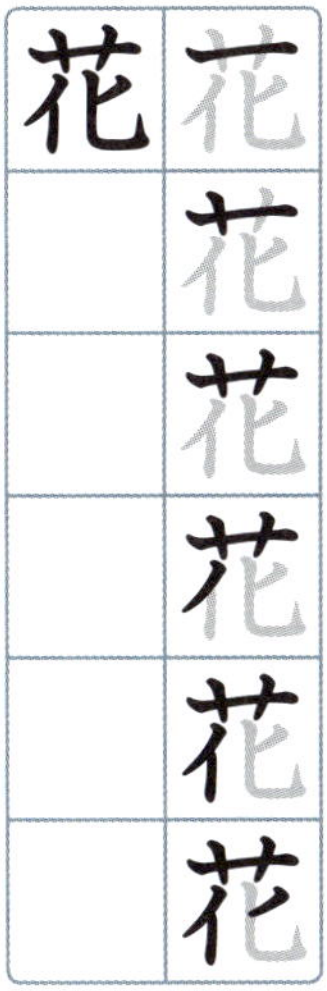

貝

7画［貝0画］

一年

おん

くん　かい

いみ

■かい。◆(貝《かい》で細工《さいく》したもの)貝細工《かいざいく》・貝塚《かいづか》・貝柱《かいばしら》◆赤貝《あかがい》・桜貝《さくらがい》・真珠貝《しんじゅがい》・帆立貝《ほたてがい》

つかいかた

●貝《かい》を拾《ひろ》う。

●二枚貝《にまいがい》と巻《ま》き貝《がい》。

もっとしろう

●［貝のつく漢字《かんじ》］

貝《かい》は、むかしお金《かね》として使《つか》われていたため、「貝」が部首《ぶしゅ》になっている字《じ》はお金《かね》に関係《かんけい》があります。

財産《ざいさん》　貯金《ちょきん》　販売《はんばい》

貴重《きちょう》　資金《しきん》　賞金《しょうきん》

賃金《ちんぎん》　費用《ひよう》　貧乏《びんぼう》

金貨《きんか》　売買《ばいばい》

なりたち

かいの形《かたち》(　)からできた字《じ》で、「かい」を表《あらわ》しています。

貝

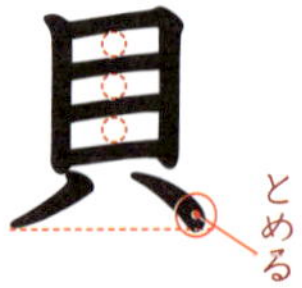

学

8画［子5画］

おん ガク

くん まな-ぶ

いみ

1 **まなぶ。がっこう。**◆(学《まな》ぶ・習《なら》う)学習《がくしゅう》・学《がく》園《えん》・学生《がくせい》・学費《がくひ》・学帽《がくぼう》・学友《がくゆう》・学期《がっき》・学級《がっきゅう》◆共学《きょうがく》・見学《けんがく》・在学《ざいがく》・進学《しんがく》・退学《たいがく》・独学《どくがく》・入学《にゅうがく》・留学《りゅうがく》

2 **がくもん。ちしき。**◆(学問《がくもん》をする者《もの》)学者《がくしゃ》・学《がく》名《めい》◆医学《いがく》・化学《かがく》・科学《かがく》・考古学《こうこがく》・語学《ごがく》・数学《すうがく》・天文学《てんもんがく》・文学《ぶんがく》

つかいかた

● 学《がく》のある人《ひと》。 ● よく学《まな》びよく遊《あそ》べ。
● 学芸会《がくげいかい》が開《ひら》かれる。 ● 学力《がくりょく》がのびる。
● 電車《でんしゃ》で通学《つうがく》する。 ● 勉学《べんがく》にはげむ。

もっとしろう

● **学問《がくもん》に王道《おうどう》なし** ― 学問《がくもん》に楽《らく》な道《みち》はない。だれが学《まな》んでも順序《じゅんじょ》をふんでいくもので、たとえ王《おう》さまでも、楽《らく》に身《み》につける方法《ほうほう》はない。

なりたち

もとの字《じ》は𦥯。𦥑は両手《りょうて》で、「手《て》ぶり」を表《あらわ》し、爻がガクという読《よ》み方《かた》と「ならう」いみをしめしています。子《こ》ども(子)がれいぎをならうことから、「がくもん、がっこう」のいみに使《つか》われるようになりました。
※𦥯→學→学《がく》と変《か》わりました。

学 学

はねる

気

6画［气2画］

おん　キ・ケ

くん

いみ

1 きたい。◆(大気《たいき》の圧力《あつりょく》)気圧《きあつ》・気温《きおん》・気球《ききゅう》・気体《きたい》・気流《きりゅう》 ◆外気《がいき》・空気《くうき》・大気《たいき》・湯気《ゆげ》

2 いき。◆(空気《くうき》の通《とお》る管《くだ》)気管《きかん》・気絶《きぜつ》

3 心《こころ》のはたらき。◆(気《き》が長《なが》い)気長《きなが》・気質《きしつ》・気短《きみじか》 ◆内気《うちき》・正気《しょうき》・短気《たんき》・平気《へいき》・勇気《ゆうき》・弱気《よわき》

4 ようす。◆気品《きひん》・気配《けはい》 ◆活気《かっき》

5 自然現象《しぜんげんしょう》。◆気候《きこう》・気象《きしょう》 ◆磁気《じき》・天気《てんき》・電気《でんき》

つかいかた

● よく気《き》がつく人《ひと》だ。● 気軽《きがる》に引《ひ》き受《う》ける。
● 気持《きも》ちがいい。● 気力《きりょく》をふりしぼる。
● 景気《けいき》をつける。● 人気《にんき》が高《たか》い。

もっとしろう

● 気《き》が置《お》けない―えんりょしないでつきあえる。
● 気《き》が気《き》でない―心配《しんぱい》で落《お》ち着《つ》かない。
● 気《き》にさわる―不《ふ》ゆかいに感《かん》じる。
● 気《き》は心《こころ》―(おくり物《もの》などをするときに使《つか》うことばで)少《すく》ないけれど気持《きも》ちがこめられていること。

なりたち

もとは氣で、米《こめ》と、米《こめ》をたくときのゆげ气を表《あらわ》しています。气がキという読《よ》み方《かた》をしめし、「きたい」のいみに使《つか》われます。

とくべつなよみ

意気地《いくじ》・浮気《うわき》

九

2画［乙1画］

おん　キュウ・ク

くん　ここの・ここの-つ

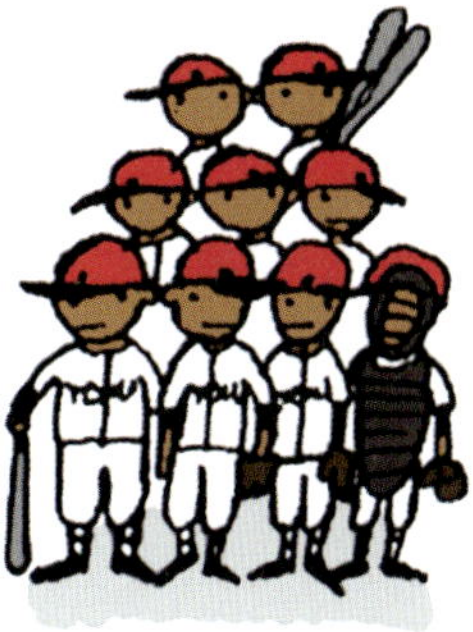

いみ

1 ここのつ。◆(九《きゅう》かける九《きゅう》)九九《くく》・九人《きゅうにん》・九月《くがつ》

2 たくさん。◆(なんども〈九〉拝《おが》む)九拝《きゅうはい》・九重《ここのえ》

つかいかた

● 弟《おとうと》は来年《らいねん》九《ここの》つになる。

● 九十九才《きゅうじゅうきゅうさい》のお祝《いわ》い。

● かけ算《ざん》の九九《くく》をおぼえる。

● 十中八九《じっちゅうはっく》まちがいない。

もっとしろう

● **九牛《きゅうぎゅう》の一毛《いちもう》**―(たくさんの牛《うし》の中《なか》の一本《いっぽん》の毛《け》ということから)たくさんの中《なか》のほんの一部分《いちぶぶん》。とるにたりないほどわずかなこと。

● **九死《きゅうし》に一生《いっしょう》を得《え》る**―(十《じゅう》のうち九《きゅう》が死《し》ぬ、一《いち》が生《い》きるということから)ほとんど助《たす》かる見《み》こみのなかった命《いのち》がやっと助《たす》かる。

● ［九《きゅう》という数《かず》］
「九牛《きゅうぎゅう》の一毛《いちもう》」や「九重《ここのえ》」というように、九《きゅう》は数《かず》の多《おお》いこともしめします。

なりたち

手《て》( )のひじのまがったようす( )を表《あらわ》している字《じ》でしたが、同《おな》じ発音《はつおん》の、数《かず》の「きゅう」として用《もち》いられ、「きゅう」のいみに使《つか》われるようになりました。

九
九

一年

休

6画［亻4画］

一年

おん　キュウ

くん　やす-む・やす-まる・やす-める

いみ

■**やすむ。**◇(学校《がっこう》を休《やす》む)休学《きゅうがく》・休火山《きゅうかざん》・休刊《きゅうかん》・休館《きゅうかん》・休業《きゅうぎょう》・休憩《きゅうけい》・休校《きゅうこう》・休止《きゅうし》・休戦《きゅうせん》・休息《きゅうそく》

◇運休《うんきゅう》・代休《だいきゅう》・定休《ていきゅう》

つかいかた

●学校《がっこう》を**休《やす》む**。●気《き》が**休《やす》まる**。●手《て》を**休《やす》める**。●病気《びょうき》で**休学《きゅうがく》**する。●ゆっくり**休養《きゅうよう》**する。●**年中《ねんじゅう》無休《むきゅう》**で営業《えいぎょう》している。●**夏休《なつやす》み**が楽《たの》しみだ。●**連休《れんきゅう》**の予定《よてい》をたてる。

もっとしろう

●「休《やす》み」がつくことば

・お休《やす》み―①休《やす》むことのていねい語《ご》。②ねるときのあいさつのことば。「おやすみなさい」

・中休《なかやす》み・一休《ひとやす》み―続《つづ》けているものの途中《とちゅう》で、ちょっと休《やす》むこと。

このほかにも、「昼休《ひるやす》み・春休《はるやす》み・夏休《なつやす》み・冬休《ふゆやす》み・ずる休《やす》み」などがあります。

なりたち

人《ひと》(亻)と老木《ろうぼく》()からできた字《じ》で、はキュウという読《よ》み方《かた》と「じっとしている」いみをしめしています。人《ひと》がじっとしていることから、「やすむ」いみに使《つか》われます。(が誤《あやま》って(木)になりました)

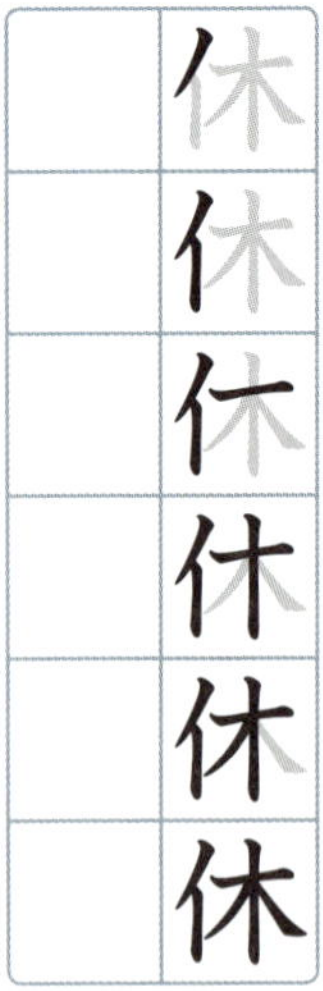

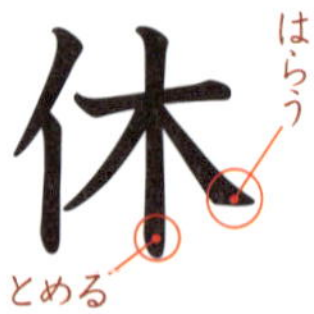

玉

5画［玉0画］

おん　ギョク

くん　たま

いみ

1 たま。◆(玉《たま》と石《いし》)玉石《ぎょくせき》・玉砂利《たまじゃり》・玉手箱《たまてばこ》　◆宝《ほう》玉《ぎょく》・百円玉《ひゃくえんだま》・水玉《みずたま》

2 天子《てんし》。◆(天子《てんし》(玉《ぎょく》)の座《すわ》るところ)玉座《ぎょくざ》

3 ひと。◆親玉《おやだま》

つかいかた

●玉《たま》を投《な》げる。●毛糸《けいと》の玉《たま》。

●自動車《じどうしゃ》の玉突《たまつ》き事故《じこ》。●水玉《みずたま》の模様《もよう》。

もっとしろう

●玉《たま》にきず―(りっぱな宝石《ほうせき》にわずかなきずがあるということから)完全《かんぜん》に見《み》えても、おしいことにほんの少《すこ》し欠点《けってん》があるたとえ。

なりたち

たまを三《みっ》つとおした形《かたち》()からできた字《じ》で「王」と書《か》いて「たま」を表《あらわ》していましたが、「おう」と区別《くべつ》するために点《てん》をつけて「玉」になりました。

つかいわけ

●玉《たま》・球《たま》

ふつう、まるいたまのいみでは「玉《たま》」を、とくにボールや電気《でんき》のたまには「球《たま》」を使《つか》います。

玉《たま》…玉《たま》をみがく。玉入《たまい》れ。

球《たま》…球《たま》を打《う》つ。電気《でんき》の球《たま》。

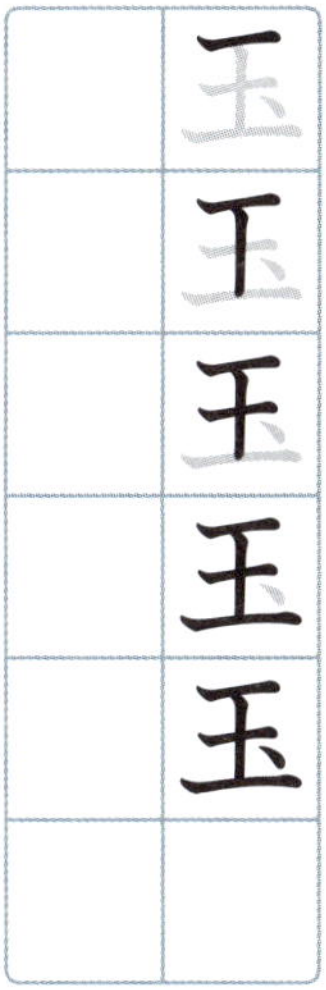

金

8画［金0画］

おん　キン・コン

くん　かね・かな

一年

いみ

1 きん。◆（金《きん》の粉《こな》）金粉《きんぷん》・金色《きんいろ》（こんじき）・金貨《きんか》・金銀《きんぎん》・金髪《きんぱつ》　◆砂金《さきん》・純金《じゅんきん》・白金《はっきん》・黄金《おうごん》（こがね）

2 きんぞく。◆（金属製《きんぞくせい》の物《もの》）金物《かなもの》・金網《かなあみ》・金具《かなぐ》・金棒《かなぼう》　◆合金《ごうきん》・筋金《すじがね》・針金《はりがね》

3 おかね。◆（お金《かね》の額《がく》）金額《きんがく》・金庫《きんこ》・金銭《きんせん》　◆献《けん》金《きん》・現金《げんきん》・残金《ざんきん》・資金《しきん》・集金《しゅうきん》・賞金《しょうきん》・税金《ぜいきん》・大《たい》金《きん》・貯金《ちょきん》・賃金《ちんぎん》・入金《にゅうきん》・返金《へんきん》・募金《ぼきん》・料金《りょうきん》

つかいかた

● 金《きん》の指輪《ゆびわ》。● お金《かね》をためる。

● 今週《こんしゅう》の金曜日《きんようび》。● 銀行《ぎんこう》に預金《よきん》する。

もっとしろう

● **金《かね》に目《め》がくらむ** ― お金《かね》のために、だいじなものが見《み》えなくなる。

● **金《かね》は天下《てんか》の回《まわ》りもの** ― お金《かね》は人《ひと》から人《ひと》へと移《うつ》っていくものだから、いつかは貧《まず》しい人《ひと》にもお金《かね》が回《まわ》ってくるということ。

なりたち

土と、光《ひか》るようす（⺌）と、読《よ》み方《かた》を表《あらわ》す今（キン）の略《りゃく》した形《かたち》（亼）からできた字《じ》で、「こがね」のいみに使《つか》われます。

とくべつなよみ

※「かな」という読《よ》み――金網《かなあみ》・金《かな》具《ぐ》・金物《かなもの》など

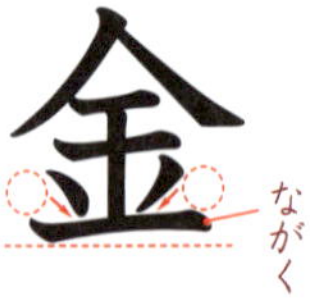

空

8画［穴3画］

おん クウ

くん そら・あ-く・あ-ける・から

いみ

1 **そら。** ◆(空《そら》の色《いろ》)空色《そらいろ》・空気《くうき》・空港《くうこう》・空中《くうちゅう》・空《くう》輪《ゆ》・空路《くうろ》 ◆上空《じょうくう》・低空《ていくう》・青空《あおぞら》・大空《おおぞら》・寒空《さむぞら》・星空《ほしぞら》・夜空《よぞら》

2 **から。** ◆(空《あ》いている席《せき》)空席《くうせき》・空間《くうかん》・空車《くうしゃ》・空《くう》白《はく》・空腹《くうふく》・空元気《からげんき》・空梅雨《からつゆ》・空手《からて》・空箱《からばこ》 ◆真《しん》空《くう》

3 **むだ。** ◆空転《くうてん》・空費《くうひ》

つかいかた

●バットが**空**《くう》をきる。●すんだ秋《あき》の**空**《そら》。
●席《せき》が**空く**《あ》。●家《いえ》を**空ける**《あ》。
●コップを**空**《から》にする。●**空想**《くうそう》にふける。
●車輪《しゃりん》が**空回り**《からまわ》する。

もっとしろう

●**空前絶後**《くうぜんぜつご》ー今《いま》までになく、これからも起《お》こりそうにないめずらしいこと。

なりたち

穴は「あな」を表《あらわ》し、工(コウ)がクウと変《か》わって読《よ》み方《かた》と「つき通《とお》したあな」のいみをしめしています。あなのある「すきま」を表《あらわ》す字《じ》で、「そら」のいみに使《つか》われます。

つかいわけ

●**開《あ》ける・空《あ》ける・明《あ》ける** →〈開《かい》〉211ページ

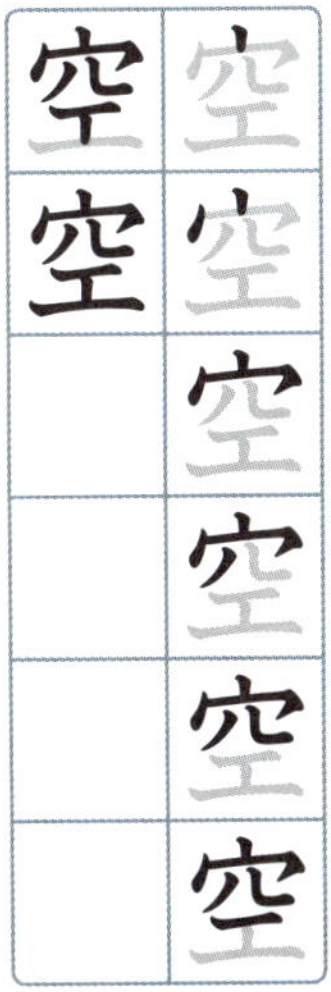

月

4画［月0画］

おん ゲツ・ガツ

くん つき

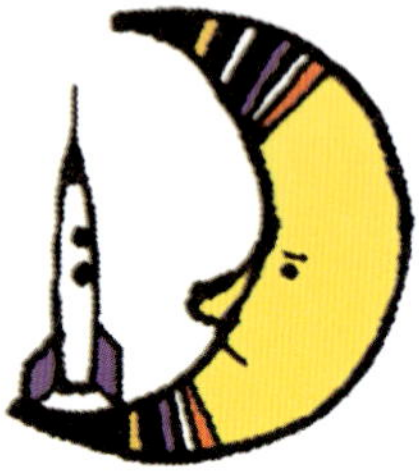

いみ

1 **天体《てんたい》のつき。** ◆(月《つき》の光《ひかり》)月光《げっこう》・月食《げっしょく》・月影《つきかげ》・月《つき》見《み》・月夜《つきよ》 ◆残月《ざんげつ》・新月《しんげつ》・満月《まんげつ》・名月《めいげつ》・明月《めいげつ》・三日月《みかづき》

2 **こよみのつき。** ◆(月々《つきづき》の収入《しゅうにゅう》)月収《げっしゅう》・月刊《げっかん》・月《げっ》給《きゅう》・月謝《げっしゃ》・月末《げつまつ》(つきずえ)・月日《つきひ》(がっぴ) ◆今月《こんげつ》・先月《せんげつ》・毎月《まいげつ》(まいつき)・来月《らいげつ》

つかいかた

●夜空《よぞら》に**月**《つき》が出《で》る。 ●**月**《つき》に八日《ようか》休《やす》む。

●今週《こんしゅう》の**月曜日**《げつようび》。 ●お正**月**《しょうがつ》をむかえる。

●**月明**《つきあ》かりに照《て》らされる。 ●**三日月**《みかづき》を見《み》る。

もっとしろう

●**月**《つき》**とすっぽん**―月《つき》もすっぽんも形《かたち》はまるく似《に》ているが、二《ふた》つのもののねうちはまったくちがうというたとえ。

●**月夜**《つきよ》**にかまを抜**《ぬ》**かれる**―明《あか》るい月夜《つきよ》に、だいじな大《おお》きなおかまを盗《ぬす》まれるということで、ひどくゆだんしているようす。

なりたち

つきの形《かたち》(月)からできた字《じ》で、「つき」を表《あらわ》しています。

とくべつなよみ

五月《さつき》・五月雨《さみだれ》

犬

4画［犬0画］

おん　ケン

くん　いぬ

いみ

■いぬ。◇犬歯《けんし》　◇(番《ばん》をする犬《いぬ》)番犬《ばんけん》・愛犬《あいけん》・狂犬《きょうけん》・警察犬《けいさつけん》・名犬《めいけん》・猛犬《もうけん》・盲導犬《もうどうけん》・猟犬《りょうけん》

つかいかた

● 犬《いぬ》を飼《か》う。
● 忠犬《ちゅうけん》ハチ公《こう》。
● 野犬《やけん》が走《はし》り回《まわ》っている。

もっとしろう

● **犬《いぬ》の遠《とお》ぼえ**－おくびょうな人《ひと》がかげでいばっているようす。
● **犬《いぬ》も食《く》わぬ**－(犬《いぬ》でさえ食《た》べないということで)まったく相手《あいて》にされない。
● **犬《いぬ》も歩《ある》けば棒《ぼう》に当《あ》たる**－①何《なに》かをしようとすると、災難《さいなん》にあうことが多《おお》い。②出歩《であ》いていると、思《おも》わぬ幸運《こううん》にあう。
● ［犬《いぬ》について］
仲《なか》の悪《わる》いことを、犬《いぬ》と猿《さる》にたとえて「犬猿《けんえん》の仲《なか》」といいます。また、「犬《いぬ》」はむだなもののいみにも使《つか》われ、むだな死《し》にかたを「犬死《いぬじ》に」といいます。

なりたち

いぬの形《かたち》(犭)からできた字《じ》です。

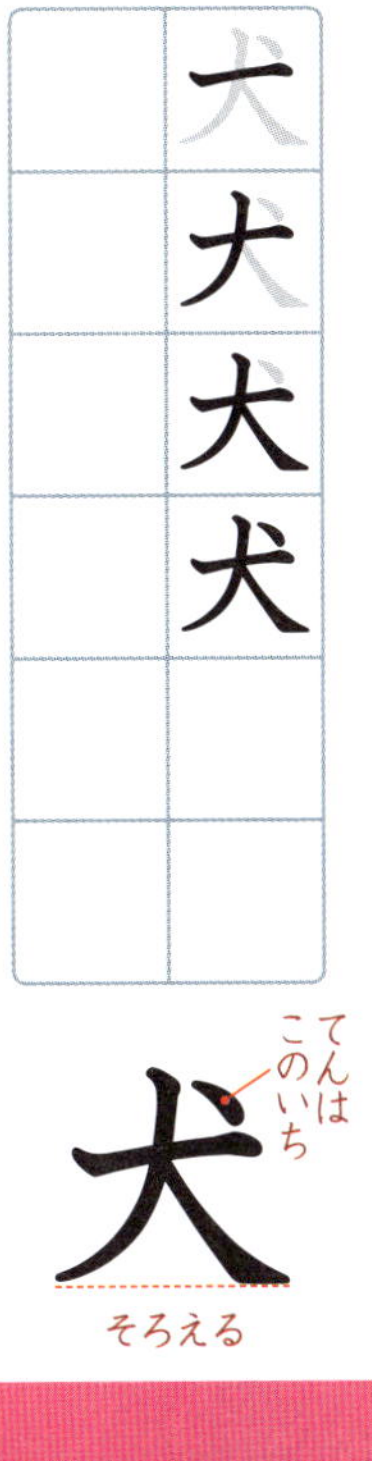

見

7画［見0画］

おん　ケン

くん　み-る・み-える・み-せる

いみ

1 **みる。**◆(見《み》て学《まな》ぶ)見学《けんがく》・見当《けんとう》・見物《けんぶつ》・見所《みどころ》・見本《みほん》　◆外見《がいけん》・拝見《はいけん》・発見《はっけん》・下見《したみ》

2 **あう。**◆会見《かいけん》

3 **考《かんが》え。**◆見解《けんかい》　◆(かんがえ〈意〉・かんがえ〈見〉)意見《いけん》・政見《せいけん》

つかいかた

●テレビを**見《み》る**。●船《ふね》が**見《み》える**。●姿《すがた》を**見《み》せる**。

●**見聞《けんぶん》**を広《ひろ》める。●お客《きゃく》さんを**見送《みおく》る**。

もっとしろう

●**見《み》えを張《は》る**－自分《じぶん》をよく見《み》せようとして、かっこうをつける。

●**見《み》る影《かげ》もない**－前《まえ》とすっかり変《か》わって、身《み》なりやようすがみすぼらしい。

●**見《み》るに見《み》かねる**－何《なに》もせずにただ見《み》ていることができない。

●**見《み》る目《め》がある**－値打《ねう》ちを見分《みわ》ける力《ちから》がある。

●**見《み》猿《ざる》聞《き》か猿《ざる》言《い》わ猿《ざる》**－(「…しない」いみの「ざる」を「猿《さる》」にかけたことばで)よけいなことは見《み》ない、聞《き》かない、言《い》わないのが身《み》のためだ。

なりたち

もとの形《かたち》は。人《ひと》()が大《おお》きな目《め》()でみていることを表《あらわ》し、「みる、考《かんが》える」いみに使《つか》われます。

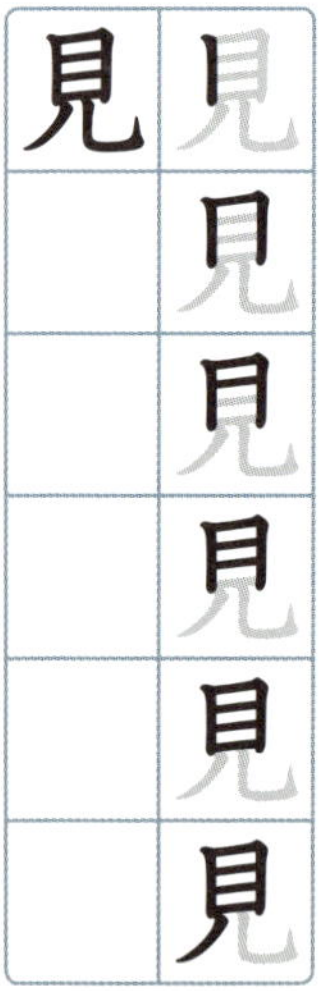

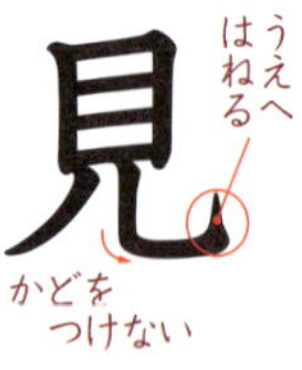

五

4画［二2画］

おん ゴ

くん いつ・いつ-つ

いみ

■いつつ。◆(五《いつ》つの感覚《かんかく》〈見《み》る・聞《き》く・味《あじ》わう・かぐ・触《ふ》れる〉)五感《ごかん》・五線紙《ごせんし》・五体《ごたい》・五輪《ごりん》

つかいかた

●子《こ》どもが**五《いつ》つ**になる。
●米《こめ》・麦《むぎ》・あわ・きび・豆《まめ》の**五《いつ》つ**を**五穀《ごこく》**という。
●**五月五日《ごがついつか》**は子《こ》どもの日《ひ》。
●**五色《ごしき》**の短冊《たんざく》。
●名前《なまえ》を**五十音順《ごじゅうおんじゅん》**で呼《よ》ぶ。

一年

もっとしろう

●**五分五分《ごぶごぶ》**―どちらも同《おな》じくらいで差《さ》がない。
●**五里霧中《ごりむちゅう》**―五里四方《ごりしほう》もある霧《きり》(=五里霧《ごりむ》)につつまれて、方角《ほうがく》がわからなくなることから、どうしたらよいかまったくわからないこと。
●**五十歩百歩《ごじっぽひゃっぽ》**―(戦場《せんじょう》で、五十歩《ごじっぽ》逃《に》げても百歩《ひゃっぽ》逃《に》げても逃《に》げたことに変《か》わりはないということから)少《すこ》しのちがいはあっても、どちらも似《に》たようなものであること。

なりたち

互《たが》いに交《まじ》わっている  の形《かたち》からできた字《じ》。指《ゆび》で数《かぞ》えるときの、折《お》り返《かえ》しの数《かず》「ご」を表《あらわ》しています。

とくべつなよみ

五月《さつき》・五月雨《さみだれ》

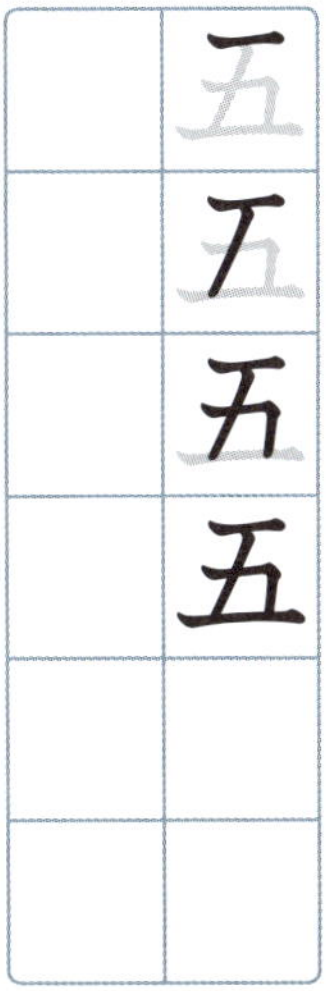

口

3画［口0画］

おん コウ・ク

くん くち

いみ

1 **くち。ことば。** ◆（口《くち》で述《の》べる）口述《こうじゅつ》・口語《こうご》・口《こう》実《じつ》・口論《こうろん》・口調《くちょう》・口数《くちかず》・口癖《くちぐせ》・口笛《くちぶえ》・口元《くちもと》・口《くち》約束《やくそく》 ◆陰口《かげぐち》・無口《むくち》

2 **出《で》たり入《はい》ったりするところ。** ◆（河《かわ》の出口《でぐち》）河《か》口《こう》・火口《かこう》・裏口《うらぐち》・表口《おもてぐち》・戸口《とぐち》・非常口《ひじょうぐち》・窓口《まどぐち》

3 **はじまり。** ◆（はじめ〈口〉の絵《え》）口絵《くちえ》・口火《くちび》 ◆糸口《いとぐち》

つかいかた

- 大《おお》きな口《くち》をあけて笑《わら》う。
- 口《くち》をそろえて意見《いけん》を述《の》べる。
- 入《い》り口《ぐち》と出口《でぐち》。
- 悪口《わるくち》を言《い》ってはいけない。

もっとしろう

- **口《くち》がすべる**－うっかり言《い》ってしまう。
- **口《くち》に出《だ》す**－ことばに出《だ》す。しゃべる。
- **口《くち》も八丁《はっちょう》手《て》も八丁《はっちょう》**－話《はな》すことも上手《じょうず》だが、やることも上手《じょうず》である。
- **口《くち》をつぐむ**－口《くち》を閉《と》じて、言《い》わない。
- **口《くち》はわざわいの門《かど》**－軽《かる》はずみなことばから災難《さいなん》を受《う》けることがあるから、ことばをつつしみなさい。

なりたち

くちの形《かたち》（ᗨ）からできた字《じ》です。口《くち》はあな（孔《こう》）になっているのでコウといいました。

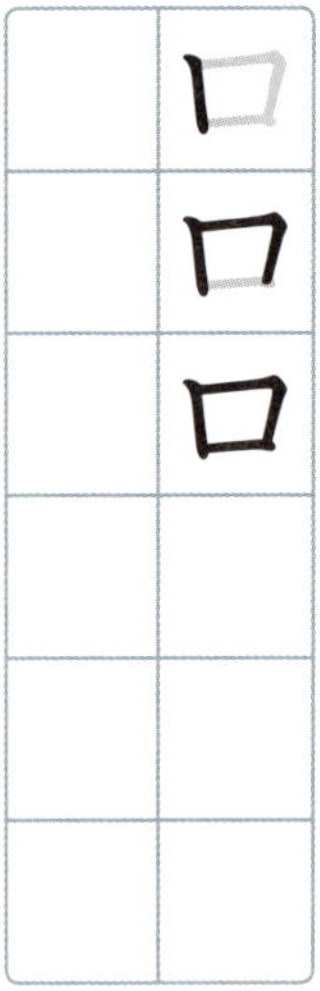

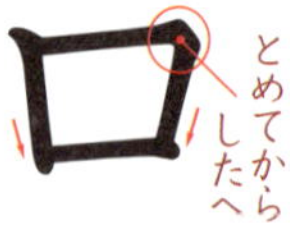

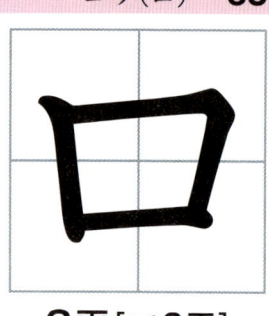

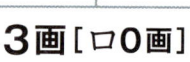

校

10画[木6画]

おん コウ

くん

いみ

1 **がっこう。** ◆(学校《がっこう》の門《もん》)校門《こうもん》・校医《こうい》・校歌《こうか》・校《こう》旗《き》・校庭《こうてい》 ◆休校《きゅうこう》・下校《げこう》・登校《とうこう》・分校《ぶんこう》・母校《ぼこう》・本校《ほんこう》

2 **くらべる。** ◆校閲《こうえつ》・校正《こうせい》

つかいかた

● ユニフォームに**校章**《こうしょう》をつける。

● **校長**《こうちょう》**先生**《せんせい》のお話《はなし》を聞《き》く。 ● **学校**《がっこう》に行《い》く。

● 父《ちち》の勤《つと》めの関係《かんけい》で**転校**《てんこう》する。

もっとしろう

● [校《こう》—学校《がっこう》のいろいろ]

「校《こう》」のいみに学校《がっこう》がありますが、その学校《がっこう》にはどのようなものがあるか見《み》てみましょう。

・国立学校《こくりつがっこう》・公立学校《こうりつがっこう》(県立学校《けんりつがっこう》・市立学校《しりつがっこう》・町立学校《ちょうりつがっこう》・村立学校《そんりつがっこう》)・私立学校《しりつがっこう》

・小学校《しょうがっこう》・中学校《ちゅうがっこう》・高等学校《こうとうがっこう》・高等専門学校《こうとうせんもんがっこう》・大学《だいがく》・幼稚園《ようちえん》

このほかにも、各種学校《かくしゅがっこう》などがあります。

なりたち

木は「き」を表《あらわ》し、交がコウという読《よ》み方《かた》と「しめつける」いみをしめしています。木で作《つく》った罪人《ざいにん》をしめつける道具《どうぐ》を表《あらわ》す字《じ》でしたが、のちに、おもに「がっこう」を表《あらわ》すようになりました。

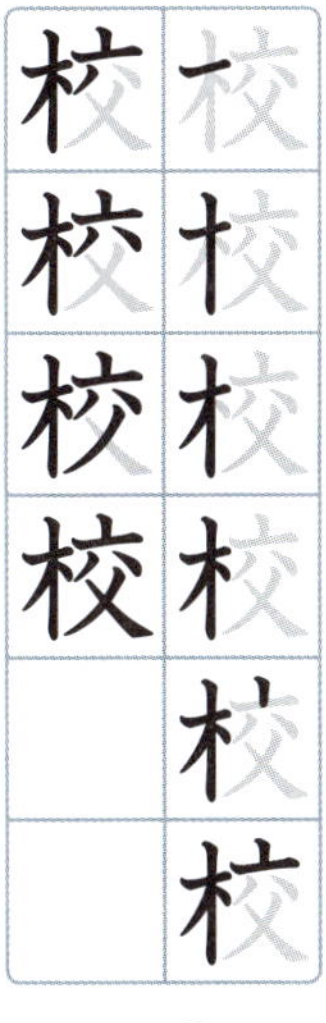

左

5画［工2画］

おん　サ

くん　ひだり

いみ

1 **ひだり。** ◇(左《ひだり》の岸《きし》)左岸《さがん》・左記《さき》・左折《させつ》・左右《さゆう》・左手《ひだりて》

2 **今《いま》までのやり方《かた》をかえようとする考《かんが》え。** ◇左派《さは》

つかいかた

●角《かど》を左《ひだり》に曲《ま》がる。●左《ひだり》のうでをのばす。●左《ひだり》向《む》け左《ひだり》。●車《くるま》が道《みち》の左側《ひだりがわ》を走《はし》る。●左利《ひだりき》きの人《ひと》。●右左《みぎひだり》をよく見《み》て道《みち》をわたる。

もっとしろう

●**左遷《させん》**ー(むかし中国《ちゅうごく》では右《みぎ》が上《うえ》の位《くらい》だったことから)低《ひく》い地位《ちい》に下《さ》げること。(「遷《せん》」は、移《うつ》るいみ)

●**左《ひだり》うちわで暮《く》らす**ー左手《ひだりて》でのんびりうちわをあおぐことから、苦労《くろう》しないで気楽《きらく》に暮《く》らすようす。

●**左前《ひだりまえ》になる**ー着物《きもの》の着《き》かたをふつうと反対《はんたい》(右《みぎ》のえりを上《うえ》)にすることから、ふつうでなくなる。特《とく》に、お金《かね》に困《こま》る状態《じょうたい》になる。

●［左《ひだり》の書《か》き順《じゅん》］「左《ひだり》」は「一」を、「右《みぎ》」は「ノ」を最初《さいしょ》に書《か》きます。

なりたち

もとの字《じ》は左。ひだり手《て》を表《あらわ》す𠂇(サ)と工作《こうさく》の道具《どうぐ》(工)からできています。「道具《どうぐ》を持《も》つ右手《みぎて》をたすける左手《ひだりて》」のいみで、「ひだり」として使《つか》われます。

三

3画［一2画］

おん　サン

くん　み・み-つ・みっ-つ

いみ

1 みっつ。◆(三《みっ》つの角《かく》)三角《さんかく》・三脚《さんきゃく》・三振《さんしん》・三《さん》拍子《びょうし》・三日月《みかづき》・三毛猫《みけねこ》 ◆七五三《しちごさん》

2 たくさん。◆(再《ふたた》び三《み》たび)再三《さいさん》

つかいかた

- 一《いち》、二《に》の三《さん》とかけ声《ごえ》をかける。
- 三《みっ》つの種《たね》。
- 本《ほん》を三回《さんかい》読《よ》む。
- 三角形《さんかくけい》を書《か》く。
- 新聞《しんぶん》の三面記事《さんめんきじ》。

もっとしろう

- **三寒四温《さんかんしおん》**－三日間《みっかかん》寒《さむ》い日《ひ》が続《つづ》くと、つぎの四日間《よっかかん》はあたたかい日《ひ》になるという、冬《ふゆ》の気候《きこう》を表《あらわ》すことば。
- **三日坊主《みっかぼうず》**－三日《みっか》であきて、長続《ながつづ》きしないこと。
- **三拍子《さんびょうし》そろう**－だいじな三《みっ》つの条件《じょうけん》がそろっている。たとえば、スポーツでは「心《しん》・技《ぎ》(＝わざ)・体《たい》」。
- **三度目《さんどめ》の正直《しょうじき》**－一《いち》、二度《にど》は失敗《しっぱい》したりしてあてにならないが、三度《さんど》めはうまくいくこと。
- **三《み》つ子《ご》の 魂《たましい》百《ひゃく》まで**－小《ちい》さいころの性格《せいかく》は、年《とし》をとっても変《か》わらない。

なりたち

一をみっつ重《かさ》ねた形《かたち》で、数《かず》の「さん」を表《あらわ》しています。

とくべつなよみ

三味線《しゃみせん》

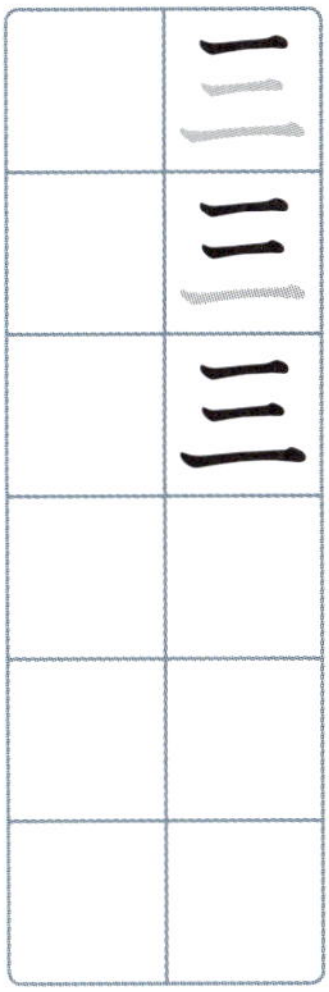

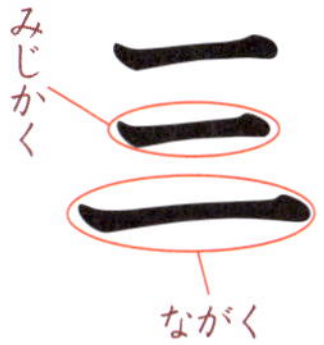

山

3画［山0画］

おん　サン

くん　やま

いみ

■**やま。** ⬘（山《やま》の中《なか》の道《みち》）山道《やまみち》（さんどう）・山河《さんが》・山間《さんかん》・山賊《さんぞく》・山村《さんそん》・山地《さんち》・山脈《さんみゃく》・山門《さんもん》・山林《さんりん》・山奥《やまおく》・山国《やまぐに》・山場《やまば》・山彦《やまびこ》 ⬙火山《かざん》・下山《げざん》・高山《こうざん》・鉱山《こうざん》・登山《とざん》・氷山《ひょうざん》・連山《れんざん》

つかいかた

●山《やま》に登《のぼ》る。●山菜《さんさい》を採《と》る。●山頂《さんちょう》に立《た》つ。
●山野《さんや》をかけめぐる。●山小屋《やまごや》にとまる。
●山里《やまざと》に春《はる》が来《く》る。●黒山《くろやま》の人《ひと》だかり。

もっとしろう

●**山《やま》の幸《さち》**－山《やま》でとれる、鳥《とり》やけもの、きのこや山菜《さんさい》などの食《た》べもの。
●**山《やま》を越《こ》す**－最《もっと》もたいへんなところを過《す》ぎる。
●**山椒《さんしょう》は小粒《こつぶ》でもぴりりと辛《から》い**－（山椒《さんしょう》の実《み》は小《ちい》さくても辛《から》いことから）からだは小《ちい》さくても、すぐれているところがありあなどれないというたとえ。
●**山高《やまたか》きが故《ゆえ》に貴《たっと》からず**－山《やま》は高《たか》いから価値《かち》があるのではなく、樹木《じゅもく》が生《お》いしげっていてこそ価値《かち》があるのである。みかけより実際《じっさい》がたいせつだ。

なりたち

山《やま》の形《かたち》（）からできた字《じ》。けわしいみねがならんでそびえるようすから、「やま、高《たか》くなったところ」を表《あらわ》します。

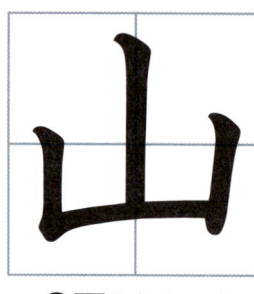

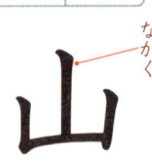

とくべつなよみ

山車《だし》・築山《つきやま》

山　山　山

山　ながく

子

3画［子0画］

おん　シ・ス

くん　こ

いみ

1 こども。◆（宝《たから》のようにたいせつな子《こ》）子宝《こだから》・子《し》女《じょ》・子孫《しそん》・子弟《してい》・子供《こども》◆王子《おうじ》・皇子《おうじ》・母子《ぼし》

2 たね。◆子房《しぼう》・子葉《しよう》◆種子《しゅし》・卵子《らんし》

3 おとこ。◆君子《くんし》・太子《たいし》

4 小《ちい》さいもの。◆電子《でんし》・分子《ぶんし》

5 ほかのことばの下《した》につけて使《つか》うことば。◆菓《か》子《し》・調子《ちょうし》・拍子《ひょうし》・帽子《ぼうし》・椅子《いす》・様子《ようす》・団子《だんご》

6 十二支《じゅうにし》の一番《いちばん》め。ね。

つかいかた

●元気《げんき》な子《こ》。●親《おや》と子《こ》。●男子《だんし》と女子《じょし》。

もっとしろう

●**子《こ》どもの使《つか》い**－わけがわからずあまり役《やく》に立《た》たない使《つか》い。

●**子《こ》どもは風《かぜ》の子《こ》**－子《こ》どもは寒《さむ》い風《かぜ》の中《なか》でも元気《げんき》に走《はし》り回《まわ》るものだ。（「大人《おとな》は火《ひ》の子《こ》」と続《つづ》く）

●**子《こ》どものけんかに親《おや》が出《で》る**－ささいな争《あらそ》いを大《おお》きな争《あらそ》いにしてしまうたとえ。

なりたち

こどものすがた（）からできた字《じ》で、「こども、人《ひと》」を表《あらわ》しています。また、ほかのことばの下《した》につけて、「使《つか》う物《もの》」のいみをそえる働《はたら》きもします。

とくべつなよみ

迷子《まいご》・息子《むすこ》

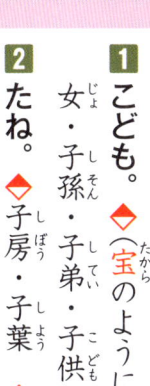

四

5画［口2画］

おん シ

くん よ・よ-つ・よっ-つ・よん

いみ

■よっつ。◆(四《よっ》つの季節《きせつ》)四季《しき》・四角《しかく》・四方《しほう》
◆再三再四《さいさんさいし》

つかいかた

● 日本《にほん》は四《よっ》つの方角《ほうがく》を海《うみ》に囲《かこ》まれている。
● 四《よ》つ角《かど》を左《ひだり》に曲《ま》がる。
● ぼくの家《いえ》は四人《よにん》家族《かぞく》だ。

もっとしろう

● **四苦八苦《しくはっく》**－仏教《ぶっきょう》で説《と》かれている四《よっ》つの苦《くる》しみと八《やっ》つの苦《くる》しみ。非常《ひじょう》に苦心《くしん》・苦労《くろう》をすること。
● **四天王《してんのう》**－仏教《ぶっきょう》で、四《よっ》つの方角《ほうがく》を守《まも》る持国天《じこくてん》・増長《ぞうじょう》天《てん》・広目天《こうもくてん》・多聞天《たもんてん》。
● **四六時中《しろくじちゅう》**－四《よん》の六倍《ろくばい》が二十四《にじゅうし》ということから、一日《いちにち》(二十四時間《にじゅうよじかん》)じゅう。昼《ひる》も夜《よる》も。
● **四《よ》つに組《く》む**－(すもうの組《く》み方《かた》を表《あらわ》すことばで)正面《しょうめん》から堂々《どうどう》と組《く》み合《あ》う。

なりたち

もとは、口《くち》(口)と舌《した》(八)とで呼吸《こきゅう》を表《あらわ》していた字《じ》。数《かず》の「よっつ」を「三」と書《か》いていましたが、「三《さん》」とまぎらわしいので、この字《じ》が用《もち》いられました。

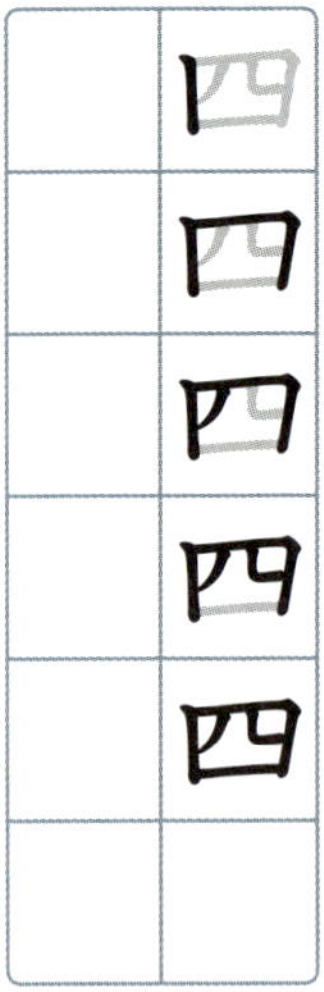

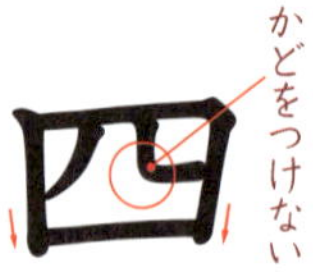

糸

6画［糸0画］

おん シ

くん いと

いみ

■いと。◆糸車《いとぐるま》 ◆（毛《け》の糸《いと》）毛糸《けいと》・絹糸《けんし》（きぬいと）・蚕《さん》糸《し》・製糸《せいし》・生糸《きいと》

つかいかた

●糸《いと》でぬう。 ●くもの糸《いと》。

●三味線《しゃみせん》の糸《いと》。 ●針《はり》に糸《いと》を通《とお》す。

●問題解決《もんだいかいけつ》の糸口《いとぐち》を探《さぐ》る。

もっとしろう

●**糸目《いとめ》をつけない**－（「糸目《いとめ》」は、つりあいをとるためにたこにつける糸《いと》のこと。糸目《いとめ》をつけないたこが風《かぜ》まかせになることから）つりあいを考《かんが》えない。制《せい》限《げん》を加《くわ》えない。多《おお》く、「金《かね》に糸目《いとめ》をつけない」の形《かたち》で使《つか》われる。

●**糸《いと》を引《ひ》く**－あやつり人形《にんぎょう》を糸《いと》であやつるように、見《み》えない所《ところ》で自分《じぶん》の思《おも》うように動《うご》かす。

●［糸口《いとぐち》］

「糸口《いとぐち》を探《さぐ》る」の「糸口《いとぐち》」は糸《いと》の先端《せんたん》のことで、物《もの》事《ごと》のてがかりのいみです。

なりたち

まゆからできる「きいと」をより合《あ》わせた形《かたち》（）からでき、「いと」のいみに使《つか》われます。

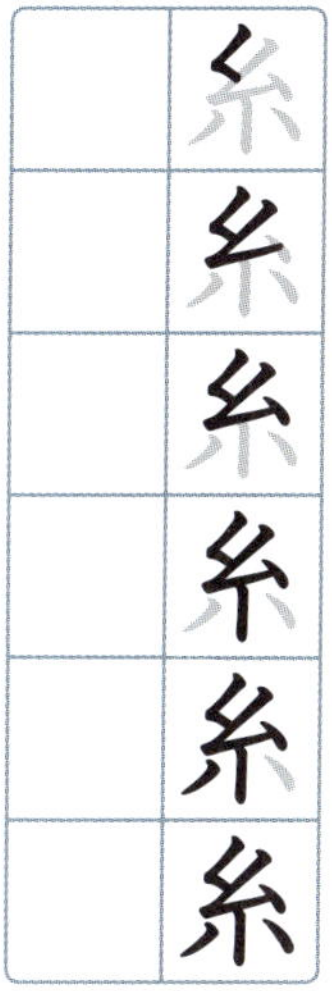

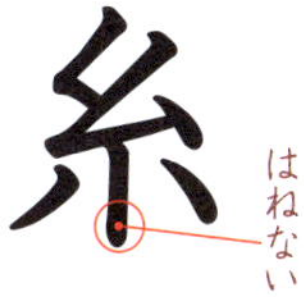

字

6画［子3画］

おん　ジ

くん　（あざ）

いみ

1 **もじ。** ◆（字《じ》の形《かたち》）字形《じけい》・字音《じおん》・字画《じかく》・字句《じく》・字《じ》訓《くん》・字体《じたい》・字面《じづら》・字典《じてん》・字引《じびき》 ◆活字《かつじ》・黒字《くろじ》・国字《こくじ》・数字《すうじ》・点字《てんじ》・細字《ほそじ》・文字《もじ》（もんじ）・略字《りゃくじ》

2 **あざ。町《まち》や村《むら》の中《なか》の小《ちい》さな区《く》分《わ》け。** ◆大字《おおあざ》・小《こ》字《あざ》

つかいかた

●字《じ》を読《よ》む。●映画《えいが》の字幕《じまく》を読《よ》む。●一字一字《いちじいちじ》ていねいに書《か》く。●漢字《かんじ》を調《しら》べる。●誤字《ごじ》や脱字《だつじ》のないように正《ただ》しく書《か》く。●習字《しゅうじ》を習《なら》う。●名字《みょうじ》をローマ字《じ》で記《しる》す。

もっとしろう

●［字画《じかく》］
漢字《かんじ》を組《く》み立《た》てている点《てん》や線《せん》、またその数《かず》をいいます。

なりたち

家《いえ》（宀）の中《なか》で子《こ》を育《そだ》てているようすを表《あらわ》す字《じ》です。子《こ》を産《う》むように次々《つぎつぎ》ともじが作《つく》られてふえることから、「もじ」のいみに使《つか》われています。子がジという読《よ》み方《かた》をしめしています。

耳

6画［耳0画］

おん　(ジ)

くん　みみ

いみ

■みみ。◆(耳《みみ》と鼻《はな》)耳鼻《じび》・耳学問《みみがくもん》・耳元《みみもと》　◆中耳《ちゅうじ》炎《えん》・空耳《そらみみ》・早耳《はやみみ》

つかいかた

●耳《みみ》をすまして聞《き》く。●耳《みみ》が遠《とお》くなる。
●パンの耳《みみ》。●そっと耳打《みみう》ちする。
●きれいな耳飾《みみかざ》り。●耳《みみ》ざわりな音《おと》。
●耳鳴《みみな》りがする。

一年

もっとしろう

●**耳《みみ》が痛《いた》い**－自分《じぶん》のよくないところを言《い》われて、聞《き》くのがつらい。
●**耳《みみ》が早《はや》い**－うわさなどをすばやく聞《き》いて、知《し》っている。
●**耳《みみ》にたこができる**－何回《なんかい》も同《おな》じことを聞《き》かされて、うんざりする。
●**耳《みみ》にはさむ**－ちらっと聞《き》く。
●**耳《みみ》を傾《かたむ》ける**－注意《ちゅうい》して熱心《ねっしん》に聞《き》く。
●［耳《みみ》の字《じ》の形《かたち》］
「耳《みみ》」はほかの字《じ》と組《く》み合《あ》わさった場合《ばあい》、五画《ごかく》めは「耳」とつきでません。「聞」「聴」など。

なりたち

みみの形《かたち》()からできた字《じ》で、「みみ」を表《あらわ》しています。

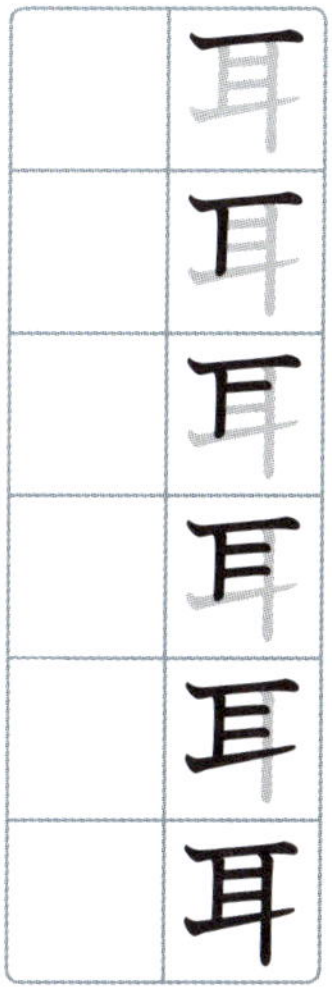

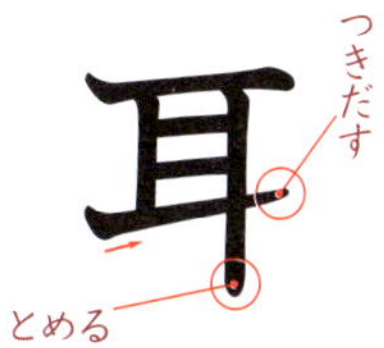

七

2画［一1画］

おん　シチ

くん　なな・なな-つ・なの

いみ　■**ななつ。**◆(七人《しちにん》の福《ふく》の神《かみ》)七福神《しちふくじん》・七五三《しちごさん》・七《しち》面鳥《めんちょう》

つかいかた

- 九九《くく》の**七**《しち》の段《だん》をおぼえる。
- **七つ**《なな》のお祝《いわ》い。
- **七輪**《しちりん》で魚《さかな》を焼《や》く。
- **七色**《なないろ》のにじ。
- **七草《ななくさ》がゆ**を食《た》べる。
- **七つ**《なな》数《かぞ》える。

もっとしろう

- **七転八倒**《しちてんばっとう》－七回転《ななかいころ》んで八回倒《はちかいたお》れるということで、もがき苦《くる》しんでのたうち回《まわ》るようす。
- **七難八苦**《しちなんはっく》－この世《よ》で起《お》こるさまざまな災《わざわ》いや苦《くる》しみ。
- **七転《ななころ》び八起《やお》き**－七回転《ななかいころ》んで八回起《はちかいお》き上《あ》がるということで、どんなに失敗《しっぱい》してもくじけないでがんばるようす。

なりたち

もとの形《かたち》は十。まん中《なか》からきるいみを表《あらわ》していましたが、同《おな》じ発音《はつおん》の、数《かず》の「しち」として用《もち》いられ、「しち」のいみを表《あらわ》すようになりました。

とくべつなよみ

七夕《たなばた》

※「なの」という読《よ》み―七日《なのか》(なぬか)

七　七

車

7画［車0画］

おん シャ

くん くるま

いみ

1 **くるま。** ◆(車《くるま》の輪《わ》)車輪《しゃりん》 ◆滑車《かっしゃ》・風車《ふうしゃ》(かざぐるま)・糸車《いとぐるま》・歯車《はぐるま》・水車《みずぐるま》(すいしゃ)

2 **(くるまのついた)乗り物《もの》。** ◆(車《くるま》の通《とお》る道《みち》)車《しゃ》道《どう》・車掌《しゃしょう》・車体《しゃたい》・車両《しゃりょう》 ◆貨車《かしゃ》・機関車《きかんしゃ》・汽車《きしゃ》・空車《くうしゃ》・降車《こうしゃ》・自動車《じどうしゃ》・人力車《じんりきしゃ》・停車《ていしゃ》・電車《でんしゃ》・馬《ば》車《しゃ》・発車《はっしゃ》・列車《れっしゃ》

つかいかた

●**車**《くるま》を運転《うんてん》する。 ●**車**《くるま》を**車庫**《しゃこ》に入《い》れる。

●途中《とちゅう》で**下車**《げしゃ》する。 ●**自転車**《じてんしゃ》に乗《の》る。

●**乗車券**《じょうしゃけん》を買《か》う。 ●**車**《くるま》**いす**に座《すわ》る。

もっとしろう

●**車**《くるま》**の両輪**《りょうりん》―(車《くるま》の車輪《しゃりん》のように両方《りょうほう》がそろわないと役《やく》に立《た》たないことから)どちらが欠《か》けても困《こま》るほどの深《ふか》い関係《かんけい》のたとえ。

●**車**《くるま》**を拾**《ひろ》**う**―タクシーを呼《よ》びとめて、乗《の》る。

●**車**《くるま》**は海**《うみ》**へ舟**《ふね》**は山**《やま》―物事《ものごと》があべこべなたとえ。

なりたち

人《ひと》の乗《の》るくるまの形《かたち》(車)からできた字《じ》で、たての線《せん》はくるまのじくを表《あらわ》しています。「くるま」のいみに使《つか》われます。

とくべつなよみ

山車《だし》

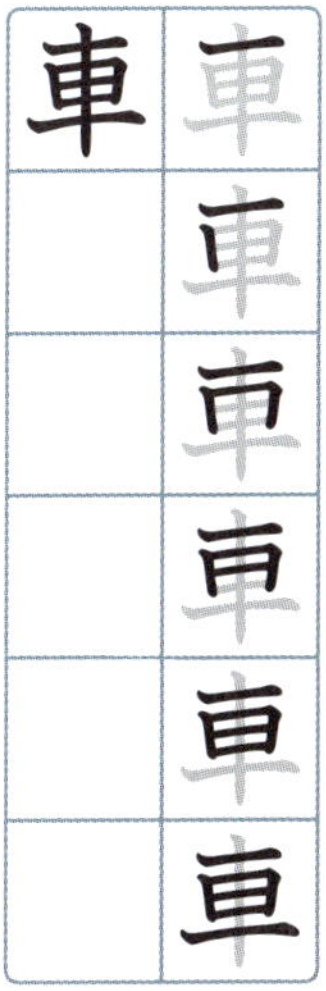

手

おん　シュ

くん　て・(た)

4画[手0画]

一年

いみ

1 て。◆(自分《じぶん》の手《て》で記《しる》す)手記《しゅき》・手芸《しゅげい》・手術《しゅじゅつ》・手動《しゅどう》・手話《しゅわ》・手鏡《てかがみ》・手形《てがた》・手紙《てがみ》・手首《てくび》・手品《てじな》・手帳《てちょう》・手荷物《てにもつ》・手袋《てぶくろ》・手綱《たづな》 ◆握手《あくしゅ》・拍手《はくしゅ》・両手《りょうて》

2 する。やり方《かた》。仕事《しごと》。◆(手《て》だて・段《だん》どり)手《しゅ》段《だん》・手腕《しゅわん》・手柄《てがら》・手口《てぐち》・手下《てした》・手配《てはい》・手不足《てぶそく》・手本《てほん》・手間《てま》 ◆歌手《かしゅ》・選手《せんしゅ》・投手《とうしゅ》・捕手《ほしゅ》・相手《あいて》

3 方向《ほうこう》。◆上手《かみて》・下手《しもて》

4 きず。◆(深《ふか》いきず〈手〉)深手《ふかで》

つかいかた

●**手**《て》をあげる。●**苦手**《にがて》なスポーツ。●**手足**《てあし》が長《なが》い。●**右手**《みぎて》と**左手**《ひだりて》。●**手先**《てさき》が器用《きよう》だ。

もっとしろう

●**手**《て》**が足**《た》**りない**―働《はたら》く人《ひと》の数《かず》が足《た》りない。

●**手**《て》**に入**《い》**れる**―自分《じぶん》のものにする。

●**手**《て》**に手**《て》**を取**《と》**る**―たがいに手《て》をにぎり合《あ》う。いっしょに行動《こうどう》する。

●**手**《て》**も足**《あし》**も出**《で》**ない**―自分《じぶん》の力《ちから》ではどうすることもできない。

なりたち

五本《ごほん》の指《ゆび》を開《ひら》いたてのひらの形《かたち》()からできた字《じ》。

とくべつなよみ

上手《じょうず》・下手《へた》・手伝《てつだ》う

※「た」という読《よ》み―手綱《たづな》・手繰《たぐ》る

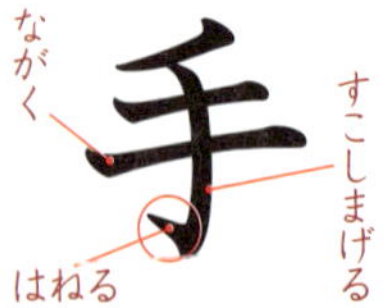

十

2画［十0画］

おん　ジュウ・ジッ

くん　とお・と

いみ

1 とお。◆(十本《じっぽん》の指《ゆび》)十指《じっし》・十円玉《じゅうえんだま》・十枚《じゅうまい》・十《じっ》回《かい》・十才《じっさい》・十本《じっぽん》

2 たくさん。すべて。◆十分《じゅうぶん》

つかいかた

●十《じゅう》まで数《かぞ》える。●十五夜《じゅうごや》の月《つき》。

●十字路《じゅうじろ》を右《みぎ》へ曲《ま》がる。

●十二分《じゅうにぶん》に食《た》べる。●道《みち》が十文字《じゅうもんじ》に交《まじ》わる。

もっとしろう

●十人十色《じゅうにんといろ》ー人《ひと》はそれぞれ顔《かお》かたちがちがうように、感《かん》じ方《かた》や考《かんが》え方《かた》もみんなちがう。

●十年一日《じゅうねんいちじつ》ー十年《じゅうねん》が一日《いちにち》のようだということで、同《おな》じことをくり返《かえ》して変化《へんか》のないようす。

●十人並《じゅうにんな》みー顔《かお》かたちや才能《さいのう》がごくふつうである。

●十《じっ》ぱ一《ひと》からげーいろいろなものを区別《くべつ》しないで、ひとまとめにしてしまうこと。

なりたち

もとの形《かたち》は。あな(・)のついたはりを表《あらわ》す字《じ》で、はりのことを「じゅう」といったことから、数《かず》の「じゅう」として用《もち》いられ、「とお」のいみをもつようになりました。

とくべつなよみ

十重二十重《とえはたえ》・二十《はたち》・二十歳《はたち》・二十日《はつか》

※「十回《じっかい》」は「じゅっかい」とも読《よ》みます。

一年

出

5画［凵3画］

おん　シュツ・(スイ)

くん　で-る・だ-す

いみ

■でる。だす。◆(血《ち》が出《で》る)出血《しゅっけつ》・出演《しゅつえん》・出勤《しゅっきん》・出現《しゅつげん》・出港《しゅっこう》・出産《しゅっさん》・出世《しゅっせ》・出席《しゅっせき》・出発《しゅっぱつ》・出版《しゅっぱん》・出品《しゅっぴん》　◆支出《ししゅつ》・輸出《ゆしゅつ》・船出《ふなで》

つかいかた

●外《そと》に**出《で》る**。●元気《げんき》が**出《で》る**。●高校《こうこう》を**出《で》る**。●大声《おおごえ》を**出《だ》す**。●答《こた》えを**出《だ》す**。●手紙《てがみ》を**出《だ》す**。●**出火《しゅっか》**の原因《げんいん》を調《しら》べる。●**出欠《しゅっけつ》**をとる。●オリンピックに**出場《しゅつじょう》**する。●東京《とうきょう》の**出身《しゅっしん》**。

もっとしろう

●**出《で》たとこ勝負《しょうぶ》**－予定《よてい》や計画《けいかく》を立《た》てないで、その場《ば》のようすや結果《けっか》でやり方《かた》を決《き》める。

●**出《で》る幕《まく》がない**－出《で》ていって話《はなし》をしたり、活躍《かつやく》したりする機会《きかい》がない。

●**出《で》るくいは打《う》たれる**－(ほかとそろえるため、出《で》っぱっているくいは打《う》たれるということから)とかく目立《めだ》った行動《こうどう》をする人《ひと》は、ほかの人《ひと》からにくまれるものだというたとえ。

なりたち

あな(凵)から草《くさ》(屮)がでることからできた字《じ》です。また、屮はもと㞢と書《か》いて足《あし》を表《あらわ》し、あな(凵)から外《そと》にでるようすをしめしているという考《かんが》え方《かた》もあります。

とくべつなよみ

※「スイ」という読《よ》み―出納《すいとう》

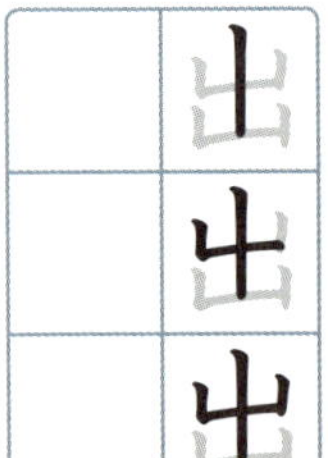

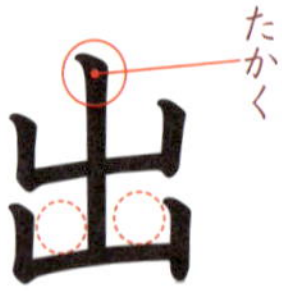

女

3画［女0画］

おん　ジョ・（ニョ・ニョウ）

くん　おんな・（め）

いみ

■おんな。◆（女《おんな》の王様《おうさま》）女王《じょおう》・女子《じょし》・女児《じょじ》・女《じょ》性《せい》・女優《じょゆう》　◆彼女《かのじょ》・次女《じじょ》・長女《ちょうじょ》・魔女《まじょ》・幼女《ようじょ》

つかいかた

●女《おんな》の先生《せんせい》。　●かわいい女《おんな》の子《こ》。
●病院《びょういん》の女医《じょい》さん。　●女声合唱《じょせいがっしょう》を聞《き》く。
●少年《しょうねん》と少女《しょうじょ》。　●天女《てんにょ》の羽衣《はごろも》。
●女物《おんなもの》のかさ。　●女《おんな》らしいやさしさ。
●自由《じゆう》の女神《めがみ》。

もっとしろう

●「「女」からできた「め」と「メ」」

女→め　女→メ

●「「女性《じょせい》」の呼《よ》び方《かた》」
・幼《おさな》い時《とき》―女児《じょじ》・少女《しょうじょ》・童女《どうじょ》・女《おんな》の子《こ》・お嬢《じょう》さん
・若《わか》い時《とき》―女子《じょし》・乙女《おとめ》・娘《むすめ》・おねえさん
・成人《せいじん》―女性《じょせい》・女人《にょにん》・淑女《しゅくじょ》・婦女《ふじょ》・婦人《ふじん》・おばさん
・老人《ろうじん》―老女《ろうじょ》・老婆《ろうば》・老婦人《ろうふじん》・おばあさん

なりたち

もとの形《かたち》は。おんなの人《ひと》がひざまずいて両手《りょうて》をくみ合《あ》わせている形《かたち》からできた字《じ》で、「おんな」のいみに使《つか》われます。

とくべつなよみ

海女《あま》・乙女《おとめ》

※「ニョウ」という読《よ》み―女房《にょうぼう》

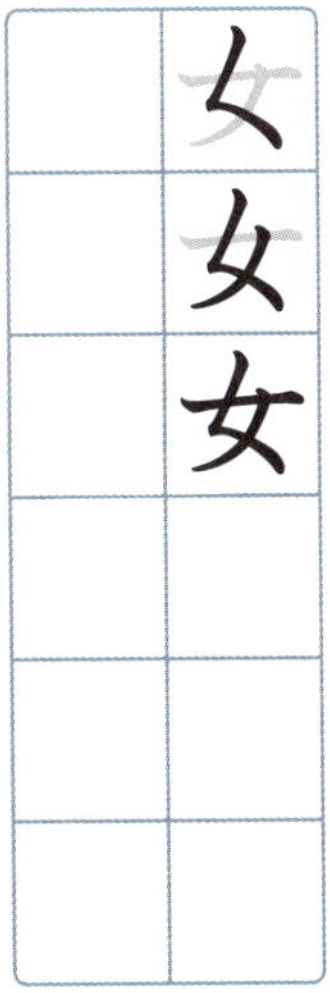

小

3画［小0画］

おん ショウ

くん ちい-さい・こ・お

いみ

■**ちいさい。わずか。** ◆(小《ちい》さい川《かわ》) 小川《おがわ》・小学《しょうがく》生《せい》・小説《しょうせつ》・小児《しょうに》・小便《しょうべん》・小形《こがた》・小型《こがた》・小銭《こぜに》・小僧《こぞう》・小間物《こまもの》・小道《こみち》・小麦《こむぎ》・小指《こゆび》 ◆大小《だいしょう》

つかいかた

● 小《ちい》さい声《こえ》で話《はな》す。● 近所《きんじょ》の小《ちい》さな子《こ》。● 小石《こいし》を投《な》げる。● 小包《こづつみ》を開《ひら》く。● 小鳥《ことり》が鳴《な》く。● 白雪姫《しらゆきひめ》と七人《しちにん》の小人《こびと》。● 雨《あめ》が小降《こぶ》りになる。● 山小屋《やまごや》を建《た》てる。● 春《はる》の小川《おがわ》。

もっとしろう

● **小首《こくび》をかしげる**－首《くび》をちょっと傾《かたむ》けて考《かんが》える。
● **小手調《こてしら》べ**－本格的《ほんかくてき》に始《はじ》める前《まえ》に、試《ため》しにやってみること。
● **小手《こて》をかざす**－手《て》を目《め》の上《うえ》にさしかける。
● **小耳《こみみ》にはさむ**－ちらっと聞《き》く。
● **小《しょう》の虫《むし》を殺《ころ》して大《だい》の虫《むし》を助《たす》ける**－小《ちい》さいことをぎせいにして、大《おお》きいことを成功《せいこう》させる。
● ［こゆびは「小指《こゆび》」］ 太《ふと》い親指《おやゆび》に対《たい》して、小《ちい》さい指《ゆび》は子指《こゆび》ではなく「小指《こゆび》」です。指《ゆび》に親子関係《おやこかんけい》はないのです。

なりたち

もとの形《かたち》は∴。点《てん》を三《みっ》つ書《か》いて「ちいさい、こまかい」いみに使《つか》われます。

とくべつなよみ

小豆《あずき》

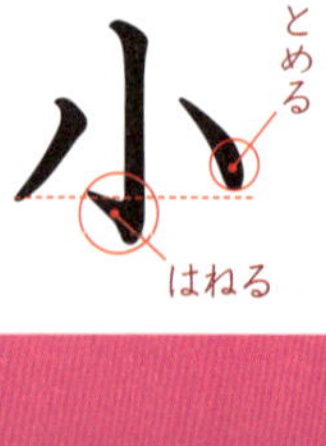

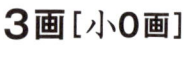

上

3画［一2画］

おん　ジョウ・(ショウ)

くん　うえ・うわ・かみ・あ-げる・あ-がる・のぼ-る・(のぼ-せる・のぼ-す)

いみ

1 うえ。◇(上《うえ》の等級《とうきゅう》)上級《じょうきゅう》・上位《じょうい》・上空《じょうくう》・上下《じょうげ》(うえ した)・上等《じょうとう》・上半身《じょうはんしん》・上品《じょうひん》・上流《じょうりゅう》・上着《うわぎ》◇屋上《おくじょう》・海上《かいじょう》・地上《ちじょう》・頂上《ちょうじょう》・陸上《りくじょう》・川上《かわかみ》

2 のぼる。あがる。◇(上《うえ》に昇《のぼ》る)上昇《じょうしょう》・上京《じょうきょう》・上陸《じょうりく》

3 はじめのほう。◇上旬《じょうじゅん》・上半期《かみはんき》

つかいかた

●上《じょう》・中《ちゅう》・下《げ》の三巻《さんかん》の本《ほん》。●山《やま》の上《うえ》。●上《かみ》の句《く》。●腕前《うでまえ》を上《あ》げる。●二階《にかい》へ上《あ》がる。●上《のぼ》りの列車《れっしゃ》。●坂《さか》を上《のぼ》る。●字《じ》が上達《じょうたつ》する。●川《かわ》の上流《じょうりゅう》。●台風《たいふう》が北上《ほくじょう》する。●舞台《ぶたい》の上手《かみて》。

なりたち

ある所《ところ》からうえにあることを示《しめ》す⼆と⊥が組《く》み合《あ》わさってできた字《じ》で、「うえ、のぼる」いみに使《つか》われます。

つかいわけ

●登《のぼ》る・上《のぼ》る →〈登《とう》〉252ページ

●挙《あ》げる・上《あ》げる →〈挙《きょ》〉289ページ

とくべつなよみ

上手《じょうず》

※「ショウ」という読《よ》み—上人《しょうにん》など

※「うわ」という読《よ》み—上着《うわぎ》・上手投《うわてな》げ

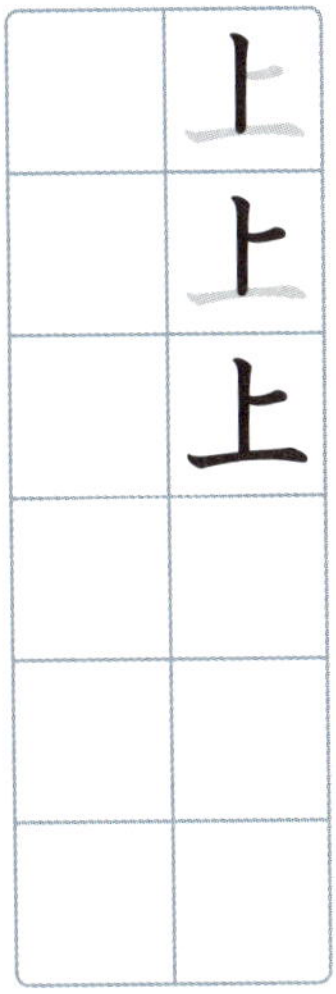

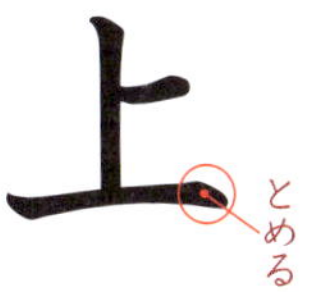

森

12画［木8画］

おん　シン

くん　もり

いみ

■もり。◆（森《もり》と林《はやし》）森林《しんりん》・森林浴《しんりんよく》

つかいかた

●こんもりとした森《もり》。
●森《もり》のおく。
●深《ふか》い森《もり》。
●お宮《みや》の森《もり》。

もっとしろう

●［森《もり》と林《はやし》］

「森《もり》」は「林《はやし》」より木《き》が一《ひと》つ多《おお》いから林《はやし》より木《き》が多《おお》いと考《かんが》えられますが、実際《じっさい》はいろいろな場合《ばあい》があり、使《つか》い方《かた》によって区別《くべつ》されます。

「森《もり》」は、木《き》が黒々《くろぐろ》ともりあがっている所《ところ》で、神《かみ》や妖精《ようせい》の宿《やど》る所《ところ》としても使《つか》われ（例《れい》「鎮守《ちんじゅ》の森《もり》・森《もり》の精《せい》」）、「林《はやし》」は、たくさんの木《き》が広《ひろ》くむらがって生《は》えて（生やし）いるようすに用《もち》いられます。（例《れい》「原始林《げんしりん》・自然林《しぜんりん》・密林《みつりん》」）

なりたち

木を三《みっ》つ書《か》いて、たくさんの木《き》がしげっていることをしめした字《じ》で、「もり」のいみに使《つか》われます。

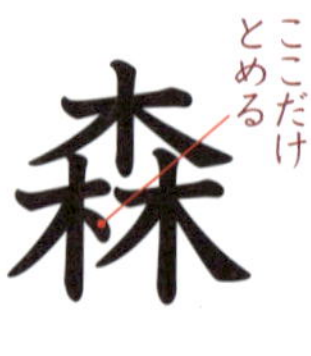

人

2画［人0画］

おん　ジン・ニン

くん　ひと

いみ

■ひと。◆（人《ひと》の体《からだ》）人体《じんたい》・人員《じんいん》・人格《じんかく》・人工《じんこう》・人生《じんせい》・人物《じんぶつ》・人命《じんめい》・人間《にんげん》・人情《にんじょう》・人数《にんずう》（ずにん）・人手《ひとで》

◆偉人《いじん》・個人《こじん》・詩人《しじん》・主人《しゅじん》・新人《しんじん》・達人《たつじん》・美人《びじん》・名人《めいじん》・悪人《あくにん》・商人《しょうにん》・善人《ぜんにん》・他人《たにん》・本人《ほんにん》

つかいかた

- りっぱな**人**《ひと》になる。
- **日本人**《にほんじん》と**外国人**《がいこくじん》。
- ぼくの**友人**《ゆうじん》。
- **人気**《にんき》が出《で》る。
- **人形**《にんぎょう》をかう。
- 森《もり》の**番人**《ばんにん》。
- **人通**《ひとどお》**り**が多《おお》い。

もっとしろう

- **人当**《ひとあ》**たりがいい**－人《ひと》にあたえる感《かん》じがいい。
- **人**《ひと》**のうわさも七十五日**《しちじゅうごにち》－うわさはすぐ広《ひろ》まるけれど、長《なが》くは続《つづ》かないものだ。（「七十五日《しちじゅうごにち》」は、長《なが》くない期間《きかん》を表《あらわ》す）
- **人**《ひと》**のふり見**《み》**てわがふり直**《なお》**せ**－よその人《ひと》の行《おこな》いを見《み》て、自分《じぶん》の行《おこな》いを反省《はんせい》し、よくないところは直《なお》しなさい。

なりたち

人《ひと》が立《た》って前《まえ》かがみになっている姿《すがた》を横《よこ》から見《み》た形《かたち》（𠆢）からできた字《じ》で、「ひと」のいみに使《つか》われます。

とくべつなよみ

大人《おとな》・一人《ひとり》・二人《ふたり》・玄人《くろうと》・素人《しろうと》・仲人《なこうど》・若人《わこうど》

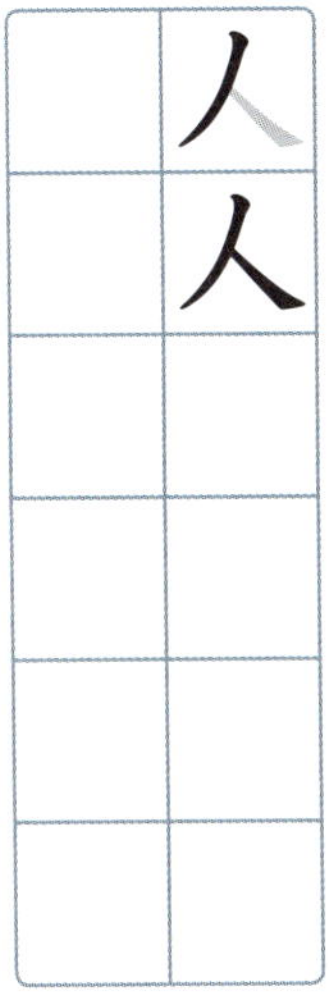

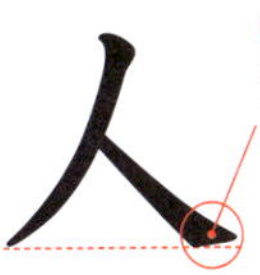

一年

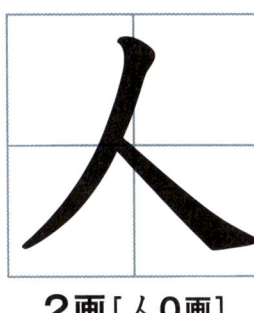

水

4画［水0画］

おん　スイ

くん　みず

いみ

■みず。◇（水《みず》の温度《おんど》）水温《すいおん》・水害《すいがい》・水車《すいしゃ》・水晶《すいしょう》・水上《すいじょう》・水蒸気《すいじょうき》・水深《すいしん》・水洗《すいせん》・水滴《すいてき》・水田《すいでん》・水筒《すいとう》・水道《すいどう》・水平《すいへい》・水面《すいめん》・水着《みずぎ》・水気《みずけ》・水鳥《みずとり》 ◇飲料水《いんりょうすい》・海水《かいすい》・香水《こうすい》・断水《だんすい》・雨水《あまみず》・大水《おおみず》・塩水《しおみず》・真水《まみず》

つかいかた

●水《みず》を飲《の》む。●草花《くさばな》に水《みず》をやる。●水泳《すいえい》の選手《せんしゅ》。●水族館《すいぞくかん》へ見学《けんがく》に行《い》く。●水分《すいぶん》の多《おお》い野菜《やさい》。●今週《こんしゅう》の水曜日《すいようび》。●水色《みずいろ》のかさ。

もっとしろう

●**水入《みずい》らず**－家族《かぞく》や親類《しんるい》の人《ひと》だけで、ほかの人《ひと》がまじっていないこと。

●**水《みず》と油《あぶら》**－水《みず》と油《あぶら》がとけ合《あ》わないように、たがいに性質《せいしつ》がちがっていてうまく合《あ》わないことのたとえ。

●**水《みず》に流《なが》す**－前《まえ》にあったもめごとや争《あらそ》いなどをすべてなかったことにする。

●**水《みず》のあわ**－あわが消《き》えてしまうように、努力《どりょく》がむだになる。

なりたち

みずの流《なが》れているようす（→）からできた字《じ》で、「みず」のいみに使《つか》われます。

とくべつなよみ

清水《しみず》

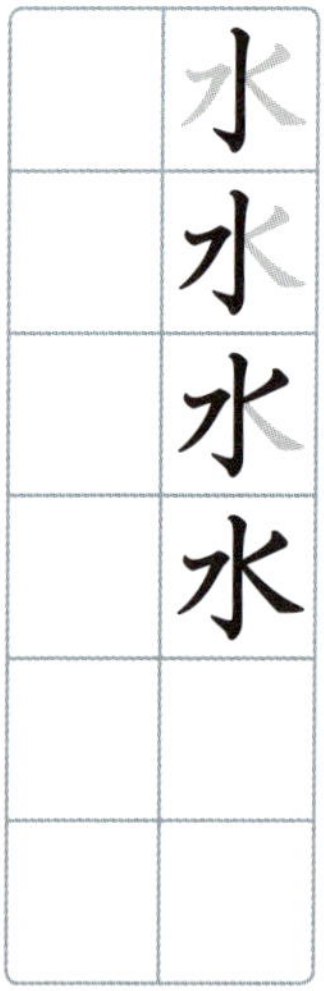

正

5画［止1画］

おん　セイ・ショウ

くん　ただ-しい・ただ-す・まさ

いみ

■ただしい。ほんとう。ちょうど。◆（正《ただ》しい解《かい》答《とう》）正解《せいかい》・正確《せいかく》・正三角形《せいさんかくけい》・正式《せいしき》・正常《せいじょう》・正反《せいはん》対《たい》・正方形《せいほうけい》・正気《しょうき》・正午《しょうご》・正体《しょうたい》　◆不正《ふせい》

つかいかた

●字《じ》を正《ただ》しく書《か》く。●姿勢《しせい》を正《ただ》す。

●正《まさ》にそのとおり。●正義《せいぎ》の味方《みかた》。

●正座《せいざ》する。●正門《せいもん》と裏門《うらもん》。●誤《あやま》りを訂正《ていせい》する。

●お正月《しょうがつ》を祝《いわ》う。●正面《しょうめん》を向《む》く。

一年

もっとしろう

●**正真正銘《しょうしんしょうめい》**－まちがいなく本物《ほんもの》であること。うそいつわりがないこと。

●**正正堂堂《せいせいどうどう》**－やり方《かた》や行《おこな》いが正《ただ》しくりっぱなようす。

●**正当防衛《せいとうぼうえい》**－急《きゅう》に理由《りゆう》もなく暴力《ぼうりょく》を受《う》けたとき、自《じ》分《ぶん》または他人《たにん》の身《み》を守《まも》るために、やむをえず相手《あいて》に害《がい》を加《くわ》える行《おこな》い。

●**正直《しょうじき》の頭《こうべ》に神宿《かみやど》る**－正直《しょうじき》な人《ひと》は、いつも神《かみ》さまが守《まも》っている。

なりたち

目的地《もくてきち》をしめす一と足《あし》の形《かたち》（　）からできた止が組《く》み合《あ》わさって、目的地《もくてきち》にまっすぐ行《い》くことを表《あらわ》している字《じ》です。「まっすぐ、ただしい」いみに使《つか》われます。

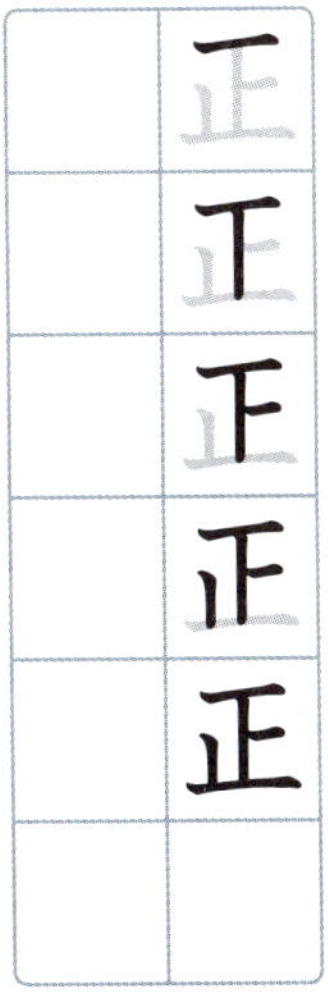

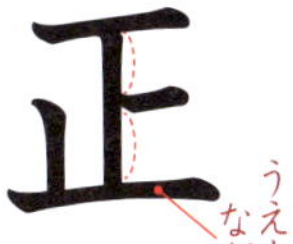

生

5画［生0画］

おん　セイ・ショウ

くん　い-きる・い-かす・い-ける・う-まれる・う-む・(お-う)・は-える・は-やす・(き)・なま

いみ

1 **うまれる。** ◆(生《う》まれて後《のち》)生後《せいご》・生産《せいさん》・生年月日《せいねんがっぴ》 ◆誕生《たんじょう》

2 **いきる。** ◆(生《い》きている物《もの》)生物《せいぶつ》・生活《せいかつ》・生存《せいぞん》・生命《せいめい》・生涯《しょうがい》 ◆人生《じんせい》・野生《やせい》・一生《いっしょう》

3 **なま。** ◆生糸《きいと》・生地《きじ》・生意気《なまいき》・生菓子《なまがし》・生卵《なまたまご》・生返事《なまへんじ》・生物《なまもの》

4 **勉強《べんきょう》する人《ひと》。** ◆生徒《せいと》 ◆一年生《いちねんせい》・学生《がくせい》・小学生《しょうがくせい》

つかいかた

●九十才《きゅうじっさい》まで生《い》きる。●チャンスを生《い》かす。●三月《さんがつ》生《う》まれ。●草《くさ》が生《お》いしげる。●歯《は》が生《は》える。●生《なま》の野菜《やさい》。●景色《けしき》を写生《しゃせい》する。

もっとしろう

●**生《い》き字引《じびき》**―なんでもよく知《し》っている人《ひと》。

●**生《い》きた心地《ここち》もしない**―こわい思《おも》いをして、生《い》きている気《き》がしない。

なりたち

草木《くさき》が芽《め》ばえる形《かたち》(生)からできた字《じ》で、「はえる、うまれる」いみに使《つか》われます。

つかいわけ

●**生《う》む・産《う》む**

生《う》む…記録《きろく》を生《う》む。利益《りえき》を生《う》む。

産《う》む…子《こ》どもを産《う》む。卵《たまご》を産《う》む。

とくべつなよみ

芝生《しばふ》・弥生《やよい》

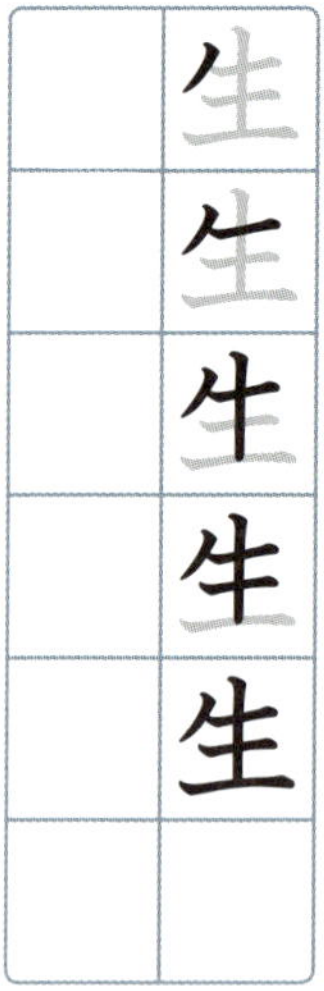

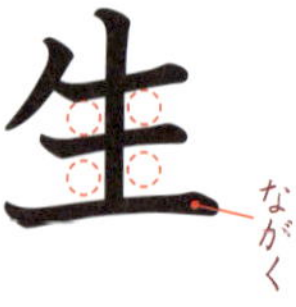

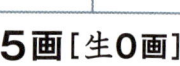

青

8画［青0画］

おん　セイ・（ショウ）

くん　あお・あお-い

いみ

1 あおい。◆（青《あお》い色《いろ》）青色《あおいろ》・青信号《あおしんごう》・青菜《あおな》・青《あお》葉《ば》・青虫《あおむし》・青物《あおもの》◆群青色《ぐんじょういろ》・緑青《ろくしょう》

2 わかい。◆青春《せいしゅん》・青年《せいねん》

つかいかた

●信号《しんごう》が青《あお》になる。●青《あお》い目《め》の人形《にんぎょう》。●青少年《せいしょうねん》向《む》けの音楽会《おんがくかい》。●木《き》が青々《あおあお》としげる。●顔《かお》が青《あお》ざめる。●すみきった青空《あおぞら》。

もっとしろう

●**青天白日**《せいてんはくじつ》ー（青空《あおぞら》にかがやく太陽《たいよう》から）正《ただ》しく、うしろめたいところがないこと。

●**青筋**《あおすじ》**を立**《た》**てる**ー（額《ひたい》に青筋《あおすじ》を立《た》てて）かんかんにおこる。

●**青**《あお》**はあいより出**《い》**でてあいより青**《あお》**し**ー青《あお》の色《いろ》はあい（藍）という草《くさ》からとるが、その色《いろ》はもとのあいより青《あお》いことから、教《おし》え子《ご》が先生《せんせい》よりすぐれることのたとえ。

なりたち

もとの形《かたち》は靑。生と丹からできています。生は草《くさ》のはえること、丹は鉱物《こうぶつ》を表《あらわ》し、「あおい」いみに使《つか》われます。

とくべつなよみ

真《ま》っ青《さお》

※「ショウ」という読《よ》み―群青《ぐんじょう》・紺青《こんじょう》・緑青《ろくしょう》

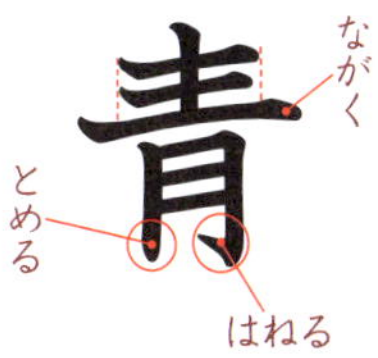

夕

3画［夕0画］

おん　（セキ）

くん　ゆう

いみ

■ゆうがた。◇(夕方《ゆうがた》に刊行《かんこう》される新聞《しんぶん》)夕刊《ゆうかん》・夕《ゆう》食《しょく》　◇朝夕《あさゆう》

つかいかた

●夕方《ゆうがた》までに帰《かえ》る。●夕暮《ゆうぐ》れがせまる。

●夕《ゆう》すずみをする。●夕立《ゆうだち》が降《ふ》る。

●西《にし》の空《そら》に夕月《ゆうづき》がかかる。●夕飯《ゆうはん》のしたくをする。

●夕日《ゆうひ》がしずむ。●夕焼《ゆうや》け小焼《こや》け。

もっとしろう

●**夕立《ゆうだち》は馬《うま》の背《せ》を分《わ》ける**－(夕立《ゆうだち》は馬《うま》の背中《せなか》の片側《かたがわ》に降《ふ》っても、もう一方《いっぽう》の側《がわ》には降《ふ》らないといういみから)夕立《ゆうだち》の降《ふ》る範囲《はんい》がごく限《かぎ》られていることのたとえ。

●**夕焼《ゆうや》けは晴《は》れ朝焼《あさや》けは雨《あめ》**－夕焼《ゆうや》けは次《つぎ》の日《ひ》が晴《は》れるしるしで、朝焼《あさや》けはやがて雨《あめ》が降《ふ》るしるしであるということ。

なりたち

欠《か》けた月《つき》の形《かたち》()からでき、もとは「つき」のいみ、さらに「よる」のいみを表《あらわ》していましたが、のちに「よる」と区別《くべつ》して「ゆうがた」のいみを表《あらわ》すようになりました。

とくべつなよみ

七夕《たなばた》

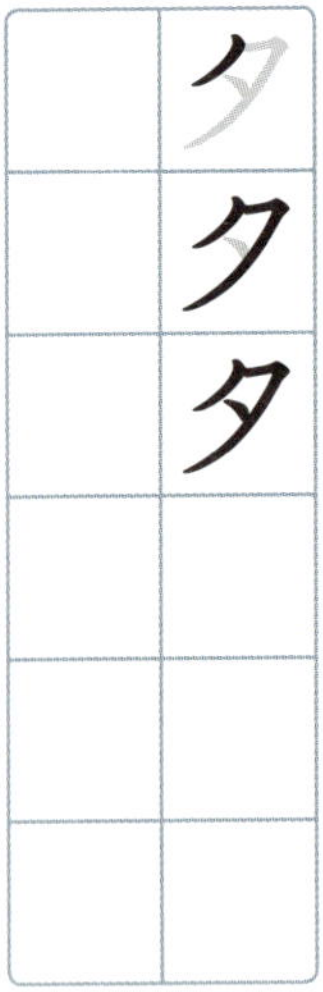

石

5画［石0画］

おん セキ・シャク・(コク)

くん いし

いみ

■いし。こうぶつ。◆(石《いし》で作《つく》った器具《きぐ》)石器《せっき》・石《せき》炭《たん》・石仏《せきぶつ》(いしぼとけ)・石油《せきゆ》・石灰《せっかい》・石頭《いしあたま》・石垣《いしがき》
◆岩石《がんせき》・鉱石《こうせき》・墓石《ぼせき》(はかいし)・宝石《ほうせき》・磁石《じしゃく》・軽石《かるいし》・小石《こいし》

つかいかた

- 石《いし》を拾《ひろ》う。
- 石像《せきぞう》を彫《ほ》る。
- むかしの石器《せっき》。
- 石《せっ》けんで手《て》を洗《あら》う。
- 恐竜《きょうりゅう》の化石《かせき》。
- 落石《らくせき》に注意《ちゅうい》する。
- 石段《いしだん》を下《お》りる。

もっとしろう

- **石《いし》にかじりついても**—どんなに苦労《くろう》してもくじけないで。何《なに》がなんでも。
- **石《いし》の上《うえ》にも三年《さんねん》**—冷《つめ》たい石《いし》の上《うえ》でも三年座《さんねんすわ》っていれば温《あたた》かくなるということで、じっとしんぼうしていれば、よい結果《けっか》が生《う》まれるという教《おし》え。
- **石橋《いしばし》をたたいて渡《わた》る**—(じょうぶな石《いし》の橋《はし》を、たたいて確《たし》かめてから渡《わた》るように)非常《ひじょう》に用心深《ようじんぶか》いことのたとえ。

なりたち

もとの字《じ》は。は「いし」の形《かたち》、はシャクと読《よ》んで「ばらばらになる」いみで、ばらばらになった「いしころ」を表《あらわ》します。

とくべつなよみ

※「シャク」という読《よ》み—磁石《じしゃく》
※「コク」という読《よ》み—石高《こくだか》・千石船《せんごくぶね》など

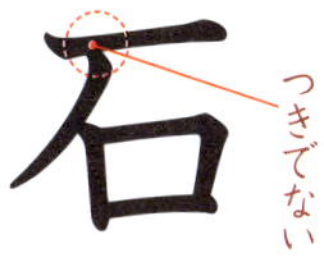

赤

7画［赤0画］

おん　セキ・(シャク)

くん　あか・あか-い・あか-らむ・あか-らめる

いみ

■あかい。◆(赤《あか》くたいたご飯《はん》)赤飯《せきはん》・赤外線《せきがいせん》・赤《せき》道《どう》・赤面《せきめん》・赤血球《せっけっきゅう》・赤銅《しゃくどう》・赤字《あかじ》・赤潮《あかしお》

つかいかた

●信号《しんごう》が**赤**《あか》になる。●**赤い**《あか》鳥《とり》。●**赤い**《あか》風船《ふうせん》。
●顔《かお》が**赤らむ**《あか》。●ほおを**赤らめる**《あか》。
●**お赤飯**《せきはん》をたく。●火《ひ》が**赤々**《あかあか》と燃《も》える。
●**赤ずきん**《あか》とおおかみ。●**赤とんぼ**《あか》が飛《と》ぶ。
●かわいい**赤んぼう**《あか》。

もっとしろう

●**赤**《あか》**の他人**《たにん》―まったく関係《かんけい》のない人《ひと》。(この「赤《あか》」は、「まったく」のいみ)
●**赤子**《あかご》**の手**《て》**をひねる**―赤《あか》んぼうの手《て》をねじるように、たやすくできることのたとえ。
●［赤字《あかじ》］
入《はい》ったお金《かね》より、出《で》たお金《かね》のほうが多《おお》いことを「赤字《あかじ》」といいます。帳面《ちょうめん》に足《た》りない分《ぶん》を赤《あか》い字《じ》で書《か》くことからきたことばです。

なりたち

もとの形《かたち》は大火で、大と火からできています。さかんにもえさかる火《ひ》の色《いろ》を表《あらわ》し、「あか」のいみに使《つか》われます。

とくべつなよみ

真《ま》っ赤《か》

※「シャク」という読《よ》み―赤銅《しゃくどう》・赤熱《しゃくねつ》など

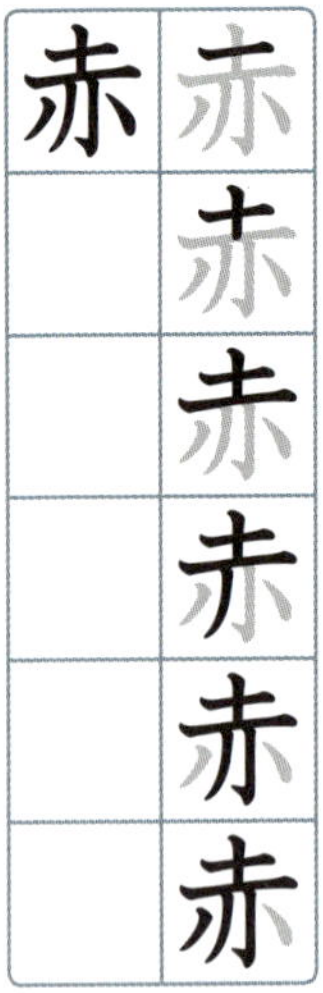

千

3画［十1画］

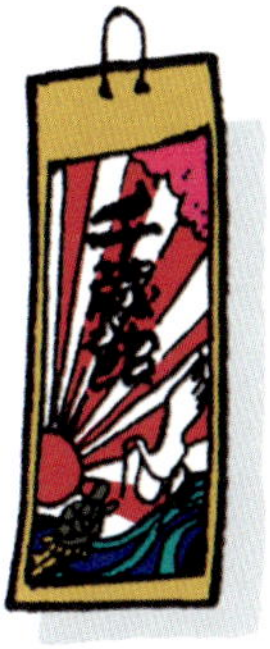

おん　セン

くん　ち

いみ

1 せん。◆千円札《せんえんさつ》

2 たくさん。◆（千人《せんにん》分《ぶん》の力《ちから》）千人力《せんにんりき》

つかいかた

●千《せん》の位《くらい》。●千羽鶴《せんばづる》を折《お》る。●庭《にわ》の千草《ちぐさ》。

●浜《はま》の千鳥《ちどり》。●千代紙《ちよがみ》を切《き》る。

もっとしろう

●千差万別《せんさばんべつ》－たくさんの種類《しゅるい》があって、それぞれがちがっていること。

●千秋楽《せんしゅうらく》－ある期間行《きかんおこな》われるすもうやしばいなどの最後《さいご》の日《ひ》。

●千里眼《せんりがん》－ふつうの人《ひと》が見《み》ることのできない遠《とお》くのことや、人《ひと》の心《こころ》の中《なか》を見通《みとお》す力《ちから》。また、その力《ちから》をもっている人《ひと》。

なりたち

人《ひと》（ ）と一からできた字《じ》で、人《ひと》（ジン）がセンと変《か》わって読《よ》み方《かた》をしめしています。数《かず》の「せん」または「たくさん」といういみに使《つか》われます。（もとは二千《にせん》、三千《さんぜん》のことを、と書《か》きました）

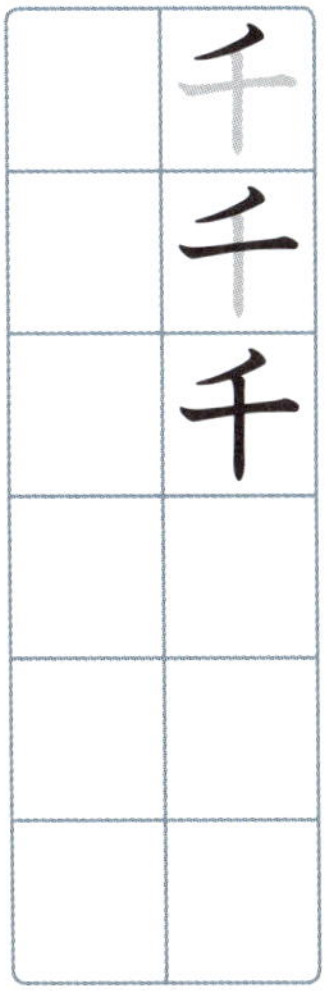

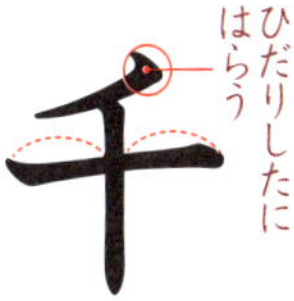

川

3画［川0画］

おん　(セン)

くん　かわ

いみ

■かわ。◆(川《かわ》の流《なが》れの上《うえ》の方《ほう》)川上《かわかみ》・川魚《かわうお》(かわざかな)・川下《かわしも》 ◆河川《かせん》・谷川《たにがわ》・山川《やまかわ》

つかいかた

●川《かわ》の岸《きし》。●川《かわ》の流《なが》れをさかのぼる。●川《かわ》で泳《およ》ぐ。●春《はる》の小川《おがわ》。

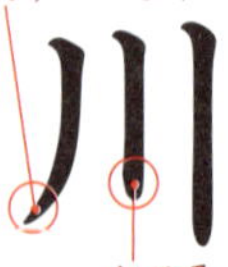

もっとしろう

●川《かわ》の字《じ》ー(「川《かわ》」の字《じ》の形《かたち》から)夫婦《ふうふ》が子《こ》どもを中《なか》にして寝《ね》るようすをいうことば。

●［川《かわ》と河《かわ》］

「かわ」には「河《かわ》」もあります。「河《かわ》」はもと中国《ちゅうごく》の黄河《こうが》をさしたことばで、そこから大《おお》きいかわには「河《かわ》」を使《つか》い、小《ちい》さいかわには「川《かわ》」を使《つか》うことがありますが、はっきりした区別《くべつ》はありません。

なりたち

水《みず》が流《なが》れるようす(巛)からできた字《じ》です。両側《りょうがわ》の巜は岸《きし》で、まん中《なか》の丨が水《みず》を表《あらわ》し、「かわ」のいみに使《つか》われます。

とくべつなよみ

川原《かわら》

先

6画［儿4画］

おん　セン

くん　さき

いみ

1 **時間《じかん》・順序《じゅんじょ》がさき。** ◆(先《さき》にした約《やく》束《そく》)先約《せんやく》・先《せん》客《きゃく》・先月《せんげつ》・先攻《せんこう》・先日《せんじつ》・先週《せんしゅう》・先生《せんせい》・先祖《せんぞ》

2 **まえのほう。はし。** ◆口先《くちさき》・小手先《こてさき》・舌先《したさき》・手《て》先《さき》・庭先《にわさき》・軒先《のきさき》・鼻先《はなさき》・店先《みせさき》・目先《めさき》

つかいかた

●**先《さき》**のことはわからない。●枝《えだ》の**先《さき》**を折《お》る。●**先着《せんちゃく》順《じゅん》**に配《くば》る。●**先頭《せんとう》**に立《た》つ。●**祖先《そせん》**を敬《うやま》う。●お年《とし》寄《よ》りを**優先《ゆうせん》**する。●**先回《さきまわ》り**をして待《ま》つ。

もっとしろう

●**先立《さきだ》つもの**－まず必要《ひつよう》となるもの。

●**先《さき》を争《あらそ》う**－ほかの人《ひと》におくれないように争《あらそ》って進《すす》む。

●**先《さき》を越《こ》す**－相手《あいて》より前《まえ》に物事《ものごと》を行《おこな》う。

●**先見《せんけん》の明《めい》**－まだ起《お》こらない先《さき》のことを前《まえ》もって見《み》ぬくかしこさ。

●**先手《せんて》を打《う》つ**－相手《あいて》より先《さき》に行動《こうどう》して、有利《ゆうり》な位置《いち》に立《た》つ。

なりたち

足《あし》(㞢)と人《ひと》(儿)からできた字《じ》です。人《ひと》の頭《あたま》のまえに足《あし》があるようすから、人《ひと》に先行《せんこう》することを表《あらわ》し、「さき、まえ」のいみに使《つか》われます。

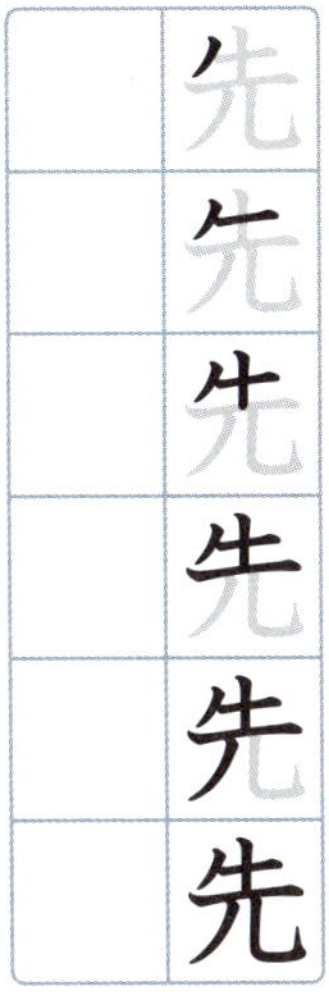

早

6画［日2画］

おん ソウ・（サッ）

くん はや-い・はや-まる・はや-める

いみ

■**はやい**。◆（早《はや》く退《しりぞ》く）早退《そうたい》・早急《そうきゅう》（さっきゅう）・早春《そうしゅん》・早朝《そうちょう》・早速《さっそく》・早早《はやばや》（そうそう）・早耳《はやみみ》 ◆足早《あしばや》

つかいかた

●気《き》が**早《はや》い**。●朝**早《あさはや》く**起《お》きる。●出発《しゅっぱつ》が**早《はや》まる**。

●予定《よてい》を**早《はや》める**。●**早朝《そうちょう》**の練習《れんしゅう》。

●テープを**早送《はやおく》り**する。●**早口《はやくち》**でしゃべる。

●目《め》にもとまらぬ**早業《はやわざ》**。●**足早《あしばや》**に立《た》ち去《さ》る。

もっとしろう

●**早《はや》い話《はなし》が**-てっとりばやく言《い》えば。つまり。

●**早《はや》い者勝《ものが》ち**-人《ひと》より先《さき》に来《き》たり行《おこな》ったりした者《もの》が得《とく》をするということ。

●**早起《はやお》きは三文《さんもん》の徳《とく》**-朝早《あさはや》く起《お》きると、からだにもよく、何《なに》かとよいことがあるものだということ。「徳《とく》」は、ここでは「得《とく》」と同《おな》じいみ。

なりたち

もとの形《かたち》は。むくろじ、または、はんの木《き》の実《み》の形《かたち》からできた字《じ》。日《ひ》の光《ひかり》がさしはじめる朝《あさ》のはやいときを表《あらわ》し、「はやい」いみに使《つか》われます。

つかいわけ

●**速《はや》い・早《はや》い** →〈速《そく》〉242ページ

とくべつなよみ

早乙女《さおとめ》・早苗《さなえ》

※「サッ」という読《よ》み―早急《さっきゅう》・早速《さっそく》など

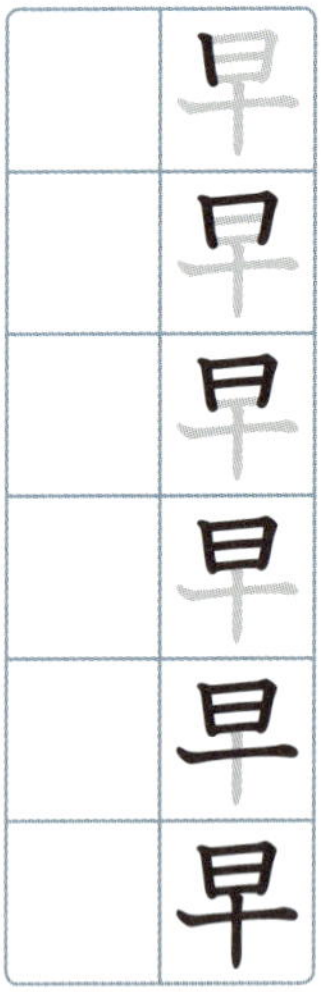

草

9画［艹6画］

おん　ソウ

くん　くさ

いみ

■くさ。◇(草《くさ》の生《は》えた野原《のはら》)草原《そうげん》(草原《くさはら》)・草木《そうもく》(草木《くさき》)・草履《ぞうり》・草花《くさばな》・草野球《くさやきゅう》 ◇海草《かいそう》・雑草《ざっそう》・水草《すいそう》(水草《みずくさ》)・牧草《ぼくそう》・野草《やそう》・薬草《やくそう》・若草《わかくさ》

つかいかた

●草《くさ》をむしる。●草食《そうしょく》の動物《どうぶつ》。
●草《くさ》むらで虫《むし》が鳴《な》く。●草《くさ》もちを食《た》べる。
●庭《にわ》の千草《ちぐさ》。●春《はる》の七草《ななくさ》。

もっとしろう

●草木《くさき》も眠《ねむ》る―夜《よる》がふけて、あたりがすっかり静《しず》かになる。
●草葉《くさば》の陰《かげ》―(草《くさ》の葉《は》の下《した》のいみから)墓《はか》の下《した》。死《し》んでから行《い》く世《よ》。
●草《くさ》の根《ね》を分《わ》けてもさがす―(草《くさ》の根《ね》もかき分《わ》けてさがすといういみから)あらゆる方法《ほうほう》で、すみずみまでさがす。

なりたち

艹は艸で「くさ」のいみを表《あらわ》し、早がソウという読《よ》み方《かた》をしめしています。もとは、艸(艸)が「くさ」の字《じ》でしたが、「くさかんむり」として使《つか》われたため、新《あたら》しく「草《くさ》」の字《じ》を作《つく》りました。「下書《したが》き」のいみにも使《つか》われます。

とくべつなよみ

草履《ぞうり》

草 草 草 草 草 草
草 草 草

一年

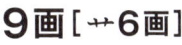

足

7画［足0画］

おん　ソク

くん　あし・た-りる・た-る・た-す

いみ

1 **あし。あしであるく。** ◆（足《あし》をのせる場《ば》所《しょ》）足《あし》場《ば》・足音《あしおと》 ◆遠足《えんそく》・土足《どそく》・手足《てあし》・両足《りょうあし》

2 **たす。たりる。** ◆不足《ふそく》・補足《ほそく》・満足《まんぞく》

つかいかた

- 足《あし》の指《ゆび》。
- 人数《にんずう》が足《た》りない。
- 二《に》に三《さん》を足《た》す。
- 一足《いっそく》のくつ下《した》。
- 足跡《あしあと》を残《のこ》す。
- 足腰《あしこし》をきたえる。
- 足早《あしばや》に立《た》ち去《さ》る。
- 足元《あしもと》に気《き》をつける。
- 一足《ひとあし》先《さき》に行《い》く。

もっとしろう

- **足《あし》がすくむ**-おどろいたり、こわかったりして、動《うご》けなくなる。
- **足《あし》が出《で》る**-お金《かね》がかかり過《す》ぎて、足《た》りなくなる。
- **足《あし》が棒《ぼう》になる**-長《なが》く歩《ある》いたり立《た》ちつづけたりして、疲《つか》れはてて足《あし》がこわばる。
- **足《あし》を洗《あら》う**-よくない仕事《しごと》や生活《せいかつ》からはなれる。
- **足《あし》を向《む》ける**-①その方《ほう》に足《あし》をつき出《だ》す。②その方《ほう》へ出《で》かけていく。

なりたち

もとの形《かたち》は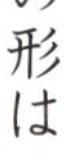。ひざ（口）とあしくび（）からできていて、「あし」を表《あらわ》しています。「たす、たりる」としても使《つか》われます。

とくべつなよみ

足袋《たび》

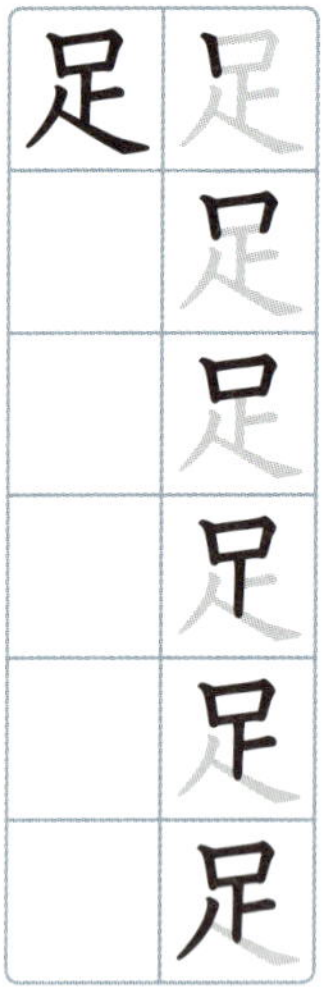

村

7画[木3画]

おん　ソン

くん　むら

いみ

■むら。◇(村《むら》の住民《じゅうみん》)村民《そんみん》・村長《そんちょう》・村道《そんどう》・村落《そんらく》・村里《むらざと》・村役場《むらやくば》 ◇寒村《かんそん》・漁村《ぎょそん》・山村《さんそん》・農村《のうそん》

つかいかた

●町《まち》と村《むら》。●村《むら》の外《はず》れ。●村《むら》の祭《まつ》り。

●山《やま》あいの村《むら》に住《す》む。●日本《にほん》の市町村《しちょうそん》。

もっとしろう

●[村八分《むらはちぶ》]

仲間外《なかまはず》れにすることを「村八分《むらはちぶ》」といいます。このことばは、むかし、村《むら》のおきて(=とりきめ)やしきたりを破《やぶ》った人《ひと》や家族《かぞく》に対《たい》して、村人《むらびと》たちがいっさいの交際《こうさい》を絶《た》つ習慣《しゅうかん》から生《う》まれました。

なぜ「十《じゅう》」ではなく「八《はち》」なのかといえば、火事《かじ》と葬式《そうしき》のときだけは、村人《むらびと》たちが力《ちから》を貸《か》すという二《ふた》つの例外《れいがい》があったからだといわれています。「村八分《むらはちぶ》」の習慣《しゅうかん》はもうなくなっていますが、このことばは残《のこ》っています。

なりたち

もとはスンという木《き》の名《な》を表《あらわ》しましたが、寸(スン)がソンと変《か》わって、「むら」のいみに使《つか》われるようになりました。

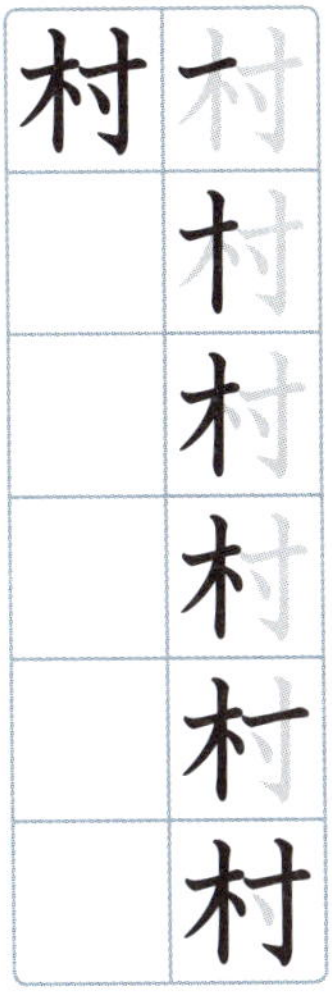

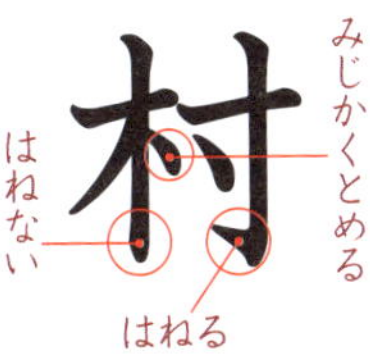

大

3画［大0画］

おん　ダイ・タイ

くん　おお・おお-きい・おお-いに

いみ

1 **おおきい。** ◇（大《おお》きな火《か》事《じ》）大火《たいか》・大地《だいち》・大河《たいが》・大会《たいかい》・大国《たいこく》・大木《たいぼく》・大形《おおがた》・大水《おおみず》 ◇拡大《かくだい》・強大《きょうだい》・広大《こうだい》・最大《さいだい》

2 **多《おお》い。たくさん。** ◇（たくさん〈大〉の金《かね》）大金《たいきん》・大軍《たいぐん》・大衆《たいしゅう》・大量《たいりょう》・大漁《たいりょう》

3 **いちばん上《うえ》の。すぐれている。りっぱな。** ◇大《だい》王《おう》・大学《だいがく》・大臣《だいじん》・大統領《だいとうりょう》・大使《たいし》・大将《たいしょう》

つかいかた

● 声《こえ》を**大**《だい》にして言《い》う。
● **大いに**《おお》満足《まんぞく》する。
● **重大**《じゅうだい》なニュース。
● **大きい**《おお》家《いえ》。
● **大小**《だいしょう》さまざま。
● **大型**《おおがた》の台風《たいふう》。

もっとしろう

● **大《だい》は小《しょう》を兼《か》ねる**－大《おお》きいものは、小《ちい》さいものの役《やく》目《め》も果《は》たす。

● 「大《だい》」と「多《た》」
「大《だい》」は全体《ぜんたい》の「おおきさ」、「多《た》」は数《かず》の「おおさ」をしめし、「大《おお》きい」「多《おお》い」と使《つか》います。

なりたち

もとの字《じ》は。人《ひと》が両手《りょうて》両足《りょうあし》をひろげている形《かたち》からできた字《じ》です。「おおきい、りっぱな」のいみを表《あらわ》します。

とくべつなよみ

大人《おとな》・大和《やまと》

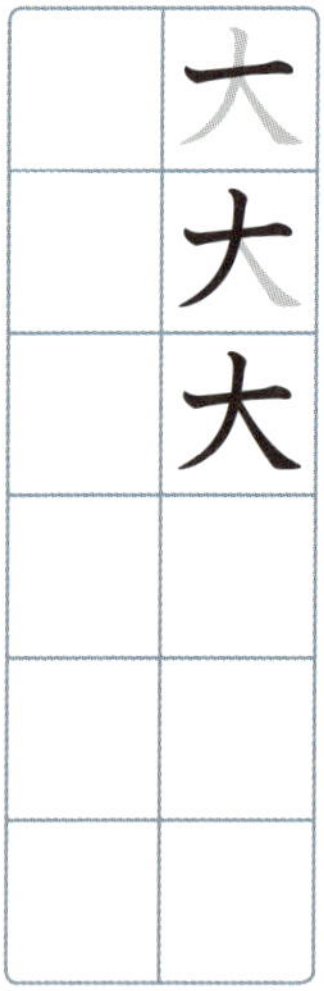

男

7画［田2画］

おん　ダン・ナン

くん　おとこ

いみ

■おとこ。◇(男《おとこ》と女《おんな》)男女《だんじょ》・男子《だんし》・男児《だんじ》・男声《だんせい》・男性《だんせい》・男優《だんゆう》・男手《おとこで》・男役《おとこやく》 ◇次男《じなん》・長男《ちょうなん》・大男《おおおとこ》・山男《やまおとこ》

つかいかた

●**男**《おとこ》の子《こ》。

●**男**《おとこ》と女《おんな》。

●**男物**《おとこもの》のかばん。

一年

もっとしろう

●**男**《おとこ》**がすたる**―男《おとこ》としての名誉《めいよ》がつぶれる。

●**男**《おとこ》**を上**《あ》**げる**―男《おとこ》としてのねうちを上《あ》げる。

●**男**《おとこ》**は度胸**《どきょう》**女**《おんな》**は愛**《あい》**きょう**―男《おとこ》にはなにごとにもおそれない強《つよ》い心《こころ》、女《おんな》にはだれからも好《す》かれるかわいらしさが必要《ひつよう》である。

●「男性《だんせい》」の呼《よ》び方《かた》

・幼《おさな》い時《とき》―男児《だんじ》・坊《ぼう》や・少年《しょうねん》・男《おとこ》の子《こ》・坊《ぼっ》ちゃん

・若《わか》い時《とき》―男子《だんし》・お兄《にい》さん・あんちゃん

・成人《せいじん》―男性《だんせい》・紳士《しんし》・殿方《とのがた》・おじさん

・老人《ろうじん》―老父《ろうふ》・老爺《ろうや》・老翁《ろうおう》・おじいさん

なりたち

田と力を合《あ》わせた字《じ》です。田《た》で力《ちから》しごとをする人《ひと》を表《あらわ》し、そこから「おとこ」のいみに使《つか》われるようになりました。

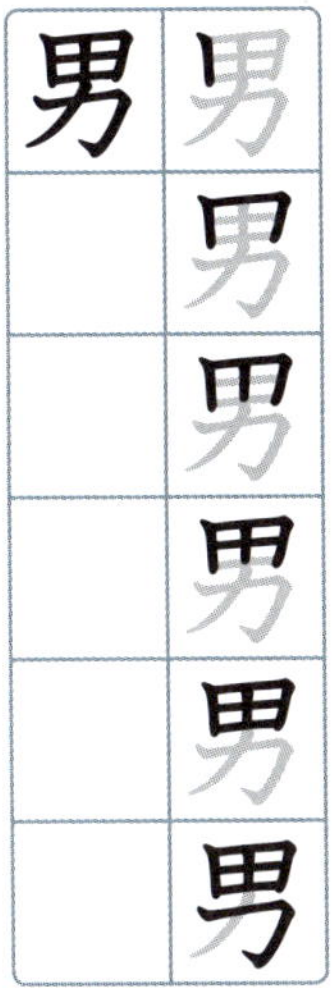

竹

6画［竹0画］

おん チク

くん たけ

いみ

■たけ。◆（竹《たけ》の林《はやし》）竹林《ちくりん》・竹馬《たけうま》・竹細工《たけざいく》・竹筒《たけづつ》

◆爆竹《ばくちく》・青竹《あおだけ》

つかいかた

●竹《たけ》の棒《ぼう》。●竹取《たけと》りのおじいさん。

●竹《たけ》とんぼを飛《と》ばす。●竹《たけ》の子《こ》が生《は》える。

●竹《たけ》ひごを組《く》み合《あ》わせる。●竹《たけ》やぶに入《はい》る。

もっとしろう

●**竹《たけ》にすずめ**－絵《え》になる、取《と》り合《あ》わせのよいもの。

●**竹《たけ》の子生活《こせいかつ》**－まるで竹《たけ》の子《こ》の皮《かわ》を一枚一枚《いちまいいちまい》はいでいくように、身《み》のまわりの衣類《いるい》を少《すこ》しずつ売《う》って食《く》いつないでいく貧《まず》しい生活《せいかつ》。

●**竹《たけ》を割《わ》ったよう**－（竹《たけ》がまっすぐ縦《たて》に割《わ》れるように）物事《ものごと》にこだわらないで、さっぱりしている性質《せいしつ》のたとえ。

●**竹馬《ちくば》の友《とも》**－（ともに竹馬《たけうま》で遊《あそ》んだころからの友《とも》のいみから）小《ちい》さいころからなかのよい友《とも》だち。おさな友《とも》だち。

なりたち

たけの小枝《こえだ》がならぶ形《かたち》（）からできた字《じ》で、「たけ」のいみに使《つか》われます。

とくべつなよみ

竹刀《しない》

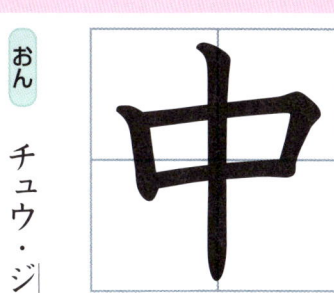

中

4画[丨3画]

おん　チュウ・ジュウ

くん　なか

いみ

1 なか。まんなか。なかほど。◆(中《なか》ほどの流《なが》れ)中流《ちゅうりゅう》・中央《ちゅうおう》・中間《ちゅうかん》・中旬《ちゅうじゅん》・中心《ちゅうしん》・中立《ちゅうりつ》・中庭《なかにわ》・中身《なかみ》 ◆眼中《がんちゅう》・空中《くうちゅう》・山中《さんちゅう》・背中《せなか》

2 あいだ。とちゅう。◆(途中《とちゅう》で退《しりぞ》く)中退《ちゅうたい》・中《ちゅう》止《し》・中断《ちゅうだん》 ◆最中《さいちゅう》・途中《とちゅう》・日中《にっちゅう》・年中《ねんじゅう》

3 あたる。あてる。◆中毒《ちゅうどく》 ◆的中《てきちゅう》・命中《めいちゅう》

一年

つかいかた

●部屋《へや》の中《なか》に入《はい》る。●中学校《ちゅうがっこう》に入《はい》る。●中古品《ちゅうこひん》を買《か》う。●円《えん》の中心《ちゅうしん》。●山《やま》の中腹《ちゅうふく》。●夢中《むちゅう》になって遊《あそ》ぶ。●学校《がっこう》の中庭《なかにわ》。

もっとしろう

●中《なか》に立《た》つ－間《あいだ》に入《はい》って世話《せわ》をする。

●「中《ちゅう》」

「中《ちゅう》」は「日中友好《にっちゅうゆうこう》」「日中関係《にっちゅうかんけい》」「訪中《ほうちゅう》」などと「中国《ちゅうごく》」の略称《りゃくしょう》としても使《つか》われます。

なりたち

もの(口)のまんなかをたて棒《ぼう》(丨)でつらぬいたようすで、「なか、とちゅう、あたる」いみに使《つか》われます。

とくべつなよみ

※「ジュウ」という読《よ》み―世界中《せかいじゅう》など

中 中 中 中

中

虫

6画［虫0画］

一年

おん　チュウ

くん　むし

いみ

■むし。◆（虫《むし》による損害《そんがい》）虫害《ちゅうがい》 ◆益虫《えきちゅう》・寄生《きせい》虫《ちゅう》・昆虫《こんちゅう》・殺虫剤《さっちゅうざい》・成虫《せいちゅう》・幼虫《ようちゅう》・青虫《あおむし》・毛虫《けむし》

つかいかた

●虫《むし》が鳴《な》く。●虫《むし》にさされる。●虫《むし》の声《こえ》。●害虫《がいちゅう》を防《ふせ》ぐ。●虫歯《むしば》を治《なお》す。●虫干《むしぼ》しをする。●虫眼鏡《むしめがね》でよく見《み》る。

もっとしろう

人間《にんげん》のからだの中《なか》には、心《こころ》に影響《えいきょう》をあたえる虫《むし》が住《す》んでいると考《かんが》えられていたことから、「虫《むし》」をふくんだいろいろな言《い》い方《かた》ができました。また、すぐにそうなる人《ひと》をあざけって「泣《な》き虫《むし》・おこり虫《むし》・弱虫《よわむし》」などとも使《つか》います。

●**虫《むし》が知《し》らせる**－なんとなく、よくないことが起《お》こりそうだという感《かん》じがする。

●**虫《むし》が好《す》かない**－なんとなく好《す》きになれない。

●**虫《むし》の居所《いどころ》が悪《わる》い**－きげんが悪《わる》く、ちょっとしたことでもすぐおこる。

なりたち

どくへびの形《かたち》（）からできた字《じ》で、はちゅうるい、こんちゅうるいなどの生《い》きものを表《あらわ》し、「むし」のいみに使《つか》われます。

町

おん　チョウ

くん　まち

7画［田2画］

いみ

■まち。◆（町《まち》に住《す》む人《ひと》びと〈民〉）町民《ちょうみん》・町会《ちょうかい》・町村《ちょうそん》・町長《ちょうちょう》・町内《ちょうない》・町役場《まちやくば》　◆市町村《しちょうそん》・裏町《うらまち》・下町《したまち》・城下町《じょうかまち》・港町《みなとまち》・門前町《もんぜんまち》

つかいかた

● 町《まち》に住《す》む。 ● 村《むら》と町《まち》。 ● 町内会《ちょうないかい》のお祭《まつ》り。
● 町医者《まちいしゃ》で診《み》てもらう。 ● 町工場《まちこうば》で働《はたら》く。
● 美《うつく》しい町並《まちな》み。 ● 町外《まちはず》れまで行《い》く。
● 港町《みなとまち》を旅《たび》する。

もっとしろう

●［町人《ちょうにん》］
「町人《ちょうにん》」は町《まち》に住《す》む人《ひと》のいみだけでなく、江戸《えど》時《じ》代《だい》に町《まち》に住《す》む商人《しょうにん》や職人《しょくにん》の身分《みぶん》をさすことばとしても使《つか》われていました。

なりたち

田は「た」を表《あらわ》し、丁（チョウ）は読《よ》み方《かた》と「まっすぐとおる」いみをしめしています。田《た》の間《あいだ》のあぜ道《みち》から家《いえ》と家《いえ》の間《あいだ》の道《みち》をさし、さらに「まち」のいみに使《つか》われます。

つかいわけ

●町《まち》・街《まち》

家《いえ》が多《おお》く集《あつ》まる場所《ばしょ》には「町《まち》」、道《みち》にそって店《みせ》が並《なら》ぶ場所《ばしょ》には多《おお》く「街《まち》」を使《つか》います。

町《まち》…村《むら》と町《まち》。町《まち》ぐるみの歓迎《かんげい》。

街《まち》…街《まち》の明《あ》かり。学生《がくせい》の街《まち》。

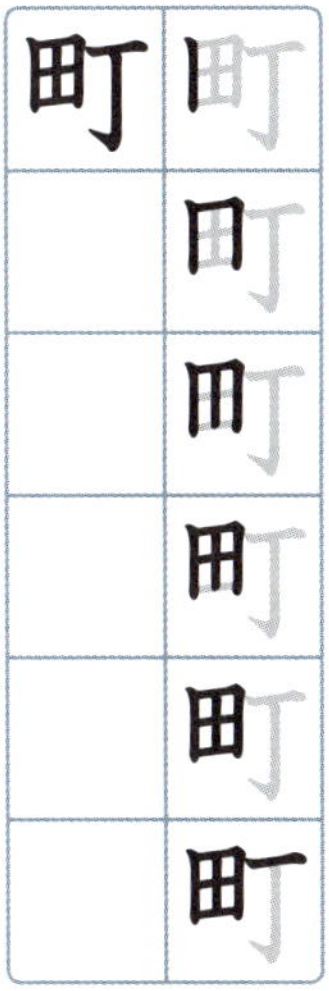

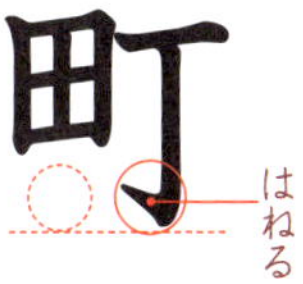

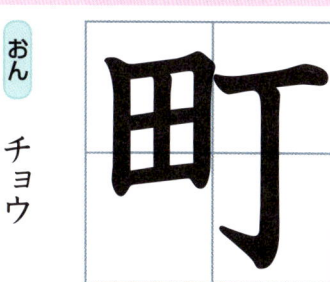

天

4画［大1画］

一年

おん　テン

くん　（あめ）・あま

いみ

1 てん。そら。◆（天《てん》の気候《きこう》）天気《てんき》・天候《てんこう》・天守閣《てんしゅかく》・天上《てんじょう》　◆雨天《うてん》・晴天《せいてん》

2 しぜん。◆天才《てんさい》・天災《てんさい》・天然《てんねん》・天分《てんぶん》

3 神《かみ》。神《かみ》のいるところ。◆天国《てんごく》・天子《てんし》・天使《てんし》・天人《てんにん》・天皇《てんのう》・天罰《てんばつ》

つかいかた

● 運《うん》を天《てん》にまかせる。
● 天《てん》をあおぐ。
● 天体《てんたい》を観測《かんそく》する。
● 天《あま》の川《がわ》が見《み》える。

もっとしろう

● **天《てん》をつく**―天《てん》に届《とど》くほど高《たか》い、また勢《いきお》いのさかんなこと。
● **天高《てんたか》く馬肥《うまこ》ゆる秋《あき》**―秋《あき》は空《そら》が高《たか》くすみきり、馬《うま》もよく食《た》べて太《ふと》る、さわやかな季節《きせつ》だ。
● **天《てん》は人《ひと》の上《うえ》に人《ひと》を造《つく》らず人《ひと》の下《した》に人《ひと》を造《つく》らず**―（福沢諭吉《ふくざわゆきち》の「学問《がくもん》のすゝめ」にあることばで）人間《にんげん》は生《う》まれながらにしてみな平等《びょうどう》である。

なりたち

人《ひと》が手足《てあし》を広《ひろ》げて立《た》つ形《かたち》（大）の上《うえ》に、線《せん》を加《くわ》えて（天）、頭《あたま》のいただきを表《あらわ》しています。いちばん上《うえ》にあるものということから、「てん、そら」のいみに使《つか》われます。

とくべつなよみ

下《くだ》りなど

※「あま」という読《よ》み―天《あま》の川《がわ》・天《あま》

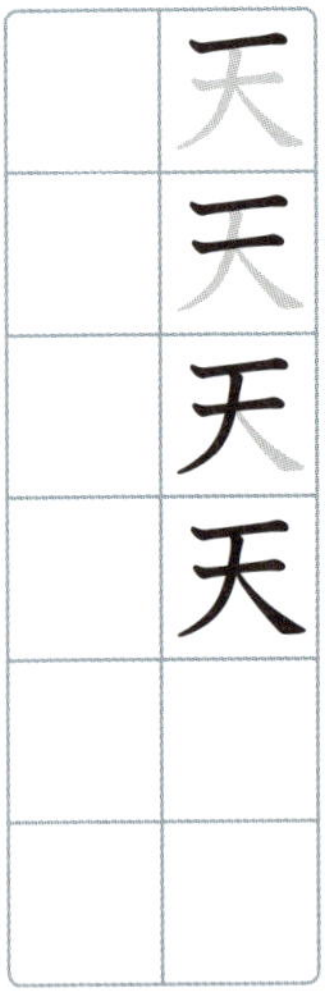

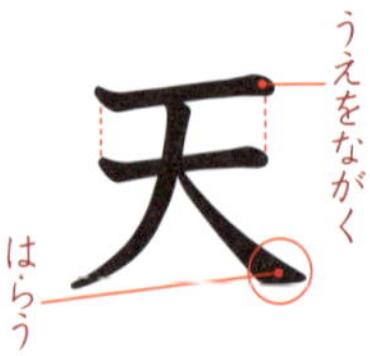

田

5画［田0画］

おん　デン

くん　た

いみ

■たんぼ。◆（田《た》になっている土《と》地《ち》）田《でん》地《ち》・田《でん》園《えん》・田《た》畑《はた》　◆塩《えん》田《でん》・水《すい》田《でん》・炭《たん》田《でん》・油《ゆ》田《でん》・青《あお》田《た》・山《やま》田《だ》

つかいかた

●田《た》と畑《はたけ》。●田《た》を耕《たがや》す。●田《た》に水《みず》を入《い》れる。
●田《た》のあぜ道《みち》。●のどかな田《でん》園《えん》の風《ふう》景《けい》。
●水《すい》田《でん》が広《ひろ》がる。

もっとしろう

●［田《た》］
水《みず》のある田《た》を「水《すい》田《でん》」というのに対《たい》して、畑《はたけ》を「陸《りく》田《でん》」ともいいます。また、水《みず》はけが悪《わる》く常《つね》に水《すい》分《ぶん》の多《おお》い水《すい》田《でん》を「湿《しつ》田《でん》」といい、排《はい》水《すい》がよく、田《た》として使《つか》わないときは畑《はたけ》としても使《つか》える水《すい》田《でん》を「乾《かん》田《でん》」といいます。

●［田《でん》］
「田《でん》」は、ある産《さん》物《ぶつ》がとれる広《ひろ》い地《ち》域《いき》のいみにも使《つか》われます。石《せき》炭《たん》のとれるところを「炭《たん》田《でん》」、石《せき》油《ゆ》のとれるところを「油《ゆ》田《でん》」といいます。

なりたち

しきりのついたたんぼの形《かたち》からできた字《じ》です。

とくべつなよみ

田《いな》舎《か》

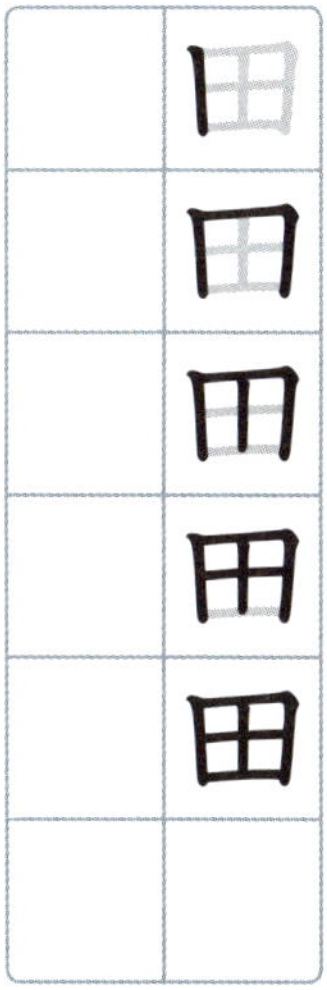

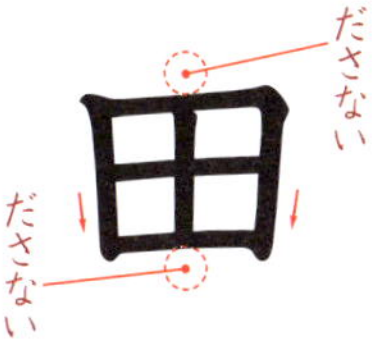

土

3画［土0画］

一年

おん　ド・ト

くん　つち

いみ

1 **つち。**◆(土《つち》で作《つく》った管《くだ》)土管《どかん》・土器《どき》・土手《どて》・土俵《どひょう》・土木《どぼく》・土間《どま》・土煙《つちけむり》　◆粘土《ねんど》・赤土《あかつち》・黒土《くろつち》

2 **生活《せいかつ》するところ。**◆郷土《きょうど》・国土《こくど》・全土《ぜんど》・本土《ほんど》

つかいかた

●よくこえた**土《つち》**。●外国《がいこく》の**土《つち》**をふむ。

●雨《あめ》で**土砂《どしゃ》くずれ**が起《お》きる。●金星《きんせい》と**土星《どせい》**。

●**土足《どそく》**で入《はい》る。●建物《たてもの》の**土台《どだい》**。●今週《こんしゅう》の**土曜日《どようび》**。

●広《ひろ》い**土地《とち》**。●日本《にほん》の**領土《りょうど》**。

もっとしろう

●**土壇場《どたんば》**ー物事《ものごと》が決《き》まろうとする最後《さいご》のぎりぎりの場面《ばめん》。(「土壇《どたん》」は、むかし、刑罰《けいばつ》のために盛《も》った土《つち》の壇《だん》のこと)

●**土一升金一升《つちいっしょうかねいっしょう》**ー土地《とち》のねだんが高《たか》いたとえ。(「一《いっ》升《しょう》」は約《やく》一・八リットル)

●**土《つち》がつく**ー力士《りきし》がすもうで負《ま》ける。勝負《しょうぶ》や競技《きょうぎ》などに負《ま》ける。

●**土《つち》となる**ー骨《ほね》をうめる。死《し》ぬ。

なりたち

草木《くさき》の芽《め》を表《あらわ》す(十)と、地面《じめん》を表《あらわ》す(一)からできた字《じ》で、草木《くさき》が芽《め》を出《だ》す所《ところ》から、「つち」のいみに使《つか》われます。

とくべつなよみ

土産《みやげ》

土　土　土

土　うえより　ながく

二

2画［二0画］

おん　ニ

くん　ふた・ふた-つ

いみ

■ふたつ。◆(二《ふた》つに分《わ》ける)二分《にぶん》・二期作《にきさく》・二酸《にさん》化炭素《かたんそ》・二重《にじゅう》(ふたえ)・二等分《にとうぶん》・二刀流《にとうりゅう》・二毛作《にもうさく》・二流《にりゅう》・二輪車《にりんしゃ》　◆無二《むに》

つかいかた

●二《に》の二倍《にばい》は四《よん》。●すいかを二《ふた》つに割《わ》る。

●二階《にかい》に上《あ》がる。●二才《にさい》の弟《おとうと》。●二時二分《にじにふん》過《す》ぎ。

●エリザベス二世《にせい》。●小学校《しょうがっこう》の二年生《にねんせい》。

もっとしろう

●**二《に》の足《あし》をふむ**－一歩《いっぽ》ふみ出《だ》して、二歩《にほ》めを出《だ》す決《けつ》心《しん》がつかず足《あし》ぶみをすることから、物事《ものごと》をするのをためらって、しりごみをする。

●**二兎《にと》を追《お》う者《もの》は一兎《いっと》をも得《え》ず**－二羽《にわ》のうさぎを同《どう》時《じ》につかまえようとしても、結局《けっきょく》は一羽《いちわ》もつかまえられないということから、同時《どうじ》に二《ふた》つのことをしようとすると、かえってどちらも成功《せいこう》しないといういましめ。

なりたち

一《いち》をふたつ合《あ》わせて、数《かず》の「に」をしめしています。「ふたつ、にばんめ、ふたたび」といういみに使《つか》われます。

とくべつなよみ

二人《ふたり》・二日《ふつか》　十重《とえ》二十重《はたえ》・二十《はたち》・二十歳《はたち》・二十日《はつか》・

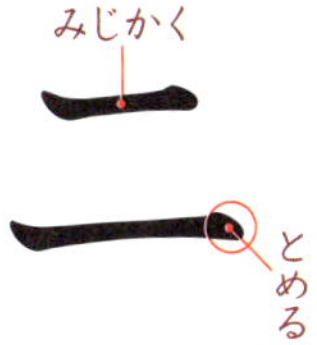

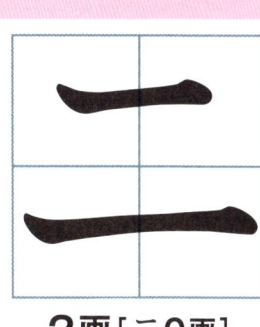

日

4画［日0画］

おん ニチ・ジツ

くん ひ・か

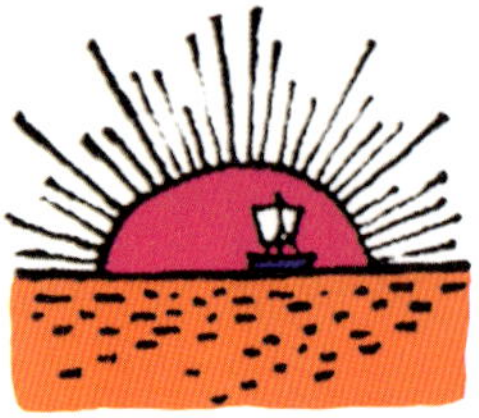

いみ

1 **たいよう。** ◆(日《ひ》の光《ひかり》)日光《にっこう》・日没《にちぼつ》・日射《にっしゃ》・日《にっ》照《しょう》・日食《にっしょく》・日傘《ひがさ》 ◆落日《らくじつ》・朝日《あさひ》

2 **(こよみの)ひ。** ◆(日《ひ》と時刻《じこく》)日時《にちじ》・日常《にちじょう》・日《にっ》刊《かん》・日給《にっきゅう》・日誌《にっし》・日直《にっちょく》・日付《ひづけ》 ◆今日《こんにち》・初日《しょにち》・毎日《まいにち》・明日《みょうにち》・元日《がんじつ》・期日《きじつ》・休日《きゅうじつ》・近日《きんじつ》・祭日《さいじつ》・昨日《さくじつ》・祝日《しゅくじつ》・先日《せんじつ》・前日《ぜんじつ》・平日《へいじつ》・翌日《よくじつ》・連日《れんじつ》

3 **ひるま。** ◆(ひる〈日〉も夜《よる》も)日夜《にちや》・日中《にっちゅう》

4 **にっぽん。** ◆日英《にちえい》・日独《にちどく》・日米《にちべい》・日中《にっちゅう》 ◆来日《らいにち》

つかいかた

- **日《ひ》**がのぼる。
- 五月《ごがつ》**五日《いつか》**は子《こ》どもの**日《ひ》**。
- 来週《らいしゅう》の**日曜日《にちようび》**。
- **日記《にっき》**をつける。
- **日本《にほん》**(にっぽん)の国《くに》。
- **日《ひ》かげ**で休《やす》む。
- **休日《きゅうじつ》**の過《す》ごし方《かた》。
- **夕日《ゆうひ》**がしずむ。

もっとしろう

- **日《ひ》が浅《あさ》い** – 何《なに》かを始《はじ》めてから、あまり日《ひ》がたっていない。
- **日《ひ》の目《め》を見《み》る** – 今《いま》までうもれていたものが、世《よ》の中《なか》に知《し》られるようになる。(「日《ひ》の目《め》」は日《ひ》の光《ひかり》のこと)

なりたち

太陽《たいよう》の形《かたち》(⊖)を表《あらわ》した字《じ》です。

とくべつなよみ

明日《あす》・昨日《きのう》・今日《きょう》・一日《ついたち》・二日《ふつか》・二十日《はつか》・日和《ひより》

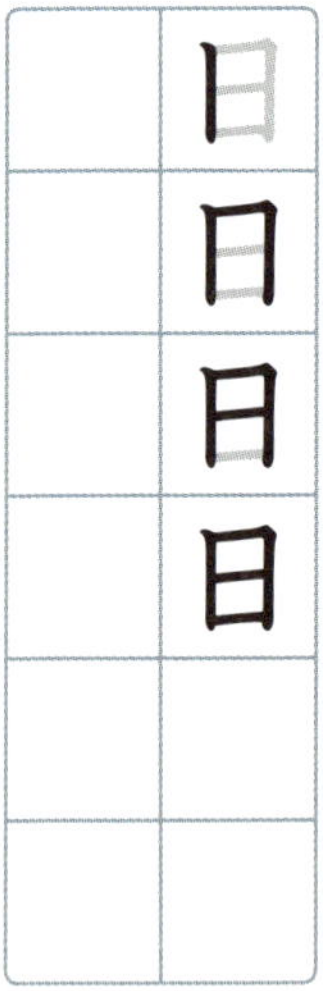

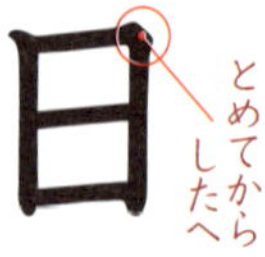

入

2画［入0画］

おん　ニュウ

くん　い-る・い-れる・はい-る

いみ

1 **はいる。いれる。** ◆(荷《に》が入《はい》る)入荷《にゅうか》・入園《にゅうえん》・入《にゅう》会《かい》・入学《にゅうがく》・入居《にゅうきょ》・入金《にゅうきん》・入港《にゅうこう》・入国《にゅうこく》・入試《にゅうし》・入《にゅう》手《しゅ》・入賞《にゅうしょう》・入場《にゅうじょう》・入部《にゅうぶ》・入門《にゅうもん》・入浴《にゅうよく》 ◆加入《かにゅう》・記入《きにゅう》・混入《こんにゅう》・収入《しゅうにゅう》・進入《しんにゅう》・注入《ちゅうにゅう》・投入《とうにゅう》・導入《どうにゅう》・突入《とつにゅう》・編入《へんにゅう》

2 **いる。必要《ひつよう》とする。** ◆入用《にゅうよう》

つかいかた

●気《き》に**入《い》る**。●風《かぜ》を**入《い》れる**。●学校《がっこう》に**入《はい》る**。●ふろに**入《はい》る**。●病気《びょうき》で**入院《にゅういん》**する。●名前《なまえ》を**記入《きにゅう》**する。●日《ひ》の出《で》と**日《ひ》の入《い》り**。

もっとしろう

●**入《い》れかわり立《た》ちかわり**―たくさんのものが、ひっきりなしに出《で》たり入《はい》ったりする。

●［入《にゅう》と出《しゅつ》・退《たい》］「入《にゅう》」の対語《たいご》は「出《しゅつ》」「退《たい》」で、「入《い》り口《ぐち》↔出口《でぐち》、入《にゅう》国《こく》↔出国《しゅっこく》、入場《にゅうじょう》↔退場《たいじょう》」などの関係《かんけい》になります。

なりたち

もとの形《かたち》は入で、中《なか》へ進《すす》むことを表《あらわ》しています。「はいる、いれる」のいみに使《つか》われます。

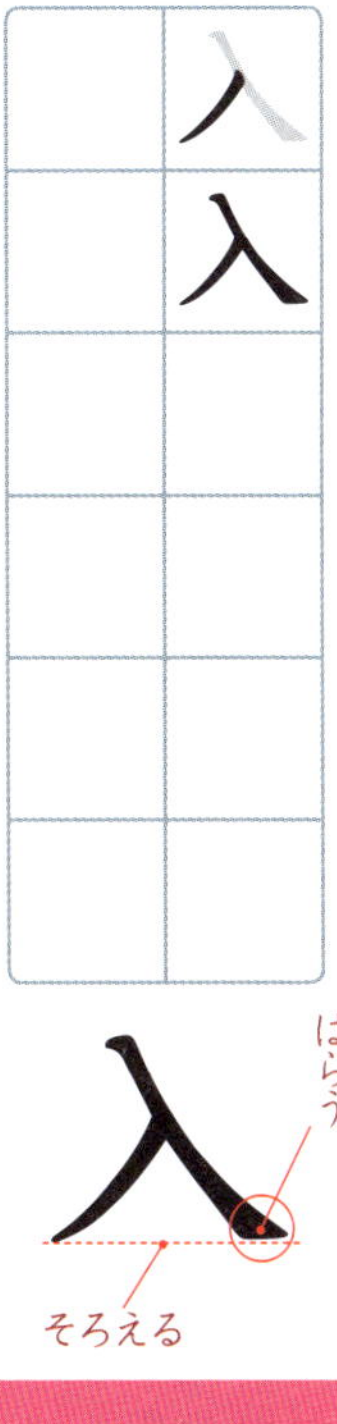

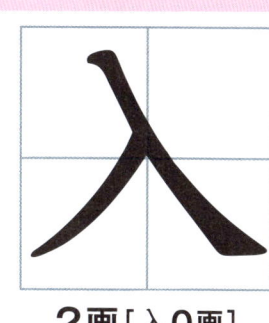

年

6画［干3画］

おん　ネン

くん　とし

いみ

1 (こよみの)とし。◆(一年《いちねん》の間《あいだ》)年間《ねんかん》・年金《ねんきん》・年貢《ねんぐ》・年月《ねんげつ》(としつき)・年始《ねんし》・年収《ねんしゅう》・年数《ねんすう》・年代《ねんだい》・年度《ねんど》・年内《ねんない》・年表《ねんぴょう》・年末《ねんまつ》・年輪《ねんりん》 ◆学年《がくねん》・元年《がんねん》・去年《きょねん》・昨年《さくねん》・先年《せんねん》・豊年《ほうねん》・明年《みょうねん》・翌年《よくねん》(よくとし)・今年《ことし》(こんねん)

2 (ねんれいの)とし。◆(年《とし》がわかい(少))年少《ねんしょう》・年長《ねんちょう》・年配《ねんぱい》・年下《としした》 ◆少年《しょうねん》・成年《せいねん》・青年《せいねん》・中年《ちゅうねん》・晩年《ばんねん》・幼年《ようねん》

つかいかた

●年《ねん》に一度《いちど》のお祭《まつ》り。●新《あたら》しい年《とし》をむかえる。●年賀状《ねんがじょう》を書《か》く。●平成《へいせい》の年号《ねんごう》。●年中《ねんじゅう》働《はたら》く。●開店《かいてん》一周年《いっしゅうねん》。●新年《しんねん》おめでとう。

もっとしろう

●年年歳歳《ねんねんさいさい》―毎年毎年《まいとしまいとし》。くる年《とし》もくる年《とし》も。

●年《とし》が改《あらた》まる―①新年《しんねん》になる。年《とし》が変《か》わる。②年号《ねんごう》が変《か》わる。

●年季《ねんき》が入《はい》る―長《なが》い間《あいだ》かかって技術《ぎじゅつ》が上達《じょうたつ》する。

なりたち

もとの字《じ》は秊。禾は穂《ほ》(禾)を表《あらわ》し、千がネンと変《か》わって読《よ》み方《かた》と「ふくらむ」いみをしめしています。穀物《こくもつ》が一度《いちど》みのる「とし」のいみに使《つか》われます。

とくべつなよみ

今年《ことし》

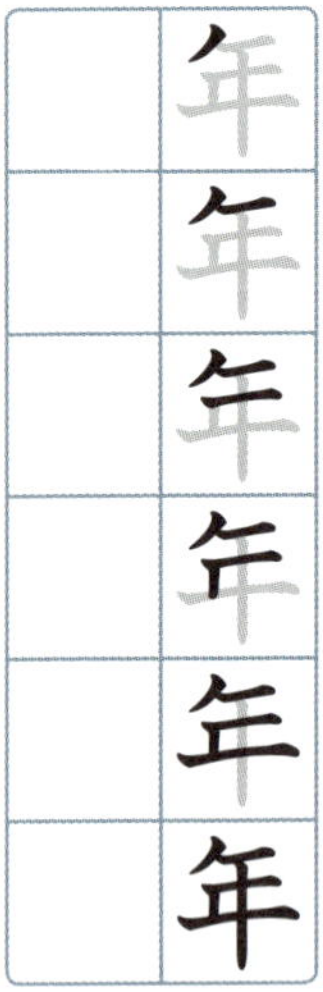

白

5画［白0画］

おん　ハク・(ビャク)

くん　しろ・しら・しろ-い

いみ

1 しろい。◆(白《しろ》い衣服《いふく》)白衣《はくい》(えびゃく)・白菜《はくさい》・白色《はくしょく》(しろいろ)・白人《はくじん》・白髪《はくはつ》・白墨《はくぼく》・白米《はくまい》・白血球《はっけっきゅう》・白熊《しろくま》・白地《しろじ》・白星《しろぼし》・白波《しらなみ》・白旗《しらはた》(しろはた) ◆卵白《らんぱく》・黒白《こくびゃく》

2 明《あか》るい。◆白日《はくじつ》・白昼《はくちゅう》・白夜《びゃくや》 ◆明白《めいはく》

3 何《なに》もない。きよい。◆白紙《はくし》・白地図《はくちず》・白木《しらき》 ◆空白《くうはく》・潔白《けっぱく》

4 言《い》う。◆白状《はくじょう》 ◆告白《こくはく》・自白《じはく》

つかいかた

●白《しろ》と黒《くろ》のしま模様《もよう》。●東《ひがし》の空《そら》が白《しら》む。●白《しろ》い雲《くも》。●白鳥《はくちょう》の群《む》れ。●紅白《こうはく》のおもち。

もっとしろう

●白《しら》を切《き》る－知《し》らないふりをする。

●白《しろ》い歯《は》を見《み》せる－笑顔《えがお》を見《み》せる。にっこりと笑《わら》う。

●白《しろ》い目《め》で見《み》る－冷《つめ》たい目《め》で見《み》る。冷《つめ》たくあつかう。

なりたち

どんぐりの実《み》の形《かたち》(白)からでき、どんぐりのことを、もと「ハク」といい、中《なか》の実《み》がしろいことから、「しろい、あきらか」のいみに使《つか》われます。

とくべつなよみ

白髪《しらが》

※「しら」という読《よ》み―白壁《しらかべ》・白《しら》む・白《しら》ける

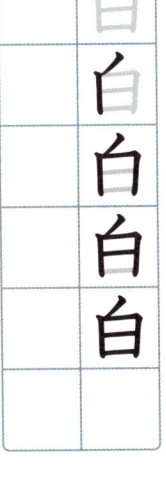

白

一年

八

2画［八0画］

おん　ハチ

くん　や・や-つ・やっ-つ・よう

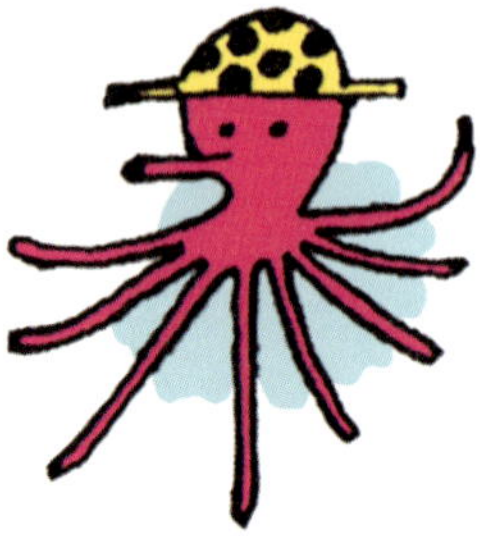

いみ

1 やっつ。◆（八《やっ》つの方角《ほうがく》）八方《はっぽう》・八月《はちがつ》・八枚《はちまい》・八《よう》日《か》

2 たくさん。◆（たくさん〈八〉重《かさ》なる）八《や》重《え》

つかいかた

●八円《はちえん》のおつり。●八才《はっさい》の誕生日《たんじょうび》。

●八分《はちぶ》どおりできあがる。●えんぴつ八本《はちほん》（はっぽん）。

●八《や》つ当《あ》たりをする。

もっとしろう

●**八十八夜《はちじゅうはちや》**−立春《りっしゅん》（二月四日《にがつよっか》ごろ）から数《かぞ》えて八十《はちじゅう》八日《はちにち》めの日《ひ》。だいたい五月一日《ごがつついたち》ごろで、種《たね》をまくのによいころとされている。

●**八百長《やおちょう》**−（八百屋《やおや》の長兵衛《ちょうべえ》が、相手《あいて》のきげんをとるために、碁《ご》でわざと負《ま》けてやったという話《はなし》から）わざと負《ま》けること。また、前《まえ》もって勝《か》ち負《ま》けを決《き》めておくこと。

なりたち

もとは八で、二《ふた》つに分《わ》かれた形《かたち》をしめしていましたが、数《かず》の「はち」のいみに用《もち》いるようになりました。また、「たくさん」といういみにも使《つか》われます。

とくべつなよみ

八百長《やおちょう》・八百屋《やおや》

※「よう」という読《よ》み—八日《ようか》

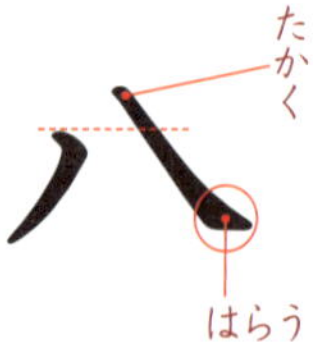

百

6画［白1画］

おん ヒャク

くん

いみ

1 ひゃく。◆百円《ひゃくえん》・百年《ひゃくねん》・百分率《ひゃくぶんりつ》・百回《ひゃっかい》 ◆数百《すうひゃく》

2 たくさん。◆（たくさん〈百〉の花《はな》）百花《ひゃっか》・百出《ひゃくしゅつ》・百日草《ひゃくにちそう》・百人力《ひゃくにんりき》・百薬《ひゃくやく》・百貨店《ひゃっかてん》

つかいかた

●百《ひゃく》まで数《かぞ》える。●百獣《ひゃくじゅう》の王《おう》ライオン。

●テストで百点《ひゃくてん》をとる。●百人《ひゃくにん》集《あつ》まる。

●百人一首《ひゃくにんいっしゅ》をおぼえる。●百科事典《ひゃっかじてん》を引《ひ》く。

もっとしろう

●**百も承知《ひゃくもしょうち》**－じゅうぶんにわかっている。

●**百聞《ひゃくぶん》は一見《いっけん》にしかず**－人《ひと》からなんども聞《き》くよりも、実際《じっさい》に自分《じぶん》で一度《いちど》見《み》たほうがよくわかるということ。

●**百里《ひゃくり》を行《ゆ》く者《もの》は九十《きゅうじゅう》を半《なか》ばとす**－（百里《ひゃくり》の道《みち》を行《い》く者《もの》は、九十里《きゅうじゅうり》を半分《はんぶん》と考《かんが》えるのがよいということから）なにごともあと少《すこ》しとなると油断《ゆだん》をして失敗《しっぱい》することが多《おお》いので、最後《さいご》まで気《き》をゆるめてはいけないという教《おし》え。

なりたち

白（ハク）がヒャクと変《か》わって、数《かず》の「ひゃく」を表《あらわ》しています。上《うえ》に一をつけて、「一《いっ》ぴゃく」のいみに使《つか》われます。

とくべつなよみ

八百長《やおちょう》・八百屋《やおや》

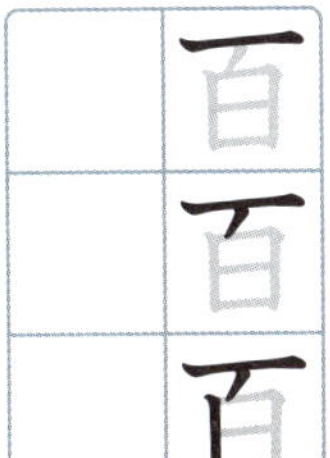

文

4画［文0画］

おん ブン・モン

くん （ふみ）

いみ

1 **ことば。もじ。** ◆文具《ぶんぐ》・文庫《ぶんこ》・文書《ぶんしょ》・文体《ぶんたい》・文《ぶん》面《めん》・文字《もじ》（じ）（もん）◆（英語《えいご》の文《ぶん》）英文《えいぶん》・漢文《かんぶん》・原《げん》文《ぶん》・国文《こくぶん》・作文《さくぶん》・長文《ちょうぶん》・本文《ほんぶん》（ほん）（もん）・名文《めいぶん》・和文《わぶん》

2 **学問《がくもん》や芸術《げいじゅつ》。** ◆文化《ぶんか》・文明《ぶんめい》

つかいかた

●短《みじか》い**文**《ぶん》を作《つく》る。●**文**《ふみ》を読《よ》む。●世界《せかい》の**文学**《ぶんがく》。

●**文集**《ぶんしゅう》を作《つく》る。●友《とも》と**文通**《ぶんつう》する。●**文法**《ぶんぽう》を学《まな》ぶ。

●**文句**《もんく》を言《い》う。●本《ほん》を**注文**《ちゅうもん》する。

もっとしろう

●**文武両道**《ぶんぶりょうどう》－学問《がくもん》と武道《ぶどう》の両方《りょうほう》。

●**文明開化**《ぶんめいかいか》－知識《ちしき》や文化《ぶんか》が発達《はったつ》し、世《よ》の中《なか》が開《ひら》けること。日本《にほん》では明治時代《めいじじだい》の初《はじ》めに、西洋《せいよう》の文明《ぶんめい》をとり入《い》れたことをいう。

●**文**《ぶん》**は人**《ひと》**なり**－文章《ぶんしょう》を見《み》れば、書《か》いた人《ひと》の人《ひと》がらがわかる。

なりたち

胸《むね》のところでえりがまじわっている形《かたち》（文）からでき、えりもとの美《うつく》しい線《せん》から「あや、もよう」のいみを表《あらわ》しています。また、線《せん》のもようから、「もじ」のいみをもち、「ぶん、書物《しょもつ》、手紙《てがみ》」のいみに使《つか》われます。

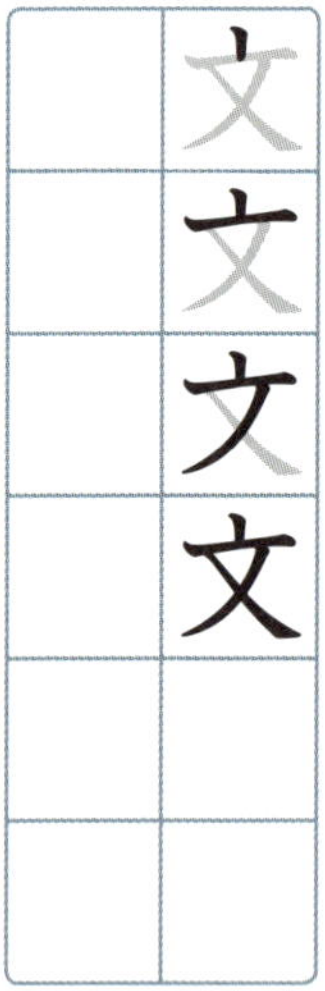

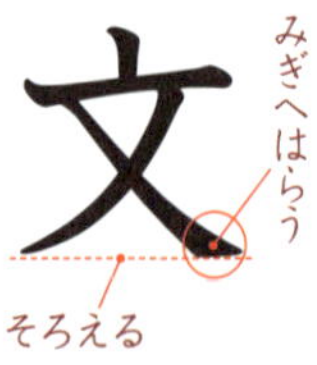

木

4画[木0画]

おん　ボク・モク

くん　き・こ

いみ

1 生《は》えているき。◆木立《こだち》 ◆(大《おお》きな木《き》)大木《たいぼく》・樹《じゅ》木《もく》・草木《そうもく》(くさき)・植木《うえき》・雑木林《ぞうきばやし》・苗木《なえぎ》

2 ざいもく。◆(木《き》で作《つく》った刀《かたな》)木刀《ぼくとう》・木材《もくざい》・木《もく》造《ぞう》・木炭《もくたん》 ◆材木《ざいもく》・白木《しらき》・丸木《まるき》

つかいかた

●木《き》を植《う》える。●二百《にひゃく》年《ねん》の老木《ろうぼく》。●木星《もくせい》と金星《きんせい》。●木造《もくぞう》の家《いえ》。●来週《らいしゅう》の木曜日《もくようび》。●木戸《きど》を開《あ》ける。●並木道《なみきみち》を歩《ある》く。●木《こ》の葉《は》が落《お》ちる。

もっとしろう

●**木《き》から落《お》ちた猿《さる》**―頼《たよ》るところを失《うしな》ってしまい、どうしてよいかわからない状態《じょうたい》のたとえ。

●**木《き》で鼻《はな》をくくる**―相手《あいて》からの相談《そうだん》や頼《たの》みごとに、冷《ひ》ややかな応対《おうたい》をする。

●**木《き》に竹《たけ》をつぐ**―(木《き》と竹《たけ》のように性質《せいしつ》の異《こと》なるものをつぎ合《あ》わせることから)物事《ものごと》の前後《ぜんご》の調和《ちょうわ》がとれないことのたとえ。

●**木《き》を見《み》て森《もり》を見《み》ず**―細《こま》かいところばかり見《み》て、全《ぜん》体《たい》を見《み》ることをしない。

なりたち

枝《えだ》を出《だ》し、根《ね》をのばしている立《た》ち木《き》の形《かたち》()からでき、「き」を表《あらわ》しています。

とくべつなよみ

木綿《もめん》

※「こ」という読《よ》み―木立《こだち》・木陰《こかげ》

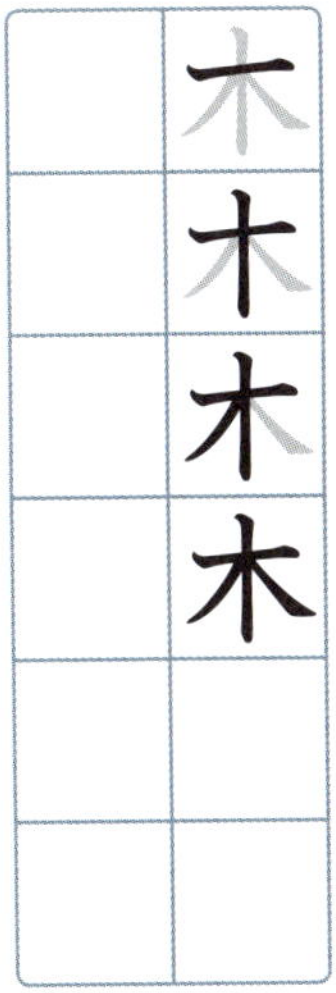

一年

本

5画［木1画］

一年

おん　ホン

くん　もと

いみ

1 おおもとになるもの。ほんとう。◆（本《もと》になる文《ぶん》）本文《ほんぶん》・本位《ほんい》・本館《ほんかん》・本国《ほんごく》・本質《ほんしつ》・本性《ほんしょう》・本《ほん》心《しん》・本筋《ほんすじ》・本籍《ほんせき》・本体《ほんたい》・本当《ほんとう》・本能《ほんのう》・本場《ほんば》・本《ほん》番《ばん》・本部《ほんぶ》・本名《ほんみょう》・本物《ほんもの》・本流《ほんりゅう》　◆基本《きほん》・根本《こんぽん》

2 この。当《とう》の。◆本日《ほんじつ》・本人《ほんにん》・本年《ほんねん》

3 書物《しょもつ》。◆（本《ほん》を入《い》れる箱《はこ》）本箱《ほんばこ》・本屋《ほんや》　◆絵本《えほん》・新本《しんぽん》・台本《だいほん》・単行本《たんこうぼん》・読本《とくほん》・古本《ふるほん》

4 細長《ほそなが》いものをかぞえることば。◆五本指《ごほんゆび》

つかいかた

● 本《ほん》を読《よ》む。● 本《もと》を正《ただ》す。● 本気《ほんき》でおこる。

● 本店《ほんてん》と支店《してん》。● 本音《ほんね》をはく。

もっとしろう

●［「本《ほん》」の対語《たいご》］

「本《ほん》」の対語《たいご》は、いみによっていろいろあります。「本校《ほんこう》↕分校《ぶんこう》、本式《ほんしき》↕略式《りゃくしき》、本館《ほんかん》↕別館《べっかん》、本店《ほんてん》↕支《し》店《てん》」などの関係《かんけい》です。

また、「末《まつ》」も「本《ほん》」の対語《たいご》で、たいせつなこととつまらないことを「本末《ほんまつ》」といい、「本《ほん》」と「末《まつ》」をとりちがえることを「本末転倒《ほんまつてんとう》」といいます。

なりたち

木《き》の根《ね》もとに一をひいて（本）、「もと」のいみに使《つか》われます。

つかいわけ

● 元《もと》・下《もと》・本《もと》・基《もと》　→〈元《げん》〉139ページ

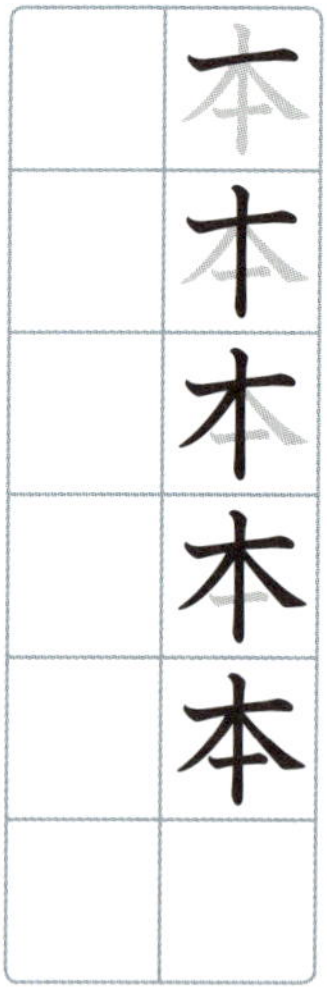

名

6画[口3画]

おん　メイ・ミョウ

くん　な

いみ

1 なまえ。◆名詞《めいし》・名簿《めいぼ》・名字《みょうじ》・名札《なふだ》・名前《なまえ》
◆(題《だい》の名《な》)題名《だいめい》・悪名《あくめい》(あくみょう)・記名《きめい》・芸名《げいめい》・指《し》名《めい》・書名《しょめい》・署名《しょめい》・姓名《せいめい》・病名《びょうめい》・命名《めいめい》・連名《れんめい》

2 ひょうばん。りっぱな。◆(有名《ゆうめい》な曲《きょく》)名曲《めいきょく》・名《めい》案《あん》・名画《めいが》・名月《めいげつ》・名作《めいさく》・名産《めいさん》・名所《めいしょ》・名人《めいじん》・名《めい》声《せい》・名刀《めいとう》・名馬《めいば》・名品《めいひん》・名文《めいぶん》・名誉《めいよ》

3 人数《にんずう》をかぞえることば。◆一名《いちめい》

つかいかた

● **名《な》**をなのる。● **名作《めいさく》**を読《よ》む。● ピアノの**名手《めいしゅ》**。
● この土地《とち》の**名物《めいぶつ》**。● 本《ほん》の**題名《だいめい》**。

もっとしろう

● **名《な》が売《う》れる**－世《よ》の中《なか》に名前《なまえ》がよく知《し》られる。有名《ゆうめい》になる。
● **名《な》もない**－世《よ》の中《なか》に名前《なまえ》が知《し》られていない。
● **名《な》を惜《お》しむ**－名誉《めいよ》をだいじにする。
● **名《な》を残《のこ》す**－死《し》んだあとにも名前《なまえ》が知《し》られる。死後《しご》も有名《ゆうめい》である。

なりたち

夕方《ゆうがた》は暗《くら》いので、名前《なまえ》を口《くち》で言《い》わなければ相手《あいて》にわからないことから、夕と口を合《あ》わせて「名前《なまえ》」のいみに使《つか》われます。

とくべつなよみ

仮名《かな》・名残《なごり》

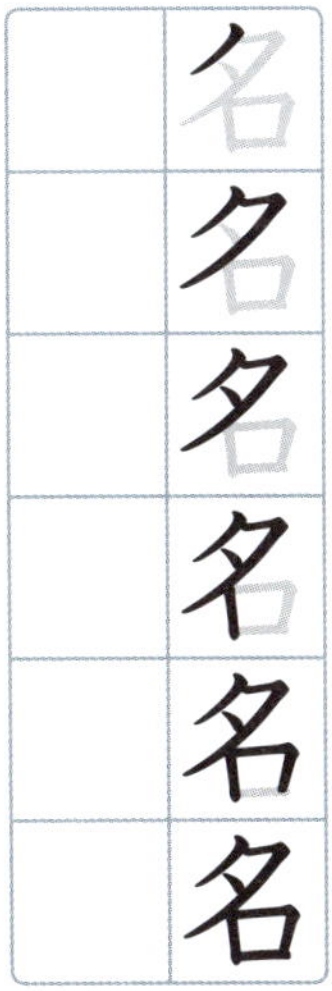

目

5画[目0画]

おん　モク・(ボク)

くん　め・(ま)

いみ

1 め。みる。◆(目《め》で測《はか》る)目測《もくそく》・目撃《もくげき》・目前《もくぜん》

2 めをつけるところ。◆目的《もくてき》・目標《もくひょう》 ◆着目《ちゃくもく》

3 くぎり。分《わ》けたもの。◆目次《もくじ》・目録《もくろく》 ◆(細《こま》かい区分《くわ》け(目))細目《さいもく》・科目《かもく》・曲目《きょくもく》・項目《こうもく》・種目《しゅもく》・題目《だいもく》・境目《さかいめ》

つかいかた

● 目《め》が覚《さ》める。 ● 先生《せんせい》に注目《ちゅうもく》する。 ● 目上《めうえ》の人《ひと》。 ● 目印《めじるし》をつける。 ● 役目《やくめ》を果《は》たす。

もっとしろう

● 目《め》が肥《こ》える―ものの見分《みわ》けがよくできる。
● 目《め》が早《はや》い―見《み》つけるのが早《はや》い。
● 目《め》につく―目立《めだ》つ。
● 目《め》もくれない―まるで興味《きょうみ》がなく、見《み》ようともしない。
● 目《め》をくらます―見《み》つからないように、人《ひと》の目《め》をごまかす。
● 目《め》をそむける―見《み》ていられなくなり、目《め》をほかのほうにむける。

なりたち

めの形《かたち》(　)からできた字《じ》です。

とくべつなよみ

真面目《まじめ》

※「ボク」という読《よ》み―面目《めんぼく》(めんもく)

※「ま」という読《よ》み―目《ま》の当《あ》たり・目深《まぶか》

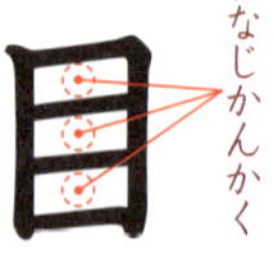

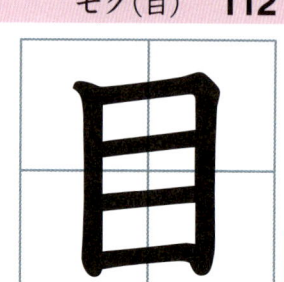

立

5画［立0画］

おん　リツ・（リュウ）

くん　た-つ・た-てる

いみ

1 たつ。たちあがる。◆（立《た》って食《た》べる）立食《りっしょく》・立《りっ》候補《こうほ》・立体《りったい》・立方《りっぽう》 ◆自立《じりつ》・対立《たいりつ》・中立《ちゅうりつ》・直立《ちょくりつ》・独立《どくりつ》・木立《こだち》

2 たてる。おこす。つくる。◆（案《あん》を立《た》てる）立《りつ》案《あん》・立憲《りっけん》・立証《りっしょう》 ◆県立《けんりつ》・国立《こくりつ》・市立《しりつ》・私立《しりつ》・成立《せいりつ》・設立《せつりつ》・創立《そうりつ》・村立《そんりつ》・町立《ちょうりつ》・都立《とりつ》・府立《ふりつ》

3 はじまる。◆（夏《なつ》がはじまる〈立〉）立夏《りっか》・立秋《りっしゅう》・立春《りっしゅん》・立冬《りっとう》

つかいかた

●頂上《ちょうじょう》に立《た》つ。 ●旗《はた》を立《た》てる。 ●起立《きりつ》して待《ま》つ。
●公立《こうりつ》の小学校《しょうがっこう》。 ●自分《じぶん》の立場《たちば》を考《かんが》える。

もっとしろう

●立《た》つ鳥跡《とりあと》を濁《にご》さず—飛《と》び立《た》つ水鳥《みずとり》があとをにごさないように、立《た》ち去《さ》るときはきれいにあとしまつをしておくべきだといういましめ。
●立《た》て板《いた》に水《みず》—立《た》てかけた板《いた》に水《みず》を流《なが》すように、すらすらと話《はな》すようす。

なりたち

人《ひと》が正面《しょうめん》を向《む》いて、地上《ちじょう》にたっている形《かたち》（）からできた字《じ》です。

つかいわけ

●建《た》つ・立《た》つ →〈建《けん》〉294ページ

とくべつなよみ

立《た》ち退《の》く

※「リュウ」という読《よ》み—建立《こんりゅう》

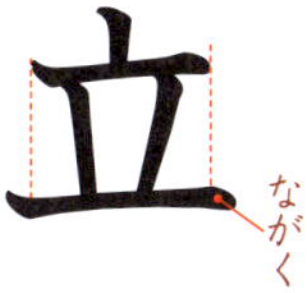

力

2画［力0画］

おん　リョク・リキ

くん　ちから

いみ

1 ちから。◆力士《りきし》・力仕事《ちからしごと》 ◆(全《ぜん》部《ぶ》の力《ちから》)全力《ぜんりょく》・圧力《あつりょく》・学力《がくりょく》・火力《かりょく》・強力《きょうりょく》・権力《けんりょく》・実力《じつりょく》・重力《じゅうりょく》・省力《しょうりょく》・水力《すいりょく》・勢力《せいりょく》・戦力《せんりょく》・速力《そくりょく》・電力《でんりょく》・能力《のうりょく》・風力《ふうりょく》・武力《ぶりょく》・暴力《ぼうりょく》・無力《むりょく》・有力《ゆうりょく》・腕力《わんりょく》・千人力《せんにんりき》・底力《そこぢから》

2 ちからを出《だ》してはげむ。◆(力《ちから》いっぱい泳《およ》ぐ)力《りき》泳《えい》・力作《りきさく》 ◆努力《どりょく》

つかいかた

●顔《かお》を真《ま》っ赤《か》にして力《りき》む。●力《ちから》が強《つよ》い。

●百《ひゃく》メートルを力走《りきそう》する。●地球《ちきゅう》の引力《いんりょく》。

●全員《ぜんいん》で協力《きょうりょく》する。●気力《きりょく》を失《うしな》う。

●体力《たいりょく》が増《ま》す。

●力任《ちからまか》せに振《ふ》り回《まわ》す。

もっとしろう

●力《ちから》の限《かぎ》り－ありったけの力《ちから》を出《だ》して。

●力《ちから》を入《い》れる－力《ちから》をこめる。熱心《ねっしん》になる。

●力《ちから》を得《え》る－はげまされて、元気《げんき》が出《で》る。

●力《ちから》を落《お》とす－がっくりする。気力《きりょく》を失《うしな》う。

●力《ちから》を貸《か》す－人《ひと》の手助《てだす》けをする。手伝《てつだ》う。

なりたち

もとはで、うでにちからを入《い》れて筋肉《きんにく》がもり上《あ》がった形《かたち》をしめしています。「ちから」のいみに使《つか》われます。

林

8画［木4画］

おん　リン

くん　はやし

いみ

■**はやし。** ◇(林《はやし》の中《なか》の道《みち》)林道《りんどう》・林業《りんぎょう》・林野《りんや》 ◇原始林《げんしりん》・山林《さんりん》・森林《しんりん》・梅林《ばいりん》・防雪林《ぼうせつりん》・防風林《ぼうふうりん》・密林《みつりん》

つかいかた

●森《もり》と林《はやし》。●林《はやし》の中《なか》の小道《こみち》を歩《ある》く。●林間学校《りんかんがっこう》に行《い》く。●ビルが林立《りんりつ》する。

もっとしろう

●「「林《はやし》」のへんはえんりょする」

「林《はやし》」の字《じ》をよく見《み》てみましょう。並《なら》んでいる二《ふた》つの「木」の形《かたち》が少《すこ》しちがいます。左側《ひだりがわ》の「へん」の四画《よんかく》めは、短《みじか》く点《てん》のようになっています。これは、右側《みぎがわ》の字《じ》のじゃまにならないように、えんりょして引《ひ》っこんでいるのです。

このことを頭《あたま》に入《い》れておくと、いろいろな漢字《かんじ》を書《か》くときに、役《やく》に立《た》ちます。

きへん　木　へんはえんりょする

村　枝　机　桜　松　柱

なりたち

木を二《ふた》つ並《なら》べて、木《き》がたくさん生《は》えている「はやし」を表《あらわ》しています。

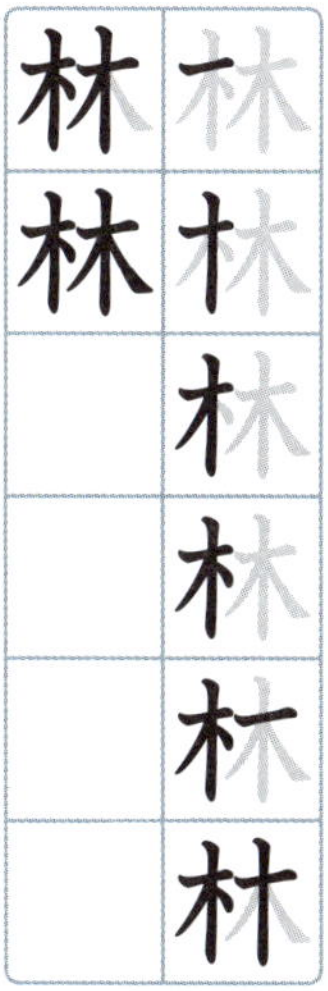

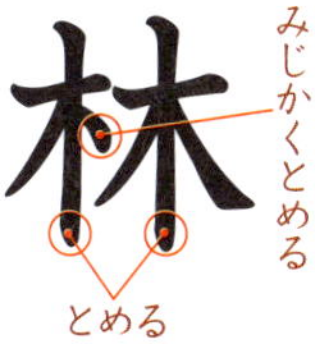

六

4画［八2画］

おん ロク

くん む・む‐つ・むっ‐つ・むい

いみ

■むっつ。◆（小学校《しょうがっこう》六年《ろくねん》、中学校《ちゅうがっこう》三年《さんねん》という義務《ぎむ》教育《きょういく》の制度《せいど》）六三制《ろくさんせい》・六才《ろくさい》・六枚《ろくまい》・六回《ろっかい》 ◆双六《すごろく》

つかいかた

●子《こ》どもが六《むっ》つになる。
●六月六日《ろくがつむいか》は遠足《えんそく》だ。
●六年生《ろくねんせい》のお兄《にい》さん。
●鉛筆《えんぴつ》を六本《ろっぽん》買《か》う。

もっとしろう

●**六十《ろくじゅう》の手習《てなら》い**―（六十才《ろくじっさい》になってから字《じ》のけいこを始《はじ》めるといういみで）年《とし》をとってから、学問《がくもん》やけいこを始《はじ》めること。
●**六日《むいか》の菖蒲《あやめ》十日《とおか》の菊《きく》**―五月五日《ごがついつか》の端午《たんご》の節句《せっく》に必《ひつ》要《よう》な菖蒲《あやめ》と、九月九日《くがつここのか》の菊《きく》の節句《せっく》に必要《ひつよう》な菊《きく》が、一日《いちにち》おくれで手《て》に入《はい》っても役《やく》に立《た》たないことから、必要《ひつよう》なときに間《ま》に合《あ》わず役《やく》に立《た》たないことのたとえ。

なりたち

家《いえ》の入《い》り口《ぐち》の形《かたち》（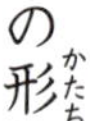）をかたどっています。数《かず》の「ろく」と読《よ》み方《かた》が同《おな》じなので、この字《じ》を数《かず》の「ろく」のいみに用《もち》いるようになりました。

とくべつなよみ

※「むい」という読《よ》み―六日《むいか》

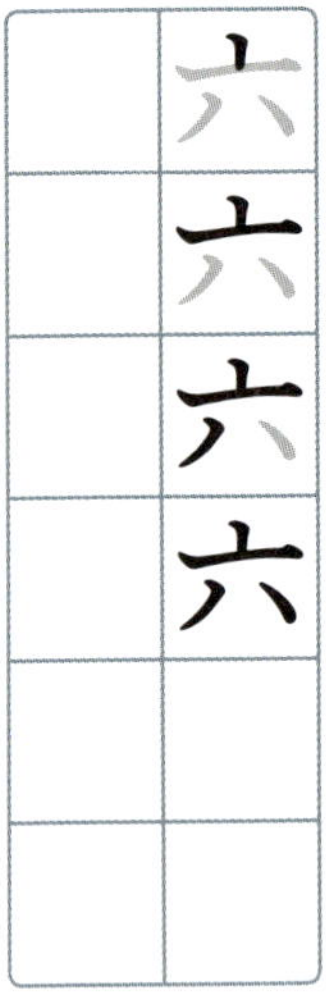

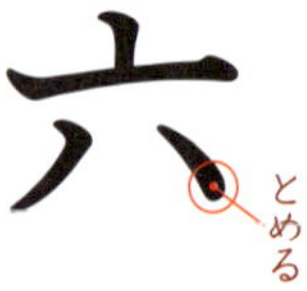

ものののかぞえかた

一《いっ》本《ぽん》

物《もの》によって数《かぞ》えるときのよび方《かた》がちがいます。絵《え》を見《み》て正《ただ》しくおぼえましょう。このほかにもいろいろあります。考《かんが》えてみましょう。

一《いっ》個《こ》

一《いっ》冊《さつ》

一《いっ》足《そく》

一《いち》輪《りん》

一《いっ》脚《きゃく》

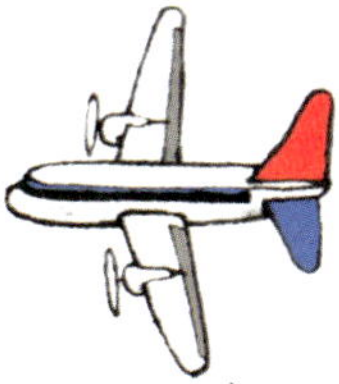

一《いっ》機《き》

一《いっ》隻《せき》

一《いち》台《だい》

一《いち》門《もん》

一《いっ》曲《きょく》

一《いち》番《ばん》

一《いっ》俵《ぴょう》

一《いっ》匹《ぴき》

一《いっ》頭《とう》

一《いち》羽《わ》

一《いっ》着《ちゃく》

一《いち》錠《じょう》

一《いっ》杯《ぱい》

一《いっ》丁《ちょう》

一《いっ》滴《てき》

なかまの漢字《かんじ》をおぼえよう　ちから

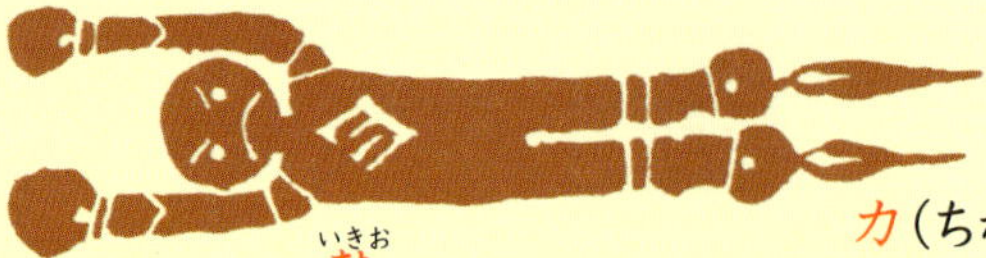

勢《いきお》い

力（ちから）が部首《ぶしゅ》になっている字《じ》は、「ちから、つとめる」などに関係《かんけい》したいみを表《あらわ》しています。

務《つと》める

勝《か》つ

力　加

勤《つと》める

勉学《べんがく》に努《つと》める

励《はげ》ます
勧《すす》める

成《せい》功《こう》

助《たす》ける

労《ろう》働《どう》

動《うご》く

効《き》く

勇《いさ》む

160字《じ》

二《に》年《ねん》で習《なら》う漢《かん》字《じ》

二年《にねん》で習《なら》う漢字《かんじ》

160字《じ》

ここには、二年《にねん》で習《なら》う漢字《かんじ》をかくすうの少《すく》ないじゅんにならべてあります。

二画

刀 179

三画

万 194　丸 131　工 143　弓 134　才 150

四画

今 149　元 139　公 143　内 184　切 167　分 189
午 141　友 197　太 171　少 160　引 121　心 162
戸 140　方 192　止 152　毛 195　父 188　牛 134

五画

兄 137　北 192　半 187　古 141　台 172　冬 180
外 128　市 152　広 144　母 191　用 198　矢 153

六画

交 144　会 127　光 145　合 147　同 182　回 126
地 172　多 170　寺 155　当 180　毎 193　池 173
米 190　羽 121　考 145　肉 185　自 155　色 161
行 146　西 165

七画

何 123　作 151　体 171　図 164　声 165　売 186
弟 177　形 138　近 137　来 199　汽 132　社 157
角 129　言 139　谷 148　走 170　里 199　麦 187

八画

京 135　画 126　国 148　夜 196　姉 153　妹 193
岩 131　店 178　明 194　東 181　歩 191　直 176
知 173　長 175　門 196

九画

前 169　南 184　室 156　後 142　茶 174　思 154
春 159　星 166　昼 174　海 127　活 130　点 178
科 124　秋 158　計 138　風 189　食 162　首 158

十画

原 140　夏 124　家 125　帰 133　弱 157　通 177
時 156　書 160　紙 154　記 133　馬 185　高 146

十一画

強 136　週 159　教 136　理 200　細 150　組 169
船 168　野 197　雪 167　魚 135　鳥 175　黄 147
黒 149

十二画

場 161　道 183　晴 166　朝 176　番 188　答 181
絵 128　買 186　間 130　雲 122

十三画

園 122　遠 123　数 164　新 163　楽 129　話 200
電 179

十四画

歌 125　算 151　聞 190　語 142　読 183　鳴 195

十五画

線 168

十六画

親 163　頭 182

十八画

曜 198　顔 132

引

4画［弓1画］

おん イン

くん ひ-く・ひ-ける

いみ

1 ひく。ひっぱる。◆引火《いんか》 ◆(強《つよ》く引《ひ》く)強引《ごういん》・吸引《きゅういん》・割引《わりびき》

2 つれていく。◆(つれていく〈引〉・率《ひき》いる)引率《いんそつ》

3 ひっこむ。◆引退《いんたい》

つかいかた

●辞書《じしょ》を引《ひ》く。●線《せん》を引《ひ》く。●手《て》を引《ひ》く。●気《き》が引《ひ》ける。●作品《さくひん》を引用《いんよう》する。●地球《ちきゅう》の引力《いんりょく》。●引《ひ》き算《ざん》と足《た》し算《ざん》。●引《ひ》き分《わ》けに終《お》わる。

もっとしろう

●引《ひ》く手《て》あまた－来《き》てくれとさそう人《ひと》が多《おお》いこと。

●引《ひ》けを取《と》らない－負《ま》けない。おとっていない。

なりたち

弓はゆみ(弓)、丨がインという読《よ》み方《かた》と「のばす」いみをしめしています。弓《ゆみ》をひくことを表《あらわ》す字《じ》で、「ひく、ひっぱる」いみに使《つか》われます。

二年

羽

6画［羽0画］

おん (ウ)

くん は・はね

いみ

1 はね。つばさ。◆(羽《はね》の音《おと》)羽音《はおと》・羽毛《うもう》・羽子板《はごいた》

2 鳥《とり》などを数《かぞ》えることば。◆一羽《いちわ》・数羽《すうわ》

つかいかた

●羽《はね》を広《ひろ》げて飛《と》ぶ。●幼虫《ようちゅう》が羽化《うか》する。●虫《むし》の羽音《はおと》。●天《あま》の羽衣《はごろも》。●赤《あか》い羽根《はね》。●羽根《はね》つきをする。

もっとしろう

●羽《はね》が生《は》えたよう－物《もの》がよく売《う》れることのたとえ。また、物《もの》が早《はや》くなくなることのたとえ。

なりたち

鳥《とり》のはねの形《かたち》(羽)からできた字《じ》で、「はね」を表《あらわ》しています。

とくべつなよみ

※「羽《は》」は、前《まえ》に来《く》る音《おん》によって「わ」、「ば」、「ぱ」になります。

一羽《いちわ》・三羽《さんば》・六羽《ろっぱ》

雲

12画［雨4画］

おん　ウン

くん　くも

いみ

■くも。◆雲海《うんかい》・雲脚《くもあし》　◆(雨《あめ》をふくんだ雲《くも》)雨雲《あまぐも》・暗雲《あんうん》・星雲《せいうん》・白雲《はくうん》・雷雲《らいうん》・入道雲《にゅうどうぐも》・飛行機雲《ひこうきぐも》

つかいかた

●山《やま》の上《うえ》に雲《くも》がかかる。●白《しろ》い雲《くも》がうかぶ。●雲海《うんかい》の上《うえ》を飛《と》ぶ。●雲間《くもま》から太陽《たいよう》が見《み》える。

もっとしろう

●**雲《くも》の上《うえ》の人《ひと》**－手《て》のとどかない所《ところ》にいる、りっぱな人《ひと》。
●**雲《くも》を霞《かすみ》と**－いちもくさんに逃《に》げて姿《すがた》をくらますようす。
●**雲《くも》をつかむ**－まるで雲《くも》をつかむようにはっきりしない、とらえどころがないようすのたとえ。

なりたち

雨(あめ)を合《あ》わせて、「くも」のいみを表《あらわ》している字《じ》です。云(ウン)はわきあがったくもの形《かたち》()からでき、

二年

園

13画［囗10画］

おん　エン

くん　(その)

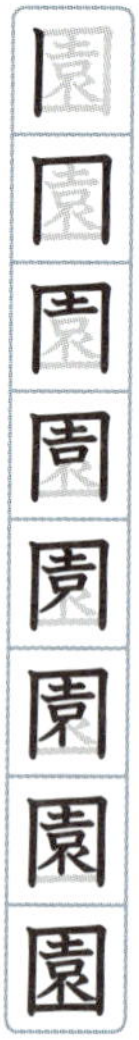

いみ

1 かこいをしたところ。はたけ。にわ。◆園芸《えんげい》　◆(公《おおやけ》のにわ〔園〕)公園《こうえん》・果樹園《かじゅえん》・菜園《さいえん》・植物園《しょくぶつえん》・造園《ぞうえん》・動物園《どうぶつえん》・農園《のうえん》・遊園地《ゆうえんち》・楽園《らくえん》

2 子《こ》どものせわをするところ。勉強《べんきょう》を教《おし》えるところ。◆園長《えんちょう》・学園《がくえん》・通園《つうえん》・保育園《ほいくえん》

つかいかた

●学《まな》びの園《その》。●幼稚園《ようちえん》の園児《えんじ》。●美《うつく》しい花園《はなぞの》。

もっとしろう

●［袁のつく漢字《かんじ》］
袁のつく字《じ》はエンと読《よ》みます。例《れい》「遠《エン》」「園《エン》」「猿《エン》」

なりたち

袁がエンという読《よ》み方《かた》をしめし、口がかこいを表《あらわ》しています。「かこいで区切《くぎ》られている場所《ばしょ》」のことで、おもに「はたけ、にわ」のいみに使《つか》われます。

遠

13画［辶10画］

おん エン・(オン)

くん とお-い

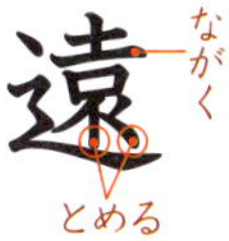

いみ

■とおい。◆(遠《とお》い・近《ちか》い)遠近《えんきん》・遠泳《えんえい》・遠景《えんけい》・遠征《えんせい》・遠方《えんぽう》・遠洋《えんよう》・遠雷《えんらい》・遠慮《えんりょ》・遠縁《とおえん》・遠出《とおで》 ◆永遠《えいえん》・敬遠《けいえん》・望遠鏡《ぼうえんきょう》

つかいかた

●駅《えき》までは**遠《とお》い**。●船《ふね》が**遠《とお》ざかる**。●楽《たの》しみな**遠足《えんそく》**。●**遠大《えんだい》**な計画《けいかく》を立《た》てる。●**遠路《えんろ》**はるばるやって来《く》る。

もっとしろう

●**遠《とお》くの親類《しんるい》より近《ちか》くの他人《たにん》**-遠《とお》くに住《す》む親類《しんるい》より、近《ちか》くの他人《たにん》のほうが、いざというとき頼《たよ》りになる。

なりたち

辶は道《みち》(⼃⼻)と足《あし》(⼮)からできていて、道《みち》を歩《ある》くことを表《あらわ》し、袁がエンという読《よ》み方《かた》と「ながい」いみをしめしています。長《なが》い道《みち》を行《い》くことから、「とおい」いみに使《つか》われます。

とくべつなよみ

※「オン」という読《よ》み―久遠《くおん》

何

7画［亻5画］

おん (カ)

くん なに・なん

いみ

■なに。どんな。◆(何《なん》の事《こと》)何事《なにごと》・何者《なにもの》・何円《なんえん》・何本《なんぼん》

つかいかた

●**何《なに》**も知《し》らない。●**何《なに》**不自由《ふじゆう》なく暮《く》らす。●**何《なに》**もかも話《はな》す。●**何《なん》**の用事《ようじ》ですか。●**何分《なにぶん》**よろしくお願《ねが》いします。●お元気《げんき》で**何《なに》より**です。●**何時何分《なんじなんぷん》**ですか。

もっとしろう

●**何《なに》はともあれ**-ほかのことはどうであろうと。
●**何《なに》はなくとも**-ほかのものはなくても。
●**何《なに》を置《お》いても**-ほかのことは後回《あとまわ》しにしても。

なりたち

可がカという読《よ》み方《かた》をしめし、「荷《か》」と同《おな》じで、人《ひと》(亻)がにもつをせおうことを表《あらわ》しましたが、のちに「なに」のいみに使《つか》われるようになりました。

とくべつなよみ

※「なん」という読《よ》み―何本《なんぼん》・何十《なんじゅう》・何点《なんてん》など

科

おん　カ

くん

9画［禾4画］

いみ

1 くわけ。くぎり。◆(区分《くわ》け〈科〉・区分《くわ》け〈目〉)科目《かもく》・科学《かがく》 ◆学科《がっか》・教科《きょうか》・外科《げか》・歯科《しか》・耳鼻科《じびか》・百科事典《ひゃっかじてん》

2 つみ。◆(前《まえ》におかしたつみ〈科〉)前科《ぜんか》

つかいかた

●ネコ科《か》の動物《どうぶつ》。●内科《ないか》のお医者《いしゃ》さん。●理科《りか》と社会科《しゃかいか》。

もっとしろう

●［科学《かがく》と化学《かがく》］
「科学《かがく》」は、物事《ものごと》を筋道《すじみち》を立《た》てて整理《せいり》し、その法則《ほうそく》や真理《しんり》を研究《けんきゅう》する学問《がくもん》。「化学《かがく》」はその中《なか》の一《ひと》つで、おもに物《もの》の性質《せいしつ》や変化《へんか》などを研究《けんきゅう》する学問《がくもん》です。

なりたち

禾(カ)は穀物《こくもつ》の穂《ほ》のたれさがった形《かたち》、斗は「ます」を表《あらわ》しています。穀物《こくもつ》をはかるいみから、「区分《くわ》け、学問上《がくもんじょう》の分類《ぶんるい》」のいみに使《つか》われます。

夏

おん　カ・(ゲ)

くん　なつ

10画［夂7画］

いみ

■ なつ。◆(夏《なつ》の季節《きせつ》)夏季《かき》・夏期《かき》・夏至《げし》・夏鳥《なつどり》・夏場《なつば》・夏物《なつもの》 ◆初夏《しょか》・立夏《りっか》・常夏《とこなつ》・真夏《まなつ》

つかいかた

●暑《あつ》い夏《なつ》。●夏草《なつくさ》がしげる。●楽《たの》しい夏休《なつやす》み。

もっとしろう

●［こよみの上《うえ》の夏《なつ》］
ふつう六月《ろくがつ》・七月《しちがつ》・八月《はちがつ》の三《さん》か月《げつ》を「夏《なつ》」といいますが、こよみの上《うえ》では、立夏《りっか》(五月六日《ごがつむいか》ころ)から立秋《りっしゅう》(八月七日《はちがつなのか》・八日《ようか》ころ)の前日《ぜんじつ》までが「夏《なつ》」です。

なりたち

もとの形《かたち》は𡖈。人《ひと》がお面《めん》(𦣻)をかぶっておどっているようすからおどりの名《な》を表《あらわ》しました。のちに、「なつ」のいみに用《もち》いられるようになりました。

とくべつなよみ

※「ゲ」という読《よ》み―夏至《げし》

家

10画［宀7画］

おん　カ・ケ

くん　いえ・や

いみ

1 **いえ。住《す》む建物《たてもの》。** ◆（家《いえ》の道具《どうぐ》）家具《かぐ》・家屋《かおく》・家財《かざい》・家路《いえじ》・家主《やぬし》

2 **かぞく。ちすじ。** ◆家業《かぎょう》・家系《かけい》・家計《かけい》・家臣《かしん》・家族《かぞく》・家内《かない》・家風《かふう》・家宝《かほう》・家名《かめい》・家来《けらい》 ◆分家《ぶんけ》・本家《ほんけ》

3 **その道《みち》の人《ひと》。せんもんの人《ひと》。** ◆家元《いえもと》 ◆音楽家《おんがくか》・画家《がか》・芸《げい》術家《じゅつか》・作家《さっか》・書家《しょか》・努力家《どりょくか》・勉強家《べんきょうか》

つかいかた

● 家《いえ》を建《た》てる。 ● 楽《たの》しいわが家《や》。 ● 家事《かじ》を手伝《てつだ》う。

● 幸《しあわ》せな家庭《かてい》。 ● 一家《いっか》がそろう。 ● 家中《いえじゅう》をさがす。

なりたち

宀は「いえ」を表《あらわ》し、豕はカという読《よ》み方《かた》と「いる」いみをしめしています。人《ひと》のとどまっている「いえ、すまい」のいみに使《つか》われます。

つかいわけ

● 屋《や》・家《や》 →〈屋《おく》〉210ページ

→〈屋《おく》〉210ページ

とくべつなよみ

母家《おもや》

歌

14画［欠10画］

おん　カ

くん　うた・うた-う

いみ

1 **うた。うたう。** ◆（歌《うた》による劇《げき》）歌劇《かげき》・歌曲《かきょく》・歌詞《かし》・歌唱《かしょう》・歌謡曲《かようきょく》・歌声《うたごえ》 ◆応援歌《おうえんか》・校歌《こうか》・聖歌《せいか》・流行歌《りゅうこうか》・子守歌《こもりうた》・鼻歌《はなうた》・舟歌《ふなうた》

2 **和歌《わか》。短歌《たんか》。** ◆歌人《かじん》 ◆詩歌《しいか》・連歌《れんが》

つかいかた

● 歌《うた》を歌《うた》う。 ● オペラ歌手《かしゅ》。 ● 短歌《たんか》の歌集《かしゅう》。

もっとしろう

● ［いろは歌《うた》］

いろはにほへとちりぬるをわかよたれそつねならむうゐのおくやまけふこえてあさきゆめみしゑひもせす

なりたち

欠は人《ひと》が口《くち》をあけている形《かたち》（⽋）、哥が「カー」とのばして発声《はっせい》することを表《あらわ》し、カという読《よ》み方《かた》をしめしています。口《くち》をあけて「うたう」いみに使《つか》われます。

画

8画［凵6画］

おん　ガ・カク

くん

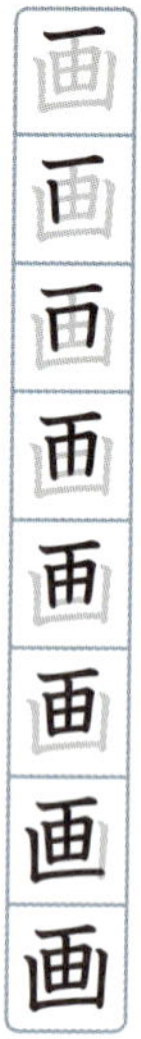

いみ

1 え。◆〈え〈画〉をかく人《ひと》〈家〉〉画家《がか》・画集《がしゅう》・画面《がめん》　◆絵画《かいが》・図画《ずが》・水彩画《すいさいが》・西洋画《せいようが》・日本画《にほんが》・版画《はんが》・壁画《へきが》・漫画《まんが》・名画《めいが》

2 くぎり。◆画一《かくいつ》　◆区画《くかく》

3 はかりごと。◆画策《かくさく》　◆企画《きかく》

4 漢字《かんじ》の点《てん》や線《せん》。◆画数《かくすう》　◆字画《じかく》・総画《そうかく》・点画《てんかく》

つかいかた

● 画用紙《がようし》に絵《え》をかく。● 映画《えいが》を見《み》る。● 夏休《なつやす》みの計画《けいかく》。

● 漢字《かんじ》の総画数《そうかくすう》を数《かぞ》える。● テレビ番組《ばんぐみ》を録画《ろくが》する。

もっとしろう

● 一線《いっせん》を画《かく》す－はっきりと区別《くべつ》する。

なりたち

もとの字《じ》は畫。筆《ふで》（⺻）を手《て》（⺕）で持《も》って、田《た》の区《く》分《わ》けの図面《ずめん》をかくことをしめしていました。あとで畫となり、画と略《りゃく》されました。

回

6画［口3画］

おん　カイ・（エ）

くん　まわ-る・まわ-す

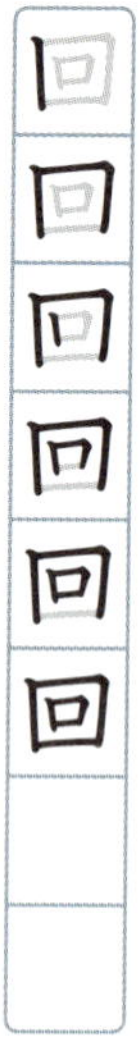

いみ

1 まわる。◆〈回《まわ》る・転《ころ》がる〉回転《かいてん》・回路《かいろ》　◆巡回《じゅんかい》・転回《てんかい》

2 かえる。もどる。◆回帰《かいき》・回収《かいしゅう》・回送《かいそう》・回想《かいそう》・回答《かいとう》　◆奪回《だっかい》

3 ものごとの度数《どすう》。◆回数券《かいすうけん》　◆〈次《つぎ》の回《かい》〉次回《じかい》・今回《こんかい》・最終《さいしゅう》回《かい》・初回《しょかい》

つかいかた

● 回《かい》を重《かさ》ねる。● 水車《すいしゃ》が回《まわ》る。● 火《ひ》の回《まわ》りが早《はや》い。

● 時計《とけい》の針《はり》を回《まわ》す。● 天気《てんき》が回復《かいふく》する。● 回覧板《かいらんばん》を回《まわ》す。

● 回《まわ》り道《みち》をして帰《かえ》る。

なりたち

もとの形《かたち》は㔯。水《みず》がぐるぐるうずまくようすを表《あらわ》していました。「まわり、まわす、かえる」いみに使《つか》われます。

つかいわけ

● 周《まわ》り・回《まわ》り　→〈周《しゅう》〉306ページ

とくべつなよみ

※「エ」という読《よ》み―回向《えこう》

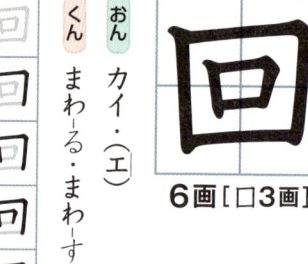

会

6画［人4画］

おん　カイ・（エ）

くん　あ-う

会 会 会 会 会 会

いみ

1 あう。あわせる。◆会見《かいけん》・会話《かいわ》　◆（再《ふたた》び会《あ》う）再会《さいかい》　◆（会《かい》を開《ひら》く）開会《かいかい》・運動会《うんどうかい》・教会《きょうかい》・社会《しゃかい》・集会《しゅうかい》・大会《たいかい》

2 人《ひと》のあつまり。◆会員《かいいん》・会館《かいかん》・会社《かいしゃ》・会場《かいじょう》・会報《かいほう》

3 わかる。◆会得《えとく》

つかいかた

● 会《かい》を開《ひら》く。● 友《とも》だちに会《あ》う。● 会計《かいけい》をすませる。

● 会費《かいひ》をはらう。● 音楽会《おんがくかい》に行《い》く。● 良《よ》い機会《きかい》を逃《のが》す。

なりたち

もとの形《かたち》は（図）。米《こめ》をうつわ（図）に入《い》れてふた（図）をしている形《かたち》でした。上《うえ》と下《した》から合《あ》わせることから、「あう、あつまる」のいみになりました。

つかいわけ

● **会**《あ》**う**・**合**《あ》**う**

会《あ》**う**…人《ひと》と会《あ》う。あした会《あ》う約束《やくそく》をする。

合《あ》**う**…計算《けいさん》が合《あ》う。目《め》と目《め》が合《あ》う。

二年

海

9画［氵6画］

おん　カイ

くん　うみ

海 海 海 海 海 海 海 海 海

いみ

■ うみ。◆（海《うみ》の岸《きし》）海岸《かいがん》・海峡《かいきょう》・海軍《かいぐん》・海上《かいじょう》・海草《かいそう》・海藻《かいそう》・海浜《かいひん》・海流《かいりゅう》・海辺《うみべ》　◆沿海《えんかい》・外海《がいかい》（そとうみ）・近海《きんかい》・公海《こうかい》・航海《こうかい》・樹海《じゅかい》・深海《しんかい》・内海《ないかい》（うちうみ）・荒海《あらうみ》

つかいかた

● 海《うみ》で泳《およ》ぐ。● 海《うみ》の幸《さち》山《やま》の幸《さち》。● 海外旅行《かいがいりょこう》に行《い》く。

● 海底《かいてい》にトンネルを掘《ほ》る。● 海面《かいめん》に浮《う》かぶ。

もっとしろう

● **海**《うみ》**の物**《もの》**とも山**《やま》**の物**《もの》**ともつかない**－どんな物《もの》なのか、どのようになるのか、さっぱりわからないことのたとえ。

なりたち

氵は水《みず》を表《あらわ》し、毎（マイ）はカイと変《か》わって読《よ》み方《かた》と「くらい」いみをしめしています。くらい色《いろ》をした水《みず》のことから、「うみ」のいみに使《つか》われます。

とくべつなよみ

海女《あま》・海士《あま》・海原《うなばら》

絵

おん　カイ・エ

くん

12画［糸6画］

いみ

■ **え。** 絵《え》・口絵《くちえ》・墨絵《すみえ》・似顔絵《にがおえ》
◆（絵《え》・え〔画〕）絵画《かいが》・絵筆《えふで》・絵巻物《えまきもの》
◆浮世絵《うきよえ》・影《かげ》

つかいかた

●**絵**《え》をかく。　●**絵の具**《えのぐ》を使《つか》う。　●**絵葉書**《えはがき》を送《おく》る。
●**絵本**《えほん》を見《み》る。　●**油絵**《あぶらえ》を習《なら》う。

もっとしろう

●**絵**《え》**にかいた餅**《もち》―絵《え》にかいた餅《もち》は実際《じっさい》には食《た》べられないことから、何《なん》の役《やく》にも立《た》たないもののたとえ。
●**絵**《え》**になる**―姿《すがた》や形《かたち》がその場《ば》にぴったり合《あ》っている。

なりたち

もとの字《じ》は繪。糸と、カイという読《よ》み方《かた》で「合《あ》わせる」のいみを表《あらわ》す會（＝会）からでき、五色《ごしき》の糸《いと》を合《あ》わせてししゅうするいみを表《あらわ》しています。「いろどる、えがく、え」のいみに使《つか》われます。

外

おん　ガイ・（ゲ）

くん　そと・ほか・はず-す・はず-れる

5画［夕2画］

いみ

1 **そと。ほか。** ◆（外《そと》に出《で》る）外出《がいしゅつ》・外角《がいかく》・外観《がいかん》・外気《がいき》・外形《がいけい》・外見《がいけん》・外交《がいこう》・外食《がいしょく》・外部《がいぶ》・外科《げか》・外側《そとがわ》 ◆案外《あんがい》・以外《いがい》・意外《いがい》・屋外《おくがい》・海外《かいがい》・戸外《こがい》・郊外《こうがい》・国外《こくがい》・除外《じょがい》・場外《じょうがい》・内外《ないがい》・野外《やがい》・例外《れいがい》

2 **がいこく。** ◆（外《がい》国《こく》の車《くるま》）外車《がいしゃ》・外交《がいこう》・外地《がいち》

つかいかた

●**外**《そと》で遊《あそ》ぶ。　●思《おも》いの**外**《ほか》。　●ボタンを**外**《はず》**す**。　●町《まち》の**外**《はず》**れ**。
●**外国**《がいこく》の人《ひと》。　●**外野**《がいや》の守備《しゅび》。　●**予想外**《よそうがい》の結果《けっか》だ。

なりたち

卜は「うらない」のいみを表《あらわ》し、夕は月《つき》と同《おな》じで、ゲツ（のちにガイ）という読《よ》み方《かた》をしめしています。かめのこうらを焼《や》いて、おもてにできるひびわれからうらなったことから、「そとがわ」のいみに使《つか》われます。

つかいわけ

●**他**《ほか》・**外**《ほか》 →〔他《た》〕242ページ

角

おん　カク

くん　かど・つの

7画［角0画］

いみ

1 つの。◆（角《つの》でつくった笛《ふえ》）角笛《つのぶえ》 ◆触角《しょっかく》

2 かど。◆角材《かくざい》・角度《かくど》 ◆視角《しかく》・直角《ちょっかく》

3 きそう。あらそう。◆角界《かくかい》 ◆互角《ごかく》

つかいかた

● 角《かど》を左《ひだり》に曲《ま》がる。 ● 牛《うし》の角《つの》。 ● 角砂糖《かくざとう》をなめる。

● 三角形《さんかくけい》と四角形《しかくけい》。 ● 西《にし》の方角《ほうがく》に進《すす》む。

もっとしろう

● **角《かど》が立《た》つ**－人《ひと》との関係《かんけい》がとげとげしくなる。

● **角《かど》が取《と》れる**－年《とし》をとったり、経験《けいけん》を積《つ》んだりして、人《ひと》がらがおだやかになる。丸《まる》くなる。

● **角突《つのつ》き合《あ》わせる**－仲《なか》が悪《わる》く、けんかばかりしている。

なりたち

牛《うし》や羊《ひつじ》のつのの形《かたち》（ ）からできた字《じ》で、「つの」を表《あらわ》します。

楽

おん　ガク・ラク

くん　たの-しい・たの-しむ

13画［木9画］

いみ

1 おんがく。◆（音楽《おんがく》をかなでるための器具《きぐ》）楽器《がっき》・楽団《がくだん》・楽譜《がくふ》・楽曲《がっきょく》 ◆器楽《きがく》・交響楽《こうきょうがく》・声楽《せいがく》・能楽《のうがく》

2 たのしい。らく。◆楽天《らくてん》・楽観《らっかん》 ◆安楽《あんらく》・快楽《かいらく》・娯楽《ごらく》

つかいかた

● 親《おや》に楽《らく》をさせる。 ● 楽《たの》しい夏休《なつやす》み。 ● 休日《きゅうじつ》を楽《たの》しむ。

● 音楽会《おんがくかい》に行《い》く。 ● この世《よ》の楽園《らくえん》。 ● 試合《しあい》で楽勝《らくしょう》する。

● 気楽《きらく》に考《かんが》える。 ● 秋晴《あきば》れの行楽日和《こうらくびより》。 ● 地獄《じごく》と極楽《ごくらく》。

もっとしろう

● **楽《らく》あれば苦《く》あり**－楽《たの》しいことがあれば、苦《くる》しいこともある。いつもよいことばかりは続《つづ》かないということ。

なりたち

もとの形《かたち》は 。 はつめを表《あらわ》し、木《き》に糸《いと》（ ）をはった「がっき」から、「たのしい」いみに使《つか》われます。

とくべつなよみ

神楽《かぐら》

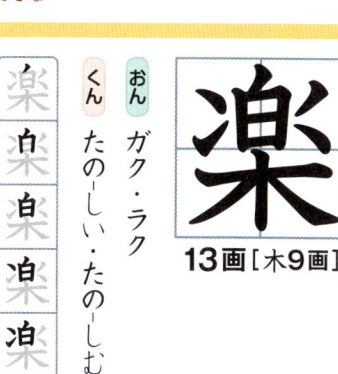

二年

活

おん　カツ

くん

9画［氵6画］

いみ

1 **いきる。いかす。** ◆活火山《かっかざん》 ◆（生《い》きる・いきる〈活〉）生《せい》活《かつ》・死活《しかつ》・自活《じかつ》

2 **いきいきしている。** ◆（いきいきとした〈活〉ようす〈気〉）活気《かっき》・活動《かつどう》・活躍《かつやく》・活力《かつりょく》 ◆快活《かいかつ》

つかいかた

● 活気《かっき》がみなぎる。 ● 活発《かっぱつ》に動《うご》く。 ● 辞典《じてん》を活用《かつよう》する。

● 活路《かつろ》を見《み》いだす。 ● お祭《まつ》りが復活《ふっかつ》する。

もっとしろう

● **活《かつ》を入《い》れる**－①気《き》を失《うしな》った人《ひと》の息《いき》をふき返《かえ》らせる。②気力《きりょく》のない人《ひと》を力《ちから》づける。

なりたち

氵は水《みず》を表《あらわ》し、舌がカツという読《よ》み方《かた》と「勢《いきお》いよく動《うご》く」いみをしめしています。水《みず》がさかんに動《うご》くことから、「いきいきしている、いきる」いみに使《つか》われます。

間

おん　カン・ケン

くん　あいだ・ま

12画［門4画］

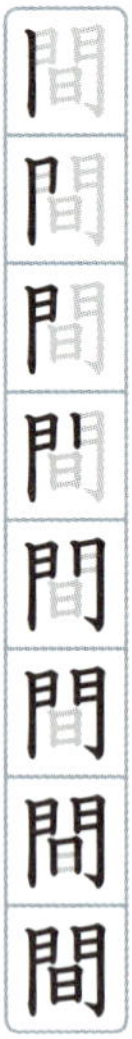

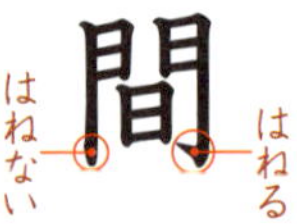

いみ

1 **あいだ。** ◆（間《あいだ》・隔《へだ》たり）間隔《かんかく》・間食《かんしょく》 ◆期間《きかん》・行間《ぎょうかん》・区《く》間《かん》・空間《くうかん》・月間《げっかん》・時間《じかん》・週間《しゅうかん》・瞬間《しゅんかん》・年間《ねんかん》・民間《みんかん》・夜間《やかん》・林間《りんかん》・合間《あいま》・雲間《くもま》・谷間《たにま》・仲間《なかま》・波間《なみま》・昼間《ひるま》

2 **へや。** ◆間口《まぐち》 ◆居間《いま》・客間《きゃくま》・土間《どま》・日本間《にほんま》・洋間《ようま》

つかいかた

● 間《あいだ》をつめる。 ● 息《いき》をつく間《ま》もない。 ● 世間話《せけんばなし》をする。

● 人間《にんげん》らしく生《い》きる。 ● 試験《しけん》が間近《まぢか》にせまる。

もっとしろう

● **間一髪《かんいっぱつ》**－間《あいだ》が一本《いっぽん》の髪《かみ》の毛《け》ほどのきわどい差《さ》。

● **間《ま》が抜《ぬ》ける**－だいじなところが抜《ぬ》けている。ぼんやりして、たよりない。

なりたち

もとの字《じ》は閒。門《もん》のすきまから月《つき》が見《み》えるようすを表《あらわ》し、「あいだ、へや」のいみに使《つか》われます。

丸

3画［丶2画］

おん　ガン

くん　まる・まる-い・まる-める

いみ

1 まるい。たま。◇（丸《まる》めた薬《くすり》）丸薬《がんやく》・丸顔《まるがお》・丸木舟《まるきぶね》・丸太《まるた》

◇弾丸《だんがん》

2 すっかり。すべて。◇丸暗記《まるあんき》・丸裸《まるはだか》・丸坊主《まるぼうず》　◇一丸《いちがん》

3 人《ひと》や船《ふね》の名前《なまえ》につけることば。◇牛若丸《うしわかまる》・日吉丸《ひよしまる》

つかいかた

●正解《せいかい》に**丸《まる》**をつける。●**丸《まる》**一年《いちねん》が過《す》ぎる。●**丸《まる》い**石《いし》。●背中《せなか》を**丸《まる》める**。●**砲丸《ほうがん》**を投《な》げる。●布団《ふとん》を**丸洗《まるあら》い**する。●**丸太《まるた》**をかつぐ。●家《いえ》の中《なか》が**丸見《まるみ》え**になる。●いかの**丸焼《まるや》き**。

なりたち

もとの形《かたち》は。は人《ひと》を表《あらわ》し、がガンという読《よ》み方《かた》と「まわる」いみをしめしています。人《ひと》がころがることを表《あらわ》す字《じ》で、「まるい」いみに使《つか》われます。

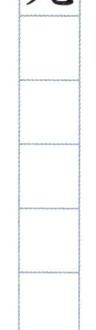

つかいわけ

●**円《まる》い・丸《まる》い**　→〈円《えん》〉40ページ

二年

岩

8画［山5画］

おん　ガン

くん　いわ

いみ

■ いわ。◇（岩《いわ》の山《やま》）岩山《いわやま》・岩塩《がんえん》・岩石《がんせき》・岩壁《がんぺき》・岩場《いわば》・岩屋《いわや》

◇火成岩《かせいがん》・水成岩《すいせいがん》・石灰岩《せっかいがん》・溶岩《ようがん》

つかいかた

●大《おお》きな**岩《いわ》**。●**岩《いわ》**をけずる。●**岩山《いわやま》**を登《のぼ》る。

もっとしろう

●［天《あま》の岩戸《いわと》の話《はなし》］

古代《こだい》の神話《しんわ》です。日《ひ》の神《かみ》である天照大神《あまてらすおおみかみ》が「天《あま》の岩戸《いわと》」という岩穴《いわあな》にとじこもり、世界中《せかいじゅう》がまっ暗《くら》になってしまいました。困《こま》った神《かみ》がみが相談《そうだん》し、岩戸《いわと》の前《まえ》でにぎやかに踊《おど》り、心《こころ》をひかれた大神《おおみかみ》が戸《と》を少《すこ》し開《あ》けたときに、力持《ちからも》ちの神《かみ》がその戸《と》を全部《ぜんぶ》開《あ》け、日《ひ》の光《ひかり》が再《ふたた》び世界《せかい》にもどったということです。

なりたち

山と石からできている字《じ》で、「山《やま》にある大《おお》きな石《いし》」のいみに使《つか》われます。

顔

18画［頁9画］

おん　ガン

くん　かお

いみ

■ かお。◇顔色《がんしょく》（かおいろ）・顔役《かおやく》 ◇（厚《あつ》かましい顔《かお》）厚顔《こうがん》・紅顔《こうがん》・洗顔《せんがん》・童顔《どうがん》・素顔《すがお》・寝顔《ねがお》・丸顔《まるがお》・横顔《よこがお》

つかいかた

● 顔《かお》を洗《あら》う。● 顔《かお》を合《あ》わせる。● 転《ころ》んで顔面《がんめん》を打《う》つ。● おこった顔《かお》つきをする。● 顔見知《かおみし》りの人《ひと》。

もっとしろう

● 顔《かお》がそろう－来《く》る予定《よてい》の人《ひと》が全員集《ぜんいんあつ》まる。
● 顔《かお》を出《だ》す－集《あつ》まりなどに出席《しゅっせき》する。姿《すがた》を見《み》せる。

なりたち

頁（おおがい）は「かお」のことで、彦（ゲン）がガンと変《か》わって読《よ》み方《かた》と「美《うつく》しい」いみをしめしています。もとは美《うつく》しいひたいを表《あらわ》す字《じ》でしたが、「かお」全体《ぜんたい》のいみに使《つか》われます。

とくべつなよみ

笑顔《えがお》

汽

7画［氵4画］

おん　キ

いみ

■ ゆげ。すいじょうき。◇（蒸気《じょうき》〈汽〉で走《はし》る船《ふね》）汽船《きせん》・汽車《きしゃ》・汽笛《きてき》

つかいかた

● 汽笛《きてき》を鳴《な》らす。● 夜汽車《よぎしゃ》が走《はし》る。

もっとしろう

●「じょうききかんしゃ」
どの「じょうききかんしゃ」が正《ただ》しいでしょうか？
㋐蒸汽汽関車《じょうききかんしゃ》　㋑蒸気汽関車《じょうききかんしゃ》
㋒蒸汽気関車《じょうききかんしゃ》　㋓蒸気気関車《じょうききかんしゃ》
㋔蒸汽機関車《じょうききかんしゃ》　㋕蒸気機関車《じょうききかんしゃ》
答《こた》え…㋕

なりたち

氵は水《みず》を表《あらわ》し、气は⺀でキという読《よ》み方《かた》と「ゆげ」をしめしています。「ゆげ、じょうき」のいみに使《つか》われます。

記

10画［言3画］

おん キ

くん しる-す

いみ

1 しるす。書《か》いたもの。◆（名《な》を記《しる》す）記名《きめい》・記載《きさい》・記事《きじ》・記《き》者《しゃ》・記述《きじゅつ》・記入《きにゅう》 ◆雑記帳《ざっきちょう》・伝記《でんき》・日記《にっき》・筆記《ひっき》・表記《ひょうき》・明《めい》記《き》

2 しるし。◆記号《きごう》

3 おぼえる。◆記憶《きおく》 ◆暗記《あんき》

つかいかた

●名前《なまえ》を**記す**《しる》。●新聞《しんぶん》の**記事**《きじ》を読《よ》む。●胸《むね》に**記章**《きしょう》をつける。

●**記念**《きねん》の写真《しゃしん》をとる。●**絵日記**《えにっき》をかく。

●**新記録**《しんきろく》を達成《たっせい》する。

なりたち

言は「ことば」を表《あらわ》し、己がキという読《よ》み方《かた》と「すじみち」のいみをしめしています。ことばを整理《せいり》して「しるす」いみに使《つか》われます。

二年

帰

10画［巾7画］

おん キ

くん かえ-る・かえ-す

いみ

1 かえる。もどる。◆（港《みなと》へ帰《かえ》る）帰港《きこう》・帰還《きかん》・帰郷《ききょう》・帰省《きせい》・帰路《きろ》 ◆復帰《ふっき》

2 したがう。おさまる。◆帰化《きか》・帰結《きけつ》・帰属《きぞく》

つかいかた

●家《いえ》に**帰る**《かえ》。●**帰り**《かえ》に本屋《ほんや》に立《た》ち寄《よ》る。●親《おや》のもとに**帰す**《かえ》。

●一年《いちねん》ぶりに**帰国**《きこく》する。●七時《しちじ》に**帰宅**《きたく》します。

もっとしろう

●**帰心矢《きしんや》のごとし**－ふるさとや家《いえ》に早《はや》く帰《かえ》りたくてたまらない。

なりたち

古《ふる》い字《じ》は歸。𠂤がキという読《よ》み方《かた》をしめし、止が「止《と》まる」ことを、帚は「婦人《ふじん》」を表《あらわ》しています。おむこさんがおよめさんをつれて、止《と》まる（＝留《と》まる）ところへかえることから「かえる」いみに使《つか》われます。

つかいわけ

●**返す**《かえ》・**帰す**《かえ》 →〈返《へん》〉262ページ

弓

3画［弓0画］

おん　（キュウ）

くん　ゆみ

いみ

■ゆみ。◆（弓《ゆみ》を射《い》る術《じゅつ》）弓術《きゅうじゅつ》・弓形《きゅうけい》（ゆみがた）・弓道《きゅうどう》・弓矢《ゆみや》・弓《きゅう》・洋弓《ようきゅう》　◆強《ごう》

つかいかた

●弓《ゆみ》に矢《や》をつがえる。●弓《ゆみ》を引《ひ》きしぼる。

●からだを弓《ゆみ》なりにそらす。

もっとしろう

●**弓《ゆみ》折《お》れ矢《や》つきる**－激《はげ》しい戦《たたか》いで弓《ゆみ》も矢《や》もつきはて敗北《はいぼく》することから、力《ちから》がつきてどうにもならないようす。（「刀《かたな》折《お》れ矢《や》つきる」ともいう）

●**弓《ゆみ》を引《ひ》く**－相手《あいて》に向《む》けて矢《や》を射《い》ることから、（目上《めうえ》の人《ひと》に）そむく。反抗《はんこう》する。

なりたち

ゆみの形《かたち》（）からできた字《じ》です。（弓《ゆみ》が部首《ぶしゅ》になっている字《じ》は、弓《ゆみ》または矢《や》を射《い》る動作《どうさ》と関係《かんけい》があります）

牛

4画［牛0画］

おん　ギュウ

くん　うし

いみ

■うし。◆（牛《うし》にひかせる車《くるま》）牛車《ぎゅうしゃ》・牛肉《ぎゅうにく》・牛馬《ぎゅうば》・牛歩《ぎゅうほ》・牛《ぎゅう》・水牛《すいぎゅう》・闘牛《とうぎゅう》・肉牛《にくぎゅう》・乳牛《にゅうぎゅう》・牧牛《ぼくぎゅう》・親牛《おやうし》・子牛《こうし》　◆役《えき》

つかいかた

●牛《うし》と馬《うま》。●牛《うし》の角《つの》。●牛乳《ぎゅうにゅう》を飲《の》む。

もっとしろう

●**牛飲馬食《ぎゅういんばしょく》**－牛《うし》のように飲《の》み、馬《うま》のように食《た》べるということで、たくさん飲《の》み食《く》いするたとえ。

●**牛《うし》に引《ひ》かれて善光寺参《ぜんこうじまい》り**－（布《ぬの》を引《ひ》っかけて逃《に》げた牛《うし》を追《お》いかけたおばあさんが、知《し》らない間《あいだ》に善光寺《ぜんこうじ》に入《はい》り、それがきっかけでたびたびお参《まい》りするようになったという話《はなし》から）自分《じぶん》の知《し》らない間《あいだ》によいことにめぐりあったり、よい行《おこな》いをするようになったりすること。

なりたち

うしのつのと頭《あたま》の形《かたち》（）からできた字《じ》です。

魚

11画［魚0画］

おん　ギョ

くん　うお・さかな

いみ

■うお。さかな。◆（魚《さかな》の群《む》れ）魚群《ぎょぐん》・魚肉《ぎょにく》・魚類《ぎょるい》・魚市場《うおいちば》・魚屋《さかなや》 ◆金魚《きんぎょ》・鮮魚《せんぎょ》・人魚《にんぎょ》・熱帯魚《ねったいぎょ》・木魚《もくぎょ》・川魚《かわうお》（かわざかな）

つかいかた

●魚《さかな》を焼《や》く。●魚群《ぎょぐん》を発見《はっけん》する。●人魚姫《にんぎょひめ》のお話《はなし》。●魚河岸《うおがし》で働《はたら》く。

もっとしろう

●**魚《うお》の水《みず》をはなれたよう**－（水《みず》の中《なか》で自由《じゆう》に泳《およ》ぎ回《まわ》る魚《さかな》も、水《みず》をはなれると何《なに》もできないことから）頼《たよ》りになるものがなくなり、困《こま》り果《は》てているようすのたとえ。

●**魚心《うおごころ》あれば水心《みずごころ》**－相手《あいて》に気持《きも》ちがあれば、こちらもそれにこたえようという気持《きも》ちをもつものだ。

なりたち

さかなの形《かたち》（）からできた字《じ》です。

とくべつなよみ

雑魚《ざこ》

京

8画［亠6画］

おん　キョウ・（ケイ）

くん

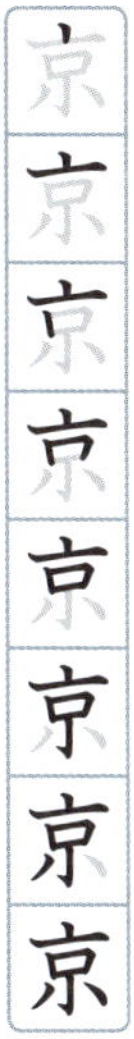

いみ

■みやこ。◆京人形《きょうにんぎょう》 ◆（みやこ〈京〉に帰《かえ》る）帰京《ききょう》・上京《じょうきょう》

つかいかた

●京《きょう》の都《みやこ》。●東京《とうきょう》と京都《きょうと》。●平城京《へいじょうきょう》と平安京《へいあんきょう》。

もっとしろう

●［合《あ》わせた地名《ちめい》］

京浜《けいひん》…東京《とうきょう》と横浜《よこはま》

京葉《けいよう》…東京《とうきょう》と千葉《ちば》

京阪神《けいはんしん》…京都《きょうと》と大阪《おおさか》と神戸《こうべ》

なりたち

おかの上《うえ》に神殿《しんでん》が建《た》っている形《かたち》（）からできた字《じ》です。まわりに人《ひと》が集《あつ》まってみやこができるので、「みやこ」のいみに使《つか》われます。

強

おん　キョウ・（ゴウ）

くん　つよ-い・つよ-まる・つよ-める・（し-いる）

11画［弓8画］

二年

いみ

1 **つよい。** ◆（強《つよ》い・弱《よわ》い）強弱《きょうじゃく》・強化《きょうか》・強肩《きょうけん》・強健《きょうけん》・強打《きょうだ》・強調《きょうちょう》・強力《きょうりょく》・強烈《きょうれつ》・強情《ごうじょう》・強気《つよき》 ◆最強《さいきょう》・増強《ぞうきょう》・補強《ほきょう》

2 **しいる。むりにする。** ◆（強《し》いて行《おこな》う）強行《きょうこう》・強制《きょうせい》・強要《きょうよう》

3 **…よりすこし多《おお》い。** ◆千円強《せんえんきょう》・百人強《ひゃくにんきょう》

つかいかた

●力《ちから》が**強《つよ》い**。●地震《じしん》に**強《つよ》い**建物《たてもの》。●風《かぜ》が**強《つよ》まる**。
●火力《かりょく》を**強《つよ》める**。●仕事《しごと》を**強《し》いる**。●**強固《きょうこ》**な守《まも》り。
●**強敵《きょうてき》**をたおす。●**強風《きょうふう》**にあおられる。●**強引《ごういん》**に売《う》る。

なりたち

古《ふる》い字《じ》は强。弜がキョウという読《よ》み方《かた》と「かたい」いみをしめしています。虫を合《あ》わせて、かたいからをかぶった虫《むし》を表《あらわ》す字《じ》でしたが、のちに「つよい」いみに使《つか》われるようになりました。

教

おん　キョウ

くん　おし-える・おそ-わる

11画［攵7画］

いみ

■ **おしえる。** ◆（教《おし》え育《そだ》てる）教育《きょういく》・教員《きょういん》・教科《きょうか》・教会《きょうかい》・教具《きょうぐ》・教訓《きょうくん》・教材《きょうざい》・教師《きょうし》・教授《きょうじゅ》・教習《きょうしゅう》・教職《きょうしょく》・教祖《きょうそ》・教壇《きょうだん》・教頭《きょうとう》・教諭《きょうゆ》 ◆宗教《しゅうきょう》・説教《せっきょう》・仏教《ぶっきょう》

つかいかた

●勉強《べんきょう》を**教《おし》える**。●**教《おし》え**を受《う》ける。●算数《さんすう》を**教《おそ》わる**。
●国語《こくご》の**教科書《きょうかしょ》**。●**教室《きょうしつ》**の窓《まど》を開《あ》ける。●**教養《きょうよう》**を高《たか》める。

もっとしろう

●**教《おし》えの庭《にわ》**－学問《がくもん》を教《おし》えるところ。学校《がっこう》。
●**教《おし》うるは学《まな》びの半《なか》ば**－人《ひと》に教《おし》えるにはまず自分《じぶん》が知《し》らなければならないので、半分《はんぶん》は自分《じぶん》の勉強《べんきょう》になる。

なりたち

古《ふる》い字《じ》は敎。攵は「強制《きょうせい》する」いみで、𡥉がキョウという読《よ》み方《かた》と「ならう」いみをしめしています。子《こ》どもにならわせることから、「おしえる」いみに使《つか》われます。

近

7画[⻌4画]

おん キン

くん ちか-い

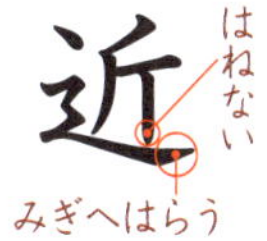

いみ

■ちかい。◆(近《ちか》くの場《ば》所《しょ》) 近所《きんじょ》・近海《きんかい》・近眼《きんがん》・近距離《きんきょり》・近近《きんきん》(ちかぢか)・近視《きんし》・近日《きんじつ》・近代《きんだい》・近辺《きんぺん》・近隣《きんりん》・近道《ちかみち》 ◆遠近《えんきん》・最《さい》近《きん》・付近《ふきん》・間近《まぢか》

つかいかた

●駅《えき》から近《ちか》い。●お正月《しょうがつ》が近《ちか》づく。●近所《きんじょ》の人《ひと》と話《はな》す。●台風《たいふう》が接近《せっきん》する。●危険《きけん》を身近《みぢか》に感《かん》じる。

もっとしろう

●[近《きん》の対語《たいご》]
「近《きん》」の対語《たいご》は「遠《えん》」で、「近視《きんし》↔遠視《えんし》、近海《きんかい》↔遠海《えんかい》、近距離《きんきょり》↔遠《えん》距離《きょり》」などの関係《かんけい》になります。

なりたち

⻌は道《みち》(彳)と足《あし》(止)からでき、斤がキンという読《よ》み方《かた》と「わずか」のいみをしめしています。「すこし歩《ある》いて行《い》けるところ」を表《あらわ》す字《じ》で、「ちかい」いみに使《つか》われます。

兄

5画[儿3画]

おん (ケイ)・キョウ

くん あに

いみ

■あに。目上《めうえ》の人《ひと》。◆兄弟子《あにでし》・兄嫁《あによめ》 ◆義兄《ぎけい》・長兄《ちょうけい》・父兄《ふけい》

つかいかた

●兄《あに》と妹《いもうと》。●仲《なか》のいい兄弟《きょうだい》。

もっとしろう

●**兄弟分《きょうだいぶん》**―ほんとうの兄弟《きょうだい》ではないが、兄弟《きょうだい》と同《おな》じように親《した》しくつきあう間《あいだ》がら。
●**兄弟《きょうだい》は他人《たにん》の始《はじ》まり**―兄弟《きょうだい》もそれぞれ家庭《かてい》を持《も》つとつきあいが少《すく》なくなり、だんだんはなれていくものだ。

なりたち

もとの形《かたち》は兄。口は骨《ほね》がかたまった頭《あたま》、儿は人《ひと》を表《あらわ》しています。頭《あたま》のやわらかい子《こ》どもに対《たい》して年長《ねんちょう》の人《ひと》を表《あらわ》す字《じ》で、「あに」のいみに使《つか》われます。

とくべつなよみ

兄《にい》さん

※「キョウ」という読《よ》み―兄弟《きょうだい》(けいてい)

形

おん　ケイ・ギョウ

くん　かた・かたち

7画［彡4画］

形　はらう

いみ

■ **かたち。かたちづくる。** ◆（形《かたち》・きまり〈式〉）形式《けいしき》・形成《けいせい》・形跡《けいせき》・形容詞《けいようし》・形相《ぎょうそう》・形見《かたみ》 ◆円形《えんけい》・原形《げんけい》・固形《こけい》・三角形《さんかくけい》・正方形《せいほうけい》・台形《だいけい》・地形《ちけい》・長方形《ちょうほうけい》・足形《あしがた》・手形《てがた》

つかいかた

● 形《かたち》のいい車《くるま》。● 試合《しあい》の形勢《けいせい》が悪《わる》くなる。● かわいい人形《にんぎょう》。

なりたち

幵は井《せい》（＝ととのう）が変《か》わったかたちで、ケイと変《か》わって読《よ》み方《かた》をしめし、彡はもようを表《あらわ》します。美《うつく》しい「かたち」のいみに使《つか》われます。

つかいわけ

● **形《かた》・型《かた》**

もののかたちを表《あらわ》すときは「**形**《かた》」を使《つか》い、もとになるかたちや一定《いってい》の形式《けいしき》には「**型**《かた》」を使《つか》います。

形《かた》…手形《てがた》。自由形《じゆうがた》。

型《かた》…血液型《けつえきがた》。鋳型《いがた》。ひな型《がた》。

計

おん　ケイ

くん　はか-る・はか-らう

9画［言2画］

計　ながく

いみ

1 **かぞえる。** ◆（計《はか》る器械《きかい》）計器《けいき》・計測《けいそく》・計量《けいりょう》 ◆家計《かけい》・会計《かいけい》・集計《しゅうけい》・生計《せいけい》・総計《そうけい》・統計《とうけい》・余計《よけい》

2 **かんがえる。** ◆計略《けいりゃく》 ◆一計《いっけい》

つかいかた

● 時間《じかん》を計《はか》る。● いいように計《はか》らう。● 旅行《りょこう》の計画《けいかく》を立《た》てる。

● 計算問題《けいさんもんだい》をとく。● 金額《きんがく》を合計《ごうけい》する。● 家《いえ》を設計《せっけい》する。

● 計《はか》り知《し》れない苦労《くろう》。

なりたち

十（ジュウ）はケイと変《か》わって読《よ》み方《かた》と「かず」のいみをしめしています。言を合《あ》わせて、かずを口《くち》で言《い》うことを表《あらわ》し、「かぞえる、はかる」いみに使《つか》われます。

つかいわけ

● **測《はか》る・計《はか》る・図《はか》る・量《はか》る** →〈測《そく》〉388ページ

とくべつなよみ

時計《とけい》

元

おん ゲン・ガン

くん もと

4画［儿2画］

元 元 元 元

元 したをながく うえへはねる

いみ

1 もと。はじめ。◆(はじめ〈元〉の年《とし》)元年《がんねん》・元素《げんそ》・元金《がんきん》(もときん)・元日《がんじつ》・元祖《がんそ》・元旦《がんたん》 ◆単元《たんげん》・足元《あしもと》・手元《てもと》・根元《ねもと》

2 かしら。◆元首《げんしゅ》 ◆家元《いえもと》

3 年号《ねんごう》。◆元号《げんごう》 ◆紀元《きげん》

つかいかた

●元気《げんき》がある。●建物《たてもの》を復元《ふくげん》する。●身元《みもと》を調《しら》べる。

なりたち

もとの形《かたち》は元。人《ひと》の頭《あたま》をしめす字《じ》で、「もと、はじめ」のいみに使《つか》われます。

つかいわけ

●元《もと》・下《もと》・本《もと》・基《もと》

元《もと》(はじめ、以前《いぜん》のいみを表《あらわ》す)…元《もと》の住所《じゅうしょ》。

下《もと》(下《した》のほうの部分《ぶぶん》を表《あらわ》す)…旗《はた》の下《もと》に集《あつ》まる。

本《もと》(根本《こんぽん》の部分《ぶぶん》を表《あらわ》す)…本《もと》を正《ただ》す。

基《もと》(よりどころ、土台《どだい》を表《あらわ》す)…資料《しりょう》を基《もと》にする。

言

おん ゲン・ゴン

くん い-う・こと

7画［言0画］

言 言 言 言 言 言 言

言 ながく

いみ

■ いう。ことば。◆(言《い》う・論《ろん》じる)言論《げんろん》・言語《げんご》・言動《げんどう》・言明《げんめい》 ◆格言《かくげん》・苦言《くげん》・失言《しつげん》・助言《じょげん》・証言《しょうげん》・宣言《せんげん》・断言《だんげん》・方言《ほうげん》・暴言《ぼうげん》・名言《めいげん》・明言《めいげん》・予言《よげん》・無言《むごん》・遺言《ゆいごん》(いごん)・小言《こごと》・寝言《ねごと》

つかいかた

●活発《かっぱつ》に発言《はつげん》する。●友《とも》だちに伝言《でんごん》を頼《たの》む。●むかしからの言《い》い伝《つた》え。●外国《がいこく》の言葉《ことば》。●一言《ひとこと》多《おお》い。

もっとしろう

●言《い》うに言《い》われぬ-①うまく言《い》い表《あらわ》せない。②言《い》いたくても言《い》うわけにはいかない。

●言《い》うまでもない-わざわざ言《い》わなくても、わかっている。

なりたち

もとの形《かたち》は言。辛(シン)と口からできています。辛は「こころ」のいみをもち、思《おも》っていることを口《くち》に表《あらわ》すことから、「ことば、いう」のいみに使《つか》われます。

原

おん　ゲン
くん　はら

10画［厂8画］

いみ

1 **はら。** ◆原野《げんや》　◆(高《たか》いところにある野原《のはら》)高原《こうげん》・草原《そうげん》(くさはら)・平原《へいげん》・海原《うなばら》・野原《のはら》

2 **おおもと。** ◆(もと〔原〕の案《あん》)原案《げんあん》・原価《げんか》・原画《げんが》・原形《げんけい》・原稿《げんこう》・原告《げんこく》・原作《げんさく》・原産《げんさん》・原子《げんし》・原始《げんし》・原書《げんしょ》・原生林《げんせいりん》・原則《げんそく》・原点《げんてん》・原動力《げんどうりょく》・原文《げんぶん》・原料《げんりょう》

つかいかた

●**原因**《げんいん》と結果《けっか》。●**原始時代**《げんしじだい》の人々《ひとびと》。●アフリカの**原住民**《げんじゅうみん》。
●**原子力**《げんしりょく》で発電《はつでん》する。●ダイヤモンドの**原石**《げんせき》。
●**原**《はら》**っぱ**で遊《あそ》ぶ。●**野原**《のはら》が広《ひろ》がる。

なりたち

もとの字《じ》は原。がけ(厂)の下《した》から泉《いずみ》がわき出《で》ることを表《あらわ》した字《じ》です。「もと」のいみに、あとで「のはら」のいみが加《くわ》わりました。

とくべつなよみ

海原《うなばら》・河原《かわら》・川原《かわら》

戸

おん　コ
くん　と

4画［戸0画］

いみ

1 **と。** ◆戸口《とぐち》・戸棚《とだな》・戸袋《とぶくろ》　◆(網《あみ》のついた戸《と》)網戸《あみど》・門戸《もんこ》・木戸《きど》

2 **いえ。** ◆戸主《こしゅ》・戸数《こすう》・戸籍《こせき》・戸別《こべつ》

つかいかた

●**戸**《と》を開《あ》ける。●**戸外**《こがい》に出《で》て遊《あそ》ぶ。●**雨戸**《あまど》を閉《し》める。
●**井戸**《いど》をほる。●家具《かぐ》を**納戸**《なんど》にしまう。

もっとしろう

●**人**《ひと》**の口**《くち》**には戸**《と》**が立**《た》**てられない**－戸《と》を閉《し》めるように人《ひと》の口《くち》を閉《し》めることはできないということで、うわさや評判《ひょうばん》はすぐに広《ひろ》まり、防《ふせ》ぎ止《と》めることはできないというたとえ。

なりたち

もと戶で、片《かた》がわに開《ひら》くとびらの形《かたち》を表《あらわ》しています。「と、とぐち」のいみで、「家《いえ》、家《いえ》の数《かず》の単位《たんい》」のいみにも使《つか》われます。

古

おん　コ

くん　ふる-い・ふる-す

5画［口2画］

古古古古古

古（ながく）

いみ

1 **ふるい。** ◆（古《ふる》い本《ほん》）古本《ふるほん》・古米《こまい》・古着《ふるぎ》・古傷《ふるきず》・古道具《ふるどうぐ》 ◆中古《ちゅうこ》（ちゅうぶる）

2 **むかし。** ◆（むかし〈古〉と今《いま》）古今《ここん》・古語《こご》・古式《こしき》・古人《こじん》・古戦場《こせんじょう》・古代《こだい》・古典《こてん》・古墳《こふん》・古文《こぶん》・古文書《こもんじょ》・古老《ころう》

つかいかた

- 古《ふる》い型《かた》の自転車《じてんしゃ》。
- 古都《こと》を訪《おとず》れる。
- 日本《にほん》古来《こらい》の風習《ふうしゅう》。
- 日本《にほん》最古《さいこ》の建物《たてもの》。
- 古《ふる》ぼけた写真《しゃしん》。
- 古《ふる》めかしい家《いえ》。

もっとしろう

- **古今東西《ここんとうざい》**－むかしから今《いま》までのあらゆる時代《じだい》とあらゆる場所《ばしょ》。
- **古今未曽有《ここんみぞう》**－むかしから今《いま》まで、ただ一度《いちど》もない。「未曽有《みぞう》」は、まだないのいみ。

なりたち

十と口からできている字《じ》で、十代《じゅうだい》ものあいだ口《くち》で言《い》い伝《つた》えられたふるいことを表《あらわ》しています。

午

おん　ゴ

くん

4画［十2画］

午午午午

午（ださない）（したをながく）

いみ

■ **十二支《じゅうにし》の七番《ななばん》め。うま。** ◆午後《ごご》・午前《ごぜん》 ◆正午《しょうご》

つかいかた

- 午睡《ごすい》（＝ひるね）の時間《じかん》。
- 午前中《ごぜんちゅう》に散歩《さんぽ》する。

もっとしろう

- ［十二支《じゅうにし》の午《うま》の話《はなし》］
　十二支《じゅうにし》は年《とし》・方角《ほうがく》・時刻《じこく》を表《あらわ》すのに用《もち》いられ、「午《うま》」はその七《なな》番《ばん》めで、方角《ほうがく》は南《みなみ》、時刻《じこく》は昼《ひる》の十二時《じゅうにじ》ごろを表《あらわ》します。
　「正午《しょうご》」は「正《まさ》に午《うま》の刻《こく》」で昼《ひる》の十二時《じゅうにじ》をいい、その前《まえ》が「午前《ごぜん》」、その後《あと》が「午後《ごご》」です。

なりたち

もと、きねの形《かたち》（ ）からできた字《じ》。きね（杵《しょ》）がゴと変《か》わって、「午《ご》（うま）の時刻《じこく》（＝お昼《ひる》ごろ）」を表《あらわ》すことばに使《つか》われるようになりました。

後

おん　ゴ・コウ

くん　のち・うし-ろ・あと・（おく-れる）

9画［彳6画］

いみ

■ あと。のち。うしろ。◇（後《あと》の半《はん》分《ぶん》）後半《こうはん》・後日《ごじつ》・後悔《こうかい》・後《こう》期《き》・後継者《こうけいしゃ》・後者《こうしゃ》・後進《こうしん》・後続《こうぞく》・後退《こうたい》・後天的《こうてんてき》・後任《こうにん》・後《こう》発《はっ》・後編《こうへん》・後先《あとさき》 ◇午後《ごご》・今後《こんご》・死後《しご》・生後《せいご》・前後《ぜんご》

つかいかた

● その後《ご》いかがですか。● 後《のち》の世《よ》まで語《かた》りつがれる。
● 後《うし》ろを向《む》く。● 後《あと》から行《い》く。● 流行《りゅうこう》に後《おく》れる。
● 後世《こうせい》に名《な》を残《のこ》す。

もっとしろう

● 後《あと》を引《ひ》く－きっぱり終《お》わらないで、いつまでも続《つづ》く。

なりたち

彳は「ゆく」いみを表《あらわ》し、夂は「足《あし》をひく」、幺がコウという読《よ》み方《かた》と「わずか」のいみをしめしています。「おくれる」、さらに「あと、のち」のいみを表《あらわ》す字《じ》です。

語

おん　ゴ

くん　かた-る・かた-らう

14画［言7画］

いみ

1 かたる。◇語気《ごき》 ◇私語《しご》・落語《らくご》

2 ことば。◇（ことば〈語〉の感《かん》じ）語感《ごかん》・語学《ごがく》・語句《ごく》 ◇英《えい》語《ご》・外国語《がいこくご》・外来語《がいらいご》・漢語《かんご》・季語《きご》・擬音語《ぎおんご》・擬声語《ぎせいご》・擬態《ぎたい》語《ご》・言語《げんご》・古語《こご》・口語《こうご》・国語《こくご》・主語《しゅご》・熟語《じゅくご》・述語《じゅつご》・単語《たんご》・同意語《どういご》・反対語《はんたいご》・標準語《ひょうじゅんご》・和語《わご》

つかいかた

● 思《おも》い出《で》を語《かた》る。● 親子《おやこ》で語《かた》らう。● 語源《ごげん》を調《しら》べる。
● 正《ただ》しい敬語《けいご》を使《つか》う。● 交通安全《こうつうあんぜん》の標語《ひょうご》。
● 古《ふる》い物語《ものがたり》を読《よ》む。

なりたち

吾がゴという読《よ》み方《かた》と「たがいに」のいみをしめしています。言を合《あ》わせて、たがいにことばをかわすことから、「かたる、ことば」のいみに使《つか》われます。

工

3画［工0画］

おん コウ・ク

くん

いみ

1 ものをつくる。◆（ものをつくる〈工〉産業《さんぎょう》）工業《こうぎょう》・工具《こうぐ》・工芸《こうげい》・工場《こうじょう》（こうば）・工面《くめん》 ◆加工《かこう》・起工《きこう》・人工《じんこう》・図工《ずこう》・木工《もっこう》・細工《さいく》

2 ものをつくる人《ひと》。◆石工《せっこう》（いしく）・刀工《とうこう》・名工《めいこう》・大工《だいく》

つかいかた

●工業《こうぎょう》の発展《はってん》。●図画《ずが》と工作《こうさく》。●人工衛星《じんこうえいせい》を打《う》ち上《あ》げる。●工夫《くふう》をこらす。●細工《さいく》をする。

もっとしろう

●［工事《こうじ》の始《はじ》めから終《お》わりまで］

大《おお》きな工事《こうじ》を始《はじ》めることを「着工《ちゃっこう》・起工《きこう》」といい、終《お》えるのを「完工《かんこう》・落成《らくせい》・竣工《しゅんこう》」といいます。

なりたち

もとの形《かたち》は。工作《こうさく》に使《つか》う道具《どうぐ》を表《あらわ》していました。「ものを作《つく》る、作《つく》る人《ひと》」のいみに使《つか》われます。

公

4画［八2画］

おん コウ

くん （おおやけ）

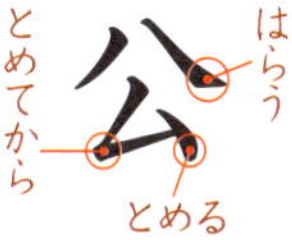

いみ

1 おおやけ。◆（公《おおやけ》に開《かい》放《ほう》する）公開《こうかい》・公営《こうえい》・公演《こうえん》・公海《こうかい》・公会堂《こうかいどう》・公共《こうきょう》・公示《こうじ》・公衆《こうしゅう》・公職《こうしょく》・公然《こうぜん》・公道《こうどう》・公認《こうにん》・公費《こうひ》・公表《こうひょう》・公文書《こうぶんしょ》・公募《こうぼ》・公務《こうむ》・公約《こうやく》・公用《こうよう》 ◆奉公《ほうこう》

2 かたよりがない。◆公正《こうせい》・公平《こうへい》

3 広《ひろ》くあてはまる。◆公式《こうしき》・公倍数《こうばいすう》・公約数《こうやくすう》

つかいかた

●公《おおやけ》のためにつくす。●公園《こうえん》で遊《あそ》ぶ。●公害《こうがい》をなくす。●会社《かいしゃ》の公休日《こうきゅうび》。●公私《こうし》を区別《くべつ》する。●公衆《こうしゅう》道徳《どうとく》を守《まも》る。

もっとしろう

●公明正大《こうめいせいだい》－かくしごとがなく、正《ただ》しく堂々《どうどう》としていること。

なりたち

もとの形《かたち》は。は家《いえ》のかこみ、はひらくことを表《あらわ》し、かこみをひらくことから、「おおやけ」のいみに使《つか》われます。

二年

広

5画［广2画］

おん　コウ

くん　ひろ-い・ひろ-まる・ひろ-める・ひろ-がる・ひろ-げる

広広広広広

広　とめる

いみ

■ひろい。◆（広《ひろ》い場《ば》所《しょ》）広場《ひろば》・広域《こういき》・広大《こうだい》・広野《こうや》（のひろ）・広葉《こうよう》樹《じゅ》・広間《ひろま》

つかいかた

●広《ひろ》い家《いえ》。●心《こころ》が広《ひろ》い。●うわさが広《ひろ》まる。●名声《めいせい》を広《ひろ》める。●仏教《ぶっきょう》を広《ひろ》める。●道《みち》はばが広《ひろ》がる。●新聞《しんぶん》を広《ひろ》げる。●広告《こうこく》を出《だ》す。

もっとしろう

●**広大無辺**《こうだいむへん》－広《ひろ》く大《おお》きくて、果《は》てしないこと。「辺《へん》」は、くぎり、さかい。

なりたち

古《ふる》い字《じ》は廣。广は家《いえ》で、黄がコウという読《よ》み方《かた》と「ひろい」いみをしめしています。「ひろい家《いえ》」を表《あらわ》し、「ひろい」いみに使《つか》われます。

交

6画［亠4画］

おん　コウ

くん　まじ-わる・まじ-える・ま-じる・ま-ざる・ま-ぜる・（か-う・か-わす）

交交交交交交

交　とめる　そろえる

いみ

1 つきあう。◆交際《こうさい》・交渉《こうしょう》・交流《こうりゅう》　◆外交《がいこう》・社交《しゃこう》・親交《しんこう》

2 ものとものとがまじわる。◆交差《こうさ》・交通《こうつう》

3 わたす。◆交付《こうふ》

4 かえる。かわる。◆交換《こうかん》・交互《こうご》・交代《こうたい》・交番《こうばん》

つかいかた

●道《みち》が交《まじ》わる。●ことばを交《か》わす。●国交《こっこう》を結《むす》ぶ。

なりたち

人《ひと》が足《あし》を交差《こうさ》させている形《かたち》（）を表《あらわ》します。

つかいわけ

●**交**《ま》**じる**・**混**《ま》**じる**

ものが入《い》り組《く》むときは「**交**《ま》**じる**」、とけあって区別《くべつ》できないようにまざるときは「**混**《ま》**じる**」を使《つか》います。

交《ま》**じる**…漢字《かんじ》と仮名《かな》が交《ま》じる。

混《ま》**じる**…異物《いぶつ》が混《ま》じる。

二年

光

おん　コウ

くん　ひか-る・ひかり

6画［儿4画］

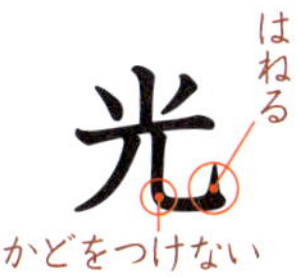

いみ

1 ひかり。ひかる。◆（光《ひかり》の線《せん》）光線《こうせん》・光明《こうみょう》　◆逆光《ぎゃっこう》・月光《げっこう》・電光《でんこう》

2 けしき。◆観光《かんこう》

3 ほまれ。◆光栄《こうえい》　◆威光《いこう》

つかいかた

● 夜空《よぞら》に星《ほし》が**光《ひか》る**。● 月《つき》の**光《ひかり》**。● **光《ひかり》**がさしこむ。

● すばらしい**光景《こうけい》**。● **日光《にっこう》**を浴《あ》びる。

もっとしろう

● **光陰矢《こういんや》のごとし**－月日《つきひ》は矢《や》のように速《はや》く過《す》ぎ去《さ》るものだ。「光《こう》」は太陽《たいよう》、「陰《いん》」は月《つき》。

なりたち

火と儿（人《ひと》）からできている字《じ》です。人《ひと》が頭上《ずじょう》に火《ひ》をかざすと明《あか》るくなることから、「ひかる」いみに使《つか》われます。

考

おん　コウ

くん　かんが-える

6画［耂2画］

いみ

■ かんがえる。◆（案《あん》を考《かんが》える）考案《こうあん》・考古学《こうこがく》・考査《こうさ》・考察《こうさつ》　◆再考《さいこう》・思考《しこう》・熟考《じゅっこう》・選考《せんこう》・備考《びこう》

つかいかた

● 良《よ》い案《あん》を**考《かんが》える**。● みんなの意見《いけん》を**考慮《こうりょ》**に入《い》れる。

● 国語《こくご》の**参考書《さんこうしょ》**。● じっと**考《かんが》えこむ**。● **考《かんが》えちがい**をする。

もっとしろう

● **考《かんが》えも及《およ》ばない**－とてもそこまでは考《かんが》えられない。

● **考《かんが》える葦《あし》**－人間《にんげん》は一本《いっぽん》の葦《あし》のような弱《よわ》い存在《そんざい》だが、「考《かんが》える」という特別《とくべつ》な才能《さいのう》をもっている。（フランスの思想家《しそうか》パスカルのことばから）

なりたち

老の匕のかわりに「まがる」いみの丂を入《い》れた字《じ》で、「こしのまがったとしより」を表《あらわ》す字《じ》でしたが、「かんがえる」いみに使《つか》われるようになりました。

行

6画［行0画］

おん　コウ・ギョウ・(アン)

くん　い-く・ゆ-く・おこな-う

行行行行行行

行　ながく　はねる

いみ

1 いく。すすむ。◆(進《すす》んで行《い》く)行進《こうしん》・行程《こうてい》・行商《ぎょうしょう》 ◆運《うん》行《こう》・急行《きゅうこう》・航行《こうこう》・徐行《じょこう》・進行《しんこう》・直行《ちょっこう》・通行《つうこう》・歩行《ほこう》・旅行《りょこう》

2 おこなう。◆(事《こと》を行《おこな》う)行事《ぎょうじ》・行為《こうい》・行使《こうし》・行動《こうどう》・行政《ぎょうせい》 ◆強行《きょうこう》・決行《けっこう》・言行《げんこう》・孝行《こうこう》・実行《じっこう》・続行《ぞっこう》・断行《だんこう》・発行《はっこう》

3 れつ。◆行間《ぎょうかん》・行列《ぎょうれつ》 ◆改行《かいぎょう》

4 仏《ほとけ》の道《みち》をおさめるくんれん。◆行者《ぎょうじゃ》 ◆苦行《くぎょう》・修行《しゅぎょう》・難行《なんぎょう》

5 みせ。◆銀行《ぎんこう》

つかいかた

● 学校《がっこう》へ行《い》く。● 入学式《にゅうがくしき》を行《おこな》う。● 行楽《こうらく》のシーズン。

なりたち

十字路《じゅうじろ》の形《かたち》(𠔿)からでき、「とおり道《みち》」を表《あらわ》している字《じ》です。「いく」、さらに「おこなう」いみに使《つか》われます。

とくべつなよみ

行方《ゆくえ》

※「アン」という読《よ》み―行脚《あんぎゃ》・行火《あんか》など

高

10画［高0画］

おん　コウ

くん　たか-い・たか・たか-まる・たか-める

高高高高高高高高

高　はねる

いみ

1 たかい。◆(高《たか》い圧力《あつりょく》)高圧《こうあつ》・高音《こうおん》・高温《こうおん》・高額《こうがく》・高気圧《こうきあつ》・高原《こうげん》・高校《こうこう》・高山《こうざん》・高所《こうしょ》・高層《こうそう》・高潮《こうちょう》(しお《たか》)・高低《こうてい》・高齢《こうれい》・高台《たかだい》 ◆(最《もっと》も高《たか》い)最高《さいこう》・標高《ひょうこう》

2 すぐれている。◆高貴《こうき》・高名《こうめい》(みょう《こう》)

3 えらぶる。◆高圧的《こうあつてき》・高姿勢《こうしせい》・高慢《こうまん》

つかいかた

● 高《たか》い山《やま》に登《のぼ》る。● 高《たか》さを測《はか》る。● 評価《ひょうか》が高《たか》まる。
● 学力《がくりょく》を高《たか》める。● 高価《こうか》な宝石《ほうせき》。● 高級《こうきゅう》な品《しな》。

もっとしろう

● 高《たか》みの見物《けんぶつ》－高《たか》い所《ところ》から下《した》を見《み》るように、かかわりのない立場《たちば》から物事《ものごと》のなりゆきを見《み》ていること。

なりたち

たかい建物《たてもの》の形《かたち》(髙)からでき、「たかい」いみに使《つか》われます。

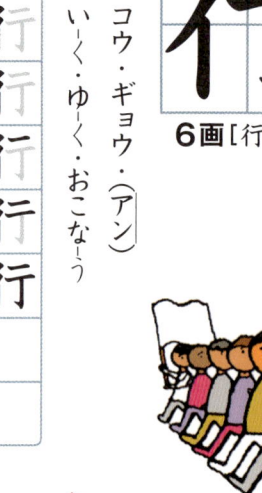

黄

11画［黄0画］

おん　（コウ）・オウ

くん　き・（こ）

黄　黄　黄　黄　黄　黄　黄　黄

黄　だす　ながく

いみ

■ きいろ。◆（黄《き》色《いろ》の葉《は》）黄葉《こうよう》・黄金《おうごん》（こがね）・黄色《おうしょく》（きいろ）・黄身《きみ》・黄緑《きみどり》 ◆卵黄《らんおう》・浅黄《あさぎ》

つかいかた

● 赤《あか》・青《あお》・黄《き》の信号《しんごう》。● 木《こ》の葉《は》が黄色《きいろ》く色《いろ》づく。

もっとしろう

● **黄色《きいろ》い声《こえ》**－子《こ》どもや女《おんな》の人《ひと》のかん高《だか》い声《こえ》。
● **くちばしが黄色《きいろ》い**－生《う》まれたばかりの鳥《とり》のひなのくちばしが黄色《きいろ》いことから、年《とし》が若《わか》く、経験《けいけん》が足《た》りないことのたとえ。

なりたち

先《さき》に火《ひ》をつけてとばす矢《や》の形《かたち》（　）からできた字《じ》で、その火《ひ》がきいろに見《み》えることから、「きいろ」を表《あらわ》す字《じ》になりました。

とくべつなよみ

硫黄《いおう》
※「こ」という読《よ》み―黄金《こがね》

合

6画［口3画］

おん　ゴウ・ガッ・カッ

くん　あ-う・あ-わす・あ-わせる

合　合　合　合　合　合

合　はらう

いみ

1 **あう。あてはまる。あわせる。** ◆（合《あ》わせて演奏《えんそう》する）合《がっ》奏《そう》・合意《ごうい》・合金《ごうきん》・合成《ごうせい》・合同《ごうどう》・合流《ごうりゅう》・合作《がっさく》・合宿《がっしゅく》・合唱《がっしょう》・合奏《がっそう》・合体《がったい》・合致《がっち》・合点《がってん》（がてん）・合間《あいま》 ◆化合《かごう》・会合《かいごう》・結合《けつごう》・混合《こんごう》・集合《しゅうごう》・総合《そうごう》・統合《とうごう》・連合《れんごう》・組合《くみあい》・場合《ばあい》

2 **数量《すうりょう》をあらわす。** ◆一合《いちごう》・五合目《ごごうめ》・歩合《ぶあい》・割合《わりあい》

つかいかた

● 話《はなし》が**合《あ》う**。● 力《ちから》を**合《あ》わす**。● 手《て》を**合《あ》わせる**。
● **合格《ごうかく》**おめでとう。● 点《てん》を**合計《ごうけい》**する。
● **都合《つごう》**が悪《わる》い。● 目《め》で**合図《あいず》**する。● 野球《やきゅう》の**試合《しあい》**。

なりたち

亼は「ふた」を表《あらわ》し、口は器《うつわ》のくちで、器《うつわ》の口《くち》にふたを合《あ》わせることから、「あわせる」いみに使《つか》われます。

つかいわけ

● **会《あ》う・合《あ》う** →〈会《かい》〉127ページ

とくべつなよみ

※「カッ」という読《よ》み―合戦《かっせん》

谷

おん　(コク)

くん　たに

7画［谷0画］

谷 谷 谷 谷 谷 谷 谷

谷　とめる

二年

いみ

■ たに。◇(谷《たに》の底《そこ》) 谷底《たにぞこ》・谷間《たにま》　◇渓谷《けいこく》

つかいかた

● 山《やま》と谷《たに》。● 深《ふか》い谷《たに》。● 谷川《たにがわ》をわたる。

● 谷底《たにぞこ》をのぞく。

もっとしろう

● ［谷風《たにかぜ》と山風《やまかぜ》］

谷《たに》から山《やま》へ吹《ふ》きあげる風《かぜ》を「谷風《たにかぜ》」といい、その反対《はんたい》に山《やま》から吹《ふ》きおろす風《かぜ》を「山風《やまかぜ》」といいます。

なりたち

もとの形《かたち》は谷。「ひらく」いみの八を二《ふた》つかさねた形《かたち》と、あなを表《あらわ》す口からできています。出口《でぐち》がひらいていることを表《あらわ》す字《じ》で、山《やま》あいの「たに」のいみに使《つか》われます。

国

おん　コク

くん　くに

8画［口5画］

国 国 国 国 国 国 国 国

国　てんをわすれない

いみ

1 くに。◇(国《くに》が経営《けいえい》する) 国営《こくえい》・国王《こくおう》・国外《こくがい》・国技《こくぎ》・国際《こくさい》・国産《こくさん》・国史《こくし》・国政《こくせい》・国税《こくぜい》・国籍《こくせき》・国体《こくたい》・国土《こくど》・国宝《こくほう》・国民《こくみん》・国立《こくりつ》・国家《こっか》・国歌《こっか》・国会《こっかい》・国旗《こっき》・国境《こっきょう》(くにざかい)・国交《こっこう》　◇愛《あい》国《こく》・異国《いこく》・王国《おうこく》・開国《かいこく》・外国《がいこく》・帰国《きこく》・故国《ここく》・諸国《しょこく》・戦国《せんごく》・全国《ぜんこく》・祖国《そこく》・他国《たこく》・天国《てんごく》・母国《ぼこく》・本国《ほんごく》・列国《れっこく》・島国《しまぐに》

2 ふるさと。地方《ちほう》。◇国元《くにもと》　◇西国《さいごく》(さいこく)・東国《とうごく》・山国《やまぐに》

つかいかた

● 日本《にほん》の国《くに》。● 国《くに》を愛《あい》する。● 国語辞典《こくごじてん》を引《ひ》く。

● 国道《こくどう》を走《はし》る。● 国内《こくない》を旅行《りょこう》する。● 国立大学《こくりつだいがく》に入《はい》る。

● 外国《がいこく》を旅《たび》する。● 雪国《ゆきぐに》に春《はる》が来《く》る。

なりたち

古《ふる》い字《じ》は國。或(ワク)がコクと変《か》わって読《よ》み方《かた》と「さかいのある地域《ちいき》」のいみをしめしています。口でかこみ、地域《ちいき》の「域《いき》」と区別《くべつ》して「くに」のいみに使《つか》われます。

黒

おん　コク

くん　くろ・くろ-い

11画［黒0画］

いみ

1 くろ。◆（黒《くろ》い板《いた》）黒板《こくばん》・黒雲《くろくも》（こくうん）・黒砂糖《くろざとう》・黒字《くろじ》・黒潮《くろしお》・黒船《くろふね》・黒星《くろぼし》　◆暗黒《あんこく》

2 正《ただ》しくない。◆黒幕《くろまく》

つかいかた

●白《しろ》と黒《くろ》のもよう。●黒《くろ》いけむり。●黒《くろ》く日《ひ》焼《や》けする。●黒板《こくばん》に字《じ》を書《か》く。

もっとしろう

●**黒山《くろやま》の人《ひと》だかり**－大勢《おおぜい》の人《ひと》が群《むら》がり集《あつ》まっているようす。人《ひと》の頭《あたま》が黒《くろ》いことからいう。

●**黒白《こくびゃく》（しろくろ）をつける**－どちらが正《ただ》しいかをはっきりさせる。

なりたち

炎とえんとつの口《くち》（　）を組《く》み合《あ》わせた形《かたち》（　）からできた字《じ》で、えんとつの口《くち》にすすがついたようすを表《あらわ》し、すすが黒《くろ》いことから「くろ、くろい」いみに使《つか》われます。

今

おん　コン・（キン）

くん　いま

4画［人2画］

いみ

■ いま。◆（今《いま》から後《のち》）今後《こんご》・今回《こんかい》・今月《こんげつ》・今昔《こんじゃく》・今週《こんしゅう》・今日《こんにち》（きょう）・今年《こんねん》（ことし）・今夜《こんや》　◆古今《ここん》

つかいかた

●今《いま》は手《て》がはなせない。●今《いま》にも雨《あめ》が降《ふ》りそうだ。●今後《こんご》はじゅうぶん気《き》をつけます。●今度《こんど》はうまくいった。●今《いま》さら言《い》うまでもない。●ただ今《いま》もどりました。

もっとしろう

●**今《いま》やおそしと**－今《いま》か今《いま》かと待《ま》ち遠《どお》しいようす。

●**今《いま》や盛《さか》りと**－今《いま》がいちばん盛《さか》んなときだというように。

なりたち

もとの形《かたち》は（　）。やねがものをおおうようすを表《あらわ》し、「おおう、かげ」のいみの字《じ》でしたが、「いま」のいみに使《つか》われるようになりました。

とくべつなよみ

今日《きょう》・今朝《けさ》・今年《ことし》

二年

才

おん　サイ

くん

3画［扌0画］

すこしだす

いみ

1 **頭《あたま》のはたらき。能力《のうりょく》。** ◆（才《さい》能《のう》のある人《ひと》）才人《さいじん》・才覚《さいかく》・才《さい》子《し》・才女《さいじょ》・才能《さいのう》 ◆英才《えいさい》・秀才《しゅうさい》・天才《てんさい》・文才《ぶんさい》

2 **年齢《ねんれい》をかぞえる「歳《さい》」のかわりとして用《もち》いる字《じ》。** ◆六才《ろくさい》（六《ろく》歳《さい》）

つかいかた

●絵《え》の才能《さいのう》がある。●クラス一《いち》の秀才《しゅうさい》。

もっとしろう

●**才子多病《さいしたびょう》**－才能《さいのう》のある人《ひと》はとかく病気《びょうき》がちである。

●**才子才《さいしさい》に倒《たお》れる**－才能《さいのう》のある人《ひと》は、とかく自分《じぶん》の才能《さいのう》におぼれて失敗《しっぱい》することがある。

なりたち

もとは川《かわ》をせきとめる十文字《じゅうもんじ》の形《かたち》（〓）を表《あらわ》し、のちに「さいのう、はたらき」のいみに使《つか》われるようになりました。

細

おん　サイ

くん　ほそ-い・ほそ-る・こま-か・こま-かい

11画［糸5画］

はねない

いみ

1 **ほそい。** ◆（細《ほそ》い道《みち》）細道《ほそみち》・細腕《ほそうで》

2 **こまかい。** ◆（細《こま》かい部《ぶ》分《ぶん》）細部《さいぶ》・細菌《さいきん》・細工《さいく》・細胞《さいぼう》・細密《さいみつ》 ◆詳細《しょうさい》

つかいかた

●細《ほそ》い糸《いと》。●食《しょく》が細《ほそ》る。●細《こま》かに調《しら》べる。●細《こま》かいお金《かね》。●細心《さいしん》の注意《ちゅうい》をはらう。

もっとしろう

●**細大《さいだい》もらさず**－小《ちい》さなことも大《おお》きなことも、すべてもらすことなく。

なりたち

もとの字《じ》は〓。糸と囟を合《あ》わせた字《じ》で、囟がサイという読《よ》み方《かた》と「こまかい」いみをもっています。ほそい糸《いと》を表《あらわ》し、「ほそい、こまかい」いみに使《つか》われます。

二年

作

7画［亻5画］

おん　サク・サ

くん　つく-る

いみ

1 **つくる。** ◆（文《ぶん》を作《つく》る）作文《さくぶん》・作詞《さくし》・作詩《さくし》・作者《さくしゃ》・作図《さくず》・作《さく》製《せい》・作戦《さくせん》・作品《さくひん》・作物《さくもつ》・作家《さっか》・作曲《さっきょく》 ◆稲作《いなさく》・合作《がっさく》・原作《げんさく》・工作《こうさく》・試作《しさく》・自作《じさく》・制作《せいさく》・製作《せいさく》・代表作《だいひょうさく》・豊作《ほうさく》・名作《めいさく》

2 **する。おこなう。** ◆作業《さぎょう》・作法《さほう》・作用《さよう》 ◆操作《そうさ》・動作《どうさ》

つかいかた

●詩《し》を**作《つく》る**。●料理《りょうり》を**作《つく》る**。

●計画表《けいかくひょう》を**作成《さくせい》**する。

なりたち

乍はサクという読《よ》み方《かた》と「切《き》れ目《め》を入《い》れる」いみをもち、人《ひと》（亻）を加《くわ》えて、「つくる」いみを表《あらわ》します。

つかいわけ

●**作《つく》る・造《つく》る・創《つく》る**

作《つく》る…米《こめ》を作《つく》る。規則《きそく》を作《つく》る。

造《つく》る…船《ふね》を造《つく》る。庭園《ていえん》を造《つく》る。

創《つく》る…新商《しんしょう》品《ひん》を創《つく》（作）る。会社《かいしゃ》を創《つく》（作）る。

算

14画［竹8画］

おん　サン

くん

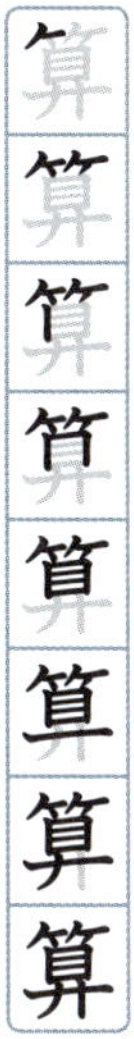

いみ

■ **かぞえる。** ◆（数《かず》をかぞえる〈算〉）算数《さんすう》・算出《さんしゅつ》・算術《さんじゅつ》・算用《さんよう》・数字《すうじ》 ◆加算《かさん》・換算《かんさん》・決算《けっさん》・検算《けんざん》（験算《けんざん》）・減算《げんざん》・誤算《ごさん》・珠《しゅ》算《ざん》・勝算《しょうさん》・清算《せいさん》・精算《せいさん》・打算《ださん》・通算《つうさん》・予算《よさん》

つかいかた

●国語《こくご》と**算数《さんすう》**。

●**暗算《あんざん》**で答《こた》えを出《だ》す。

●**計算問題《けいさんもんだい》**を解《と》く。

もっとしろう

●［清算《せいさん》と精算《せいさん》］

「清算《せいさん》」は、今《いま》までのつきあいやお金《かね》の貸《か》し借《か》りなどを整理《せいり》して結末《けつまつ》をつけること。「精算《せいさん》」は、細《こま》かく計算《けいさん》して数《かず》を合《あ》わせること。駅《えき》にあるのは、「運賃精算所《うんちんせいさんじょ》」です。

なりたち

竹と昇を合《あ》わせた字《じ》。昇はうつわを手《て》に持《も》っている形《かたち》（）からでき、「具《ぐ》」と同《おな》じ「かぞえる」いみをもっています。竹《たけ》の棒《ぼう》をそろえて「かぞえる」いみに使《つか》われます。

止

おん　シ

くん　と-まる・と-める

4画［止0画］

止 止 止 止

止　だす

いみ

■とまる。とめる。止《し》・中止《ちゅうし》・停止《ていし》・廃止《はいし》 ◆（血《ち》を止《と》める）止血《しけつ》 ◆休止《きゅうし》・制止《せいし》・静《せい》

つかいかた

●電車《でんしゃ》が**止《と》まる**。●車《くるま》を**止《と》める**。●痛《いた》みを**止《と》める**。
●立《た》ち入《い》りを**禁止《きんし》**する。●一時《いちじ》**停止《ていし》**する。●事故《じこ》を**防止《ぼうし》**する。

なりたち

足《あし》あとの形《かたち》（→止）からできた字《じ》で、とまってい る足《あし》を表《あらわ》し、「とめる、やめる」いみに使《つか》われます。

つかいわけ

●**止《と》まる**・**留《と》まる**

動《うご》いていたものが動《うご》かなくなるときは「**止《と》まる**」を使《つか》い、同《おな》じ場所《ばしょ》にじっとしているときは「**留《と》まる**」を使《つか》います。

止《と》まる…交通《こうつう》が止《と》まる。血《ち》が止《と》まる。

留《と》まる…鳥《とり》が枝《えだ》に留《と》まる。

とくべつなよみ

波止場《はとば》

市

おん　シ

くん　いち

5画［巾2画］

市 市 市 市 市

市　はねる

いみ

1 いちば。◆市価《しか》・市場《しじょう》（ばいち）・市販《しはん》 ◆（朝《あさ》ひらく市《いち》）朝市《あさいち》・魚市場《うおいちば》

2 まち。◆市街《しがい》 ◆都市《とし》

3 し（市《し》）。◆（市《し》の政治《せいじ》）市政《しせい》・市長《しちょう》・市民《しみん》・市立《しりつ》

つかいかた

●あさがおの**市《いち》**が立《た》つ。●**市営《しえい》**のバス。●**市民《しみん》**のつどい。

もっとしろう

●**市《いち》をなす**－たくさんの人《ひと》が訪《おとず》れ、まるで市《いち》ができたように人《ひと》であふれている。

なりたち

もとの形《かたち》は。は止のことで、シという読《よ》み方《かた》をしめし、は平《たい》らなことを表《あらわ》します。公平《こうへい》なねだんがきめられている「いちば」のいみに使《つか》われ、また、「大《おお》きな町《まち》」を表《あらわ》すことばとしても用《もち》いられます。

矢

5画[矢0画]

おん (シ)

くん や

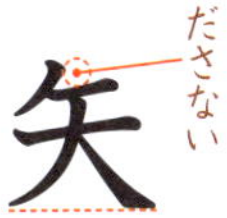

いみ

■や。 ◇(矢《や》の形《かたち》の印《しるし》)矢印《やじるし》・矢面《やおもて》・矢車《やぐるま》・矢先《やさき》 ◇毒矢《どくや》・弓《ゆみ》矢《や》

つかいかた

●弓《ゆみ》に矢《や》をつがえる。●矢《や》を射《い》る。●一矢《いっし》を報《むく》いる。

●出《で》かけようとした矢先《やさき》に雨《あめ》が降《ふ》り出《だ》した。

もっとしろう

●**矢面《やおもて》に立《た》つ**―(矢《や》の正面《しょうめん》に立《た》つことから)直接攻撃《ちょくせつこうげき》を受《う》ける立《た》場《ば》に身《み》を置《お》くことのたとえ。

●**矢《や》のさいそく**―次《つぎ》から次《つぎ》へ矢《や》を放《はな》つように、早《はや》く早《はや》くと何度《なんど》もせきたてること。

●**矢《や》も盾《たて》もたまらない**―気持《きも》ちがおさえられず、じっとしてはいられない。

なりたち

「や」の形《かたち》(　)からできた字《じ》です。

二年

姉

8画[女5画]

おん (シ)

くん あね

いみ

■あね。 ◇(姉《あね》と妹《いもうと》)姉妹《しまい》

つかいかた

●姉《あね》と弟《おとうと》。 ●兄《あに》と姉《あね》。

もっとしろう

●[「姉妹《しまい》」ということば]

「姉妹《しまい》」ということばは、「姉妹品《しまいひん》・姉妹編《しまいへん》」のように共通《きょうつう》した二《ふた》つ、または二《ふた》つ以上《いじょう》のものを表《あらわ》す場合《ばあい》にも使《つか》われます。また、「仲《なか》よくする」いみで、「姉妹都市《しまいとし》」ということばでも使《つか》われます。

なりたち

市はシという読《よ》み方《かた》と「積《つ》む」いみをしめしています。女を合《あ》わせて、「年《とし》を積《つ》んだ女《おんな》の人《ひと》」のいみから、「あね」を表《あらわ》します。

とくべつなよみ

姉《ねえ》さん

思

おん シ

くん おも-う

9画［心5画］

思思思思思思思思思

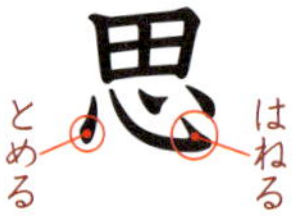

いみ

■ おもう。◆(思《おも》う・考《かんが》える)思考《しこう》・思案《しあん》・思春期《ししゅんき》・思想《しそう》 ◆意思《いし》・静思《せいし》

つかいかた

●親《おや》を**思《おも》う**。●**思考力《しこうりょく》**をつける。●**思《おも》い思《おも》い**の服《ふく》を着《き》る。●楽《たの》しい**思《おも》い出《で》**。●**思《おも》いやり**のある人《ひと》。

もっとしろう

●**思《おも》いのままに**-思《おも》ったとおりに。思《おも》ったように。
●**思《おも》いも寄《よ》らない**-まったく思《おも》ってもみない。
●**思《おも》いをはせる**-はるか遠《とお》くのものを思《おも》う。
●**思《おも》いをはらす**-うらみやめいった気持《きも》ちを除《のぞ》く。

なりたち

もとの字《じ》は恖。囟がシという読《よ》み方《かた》と「あたま」のいみをしめしています。心と合《あ》わせて、心《こころ》のはたらきを表《あらわ》し、「おもう」いみに使《つか》われます。

紙

おん シ

くん かみ

10画［糸4画］

紙紙紙紙紙紙紙紙紙紙

いみ

1 かみ。◆(紙《かみ》の性質《せいしつ》)紙質《ししつ》・紙幣《しへい》・紙片《しへん》・紙吹雪《かみふぶき》 ◆画用《がよう》紙《し》・色紙《しきし》(色紙《いろがみ》)・白紙《はくし》・半紙《はんし》・表紙《ひょうし》・方眼紙《ほうがんし》・油紙《ゆし》(油紙《あぶらがみ》)・用紙《ようし》・洋紙《ようし》・和紙《わし》・障子紙《しょうじがみ》・鼻紙《はながみ》

2 新聞《しんぶん》。◆紙上《しじょう》・紙面《しめん》 ◆機関紙《きかんし》・全国紙《ぜんこくし》

つかいかた

●**紙《かみ》**のコップ。●**原稿用紙《げんこうようし》**に作文《さくぶん》を書《か》く。●**新聞紙《しんぶんし》**を集《あつ》める。●**紙風船《かみふうせん》**を飛《と》ばす。●**手紙《てがみ》**を書《か》く。

もっとしろう

●**紙一重《かみひとえ》**-(紙一枚《かみいちまい》の厚《あつ》さほどの)ごくわずかなちがい。

なりたち

氏がシという読《よ》み方《かた》と「たいら」のいみをしめしています。糸を合《あ》わせて、糸《いと》のようなせんいをたいらにおしのばしたものから、「かみ」のいみに使《つか》われます。

寺

おん ジ

くん てら

6画［寸3画］

いみ

■ てら。◆(寺《てら》と神社《じんじゃ》)寺社《じしゃ》・寺院《じいん》・寺子屋《てらこや》 ◆尼寺《あまでら》・山寺《やまでら》

つかいかた

●寺《てら》の境内《けいだい》。●お寺《てら》の和尚《おしょう》さん。

もっとしろう

●［寺子屋《てらこや》］
江戸時代《えどじだい》に、子《こ》どもたちに読《よ》み・書《か》き・そろばんなどを教《おし》えたところを「寺子屋《てらこや》」といいます。最初《さいしょ》お寺《てら》で行《おこな》ったことから、このことばができました。

なりたち

もとの字《じ》は。止がジという読《よ》み方《かた》、は手《て》で「仕事《しごと》をする」いみをしめしています。仕事《しごと》をする所《ところ》から、「役所《やくしょ》」のいみを表《あらわ》していましたが、「てら」のいみに使《つか》われるようになりました。

自

おん ジ・シ

くん みずか-ら

6画［自0画］

いみ

1 じぶん。◆(自分《じぶん》の力《ちから》)自力《じりき》・自営《じえい》・自衛《じえい》・自我《じが》・自害《じがい》・自覚《かく》・自画像《じがぞう》・自活《じかつ》・自供《じきょう》・自己《じこ》・自国《じこく》・自作《じさく》・自主《じしゅ》・自首《じしゅ》・自習《じしゅう》・自身《じしん》・自尊心《じそんしん》・自他《じた》・自体《じたい》・自宅《じたく》・自治《じち》・自転《じてん》・自伝《でん》・自白《じはく》・自慢《じまん》・自滅《じめつ》・自立《じりつ》 ◆各自《かくじ》・独自《どくじ》

2 しぜんに。思《おも》うままに。◆自在《じざい》・自由《じゆう》

つかいかた

●自《みずか》ら先頭《せんとう》に立《た》つ。●立場《たちば》を自覚《じかく》する。●自信《じしん》をつける。●自分《じぶん》のことは自分《じぶん》でやろう。●自然《しぜん》を守《まも》る。

もっとしろう

●自問自答《じもんじとう》－自分《じぶん》で自分《じぶん》に質問《しつもん》し、自分《じぶん》で答《こた》える。

なりたち

鼻《はな》の形《かたち》()からできた字《じ》。鼻《はな》をさして「じぶん」をしめすことから、「じぶん、みずから」のいみになりました。

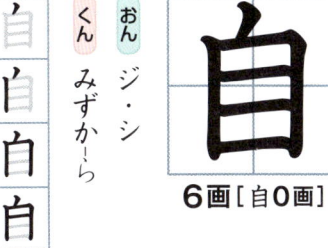

二年

時

10画［日6画］

おん　ジ

くん　とき

いみ

1 **とき。** ◆(時《とき》の刻《きざ》み)時刻《じこく》・時間《じかん》・時差《じさ》・時速《じそく》 ◆定時《ていじ》

2 **そのとき。おり。** ◆(その時《とき》の価格《かかく》)時価《じか》・時期《じき》・時機《じき》・時《じ》分《ぶん》 ◆常時《じょうじ》・当時《とうじ》・臨時《りんじ》・今時《いまどき》・潮時《しおどき》

つかいかた

●時《とき》を告《つ》げる。●バスの時刻表《じこくひょう》。●時代《じだい》が変《か》わる。

●午後《ごご》七時《しちじ》の時報《じほう》。●会議《かいぎ》の日時《にちじ》を決《き》める。

もっとしろう

●**時《とき》は金《かね》なり**－時間《じかん》はお金《かね》のようにたいせつなものだから、むだに使《つか》ってはならない。

なりたち

寺がジという読《よ》み方《かた》と「ゆく」いみをしめしています。日を合《あ》わせて、日《ひ》がうつりゆく「とき」のいみに使《つか》われます。

とくべつなよみ

時雨《しぐれ》・時計《とけい》

二年

室

9画［宀6画］

おん　シツ

くん　(むろ)

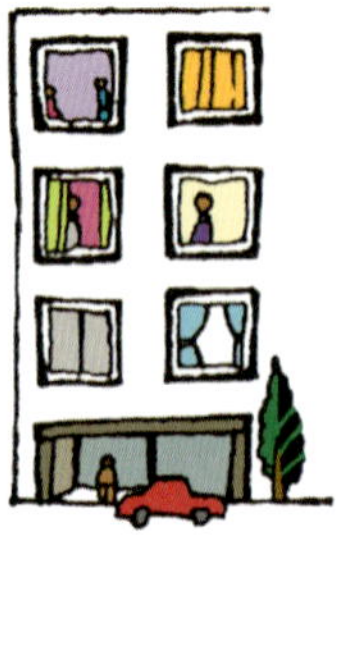

いみ

1 **へや。** ◆(へや〈室〉の温度《おんど》)室温《しつおん》 ◆暗室《あんしつ》・客室《きゃくしつ》・個室《こしつ》・寝室《しんしつ》・茶室《ちゃしつ》・病室《びょうしつ》・密室《みっしつ》・洋室《ようしつ》・浴室《よくしつ》・和室《わしつ》・石室《いしむろ》(せきしつ)・岩室《いわむろ》・氷室《ひむろ》

2 **家《いえ》すじ。一族《いちぞく》。** ◆(王《おう》の一族《いちぞく》〈室〉)王室《おうしつ》・皇室《こうしつ》

つかいかた

●室内《しつない》の温度《おんど》。●温室《おんしつ》で野菜《やさい》を育《そだ》てる。●となりの教室《きょうしつ》。

もっとしろう

●［和室《わしつ》と洋室《ようしつ》］

「和室《わしつ》」は畳《たたみ》のしいてある日本風《にほんふう》の部屋《へや》。日本間《にほんま》。「洋室《ようしつ》」は板《いた》張《ば》りなどのかたい床《ゆか》の部屋《へや》。洋間《ようま》。

なりたち

至はシという読《よ》み方《かた》と「とどまる」いみをしめしています。家《いえ》(宀)の中《なか》のとどまる所《ところ》で、「へや」のいみに使《つか》われ、「一族《いちぞく》」のいみももっています。

社

7画［ネ3画］

おん シャ

くん やしろ

社 社 社 社 社 社 社

いみ

1 **おみや。** ◆(神社《じんじゃ》と寺《てら》)社寺《しゃじ》・社殿《しゃでん》

2 **人《ひと》びとの集《あつ》まり。世《よ》の中《なか》。** ◆社会《しゃかい》・社交《しゃこう》 ◆結社《けっしゃ》

3 **会社《かいしゃ》。** ◆(会社《かいしゃ》に属《ぞく》する人《ひと》(員))社員《しゃいん》・社宅《しゃたく》 ◆支社《ししゃ》・出《しゅっ》社《しゃ》・商社《しょうしゃ》・退社《たいしゃ》・入社《にゅうしゃ》・本社《ほんしゃ》

つかいかた

● **社《しゃ》**の方針《ほうしん》。 ● **社《やしろ》**の森《もり》。 ● **社会《しゃかい》**に出《で》て働《はたら》く。

● 新聞《しんぶん》の**社説《しゃせつ》**を読《よ》む。 ● **社用《しゃよう》**でアメリカに行《い》く。

● **会社《かいしゃ》**の**社長《しゃちょう》**。 ● **神社《じんじゃ》**のお祭《まつ》り。

なりたち

ネ(示)は神《かみ》を表《あらわ》し、土は土地《とち》をさしています。もとシャと読《よ》んだ土が読《よ》み方《かた》をしめし、「土地《とち》の神《かみ》、神《かみ》をまつるやしろ」のいみを表《あらわ》す字《じ》です。また、そこに人《ひと》びとがあつまったことから、「人《ひと》びとのあつまり」のいみにも使《つか》われます。

弱

10画［弓7画］

おん ジャク

くん よわ-い・よわ-る・よわ-まる・よわ-める

弱 弱 弱 弱 弱 弱 弱 弱 弱 弱

いみ

■ **よわい。** ◆(弱《よわ》い体《からだ》)弱体《じゃくたい》・弱視《じゃくし》・弱小《じゃくしょう》・弱腰《よわごし》・弱音《よわね》・弱虫《よわむし》 ◆虚弱《きょじゃく》・衰弱《すいじゃく》・軟弱《なんじゃく》・薄弱《はくじゃく》・病弱《びょうじゃく》

つかいかた

● 力《ちから》が**弱《よわ》い**。 ● からだが**弱《よわ》る**。 ● 風《かぜ》が**弱《よわ》まる**。

● 火《ひ》を**弱《よわ》める**。 ● **弱者《じゃくしゃ》**を救《すく》う。 ● **弱点《じゃくてん》**を補《おぎな》う。

● **貧弱《ひんじゃく》**な建物《たてもの》。

もっとしろう

● **弱音《よわね》をはく**－いくじのないことを言《い》う。

● **弱《よわ》り目《め》にたたり目《め》**－困《こま》ったときに、さらに困《こま》ったことが重《かさ》なること。「目《め》」は、起《お》こったとき・体験《たいけん》したときのいみ。

なりたち

もとの形《かたち》は。は弓《ゆみ》のまがりを直《なお》す道具《どうぐ》で、彡はジャクという読《よ》み方《かた》と「まがる」いみをしめしています。「まがる」ことから、「よわい」いみに使《つか》われます。

二年

首

おん　シュ

くん　くび

9画［首0画］

いみ

1 くび。あたま。◆首輪《くびわ》　◆機首《きしゅ》・船首《せんしゅ》・足首《あしくび》・手首《てくび》

2 いちばん上《うえ》。はじめ。◆（いちばん上《うえ》（首）の位《くらい》）首位《しゅい》・首《しゅ》席《せき》・首長《しゅちょう》・首脳《しゅのう》　◆元首《げんしゅ》・党首《とうしゅ》

3 申《もう》し出《で》る。◆自首《じしゅ》

4 詩《し》や歌《うた》を数《かぞ》えることば。◆百人一首《ひゃくにんいっしゅ》

つかいかた

● 首《くび》をかしげる。● 日本《にほん》の首相《しゅしょう》。● 日本《にほん》の首都《しゅと》は東京《とうきょう》だ。

● 漢字《かんじ》の部首《ぶしゅ》。● 首《くび》かざりをつける。● 首筋《くびすじ》が痛《いた》む。

もっとしろう

● 首《くび》になる－勤《つと》めをやめさせられる。

● 首《くび》をひねる－おかしいな、ほんとうかなと考《かんが》えこむ。

なりたち

頭《あたま》に毛《け》がはえている形《かたち》（）からできた字《じ》です。

「あたま、くび、はじめ」のいみに使《つか》われます。

秋

おん　シュウ

くん　あき

9画［禾4画］

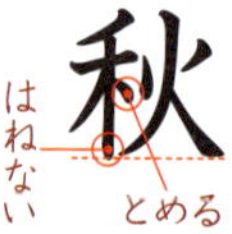

いみ

■ あき。◆（秋《あき》の季節《きせつ》）秋季《しゅうき》・秋期《しゅうき》・秋雨《あきさめ》・秋《しゅう》・立秋《りっしゅう》　◆春秋《しゅんじゅう》・初秋《しょしゅう》・晩《ばん》

つかいかた

● 秋《あき》の気配《けはい》がただよう。● 秋《あき》の七草《ななくさ》。● 読書《どくしょ》の秋《あき》。

● 秋分《しゅうぶん》の日《ひ》。● 中秋《ちゅうしゅう》の名月《めいげつ》。● 秋晴《あきば》れの天気《てんき》。

もっとしろう

● 秋《あき》の日《ひ》はつるべ落《お》とし－秋《あき》の日《ひ》（太陽《たいよう》）は、まるで井戸《いど》のつるべが下《した》に落《お》ちていくように、あっという間《ま》に西《にし》にしずんでしまう。

なりたち

禾は穀物《こくもつ》の穂《ほ》のたれさがった形《かたち》（）からでき、火がシュウと変《か》わって読《よ》み方《かた》と「あつめる」いみをしめしています。穀物《こくもつ》をとりいれる「あき」を表《あらわ》している字《じ》です。

週

おん シュウ

くん

11画［辶8画］

週　かるくはらう　はねる

いみ

■ **日曜日《にちようび》から土曜日《どようび》までの七日間《なのかかん》。** ◆(一週《いっしゅう》ごとの当番《とうばん》)週《しゅう》番《ばん》・週休《しゅうきゅう》・週給《しゅうきゅう》・週日《しゅうじつ》・週末《しゅうまつ》 ◆今週《こんしゅう》・先週《せんしゅう》・毎週《まいしゅう》

つかいかた

● 週《しゅう》のはじめ。 ● 三週間《さんしゅうかん》ぶりの雨《あめ》。 ● 来週《らいしゅう》から夏休《なつやす》みだ。

もっとしろう

● ［週間《しゅうかん》と週刊《しゅうかん》］
「週間《しゅうかん》」は一週《いっしゅう》の間《あいだ》ということで、「週間天気予報《しゅうかんてんきよほう》」などと使《つか》います。「週刊《しゅうかん》」は一週《いっしゅう》に一度《いちど》刊行《かんこう》する(＝印刷物《いんさつぶつ》を出《だ》す)ということで、「週刊誌《しゅうかんし》」などと使《つか》います。

なりたち

辶は道《みち》(⺅)と足《あし》(⺊)からできていて、道《みち》を歩《ある》くことを表《あらわ》し、周がシュウという読《よ》み方《かた》と「めぐる」いみをしめしています。「めぐり歩《ある》く」ことを表《あらわ》す字《じ》で、「曜日《ようび》の一《ひと》めぐり」のいみに使《つか》われます。

春

おん シュン

くん はる

9画［日5画］

春　だす　ながく

いみ

1 **はる。** ◆春季《しゅんき》・春期《しゅんき》・春秋《しゅんじゅう》・春雷《しゅんらい》・春風《はるかぜ》(しゅんぷう)・春先《はるさき》・春《はる》雨《さめ》 ◆迎春《げいしゅん》・初春《しょしゅん》(はつはる)・新春《しんしゅん》・早春《そうしゅん》・晩春《ばんしゅん》・陽春《ようしゅん》・立春《りっしゅん》

2 **若《わか》いとき。** ◆青春《せいしゅん》

つかいかた

● 北国《きたぐに》に春《はる》が来《く》る。 ● 春《はる》の小川《おがわ》。 ● 春《はる》の七草《ななくさ》。 ● 春分《しゅんぶん》の日《ひ》。

もっとしろう

● **春一番《はるいちばん》**－二月《にがつ》の終《お》わりごろから三月《さんがつ》にかけて、その年《とし》で初《はじ》めてふく強《つよ》い南風《みなみかぜ》。

● **春眠暁《しゅんみんあかつき》を覚《おぼ》えず**－春《はる》は気持《きも》ちよく眠《ねむ》れるので、いつ夜《よ》が明《あ》けたのか気《き》がつかずに、つい寝過《ねす》ごしてしまう。

なりたち

夫はシュンという読《よ》み方《かた》と、草《くさ》の新《あたら》しく生《は》える形《かたち》を表《あらわ》しています。日を合《あ》わせて、「草《くさ》の生《は》えはじめる日《ひ》」から、季節《きせつ》の「はる」をしめしている字《じ》です。

書

10画［曰6画］

おん　ショ

くん　か-く

書 書 書 書 書 書 書 書

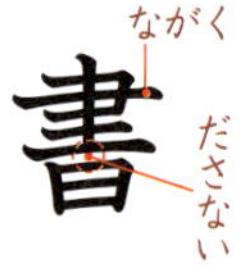

二年

いみ

1 **文字《もじ》をかく。かきしるしたもの。** ◆（書《か》き写《うつ》す）書写《しょしゃ》・書《しょ》家《か》・書簡《しょかん》・書記《しょき》・書状《しょじょう》・書体《しょたい》・書道《しょどう》・書留《かきとめ》 ◆遺書《いしょ》・願書《がんしょ》・公文書《こうぶんしょ》・証書《しょうしょ》・清書《せいしょ》・代書《だいしょ》・投書《とうしょ》・板書《ばんしょ》・封書《ふうしょ》・文書《ぶんしょ》

2 **本《ほん》。** ◆（本《ほん》〈書〉のくら〈庫〉）書庫《しょこ》・書架《しょか》・書斎《しょさい》・書籍《しょせき》・書《しょ》店《てん》・書物《しょもつ》 ◆原書《げんしょ》・字書《じしょ》・辞書《じしょ》・児童書《じどうしょ》・聖書《せいしょ》・蔵書《ぞうしょ》・著《ちょ》書《しょ》・読書《どくしょ》・洋書《ようしょ》・良書《りょうしょ》

つかいかた

● **書《しょ》**を習《なら》う。● 答案《とうあん》に名前《なまえ》を**書《か》く**。● 重要《じゅうよう》な**書類《しょるい》**。● 学校《がっこう》の**図書館《としょかん》**。● **書《か》き取《と》り**の試験《しけん》。● 作文《さくぶん》を**下書《したが》き**する。● **寄《よ》せ書《が》き**をする。

なりたち

聿は「ふで」のいみで、者（シャ）がショと変《か》わって読《よ》み方《かた》と「つける」いみをしめしています。ふででかきつけることから、「かく、かいたもの」のいみに使《つか》われます。

少

4画［小1画］

おん　ショウ

くん　すく-ない・すこ-し

少 少 少 少

いみ

1 **すくない。** ◆（少《すこ》しの金額《きんがく》）少額《しょうがく》・少食《しょうしょく》・少数《しょうすう》・少量《しょうりょう》 ◆減《げん》少《しょう》・最少《さいしょう》

2 **わかい。** ◆（わかい〈少〉女《おんな》）少女《しょうじょ》・少年《しょうねん》 ◆年少《ねんしょう》・幼少《ようしょう》

つかいかた

● 希望者《きぼうしゃ》が**少《すく》ない**。● 夏休《なつやす》みも残《のこ》り**少《すく》ない**。● **少《すこ》し**お待《ま》ちください。● もう**少《すこ》し**欲《ほ》しい。● 塩《しお》を**少量《しょうりょう》**入れる。● **多少《たしょう》**まちがいがある。

もっとしろう

● **少年《しょうねん》よ大志《たいし》を抱《いだ》け**－若者《わかもの》よ、大《おお》きな志《こころざし》を持《も》って人世《じんせい》を歩《あゆ》んでいきなさい。「志《こころざし》」は、こうしようと思《おも》う気持《きも》ち。

なりたち

小にノを書《か》き加《くわ》えて小《しょう》と区別《くべつ》した字《じ》で、「すこし、わかい」いみを表《あらわ》します。

場

おん　ジョウ

くん　ば

12画［土9画］

場　はねる

いみ

1 ところ。◆(場《ば》所《しょ》の外《そと》)場外《じょうがい》・場内《じょうない》・場数《ばかず》 ◆会場《かいじょう》・開場《かいじょう》・球場《きゅうじょう》・漁場《ぎょじょう》(ぎょば)・劇場《げきじょう》・欠場《けつじょう》・現場《げんじょう》(げんば)・工場《こうじょう》(こうば)・市場《じょう》(いちば)・戦場《せんじょう》・退場《たいじょう》・道場《どうじょう》・入場《にゅうじょう》・飛行場《ひこうじょう》・牧場《ぼくじょう》(まきば)・満場《じょう》・浴場《よくじょう》・来場《らいじょう》・宿場《しゅくば》・職場《しょくば》・立場《たちば》・波止場《はとば》・本場《ほんば》

2 とき。◆場合《ばあい》

つかいかた

●その場《ば》にいた人《ひと》。●学校《がっこう》の運動場《うんどうじょう》。●オリンピックに出場《しゅつじょう》する。●劇《げき》の登場《とうじょう》人物《じんぶつ》。●待《ま》ち合《あ》わせの場所《ばしょ》。●悲《かな》しい場面《ばめん》。●村《むら》の役場《やくば》。

もっとしろう

●場数《ばかず》をふむ－多《おお》くの経験《けいけん》を重《かさ》ねる。

なりたち

土は土地《とち》で、昜(ヨウ)がジョウと変《か》わって読《よ》み方《かた》をしめし、ひろく「ばしょ」のいみに使《つか》われます。

二年

色

おん　ショク・シキ

くん　いろ

6画［色0画］

色　うえへはねる

いみ

1 いろ。◆色彩《しきさい》・色紙《しきし》(いろがみ)・色素《しきそ》・色調《しきちょう》 ◆(色《いろ》を染《そ》める)染《せん》色《しょく》・顔色《がんしょく》(かおいろ)・原色《げんしょく》・彩色《さいしょく》・三原色《さんげんしょく》・配色《はいしょく》・青色《あおいろ》・赤色《あかいろ》・黄色《きいろ》(おうしょく)・金色《きんいろ》(こんじき)・銀色《ぎんいろ》・茶色《ちゃいろ》・灰色《はいいろ》・桃色《ももいろ》

2 かおつき。◆才色《さいしょく》・難色《なんしょく》

3 ようす。おもむき。◆脚色《きゃくしょく》・特色《とくしょく》・敗色《はいしょく》・物色《ぶっしょく》・景色《けしき》

つかいかた

●色《いろ》をぬる。●秋《あき》の色《いろ》が深《ふか》まる。●血色《けっしょく》がいい。●日《ひ》にあたって変色《へんしょく》する。●バイオリンの美《うつく》しい音色《ねいろ》。

もっとしろう

●色《いろ》めき立《た》つ－何《なに》かが起《お》こりかけて、人々《ひとびと》が急《きゅう》に活気《かっき》づく。

なりたち

人《ひと》(⺈)と、ひざまずく人《ひと》の形《かたち》(㔾)からでき、人《ひと》がつながることから、「いろどり、ようす」を表《あらわ》します。

とくべつなよみ

景色《けしき》

食

9画［食0画］

おん　ショク・（ジキ）

くん　く-う・（く-らう）・た-べる

食　とめてからはねる

いみ

1 **たべる。** ◆（**食**《しょく》事《じ》に使《つか》う**器**《うつわ》）**食器**《しょっき》・食塩《しょくえん》・食事《しょくじ》・食生活《しょくせいかつ》・食前《しょくぜん》・食卓《しょくたく》・食堂《しょくどう》・食品《しょくひん》・食物《しょくもつ》・食用《しょくよう》・食料《しょくりょう》・食糧《しょくりょう》　◆衣食《いしょく》・飲食《いんしょく》・会食《かいしょく》・外食《がいしょく》・給食《きゅうしょく》・軽食《けいしょく》・菜食《さいしょく》・雑食《ざっしょく》・試食《ししょく》・主食《しゅしょく》・少《しょう》（小）食《しょく》・草食《そうしょく》・大食《たいしょく》・昼食《ちゅうしょく》・朝食《ちょうしょく》・定食《ていしょく》・肉食《にくしょく》・副食《ふくしょく》・物《ぶつ》・夜食《やしょく》・夕食《ゆうしょく》・洋食《ようしょく》・立食《りっしょく》・和食《わしょく》・断食《だんじき》

2 **そこなう。少**《すこ》**しずつ欠**《か》**ける。** ◆金環食《きんかんしょく》・月食《げっしょく》・侵食《しんしょく》・日食《にっしょく》

つかいかた

● **食**《しょく》が進《すす》まない。 ● **飲**《の》**み食**《く》**い**をする。 ● みかんを**食**《た》**べる**。

● **食後**《しょくご》のデザート。 ● **食欲**《しょくよく》が増《ま》す。 ● **食器**《しょっき》を洗《あら》う。

なりたち

もとの形《かたち》は。器《うつわ》にたべものをもった形《かたち》（）とふた（）を合《あ》わせて、たべものを表《あらわ》し、「たべる」いみに使《つか》われます。

とくべつなよみ

※「ジキ」という読《よ》み―断食《だんじき》

心

4画［心0画］

おん　シン

くん　こころ

心　とめる

いみ

1 **こころ。** ◆（**心**《こころ》と**身**体《しんたい》）**心身**《しんしん》・心境《しんきょう》・心配《しんぱい》・心理《しんり》　◆安心《あんしん》・一心《いっしん》・会心《かいしん》・改心《かいしん》・関心《かんしん》・苦心《くしん》・向上心《こうじょうしん》・細心《さいしん》・初心《しょしん》・信《しん》心《じん》・人心《じんしん》・放心《ほうしん》・本心《ほんしん》・用心《ようじん》・良心《りょうしん》・親心《おやごころ》・里心《さとごころ》・真心《まごころ》

2 **しんぞう。** ◆心音《しんおん》・心室《しんしつ》・心臓《しんぞう》

3 **まんなか。** ◆心棒《しんぼう》　◆核心《かくしん》・重心《じゅうしん》・中心《ちゅうしん》・都心《としん》

つかいかた

● **心**《こころ》から感謝《かんしゃ》する。 ● **心**《こころ》がはずむ。 ● **感心**《かんしん》な行《おこな》い。

● かたく**決心**《けっしん》する。 ● **熱心**《ねっしん》に勉強《べんきょう》する。 ● **心強**《こころづよ》**い**味方《みかた》。

もっとしろう

● **心**《こころ》**にかける**－あれこれと心配《しんぱい》する。気《き》にする。

● **心**《こころ》**を合**《あ》**わせる**－みんなで気持《きも》ちを一《ひと》つにして協力《きょうりょく》する。

なりたち

しんぞうの形《かたち》（）からできた字《じ》です。

とくべつなよみ

心地《ここち》

新

おん　シン

くん　あたら-しい・あら-た・にい

13画［斤9画］

いみ

■あたらしい。◆(新《あたら》しい年《とし》)新年《しんねん》・新案《しんあん》・新型《しんがた》・新幹線《しんかんせん》・新《しん》旧《きゅう》・新居《しんきょ》・新月《しんげつ》・新語《しんご》・新興《しんこう》・新式《しんしき》・新出《しんしゅつ》・新春《しんしゅん》・新進《しんしん》・新人《しんじん》・新星《しんせい》・新生児《しんせいじ》・新設《しんせつ》・新雪《しんせつ》・新鮮《しんせん》・新卒《しんそつ》・新築《しんちく》・新《しん》入《にゅう》・新品《しんぴん》・新米《しんまい》・新緑《しんりょく》・新手《あらて》・新妻《にいづま》・新盆《にいぼん》　◆(最《もっと》も新《あたら》しい)最新《さいしん》・改新《かいしん》・更新《こうしん》

つかいかた

●**新《あたら》しい**服《ふく》。●気持《きも》ちを**新《あら》た**にする。●**新記録《しんきろく》**を達成《たっせい》する。●**新作《しんさく》**を発表《はっぴょう》する。●**新任《しんにん》**の先生《せんせい》。●**新年《しんねん》**おめでとう。●**新聞《しんぶん》**に目《め》を通《とお》す。

なりたち

亲(もとは桒)がシンという読《よ》み方《かた》をしめし、斤(おの)を合《あ》わせて、「木《き》を切《き》りそろえる」いみを表《あらわ》す字《じ》でしたが、のちに「あたらしい」いみに使《つか》われるようになりました。

親

おん　シン

くん　おや・した-しい・した-しむ

16画［見9画］

いみ

1 おや。◆(親《おや》と子《こ》)親子《おやこ》・親心《おやごころ》　◆両親《りょうしん》・父親《ちちおや》・母親《ははおや》

2 みうち。◆親戚《しんせき》・親族《しんぞく》・親身《しんみ》・親類《しんるい》　◆近親《きんしん》・肉親《にくしん》

3 したしい。◆親愛《しんあい》・親近感《しんきんかん》・親交《しんこう》・親善《しんぜん》・親密《しんみつ》・親友《しんゆう》

つかいかた

●**親《おや》**を思《おも》う。●**親《した》しい**友《とも》だち。●読書《どくしょ》に**親《した》しむ**。●みんなに**親切《しんせつ》**にする。●**親孝行《おやこうこう》**な子《こ》。

もっとしろう

●**親《おや》の心《こころ》子《こ》知《し》らず**－親《おや》が子《こ》を思《おも》う心《こころ》を子《こ》どもは知《し》らないで、自分《じぶん》勝手《かって》にふるまうものである。

なりたち

亲(もとは桒)がシンという読《よ》み方《かた》と「ちかい」のいみをしめしています。見(みる)を合《あ》わせて、近《ちか》くに寄《よ》って見《み》ることから、「したしい、おや、みうち」のいみに使《つか》われます。

図

7画［囗4画］

おん　ズ・ト

くん　（はか-る）

図図図図図図図

いみ

1 **ず。え。しるし。** ◆図画《ずが》・図鑑《ずかん》・図形《ずけい》・図表《ずひょう》・図面《ずめん》（図面を製作《せいさく》する）製図《せいず》・合図《あいず》・構図《こうず》・作図《さくず》・縮図《しゅくず》・設計図《せっけいず》 ◆（図《ず》

2 **はかる。** ◆意図《いと》

つかいかた

● **図**《ず》でしめす。● 解決《かいけつ》を**図る**《はか》。● ポスターの**図案**《ずあん》を考《かんが》える。

● 仕事《しごと》を**指図**《さしず》する。● 日本《にほん》の**地図**《ちず》。● 学校《がっこう》の**図書室**《としょしつ》。

もっとしろう

● **図に当たる**《ずにあたる》－ねらったとおり、思《おも》ったとおりになる。

● **図に乗る**《ずにのる》－いい気《き》になる。つけあがる。調子《ちょうし》にのる。

なりたち

古《ふる》い字《じ》は圖。囗は「かこみ」を表《あらわ》し、啚が「穀物《こくもつ》を作《つく》る地域《ちいき》」のいみをしめしています。土地《とち》を区分《くわ》けすることから、「地図《ちず》、はかる」のいみに使《つか》われます。

つかいわけ

● **測る**《はか》・**計る**《はか》・**図る**《はか》・**量る**《はか》 →〈測《そく》〉388ページ

数

13画［攵9画］

おん　スウ・（ス）

くん　かず・かぞ-える

数数数数数数数数

いみ

1 **かず。** ◆（数《かず》についての学問《がくもん》）数学《すうがく》・数字《すうじ》・数量《すうりょう》 ◆回数《かいすう》・画数《かくすう》・過半数《かはんすう》・奇数《きすう》・偶数《ぐうすう》・件数《けんすう》・小数《しょうすう》・少数《しょうすう》・正数《せいすう》・総数《そうすう》・多数《たすう》・単数《たんすう》・手数《てすう》（てかず）・定数《ていすう》・点数《てんすう》・度数《どすう》・日数《にっすう》・人数《にんずう》（ずにん）・年数《ねんすう》・端数《はすう》・半数《はんすう》・複数《ふくすう》・分数《ぶんすう》・枚数《まいすう》・場数《ばかず》

2 **いくつかの。** ◆数日《すうじつ》・数段《すうだん》・数人《すうにん》・数年《すうねん》

つかいかた

● **数**《かず》を**数える**《かぞ》。● **数人**《すうにん》の友《とも》だちが集《あつ》まる。● **算数**《さんすう》の時間《じかん》。

● **無数**《むすう》の星《ほし》がかがやく。● **口数**《くちかず》が少《すく》ない。

なりたち

攵は「手《て》にとる」いみを表《あらわ》し、娄はもと婁（ロウ、のちにス）でかぞえ棒《ぼう》を表《あらわ》しています。棒《ぼう》をもって「かぞえる」いみに使《つか》われます。

とくべつなよみ

※「ス」という読《よ》み――人数《にんずう》（にんずう）

数珠《じゅず》・数奇屋《すきや》・数寄屋《すきや》

西

おん　セイ・サイ
くん　にし

6画［西0画］

西西西西西西

西

いみ

1 にし。◆（西《にし》にある国《くに》）西国《さいこく》（さいごく）・西経《せいけい》・西南西《せいなんせい》・西部《せいぶ》・西《せい》北西《ほくせい》・西日本《にしにほん》・西半球《にしはんきゅう》 ◆南西《なんせい》・南南西《なんなんせい》・北西《ほくせい》・北北西《ほくほくせい》・関西《かんさい》・東西《とうざい》

2 せいよう。◆（西洋《せいよう》の暦《こよみ》）西暦《せいれき》・西欧《せいおう》

つかいかた

● 日《ひ》が西《にし》に沈《しず》む。● 西洋《せいよう》と東洋《とうよう》。● 太平洋《たいへいよう》と大西洋《たいせいよう》。● 西風《にしかぜ》がふく。● 西日《にしび》がさす。

もっとしろう

● **西《にし》も東《ひがし》もわからない**－その土地《とち》のようすがまったくわからない。また、物事《ものごと》の判断《はんだん》がつかない。

なりたち

酒《さけ》をしぼるかごの形《かたち》（）からでき、かごを表《あらわ》す字《じ》でしたが、のちに「にし」のいみに使《つか》われるようになりました。

二年

声

おん　セイ・（ショウ）
くん　こえ・（こわ）

7画［士4画］

声声声声声声声

声
はらう

いみ

1 こえ。おと。◆（声《こえ》による音楽《おんがく》）声楽《せいがく》・声援《せいえん》・声明《せいめい》・声優《せいゆう》・声量《せいりょう》・声色《こわいろ》 ◆音声《おんせい》・観声《かんせい》・奇声《きせい》・肉声《にくせい》・美声《びせい》・小声《こごえ》・涙声《なみだごえ》

2 ひょうばん。◆名声《めいせい》

つかいかた

● 虫《むし》の声《こえ》。● 発声《はっせい》の練習《れんしゅう》。● 美《うつく》しい歌声《うたごえ》がひびく。● 大声《おおごえ》でさけぶ。● かぜをひいて鼻声《はなごえ》になる。● 声高《こわだか》に話《はな》す。

なりたち

古《ふる》い字《じ》は聲。殸（ケイ、のちにセイ）が「石《いし》の楽器《がっき》を打《う》つ」ことを表《あらわ》し、耳を合《あ》わせて、「楽器《がっき》を打《う》ちならして耳《みみ》で音《おと》をきく」ことをしめす字《じ》です。「ひびき、こえ、ことば」のいみに使《つか》われます。

とくべつなよみ

※「ショウ・こわ」という読《よ》み―大音声《だいおんじょう》・声音《こわいろ》

星

おん　セイ・（ショウ）

くん　ほし

9画［日5画］

星　ながく

いみ

1 **ほし。** ◆（星《ほし》の出《で》ている空《そら》）星空《ほしぞら》・星雲《せいうん》・星団《せいだん》・星影《ほしかげ》・星月夜《ほしづきよ》（ほしづくよ）◆衛星《えいせい》・火星《かせい》・海王星《かいおうせい》・金星《きんせい》・恒星《こうせい》・水星《すいせい》・天王星《てんのうせい》・土星《どせい》・北極星《ほっきょくせい》・南十字星《みなみじゅうじせい》・木星《もくせい》・流星《りゅうせい》・惑星《わくせい》

2 **めあて。** ◆図星《ずぼし》・目星《めぼし》

3 **勝《か》ち負《ま》け。** ◆金星《きんぼし》・黒星《くろぼし》・白星《しろぼし》

つかいかた

● 星《ほし》がまたたく。 ● 冬《ふゆ》の星座《せいざ》。 ● 流《なが》れ星《ぼし》を見《み》る。

もっとしろう

● **星《ほし》が割《わ》れる**－犯人《はんにん》がわかる。（この「星《ほし》」は犯人《はんにん》のいみ）

なりたち

星からできた字《じ》。日は「ほし」を表《あらわ》し、生がセイという読《よ》み方《かた》と「きよい」いみをしめしています。きよくかがやく「ほし」のいみに使《つか》われます。

とくべつなよみ

※「ショウ」という読《よ》み－明星《みょうじょう》

晴

おん　セイ

くん　は-れる・は-らす

12画［日8画］

晴　とめる　はねる

いみ

■ **はれ。** ◆（晴《は》れと雨《あめ》）晴雨《せいう》 ◆快晴《かいせい》

つかいかた

● 晴《は》れのち曇《くも》り。 ● 空《そら》が晴《は》れる。 ● 疑《うたが》いを晴《は》らす。 ● 晴天《せいてん》にめぐまれた運動会《うんどうかい》。 ● お正月《しょうがつ》の晴《は》れ着《ぎ》。 ● 入学式《にゅうがくしき》の晴《は》れ姿《すがた》。 ● 晴《は》れ晴《ば》れとした顔《かお》。

もっとしろう

● **晴耕雨読《せいこううどく》**－晴《は》れの日《ひ》は外《そと》に出《で》て田畑《たはた》を耕《たがや》し、雨《あめ》の日《ひ》は家《いえ》の中《なか》で読書《どくしょ》をするという、思《おも》いのままに暮《く》らすようす。

なりたち

古《ふる》い字《じ》は晴。青がセイという読《よ》み方《かた》と「すみきった」いみをしめしています。日を合《あ》わせて、空《そら》がきれいに「はれる」いみに使《つか》われます。

切

おん セツ・（サイ）

くん き-る・き-れる

4画［刀2画］

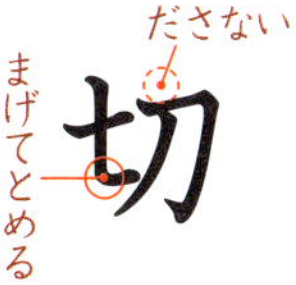

いみ

1 きる。◆（切《き》り開《ひら》く）切開《せっかい》・切除《せつじょ》・切断《せつだん》・切片《せっぺん》・切符《きっぷ》

2 このうえなく。しきりに。◆（しきりに〈切〉望《のぞ》む）切望《せつぼう》・切実《せつじつ》 ◆懇切《こんせつ》・痛切《つうせつ》・適切《てきせつ》

3 すべて。◆一切《いっさい》

つかいかた

●切《せつ》に願《ねが》う。●ケーキを切《き》る。●息《いき》が切《き》れる。●人《ひと》に親切《しんせつ》にする。●物《もの》を大切《たいせつ》に使《つか》う。●切手《きって》を集《あつ》める。

もっとしろう

●切《き》って捨《す》てる－切《き》ってそのままにしておく。また、いらないものとして途中《とちゅう》で打《う》ち切《き》る。

なりたち

七（シチ）がセツと変《か》わって読《よ》み方《かた》と「きる」いみをしめし、刀を合《あ》わせて、「ものをきる」いみに使《つか》われます。

とくべつなよみ

※「サイ」という読《よ》み―一切《いっさい》

二年

雪

おん セツ

くん ゆき

11画［雨3画］

いみ

■ゆき。◆（雪《ゆき》による損害《そんがい》）雪害《せつがい》・雪原《せつげん》・雪女《ゆきおんな》・雪合戦《ゆきがっせん》・雪《ゆき》煙《けむり》・雪見《ゆきみ》 ◆降雪《こうせつ》・豪雪《ごうせつ》・残雪《ざんせつ》・除雪《じょせつ》・新雪《しんせつ》・氷雪《ひょうせつ》・風雪《ふうせつ》・淡雪《あわゆき》・粉雪《こなゆき》・根雪《ねゆき》・初雪《はつゆき》・万年雪《まんねんゆき》・綿雪《わたゆき》

つかいかた

●雪《ゆき》が降《ふ》る。●雪《ゆき》のように白《しろ》い。●一《いち》メートルの積雪《せきせつ》。●道路《どうろ》の雪《ゆき》かきをする。●雪国《ゆきぐに》に春《はる》が来《く》る。●美《うつく》しい雪景色《ゆきげしき》。●雪《ゆき》だるまを作《つく》る。●雪解《ゆきど》けの水《みず》。

もっとしろう

●雪《ゆき》を頂《いただ》く－山《やま》の頂上《ちょうじょう》に雪《ゆき》が積《つ》もっている。

なりたち

もとの字《じ》は雪。彗（セイ）がセツと変《か》わって読《よ》み方《かた》と「きよらか」のいみをしめしています。雨を合《あ》わせて、きよらかな白《しろ》い雨《あめ》、「ゆき」のいみに使《つか》われます。

とくべつなよみ

雪崩《なだれ》・吹雪《ふぶき》

船

おん　セン
くん　ふね・ふな

11画[舟5画]

二年

船
はねる

いみ

■ふね。◆(船《ふね》の客《きゃく》)船客《せんきゃく》・船員《せんいん》・船室《せんしつ》・船首《せんしゅ》・船倉《せんそう》(ふなぐら)・船《せん》団《だん》・船底《せんてい》(ふなぞこ)・船頭《せんどう》・船舶《せんぱく》・船尾《せんび》・船腹《せんぷく》・船賃《ふなちん》・船出《ふなで》・船《ふな》便《びん》◆宇宙船《うちゅうせん》・貨物船《かもつせん》・艦船《かんせん》・汽船《きせん》・客船《きゃくせん》・漁船《ぎょせん》・下船《げせん》・乗船《じょうせん》・造船《ぞうせん》・停船《ていせん》・帆船《はんせん》・連絡船《れんらくせん》・黒船《くろふね》・宝船《たからぶね》

つかいかた

●船《ふね》に乗《の》る。●船体《せんたい》がかたむく。●船長《せんちょう》の指図《さしず》に従《したが》う。●風船《ふうせん》を飛《と》ばす。●船旅《ふなたび》を楽《たの》しむ。

なりたち

㕣(エン)がセンと変《か》わって読《よ》み方《かた》と「うがつ」いみをしめしています。舟を合《あ》わせて、木《き》をえぐってつくった「ふね」のいみに使《つか》われます。

とくべつなよみ

※「ふな」という読《よ》み——船足《ふなあし》(脚)・船底《ふなぞこ》・船旅《ふなたび》・船賃《ふなちん》・船出《ふなで》・船主《ふなぬし》・船端《ふなばた》・船便《ふなびん》など

線

おん　セン

くん

15画[糸9画]

線
はねない

いみ

■せん。すじ。◆線路《せんろ》◆(曲《ま》がった線《せん》)曲線《きょくせん》・緯線《いせん》・一線《いっせん》・沿線《えんせん》・架線《かせん》・回線《かいせん》・幹線《かんせん》・経線《けいせん》・光線《こうせん》・混線《こんせん》・支線《しせん》・視線《しせん》・紫外線《しがいせん》・垂線《すいせん》・水平線《すいへいせん》・赤外線《せきがいせん》・全線《ぜんせん》・脱線《だっせん》・断線《だんせん》・直線《ちょくせん》・鉄線《てっせん》・点線《てんせん》・電線《でんせん》・銅線《どうせん》・導火線《どうかせん》・等高線《とうこうせん》・配線《はいせん》・白線《はくせん》・本線《ほんせん》・無線《むせん》・有線《ゆうせん》

つかいかた

●線《せん》を引《ひ》く。●線香《せんこう》をあげる。●地平線《ちへいせん》のかなたに日《ひ》が沈《しず》む。●新幹線《しんかんせん》が走《はし》る。●路線《ろせん》バスに乗《の》る。●電線《でんせん》に鳥《とり》が留《と》まる。

なりたち

泉がセンという読《よ》み方《かた》と「ほそい」いみをしめしています。糸を合《あ》わせて、ほそい糸《いと》のことから、「ほそながいもの、すじ」のいみに使《つか》われます。

前

おん　ゼン
くん　まえ

9画［刂7画］

前　はねる

いみ

1 **そのもののまえ。さき。** ◆（前《まえ》に進《すす》む）前進《ぜんしん》・前方《ぜんぽう》・前面《ぜんめん》 ◆眼前《がんぜん》・神前《しんぜん》・風前《ふうぜん》・仏前《ぶつぜん》・墓前《ぼぜん》・面前《めんぜん》・目前《もくぜん》・駅前《えきまえ》・人前《ひとまえ》

2 **その時《とき》のまえ。** ◆前期《ぜんき》・前日《ぜんじつ》・前世《ぜんせ》・前兆《ぜんちょう》・前任《ぜんにん》・前半《ぜんはん》・前夜《ぜんや》・前例《ぜんれい》・前歴《ぜんれき》 ◆以前《いぜん》・午前《ごぜん》・事前《じぜん》・食前《しょくぜん》・直前《ちょくぜん》

3 **自分《じぶん》や相手《あいて》をよぶことば。** ◆名前《なまえ》

つかいかた

● **前《まえ》**へ進《すす》め。 ●鏡《かがみ》の**前《まえ》**に立《た》つ。 ● **前後左右《ぜんごさゆう》**をよく見《み》る。
● **前売《まえう》り券《けん》**を買《か》う。 ● **前《まえ》もって**決《き》めておく。

なりたち

もとは歬刂で、歬がゼンという読《よ》み方《かた》と「そろえる」いみをしめしています。刂がついて、「切《き》りそろえる」いみを表《あらわ》しました。のちに、「進《すす》む、まえ」のいみに使《つか》われるようになりました。

組

おん　ソ
くん　く-む・くみ

11画［糸5画］

組　はねない

いみ

■ **くみ合《あ》わせる。** ◆（組《く》む・くみたてる〈織〉）組織《そしき》・組合《くみあい》・組曲《くみきょく》・組長《くみちょう》 ◆赤組《あかぐみ》・白組《しろぐみ》

つかいかた

●うでを**組《く》む**。 ●二《ふた》つの**組《くみ》**に分《わ》かれる。
●試合《しあい》の**組《く》み合《あ》わせ**。 ●文章《ぶんしょう》を**組《く》み立《た》てる**。
●テレビの**番組《ばんぐみ》**。

もっとしろう

● **手《て》を組《く》む**－仲間《なかま》になって、たがいに協力《きょうりょく》する。
● **徒党《ととう》を組《く》む**－あることをするために、仲間《なかま》が団結《だんけつ》する。（よくないいみに使《つか》われる）

なりたち

且はソという読《よ》み方《かた》と「かさねる」いみをしめしています。糸を合《あ》わせて、糸《いと》をかさね合《あ》わせる「くみひも」を表《あらわ》す字《じ》です。「くみ合《あ》わせる、くみ」のいみに使《つか》われます。

二年

走

7画［走0画］

おん　ソウ

くん　はし-る

走　走　走　走　走　走　走

いみ

■ **はしる。かける。** ◇（走《はし》り行《ゆ》く）走行《そうこう》・走破《そうは》・走路《そうろ》 ◇快《かい》走《そう》・滑走《かっそう》・完走《かんそう》・競走《きょうそう》・縦走《じゅうそう》・脱走《だっそう》・逃走《とうそう》・独走《どくそう》・敗走《はいそう》・暴走《ぼうそう》・力走《りきそう》

つかいかた

- 車《くるま》が**走《はし》る**。
- 馬《うま》に乗《の》って野原《のはら》を**走《はし》る**。
- リレーの**走者《そうしゃ》**。
- **徒競 走《ときょうそう》**で勝《か》つ。
- **走《はし》り書《が》き**の手紙《てがみ》。
- **走《はし》り幅跳《はばと》び**の選手《せんしゅ》。

もっとしろう

- **走《はし》り**－「走《はし》ること」のいみで使《つか》うほかに、季節《きせつ》の初物《はつもの》のいみで「走《はし》りのかつお」や、始《はじ》まりのいみで「梅雨《つゆ》の走《はし》り」などと使《つか》う。

なりたち

もとは𧺆で、人《ひと》が手《て》を動《うご》かしている形《かたち》（大）と止からできています。止は足《あし》の形《かたち》（止）で「行《い》く」いみをもち、手《て》を動《うご》かしながら「行《い》く、はしる」ようすを表《あらわ》します。

とくべつなよみ

師走《しわす》

二年

多

6画［夕3画］

おん　タ

くん　おお-い

多　多　多　多　多　多

いみ

■ **おおい。** ◇（多《おお》い金額《きんがく》）多額《たがく》・多才《たさい》・多少《たしょう》・多数《たすう》・多勢《たぜい》・多《た》難《なん》・多人数《たにんずう》（たにんず）・多発《たはつ》・多忙《たぼう》・多毛作《たもうさく》・多量《たりょう》 ◇最多《さいた》・雑《ざっ》多《た》

つかいかた

- 人口《じんこう》が**多《おお》い**。
- 雨《あめ》の**多《おお》い**季節《きせつ》。
- **多数決《たすうけつ》**で決《き》める。
- **多大《ただい》**な損害《そんがい》をこうむる。

もっとしろう

- **多事多難《たじたなん》**－いろいろな事件《じけん》や困難《こんなん》が多《おお》いこと。
- **多芸《たげい》は無芸《むげい》**－いろいろな芸《げい》ができる人《ひと》は、特《とく》にすぐれた芸《げい》がないので、結局《けっきょく》は芸《げい》がないのにひとしい。
- **多《おお》かれ少《すく》なかれ**－多《おお》い少《すく》ないのちがいはあっても。

なりたち

時《とき》を表《あらわ》す夕の字《じ》を重《かさ》ねて日数《にっすう》の重《かさ》なりを表《あらわ》している字《じ》で、「おおい」いみに使《つか》われます。

太

おん　タイ・タ

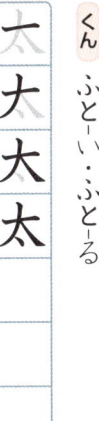

くん　ふと-い・ふと-る

4画［大1画］

いみ

1 ふとい。ひじょうに大《おお》きい。◆太陽《たいよう》 ◆丸太《まるた》・骨太《ほねぶと》

2 ひじょうに。◆（ひじょうに〈太〉古《ふる》い）太古《たいこ》・太平《たいへい》

3 とうとい人《ひと》。◆太子《たいし》

つかいかた

●太《ふと》いバット。●からだが太《ふと》る。●太平洋《たいへいよう》と大西洋《たいせいよう》。

もっとしろう

●**太公望《たいこうぼう》**－つりをする人《ひと》。つりの好《す》きな人《ひと》。（むかし、中国《ちゅうごく》で、つりをしていた呂尚《りょしょう》が王《おう》さまに見出《みい》だされ、「太公望《たいこうぼう》」と呼《よ》ばれて尊敬《そんけい》されたという話《はなし》から）

●**太鼓判《たいこばん》を押《お》す**－絶対《ぜったい》にまちがいないと保証《ほしょう》する。

なりたち

大に、字《じ》を重《かさ》ねるいみの二を合《あ》わせて太になり、太と略《りゃく》されました。「ひじょうに大《おお》きい」ことをしめします。

とくべつなよみ

太刀《たち》

体

おん　タイ・（テイ）

くん　からだ

7画［亻5画］

いみ

1 からだ。◆（体《からだ》の長《なが》さ）体長《たいちょう》・体位《たいい》・体温《たいおん》・体外《たいがい》・体格《たいかく》・体感《たいかん》・体形《たいけい》・体型《たいけい》・体験《たいけん》・体質《たいしつ》・体調《たいちょう》・体罰《たいばつ》 ◆遺体《いたい》・死体《したい》・上体《じょうたい》・身体《しんたい》・人体《じんたい》・胴体《どうたい》・肉体《にくたい》

2 かたち。ようす。◆体制《たいせい》・体積《たいせき》・体裁《ていさい》 ◆（文字《もじ》のかたち〈体〉）字体《じたい》・液体《えきたい》・解体《かいたい》・気体《きたい》・機体《きたい》・形体《けいたい》・固体《こたい》・実体《じったい》・車体《しゃたい》・書体《しょたい》・船体《せんたい》・全体《ぜんたい》・天体《てんたい》・物体《ぶったい》・文体《ぶんたい》・本体《ほんたい》・立体《りったい》

つかいかた

●体《からだ》に気《き》をつける。●体育《たいいく》の時間《じかん》。●体重《たいじゅう》を測《はか》る。●毎朝《まいあさ》体操《たいそう》をする。●体力《たいりょく》をつける。●正体《しょうたい》を現《あらわ》す。●団体旅行《だんたいりょこう》に参加《さんか》する。

なりたち

古《ふる》い字《じ》は體。豊（レイ）はテイと変《か》わって読《よ》み方《かた》と「つながる」いみをしめしています。骨を合《あ》わせて、骨《ほね》のつながった「からだ」のいみを表《あらわ》します。

台

5画［口2画］

おん　ダイ・タイ

くん

台 台 台 台 台

台　とめる

いみ

1 ものをのせるもの。◆台形《だいけい》・台座《だいざ》・台紙《だいし》　◆（荷物《にもつ》をのせる台《だい》）荷台《にだい》・縁台《えんだい》・寝台《しんだい》

2 高《たか》くたいらなところ。◆台地《だいち》　◆高台《たかだい》

3 高《たか》くつくった建物《たてもの》。◆気象台《きしょうだい》・天文台《てんもんだい》

4 もとになるもの。◆（もとになる〈台〉帳面《ちょうめん》）台帳《だいちょう》　◆土台《どだい》

5 車《くるま》や機械《きかい》などをかぞえることば。◆自動車一台《じどうしゃいちだい》

つかいかた

●台《だい》の上《うえ》にあがる。●台所《だいどころ》で働《はたら》く。●自転車《じてんしゃ》を一台《いちだい》買《か》う。●鏡台《きょうだい》の前《まえ》に座《すわ》る。●灯台《とうだい》の明《あ》かり。●舞台《ぶたい》に立《た》つ。

なりたち

ムは喜《よろこ》びを表《あらわ》すイという読《よ》み方《かた》をもち、口を合《あ》わせて、「喜《よろこ》びを口《くち》で表《あらわ》す」いみの字《じ》でしたが、ムはタイとも読《よ》んだので、のちに「臺《たい》（＝平《たい》らで高《たか》い所《ところ》、もと）」の字《じ》の代《か》わりに使《つか》われるようになりました。

地

6画［土3画］

おん　チ・ジ

くん

地 地 地 地 地 地

地　はねる

いみ

1 つち。土地《とち》。場所《ばしょ》。◆（大地《だいち》の震《ふる》え）地震《じしん》・地域《ちいき》・地下《ちか》・地球《ちきゅう》・地区《ちく》・地形《ちけい》・地上《ちじょう》・地帯《ちたい》・地点《ちてん》・地平線《ちへいせん》・地方《ちほう》・地名《ちめい》・地面《じめん》・地元《じもと》　◆基地《きち》・山地《さんち》・産地《さんち》・陣地《じんち》・団地《だんち》・土地《とち》・農地《のうち》・番地《ばんち》・平地《へいち》・遊園地《ゆうえんち》・陸地《りくち》・領地《りょうち》・路地《ろじ》

2 立場《たちば》。◆地位《ちい》

3 もとにあるもの。◆地金《じがね》・地声《じごえ》・地道《じみち》　◆意地《いじ》・素地《そじ》

4 材料《ざいりょう》としてのぬの。◆厚地《あつじ》・薄地《うすじ》・生地《きじ》・布地《ぬのじ》

つかいかた

●安住《あんじゅう》の地《ち》。●世界《せかい》の地図《ちず》。●地中《ちちゅう》にうめる。●地下水《ちかすい》をくみ上《あ》げる。●りんごの産地《さんち》。●地震《じしん》が起《お》きる。

なりたち

也はチという読《よ》み方《かた》と「うねうねと続《つづ》く」いみをもち、土を合《あ》わせて、「広《ひろ》い大地《だいち》、つち」のいみを表《あらわ》します。

とくべつなよみ

心地《ここち》・意気地《いくじ》

池

おん チ

くん いけ

6画［氵3画］

池 池 池 池 池 池

いみ

■ いけ。◆（水《みず》をたくわえる〈貯〉池《いけ》）貯水池《ちょすいち》・古池《ふるいけ》

つかいかた

● 池《いけ》をほる。
● 池《いけ》の水《みず》。
● 電池《でんち》を取《と》りかえる。

もっとしろう

● 「「電池《でんち》」はなぜ「池《いけ》」？」
「電池《でんち》」の「池《ち》」は「ためておくもの」といういみで、水《みず》の池《いけ》にたとえて使《つか》われています。

なりたち

氵は水《みず》を表《あらわ》し、也がチと変《か》わって読《よ》み方《かた》と「横《よこ》にひく」いみをしめしています。水《みず》をひくくぼみを表《あらわ》し、「いけ」のいみに使《つか》われます。

知

おん チ

くん し-る

8画［矢3画］

知 知 知 知 知 知 知 知

いみ

1 しる。◆（知《し》る・しる〈識〉）知識《ちしき》・知覚《ちかく》・知人《ちじん》 ◆告知《こくち》・察《さっ》知《ち》・周知《しゅうち》・承知《しょうち》・探知《たんち》・報知《ほうち》・無知《むち》・予知《よち》

2 ちえ。◆知育《ちいく》・知恵《ちえ》・知性《ちせい》・知的《ちてき》・知能《ちのう》 ◆英知《えいち》・機知《きち》・才知《さいち》・衆知《しゅうち》

3 おさめる。◆知事《ちじ》

つかいかた

● 秘密《ひみつ》を知《し》る。 ● よい知《し》らせが届《とど》く。
● 知識《ちしき》の豊《ゆた》かな人《ひと》。 ● 知能《ちのう》が高《たか》い。
● 未知《みち》の世界《せかい》。 ● 知《し》り合《あ》いの人《ひと》。

なりたち

矢は「あたる」いみをもち、「さけぶ」いみの口を合《あ》わせて、「正《ただ》しく言《い》いあてる」いみを表《あらわ》す字《じ》でしたが、のちに「しる」の字《じ》として使《つか》われ、「しる、ちえ」のいみをもつようになりました。

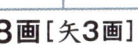

茶

9画［艹6画］

おん　チャ・（サ）

くん

二年

茶　はねない

いみ

■おちゃ。◆（茶《ちゃ》の畑《はたけ》）茶畑《ちゃばたけ》・茶色《ちゃいろ》・茶器《ちゃき》・茶室《ちゃしつ》・茶道《さどう》（ちゃどう）

◆紅茶《こうちゃ》・新茶《しんちゃ》・煎茶《せんちゃ》・番茶《ばんちゃ》・抹茶《まっちゃ》・麦茶《むぎちゃ》・緑茶《りょくちゃ》・喫茶《きっさ》

つかいかた

● お茶《ちゃ》を飲《の》む。

● 茶色《ちゃいろ》の絵《え》の具《ぐ》。

● 湯飲《ゆの》み茶《ぢゃ》わんを洗《あら》う。

もっとしろう

● **（日常《にちじょう》）茶飯事《さはんじ》**－（毎日《まいにち》）お茶《ちゃ》を飲《の》み、ご飯《はん》を食《た》べるのと同《おな》じような、あたりまえなありふれたこと。

● **お茶《ちゃ》の子《こ》さいさい**－簡単《かんたん》にできること。「お茶《ちゃ》の子《こ》」は、お茶《ちゃ》を飲《の》むとき軽《かる》くつまむ菓子《かし》。

なりたち

古《ふる》い字《じ》は茶。艹は艸で「くさ」を表《あらわ》し、余（ヨ）がチャと変《か》わって読《よ》み方《かた》をしめしています。にがい草《くさ》の名《な》でしたが、のちに、にがみのある飲《の》み物《もの》に使《つか》う植物《しょくぶつ》「おちゃ」を表《あらわ》す字《じ》として使《つか》われるようになりました。

昼

9画［日5画］

おん　チュウ

くん　ひる

昼　はらう　且にならない

いみ

■ひる。◆（昼《ひる》と夜《よる》）昼夜《ちゅうや》・昼食《ちゅうしょく》・昼寝《ひるね》・昼日中《ひるひなか》・昼飯《ひるめし》　◆白《はく》昼《ちゅう》・真昼《まひる》

つかいかた

● 昼《ひる》の休《やす》み時間《じかん》。

● 昼間《ひるま》働《はたら》く。

● 暑《あつ》い夏《なつ》の昼下《ひるさ》がり。

● 昼過《ひるす》ぎに帰《かえ》る。

もっとしろう

● **昼夜兼行《ちゅうやけんこう》**－昼《ひる》も夜《よる》も休《やす》まず続《つづ》けて行《おこな》う。「兼行《けんこう》」は、兼《か》ねて行《おこな》うこと。

● **昼夜《ちゅうや》をおかず**－昼《ひる》も夜《よる》も休《やす》みなく。「おかず」は、中止《ちゅうし》しないでのいみ。

なりたち

古《ふる》い字《じ》は晝。日と𦘒からできています。𦘒は「くぎる」いみをもち、夜《よる》とくぎった日《ひ》の照《て》るときから、「ひる」のいみに使《つか》われます。

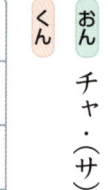

長

おん　チョウ

くん　なが-い

8画［長0画］

いみ

1 ながい。◆（長《なが》い針《はり》）長針《ちょうしん》・長音《ちょうおん》・長期《ちょうき》・長距離《ちょうきょり》・長寿《ちょうじゅ》・長身《ちょうしん》・長足《ちょうそく》・長蛇《ちょうだ》・長短《ちょうたん》・長髪《ちょうはつ》・長文《ちょうぶん》・長編《ちょうへん》・長方形《ちょうほうけい》・長靴《ながぐつ》・長四角《ながしかく》・長話《ながばなし》　◆延長《えんちょう》・面長《おもなが》

2 年《とし》をかさねる。◆長女《ちょうじょ》・長男《ちょうなん》・長老《ちょうろう》　◆生長《せいちょう》・成長《せいちょう》・年長《ねんちょう》

3 まさる。◆長所《ちょうしょ》　◆特長《とくちょう》

4 かしら。◆長官《ちょうかん》　◆院長《いんちょう》・駅長《えきちょう》・園長《えんちょう》・会長《かいちょう》・議長《ぎちょう》・校長《こうちょう》・市長《しちょう》・社長《しゃちょう》・署長《しょちょう》・船長《せんちょう》・村長《そんちょう》・町長《ちょうちょう》

つかいかた

● 長《なが》い道《みち》のり。● 身長《しんちょう》がのびる。● 長生《ながい》きする。

なりたち

ながい髪《かみ》の老人《ろうじん》がつえをついている形《かたち》（）からできた字《じ》で、「長老《ちょうろう》」のいみを表《あらわ》し、さらに「ながい」いみに使《つか》われるようになりました。

つかいわけ

● 永《なが》い・長《なが》い　→〈永《えい》〉346ページ

二年

鳥

おん　チョウ

くん　とり

11画［鳥0画］

いみ

■ とり。◆（鳥《とり》と獣《けもの》）鳥獣《ちょうじゅう》・鳥類《ちょうるい》・鳥《ちょう》・保護鳥《ほごちょう》・野鳥《やちょう》・小鳥《ことり》　◆愛鳥《あいちょう》・益鳥《えきちょう》・害鳥《がいちょう》・七面《しちめん》

つかいかた

● 鳥《とり》が鳴《な》く。● 鳥《とり》が飛《と》ぶ。● 神社《じんじゃ》の鳥居《とりい》をくぐる。● 白鳥《はくちょう》の湖《みずうみ》。● 池《いけ》に水鳥《みずとり》が集《あつ》まる。● 日本《にほん》にくる渡《わた》り鳥《どり》。

もっとしろう

● **鳥《とり》なき里《さと》のこうもり** —（鳥《とり》のいないところでこうもりがいばっているということから）強《つよ》い者《もの》やすぐれた者《もの》のいないところでは、つまらない者《もの》がいばっているというたとえ。

なりたち

尾《お》の長《なが》いとりの形《かたち》（）からできた字《じ》で、「とり」のいみを表《あらわ》します。

とくべつなよみ

※「鳥取県」は「とっとりけん」と読《よ》みます。

二年

朝

12画［月8画］

おん　チョウ

くん　あさ

いみ

1 あさ。◆（朝《あさ》の食事《しょくじ》）朝食《ちょうしょく》・朝刊《ちょうかん》・朝市《あさいち》・朝顔《あさがお》・朝方《あさがた》・朝《あさ》露《つゆ》・朝晩《あさばん》・朝日《あさひ》・朝飯《あさめし》（あさはん）◆早朝《そうちょう》・明朝《みょうちょう》・翌朝《よくちょう》（よくあさ）

2 日本《にほん》の国《くに》。◆帰朝《きちょう》・来朝《らいちょう》

3 天皇《てんのう》や君主《くんしゅ》の政治《せいじ》に関係《かんけい》したこと。◆朝廷《ちょうてい》・朝敵《ちょうてき》◆王朝《おうちょう》

つかいかた

● 朝《あさ》早《はや》く起《お》きる。● 学校《がっこう》の朝礼《ちょうれい》。● 毎朝《まいあさ》体操《たいそう》をする。

もっとしろう

● 朝飯前《あさめしまえ》－朝《あさ》ご飯《はん》を食《た》べる前《まえ》。朝《あさ》ご飯《はん》の前《まえ》に片《かた》づけることができるような簡単《かんたん》なこと。

なりたち

龺は草《くさ》の間《あいだ》に日《ひ》が出《で》るようすを表《あらわ》し、舟（シュウ、のちにチョウ）が月に変《か》わって読《よ》み方《かた》をしめしています。日《ひ》がのぼる「あさ」のいみに使《つか》われます。

とくべつなよみ

今朝《けさ》

直

8画［目3画］

おん　チョク・ジキ

くん　ただ-ちに・なお-す・なお-る

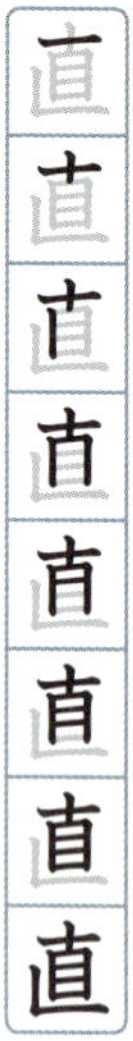

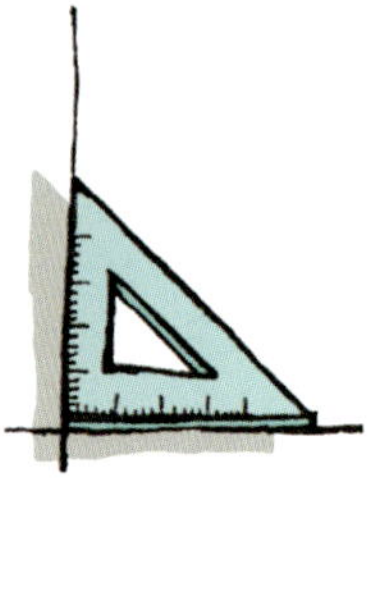

いみ

1 まっすぐ。すなお。◆（まっすぐ〈直〉な線《せん》）直線《ちょくせん》・直視《ちょくし》・直進《ちょくしん》・直立《ちょくりつ》・直角《ちょっかく》・直球《ちょっきゅう》・直径《ちょっけい》◆垂直《すいちょく》・率直《そっちょく》・正直《しょうじき》

2 じかに。すぐに。◆直営《ちょくえい》・直撃《ちょくげき》・直後《ちょくご》・直射《ちょくしゃ》・直接《ちょくせつ》・直前《ちょくぜん》・直通《ちょくつう》・直売《ちょくばい》・直面《ちょくめん》・直感《ちょっかん》・直結《ちょっけつ》・直行《ちょっこう》

3 つとめ。◆宿直《しゅくちょく》・当直《とうちょく》・日直《にっちょく》

4 なおす。

つかいかた

● 直《ただ》ちに出発《しゅっぱつ》する。● 誤《あやま》りを直《なお》す。● きげんが直《なお》る。● 直線《ちょくせん》を引《ひ》く。● 直角《ちょっかく》に曲《ま》がる。● 素直《すなお》な性格《せいかく》。

なりたち

目と、「まっすぐ」のいみをもつ十とで、まっすぐに見《み》ることを表《あらわ》し、曲《ま》がるいみの「L」がついて、「曲《ま》がったものをなおす」いみを表《あらわ》します。

つかいわけ

● 治《なお》す・直《なお》す　→〈治《じ》〉304ページ

通

10画［⻌7画］

おん　ツウ・(ツ)

くん　とお-る・とお-す・かよ-う

いみ

1 とおる。かよう。◆(病院《びょういん》に通《かよ》う)通院《つういん》・通過《つうか》・通学《つうがく》・通《つう》気《き》・通帳《つうちょう》・通風《つうふう》・通話《つうわ》　◆開通《かいつう》・交通《こうつう》・直通《ちょくつう》・不通《ふつう》

2 ゆきわたる。◆通貨《つうか》・通算《つうさん》・通常《つうじょう》・通用《つうよう》　◆共通《きょうつう》・普通《ふつう》・流通《りゅうつう》

3 知《し》らせる。◆通告《つうこく》・通信《つうしん》・通達《つうたつ》・通報《つうほう》・通訳《つうやく》

つかいかた

●電話《でんわ》が**通《つう》じる**。●車《くるま》が**通《とお》る**道《みち》。●鉄道《てつどう》を**通《とお》す**。●学校《がっこう》に**通《かよ》う**。●電車《でんしゃ》で**通勤《つうきん》**する。●**通行止《つうこうど》め**の道《みち》。●合格《ごうかく》の**通知《つうち》**が来《く》る。●友《とも》だちと**文通《ぶんつう》**する。

なりたち

⻌は道《みち》(彳)と足《あし》(止)からできていて、道《みち》を歩《ある》くことを表《あらわ》し、甬(ヨウ、のちにツウ)は「つきぬける」いみをもっています。「まっすぐにとおった道《みち》」を表《あらわ》します。

とくべつなよみ

※「ツ」という読《よ》み―通夜《つや》

二年

弟

7画［弓4画］

おん　(テイ)・ダイ・(デ)

くん　おとうと

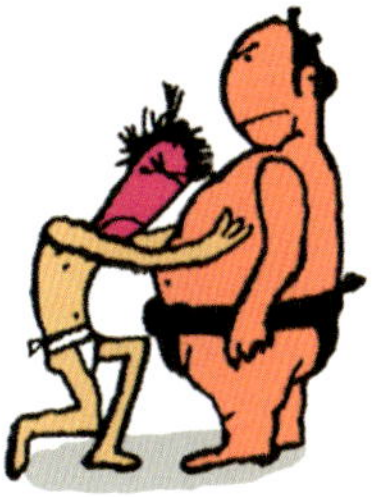

いみ

1 おとうと。◆(弟《おとうと》と妹《いもうと》)弟妹《ていまい》　◆(末《すえ》の弟《おとうと》)末弟《ばってい》・義弟《ぎてい》・実《じっ》弟《てい》・兄弟《きょうだい》(けいてい)

2 先生《せんせい》から教《おし》えをうける人《ひと》。◆弟子《でし》　◆子弟《してい》・徒弟《とてい》・門弟《もんてい》

つかいかた

●兄《あに》と**弟《おとうと》**。●**師弟《してい》**の間《あいだ》がら。●**兄弟子《あにでし》**と**弟弟子《おとうとでし》**。

もっとしろう

●**弟子入《でしい》り**－弟子《でし》として先生《せんせい》につく。

なりたち

もとの形《かたち》は𢎘。戈《ほこ》(弋)という武器《ぶき》のえになめし皮《がわ》をまいた形《かたち》からできています。なめし皮《がわ》を下《した》から順《じゅん》にまいていくことから、「順序《じゅんじょ》」のいみを表《あらわ》し、のちに「おとうと」のいみに使《つか》われるようになりました。

とくべつなよみ

※「ダイ・デ」という読《よ》み―兄弟《きょうだい》・弟子《でし》

店

おん　テン

くん　みせ

8画［广5画］

店店店店店店店店

店　はらう

二年

いみ

■ **みせ。** ◆（店《みせ》の主人《しゅじん》）店主《てんしゅ》・店員《てんいん》・店頭《てんとう》・店先《みせさき》・店番《みせばん》 ◆開《かい》店《てん》・喫茶店《きっさてん》・小売店《こうりてん》・支店《してん》・出店《しゅってん》・書店《しょてん》・百貨店《ひゃっかてん》・閉店《へいてん》・本店《ほんてん》・露店《ろてん》・茶店《ちゃみせ》・夜店《よみせ》

つかいかた

● **店**《みせ》を出《だ》す。 ● 魚《さかな》を売《う》る**店**《みせ》。 ● 商品《しょうひん》を**店頭**《てんとう》に並《なら》べる。 ● 駅前《えきまえ》の**商店街**《しょうてんがい》。 ● 駅《えき》の**売店**《ばいてん》。

もっとしろう

● **店**《みせ》**をたたむ**－商売《しょうばい》をやめて、店《みせ》を閉《と》じる。

● **店**《みせ》**を張**《は》**る**－店《みせ》を開《ひら》いて、商売《しょうばい》を始《はじ》める。

なりたち

广は家《いえ》を表《あらわ》し、占（セン）がテンと変《か》わって読《よ》み方《かた》と「ならべておく」いみをしめしています。品物《しなもの》をならべておく家《いえ》から、「みせ」のいみに使《つか》われます。

点

おん　テン

くん

9画［灬5画］

点点点点点点点点点

ださない　点

いみ

1 **小**《ちい》**さなしるし。てん。** ◆点字《てんじ》・点線《てんせん》 ◆句読点《くとうてん》・濁点《だくてん》

2 **てんすう。** ◆（点《てん》の数《かず》）点数《てんすう》 ◆決勝《けっしょう》点《てん》・採点《さいてん》・次点《じてん》・失《しっ》点《てん》・同点《どうてん》・得点《とくてん》・配点《はいてん》・平均点《へいきんてん》・満点《まんてん》

3 **ことがら。場所**《ばしょ》**。** ◆汚点《おてん》・起点《きてん》・交差点《こうさてん》・弱点《じゃくてん》・終点《しゅうてん》・重《じゅう》点《てん》・地点《ちてん》・難点《なんてん》・美点《びてん》・要点《ようてん》・論点《ろんてん》

4 **つける。さす。** ◆（灯《ひ》をつける（点））点灯《てんとう》・点眼《てんがん》・点滅《てんめつ》

5 **しらべる。** ◆点検《てんけん》・点呼《てんこ》

つかいかた

● **点**《てん》をつける。 ● 聖火台《せいかだい》に**点火**《てんか》する。

● **点画**《てんかく》に気《き》をつけて漢字《かんじ》を書《か》く。 ● **欠点**《けってん》を直《なお》す。

なりたち

古《ふる》い字《じ》は點。占（セン）がテンと変《か》わって読《よ》み方《かた》と「付着《ふちゃく》する」いみをしめしています。黒（黑）を合《あ》わせて、「小《ちい》さな黒《くろ》いてん」を表《あらわ》す字《じ》です。

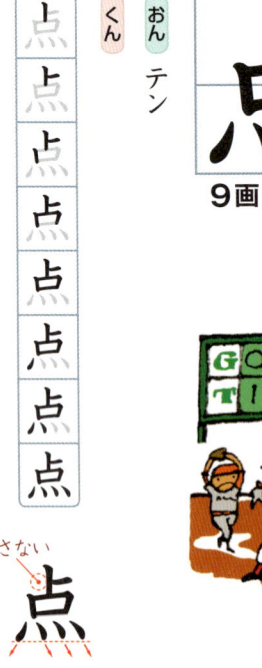

電

13画[雨5画]

おん デン

くん

いみ

■いなずま。でんき。でんきを使《つか》ったもの。◆電圧《でんあつ》・電化《でんか》・電球《でんきゅう》・電光《でんこう》・電子《でんし》・電車《でんしゃ》・電信《でんしん》・電線《でんせん》・電卓《でんたく》・電柱《でんちゅう》・電灯《でんとう》・電波《でんぱ》・電文《でんぶん》・電報《でんぽう》・電流《でんりゅう》・電力《でんりょく》◆感電《かんでん》・乾電池《かんでんち》・市電《しでん》・終電《しゅうでん》・充電《じゅうでん》・送電《そうでん》・打電《だでん》・弔電《ちょうでん》・停電《ていでん》・配電《はいでん》・放電《ほうでん》

つかいかた

● **電気《でんき》**を節約《せつやく》する。● **電源《でんげん》**を入《い》れる。● **電池《でんち》**が切《き》れる。● **電話《でんわ》**をかける。● **祝電《しゅくでん》**を打《う》つ。● 原子力《げんしりょく》で**発電《はつでん》**する。

もっとしろう

● **電光石火《でんこうせっか》**―非常《ひじょう》にすばやいことのたとえ。「電光《でんこう》」は、いなびかり。「石火《せっか》」は、火打《ひう》ち石《いし》から出《で》る火花《ひばな》。

なりたち

雨と、いなびかり()とからできた字《じ》で、は申(シン)→电となり、デンと変《か》わって読《よ》み方《かた》をしめしています。「いなずま」のいみに使《つか》われます。

二年

刀

2画[刀0画]

おん トウ

くん かたな

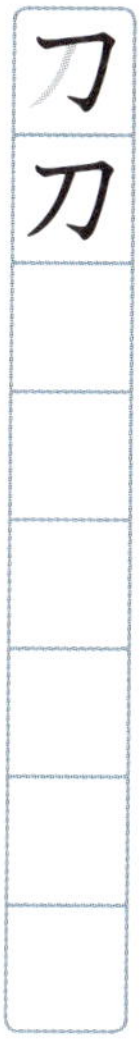

いみ

■かたな。はもの。◆(刀《かたな》と剣《けん》)刀剣《とうけん》・刀工《とうこう》◆小刀《しょうとう》(こがたな)・大刀《だいとう》・短刀《たんとう》・日本刀《にほんとう》・宝刀《ほうとう》

つかいかた

● **刀《かたな》**をみがく。● **木刀《ぼくとう》**を振《ふ》るう。● 天下《てんか》の**名刀《めいとう》**。

もっとしろう

● **刀《かたな》にかけても**―①刀《かたな》を使《つか》って勝負《しょうぶ》してでも。②武士《ぶし》の名誉《めいよ》にかけても。

● **刀折《かたなお》れ矢《や》つきる**―刀《かたな》も折《お》れ、矢《や》もつきて、戦《たたか》う手段《しゅだん》がなくなり、どうしようもないようすから、物事《ものごと》を続《つづ》ける手段《しゅだん》を失《うしな》うことのたとえ。「弓《ゆみ》折《お》れ矢《や》つきる」ともいう。

なりたち

かたなの形《かたち》()からできた字《じ》で、「かたな」のいみに使《つか》われます。

とくべつなよみ

竹刀《しない》・太刀《たち》

冬

おん　トウ

くん　ふゆ

5画［夂2画］

いみ

■ **ふゆ。** ◆（冬《ふゆ》の季節《きせつ》）冬季《とうき》・冬期《とうき》・冬至《とうじ》・冬眠《とうみん》・冬景色《ふゆげしき》・冬《ふゆ》木立《こだち》・冬空《ふゆぞら》・冬場《ふゆば》・冬日《ふゆび》・冬物《ふゆもの》・冬山《ふゆやま》 ◆越冬《えっとう》・初冬《しょとう》・暖《だん》冬《とう》・立冬《りっとう》・真冬《まふゆ》

つかいかた

● 寒《さむ》い**冬《ふゆ》**。 ● **春夏秋冬《しゅんかしゅうとう》**（はるなつあきふゆ）。 ● 動物《どうぶつ》の**冬《ふゆ》ごもり**。 ● **冬支度《ふゆじたく》**をする。 ● **冬服《ふゆふく》**に着《き》がえる。 ● **冬休《ふゆやす》み**になる。

もっとしろう

● **冬将軍《ふゆしょうぐん》**－冬《ふゆ》の厳《きび》しい寒《さむ》さを軍隊《ぐんたい》の将軍《しょうぐん》にたとえたことば。ナポレオンがロシアに攻《せ》めこんだとき、冬《ふゆ》の寒《さむ》さに敗《やぶ》れたことからいう。

なりたち

⺀はもと仌で「こおり」を表《あらわ》し、夂は「食《た》べ物《もの》をつるしてたくわえる」いみをもっています。たくわえた食《た》べ物《もの》がこおる「ふゆ」のいみに使《つか》われます。

当

おん　トウ

くん　あ-たる・あ-てる

6画［⺌3画］

いみ

1 **あたる。あてはまる。** ◆（当《あ》たる・選《えら》ばれる）当選《とうせん》・当然《とうぜん》・不《ふ》当《とう》・当直《とうちょく》・当番《とうばん》・当落《とうらく》 ◆順当《じゅんとう》・正当《せいとう》・相当《そうとう》・担当《たんとう》・適当《てきとう》・本当《ほんとう》

2 **その。この。** ◆当座《とうざ》・当時《とうじ》・当日《とうじつ》・当初《とうしょ》・当地《とうち》・当年《とうねん》

つかいかた

● 日《ひ》に**当《あ》たる**。 ● 胸《むね》に手《て》を**当《あ》てる**。 ● 寒《さむ》さは**当分《とうぶん》**続《つづ》くだろう。 ● **見当《けんとう》**がつかない。 ● **本当《ほんとう》**のことを言《い》う。

もっとしろう

● **当《あ》たるも八卦《はっけ》当《あ》たらぬも八卦《はっけ》**－占《うらな》いは当《あ》たることもあればはずれることもあるので、気《き》にすることはない。「八卦《はっけ》」は、占《うらな》い。

なりたち

古《ふる》い字《じ》は當。尚（ショウ）がトウと変《か》わって読《よ》み方《かた》と「同《おな》じねうち」をしめしています。田を加《くわ》えて、「両方《りょうほう》の田《た》が同《おな》じねうちをもつ」いみの字《じ》です。

東

おん トウ

くん ひがし

8画［木4画］

いみ

■ **ひがし。** ◆東経《とうけい》・東国《とうごく》・東西《とうざい》・東南東《とうなんとう》・東部《とうぶ》・東風《とうふう》（ひがしかぜ）・東北東《とうほくとう》・東洋《とうよう》・東日本《ひがしにほん》 ◆極東《きょくとう》・中東《ちゅうとう》・南東《なんとう》・南南東《なんなんとう》・北東《ほくとう》・北北東《ほくほくとう》

つかいかた

● 朝日《あさひ》が**東**《ひがし》からのぼる。 ● **東洋**《とうよう》と西洋《せいよう》。 ● **関東**《かんとう》と関西《かんさい》。

● **東日本**《ひがしにほん》と西日本《にしにほん》。

もっとしろう

● **東西東西**《とうざいとうざい》－芝居《しばい》であいさつなどをするとき、お客《きゃく》を静《しず》めるかけ声《ごえ》。東《ひがし》から西《にし》までのすべてのお客《きゃく》さまといういみ。

● **東西南北**《とうざいなんぼく》－すべての方角《ほうがく》。四方八方《しほうはっぽう》のいみに使《つか》う。

なりたち

両方《りょうほう》の口《くち》をくくったふくろの形《かたち》（東）にかたどった字《じ》です。「ふくろ」のいみを表《あらわ》しましたが、「ひがし」のいみに使《つか》われるようになりました。

答

おん トウ

くん こた－える・こた－え

12画［竹6画］

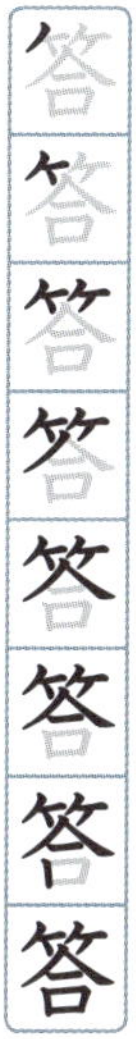

いみ

■ **こたえる。** ◆答弁《とうべん》 ◆（こたえる〈応〉・答《こた》える）応答《おうとう》・回答《かいとう》・解答《かいとう》・確答《かくとう》・口答《こうとう》・即答《そくとう》・返答《へんとう》

つかいかた

● 質問《しつもん》に**答**《こた》**える**。 ● **答**《こた》**え**を確《たし》かめる。 ● **答案用紙**《とうあんようし》を配《くば》る。

なりたち

もと「こたえる」のいみをもっていた合が、「あう」いみに使《つか》われるようになったため、「答」の字《じ》を作《つく》って「こたえる」として使《つか》うようになりました。竹（チク）がトウと変《か》わって読《よ》み方《かた》をしめしています。

つかいわけ

● **答**《こた》**える・応**《こた》**える**

呼《よ》びかけや問《と》いに対《たい》する返事《へんじ》には「**答**《こた》**える**」、期待《きたい》にこたえる、暑《あつ》さがこたえる場合《ばあい》は「**応**《こた》**える**」を使《つか》います。

答《こた》**える**…「はい」と答《こた》える。質問《しつもん》に答《こた》える。

応《こた》**える**…要求《ようきゅう》に応《こた》える。寒《さむ》さが応《こた》える。

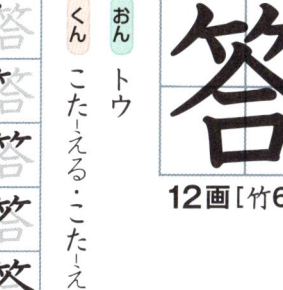

頭

おん　トウ・ズ・(ト)

くん　あたま・(かしら)

16画［頁7画］

いみ

1 あたま。◆(頭《あたま》の髪《かみ》)頭髪《とうはつ》・頭巾《ずきん》・頭脳《ずのう》 ◆出頭《しゅっとう》・目頭《めがしら》

2 仲間《なかま》のかしら。◆頭目《とうもく》・頭領《とうりょう》 ◆船頭《せんどう》・番頭《ばんとう》・旗頭《はたがしら》

3 はじめ。◆頭文字《かしらもじ》 ◆陣頭《じんとう》・年頭《ねんとう》・筆頭《ひっとう》・音頭《おんど》

4 あたり。◆駅頭《えきとう》・街頭《がいとう》・店頭《てんとう》・路頭《ろとう》

つかいかた

●頭《あたま》がいい。●列《れつ》の先頭《せんとう》を歩《ある》く。●頭痛《ずつう》がする。

もっとしろう

●頭《あたま》をかかえる－どうしたらいいかわからず、困《こま》りはてる。

●頭《あたま》をしぼる－よい考《かんが》えはないかと、あれこれ考《かんが》える。

なりたち

頁は「あたま」を表《あらわ》し、豆がトウという読《よ》み方《かた》と「まっすぐ立《た》つ」いみをしめしています。くびの上《うえ》にまっすぐ立《た》つ「あたま」のいみに使《つか》われます。

とくべつなよみ

※「ト」という読《よ》み―音頭《おんど》

同

おん　ドウ

くん　おな-じ

6画［口3画］

いみ

■ おなじ。◆(同《おな》じ金額《きんがく》)同額《どうがく》・同意《どうい》・同一《どういつ》・同化《どうか》・同感《どうかん》・同級《どうきゅう》・同居《どうきょ》・同権《どうけん》・同行《どうこう》・同士《どうし》・同志《どうし》・同時《どうじ》・同乗《どうじょう》・同情《どうじょう》・同性《どうせい》・同席《どうせき》・同然《どうぜん》・同調《どうちょう》・同等《どうとう》・同封《どうふう》・同盟《どうめい》・同様《どうよう》・同類《どうるい》 ◆一同《いちどう》・共同《きょうどう》・協同《きょうどう》・合同《ごうどう》・混同《こんどう》・賛同《さんどう》・不同《ふどう》

つかいかた

●同《おな》じ町《まち》に住《す》む。●同時《どうじ》に駅《えき》に着《つ》く。●同点《どうてん》に追《お》いつく。●合同《ごうどう》で練習《れんしゅう》する。

もっとしろう

●同《おな》じ穴《あな》のむじな－別《べつ》の者《もの》のように見《み》えるが、実《じつ》は同《おな》じ悪者《わるもの》の仲間《なかま》どうしであること。(「むじな」は、たぬきのこと)

なりたち

冂は「すべて」のいみを表《あらわ》し、口がついて、すべての人《ひと》の言《い》うことがおなじであることから、「おなじ」のいみに使《つか》われます。

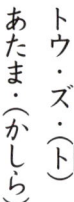

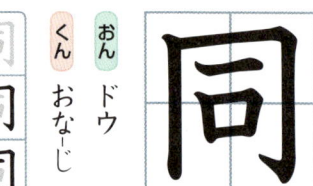

道

おん ドウ・(トウ)

くん みち

12画[辶9画]

道 ながく

いみ

1 みち。とおりみち。◆道中《どうちゅう》・道路《どうろ》・道草《みちくさ》・道順《みちじゅん》・道筋《みちすじ》・道端《みちばた》 ◆(歩《ある》く道《みち》)歩道《ほどう》・沿道《えんどう》・街道《かいどう》・公道《こうどう》・国道《こくどう》・山道《さんどう》(やまみち)・私道《しどう》・車道《しゃどう》・水道《すいどう》・赤道《せきどう》・鉄道《てつどう》・片道《かたみち》・細道《ほそみち》・夜道《よみち》

2 人《ひと》としておこなうべきみち。◆道義《どうぎ》・道徳《どうとく》・道理《どうり》 ◆伝道《でんどう》

3 やり方《かた》。◆道場《どうじょう》 ◆華道《かどう》・剣道《けんどう》・茶道《さどう》(ちゃどう)・柔道《じゅうどう》・書道《しょどう》・武道《ぶどう》

4 言《い》う。◆報道《ほうどう》

つかいかた

●広《ひろ》い道《みち》。●道具《どうぐ》をそろえる。●坂道《さかみち》を上《のぼ》る。●近道《ちかみち》をする。

なりたち

辶は道《みち》を歩《ある》くことを表《あらわ》し、首(シュ)がドウと変《か》わって読《よ》み方《かた》と「長《なが》くのびる」いみをしめしています。「歩《ある》いてゆく道《みち》、すじみち」のいみに使《つか》われます。

とくべつなよみ

※「トウ」という読《よ》み―神道《しんとう》

読

おん ドク・トク・トウ

くん よ-む

14画[言7画]

読 はねる

いみ

■ よむ。◆(書物《しょもつ》を読《よ》む)読書《どくしょ》・読者《どくしゃ》・読解《どっかい》・読経《どきょう》・読本《とくほん》 ◆愛読《あいどく》・音読《おんどく》・訓読《くんどく》・購読《こうどく》・熟読《じゅくどく》・輪読《りんどく》

つかいかた

●本《ほん》を読《よ》む。●ニュースを読《よ》む。●声《こえ》に出《だ》して読《よ》む。●暗号《あんごう》を解読《かいどく》する。●詩《し》を朗読《ろうどく》する。●句読点《くとうてん》をつける。●読《よ》み書《か》きを習《なら》う。●漢字《かんじ》の音読《おんよ》み。

なりたち

古《ふる》い字《じ》は讀。言は「ことば」を表《あらわ》し、賣(イク)がドクと変《か》わって読《よ》み方《かた》と「とどまる」いみをしめしています。くぎりをつけて「よむ」いみを表《あらわ》しています。

とくべつなよみ

※「トウ」という読《よ》み―読点《とうてん》・句読点《くとうてん》

読経《どきょう》

内

4画[冂2画]

おん　ナイ・(ダイ)

くん　うち

いみ

■うち。なか。◆(内《うち》と外《そと》)内外《ないがい》・内科《ないか》・内海《ないかい》・内角《ないかく》・内出血《ないしゅっけつ》・内緒《ないしょ》・内情《ないじょう》・内職《ないしょく》・内心《ないしん》・内戦《ないせん》・内線《ないせん》・内臓《ないぞう》・内地《ないち》・内通《ないつう》・内定《ないてい》・内部《ないぶ》・内密《ないみつ》・内面《ないめん》・内野《ないや》・内容《ないよう》・内乱《ないらん》・内陸《ないりく》・内側《うちがわ》・内訳《うちわけ》 ◆以内《いない》・家内《かない》・校内《こうない》・構内《こうない》・国内《こくない》・室内《しつない》・体内《たいない》・年《ねん》内《ない》・参内《さんだい》・幕内《まくうち》・身内《みうち》

つかいかた

●福《ふく》は内《うち》鬼《おに》は外《そと》。 ●マイクを内蔵《ないぞう》したカメラ。

●内臓《ないぞう》を検査《けんさ》する。 ●会場《かいじょう》の案内係《あんないがかり》。 ●場内《じょうない》アナウンス。

●お寺《てら》の境内《けいだい》。 ●内気《うちき》な性格《せいかく》。

なりたち

もとの形《かたち》は𠆢。家《いえ》(∩)と、「いれる」いみの入(ニュウ、のちにナイ)からできていて、家《いえ》に「いれる」、さらに「なか、うち」のいみを表《あらわ》しています。

とくべつなよみ

※「ダイ」という読《よ》み──内裏《だいり》・参内《さんだい》・境内《けいだい》など

南

9画[十7画]

おん　ナン・(ナ)

くん　みなみ

いみ

■みなみ。◆南緯《なんい》・南下《なんか》・南西《なんせい》・南端《なんたん》・南中《なんちゅう》・南東《なんとう》・南南西《なんなんせい》・南南東《なんなんとう》・南十字星《みなみじゅうじせい》・南半球《みなみはんきゅう》 ◆西南西《せいなんせい》・東南東《とうなんとう》

つかいかた

●南《みなみ》の国《くに》。 ●南《みなみ》の風《かぜ》がふく。 ●南極《なんきょく》と北極《ほっきょく》。 ●南洋《なんよう》の島《しま》。

もっとしろう

●南船北馬《なんせんほくば》―(むかし、中国《ちゅうごく》では、南《みなみ》へは川《かわ》が多《おお》いので船《ふね》に乗《の》って行《い》き、北《きた》へは山《やま》や平原《へいげん》が多《おお》いので馬《うま》に乗《の》って行《い》ったことから)あちらこちら旅《たび》をして回《まわ》ること。

なりたち

もとの形《かたち》は南。テントの形《かたち》の囲《かこ》い(火)と、「あたたかい」いみの羊(ナン)を合《あ》わせて、「囲《かこ》いの中《なか》があたたかい」ことを表《あらわ》します。あたたかい方角《ほうがく》「みなみ」のいみに使《つか》われます。

とくべつなよみ

※「ナ」という読《よ》み──南無《なむ》

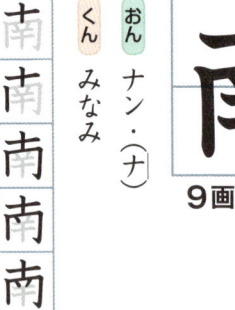

肉

6画［肉0画］

おん ニク

くん

いみ

1 **にく。にくのようにやわらかいもの。** ◆（肉《にく》をとるための牛《うし》）肉牛《にくぎゅう》・肉食《にくしょく》 ◆印肉《いんにく》・果肉《かにく》・牛肉《ぎゅうにく》・魚肉《ぎょにく》・朱肉《しゅにく》・鳥肉《とりにく》・生肉《なまにく》・馬肉《ばにく》・皮肉《ひにく》・豚肉《ぶたにく》

2 **人間《にんげん》のからだ。** ◆肉声《にくせい》・肉体《にくたい》

つかいかた

●肉《にく》を食《た》べる。●肉眼《にくがん》ではっきり見《み》える。●肉親《にくしん》との悲《かな》しい別《わか》れ。●肉筆《にくひつ》の絵画《かいが》。●筋肉《きんにく》を痛《いた》める。

もっとしろう

●**肉《にく》を切《き》らせて骨《ほね》を切《き》る**―肉《にく》を切《き》られても、相手《あいて》の骨《ほね》を切《き》って倒《たお》せというみで、強《つよ》い敵《てき》と戦《たたか》うとき、自分《じぶん》が傷《きず》ついても、相手《あいて》にそれ以上《いじょう》の損害《そんがい》をあたえよという教《おし》え。

なりたち

鳥《とり》やけものの、切《き》りとったにくのかたまりの形《かたち》（）からでき、「にく」のいみを表《あらわ》しています。

二年

馬

10画［馬0画］

おん バ

くん うま・ま

いみ

■**うま。** ◆（馬《うま》がひく車《くるま》）馬車《ばしゃ》・馬術《ばじゅつ》・馬肉《ばにく》・馬場《ばば》・馬子《まご》 ◆牛馬《ぎゅうば》・競馬《けいば》・乗馬《じょうば》・竹馬《ちくば》（たけうま）・木馬《もくば》・落馬《らくば》・絵馬《えま》

つかいかた

●馬《うま》に乗《の》る。●馬力《ばりき》をかける。●騎馬戦《きばせん》に出《で》る。●選挙《せんきょ》に出馬《しゅつば》する。

もっとしろう

●**馬《うま》の耳《みみ》に念仏《ねんぶつ》**―馬《うま》に仏《ほとけ》のありがたい教《おし》えを聞《き》かせてもわからないということから、いくら言《い》ってもいっこうにききめのないようす。

なりたち

うまの形《かたち》からできた字《じ》で、「うま」のいみを表《あらわ》しています。→→馬《ば》と変《か》わりました。

とくべつなよみ

伝馬船《てんません》

※「ま」という読《よ》み―馬子《まご》・絵馬《えま》など

売

おん　バイ

くん　う-る・う-れる

7画［士4画］

売売売売売売売

売　うえへはねる　つけない

いみ

1 うる。◆（売《う》る値段《ねだん》）売値《うりね》・売却《ばいきゃく》・売店《ばいてん》・売買《ばいばい》・売薬《ばいやく》 ◆競《きょう》売《ばい》（ばい〈けい〉）・即売《そくばい》・直売《ちょくばい》・特売《とくばい》・販売《はんばい》・非売品《ひばいひん》・密売《みつばい》

2 ひろめる。◆売名《ばいめい》

つかいかた

●品物《しなもの》を売《う》る。●名前《なまえ》が売《う》れる。●商売《しょうばい》をする。

●本日《ほんじつ》発売《はつばい》の雑誌《ざっし》。●入場券《にゅうじょうけん》が売《う》り切《き》れる。

もっとしろう

●売《う》りことばに買《か》いことば－一方《いっぽう》の乱暴《らんぼう》なことばに対《たい》して、もう一方《いっぽう》も負《ま》けずに言《い》い返《かえ》すこと。

なりたち

古《ふる》い字《じ》は賣。売に略《りゃく》されました。出（のちに士）が「出《だ》す」いみを表《あらわ》し、買（バイ）が「うりかい」のいみをもっています。うりかいするものを出《だ》すことから、「うる」いみに使《つか》われます。

買

おん　バイ

くん　か-う

12画［貝5画］

買買買買買買買買

買　四にならない　とめる

いみ

■ かう。◆（買《か》う・収《おさ》める）買収《ばいしゅう》 ◆購買《こうばい》

つかいかた

●本《ほん》を買《か》う。●品物《しなもの》を売買《ばいばい》する。

●売《う》り手《て》と買《か》い手《て》。

●買《か》い物《もの》をする。

もっとしろう

●買《か》って出《で》る－自分《じぶん》から進《すす》んで引《ひ》き受《う》ける。

●うらみを買《か》う－うらみを受《う》ける。うらまれる。

●けんかを買《か》う－しかけられたけんかの相手《あいて》になる。

なりたち

罒はあみの形《かたち》（）で「あつめる」いみを表《あらわ》し、貝は「お金《かね》」を表《あらわ》しています。お金《かね》を出《だ》して品物《しなもの》をあつめることから、「かう」いみに使《つか》われます。

麦

おん (バク)

くん むぎ

7画［麦0画］

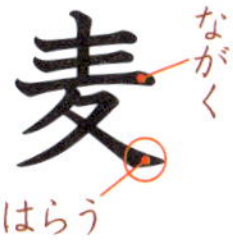

いみ

■ **むぎ。** ◆(麦《むぎ》の芽《め》) 麦芽《ばくが》・麦秋《むぎあき》(ばくしゅう)・麦作《むぎさく》・麦畑《むぎばたけ》・麦飯《むぎめし》 ◆大麦《おおむぎ》・小麦《こむぎ》

つかいかた

● **麦**《むぎ》に穂《ほ》が出《で》る。 ● 冷《つめ》たい**麦茶**《むぎちゃ》を飲《の》む。

● **麦笛**《むぎぶえ》をふく。 ● **麦わら帽子**《むぎぼうし》をかぶる。

● **小麦粉**《こむぎこ》でパンを作《つく》る。

もっとしろう

● **麦《むぎ》の秋《あき》**ｰ麦《むぎ》が実《みの》ってとり入《い》れをするとき。六月《ろくがつ》ごろ。いっぱんに麦《むぎ》は秋《あき》に種《たね》をまき、初夏《しょか》にかりとる。麦秋《むぎあき》(ばくしゅう)。

なりたち

古《ふる》い字《じ》は麥。來はむぎの形《かたち》(米)を、夂は足《あし》の形《かたち》を表《あらわ》しています。來(ライ)がバクと変《か》わって読《よ》み方《かた》をしめしています。もとは「來」が「むぎ」で、「麥」が「くる」のいみの字《じ》でしたが、混同《こんどう》されて「麥」が「むぎ」となりました。

半

おん ハン

くん なか-ば

5画［十3画］

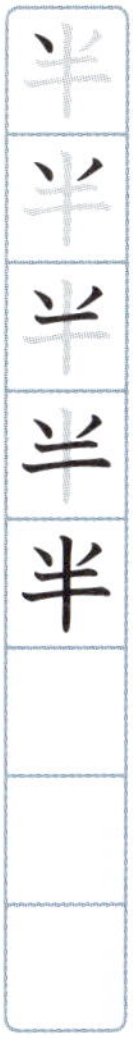

いみ

1 **はんぶん。** ◆半円《はんえん》・半径《はんけい》・半月《はんげつ》・半減《はんげん》・半死《はんし》・半身《はんしん》・半数《はんすう》・半生《はんせい》・半日《はんにち》・半値《はんね》 ◆過半数《かはんすう》・後半《こうはん》・折半《せっぱん》・前半《ぜんはん》・大半《たいはん》

2 **完全《かんぜん》でない。すこし。** ◆半熟《はんじゅく》・半鐘《はんしょう》・半時《はんとき》・半端《はんぱ》

つかいかた

● **半《なか》ば**あきらめる。 ● 子《こ》どもは**半額**《はんがく》です。 ● **半々**《はんはん》に分《わ》ける。

● りんごを**半分**《はんぶん》に切《き》る。 ● **八時半**《はちじはん》から学校《がっこう》が始《はじ》まる。

もっとしろう

● **半死半生**《はんしはんしょう》ｰ半分《はんぶん》死《し》んで半分《はんぶん》生《い》きているということで、今《いま》にも死《し》にそうなようす。

なりたち

うし(牛)と、二《ふた》つに分《わ》けることを表《あらわ》す八(ハツ、のちにハン)を合《あ》わせた形《かたち》(半)からできた字《じ》です。二《ふた》つに分《わ》けた牛《うし》を表《あらわ》し、「はんぶん」のいみに使《つか》われるようになりました。

番

おん　バン

くん

12画［田7画］

番番番番番番番番

番　はらう

いみ

1 **じゅんばん。** ◆(順番《じゅんばん》の外《ほか》)番外《ばんがい》・番地《ばんち》・番茶《ばんちゃ》・番付《ばんづけ》 ◆当《とう》番《ばん》・非番《ひばん》・本番《ほんばん》・輪番《りんばん》

2 **みはり。** ◆(番《ばん》をする人《ひと》)番人《ばんにん》・番犬《ばんけん》・番頭《ばんとう》・番兵《ばんぺい》 ◆店《みせ》番《ばん》・門番《もんばん》

つかいかた

●家《いえ》の**番**《ばん》をする。 ●テレビの**番組**《ばんぐみ》。 ●**番号順**《ばんごうじゅん》に並《なら》ぶ。 ●森《もり》の**番人**《ばんにん》。 ●**交番**《こうばん》のお巡《まわ》りさん。 ●**順番**《じゅんばん》を待《ま》つ。

なりたち

田は「た」を表《あらわ》し、釆(ハン)が種《たね》をまくいみをもっています。田《た》に種《たね》をまくことを表《あらわ》す字《じ》でしたが、「かわるがわる」のいみに使《つか》われ、「じゅんばん、みはり」のいみをもつようになりました。(「番《ばん》」がまくいみを失《うしな》ったために「播《ばん》(＝まく)」の字《じ》が作《つく》られました)

父

おん　フ

くん　ちち

4画［父0画］

父父父父

父　とめる　はらう

いみ

■ **ちち。** ◆(父《ちち》と母《はは》)父母《ふぼ》(ちちはは)・父兄《ふけい》・父子《ふし》・父上《ちちうえ》・父親《ちちおや》 ◆叔父《しゅくふ》(おじ)・神父《しんぷ》・伯父《はくふ》(おじ)・養父《ようふ》・老父《ろうふ》

つかいかた

●**父**《ちち》と母《はは》。 ●**父**《ちち》の日《ひ》。 ●**父方**《ちちかた》の**祖父**《そふ》。

もっとしろう

●**父《ちち》の恩《おん》は山《やま》よりも高《たか》く母《はは》の恩《おん》は海《うみ》よりも深《ふか》し**－父母《ふぼ》の恩《おん》は非《ひ》常《じょう》に大《おお》きく、ありがたいものである。

なりたち

手《て》に石《いし》おのを持《も》つ形《かたち》()からできた字《じ》で、「おの」のいみを表《あらわ》していましたが、一族《いちぞく》を指揮《しき》する「ちち」のいみに使《つか》われるようになりました。

とくべつなよみ

叔父《おじ》・伯父《おじ》・父《とう》さん

風

9画［風0画］

おん フウ・(フ)

くん かぜ・かざ

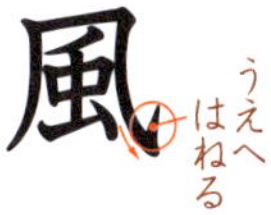

いみ

1 **かぜ。** ◆(風《かぜ》と雨《あめ》)風雨《ふうう》・風車《ふうしゃ》(かざぐるま)・風船《ふうせん》・風力《ふうりょく》・風上《かざかみ》・風下《かざしも》 ◆逆風《ぎゃくふう》・強風《きょうふう》・春風《しゅんぷう》(はるかぜ)・順風《じゅんぷう》・突風《とっぷう》・暴風《ぼうふう》

2 **ならわし。** ◆風習《ふうしゅう》・風俗《ふうぞく》・風土《ふうど》 ◆家風《かふう》・校風《こうふう》・洋風《ようふう》

3 **おもむき。ようす。** ◆風格《ふうかく》・風流《ふうりゅう》・風情《ふぜい》 ◆古風《こふう》・新風《しんぷう》

4 **うわさ。** ◆風説《ふうせつ》・風評《ふうひょう》

つかいかた

●強《つよ》い**風**《かぜ》が吹《ふ》く。 ●美《うつく》しい**風景**《ふうけい》。 ●**風速**《ふうそく》二十《にじゅう》メートル。

●**風鈴**《ふうりん》が鳴《な》る。 ●**台風**《たいふう》が上陸《じょうりく》する。 ●**風通し**《かぜとお》がいい。

なりたち

もとの字《じ》は鳳《ほう》(=大《おお》きい鳥《とり》)で、「かぜ」のいみを表《あらわ》していましたが、鳥《とり》と区別《くべつ》するために「鳳《ほう》」の字《じ》の鳥《とり》を虫《むし》にかえ、「かぜ、すがた」を表《あらわ》す字《じ》にしました。

とくべつなよみ

風邪《かぜ》

※「フ・かざ」という読《よ》み—風呂《ふろ》・風上《かざかみ》・風車《かざぐるま》など

分

4画［刀2画］

おん ブン・フン・ブ

くん わ-ける・わ-かれる・わ-かる・わ-かつ

いみ

1 **わける。** ◆分解《ぶんかい》・分割《ぶんかつ》・分家《ぶんけ》・分校《ぶんこう》・分散《ぶんさん》・分子《ぶんし》・分数《ぶんすう》・分断《ぶんだん》・分配《ぶんぱい》・分布《ぶんぷ》・分母《ぶんぼ》・分類《ぶんるい》・分裂《ぶんれつ》 ◆等分《とうぶん》・半分《はんぶん》

2 **わりあて。わりあい。** ◆塩分《えんぶん》・水分《すいぶん》・成分《せいぶん》・部分《ぶぶん》・身分《みぶん》

3 **温度《おんど》・角度《かくど》・時間《じかん》などの単位《たんい》。** ◆六分《ろくぶ》・六分《ろっぷん》

つかいかた

●二《ふた》つに**分**《わ》**ける**。 ●ごみを**分別**《ぶんべつ》する。 ●**自分**《じぶん》と他人《たにん》。

なりたち

刀は「かたな」を表《あらわ》し、八(ハツ、のちにフン)が読《よ》み方《かた》と「わける」いみをしめしています。「切《き》りわける」いみを表《あらわ》します。

つかいわけ

●**分**《わ》**かれる・別**《わか》**れる**

分《わ》**かれる**…道《みち》が分《わ》かれる。

別《わか》**れる**…友《とも》だちと別《わか》れる。

とくべつなよみ

※「大分県」は「おおいたけん」と読《よ》みます。

聞

14画［耳8画］

おん　ブン・(モン)

くん　き-く・き-こえる

いみ

■きく。◆(見《み》ることと聞《き》くこと)見聞《けんぶん》・伝聞《でんぶん》・前代未聞《ぜんだいみもん》

つかいかた

●話《はなし》を聞《き》く。●うわさを聞《き》く。●物音《ものおと》が聞《き》こえる。●何《なに》も聞《き》こえない。●新聞《しんぶん》を読《よ》む。

もっとしろう

●**聞《き》き耳《みみ》を立《た》てる**―聞《き》きもらさないように、一生懸命《いっしょうけんめい》聞《き》こうとする。

●**聞《き》くは一時《いっとき》の恥《はじ》聞《き》かぬは一生《いっしょう》の恥《はじ》**―知《し》らないことを人《ひと》にたずねてはずかしい思《おも》いをするのはその時《とき》だけで、たずねないでいれば知《し》らないまま一生《いっしょう》はずかしい思《おも》いをすることになる。知らないことがあったら、その場《ば》ですぐ聞《き》くのがよい。

なりたち

耳は「みみ」を表《あらわ》し、門がモンという読《よ》み方《かた》をしめしています。耳《みみ》に「きこえる」いみを表《あらわ》します。

米

6画［米0画］

おん　ベイ・マイ

くん　こめ

いみ

1 こめ。◆(米《こめ》の価格《かかく》)米価《べいか》・米作《べいさく》・米食《べいしょく》・米粒《こめつぶ》・米所《こめどころ》・米屋《こめや》 ◆外米《がいまい》・玄米《げんまい》・精米《せいまい》・白米《はくまい》・早場米《はやばまい》

2 アメリカ。◆米国《べいこく》 ◆欧米《おうべい》・渡米《とべい》

つかいかた

●米《こめ》を作《つく》る。●日米《にちべい》の代表《だいひょう》が会談《かいだん》する。●今年《ことし》の新米《しんまい》が出回《でまわ》る。●米俵《こめだわら》をかつぐ。

もっとしろう

●［米寿《べいじゅ》の話《はなし》］

八十八歳《はちじゅうはっさい》の長寿《ちょうじゅ》の祝《いわ》いが「米寿《べいじゅ》」。これは、「米《こめ》」の字《じ》を分解《ぶんかい》すると「八十八《はちじゅうはち》」になることからいいます。

八十八

なりたち

(米)からでき、穀物《こくもつ》の穂《ほ》に小《ちい》さな実《み》が並《なら》んでついているようすで、穀物《こくもつ》のつぶを表《あらわ》している字《じ》でしたが、あとで「こめ」のいみに使《つか》われるようになりました。

歩

おん ホ・(ブ・フ)

くん ある-く・あゆ-む

8画［止4画］

いみ

1 **あるく。すすむ。** ◆(歩《ある》いて行《い》く)歩行《ほこう》・歩数《ほすう》・歩測《ほそく》 ◆一《いっ》歩《ぽ》・牛歩《ぎゅうほ》・競歩《きょうほ》・散歩《さんぽ》・初歩《しょほ》・徒歩《とほ》

2 **わりあい。** ◆歩合《ぶあい》 ◆日歩《ひぶ》

つかいかた

- 山道《さんどう》(やまみち)を**歩《ある》く**。
- **歩《あゆ》み**が遅《おそ》い。
- **歩調《ほちょう》**を合《あ》わせる。
- **歩道《ほどう》**と車道《しゃどう》。
- 科学《かがく》が**進歩《しんぽ》**する。

もっとしろう

- ［歩《ある》くのいろいろ］
  ・足《あし》を棒《ぼう》にして歩《ある》く。・大手《おおて》をふって歩《ある》く。・大《おお》またで歩《ある》く。
  ・小走《こばし》りに歩《ある》く。・さっそうと歩《ある》く。

なりたち

左足《ひだりあし》(ㄓ)と右足《みぎあし》(ㄓ)の足《あし》あとを前後《ぜんご》に置《お》いた形《かたち》(ㄓㄓ→歩)からでき、「あるく」いみを表《あらわ》します。

とくべつなよみ

※「フ」という読《よ》み―歩《ふ》(将棋《しょうぎ》の駒《こま》の一《ひと》つ)

母

おん ボ

くん はは

5画［母0画］

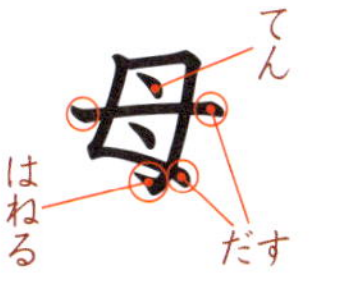

いみ

1 **はは。** ◆(母《はは》と子《こ》)母子《ぼし》・母性《ぼせい》・母体《ぼたい》・母上《ははうえ》・母親《ははおや》 ◆実《じっ》母《ぼ》・叔母《しゅくぼ》(おば)・生母《せいぼ》・伯母《はくぼ》(おば)・保母《ほぼ》・養母《ようぼ》・老母《ろうぼ》

2 **もととなるもの。** ◆母校《ぼこう》・母港《ぼこう》・母国《ぼこく》・母船《ぼせん》

つかいかた

- **母《はは》**にしかられる。
- **母乳《ぼにゅう》**で育《そだ》てる。
- **聖母《せいぼ》**マリア。
- **父母《ふぼ》**の恩《おん》を忘《わす》れない。
- **母方《ははかた》**の**祖母《そぼ》**。

もっとしろう

- ［母《はは》の日《ひ》］
  母《はは》の愛《あい》に感謝《かんしゃ》する日《ひ》。毎年《まいとし》五月《ごがつ》の第二日曜日《だいににちようび》です。

なりたち

女《おんな》の人《ひと》(ㄊ)のむねにちぶさを表《あらわ》す•を二《ふた》つつけて、子《こ》どもを産《う》んでちぶさの大《おお》きくなっている「はは」を表《あらわ》している字《じ》です。

とくべつなよみ

乳母《うば》・母《かあ》さん・叔母《おば》・伯母《おば》・母屋《おもや》・母家《おもや》

二年

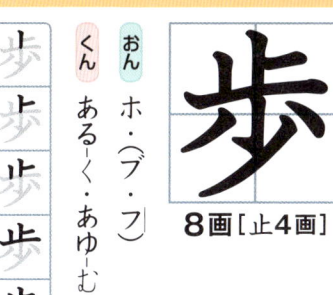

方

おん ホウ

くん かた

4画［方0画］

二年

方　はねる

いみ

1 **むき。** ◆方位《ほうい》・方角《ほうがく》・方言《ほうげん》・方向《ほうこう》・方面《ほうめん》 ◆遠方《えんぽう》・後方《こうほう》・四方《しほう》・先方《せんぽう》・前方《ぜんぽう》・双方《そうほう》・他方《たほう》・地方《ちほう》・当方《とうほう》・両方《りょうほう》・朝方《あさがた》・父方《ちちかた》・母方《ははかた》・夕方《ゆうがた》

2 **四角《しかく》。** ◆方円《ほうえん》・方眼紙《ほうがんし》・方形《ほうけい》 ◆直方体《ちょくほうたい》・立方体《りっぽうたい》

3 **やりかた。** ◆方策《ほうさく》・方式《ほうしき》・方針《ほうしん》 ◆処方《しょほう》・仕方《しかた》

つかいかた

● 左《ひだり》の**方《ほう》**に曲《ま》がる。● よい**方法《ほうほう》**を考《かんが》える。● **一方通行《いっぽうつうこう》**の道路《どうろ》。● 病気《びょうき》が**快方《かいほう》**へ向《む》かう。● **正方形《せいほうけい》**と**長方形《ちょうほうけい》**。● **味方《みかた》**になる。● **読《よ》み方《かた》**を調《しら》べる。

なりたち

もとの形《かたち》は方。左右《さゆう》にえが張《は》り出《だ》しているすきの形《かたち》を表《あらわ》す字《じ》で、「左右《さゆう》に張《は》り出《だ》す」いみをもち、「かた（＝ほうこう、むき）、四角《しかく》、やりかた」のいみに使《つか》われます。

とくべつなよみ

行方《ゆくえ》

北

おん ホク

くん きた

5画［ヒ3画］

北　うえにはねる

いみ

■ **きた。** ◆（北《きた》の方《ほう》）北方《ほっぽう》・北緯《ほくい》・北上《ほくじょう》・北西《ほくせい》・北端《ほくたん》・北東《ほくとう》・北北西《ほくほくせい》・北北東《ほくほくとう》・北極《ほっきょく》・北半球《きたはんきゅう》 ◆西北西《せいほくせい》・東北東《とうほくとう》

つかいかた

● **北《きた》**に向《む》かう。● 台風《たいふう》が**北上《ほくじょう》**する。● **北洋《ほくよう》**でとれる魚《さかな》。● 寒《さむ》い**北風《きたかぜ》**がふく。● **北国《きたぐに》**に春《はる》が来《く》る。

もっとしろう

● ［敗北《はいぼく》について］
戦《いくさ》に敗《やぶ》れて逃《に》げるのは「敗北《はいぼく》」。もともと、正面《しょうめん》の方角《ほうがく》は「南《みなみ》」で北《きた》はその逆《ぎゃく》を表《あらわ》し、「北《きた》」の字《じ》が表《あらわ》しているように正面《しょうめん》に背《せ》を向《む》けている方角《ほうがく》なので、「逃《に》げる」いみに使《つか》われます。

なりたち

人《ひと》が背《せ》を向《む》けて立《た》っている形《かたち》（）からできた字《じ》で、「そむく」いみをもっています。正面《しょうめん》とされる「南《みなみ》」の背《せ》にあたるので、「きた」のいみに使《つか》われます。

毎

6画［毋2画］

おん　マイ

くん

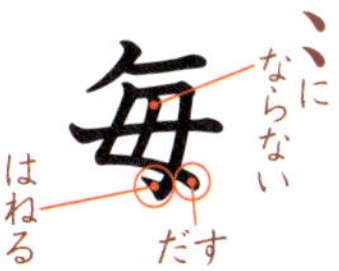

いみ

■ **そのたびに。** 毎時《まいじ》・毎日《まいにち》・毎年《まいねん》（まいとし）・毎晩《まいばん》

◈（その度《たび》ごと〈毎〉）毎度《まいど》・毎回《まいかい》・毎月《まいげつ》（まいつき）・

つかいかた

● **毎朝《まいあさ》**散歩《さんぽ》をする。
● 試合《しあい》に**毎回《まいかい》**参加《さんか》する。
● **毎週《まいしゅう》**一回《いっかい》けいこに行《い》く。
● **毎度《まいど》**ありがとう。
● **毎日《まいにち》**日記《にっき》を書《か》く。

なりたち

古《ふる》い字《じ》は毎。母《はは》の頭《あたま》に髪《かみ》かざり（𠂉）をつけた形《かたち》からできています。一《ひと》つ一《ひと》つ数《かぞ》えることばの「枚《まい》」といい方《かた》が同《おな》じところから、「枚《まい》」のいみに用《もち》いられ、「ごと、たびたび、つねに」のいみに使《つか》われるようになりました。

妹

8画［女5画］

おん　（マイ）

くん　いもうと

いみ

■ **いもうと。**

◈（姉《あね》と妹《いもうと》）姉妹《しまい》

つかいかた

● 姉《あね》と**妹《いもうと》**。
● 弟《おとうと》と**妹《いもうと》**。

もっとしろう

● 「「妹《いもうと》」の呼《よ》び名《な》と漢字《かんじ》について」
むかしは「いも」と読《よ》んで、男子《だんし》が女子《じょし》を親《した》しんで呼《よ》ぶことばに使《つか》われました。反対《はんたい》に、女子《じょし》が男子《だんし》を親《した》しんで呼《よ》ぶことばは「せ」で、「男女《だんじょ》・兄《あに》と妹《いもうと》・夫婦《ふうふ》」などを「いもせ」といいました。「いもうと」は「いもの人《ひと》」が変《か》わってできたことばです。

なりたち

女は女性《じょせい》を表《あらわ》し、未（ミ）がマイと変《か》わって読《よ》み方《かた》と「わかい」いみをしめしています。わかい女性《じょせい》、「いもうと」のいみに使《つか》われます。

万

3画［一2画］

おん　マン・（バン）

くん

万　はねる

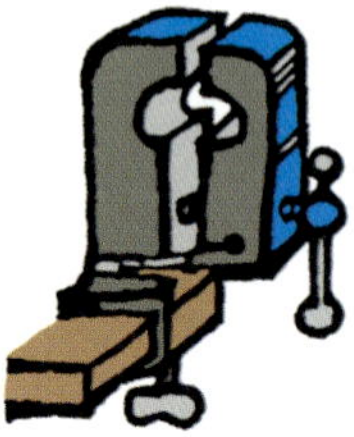

いみ

1 まん。◇（万《まん》に一《ひと》つ）万一《まんいち》 ◇一万人《いちまんにん》

2 たいへん多《おお》い。◇万華鏡《まんげきょう》・万年雪《まんねんゆき》・万病《まんびょう》・万力《まんりき》・万感《ばんかん》・万《ばん》国《こく》・万策《ばんさく》・万事《ばんじ》・万端《ばんたん》・万人《ばんにん》・万能《ばんのう》・万物《ばんぶつ》・万雷《ばんらい》 ◇億万《おくまん》

つかいかた

●一万人《いちまんにん》の入場者《にゅうじょうしゃ》。●巨万《きょまん》の富《とみ》を築《きず》く。●万国共通《ばんこくきょうつう》の問題《もんだい》。

●万歳《ばんざい》を三唱《さんしょう》する。●万全《ばんぜん》の準備《じゅんび》をする。

もっとしろう

●**万死《ばんし》に一生《いっしょう》を得《え》る**－危《あぶ》なかった命《いのち》が、かろうじて助《たす》かる。

●**万事休《ばんじきゅう》す**－すべてが悪《わる》い状態《じょうたい》になって、どうしようもない。「休《きゅう》す」は、おしまいになるいみ。

なりたち

古《ふる》い字《じ》は萬。さそりの形《かたち》からできた字《じ》です。万は萬の略字《りゃくじ》として古《ふる》くから使《つか》われ、浮《う》き草《くさ》の形《かたち》とも、卍（まんじ）が変化《へんか》したものともいわれています。

明

8画［日4画］

おん　メイ・ミョウ

くん　あ-かり・あか-るい・あか-るむ・あか-らむ・あき-らか・あ-ける・あ-く・あ-くる・あ-かす

明　はねる

いみ

1 あかるい。あかり。◇（明《あか》るい月《つき》）明月《めいげつ》・明星《みょうじょう》 ◇照明《しょうめい》

2 はっきりする。◇明快《めいかい》・明解《めいかい》・明確《めいかく》・明記《めいき》・明細《めいさい》・明朗《めいろう》 ◇解明《かいめい》・究明《きゅうめい》・言明《げんめい》・証明《しょうめい》・説明《せつめい》・発明《はつめい》・判明《はんめい》・表明《ひょうめい》・不《ふ》明《めい》

3 かしこい。◇明敏《めいびん》 ◇賢明《けんめい》

4 つぎの。◇明朝《みょうちょう》・明日《みょうにち》（あす）・明年《みょうねん》・明晩《みょうばん》

つかいかた

●明《あ》かりをともす。●明《あか》るい部屋《へや》。●真相《しんそう》を明《あき》らかにする。

なりたち

日と月を合《あ》わせて、「あかるい」ことを表《あらわ》す字《じ》です。

つかいわけ

●開《あ》ける・空《あ》ける・明《あ》ける　→〈開《かい》〉211ページ

とくべつなよみ

明日《あす》

鳴

14画[鳥3画]

おん　メイ

くん　な-く・な-る・な-らす

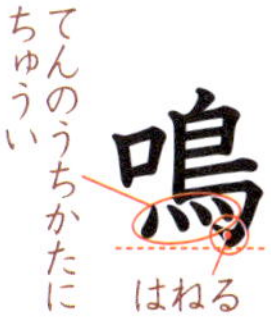

いみ

1 なく。

2 なる。 ◆(鳴《な》り動《うご》く) 鳴動《めいどう》 ◆共鳴《きょうめい》・雷鳴《らいめい》

つかいかた

●虫《むし》が鳴《な》く。 ●鐘《かね》が鳴《な》る。

●サイレンを鳴《な》らす。

●悲鳴《ひめい》をあげる。

●鳥《とり》の鳴《な》き声《ごえ》。

もっとしろう

●[鳴《な》くと泣《な》く]
鳥《とり》・虫《むし》・けものなどが声《こえ》や音《おと》をだす場合《ばあい》は「鳴《な》く」を使《つか》います。人《ひと》がなみだを流《なが》すときは「泣《な》く」を使《つか》います。

なりたち

鳥と口からでき、にわとりがときをつげてなくことを表《あらわ》している字《じ》で、ひろく「なく」いみに使《つか》われます。

毛

4画[毛0画]

おん　モウ

くん　け

いみ

1 け。 ◆(毛《け》の筆《ふで》) 毛筆《もうひつ》・毛根《もうこん》・毛髪《もうはつ》・毛糸《けいと》・毛織物《けおりもの》・毛虫《けむし》 ◆羽毛《うもう》・純毛《じゅんもう》・羊毛《ようもう》・産毛《うぶげ》

2 作物《さくもつ》がみのる。 ◆二毛作《にもうさく》

つかいかた

●毛《け》が生《は》える。 ●不毛《ふもう》の土地《とち》。 ●毛皮《けがわ》のコート。

●たんぽぽの綿毛《わたげ》。

もっとしろう

●毛《け》の生《は》えた―(「…に毛《け》が生《は》えた」の形《かたち》で)それよりはほんの少《すこ》しだけまさっていることのたとえ。「作文《さくぶん》に毛《け》が生《は》えた程度《ていど》の小説《しょうせつ》」などと使《つか》う。

なりたち

髪《かみ》のけの形《かたち》()からできた字《じ》で、「け」を表《あらわ》しています。

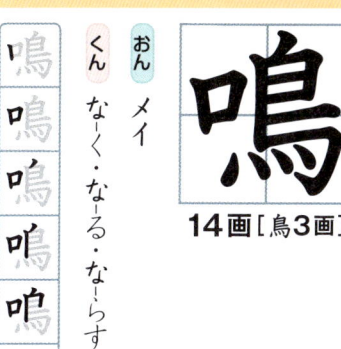

門

8画［門0画］

おん　モン

くん　（かど）

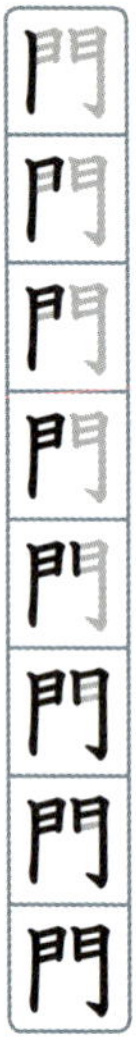

いみ

1 **もん。** ◆（門《もん》の柱《はしら》）門柱《もんちゅう》・門衛《もんえい》・門限《もんげん》・門戸《もんこ》・門前《もんぜん》・門灯《もんとう》・門番《もんばん》・門口《かどぐち》・門出《かどで》 ◆裏門《うらもん》・表門《おもてもん》・開門《かいもん》・関門《かんもん》・山門《さんもん》・城《じょう》門《もん》・水門《すいもん》・正門《せいもん》・通用門《つうようもん》・閉門《へいもん》

2 **教《おし》えをうける所《ところ》。** ◆門下《もんか》・門人《もんじん》 ◆同門《どうもん》・入門《にゅうもん》・破門《はもん》

3 **分野《ぶんや》。方面《ほうめん》。** ◆専門《せんもん》・部門《ぶもん》

つかいかた

● 門《もん》を開《ひら》く。 ● りっぱな門構《もんがま》えの家《いえ》。 ● 学校《がっこう》の校門《こうもん》。

● 門松《かどまつ》を立《た》てる。

もっとしろう

● **門前《もんぜん》ばらい**－会《あ》いに来《き》た人《ひと》を門《もん》の中《なか》にも入《い》れず、会《あ》わないで帰《かえ》すこと。

なりたち

もとの形《かたち》は［古い字形］。二本《にほん》の柱《はしら》の間《あいだ》に、あけたりとじたりする戸《と》が並《なら》んでいる形《かたち》から、「もん」を表《あらわ》す字《じ》です。

夜

8画［夕5画］

おん　ヤ

くん　よ・よる

いみ

■ **よる。** ◆（夜《よる》の間《あいだ》）夜間《やかん》・夜勤《やきん》・夜具《やぐ》・夜警《やけい》・夜光《やこう》・夜食《やしょく》・夜半《やはん》・夜分《やぶん》・夜霧《よぎり》・夜寒《よさむ》・夜露《よつゆ》・夜中《よなか》・夜店《よみせ》・夜昼《よるひる》 ◆一《いち》夜《や》(ひとよ)・今夜《こんや》・昨夜《さくや》・終夜《しゅうや》・十五夜《じゅうごや》・深夜《しんや》・前夜《ぜんや》・昼夜《ちゅうや》・通夜《つや》・日夜《にちや》・白夜《はくや》(びゃくや)・八十八夜《はちじゅうはちや》・連夜《れんや》・月夜《つきよ》

つかいかた

● 夜《よ》が明《あ》ける。 ● 昼《ひる》も夜《よる》も働《はたら》く。 ● 美《うつく》しい夜景《やけい》。 ● 除夜《じょや》の鐘《かね》。

● 夜空《よぞら》に星《ほし》がまたたく。 ● 秋《あき》の夜長《よなが》。 ● 夜道《よみち》を歩《ある》く。

もっとしろう

● **夜《よ》を明《あ》かす**－朝《あさ》までねないで過《す》ごす。

● **夜《よ》を日《ひ》に継《つ》ぐ**－昼夜《ひるよる》の区別《くべつ》なく、休《やす》まずに続《つづ》ける。

なりたち

もとの形《かたち》は［古い字形］。［古い字形］は月《つき》を表《あらわ》し、［古い字形］（亦）はヤ（もとはエキ）という読《よ》み方《かた》と「かがやく」いみをしめしています。月《つき》のかがやく「よる」のいみに使《つか》われます。

野

おん　ヤ
くん　の

11画［里4画］

野　とめる

いみ

1 **のはら。** ◆野《や》外《がい》・野《や》菜《さい》・野《の》宿《じゅく》・野《の》良《ら》 ◆（平《たい》らな野《の》原《はら》）平《へい》野《や》・外《がい》野《や》・原《げん》野《や》・広《こう》野《や》・荒《こう》野《や》・山《さん》野《や》・内《ない》野《や》・林《りん》野《や》

2 **しぜんのまま。あらあらしい。** ◆野《や》犬《けん》・野《や》獣《じゅう》・野《や》心《しん》・野《や》性《せい》・野《や》草《そう》・野《や》望《ぼう》 ◆粗《そ》野《や》

3 **民《みん》間《かん》。政《せい》府《ふ》のそと。** ◆野《や》党《とう》

4 **はんい。** ◆視《し》野《や》・分《ぶん》野《や》

つかいかた

● 野《の》にさく花《はな》。● 野《や》球《きゅう》の選《せん》手《しゅ》。● 野《や》生《せい》の動《どう》物《ぶつ》。● 野《の》原《はら》で遊《あそ》ぶ。

なりたち

里は田《た》畑《はた》を表《あらわ》し、予（ヨ）がヤと変《か》わって読《よ》み方《かた》と「ゆるやか」のいみをしめしています。ゆるやかに広《ひろ》がる「のはら」を表《あらわ》し、「しぜんのまま、はんい」などのいみにも使《つか》われます。

とくべつなよみ

野《の》良《ら》

友

おん　ユウ
くん　とも

4画［又2画］

だす　友　はらう

いみ

■ **なかがよい。ともだち。** ◆（友《とも》達《だち》の愛《あい》情《じょう》）友《ゆう》愛《あい》・友《ゆう》情《じょう》・友《ゆう》軍《ぐん》 ◆悪《あく》友《ゆう》・学《がく》友《ゆう》・旧《きゅう》友《ゆう》・級《きゅう》友《ゆう》・交《こう》友《ゆう》・戦《せん》友《ゆう》

つかいかた

● 友《ゆう》好《こう》を深《ふか》める。● 友《ゆう》人《じん》をだいじにする。
● 無《む》二《に》の親《しん》友《ゆう》。● 仲《なか》のよい友《とも》達《だち》。

もっとしろう

● **類《るい》は友《とも》を呼《よ》ぶ**ー性《せい》質《しつ》や考《かん》え方《かた》の似《に》たものどうしは、しぜんと寄《よ》り集《あつ》まって仲《なか》間《ま》になるものである。「類《るい》」は、似《に》たもの。

なりたち

二《ふた》つの手《て》が並《なら》んでいる形《かたち》（）からできた字《じ》で、手《て》を取《と》り合《あ》って助《たす》けることから、「ともだち」のいみを表《あらわ》します。

とくべつなよみ

友《とも》達《だち》

二年

用

5画［用0画］

おん　ヨウ

くん　もち-いる

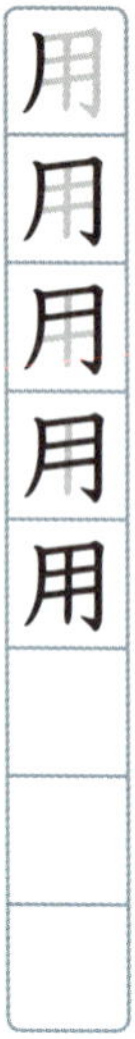

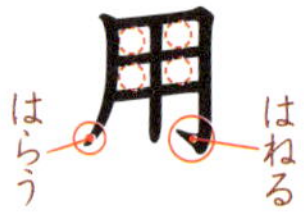

いみ

1 **もちいる。** ◆(用《もち》いる道《どう》具《ぐ》)用具《ようぐ》・用意《ようい》・用紙《ようし》・用水《ようすい》・用地《ようち》・用途《ようと》・用品《ようひん》・用例《ようれい》 ◆愛用《あいよう》・悪用《あくよう》・飲用《いんよう》・活用《かつよう》・起用《きよう》・採用《さいよう》・使用《しよう》・実用《じつよう》・借用《しゃくよう》・食用《しょくよう》・信用《しんよう》・専用《せんよう》・代用《だいよう》・適用《てきよう》・日用品《にちようひん》・利用《りよう》

2 **はたらき。** ◆器用《きよう》・効用《こうよう》・作用《さよう》

3 **しごと。** ◆用件《ようけん》・用事《ようじ》 ◆御用《ごよう》・公用《こうよう》・雑用《ざつよう》・私用《しよう》・社用《しゃよう》

つかいかた

- 道具《どうぐ》を**用《もち》いる**。
- 火《ひ》の**用心《ようじん》**。
- 理科《りか》の**応用問題《おうようもんだい》**。
- **画用紙《がようし》**に絵《え》をかく。
- **急用《きゅうよう》**で帰《かえ》る。
- 遠足《えんそく》の**費用《ひよう》**。

もっとしろう

- **用意周到《よういしゅうとう》**－用意《ようい》が細《こま》かいところまで行《い》き届《とど》いている。

なりたち

牧場《ぼくじょう》の「さく」の形《かたち》からでき、「さく」を表《あらわ》す字《じ》でしたが、のちに「もちいる」いみに使《つか》われるようになりました。

二年

曜

18画［日14画］

おん　ヨウ

くん

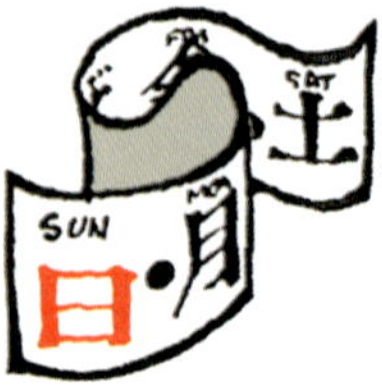

いみ

■ **一週間《いっしゅうかん》のそれぞれの日《ひ》。** ◆曜日《ようび》 ◆七曜《しちよう》

つかいかた

- **日曜日《にちようび》**…家族《かぞく》で動物園《どうぶつえん》へ行《い》く。
- **月曜日《げつようび》**…給食《きゅうしょく》で大好《だいす》きなカレーを食《た》べる。
- **火曜日《かようび》**…図書館《としょかん》で本《ほん》を借《か》りる。
- **水曜日《すいようび》**…国語《こくご》の試験《しけん》がある。
- **木曜日《もくようび》**…ドッジボールの試合《しあい》で勝《か》つ。
- **金曜日《きんようび》**…宿題《しゅくだい》が出《で》る。
- **土曜日《どようび》**…友《とも》だちの家《いえ》で遊《あそ》ぶ。

なりたち

日は「ひ」を表《あらわ》し、翟(テキ)がヨウと変《か》わって読《よ》み方《かた》と「あきらか」のいみをしめしています。「日《ひ》が光《ひか》りかがやく」いみを表《あらわ》している字《じ》で、一週間《いっしゅうかん》の日《ひ》のよび名《な》として使《つか》われます。

来

7画［木3画］

おん　ライ

くん　く-る・（きた-る・きた-す）

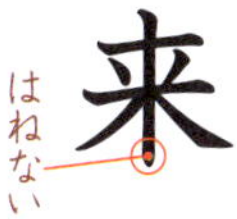

いみ

1 くる。◆（会場《かいじょう》へ来《く》る）来場《らいじょう》・来客《らいきゃく》・来航《らいこう》・来店《らいてん》・来日《らいにち》・来賓《らいひん》・来訪《らいほう》　◆遠来《えんらい》・再来《さいらい》・招来《しょうらい》・伝来《でんらい》・渡来《とらい》・到来《とうらい》・舶来《はくらい》・由来《ゆらい》

2 つぎの。◆（つぎの〈来〉月《つき》）来月《らいげつ》・来週《らいしゅう》・来春《らいしゅん》・来年《らいねん》

3 今《いま》まで。◆以来《いらい》・元来《がんらい》・古来《こらい》・従来《じゅうらい》・本来《ほんらい》

つかいかた

●春《はる》が来《き》た。●来《きた》る十月十日《じゅうがつとおか》。●支障《ししょう》を来《きた》す。

●将来《しょうらい》を夢見《ゆめみ》る。●日本《にほん》の未来《みらい》を考《かんが》える。

もっとしろう

●千客万来《せんきゃくばんらい》－たくさんの客《きゃく》が次々《つぎつぎ》と来《く》ること。

なりたち

古《ふる》い字《じ》は來。むぎの形《かたち》（𣎴）からできた字《じ》で、ライと読《よ》んで「むぎ」を表《あらわ》す字《じ》でしたが、のちに「くる」いみを表《あらわ》すようになりました。

里

7画［里0画］

おん　リ

くん　さと

いみ

1 さと。ふるさと。◆里心《さとごころ》　◆（故郷《こきょう》・ふるさと〈里〉）郷里《きょうり》・村里《むらざと》

2 道《みち》のり。◆一里塚《いちりづか》・海里《かいり》

3 子《こ》どもをあずけて育《そだ》ててもらう家《いえ》。◆里親《さとおや》・里子《さとご》

つかいかた

●お正月《しょうがつ》に里《さと》に帰《かえ》る。●里《さと》の秋《あき》。●万里《ばんり》の長城《ちょうじょう》。

もっとしろう

●お里《さと》が知《し》れる－ことばづかいや態度《たいど》によって、その人《ひと》の（よくない）育《そだ》ち方《かた》がわかってしまう。

●里心《さとごころ》がつく－自分《じぶん》の育《そだ》った家《いえ》やふるさとを恋《こい》しく思《おも》う。

なりたち

区画《くかく》された田畑《たはた》を表《あらわ》す田と、土地《とち》をしめす土からできている字《じ》で、「むらざと」を表《あらわ》しています。また、「ふるさと」のいみにも使《つか》われます。

理

おん　リ

くん

11画［王7画］

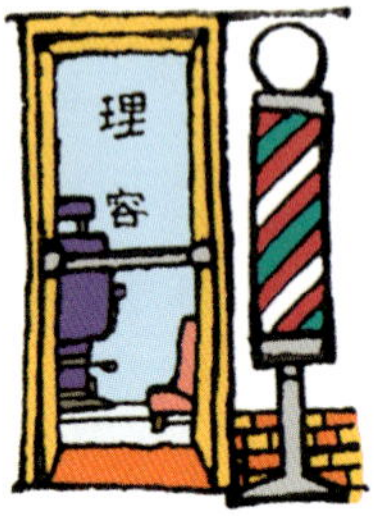

いみ

1 すじみち。◆理解《りかい》・理屈《りくつ》・理性《りせい》・理想《りそう》・理由《りゆう》・理論《りろん》
◆(道《みち》・すじみち(理)) 道理《どうり》・義理《ぎり》・原理《げんり》・心理《しんり》・真理《しんり》・推《すい》理《り》・生理《せいり》・不合理《ふごうり》・物理《ぶつり》・無理《むり》・論理《ろんり》

2 ととのえる。◆理髪《りはつ》・理容《りよう》 ◆管理《かんり》・処理《しょり》・整理《せいり》・調理《ちょうり》

つかいかた

●理科《りか》の実験《じっけん》。●自転車《じてんしゃ》を修理《しゅうり》する。●犯人《はんにん》を推理《すいり》する。
●代理《だいり》で出席《しゅっせき》する。●日本《にほん》の地理《ちり》。●料理《りょうり》を作《つく》る。

もっとしろう

●理《り》にかなう－理屈《りくつ》にあてはまっている。

なりたち

王はもと「玉《たま》」のことで、里がリという読《よ》み方《かた》と「すじめ」のいみをしめしています。玉《たま》のすじめにそって細《さい》工《く》することから、「おさめる」いみを表《あらわ》す字《じ》で、「すじみち、ととのえる」のいみに使《つか》われます。

話

おん　ワ

くん　はな-す・はなし

13画［言6画］

いみ

■ はなす。はなし。◆(話《はなし》の題《だい》目《もく》) 話題《わだい》・話術《わじゅつ》 ◆会話《かいわ》・茶話《さわ》(ちゃわ)・実話《じつわ》・神話《しんわ》・世話《せわ》・対話《たいわ》・談話《だんわ》・通話《つうわ》・電話《でんわ》・民話《みんわ》・長話《ながばなし》

つかいかた

●理由《りゆう》を話《はな》す。●先生《せんせい》のお話《はなし》。●電話《でんわ》をする。
●イソップ童話《どうわ》。●話《はな》し相手《あいて》になる。●日本《にほん》の昔話《むかしばなし》。

もっとしろう

●話《はなし》が弾《はず》む－興味《きょうみ》のある話《はなし》が出《で》て、話《はな》し合《あ》いに活気《かっき》が出《で》る。
●話《はなし》が分《わ》かる－物事《ものごと》の理屈《りくつ》や人《ひと》の気持《きも》ちをよく理解《りかい》している。
●話《はなし》にならない－話《はな》すねうちがない。あきれてものが言《い》えない。

なりたち

言は「ことば」を表《あらわ》し、舌はもと𠯑(カツ)でワと変《か》わって読《よ》み方《かた》と「合《あ》う」いみをしめしています。ことばが合《あ》うことを表《あらわ》し、「はなし、はなす」いみに使《つか》われます。

なかまの漢字《かんじ》をおぼえよう　さんずい

水（みず）と氵（さんずい）が部首《ぶしゅ》になっている字《じ》は、「水《みず》・かわ・うみ」などに関係《かんけい》するいみを表《あらわ》しています。

永 氷 求 決 法 活 派
液 済 測 満 漢 準
演 潔 激

なかまの漢字《かんじ》をおぼえよう　うかんむり

宀（うかんむり）は、家《いえ》のやねの形《かたち》（宀）からでき、これが部首《ぶしゅ》になっている字《じ》は、住居《じゅうきょ》に関係《かんけい》のあるいみを表《あらわ》しています。

宇 宅 官 実 宗 宙 定 室 宣 家 害 容 密 寒 察

三《さん》年《ねん》で習《なら》う漢《かん》字《じ》

200字《じ》

三年《さんねん》で習《なら》う漢字《かんじ》 200字《じ》

ここには、三年《さんねん》で習《なら》う漢字《かんじ》をかくすうの少《すく》ないじゅんにならべてあります。

二画

丁 247

四画

予 266 化 210 区 218 反 255

五画

世 239 主 229 仕 225 他 242 代 244 写 229 去 216 号 223
央 209 平 261 打 243 氷 258 申 237 由 265 皮 256 皿 224
礼 270

六画

両 269 全 240 列 270 向 222 安 205 守 230 州 231 式 228
曲 217 有 265 次 227 死 225 羊 266 血 220

七画

住 233 助 234 医 206 君 219 坂 256 対 243 局 218 役 264
返 262 投 250 決 221 究 215 豆 251 身 237

八画

事 227 使 225 具 219 取 230 受 231 味 263 命 263 和 271
委 206 始 226 実 228 定 248 岸 213 幸 223 苦 219 所 234
放 262 昔 240 服 260 板 256 泳 208 注 246 波 253 油 265
物 261 者 229 育 207 表 258

九画

乗 236 係 220 品 259 客 214 屋 210 度 250 待 243 送 241
追 248 急 215 指 226 持 228 拾 231 昭 235 柱 246 洋 267
炭 245 界 211 畑 255 発 255 県 221 相 240 研 221 神 238
秒 259 級 215 美 257 負 260 重 233 面 263

十画

倍 254 勉 262 員 207 宮 216 島 251 庫 222 庭 248 荷 211
速 242 院 207 息 241 旅 269 根 224 消 235 流 268 病 259
真 238 起 214 酒 230 配 254

十一画

動 252 商 235 問 264 宿 233 帳 247 進 239 都 250 部 260
悪 205 族 242 深 238 球 216 祭 224 章 236 第 244 笛 249
終 232 習 232 転 249

十二画

勝 236 寒 212 葉 267 落 268 運 208 遊 266 階 212 陽 267
悲 257 暑 234 期 214 植 237 温 210 湖 222 港 223 湯 251
登 252 短 245 童 253 等 252 筆 258 着 246 軽 220 開 211
集 232 飲 208 歯 226

十三画

意 206 感 212 想 241 暗 205 業 217 漢 213 福 261 詩 227
路 271 農 253 鉄 249

十四画

様 268 緑 269 練 270 銀 218 駅 209 鼻 257

十五画

横 209 箱 254 談 245 調 247

十六画

薬 264 整 239 橋 217 館 213

十八画

題 244

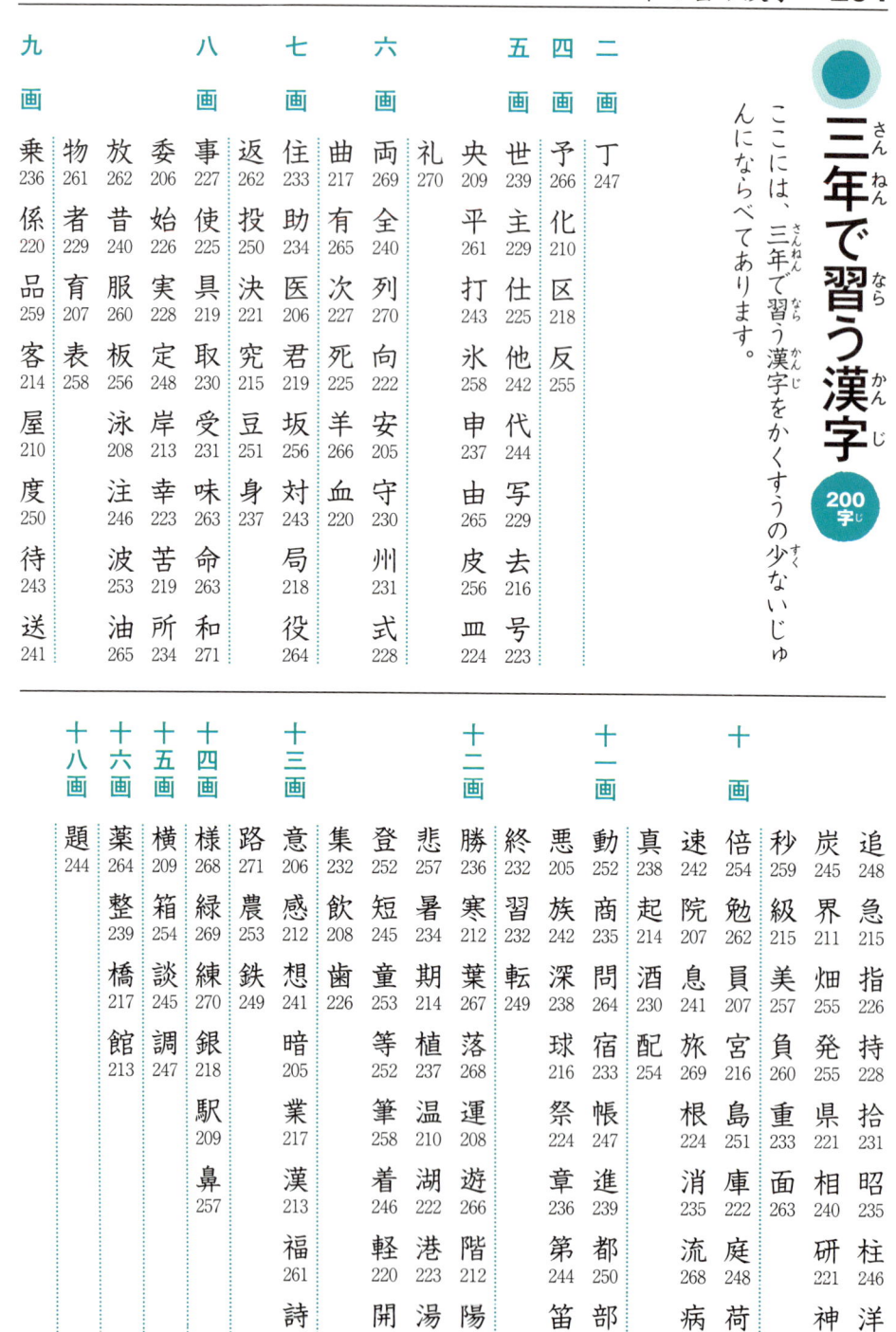

悪

おん アク・(オ)
くん わる-い

11画［心7画］

いみ
■ わるい。◆(悪《わる》い友達《ともだち》)悪友《あくゆう》・悪意《あくい》・悪《あく》運《うん》・悪事《あくじ》・悪質《あくしつ》・悪党《あくとう》・悪人《あくにん》・悪魔《あくま》・悪《あく》夢《む》・悪用《あくよう》・悪寒《おかん》・悪気《わるぎ》 ◆害悪《がいあく》・罪悪《ざいあく》・善悪《ぜんあく》・意地悪《いじわる》

つかいかた
● 悪《あく》とたたかう。 ● 天気《てんき》が悪《わる》い。
● 悪性《あくせい》の風邪《かぜ》。 ● 病気《びょうき》が悪化《あっか》する。
● 悪口《わるくち》は言《い》わない。
● 悪者《わるもの》をやっつける。

もっとしろう
● 悪事千里《あくじせんり》を走《はし》る ー 悪《わる》い事《こと》はかくそうとしても、すぐ世間《せけん》に知《し》れわたる。

なりたち
心は「こころ」を表《あらわ》し、亜(ア)がアクと変《か》わって読《よ》み方《かた》と「みにくい」いみをしめしています。みにくい心《こころ》から、「わるい」いみを表《あらわ》します。

安

おん アン
くん やす-い

6画［宀3画］

いみ
1 やすらか。◆(安《やす》らかな心《こころ》)安心《あんしん》・安住《あんじゅう》・安否《あんぴ》・安眠《あんみん》 ◆大安《たいあん》・治安《ちあん》・不安《ふあん》
2 やすい。◆(安《やす》い価《あたい》)安価《あんか》・安値《やすね》・安物《やすもの》 ◆格安《かくやす》・割安《わりやす》

つかいかた
● あの店《みせ》の商品《しょうひん》は安《やす》い。 ● 安《やす》らかに眠《ねむ》る。
● 病気《びょうき》なので安静《あんせい》にする。
● 交通《こうつう》の安全《あんぜん》を願《ねが》う。
● 国民《こくみん》の生活《せいかつ》が安定《あんてい》する。

もっとしろう
● 安《やす》かろう悪《わる》かろう ー 値段《ねだん》は安《やす》いが、品物《しなもの》の質《しつ》もそれだけよくない。

なりたち
女《おんな》の人《ひと》が家《いえ》(宀)の中《なか》にしずかにすわっているようすを表《あらわ》す字《じ》で、しずかにしていることから、「やすらか、やすい」いみに使《つか》われます。

暗

おん アン
くん くら-い

13画［日9画］

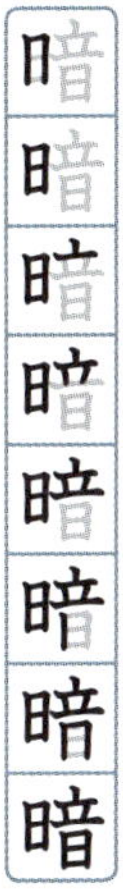

いみ
1 くらい。◆(暗《くら》い雲《くも》)暗雲《あんうん》・暗黒《あんこく》・暗室《あんしつ》・暗幕《あんまく》 ◆明暗《めいあん》
2 かくされている。◆暗殺《あんさつ》・暗示《あんじ》・暗証《あんしょう》
3 そらんじる。◆暗記《あんき》・暗唱《あんしょう》

つかいかた
● 明《めい》と暗《あん》を分《わ》けた勝負《しょうぶ》。 ● 暗《くら》い気分《きぶん》になる。
● 暗《くら》い森《もり》の中《なか》。 ● 部屋《へや》を暗《くら》くする。
● 暗号《あんごう》を解《と》く。 ● 暗算《あんざん》で答《こた》えを出《だ》す。

もっとしろう
● 暗《くら》がりから牛《うし》 ー 暗《くら》がりの中《なか》で黒《くろ》い牛《うし》を見《み》分《わ》けるのは難《むずか》しいことから、物《もの》の区別《くべつ》がつかないこと。また、動作《どうさ》がにぶいようす。

なりたち
音(イン)がアンと変《か》わって読《よ》み方《かた》と「おおう」いみをしめしています。日がおおわれて「くらい」いみに使《つか》われます。

三年

医

おん　イ

くん

7画［匚5画］

いみ

■ **病気《びょうき》をなおす。** ◆（病気《びょうき》をなおす〈医〉人《ひと》〈者〉）医者《いしゃ》・医院《いいん》・医師《いし》・医術《いじゅつ》・医療《いりょう》 ◆獣医《じゅうい》・女医《じょい》・名医《めいい》

つかいかた

● 医学《いがく》を学《まな》ぶ。 ● 熱《ねつ》が出《で》て医者《いしゃ》にかかる。

● 医薬品《いやくひん》を調合《ちょうごう》する。

● 校医《こうい》に相談《そうだん》する。

もっとしろう

● **医《い》は仁術《じんじゅつ》なり**－医術《いじゅつ》はお金《かね》もうけのためでなく、人《ひと》を愛《あい》し、人《ひと》を救《すく》うためにある。「仁《じん》」は、人《ひと》を愛《あい》する心《こころ》。

なりたち

古《ふる》い字《じ》は醫。酉は「さけ」を表《あらわ》し、殹（エイ）がイと変《か》わって読《よ》み方《かた》と「内《うち》にこめる」いみをしめしています。むかし酒《さけ》を薬《くすり》に使《つか》ったので、「病気《びょうき》をなおす、なおす人《ひと》」のいみに使《つか》われます。

委

おん　イ

くん　ゆだ-ねる

8画［女5画］

いみ

1 **まかせる。** ◆（まかせる〈委〉・託《たく》する）委《い》託《たく》・委員《いいん》・委任《いにん》

2 **くわしい。** ◆（くわしい〈委〉・細《こま》かい）委《い》細《さい》

つかいかた

● 学級委員《がっきゅういいん》に選《えら》ばれる。

もっとしろう

● 「「禾」のつく字《じ》」

穂《ほ》のたれさがった形《かたち》の「禾」は、「ノ（の）」と「木《き》」で「のぎ」と呼《よ》ばれています。小学《しょうがっ》校《こう》で習《なら》う字《じ》で「禾」が上《うえ》についている字《じ》は、この「委《い》」と、「季《き》」「秀《しゅう》」の三字《さんじ》です。

なりたち

禾（カ、のちにイ）は「なよなよする」いみをもち、女を合《あ》わせて、女性《じょせい》がなよなよするようすを表《あらわ》す字《じ》です。「まかせる」いみに使《つか》われます。

意

おん　イ

くん

13画［心9画］

いみ

1 **こころ。考《かんが》え。** ◆意外《いがい》・意気《いき》・意見《いけん》・意《い》向《こう》・意地《いじ》・意図《いと》・意欲《いよく》 ◆（悪《わる》い考《かんが》え〈意〉）悪意《あくい》・敬意《けいい》・決意《けつい》・故意《こい》・好意《こうい》・厚意《こうい》・合意《ごうい》・辞意《じい》・誠意《せいい》・善意《ぜんい》・創意《そうい》・注意《ちゅうい》・同意《どうい》・得意《とくい》・不意《ふい》・用意《ようい》

2 **わけ。** ◆意味《いみ》

つかいかた

● 意《い》に反《はん》する。 ● 意《い》を決《けっ》して出《で》かける。

● 意義《いぎ》のある仕事《しごと》。 ● 意志《いし》をつらぬく。

● 反対《はんたい》の意思《いし》を表《あらわ》す。 ● 意識《いしき》を失《うしな》う。

● 意地悪《いじわる》な人《ひと》。 ● 意欲《いよく》を燃《も》やす。

なりたち

心は「こころ」を表《あらわ》し、「中《なか》にふくむ」いみの音を合《あ》わせて、心《こころ》におさえとどめることから、「こころ、わけ」のいみに使《つか》われます。

とくべつなよみ

意気地《いくじ》

育

8画［月4画］

おん イク

くん そだ-つ・そだ-てる・はぐく-む

育 とめる はねる

いみ

■そだてる。 育《いく》・愛育《あいいく》・発育《はついく》・保育《ほいく》・養育《よういく》 ◆育児《いくじ》 ◆（教《おし》え育《そだ》てる） 教《きょう》

つかいかた

●元気《げんき》に育《そだ》つ。 ●やさしい心《こころ》を育《そだ》てる。

●青少年《せいしょうねん》を育成《いくせい》する。

●うさぎを飼育《しいく》する。 ●体育《たいいく》の授業《じゅぎょう》。

もっとしろう

●育《そだ》ての親《おや》—①育《そだ》ててくれた人《ひと》。「生《う》みの親《おや》より育《そだ》ての親《おや》」などと使《つか》う。②発展《はってん》につくした人《ひと》。「柔道《じゅうどう》の育《そだ》ての親《おや》」などと使《つか》う。

なりたち

𠫓は子《こ》どもがさかさになって生《う》まれてくる形《かたち》（𠫓）を表《あらわ》し、月（肉《にく》）がイクと変《か》わって読《よ》み方《かた》をしめしています。子《こ》どもが生《う》まれることから、「そだてる」いみになりました。

三年

員

10画［口7画］

おん イン

くん

員 とめる

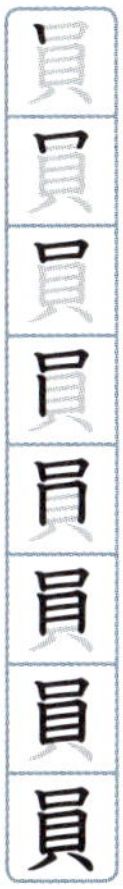

いみ

1 かず。 ◆員数《いんずう》（ずいん） 数《かず》（員） 定員《ていいん》・欠員《けついん》 ◆（定《さだ》められた人《ひと》の

2 受《う》けもつ人《ひと》。 ◆委員《いいん》・駅員《えきいん》・会員《かいいん》・会社員《かいしゃいん》・教員《きょういん》・銀行員《ぎんこういん》・公務員《こうむいん》・事務員《じむいん》・社員《しゃいん》・乗員《じょういん》・職員《しょくいん》・船員《せんいん》・隊員《たいいん》・団員《だんいん》・党員《とういん》・乗組員《のりくみいん》・役員《やくいん》

つかいかた

●人員《じんいん》を増《ふ》やす。 ●全員《ぜんいん》参加《さんか》する。

●デパートの店員《てんいん》。 ●野球部《やきゅうぶ》の部員《ぶいん》。

●電車《でんしゃ》が満員《まんいん》になる。

なりたち

もとの形《かたち》は。は、「かなえ（＝むかしの食器《しょっき》）」を表《あらわ》し、○はインという読《よ》み方《かた》と「まるい」いみをしめしています。「まるいかなえ」のいみを表《あらわ》しましたが、「人《ひと》や人《ひと》の数《かず》」をさすことばに使《つか》われるようになりました。

院

10画［阝7画］

おん イン

くん

院 うえにはねる

いみ

■大《おお》きなたてもの。 ◆院長《いんちょう》 ◆（病院《びょういん》に入《はい》る） 入院《にゅういん》・医院《いいん》・学院《がくいん》・寺院《じいん》・修道院《しゅうどういん》・書院《しょいん》・大学院《だいがくいん》・登院《とういん》・病院《びょういん》

つかいかた

●衆議院《しゅうぎいん》と参議院《さんぎいん》。 ●全快《ぜんかい》して退院《たいいん》する。

●けがで入院《にゅういん》する。

もっとしろう

●［院政《いんせい》］ むかし、いったん位《くらい》を退《しりぞ》いた元《もと》の天皇《てんのう》が、再《ふたた》びそのすまい（院《いん》）で行《おこな》った政治《せいじ》を「院政《いんせい》」といいます。

なりたち

阝は盛《も》りあがった土《つち》を表《あらわ》し、完（カン）がインと変《か》わって読《よ》み方《かた》と「めぐらす」いみをしめしています。「土《ど》べいをめぐらす」いみから「特別《とくべつ》な建物《たてもの》や施設《しせつ》」を表《あらわ》します。

飲

12画［食4画］

おん　イン
くん　の-む

とめる　飲

いみ

■のむ。◆(飲《の》み食《く》い)飲食《いんしょく》・飲料《いんりょう》　◆暴飲《ぼういん》

つかいかた

●お茶《ちゃ》を飲《の》む。●飲酒運転《いんしゅうんてん》を取《と》りしまる。
●飲用水《いんようすい》を確保《かくほ》する。●飲《の》み薬《ぐすり》をもらう。
●飲《の》み物《もの》を用意《ようい》する。

もっとしろう

●［暴飲暴食《ぼういんぼうしょく》］
　むやみに飲《の》み食《く》いすることを「暴飲暴《ぼういんぼう》食《しょく》」といいます。似《に》たいみの四字熟語《よじじゅくご》に、「牛飲馬食《ぎゅういんばしょく》(＝牛《うし》のように飲《の》み馬《うま》のように食《た》べる)」「鯨飲馬食《げいいんばしょく》(＝鯨《くじら》のように飲《の》み馬《うま》のように食《た》べる)」があります。

なりたち

古《ふる》い字《じ》は歙。欠は人《ひと》が口《くち》をあけているようすを表《あらわ》し、「ふくむ」いみの酓(イン)を合《あ》わせて、「のむ」いみに使《つか》われます。

運

12画［辶9画］

おん　ウン
くん　はこ-ぶ

運　ながく

いみ

1 うごかす。◆運営《うんえい》・運休《うんきゅう》・運行《うんこう》・運航《うんこう》・運針《うんしん》・運動《うんどう》・運用《うんよう》

2 はこぶ。◆(運《はこ》ぶ・送《おく》る)運送《うんそう》・運搬《うんぱん》　◆海運《かいうん》・陸運《りくうん》

3 めぐりあわせ。◆運命《うんめい》　◆(幸《しあわ》せな運《うん》)幸《こう》運《うん》・悪運《あくうん》・家運《かうん》・開運《かいうん》・好運《こううん》・天運《てんうん》・非《ひ》運《うん》・悲運《ひうん》・不運《ふうん》・武運《ぶうん》

つかいかた

●運《うん》がいい。●荷物《にもつ》を運《はこ》ぶ。
●運河《うんが》を進《すす》む船《ふね》。●運勢《うんせい》をうらなう。
●バスの運賃《うんちん》。●自動車《じどうしゃ》を運転《うんてん》する。

なりたち

辶は「歩《ある》く」いみを表《あらわ》し、軍(グン)がウンと変《か》わって読《よ》み方《かた》と「とりまく」いみをしめしています。めぐり歩《ある》くことを表《あらわ》し、のちに「はこぶ」いみに使《つか》われるようになりました。

泳

8画［氵5画］

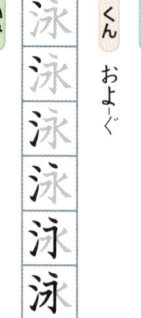

おん　エイ
くん　およ-ぐ

泳　はねる

いみ

■およぐ。◆(泳《およ》ぐ方法《ほうほう》)泳法《えいほう》・泳者《えいしゃ》　◆競《きょう》泳《えい》・背泳《はいえい》・遊泳《ゆうえい》・力泳《りきえい》

つかいかた

●海《うみ》で泳《およ》ぐ。●遠泳《えんえい》に参加《さんか》する。
●水泳《すいえい》を習《なら》う。

もっとしろう

●［泳法《えいほう》］
　水泳《すいえい》の泳法《えいほう》には、平泳《ひらおよ》ぎ・背泳《せおよ》ぎ・クロール・バタフライなどがあります。
　競泳《きょうえい》の種目《しゅもく》で型《かた》が決《き》まっていないのは、「自由形《じゆうがた》」です。

なりたち

氵は水《みず》を表《あらわ》し、永がエイという読《よ》み方《かた》と「ゆく」いみをしめしています。水中《すいちゅう》をおよぐことを表《あらわ》し、「およぐ」いみに使《つか》われます。

駅

おん　エキ

くん

14画［馬4画］

駅　はらう

いみ

1 電車《でんしゃ》などがとまる所《ところ》。◇（駅《えき》の仕事《しごと》をしている人《ひと》〈員〉）駅員《えきいん》・駅長《えきちょう》・駅頭《えきとう》・駅弁《えきべん》・駅名《えきめい》

2 むかしの宿場《しゅくば》。◇駅伝《えきでん》　◇宿駅《しゅくえき》

つかいかた

- 駅《えき》で電車《でんしゃ》を待《ま》つ。
- 駅《えき》までむかえに行《い》く。
- 駅前《えきまえ》の広場《ひろば》。
- 始発駅《しはつえき》と終着駅《しゅうちゃくえき》。

もっとしろう

- ［駅伝《えきでん》］
宿場《しゅくば》ごとにひきついで人《ひと》や物《もの》を運《はこ》ぶことを「駅伝《えきでん》」といい、一定区間《いっていくかん》ごとにひきついで走《はし》る競走《きょうそう》を「駅伝競走《えきでんきょうそう》」といいます。

なりたち

古《ふる》い字《じ》は驛。馬は馬《うま》を表《あらわ》し、睪がエキという読《よ》み方《かた》と「つなぐ」いみをしめしています。馬《うま》をのりかえる所《ところ》、「宿場《しゅくば》、停《てい》車場《しゃば》」のいみに使《つか》われます。

央

おん　オウ

くん

5画［大2画］

央　だす

いみ

■ まんなか。◇（中《なか》・まんなか〈央〉）中央《ちゅうおう》

つかいかた

- 円《えん》の中央《ちゅうおう》。
- 市役所《しやくしょ》は市《し》の中央《ちゅうおう》にある。

もっとしろう

- ［中央《ちゅうおう》］
政治上《せいじじょう》のはたらきを中央《ちゅうおう》の役所《やくしょ》に集中《しゅうちゅう》することを「中央集権《ちゅうおうしゅうけん》」といいます。対語《たいご》は「地方分権《ちほうぶんけん》」です。

なお、組織《そしき》・装置《そうち》などで「中央《ちゅうおう》」ということばを使《つか》う場合《ばあい》は、対語《たいご》は「末端《まったん》」です。

なりたち

もとの形《かたち》は央。人《ひと》（大）に首《くび》かせ（冂）をつけたようすを表《あらわ》しています。のちに「まんなか」のいみに使《つか》われるようになりました。

横

おん　オウ

くん　よこ

15画［木11画］

横　だす　はねない

いみ

1 よこ。◇（横《よこ》に転《ころ》ぶ）横転《おうてん》・横隊《おうたい》・横断《おうだん》・横穴《よこあな》・横糸《よこいと》・横顔《よこがお》・横笛《よこぶえ》・横文字《よこもじ》　◇縦《じゅう》横《おう》

2 正《ただ》しくない。◇（わがまま〈横〉・乱暴《らんぼう》）横《おう》暴《ぼう》・横行《おうこう》・横柄《おうへい》・横領《おうりょう》

つかいかた

- 横《よこ》に並《なら》ぶ。
- 横断歩道《おうだんほどう》をわたる。
- 横着《おうちゃく》な態度《たいど》。
- 道路《どうろ》を横切《よこぎ》る。
- からだを横《よこ》たえる。
- 横綱《よこづな》の土俵入《どひょうい》り。
- 横道《よこみち》にそれる。
- 横目《よこめ》でにらむ。

なりたち

木は「き」を表《あらわ》し、黄（コウ）が読《よ》み方《かた》と「よこ」のいみをしめしています。門《もん》が開《ひら》くのを防《ふせ》ぐよこ木《ぎ》「かんぬき」を表《あらわ》す字《じ》です。かんぬきはよこにさすので、「よこ」のいみに使《つか》われます。

屋

9画［尸6画］

おん　オク

くん　や

屋屋屋屋屋屋屋屋屋

かるくはらう　屋

いみ

1 たてもの。◆（いえ〈屋〉の外《そと》）屋外《おくがい》・屋《や》形《かた》船《ぶね》・屋《や》敷《しき》・屋《や》台《たい》・屋《や》根《ね》　◆家《か》屋《おく》・岩《いわ》屋《や》・小《こ》屋《や》・寺《てら》子《こ》屋《や》・納《な》屋《や》

2 店《みせ》などのよび名《な》。◆屋《や》号《ごう》　◆米《こめ》屋《や》・質《しち》屋《や》・床《とこ》屋《や》・問《とん》屋《や》（やとい）・花《はな》屋《や》

つかいかた

● ビルの屋上《おくじょう》。● 屋内《おくない》のプール。

● 劇場《げきじょう》の楽屋《がくや》。● 部屋《へや》を出《で》る。

なりたち

もとの形《かたち》は屋。尸は人《ひと》がふせるようすをしめし、屋は室《しつ》のことで、人《ひと》のふせる寝室《しんしつ》のいみから、ひろく「いえ」を表《あらわ》します。

つかいわけ

● 屋《や》・家《や》

屋《や》…屋《や》根《ね》。屋《や》敷《しき》。

家《や》…二《に》階《かい》家《や》。家《や》賃《ちん》。

とくべつなよみ

母《おも》屋《や》・部《へ》屋《や》・八《や》百《お》屋《や》

温

三年

12画［氵9画］

おん　オン

くん　あたた-か・あたた-かい・あたた-まる・あたた-める

温温温温温温温温温

皿にならない　温

いみ

1 あたたかい。◆（温《あたた》かさの度《ど》合《あ》い）温《おん》度《ど》・温《おん》室《しつ》・温《おん》床《しょう》・温《おん》泉《せん》・温《おん》帯《たい》　◆気《き》温《おん》・検《けん》温《おん》・高《こう》温《おん》・水《すい》温《おん》・体《たい》温《おん》・低《てい》温《おん》・平《へい》温《おん》・保《ほ》温《おん》

2 おだやか。◆温《おん》厚《こう》・温《おん》順《じゅん》・温《おん》情《じょう》

3 たいせつにする。◆温《おん》存《ぞん》

つかいかた

● 温《あたた》かい料《りょう》理《り》。● ミルクを温《あたた》める。

● 温《おん》水《すい》のプール。● 温《おん》暖《だん》な気《き》候《こう》。

● 温《おん》和《わ》な性《せい》質《しつ》。

なりたち

古《ふる》い字《じ》は溫。氵は水《みず》を表《あらわ》し、𥁕がオンという読《よ》み方《かた》と「こもる」いみをしめしています。蒸《じょう》気《き》がたちこめることから、「あたたかい」いみを表《あらわ》します。

つかいわけ

● 暖《あたた》かい・温《あたた》かい　→〈暖《だん》〉454ページ

化

4画［亻2画］

おん　カ・（ケ）

くん　ば-ける・ば-かす

化化化化

かどをつけない　化

いみ

1 かわる。◆化《か》学《がく》・化《か》合《ごう》・化《か》繊《せん》・化《け》粧《しょう》・化《け》身《しん》　◆（進《すす》む・かわる〈化〉）進《しん》化《か》・悪《あっ》化《か》・羽《う》化《か》・液《えき》化《か》・気《き》化《か》・帰《き》化《か》・消《しょう》化《か》・退《たい》化《か》・同《どう》化《か》・美《び》化《か》・風《ふう》化《か》・老《ろう》化《か》・権《ごん》化《げ》

2 教《おし》えみちびく。◆感《かん》化《か》・教《きょう》化《か》

つかいかた

● 台《たい》風《ふう》で町《まち》は泥《どろ》海《うみ》と化《か》す。● 別《べつ》人《じん》に化《ば》ける。

● たぬきに化《ば》かされる。● 化《か》石《せき》を調《しら》べる。

● 文《ぶん》化《か》の日《ひ》。● 気《き》温《おん》の変《へん》化《か》が激《はげ》しい。

もっとしろう

● 化《ば》けの皮《かわ》がはがれる－かくしていたことが現《あらわ》れる。正《しょう》体《たい》が現《あらわ》れる。

なりたち

亻は人《ひと》が正《ただ》しく立《た》っている形《かたち》（ ）、匕は人《ひと》がさかさまになっている形《かたち》（ ）で、人《ひと》が姿《すがた》をかえることから、「かわる」いみを表《あらわ》します。

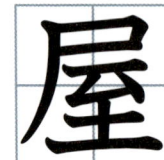

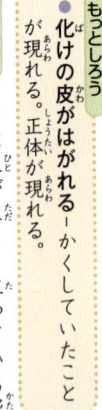

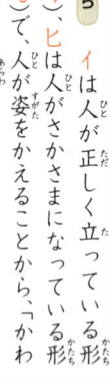

荷

10画［艹7画］

おん （カ）

くん に

いみ

■にもつ。◇（荷《に》物《もつ》を運《はこ》ぶ車《くるま》）荷車《にぐるま》・荷担《かたん》・荷《に》馬《ば》車《しゃ》・荷《に》札《ふだ》 ◇入荷《にゅうか》・重荷《おもに》・初荷《はつに》

つかいかた

●荷《に》をほどく。●肩《かた》の荷《に》を下《お》ろす。●荷物《にもつ》を運《はこ》ぶ。●農作物《のうさくぶつ》を出荷《しゅっか》する。

もっとしろう

●荷《に》が重《おも》い－果《は》たせないほど仕事《しごと》や責任《せきにん》が大《おお》きい。

●荷《に》が下《お》りる－たいへんな仕事《しごと》や責任《せきにん》がなくなる。

なりたち

艹は草《くさ》を表《あらわ》し、何がカという読《よ》み方《かた》と「にもつ」のいみをしめしています。「荷《か》」は植物《しょくぶつ》の「はす」のいみでしたが、「何《か》」が「なに」のいみに使《つか》われたため、「荷《か》」が「にもつ」を表《あらわ》す字《じ》として使《つか》われるようになりました。

界

9画［田4画］

おん カイ

くん

いみ

■さかい。くぎり。◇（境《さかい》・さかい（界））境《きょう》界《かい》・学界《がっかい》・業界《ぎょうかい》・芸能界《げいのうかい》・財界《ざいかい》・政界《せいかい》・文学界《ぶんがくかい》

つかいかた

●天《てん》から下界《げかい》を見《み》下《お》ろす。●視界《しかい》が開《ひら》ける。

●世界遺産《せかいいさん》をめぐる。

もっとしろう

●［世界《せかい》］

「世《せ》」は過《か》去《こ》から未来《みらい》まで、「界《かい》」は東西南《とうざいなん》北《ぼく》をしめし、「世界《せかい》」は「世《よ》の中《なか》のすべて」を表《あらわ》しています。

なりたち

田は「た」を表《あらわ》し、介がカイという読《よ》み方《かた》と「くぎる」いみをしめしています。田《た》をしきるさかいを表《あらわ》す字《じ》で、「さかい、限《かぎ》られたはんいの中《なか》」のいみに使《つか》われます。

開

12画［門4画］

おん カイ

くん ひら-く・ひら-ける・あ-く・あ-ける

いみ

■ひらく。はじめる。◇（開《あ》け放《はな》つ）開放《かいほう》・開《かい》演《えん》・開花《かいか》・開会《かいかい》・開館《かいかん》・開眼《かいがん》（かいげん）・開《かい》業《ぎょう》・開港《かいこう》・開国《かいこく》・開催《かいさい》・開始《かいし》・開場《かいじょう》・開《かい》設《せつ》・開拓《かいたく》・開通《かいつう》・開発《かいはつ》・開封《かいふう》・開閉《かいへい》・開《かい》幕《まく》・開門《かいもん》 ◇公開《こうかい》・再開《さいかい》・打開《だかい》・展開《てんかい》

つかいかた

●つぼみが開《ひら》く。●目《め》の前《まえ》が開《ひら》ける。

●校庭《こうてい》を開放《かいほう》する。●満開《まんかい》の桜《さくら》。

なりたち

もと、門《もん》のかんぬきを両手《りょうて》でひらくようすを表《あらわ》し、「ひらく」いみに使《つか》われます。

つかいわけ

●開《あ》ける・空《あ》ける・明《あ》ける

開《あ》ける…窓《まど》を開《あ》ける。

空《あ》ける…家《いえ》を空《あ》ける。

明《あ》ける…夜《よ》が明《あ》ける。

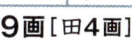

階

おん　カイ

くん

12画［阝9画］

いみ

■ かさなりを表《あらわ》すことば。◇（階《かい》段《だん》の下《した》）階《かい》下《か》・階級《かいきゅう》・階上《かいじょう》・階層《かいそう》 ◇音階《おんかい》・段階《だんかい》

つかいかた

● 上《うえ》の**階**《かい》に上《あ》がる。 ● 急《きゅう》な**階段**《かいだん》を下《お》りる。

● **八階建て**《はちかいだ》のビル。

もっとしろう

● ［建物《たてもの》の階《かい》］

階《かい》の上《うえ》に数字《すうじ》がつくと、建物《たてもの》のかさなりを数《かぞ》えることばになります。「三階建《さんかいだ》て」「六階《ろっかい》でエレベーターをおりる」などと使《つか》います。このほか「最上階《さいじょうかい》」「地階《ちかい》」という言《い》い方《かた》もあります。

なりたち

阝は土《つち》を盛《も》りあげたかいだんを表《あらわ》し、皆がカイという読《よ》み方《かた》と「ならぶ」いみをしめしています。ひろく、「かいだん」を表《あらわ》します。

寒

おん　カン

くん　さむ-い

12画［宀9画］

いみ

1 さむい。つめたい。◇（寒《さむ》さと暖《あたた》かさ）寒《かん》暖《だん》・寒気《かんき》（さむけ）・寒風《かんぷう》・寒流《かんりゅう》・寒冷《かんれい》・寒空《さむぞら》 ◇悪寒《おかん》・厳寒《げんかん》・極寒《ごっかん》・小寒《しょうかん》・大寒《だいかん》・夜寒《よさむ》

2 さびしい。◇寒村《かんそん》

つかいかた

● 山《やま》の頂上《ちょうじょう》は**寒い**《さむ》。 ● 今日《きょう》は**寒の入り**《かん》《い》だ。

● **寒波**《かんぱ》がおし寄《よ》せる。 ● **極寒**《ごっかん》の地《ち》。

もっとしろう

● ［物言《ものい》えば唇《くちびる》寒《さむ》し秋《あき》の風《かぜ》］

じまん話《ばなし》や悪口《わるくち》を言《い》った後《あと》は、心《こころ》の中《なか》に秋《あき》のさびしい風《かぜ》がふく。（松尾芭蕉《まつおばしょう》の俳句《はいく》から）

なりたち

宀は家《いえ》、井は草《くさ》、人は人《ひと》、冫は氷《こおり》のはる冬《ふゆ》をしめし、人《ひと》が家《いえ》の中《なか》に草《くさ》をしいて寒《さむ》さを防《ふせ》ぐようすから、「さむい」いみを表《あらわ》します。

感

おん　カン

くん

13画［心9画］

いみ

1 心《こころ》にかんじる。◇（心《こころ》に感《かん》じる）感心《かんしん》・感《かん》化《か》・感激《かんげき》・感傷《かんしょう》・感情《かんじょう》・感性《かんせい》・感想《かんそう》・感《かん》嘆《たん》・感動《かんどう》・感涙《かんるい》 ◇快感《かいかん》・共感《きょうかん》・好感《こうかん》・直感《ちょっかん》・痛感《つうかん》・同感《どうかん》・鈍感《どんかん》・反感《はんかん》・敏感《びんかん》・優越感《ゆうえつかん》・予感《よかん》

2 からだにかんじる。◇感覚《かんかく》・感触《かんしょく》・感染《かんせん》・感知《かんち》・感電《かんでん》 ◇音感《おんかん》・五感《ごかん》・第六感《だいろっかん》

つかいかた

● 責任《せきにん》を**感じる**《かん》。 ● **感激**《かんげき》にふるえる。

● 親《おや》に**感謝**《かんしゃ》する。 ● **感度**《かんど》のよいフィルム。

もっとしろう

● **感極まる**《かんきわ》－この上《うえ》なく感激《かんげき》する。

なりたち

心は「こころ」を表《あらわ》し、咸がカンという読《よ》み方《かた》と「うごく」いみをしめしています。心《こころ》が動《うご》かされることから、「かんじる」いみに使《つか》われます。

三年

漢

おん カン

くん

13画［氵10画］

漢 つきださない

いみ

1 **中国《ちゅうごく》。** ◆(中国《ちゅうごく》〈漢〉でできた字《じ》)漢字《かんじ》・漢音《かんおん》・漢学《かんがく》・漢語《かんご》・漢詩《かんし》・漢数字《かんすうじ》・漢文《かんぶん》

2 **男《おとこ》。** ◆(悪《わる》い男《おとこ》〈漢〉)悪漢《あっかん》・巨漢《きょかん》・熱血《ねっけつ》漢《かん》・暴漢《ぼうかん》

つかいかた

● 漢字《かんじ》を勉強《べんきょう》する。 ● 漢数字《かんすうじ》と算用数字《さんようすうじ》。

● 漢方薬《かんぽうやく》を飲《の》む。

もっとしろう

● [漢和辞典《かんわじてん》]

中国《ちゅうごく》のことばを「漢語《かんご》」といい、その漢語《かんご》を「和語《わご》(日本語《にほんご》)」で説明《せつめい》した辞典《じてん》が「漢和《かんわ》辞典《じてん》」です。

なりたち

古《ふる》い字《じ》は漢。氵は水《みず》を表《あらわ》し、𦰩がカンという読《よ》み方《かた》をしめしています。川《かわ》の名《な》を表《あらわ》す字《じ》でしたが、「中国《ちゅうごく》の土地《とち》や民《みん》族《ぞく》のよび名《な》」を表《あらわ》すようになりました。

館

おん カン

くん やかた

16画［𩙿8画］

館 とめる

いみ

■ **大《おお》きな建物《たてもの》。やかた。** ◆館外《かんがい》・館長《かんちょう》・館《かん》内《ない》 ◆(西洋《せいよう》ふうのやかた〈館〉)洋館《ようかん》・映《えい》画館《がかん》・会館《かいかん》・旧館《きゅうかん》・休館《きゅうかん》・公民館《こうみんかん》・新館《しんかん》・大使館《たいしかん》・博物館《はくぶつかん》・美術《びじゅつ》館《かん》・閉館《へいかん》・別館《べっかん》・本館《ほんかん》・来館《らいかん》・旅館《りょかん》

つかいかた

● 午前九時《ごぜんくじ》開館《かいかん》。 ● 体育館《たいいくかん》で運動《うんどう》をする。

● 図書館《としょかん》で調《しら》べる。 ● 旅館《りょかん》にとまる。

もっとしろう

● [本館《ほんかん》と別館《べっかん》]

「本館《ほんかん》」は施設《しせつ》の中心《ちゅうしん》になる建物《たてもの》で、「別《べっ》館《かん》」は本館《ほんかん》とは別《べつ》に建《た》てられた建物《たてもの》です。

なりたち

食は「たべる」いみを表《あらわ》し、官がカンという読《よ》み方《かた》と「人《ひと》が集《あつ》まるいえ」のいみをしめしています。旅人《たびびと》がとまって食事《しょくじ》をする宿《やど》を表《あらわ》します。

岸

おん ガン

くん きし

8画［山5画］

岸 ながく

いみ

■ **きし。** ◆(壁《かべ》のようにそそり立《た》つ岸《きし》)岸《がん》壁《ぺき》・岸辺《きしべ》 ◆沿岸《えんがん》・湖岸《こがん》・接岸《せつがん》・対岸《たいがん》・彼岸《ひがん》・川岸《かわぎし》

つかいかた

● 波《なみ》が岸《きし》に打《う》ち寄《よ》せる。 ● 海岸《かいがん》を走《はし》る。

● 向《む》こう岸《ぎし》へわたる。

もっとしろう

● [岸壁《がんぺき》と岩壁《がんぺき》]

「岸壁《がんぺき》」は壁《かべ》のように切《き》り立《た》った岸《きし》や港《みなと》に船《ふね》を着《つ》けるために造《つく》った岸《きし》をいい、「岩《がん》壁《ぺき》」は壁《かべ》のように切《き》り立《た》った岩《いわ》をいいます。

なりたち

山は「やま」、厂は「がけ」を表《あらわ》し、干がガンという読《よ》み方《かた》をしめしています。がけを表《あらわ》す字《じ》でしたが、「きし」のいみに使《つか》われるようになりました。

とくべつなよみ

河岸《かし》

起

10画［走3画］

おん　キ

くん　お-きる・お-こる・お-こす

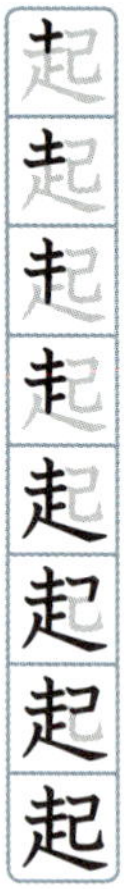

いみ

1 おきる。もち上《あ》げる。起床《きしょう》・起伏《きふく》 ◇決起《けっき》・再起《さいき》・提起《ていき》・奮起《ふんき》 ◇（床《とこ》から起《お》きる）

2 はじめる。 ◇起源《きげん》・起工《きこう》・起点《きてん》

つかいかた

●争《あらそ》いが起《お》きる。 ●事件《じけん》が起《お》こる。

●やる気《き》を起《お》こす。 ●新人《しんじん》を起用《きよう》する。

●起立《きりつ》して待《ま》つ。 ●早起《はやお》きをする。

なりたち

古《ふる》い字《じ》は起。走は「はしる」を表《あらわ》し、巳（シ）がキと変《か》わって読《よ》み方《かた》と「はじめる」いみをしめしています。歩《ある》き始《はじ》めることを表《あらわ》します。

つかいわけ

●起《お》こる・興《おこ》る

物事《ものごと》が生《しょう》じるときは「起《お》こる」を、さかんになるときは「興《おこ》る」を使《つか》います。

起《お》こる…火事《かじ》が起《お》こる。

興《おこ》る…国《くに》が興《おこ》る。産業《さんぎょう》が興《おこ》る。

期

12画［月8画］

おん　キ・（ゴ）

くん

いみ

1 きめられた日時《にちじ》。 ◇（きめられたとき〈期〉の間《あいだ》）期間《きかん》・期限《きげん》・期日《きじつ》 ◇会期《かいき》・学期《がっき》・後期《こうき》・時期《じき》・周期《しゅうき》・初期《しょき》・前期《ぜんき》・早期《そうき》・短期《たんき》・中期《ちゅうき》・長期《ちょうき》・任期《にんき》・満期《まんき》・最期《さいご》

2 あてにして待《ま》つ。 ◇（まつ〈期〉・待《ま》つ）期《き》待《たい》

つかいかた

●必勝《ひっしょう》を期《き》して戦《たたか》う。 ●期末《きまつ》の試験《しけん》。

●通学用《つうがくよう》の定期券《ていきけん》。 ●無期延期《むきえんき》する。

●予期《よき》しないできごと。

なりたち

月は「つき」を表《あらわ》し、其がキという読《よ》み方《かた》と「ひとめぐり」のいみをしめしています。月《つき》のひとめぐりから、一《いっ》か月《げつ》を表《あらわ》します。

とくべつなよみ

※「ゴ」という読《よ》み―最期《さいご》・末期《まつご》など

客

9画［宀6画］

おん　キャク・（カク）

くん

いみ

1 よそからたずねてくる人《ひと》。 ◇（客《きゃく》のへや〈間〉）客間《きゃくま》・客人《きゃくじん》 ◇先客《せんきゃく》・訪問客《ほうもんきゃく》・来《らい》客《きゃく》

2 店《みせ》・乗《の》り物《もの》などを利用《りよう》する人《ひと》。 ◇（客《きゃく》の乗《の》る車《くるま》）客車《きゃくしゃ》・客足《きゃくあし》・客席《きゃくせき》・客船《きゃくせん》 ◇観客《かんきゃく》・乗客《じょうきゃく》・旅客《りょかく》（りょきゃく）

3 たびびと。 ◇客死《かくし》（きゃくし）

4 じぶんと相対《あいたい》するもの。 ◇客観《きゃっかん》

つかいかた

●となりの店《みせ》の客《きゃく》。

●店《みせ》が評判《ひょうばん》になり客足《きゃくあし》がのびる。

●満員《まんいん》の観客《かんきゃく》。 ●旅客機《りょかくき》が着陸《ちゃくりく》する。

なりたち

宀は家《いえ》を表《あらわ》し、各はカクという読《よ》み方《かた》と「くる」いみをしめしています。家《いえ》に来《く》る人《ひと》、「おきゃく」のいみを表《あらわ》します。

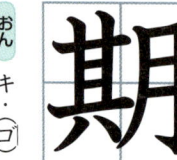

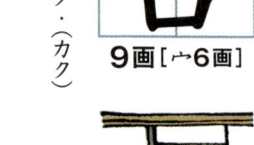

究

おん　キュウ

くん　(きわ-める)

7画［穴2画］

究　とめる

いみ

■きわめる。究《きゅう》・追究《ついきゅう》　◆究極《きゅうきょく》　◆(探《さぐ》る・究《きわ》める)探《たん》

つかいかた

●古典文学《こてんぶんがく》を究《きわ》める。●原因《げんいん》を究明《きゅうめい》する。

●研究《けんきゅう》を発表《はっぴょう》する。

なりたち

穴は「あな」を表《あらわ》し、九がキュウという読《よ》み方《かた》と「まがりくねる」いみをしめしています。まがりくねったせまい穴《あな》を表《あらわ》す字《じ》で、「きわめる」いみに使《つか》われます。

つかいわけ

●究《きわ》める・極《きわ》める

物事《ものごと》の本質《ほんしつ》を明《あき》らかにするときは「究《きわ》める」を使《つか》い、終《お》わりまで行《い》きつくときには「極《きわ》める」を使《つか》います。

究《きわ》める…学問《がくもん》を究《きわ》める。真相《しんそう》を究《きわ》める。

極《きわ》める…栄華《えいが》を極《きわ》める。山頂《さんちょう》を極《きわ》める。

三年

急

おん　キュウ

くん　いそ-ぐ

9画［心5画］

急　ださない

いみ

1 いそぐ。はやい。◆(急《いそ》ぎの用《よう》)急用《きゅうよう》・急《きゅう》行《こう》・急速《きゅうそく》・急場《きゅうば》・急務《きゅうむ》・急流《きゅうりゅう》　◆応急《おうきゅう》・緊急《きんきゅう》・早急《さっきゅう》(そうきゅう)・性急《せいきゅう》

2 とつぜん。◆急激《きゅうげき》・急死《きゅうし》・急襲《きゅうしゅう》・急性《きゅうせい》・急逝《きゅうせい》・急増《きゅうぞう》・急転《きゅうてん》・急病《きゅうびょう》・急変《きゅうへん》

3 けわしい。◆急降下《きゅうこうか》・急坂《きゅうはん》

つかいかた

●急《きゅう》な階段《かいだん》を上《のぼ》る。●急《いそ》いで出《で》かける。

●救急車《きゅうきゅうしゃ》をよぶ。●至急《しきゅう》知らせる。

もっとしろう

●急《いそ》がば回《まわ》れ－急《いそ》ぐときは、危《あぶ》ない近道《ちかみち》より、遠《とお》くても安全《あんぜん》な道《みち》の方《ほう》が早《はや》く着《つ》く。

なりたち

古《ふる》い字《じ》は𢚩。心は「こころ」を表《あらわ》し、及がキュウという読《よ》み方《かた》と「おいつこうとする」いみをしめしています。心《こころ》がせく、「いそぐ」のいみを表《あらわ》します。

級

おん　キュウ

くん

9画［糸3画］

つきださない　級

いみ

1 くらい。じゅんじょ。◆(順位《じゅんい》〈等〉)・順序《じゅんじょ》〈級〉)等級《とうきゅう》・下級《かきゅう》・階級《かいきゅう》・上級《じょうきゅう》・初級《しょきゅう》・中級《ちゅうきゅう》

2 学年《がくねん》や組《くみ》。◆(学級《がっきゅう》の友達《ともだち》)級友《きゅうゆう》　◆学級《がっきゅう》

つかいかた

●級《きゅう》が上《あ》がる。●高級《こうきゅう》な店《みせ》。

●四年生《よねんせい》に進級《しんきゅう》する。●小学校《しょうがっこう》の同級生《どうきゅうせい》。

もっとしろう

●「「級《きゅう》」のつくことば」

ほかのことばについて程度《ていど》や段階《だんかい》を表《あらわ》します。最高級《さいこうきゅう》・重量級《じゅうりょうきゅう》・国宝級《こくほうきゅう》など。

なりたち

糸は「いと」を表《あらわ》し、及がキュウという読《よ》み方《かた》と「あとをおう」いみをしめしています。はたおりのとき、つぎつぎにくり出《だ》す糸《いと》を表《あらわ》す字《じ》で、「じゅんじょ、組《く》み分《わ》け」のいみに使《つか》われます。

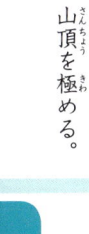

宮

10画［宀7画］

おん　キュウ・(グウ・ク)

くん　みや

いみ

1 **ごてん。** ◆(宮殿《きゅうでん》の中《なか》)宮中《きゅうちゅう》・宮城《きゅうじょう》・宮廷《きゅうてい》 ◆王宮《おうきゅう》・迷宮《めいきゅう》・離宮《りきゅう》・東宮《とうぐう》

2 **おみや。** ◆宮司《ぐうじ》 ◆(お宮《みや》に参《まい》る)参宮《さんぐう》

つかいかた

● りっぱな宮殿《きゅうでん》。 ● 竜宮城《りゅうぐうじょう》のおと姫《ひめ》。

● 七五三《しちごさん》のお宮参《みやまい》り。

もっとしろう

● [「宮《みや》」]

「宮《みや》」には①神社《じんじゃ》 ②皇居《こうきょ》 のいみがあります。①は「宮参《みやまい》り・宮芝居《みやしばい》・宮相撲《みやずもう》」などと使《つか》い、②は「宮家《みやけ》・宮様《みやさま》」などと使《つか》います。

なりたち

もとの形《かたち》は（古字）。家《いえ》(宀)と、建物《たてもの》が連《つら》なっているようす(古字)とで、「ごてん」のいみを表《あらわ》しています。

とくべつなよみ

※「ク」という読《よ》み―宮内庁《くないちょう》 など

球

11画［王7画］

おん　キュウ

くん　たま

いみ

1 **まるい形《かたち》のもの。** ◆(球《たま》の形《かたち》)球形《きゅうけい》 ◆眼《がん》球《きゅう》・赤血球《せっけっきゅう》・地球《ちきゅう》・白血球《はっけっきゅう》

2 **まり。ボール。** ◆球技《きゅうぎ》・球児《きゅうじ》・球場《きゅうじょう》・球《きゅう》審《しん》・球団《きゅうだん》 ◆(球《たま》を投《な》げる)投球《とうきゅう》・硬球《こうきゅう》・死球《しきゅう》・水球《すいきゅう》・送球《そうきゅう》・速球《そっきゅう》・打球《だきゅう》・卓球《たっきゅう》・直球《ちょっきゅう》・庭球《ていきゅう》・軟球《なんきゅう》・排球《はいきゅう》・返球《へんきゅう》・捕球《ほきゅう》・野球《やきゅう》

つかいかた

● 球《たま》の形《かたち》をした物体《ぶったい》。 ● 球《たま》を投《な》げる。

● 球根《きゅうこん》を植《う》える。 ● 気球《ききゅう》が空《そら》を飛《と》ぶ。

● 電球《でんきゅう》を取《と》りかえる。

なりたち

王はもと「玉《たま》」のことで、求がキュウという読《よ》み方《かた》と「まるい」いみをしめしています。「まるいたま」のいみに使《つか》われます。

つかいわけ

● 玉《たま》・球《たま》 →〈玉《ぎょく》〉51ページ

去

5画［ム3画］

おん　キョ・コ

くん　さ-る

いみ

1 **さる。** ◆去年《きょねん》・去来《きょらい》 ◆(退《しりぞ》く・去《さ》る)退《たい》去《きょ》・死去《しきょ》・逝去《せいきょ》

2 **とりのぞく。** ◆除去《じょきょ》・撤去《てっきょ》

つかいかた

● 今《いま》を去《さ》る十年前《じゅうねんまえ》。 ● この世《よ》を去《さ》る。

● 過去《かこ》の思《おも》い出《で》。 ● 害虫《がいちゅう》を除去《じょきょ》する。

もっとしろう

● **去《さ》る者《もの》は日日《ひび》にうとし**―どんなに親《した》しい人《ひと》でも、会《あ》わなくなると、だんだん忘《わす》れられていく。また、死《し》んでしまった人《ひと》は、月日《つきひ》がたつにつれて忘《わす》れられていく。「うとし」は、親《した》しくなくなること。

なりたち

もとの形《かたち》は（古字）。ふた(古字)と入《い》れもの(古字)からできた字《じ》です。ふたのある器《うつわ》をしめしていましたが、「さる」といういみに使《つか》われるようになりました。

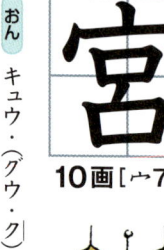

橋

おん キョウ

くん はし

16画［木12画］

いみ

■ **はし。** ◈橋脚《きょうきゃく》 ◈(陸《りく》地にかけられた橋《はし》)陸橋《りっきょう》・鉄橋《てっきょう》・石橋《いしばし》・丸木橋《まるきばし》

つかいかた

● 橋《はし》をかける。● 大通《おおどお》りの歩道橋《ほどうきょう》をわたる。

● 港《みなと》の桟橋《さんばし》に船《ふね》が着《つ》く。

もっとしろう

● **橋《はし》をわたす**－①橋《はし》をかける。②両者《りょうしゃ》の間《あいだ》に立《た》って、なかだちをする。

● **石橋《いしばし》をたたいて渡《わた》る**－なにごとも非常《ひじょう》に用心深《ようじんぶか》く、たしかめながら行《おこな》うことのたとえ。

なりたち

木は「き」を表《あらわ》し、喬がキョウという読《よ》み方《かた》と「高《たか》くあがる」いみをしめしています。はねつるべをあげる横木《よこぎ》を表《あらわ》す字《じ》でしたが、「はし」のいみに使《つか》われるようになりました。

業

おん ギョウ・(ゴウ)

くん (わざ)

13画［木9画］

いみ

1 **しごと。おこない。** ◈業績《ぎょうせき》・業務《ぎょうむ》 ◈(しごと(業)を休《やす》む)休業《きゅうぎょう》・営業《えいぎょう》・家業《かぎょう》・開業《かいぎょう》・企業《きぎょう》・工業《こうぎょう》・作業《さぎょう》・産業《さんぎょう》・残業《ざんぎょう》・事業《じぎょう》・失業《しつぎょう》・終業《しゅうぎょう》・就業《しゅうぎょう》・巡業《じゅんぎょう》・商業《しょうぎょう》・職業《しょくぎょう》・創業《そうぎょう》・副業《ふくぎょう》・分業《ぶんぎょう》・本業《ほんぎょう》・林業《りんぎょう》・神業《かみわざ》・軽業《かるわざ》・仕業《しわざ》

2 **学問《がくもん》。** ◈学業《がくぎょう》・授業《じゅぎょう》・修業《しゅうぎょう》(しゅぎょう)・卒業《そつぎょう》

つかいかた

● 臨時《りんじ》の休業日《きゅうぎょうび》。● 始業《しぎょう》のベルが鳴《な》る。

● 農業《のうぎょう》と漁業《ぎょぎょう》。● 目《め》にもとまらぬ早業《はやわざ》。

なりたち

楽器《がっき》をかける台《だい》の形《かたち》()をかたどった字《じ》です。のちに台《だい》の飾《かざ》り板《いた》を表《あらわ》すようになり、さらに勉強用《べんきょうよう》の文字板《もじばん》を表《あらわ》したことから「がくもん、しごと」のいみに使《つか》われるようになりました。

つかいわけ

● 技《わざ》・業《わざ》 ↓〈技《ぎ》〉356ページ

曲

おん キョク

くん ま-がる・ま-げる

6画［曰2画］

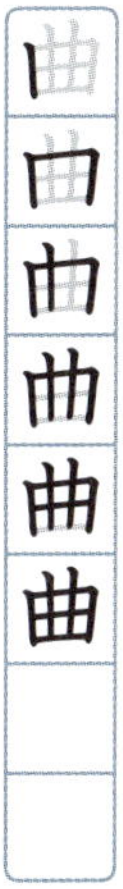

いみ

1 **まがる。ゆがんでいる。** ◈(折《お》れ曲《ま》がる)曲折《きょくせつ》 ◈湾曲《わんきょく》

2 **かるわざ。** ◈曲芸《きょくげい》・曲馬団《きょくばだん》

3 **音楽《おんがく》のふし。** ◈曲目《きょくもく》 ◈(曲《きょく》を作《つく》る)作曲《さっきょく》・音曲《おんぎょく》・歌曲《かきょく》・楽曲《がっきょく》・歌謡曲《かようきょく》・序曲《じょきょく》・名曲《めいきょく》

つかいかた

● 新《あたら》しい曲《きょく》を作《つく》る。● 角《かど》を曲《ま》がる。

● うでを曲《ま》げる。● 信念《しんねん》を曲《ま》げない。

● 曲線《きょくせん》をえがく。

● ベートーベンの交響曲《こうきょうきょく》。

● 行進曲《こうしんきょく》に合《あ》わせて歩《ある》く。

なりたち

竹《たけ》や木《き》をまげて作《つく》ったうつわの形《かたち》()からできた字《じ》で、「まがる、まげる」いみを表《あらわ》しています。「音楽《おんがく》」のいみにも使《つか》われます。

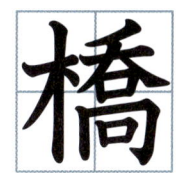

三年

局

7画［尸4画］

おん　キョク

くん

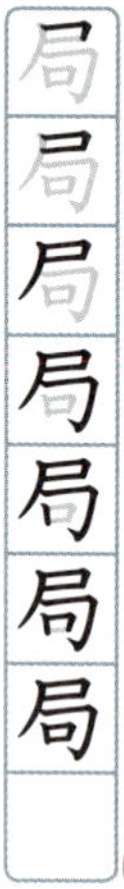

いみ

1 くぎられた部分《ぶぶん》。◆（かぎられた〈局〉土《と》地《ち》）局地《きょくち》・局部《きょくぶ》 ◆支局《しきょく》・本局《ほんきょく》

2 なりゆき。勝負《しょうぶ》。◆局面《きょくめん》 ◆結局《けっきょく》・終局《しゅうきょく》・政局《せいきょく》・戦局《せんきょく》・対局《たいきょく》・破局《はきょく》

つかいかた

● 局地的《きょくちてき》な大雨《おおあめ》。● 電話《でんわ》の局番《きょくばん》。
● 難局《なんきょく》を切《き》りぬける。● 薬局《やっきょく》で薬《くすり》を買《か》う。

もっとしろう

●［局限《きょくげん》と極限《きょくげん》］
「局限《きょくげん》」は範囲《はんい》をくぎることで、「対象《たいしょう》を局限《きょくげん》する」などと使《つか》います。「極限《きょくげん》」はぎりぎりのところのいみで、「極限《きょくげん》に達《たっ》する」などと使《つか》います。

なりたち

もとの字《じ》は咼。句(ク)がキョクと変《か》わって読《よ》み方《かた》と「くぎる」いみをしめし、家《いえ》(广)の中《なか》の「へや」を表《あらわ》します。

銀

14画［金6画］

おん　ギン

くん

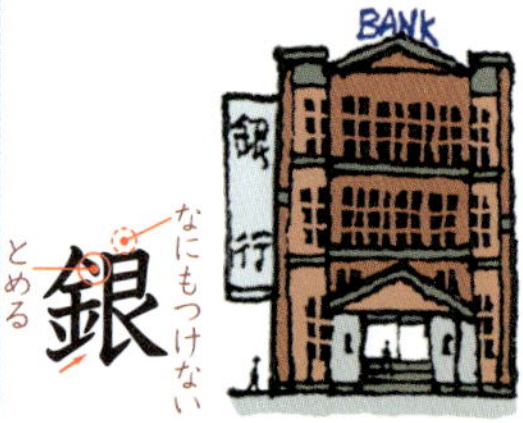

いみ

1 ぎん。◆（銀《ぎん》の粉《こな》）銀粉《ぎんぷん》・銀河《ぎんが》・銀紙《ぎんがみ》・銀盤《ぎんばん》・銀幕《ぎんまく》 ◆金銀《きんぎん》・水銀《すいぎん》・白銀《はくぎん》

2 おかね。◆銀行《ぎんこう》

つかいかた

● 銀《ぎん》のスプーン。● 金貨《きんか》と銀貨《ぎんか》。
● 京都《きょうと》の銀閣寺《ぎんかくじ》。● 一面《いちめん》の銀世界《ぎんせかい》。

もっとしろう

●［銀座《ぎんざ》］
「銀座《ぎんざ》」は江戸《えど》時代《じだい》に銀貨《ぎんか》をつくっていた所《ところ》です。「座《ざ》」は、役所《やくしょ》などの公《おおやけ》の組織《そしき》です。今《いま》は東京《とうきょう》の地名《ちめい》をはじめ、各地《かくち》のにぎやかな所《ところ》にもこの名《な》があります。

なりたち

金は「かね」を表《あらわ》し、艮(コン)がギンと変《か》わって読《よ》み方《かた》と「しろい」いみをしめしています。白《しろ》い金属《きんぞく》「ぎん」を表《あらわ》します。

区

4画［匸2画］

おん　ク

くん

いみ

1 くぎり。◆（区《く》切《ぎ》った地《ち》域《いき》）区域《くいき》・区間《くかん》・区分《くぶん》 ◆学区《がっく》・選挙区《せんきょく》・地区《ちく》

2 大《おお》きな都市《とし》の中《なか》でわけられたちいき。◆区会《くかい》・区議《くぎ》・区長《くちょう》・区民《くみん》

つかいかた

● 区画《くかく》を整理《せいり》する。● 部屋《へや》を二《ふた》つに区切《くぎ》る。
● 似《に》ていて区別《くべつ》がつかない。

もっとしろう

●［「区《く》」のつく字《じ》］
「区《く》」が読《よ》めれば、中学《ちゅうがく》で習《なら》う「駆」の字《じ》も読《よ》めます。「かける、おいたてる」いみを表《あらわ》す「ク」です。

なりたち

古《ふる》い字《じ》は區。品は品物《しなもの》を表《あらわ》し、品《しな》物《もの》をくぎり(匸)でわけるようすを表《あらわ》している字《じ》です。「くぎる、しきる」いみに使《つか》われます。

苦

8画［艹5画］

おん　ク

くん　くる-しい・くる-しむ・くる-しめる・にが-い・にが-る

苦　ながく

いみ

1 くるしい。◆(苦《くる》しい戦《たたか》い)苦戦《くせん》・苦学《くがく》・苦境《くきょう》・苦行《くぎょう》・苦心《くしん》・苦痛《くつう》・苦闘《くとう》・苦難《くなん》・苦悩《くのう》・苦楽《くらく》 ◆困苦《こんく》・四苦八苦《しくはっく》・病苦《びょうく》

2 にがい。◆(苦笑《にがわら》い)苦笑《くしょう》・苦言《くげん》・苦手《にがて》

つかいかた

●苦《く》もなくやりとげる。●息《いき》が苦《くる》しい。

●病気《びょうき》に苦《くる》しむ。●苦《にが》い薬《くすり》を飲《の》む。

●苦情《くじょう》が出《で》る。●苦戦《くせん》を強《し》いられる。

●苦労《くろう》する。●苦々《にがにが》しく思《おも》う。

なりたち

艹は艸で「くさ」を表《あらわ》し、古(コ)がクと変《か》わって読《よ》み方《かた》と「強《つよ》く刺激《しげき》する」いみをしめしています。「にがい味《あじ》のする草《くさ》」のいみから、「にがい、くるしい」いみに使《つか》われます。

具

8画［八6画］

おん　グ

くん

具　とめる

いみ

1 どうぐ。◆(雨《あめ》に使《つか》う道具《どうぐ》)雨具《あまぐ》・器具《きぐ》・機具《きぐ》・工具《こうぐ》・寝具《しんぐ》・装身具《そうしんぐ》・農機具《のうきぐ》・農具《のうぐ》・武具《ぶぐ》・文具《ぶんぐ》・文房具《ぶんぼうぐ》・夜具《やぐ》・用具《ようぐ》

2 そなえる。◆具備《ぐび》

つかいかた

●わかりやすく具体的《ぐたいてき》に説明《せつめい》する。

●家具《かぐ》をそろえる。●大工《だいく》の道具《どうぐ》。

もっとしろう

●［道具立《どうぐだ》て］

何《なに》かをするために、必要《ひつよう》な道具《どうぐ》をそろえておくことを「道具立《どうぐだ》て」といいます。「道《どう》具立《ぐだ》てがそろう」などと使《つか》います。

なりたち

もとの形《かたち》は　。かなえ(　)を両手《りょうて》(　)で持《も》つ形《かたち》からでき、祭《まつ》りや宴会《えんかい》に必要《ひつよう》なかなえをそろえることから、「そなえる」いみを表《あらわ》します。

君

7画［口4画］

おん　クン

くん　きみ

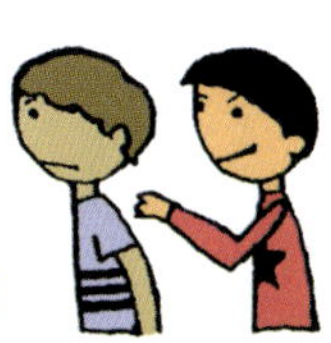

君　だす

いみ

1 天子《てんし》。国《くに》をおさめる人《ひと》。りっぱな人《ひと》。◆君子《くんし》・君主《くんしゅ》 ◆主君《しゅくん》・暴君《ぼうくん》・名君《めいくん》

2 ていねいによぶことば。◆貴君《きくん》・諸君《しょくん》・父君《ちちぎみ》・母君《ははぎみ》・姫君《ひめぎみ》・若君《わかぎみ》

つかいかた

●山田君《やまだくん》と遊《あそ》ぶ。●この本《ほん》は君《きみ》のものだ。

●野球界《やきゅうかい》に君臨《くんりん》する。●諸君《しょくん》の健康《けんこう》を祈《いの》る。

もっとしろう

●君子《くんし》は豹変《ひょうへん》す－りっぱな人《ひと》は、まちがいだとわかると、いさぎよくはっきりと改《あらた》める。一般《いっぱん》に、態度《たいど》や考《かんが》え方《かた》を急《きゅう》に変《か》えてしまうことにもいう。

なりたち

人《ひと》を治《おさ》めるいみの尹と、号令《ごうれい》を出《だ》す口からできた字《じ》で、「号令《ごうれい》を出《だ》して世《よ》の中《なか》を治《おさ》める人《ひと》(＝君主《くんしゅ》)」のいみを表《あらわ》します。

係

おん　ケイ

くん　かか-る・かかり

9画［亻7画］

係　はねない

いみ

1 **かかわる。つながる。** ◆係留《けいりゅう》 ◆（かかわり〈関〉・つながり〈係〉）関係《かんけい》

2 **かかり。仕事《しごと》を受《う》けもつ人《ひと》。** ◆係員《かかりいん》 ◆受付係《うけつけがかり》・会計係《かいけいがかり》

つかいかた

● 成功《せいこう》するかどうかは努力《どりょく》に**係《かか》って**いる。

● 給食《きゅうしょく》の**係《かかり》**。 ● 事件《じけん》に**関係《かんけい》**する。

もっとしろう

● 「係《かかり》」 役目《やくめ》や受《う》けもち、またその人《ひと》を表《あらわ》す「かかり」は送《おく》りがなをはぶいて「係《かかり》」と書《か》きます。

なりたち

系はケイという読《よ》み方《かた》と「つなぐ」いみをしめしています。人《ひと》（亻）のかかわりあいを表《あらわ》し、「つながる」いみに使《つか》われます。

軽

三年

おん　ケイ

くん　かる-い・（かろ-やか）

12画［車5画］

軽　はらう

いみ

1 **かるい。** ◆（軽《かる》い・快《こころよ》い）軽快《けいかい》・軽音楽《けいおんがく》・軽金属《けいきんぞく》・軽少《けいしょう》・軽傷《けいしょう》・軽食《けいしょく》・軽装《けいそう》・軽重《けいちょう》（けいじゅう）・軽量《けいりょう》・軽石《かるいし》・軽口《かるくち》 ◆気軽《きがる》・手軽《てがる》・身軽《みがる》

2 **かるがるしい。** ◆軽挙《けいきょ》・軽薄《けいはく》

3 **かるくあつかう。** ◆軽視《けいし》

つかいかた

● 体重《たいじゅう》が**軽《かる》い**。 ● **軽《かろ》やか**な足《あし》どり。

● **軽食《けいしょく》**をとる。 ● **軽率《けいそつ》**な行動《こうどう》。

● 大《おお》きな荷物《にもつ》を**軽々《かるがる》**と持《も》つ。

なりたち

古《ふる》い字《じ》は輕。車は車《くるま》を表《あらわ》し、巠がケイという読《よ》み方《かた》と「まっすぐ」のいみをしめしています。まっすぐに敵《てき》の陣地《じんち》につき進《すす》むはやい車《くるま》を表《あらわ》し、さらに「かるい」いみに使《つか》われます。

血

おん　ケツ

くん　ち

6画［血0画］

血　だす

いみ

1 **ち。** ◆血圧《けつあつ》・血管《けっかん》・血球《けっきゅう》・血行《けっこう》・血清《けっせい》・血相《けっそう》・血潮《ちしお》・血眼《ちまなこ》 ◆（血《ち》が出《で》る）出血《しゅっけつ》・献血《けんけつ》・混血《こんけつ》・止血《しけつ》・充血《じゅうけつ》・貧血《ひんけつ》・輸血《ゆけつ》・流血《りゅうけつ》・鼻血《はなぢ》

2 **ちすじ。** ◆血縁《けつえん》・血族《けつぞく》・血統《けっとう》・血筋《ちすじ》

つかいかた

● **血《ち》**が出《で》る。 ● **血液《けつえき》**を検査《けんさ》する。

● **血気《けっき》**盛《さか》んな若者《わかもの》。 ● **血色《けっしょく》**がいい。

● 目《め》が**充血《じゅうけつ》**する。

もっとしろう

● **血《ち》の出《で》るよう**－たいへんな苦労《くろう》や努力《どりょく》をするようす。「血《ち》のにじむよう」ともいう。

なりたち

皿《さら》の中《なか》にちが入《はい》っている形《かたち》（⿔）からでき、「神《かみ》にささげるいけにえの血《ち》」を表《あらわ》している字《じ》です。「ち」のいみに使《つか》われます。

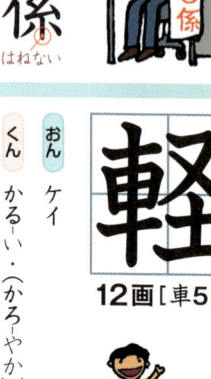

決

おん　ケツ

くん　き-める・き-まる

7画［氵4画］

いみ

1 きめる。◇(心《こころ》を決《き》める)決心《けっしん》・決意《けつい》・決起《けっき》・決議《けつぎ》・決算《けっさん》・決死《けっし》・決勝《けっしょう》・決戦《けっせん》・決然《けつぜん》・決断《けつだん》・決着《けっちゃく》・決定《けってい》・決闘《けっとう》・決別《けつべつ》

◇可決《かけつ》・採決《さいけつ》・対決《たいけつ》・判決《はんけつ》・否決《ひけつ》・未決《みけつ》

2 きれる。◇(きれる〈決〉・壊《こわ》れる)決壊《けっかい》

つかいかた

● 意《い》を決《けっ》する。● 代表《だいひょう》を決《き》める。

● 日程《にってい》が決《き》まる。● 決《き》まりに従《したが》う。

● 雨天《うてん》でも決行《けっこう》する。

● 話《はな》し合《あ》いが決裂《けつれつ》する。

● 事件《じけん》が解決《かいけつ》する。

なりたち

読《よ》み方《かた》と「えぐる」いみをしめしています。堤防《ていぼう》をえぐり破《やぶ》って水《みず》が流《なが》れだすことを表《あらわ》す字《じ》で、「きめる」いみにも使《つか》われるようになりました。　氵は水《みず》を表《あらわ》し、夬がケツという

研

おん　ケン

くん　(と-ぐ)

9画［石4画］

いみ

1 とぐ。◇(研《と》ぐ・みがく〈磨〉)研磨《けんま》

2 きわめる。◇(きわめる〈研〉・究《きわ》める)研究《けんきゅう》・研修《けんしゅう》

つかいかた

● 刀《かたな》を研《と》ぐ。● 米《こめ》を研《と》ぐ。

● 研究《けんきゅう》を発表《はっぴょう》する。

もっとしろう

● [爪《つめ》を研《と》ぐ]

「爪《つめ》を研《と》ぐ」は、けものが獲物《えもの》を捕《と》らえるために爪《つめ》をみがくということで、相手《あいて》をやっつけるために準備《じゅんび》して待《ま》ちかまえることをたとえていいます。

なりたち

石は「いし」を表《あらわ》し、幵(ケン)が読《よ》み方《かた》と「みがく」いみをしめしています。石《いし》の表面《ひょうめん》をたいらにみがくことを表《あらわ》し、「とぐ、きわめる」いみに使《つか》われます。

三年

県

おん　ケン

くん

9画［目4画］

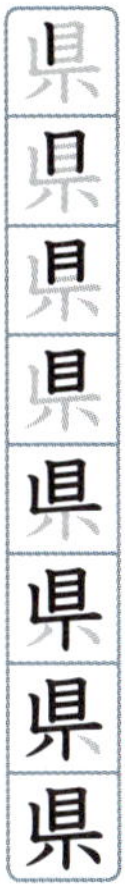

いみ

■(地方公共団体《ちほうこうきょうだんたい》の)けん。◇(県《けん》で営《いとな》む)県営《けんえい》・県下《けんか》・県境《けんざかい》・県知事《けんちじ》・県道《けんどう》・県民《けんみん》

◇近県《きんけん》

つかいかた

● 県《けん》の人口《じんこう》。● 県営《けんえい》の球場《きゅうじょう》。

● 県立《けんりつ》の高校《こうこう》。● 県庁《けんちょう》の職員《しょくいん》。

もっとしろう

● [県《けん》の数《かず》]

日本《にほん》の「県《けん》」は現在四十三《げんざいよんじゅうさん》あります。

なりたち

古《ふる》い字《じ》は縣。県は首《くび》をさかさにして(𥄉)木《き》にかけた形《かたち》(𥄉)からでき、系(ケイ)がケンと変《か》わって読《よ》み方《かた》と「かける」いみをしめしています。「かける」いみでしたが、中央《ちゅうおう》の都《みやこ》に「つながる」いみで、政治区分《せいじくぶん》の「けん」のいみに使《つか》われるようになりました。

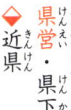

庫

おん　コ・（ク）

くん

10画［广7画］

庫　ながく

いみ

■くら。◆（お金《かね》のくら〈庫〉）金庫《きんこ》・在庫《ざいこ》・書庫《しょこ》・倉庫《そうこ》・文庫《ぶんこ》

つかいかた

●自動車《じどうしゃ》を車庫《しゃこ》から出《だ》す。●文庫本《ぶんこぼん》を読《よ》む。

●図書館《としょかん》は知識《ちしき》の宝庫《ほうこ》だ。

●生物《なまもの》を冷蔵庫《れいぞうこ》に入《い》れる。

もっとしろう

●［庫裏《くり》］

「ク」という読《よ》みは、「庫裏《くり》」ということばに使《つか》われます。庫裏《くり》とは、お寺《てら》の台所《だいどころ》や、おぼうさんと家族《かぞく》が住《す》む所《ところ》です。

なりたち

广は家《いえ》で、家《いえ》の中《なか》に車が入《はい》っているようすから、「兵車《へいしゃ》を入《い》れる建物《たてもの》」を表《あらわ》している字《じ》です。「くら」のいみに使《つか》われます。

とくべつなよみ

※「ク」という読《よ》み—庫裏《くり》

湖

三年

おん　コ

くん　みずうみ

12画［氵9画］

湖　はねる

いみ

■みずうみ。◆（湖《みずうみ》の水《みず》）湖水《こすい》・湖沼《こしょう》・湖畔《こはん》・湖面《こめん》　◆火口湖《かこうこ》

つかいかた

●湖《みずうみ》のほとり。●満々《まんまん》と水《みず》をたたえた湖《みずうみ》。

●湖岸《こがん》を歩《ある》く。●湖底《こてい》にしずむ。

もっとしろう

●［みずうみ］

むかしは、広《ひろ》く水《みず》をたたえたところを「海《うみ》」と呼《よ》び、塩分《えんぶん》のない海《うみ》を「水海《みずうみ》」、塩分《えんぶん》のある海《うみ》を「潮海《しおうみ》」といっていました。「湖《みずうみ》」は、この「水海《みずうみ》」から来《き》たことばです。一方《いっぽう》、「潮海《しおうみ》」は「海《うみ》」として使《つか》われています。

なりたち

氵は水《みず》を表《あらわ》し、胡がコという読《よ》み方《かた》と「大《おお》きい」いみをしめしています。「大《おお》きい水《みず》たまり」から、「みずうみ」のいみに使《つか》われます。

向

おん　コウ

くん　む-く・む-ける・む-かう・む-こう

6画［口3画］

向　はねる

いみ

■むかう。むき。◆（上向《うわむ》き）向上《こうじょう》・向学心《こうがくしん》・向日性《こうじつせい》　◆意向《いこう》・外向《がいこう》・傾向《けいこう》・動向《どうこう》・内向《ないこう》・方向《ほうこう》

つかいかた

●気《き》が向《む》く。●子《こ》どもの向《む》きの本《ほん》。

●背《せ》を向《む》ける。●目的地《もくてきち》に向《む》かう。

●海《うみ》の向《む》こう。●進《すす》む方向《ほうこう》を決《き》める。

もっとしろう

●向《む》こうに回《まわ》す－対抗《たいこう》する相手《あいて》とする。敵《てき》にする。

●向《む》こうを張《は》る－相手《あいて》に負《ま》けまいと張《は》り合《あ》う。対抗《たいこう》する。

なりたち

もとの形《かたち》は向。家《いえ》（⌒）の窓《まど》（口）を表《あらわ》す字《じ》でしたが、「むかう」いみに使《つか》われるようになりました。

幸

おん　コウ

くん　さいわ-い・(さち)・しあわ-せ

8画［干5画］

いみ

1 **さいわい。** ◆(幸《さいわ》い・さいわい〈福〉)幸福《こうふく》 ◆多幸《たこう》・不幸《ふこう》

2 **天皇《てんのう》のおでまし。** ◆行幸《ぎょうこう》・巡幸《じゅんこう》

つかいかた

● 幸《さいわ》いなことに混乱《こんらん》はなかった。

● 幸《さち》多《おお》かれと祈《いの》る。 ● 幸《しあわ》せな生活《せいかつ》。

● 幸運《こううん》にめぐまれる。

もっとしろう

● [海《うみ》の幸《さち》　山《やま》の幸《さち》]

海《うみ》でとれた食《た》べものを「海《うみ》の幸《さち》」、山《やま》でとれた食《た》べものを「山《やま》の幸《さち》」と呼《よ》んでいます。

なりたち

もとの形《かたち》は幸。罪人《ざいにん》などの手《て》にはめる手《て》かせの形《かたち》を表《あらわ》しています。手《て》かせの刑《けい》からあやうくのがれる、思《おも》いがけない「さいわい」のいみに使《つか》われます。

港

三年

おん　コウ

くん　みなと

12画［氵9画］

いみ

■ **みなと。** ◆港湾《こうわん》・港町《みなとまち》 ◆(港《みなと》を出《で》る)出港《しゅっこう》・入港《にゅうこう》・開港《かいこう》・寄港《きこう》・帰港《きこう》・漁港《ぎょこう》・空港《くうこう》・貿易港《ぼうえきこう》

つかいかた

● 港《みなと》に船《ふね》が集《あつ》まる。 ● 空港《くうこう》で飛行機《ひこうき》を見《み》る。

● 港町《みなとまち》を旅《たび》する。

もっとしろう

● [空港《くうこう》]

航空機《こうくうき》の発着《はっちゃく》を船《ふね》の出入《でい》りに見《み》たててできたことばが「空港《くうこう》」です。英語《えいご》でも「エアポート(空《そら》の港《みなと》)」といいます。

なりたち

氵は水《みず》を表《あらわ》し、巷がコウという読《よ》み方《かた》と「通路《つうろ》」のいみをしめしています。「舟《ふね》の通《とお》る水路《すいろ》」を表《あらわ》す字《じ》で、舟《ふね》が集《あつ》まるところから、「みなと」のいみに使《つか》われます。

号

おん　ゴウ

くん

5画［口2画］

いみ

1 **さけぶ。** ◆(声《こえ》をあげて〈号〉泣《な》く)号泣《ごうきゅう》 ◆怒号《どごう》

2 **しるし。あいず。** ◆号音《ごうおん》・号砲《ごうほう》 ◆(つたえる〈信〉しるし〈号〉)信号《しんごう》・符号《ふごう》

3 **よび名《な》。** ◆元号《げんごう》・称号《しょうごう》・年号《ねんごう》・屋号《やごう》

4 **じゅんじょ。** ◆号外《ごうがい》 ◆番号《ばんごう》・四号車《よんごうしゃ》

つかいかた

● 号令《ごうれい》をかける。 ● 暗号《あんごう》を解《と》く。

もっとしろう

● [号《ごう》]

列車《れっしゃ》・船《ふね》・飛行機《ひこうき》など乗《の》り物《もの》の名前《なまえ》の下《した》に「号《ごう》」が使《つか》われることがあります。

なりたち

丂はゴウという読《よ》み方《かた》と「さけぶ」いみをしめしています。口を合《あ》わせて、「泣《な》きさけぶ」ことを表《あらわ》します。「しるし」のいみにも使《つか》われます。

根

10画［木6画］

おん　コン

くん　ね

いみ

1 草《くさ》や木《き》のね。◇(根《ね》の元《もと》)根元《ねもと》 ◇大根《だいこん》

2 おおもと。◇根幹《こんかん》・根拠《こんきょ》・根源《こんげん》・根絶《こんぜつ》・根底《こんてい》・根本《こんぽん》・根城《ねじろ》・根雪《ねゆき》

3 心《こころ》のはたらき。◇根性《こんじょう》 ◇性根《しょうね》

つかいかた

●根《ね》を張《は》る。●悪《あく》の根《ね》を絶《た》つ。

●根気《こんき》よく働《はたら》く。●根本《こんぽん》から立《た》て直《なお》す。

●チューリップの球根《きゅうこん》。●精根《せいこん》つき果《は》てる。

●屋根《やね》の雪《ゆき》。

もっとしろう

●根《ね》に持《も》つ－いつまでもうらみを持《も》つ。

●根《ね》も葉《は》もない－何《なん》の根拠《こんきょ》もない。

なりたち

木は「き」を表《あらわ》し、艮はコンという読《よ》み方《かた》と「とどまる」いみをしめしています。木《き》のもとの部分《ぶぶん》から、「ね」を表《あらわ》します。

祭

三年

11画［示6画］

おん　サイ

くん　まつ-る・まつ-り

いみ

■まつり。◇(祭《まつ》りの日《ひ》)祭日《さいじつ》・祭神《さいじん》・祭《さい》壇《だん》・祭礼《さいれい》 ◇生誕祭《せいたんさい》・前夜祭《ぜんやさい》・復活祭《ふっかつさい》・文化祭《ぶんかさい》・例祭《れいさい》

つかいかた

●神《かみ》を祭《まつ》る。●神社《じんじゃ》の祭《まつ》り。

●スポーツの祭典《さいてん》。●五年《ごねん》に一度《いちど》の大祭《たいさい》。

もっとしろう

●［後《あと》の祭《まつ》り］

祭《まつ》りがすんだ後《あと》の山車《だし》や祭《まつ》りの道具《どうぐ》は役《やく》に立《た》たないことから、時期《じき》おくれや手《て》おくれをたとえたことば。

なりたち

夕はいけにえの肉《にく》、又はもと𠂇で手《て》を表《あらわ》し、示は神《かみ》にそなえものをする机《つくえ》の形《かたち》から神《かみ》を表《あらわ》しています。いけにえの肉《にく》を手《て》で神《かみ》にそなえることをしめす字《じ》で、「まつり」のいみを表《あらわ》します。

皿

5画［皿0画］

おん

くん　さら

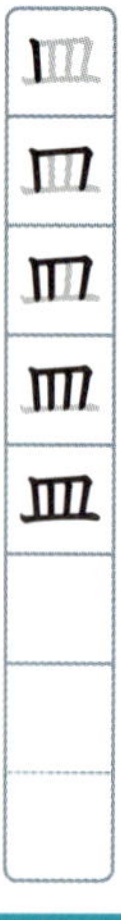

いみ

■さら。食《た》べ物《もの》などをもる器《うつわ》。◇(大《おお》きい皿《さら》)大皿《おおざら》・小皿《こざら》

つかいかた

●皿《さら》にもる。●皿《さら》を洗《あら》う。●皿《さら》を並《なら》べる。

●たばこの灰皿《はいざら》。

もっとしろう

●［「皿」のつく字《じ》］

「皿」のついた字《じ》は、「さら」に関係《かんけい》があります。

・皿《さら》にもる……………………盛《せい》

・皿《さら》の形《かたち》をした器《うつわ》…………盆《ぼん》・盤《ばん》

・皿《さら》からあふれるほどふえる…………益《えき》

・皿《さら》の中《なか》の血《ち》をすすって約束《やくそく》する…盟《めい》

なりたち

足《あし》のついた容器《ようき》を横《よこ》から見《み》た形《かたち》(𠀋)からできた字《じ》で、食《た》べ物《もの》をもる「さら」を表《あらわ》します。

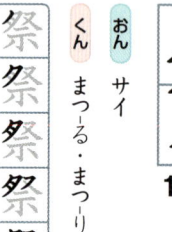

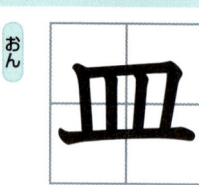

仕

5画［亻3画］

おん　シ・(ジ)
くん　つか-える

仕仕仕仕仕

仕　うえがながく

いみ
1 つかえる。◆(官吏《かんり》(＝役人《やくにん》)として仕《つか》える)仕官《しかん》 ◆奉仕《ほうし》・給仕《きゅうじ》
2 おこなう。◆仕組《しく》み・仕事《しごと》・仕業《しわざ》

つかいかた
● 国王《こくおう》に仕《つか》える。● 工作《こうさく》を仕上《しあ》げる。
● 新《あたら》しい仕事《しごと》につく。

もっとしろう
● 仕方《しかた》ない－ほかによいやり方《かた》がないということで、やむを得《え》ない。どうにもしようがない。たまらない。「仕方《しかた》がない」ともいう。

なりたち
士がシという読《よ》み方《かた》と「つとめる人《ひと》」のいみをしめしています。人《ひと》(亻)のためにつとめることから、「つかえる」いみに使《つか》われます。

とくべつなよみ
※「ジ」という読《よ》み―給仕《きゅうじ》

死

6画［歹2画］

おん　シ
くん　し-ぬ

死死死死死死

死　うえにはねる

いみ
1 しぬ。◆(死《し》ぬ・亡《な》くなる)死亡《しぼう》・死因《しいん》・死活《しかつ》・死期《しき》・死去《しきょ》・死刑《しけい》・死罪《しざい》・死者《ししゃ》・死傷《ししょう》・死体《したい》・死人《しにん》・死別《しべつ》・死滅《しめつ》 ◆仮死《かし》・餓死《がし》・急死《きゅうし》・検死《けんし》・焼死《しょうし》・水死《すいし》・生死《せいし》・戦死《せんし》・即死《そくし》・凍死《とうし》・病死《びょうし》・不死《ふし》・変死《へんし》
2 命《いのち》がけ。◆死守《ししゅ》・死闘《しとう》・死力《しりょく》
3 はたらきがない。◆死角《しかく》・死語《しご》

つかいかた
● 病気《びょうき》で死《し》ぬ。● 死後《しご》の世界《せかい》。

もっとしろう
● 死人《しにん》に口《くち》なし－死《し》んでしまった人《ひと》は、たとえ知《し》っていたとしても何《なに》もしゃべることができない。

なりたち
もとの形《かたち》は。人《ひと》( )と骨《ほね》( )からできた字《じ》で、人《ひと》の命《いのち》がつきて骨《ほね》になることから、「しぬ」いみを表《あらわ》します。

使

8画［亻6画］

おん　シ
くん　つか-う

使使使使使使使使

だす　使　だす

いみ
1 つかう。◆(使《つか》う・用《もち》いる)使用《しよう》・使役《しえき》・使途《しと》 ◆行使《こうし》
2 つかい。◆(使《つか》いの者《もの》)使者《ししゃ》・使命《しめい》 ◆公《こう》使《し》・大使《たいし》・天使《てんし》・特使《とくし》・密使《みっし》

つかいかた
● 頭《あたま》を使《つか》う。● 車《くるま》を使《つか》う。
● 使《つか》いをたのまれる。
● 使節《しせつ》として外国《がいこく》に行《い》く。

もっとしろう
● ［遣《つか》う］
「気《き》づかう」「心《こころ》づかい」「かなづかい」などのときは「遣《つか》う」を用《もち》います。

なりたち
吏は仕事《しごと》をするいみをもつ事(シ)の省略形《しょうりゃくけい》で、シという読《よ》み方《かた》をしめしています。人《ひと》(亻)のために仕事《しごと》をすることから、「つかう」いみに用《もち》いられます。

始

8画［女5画］

おん　シ

くん　はじ-める・はじ-まる

いみ

■ **はじめる。はじまる。はじめ。** ◆（動《うご》き始《はじ》める）始動《しどう》・始終《しじゅう》・始末《しまつ》 ◆開始《かいし》・原始《げんし》・終始《しゅうし》・創始者《そうししゃ》・年始《ねんし》

つかいかた

● 練習《れんしゅう》を**始める**。 ● 新学期《しんがっき》が**始まる**。 ● **始業式**《しぎょうしき》に出席《しゅっせき》する。 ● **始発**《しはつ》の電車《でんしゃ》。

なりたち

女は「おんな」を表《あらわ》し、台（イ）がシと変《か》わって読《よ》み方《かた》と「さいしょ」のいみをしめしています。長女《ちょうじょ》のいみから、「はじめ、はじまり」を表《あらわ》します。

つかいわけ

● **始《はじ》め・初《はじ》め**

おもに、ことがらにかかわる場合《ばあい》は「**始《はじ》め**」を使《つか》い、時《とき》にかかわる場合《ばあい》には「**初《はじ》め**」を使《つか》います。

始《はじ》め…仕事始《しごとはじ》め。読《よ》み始《はじ》め。

初《はじ》め…初《はじ》めての経験《けいけん》。十月《じゅうがつ》の初《はじ》め。

指

9画［扌6画］

おん　シ

くん　ゆび・さ-す

いみ

1 **ゆび。** ◆指圧《しあつ》・指紋《しもん》・指人形《ゆびにんぎょう》・指輪《ゆびわ》 ◆屈指《くっし》・親指《おやゆび》・薬指《くすりゆび》・小指《こゆび》・中指《なかゆび》

2 **さししめす。** ◆（指《さ》し示《しめ》す）指示《しじ》・指針《ししん》・指摘《してき》・指名《しめい》・指令《しれい》

つかいかた

● **指**《ゆび》をくわえる。 ● 時計《とけい》が一時《いちじ》を**指す**《さ》。 ● **指揮**《しき》をとる。 ● **指導**《しどう》を受《う》ける。

なりたち

扌は手《て》（⺘）を表《あらわ》し、旨がシという読《よ》み方《かた》と「まっすぐのびる」いみをしめしています。「ゆび」を表《あらわ》し、「さす」いみにも使《つか》われます。

つかいわけ

● **指《さ》す・差《さ》す**

方向《ほうこう》をしめす場合《ばあい》は「**指《さ》す**」、物《もの》がはいりこむときは「**差《さ》す**」を使《つか》います。

指《さ》す…目的地《もくてきち》を指《さ》す。磁石《じしゃく》が北《きた》を指《さ》す。

差《さ》す…光《ひかり》が差《さ》す。腰《こし》に刀《かたな》を差《さ》す。

歯

12画［歯0画］

おん　シ

くん　は

いみ

■ **は。** ◆（歯《は》の痛《いた》み）歯痛《しつう》・歯科《しか》・歯石《しせき》・歯茎《はぐき》 ◆乳歯《にゅうし》・抜歯《ばっし》・門歯《もんし》・奥歯《おくば》・前歯《まえば》

つかいかた

● **歯**《は》をみがく。 ● **永久歯**《えいきゅうし》に生《は》え変《か》わる。 ● **歯車**《はぐるま》が回《まわ》る。 ● **虫歯**《むしば》を治《なお》す。

もっとしろう

● **歯《は》が立《た》たない**－かたくてかめない。力《ちから》の差《さ》があって、かなわない。

● **歯《は》のぬけたよう**－まばらでふぞろいなようす。もの足《た》りなくさみしいようす。

● **歯《は》を食《く》いしばる**－苦《くる》しさやくやしさをけんめいにこらえる。

なりたち

口《くち》の中《なか》に並《なら》ぶはの形《かたち》（𠚕）に、シという読《よ》み方《かた》と「根《ね》づいて動《うご》かない」いみをもつ止を加《くわ》えて、口《くち》の中《なか》でぐらつかない「は」を表《あらわ》します。

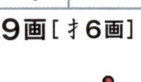

詩

13画[言6画]

おん シ

くん

詩 詩 詩 詩 詩 詩 詩 詩

詩 はねる

いみ

■し。◆(詩《し》をつくる人《ひと》)詩人《しじん》・詩歌《しいか》(しか)・詩《し》作《さく》・詩情《しじょう》 ◆漢詩《かんし》・作詩《さくし》・訳詩《やくし》

つかいかた

●詩《し》を書《か》く。●詩集《ししゅう》を編《あ》む。

もっとしろう

●[定型詩《ていけいし》と自由詩《じゆうし》]

短歌《たんか》や俳句《はいく》のように、音《おん》の数《かず》や行《ぎょう》の数《かず》などに決《き》まった型《かた》をもつ詩《し》を「定型詩《ていけいし》」といい、型《かた》にとらわれないで自由《じゆう》につくる詩《し》を「自由詩《じゆうし》」といいます。

なりたち

言は「ことば」を表《あらわ》し、寺がシという読《よ》み方《かた》と「心《こころ》が動《うご》く」いみをしめしています。思《おも》ったことをことばに表《あらわ》すことから、「し(=心《こころ》に感《かん》じたことを、一定《いってい》の調《ちょう》子《し》をもって短《みじか》いことばで表《あらわ》した文《ぶん》)」のいみに用《もち》いられます。

三年

次

6画[欠2画]

おん ジ・(シ)

くん つ-ぐ・つぎ

次 次 次 次 次 次

ひとつ 次

いみ

1 つぎの。◆(次《つぎ》の回《かい》)次回《じかい》・次期《じき》・次女《じじょ》・次点《じてん》・次男《じなん》

2 じゅんばん。◆次元《じげん》 ◆順次《じゅんじ》・席次《せきじ》

つかいかた

●次《つぎ》から次《つぎ》へと続《つづ》く。●目次《もくじ》をめくる。

なりたち

欠は「あくびをする」いみをもち、冫はもと二で、ジという読《よ》み方《かた》と「ならぶ」いみをしめしています。つぎつぎと人《ひと》がかわって休《やす》むことから、「つぎ、つづく」のいみに使《つか》われます。

つかいわけ

●次ぐ・接ぐ

すぐ後《あと》に続《つづ》くときは「次ぐ」、切《き》れめなどをくっつけるときは「接ぐ」を使《つか》います。

次《つ》ぐ…富士山《ふじさん》に次《つ》ぐ山《やま》。

接《つ》ぐ…骨《ほね》を接《つ》ぐ。木《き》を接《つ》ぐ。

事

8画[亅7画]

おん ジ・(ズ)

くん こと

事 事 事 事 事 事 事 事

事 だす はねる

いみ

1 ことがら。できごと。◆(実際《じっさい》にあった事《こと》)事実《じじつ》・事業《じぎょう》・事件《じけん》・事故《じこ》・事後《じご》・事項《じこう》・事情《じじょう》・事前《じぜん》・事態《じたい》・事務《じむ》・事例《じれい》 ◆悪事《あくじ》・一事《いちじ》・火事《かじ》・家事《かじ》・幹事《かんじ》・記事《きじ》・刑事《けいじ》・検事《けんじ》・故事《こじ》・従事《じゅうじ》・人事《じんじ》(ひとごと)・大事《だいじ》(おおごと)・知事《ちじ》・判事《はんじ》・無事《ぶじ》・返事《へんじ》・用事《ようじ》・仕事《しごと》・出来事《できごと》

2 つかえる。◆師事《しじ》

つかいかた

●事《こと》の起《お》こりを説明《せつめい》する。●学校《がっこう》の行事《ぎょうじ》。●百科事典《ひゃっかじてん》で調《しら》べる。

なりたち

仕事《しごと》のめじるしとしてたてた小《こ》旗《ばた》をつけた木(中)に、仕事《しごと》のいみの手(ヨ)を加《くわ》えてできた字《じ》です。「しごと、ものごと」のいみを表《あらわ》します。

とくべつなよみ

※「ズ」という読《よ》み―好事家《こうずか》

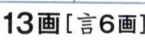

持

おん　ジ

くん　も-つ

9画［扌6画］

持　はねる

いみ

■**もつ。**◆(持《も》ち続《つづ》ける)持続《じぞく》・持久戦《じきゅうせん》・持病《じびょう》　◇維持《いじ》・支持《しじ》・所持《しょじ》・保持《ほじ》

つかいかた

● 満《まん》を持《じ》する。● かばんを持《も》つ。

● 責任《せきにん》を持《も》つ。● 弁当《べんとう》を持参《じさん》する。

● 持《も》ち物《もの》を検査《けんさ》する。

もっとしろう

● **持《も》ちつ持《も》たれつ**-おたがいに助《たす》けたり、助《たす》けられたりする。

● **持《も》って生《う》まれた**-生《う》まれつき持《も》っている。生《う》まれたときからそなわっている。

● **持《も》ってこい**-ぴったり合《あ》っているようす。

なりたち

扌は手《て》(⺘)を表《あらわ》し、寺(シ)がジと変《か》わって読《よ》み方《かた》と「とどめる」いみをしめしています。「手《て》にとる、もつ」いみに使《つか》われます。

式

三年

おん　シキ

くん

6画［弋3画］

式　わすれない　はねる

いみ

1 **ぎしき。**◆(式《しき》をする場《ば》所《しょ》)式場《しきじょう》・式辞《しきじ》・式次第《しきしだい》・式典《しきてん》・式服《しきふく》　◇開会式《かいかいしき》・儀式《ぎしき》・挙式《きょしき》・葬式《そうしき》・卒業式《そつぎょうしき》・入学式《にゅうがくしき》・閉会式《へいかいしき》

2 **やり方《かた》。きまり。**◆(形《かたち》・きまり〈式〉)形《けい》式《しき》・格式《かくしき》・古式《こしき》・書式《しょしき》・新式《しんしき》・正式《せいしき》・方《ほう》式《しき》・本式《ほんしき》・洋式《ようしき》・様式《ようしき》・略式《りゃくしき》・和式《わしき》

3 **数字《すうじ》や記号《きごう》で関係《かんけい》を表《あらわ》したもの。**◆数式《すうしき》・分子式《ぶんししき》

つかいかた

● 教会《きょうかい》で式《しき》を挙《あ》げる。● 式《しき》と答《こた》えを書《か》く。

● 旧式《きゅうしき》の自動車《じどうしゃ》。● 公式《こうしき》の記録《きろく》。

なりたち

工は工具《こうぐ》を表《あらわ》し、弋(ヨク)がシキと変《か》わって読《よ》み方《かた》と「ととのえる」いみをしめしています。工具《こうぐ》で手《て》を加《くわ》えることから、工作《こうさく》の基準《きじゅん》となる「やり方《かた》、きまり」のいみに使《つか》われます。

実

おん　ジツ

くん　み・みの-る

8画［宀5画］

実　だす　ながく

いみ

1 **み。みのる。**◆(果《くだ》物《もの》の実《み》)果実《かじつ》・結実《けつじつ》

2 **まごころ。**◆実直《じっちょく》　◇誠実《せいじつ》・着実《ちゃくじつ》・忠実《ちゅうじつ》

3 **ほんとうのもの。**◆実演《じつえん》・実害《じつがい》・実感《じっかん》・実況《じっきょう》・実権《じっけん》・実現《じつげん》・実際《じっさい》・実在《じつざい》・実子《じっし》・実績《じっせき》・実戦《じっせん》・実線《じっせん》・実測《じっそく》・実地《じっち》・実物《じつぶつ》・実用《じつよう》・実力《じつりょく》・実例《じつれい》・実話《じつわ》　◇確実《かくじつ》・現実《げんじつ》・事実《じじつ》・真実《しんじつ》・無実《むじつ》

つかいかた

● 実《じつ》の親子《おやこ》。● 木《き》の実《み》。● いねが実《みの》る。

● 努力《どりょく》が実《みの》る。● 実験《じっけん》で確《たし》かめる。

● 計画《けいかく》を実行《じっこう》に移《うつ》す。

なりたち

古《ふる》い字《じ》は實。宀は家《いえ》、毌は「みちる」いみ、貝はお金《かね》で、家《いえ》の中《なか》にお金《かね》がみちているようすを表《あらわ》している字《じ》です。「みちる、みのる、草木《くさき》のみ」のいみに使《つか》われます。

おん　シャ
くん　うつ-す・うつ-る

5画［冖3画］

いみ
■うつしとる。うつしだす。◆（生《なま》のままに写《うつ》す）写生《しゃせい》・写実《しゃじつ》・写本《しゃほん》 ◆映写《えいしゃ》・書写《しょしゃ》・描写《びょうしゃ》・複写《ふくしゃ》・模写《もしゃ》

つかいかた
●写真《しゃしん》を写《うつ》す。●映画《えいが》の試写会《ししゃかい》。

なりたち
古《ふる》い字《じ》は寫。舄（セキ）がシャと変《か》わって読《よ》み方《かた》と「おろす」いみをしめしています。家《いえ》（宀）の中《なか》にものを運《はこ》んでおろすことから、「うつす、うつしとる」いみを表《あらわ》します。

つかいわけ
●写《うつ》す・映《うつ》す
うつしとる、書《か》きうつすときには「写《うつ》す」、光《ひかり》をあててうつすときには「映《うつ》す」を使《つか》います。
写《うつ》す…ノートを写《うつ》す。
映《うつ》す…スライドを映《うつ》す。鏡《かがみ》に映《うつ》す。

おん　シャ
くん　もの

8画［耂4画］

いみ
■もの。人《ひと》。人《ひと》に関係《かんけい》したことがら。◆（使《つか》いの者《もの》）使者《ししゃ》・易者《えきしゃ》・王者《おうじゃ》・学者《がくしゃ》・患者《かんじゃ》・信《しん》者《じゃ》・記者《きしゃ》・後者《こうしゃ》・作者《さくしゃ》・死者《ししゃ》・実力者《じつりょくしゃ》・聖者《せいじゃ》・前者《ぜんしゃ》・走者《そうしゃ》・打者《だしゃ》・第三者《だいさんしゃ》・著者《ちょしゃ》・長者《ちょうじゃ》・当事者《とうじしゃ》・読者《どくしゃ》・忍者《にんじゃ》・筆者《ひっしゃ》・文学者《ぶんがくしゃ》・武者《むしゃ》・役者《やくしゃ》・有力者《ゆうりょくしゃ》・両者《りょうしゃ》・人《にん》気者《きもの》・若者《わかもの》・悪者《わるもの》

つかいかた
●将来《しょうらい》は医者《いしゃ》を目《め》ざす。●達者《たっしゃ》で暮《く》らす。
●働《はたら》き者《もの》と言《い》われる。

なりたち
もとの形《かたち》は（古い字形）。まきの燃《も》えているようす（古い字形）と、かご（古い字形）からでき、「やく、にる、あつい」いみの字《じ》でしたが、人《ひと》のいみの「もの」に使《つか》われるようになりました。

とくべつなよみ
猛者《もさ》

おん　シュ・（ス）
くん　ぬし・おも

5画［丶4画］

いみ
1 あるじ。ぬし。◆主観《しゅかん》・主君《しゅくん》・主権《しゅけん》・主《しゅ》席《せき》・主体《しゅたい》・主婦《しゅふ》 ◆（土地《とち》の主《ぬし》）地主《じぬし》・君《くん》主《しゅ》・戸主《こしゅ》・店主《てんしゅ》・坊主《ぼうず》・神主《かんぬし》・家主《やぬし》
2 おもな。◆（主《おも》に演《えん》じる）主演《しゅえん》・主催《しゅさい》・主《しゅ》治医《じい》・主将《しゅしょう》・主食《しゅしょく》・主審《しゅしん》・主人公《しゅじんこう》・主題《しゅだい》・主張《しゅちょう》・主任《しゅにん》・主犯《しゅはん》・主役《しゅやく》・主要《しゅよう》・主流《しゅりゅう》・主力《しゅりょく》

つかいかた
●主《しゅ》となる作物《さくもつ》。●池《いけ》の主《ぬし》。●主《おも》な作品《さくひん》。
●主語《しゅご》と述語《じゅつご》。●店《みせ》の主人《しゅじん》。

なりたち
家《いえ》のあかりの形《かたち》（古い字形）からできた字《じ》です。ともし火《び》は家《いえ》の中心《ちゅうしん》に置《お》かれるので、「あるじ、ぬし」のいみに使《つか》われます。

とくべつなよみ
法主《ほっす》（ほうしゅ・ほっしゅ）
※「ス」という読《よ》み―坊主《ぼうず》・

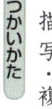

守

おん　シュ・ス

くん　まも-る・（もり）

6画［宀3画］

守守守守守守

守　はねる

いみ

■まもる。◆（守《まも》る・まもる〈護〉）守護《しゅご》・守《しゅ》衛《えい》・守勢《しゅせい》　◆厳守《げんしゅ》・攻守《こうしゅ》・死守《ししゅ》・留守《るす》

つかいかた

●規則《きそく》を守《まも》る。●約束《やくそく》を守《まも》る。

●守備《しゅび》をかためる。●留守《るす》をたのまれる。

もっとしろう

●［「お守り」の読《よ》み方《かた》］

「おまもり」と読《よ》めばまもり札《ふだ》のことで、「おもり」と読《よ》めば子《こ》どもの世話《せわ》をするいみになります。

なりたち

寸は手《て》（ヨ）を表《あらわ》し、シュ・スという読《よ》み方《かた》と「つかみとる」いみをしめしています。家《いえ》（宀）の中《なか》で手《て》で仕事《しごと》をすることから、「（家《いえ》を）おさめる」いみをもち、「まもる」いみにも使《つか》われます。

とくべつなよみ

※「ス」という読《よ》み―留守《るす》

取

おん　シュ

くん　と-る

8画［又6画］

取取取取取取取取

取　つきでない　はらう

いみ

■とる。◆（材料《ざいりょう》を取《と》る）取材《しゅざい》・取水《しゅすい》・取《しゅ》・聴取《ちょうしゅ》・受取《うけとり》・関取《せきとり》　◆奪《だつ》

つかいかた

●責任《せきにん》を取《と》る。●天下《てんか》を取《と》る。

●資格《しかく》を取得《しゅとく》する。●手紙《てがみ》を受《う》け取《と》る。

もっとしろう

●取捨選択《しゅしゃせんたく》－いるものやよいものを取《と》り、いらないものやわるいものを捨《す》てること。

なりたち

手（又）と耳とで、手でけものの耳《みみ》をつかんでとらえるようすから、ひろくものを「とる」いみを表《あらわ》します。

つかいわけ

●取《と》る・採《と》る

手《て》にとるときは「取《と》る」を使《つか》い、選《えら》んでとりあげるときは「採《と》る」を使《つか》います。

取《と》る…読《よ》みかけの本《ほん》を取《と》る。

採《と》る…薬草《やくそう》を採《と》る。

酒

おん　シュ

くん　さけ・さか

10画［酉3画］

酒酒酒酒酒酒酒酒

酒　酉にならない　わすれない

いみ

■さけ。◆（酒《さけ》を造《つく》る）酒造《しゅぞう》・酒場《さかば》・酒屋《さかや》・酒《しゅ》　◆飲酒《いんしゅ》・梅酒《うめしゅ》・禁酒《きんしゅ》・清酒《せいしゅ》・日本酒《にほんしゅ》・洋《よう》酒・甘酒《あまざけ》

つかいかた

●酒《さけ》を飲《の》む。●酒気《しゅき》を帯《お》びる。

●大酒《おおざけ》を飲《の》む。●酒盛《さかも》りをする。

もっとしろう

●酒《さけ》は百薬《ひゃくやく》の長《ちょう》－酒《さけ》はほどよく飲《の》むなら、どんな薬《くすり》よりからだによい。

なりたち

氵は水《みず》を表《あらわ》し、酉（ユウ）がシュと変《か》わって読《よ》み方《かた》と「さけつぼ（酉）」を表《あらわ》しています。「さけ」のいみに使《つか》われます。

とくべつなよみ

お神酒《みき》

※「さか」という読《よ》み―酒屋《さかや》・酒場《さかば》・酒盛《さかも》りなど

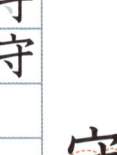

三年

受

8画［又6画］

おん ジュ

くん う-ける・う-かる

受受受受受受受受

受
ツにならない
夂にならない

いみ

■ **うける。うけとる。** ◆(試験《しけん》を受《う》ける)受《じゅ》験《けん》・受信《じゅしん》・受診《じゅしん》・受精《じゅせい》・受像《じゅぞう》・受諾《じゅだく》・受《じゅ》粉《ふん》・受話器《じゅわき》・受取《うけとり》 ◆授受《じゅじゅ》

つかいかた

● 注文《ちゅうもん》を**受《う》ける**。 ● 試験《しけん》に**受《う》かる**。

● 金賞《きんしょう》を**受賞《じゅしょう》**する。 ● **受付《うけつけ》**をすませる。

もっとしろう

● **受《う》けがいい**－周《まわ》りの反応《はんのう》や評判《ひょうばん》がいい。人《にん》気《き》がある。

● **受《う》けて立《た》つ**－相手《あいて》の攻撃《こうげき》や非難《ひなん》に応《おう》じて、反撃《はんげき》・反論《はんろん》する。

なりたち

もとの形《かたち》は𠬪。うけわたしする上下《じょうげ》の手《て》(爫)に、シュウ(のちにジュ)という読《よ》み方《かた》と「うけとる」いみをもつ舟(の ちに冖)を合《あ》わせて、ものをうけわたしすることから、「うける」いみを表《あらわ》します。

州

6画［川3画］

おん シュウ

くん (す)

州州州州州州

州
点は下向きに
かるくはらう
とめる

いみ

1 **川《かわ》のなかす。す。** ◆(三角《さんかくけい》形の、川《かわ》や海《うみ》の砂地《すなじ》(州)) 三角州《さんかくす》・中州《なかす》

2 **大陸《たいりく》。** ◆欧州《おうしゅう》・六大州《ろくだいしゅう》

3 **政治上《せいじじょう》の区分《くぶん》。** ◆奥州《おうしゅう》・九州《きゅうしゅう》・本州《ほんしゅう》

つかいかた

● **信州《しんしゅう》**を旅《たび》する。 ● 河口《かこう》の**三角州《さんかくす》**。

もっとしろう

● [六大州《ろくだいしゅう》]
地球上《ちきゅうじょう》の六《むっ》つの大陸《たいりく》のことを「六大州《ろくだいしゅう》」といいます。
・アジア ・アフリカ ・ヨーロッパ
・北《きた》アメリカ ・南《みなみ》アメリカ ・オセアニア

なりたち

もとの字《じ》は𡿧。川《かわ》の中《なか》の陸地《りくち》(○)を表《あらわ》している字《じ》です。「なかす(＝川《かわ》の中《なか》の島《しま》)、人《ひと》の住《す》む土地《とち》」のいみに使《つか》われます。

拾

9画［扌6画］

おん (シュウ・ジュウ)

くん ひろ-う

拾拾拾拾拾拾拾拾

拾
はねる

いみ

1 **ひろう。** ◆(拾《ひろ》う・得《え》る)拾得《しゅうとく》・拾集《しゅうしゅう》

2 **数《かず》の十《じゅう》。** ◆拾円《じゅうえん》

つかいかた

● 貝《かい》を**拾《ひろ》う**。 ● 落《お》とし物《もの》を**拾《ひろ》う**。

● タクシーを**拾《ひろ》う**。 ● 客《きゃく》を**拾《ひろ》う**。

● **拾得物《しゅうとくぶつ》**を届《とど》ける。 ● 混乱《こんらん》を**収拾《しゅうしゅう》**する。

● 雑誌《ざっし》を**拾《ひろ》い読《よ》み**する。

もっとしろう

● [拾集《しゅうしゅう》と収集《しゅうしゅう》]
「拾集《しゅうしゅう》」はただ拾《ひろ》い集《あつ》めるときに使《つか》い、「収集《しゅうしゅう》」は研究《けんきゅう》や趣味《しゅみ》でものを集《あつ》めるときに使《つか》います。

なりたち

扌は手《て》(𠂎)を表《あらわ》し、合(ゴウ)がシュウと変《か》わって読《よ》み方《かた》と「あわせる」いみをもっています。手《て》でひろい集《あつ》めることから、「ひろう」いみを表《あらわ》します。

終

11画［糸5画］

おん　シュウ

くん　お-わる・お-える

いみ

■おわる。おえる。◆(終《お》わる・止《と》まる)終《しゅう》止《し》・終《しゅう》演《えん》・終《しゅう》業《ぎょう》・終《しゅう》結《けつ》・終《しゅう》始《し》・終《しゅう》日《じつ》・終《しゅう》身《しん》・終《しゅう》生《せい》・終《しゅう》戦《せん》・終《しゅう》着《ちゃく》・終《しゅう》点《てん》・終《しゅう》電《でん》・終《しゅう》盤《ばん》・終《しゅう》末《まつ》・終《しゅう》夜《や》 ◆最《さい》終《しゅう》・始《し》終《じゅう》・臨《りん》終《じゅう》

つかいかた

●失敗《しっぱい》に終《お》わる。●宿題《しゅくだい》を終《お》える。
●終夜《しゅうや》営業《えいぎょう》する。●試合《しあい》が終了《しゅうりょう》する。

もっとしろう

●終始一貫《しゅうしいっかん》－始《はじ》めから終《お》わりまで、同《おな》じ考《かんが》えや態度《たいど》を貫《つらぬ》き通《とお》すこと。
●終止符《しゅうしふ》を打《う》つ－文《ぶん》の終《お》わりに「.」をつけるといういみで、物事《ものごと》を終《お》わらせること。

なりたち

糸は「いと」を表《あらわ》し、冬(トウ)がシュウと変《か》わって読《よ》み方《かた》と「おさめる」いみをしめしています。糸《いと》のまきおわりを表《あらわ》し、「おわり」のいみに使《つか》われます。

習

11画［羽5画］

おん　シュウ

くん　なら-う

いみ

1 ならう。◆(字《じ》を習《なら》う)習《しゅう》字《じ》・習《しゅう》得《とく》 ◆演《えん》習《しゅう》・学《がく》習《しゅう》・実《じっ》習《しゅう》・復《ふく》習《しゅう》・予《よ》習《しゅう》・練《れん》習《しゅう》

2 ならわし。◆習《しゅう》性《せい》 ◆慣《かん》習《しゅう》・常《じょう》習《しゅう》・風《ふう》習《しゅう》

つかいかた

●ピアノを習《なら》う。●早起《はやお》きを習慣《しゅうかん》にする。
●水泳《すいえい》の講習会《こうしゅうかい》。●補習《ほしゅう》を受《う》ける。

もっとしろう

●習《なら》うより慣《な》れろ－物事《ものごと》は、人《ひと》から教《おそ》わるよりも、自分《じぶん》で何度《なんど》もやって身《み》につけることがたいせつだ。(「習《なら》うより慣《な》れよ」ともいう)

なりたち

羽は「はね」を表《あらわ》し、自(ジ)が白と略《りゃく》され、シュウと変《か》わって読《よ》み方《かた》と、自《じ》分《ぶん》の動作《どうさ》を表《あらわ》しています。ひな鳥《どり》が何度《なんど》も羽《はね》を動《うご》かして飛《と》ぶ練習《れんしゅう》をすることを表《あらわ》す字《じ》で、「ならう」いみに使《つか》われます。

集

12画［隹4画］

おん　シュウ

くん　あつ-まる・あつ-める・(つど-う)

いみ

■あつまる。あつめる。◆(お金《かね》を集《あつ》める)集《しゅう》金《きん》・集《しゅう》荷《か》・集《しゅう》会《かい》・集《しゅう》結《けつ》・集《しゅう》散《さん》地《ち》・集《しゅう》団《だん》・集《しゅう》中《ちゅう》・集《しゅう》配《はい》・集《しゅう》落《らく》 ◆歌《か》集《しゅう》・画《が》集《しゅう》・群《ぐん》集《しゅう》・結《けっ》集《しゅう》・採《さい》集《しゅう》・詩《し》集《しゅう》・収《しゅう》集《しゅう》・選《せん》集《しゅう》・全《ぜん》集《しゅう》・徴《ちょう》集《しゅう》・特《とく》集《しゅう》・編《へん》集《しゅう》・募《ぼ》集《しゅう》・密《みっ》集《しゅう》

つかいかた

●人《ひと》が集《あつ》まる。●会費《かいひ》を集《あつ》める。
●若者《わかもの》たちが集《つど》う。●得点《とくてん》を集計《しゅうけい》する。
●集合《しゅうごう》の時刻《じこく》。●文集《ぶんしゅう》を作《つく》る。

もっとしろう

●集大成《しゅうたいせい》－たくさんのものを集《あつ》めて一《ひと》つにまとめあげること。

なりたち

たくさんの鳥《とり》(隹)が木《き》にあつまっているようす()からできた字《じ》で、「あつまる」いみに使《つか》われます。

住

7画［亻5画］

おん ジュウ

くん す-む・す-まう

住

いみ

■ **すむ。** ◆（住《す》んでいる所《ところ》）住所《じゅうしょ》・住居《じゅうきょ》・住《じゅう》民《みん》 ◆安住《あんじゅう》・移住《いじゅう》・永住《えいじゅう》・居住《きょじゅう》・在住《ざいじゅう》・先住《せんじゅう》民《みん》・定住《ていじゅう》

つかいかた

● マンションに住《す》む。 ● 住所《じゅうしょ》を書《か》く。
● お寺《てら》の住職《じゅうしょく》。 ● 静《しず》かな住宅地《じゅうたくち》。
● アパートの住人《じゅうにん》。 ● 衣食住《いしょくじゅう》が安定《あんてい》する。
● 住《す》み慣《な》れた町《まち》。

もっとしろう

● **住《す》めば都《みやこ》**－どんな所《ところ》でも住《す》んでみれば、そこが自分《じぶん》にとっていちばん住《す》み心地《ごこち》のよい所《ところ》となる。

なりたち

亻は人《ひと》を表《あらわ》し、主（シュ）がジュウと変《か》わって読《よ》み方《かた》と「とどまる」いみをしめしています。人《ひと》がとどまることから、「すむ」いみに使《つか》われます。

重

9画［里2画］

おん ジュウ・チョウ

くん え・おも-い・かさ-ねる・かさ-なる

重 ながく

いみ

1 **おもい。** ◆重圧《じゅうあつ》・重工業《じゅうこうぎょう》・重罪《じゅうざい》・重症《じゅうしょう》・重傷《じゅうしょう》・重税《じゅうぜい》・重体《じゅうたい》・重病《じゅうびょう》・重量《じゅうりょう》・重力《じゅうりょく》・重労働《じゅうろうどう》・重荷《おもに》 ◆比重《ひじゅう》・軽重《けいちょう》（けいじゅう）

2 **おもおもしい。たいせつな。** ◆重厚《じゅうこう》・重《じゅう》視《し》・重責《じゅうせき》・重大《じゅうだい》・重点《じゅうてん》・重宝《ちょうほう》 ◆厳重《げんじゅう》・貴重《きちょう》・慎重《しんちょう》・荘重《そうちょう》・尊重《そんちょう》

3 **かさなる。** ◆重重《じゅうじゅう》・重箱《じゅうばこ》・重複《ちょうふく》（じゅうふく） ◆一重《ひとえ》・八重桜《やえざくら》

つかいかた

● 責任《せきにん》が重《おも》い。 ● 苦労《くろう》を重《かさ》ねる。
● 重要《じゅうよう》な話《はなし》。 ● 五重《ごじゅう》の塔《とう》。 ● 体重《たいじゅう》を測《はか》る。

なりたち

立《た》っている人《ひと》（人土）と荷物《にもつ》の形《かたち》（東）とを合《あ》わせて、「荷《に》をせおう」いみを表《あらわ》す字《じ》で、「おもい」いみに使《つか》われます。

とくべつなよみ

十重《とえ》二十重《はたえ》

宿

11画［宀8画］

おん シュク

くん やど・やど-る・やど-す

まっすぐ下につける
宿

いみ

1 **やどる。** ◆（宿《やど》る・泊《と》まる）宿泊《しゅくはく》・宿舎《しゅくしゃ》・宿直《しゅくちょく》・宿賃《やどちん》・宿屋《やどや》 ◆合宿《がっしゅく》・下宿《げしゅく》・野《の》宿《じゅく》・民宿《みんしゅく》・船宿《ふなやど》

2 **前《まえ》からの。** ◆（前《まえ》からの〈宿〉願《ねが》い）宿願《しゅくがん》・宿命《しゅくめい》

つかいかた

● 宿《やど》を探《さが》す。 ● 命《いのち》が宿《やど》る。 ● 夏休《なつやす》みの宿題《しゅくだい》。
● 宿敵《しゅくてき》をたおす。 ● むかしの宿場町《しゅくばまち》。
● 学校《がっこう》の寄宿舎《きしゅくしゃ》に入《はい》る。
● 店先《みせさき》で雨宿《あまやど》りをする。

なりたち

佰のもとの形《かたち》は㑲で、人《ひと》とむしろをしめしています。人《ひと》がすわる席《せき》のことで、家《いえ》（宀）を加《くわ》えて、「やどる、とまる」いみを表《あらわ》します。「やどっている」ことから、「まえからの」といういみにも使《つか》われます。

所

8画［戸4画］

おん　ショ
くん　ところ

はらう

いみ

1 **ところ。** 所《しょ》・急所《きゅうしょ》・居所《きょしょ》(《い》どころ)・高所《こうしょ》・御所《ごしょ》・裁《さい》判所《ばんしょ》・関所《せきしょ》・託児所《たくじしょ》・短所《たんしょ》・長所《ちょうしょ》・難所《なんしょ》・場所《ばしょ》・便所《べんじょ》・名所《めいしょ》・役所《やくしょ》・要所《ようしょ》・台所《だいどころ》 ◆所長《しょちょう》 ◆(住《す》んでいる所《ところ》)住《じゅう》所

2 **…すること。…するもの。** 所持《しょじ》・所信《しょしん》・所蔵《しょぞう》・所属《しょぞく》・所帯《しょたい》・所定《しょてい》・所得《しょとく》・所望《しょもう》・所有《しょゆう》・所用《しょよう》 ◆所感《しょかん》・所作《しょさ》

つかいかた

● にぎやかな**所**《ところ》。 ● 石川県《いしかわけん》の**県庁所在地**《けんちょうしょざいち》。

● 目的地《もくてきち》までの**所要時間**《しょようじかん》を計《はか》る。

● **近所**《きんじょ》に住《す》む。

なりたち

斤は「おの」のいみをもち、戸(コ)がショと変《か》わって読《よ》み方《かた》をしめしています。木《き》を切《き》るときの音《おと》を表《あらわ》し、「木《き》を切《き》る」いみの字《じ》でしたが、「ところ」のいみに用《もち》いられるようになりました。

暑

三年

12画［日8画］

おん　ショ
くん　あつ-い

だす
ながく

いみ

■ **あつい。** ◆(暑《あつ》いあいだ〈中〉)暑中《しょちゅう》・暑気《しょき》 ◆残暑《ざんしょ》・避暑《ひしょ》・猛暑《もうしょ》

つかいかた

● 今年《ことし》の夏《なつ》は**暑い**《あつ》。 ● **残暑**《ざんしょ》がきびしい。

● **暑苦しい**《あつくる》夏《なつ》の夜《よる》。

もっとしろう

● **暑《あつ》さ寒《さむ》さも彼岸《ひがん》まで**－暑《あつ》いのも秋《あき》の彼岸《ひがん》まで、寒《さむ》いのも春《はる》の彼岸《ひがん》までで、それを過《す》ぎればしのぎやすい気候《きこう》になる。

なりたち

日は太陽《たいよう》を表《あらわ》し、者(シャ)がショと変《か》わって読《よ》み方《かた》と「火《ひ》を集《あつ》めてたくわえる」いみをしめしています。太陽《たいよう》がじりじりと照《て》らしていることを表《あらわ》す字《じ》で、「あつい」いみに使《つか》われます。

つかいわけ

● **厚**《あつ》**い・熱**《あつ》**い・暑**《あつ》**い** →〈厚《こう》〉364ページ

助

7画［力5画］

おん　ジョ
くん　たす-ける・たす-かる・(すけ)

だす
だす
はねる

いみ

■ **たすける。** ◆(言葉《ことば》で助《たす》ける)助言《じょげん》・助手《じょしゅ》・助成《じょせい》・助走《じょそう》・助長《じょちょう》・助命《じょめい》・助役《じょやく》・助力《じょりょく》・助太刀《すけだち》 ◆援助《えんじょ》・内助《ないじょ》・補助《ほじょ》

つかいかた

● 貧《まず》しい人《ひと》を**助ける**《たす》。 ● **助け**《たす》を求《もと》める。

● おぼれた人《ひと》を**救助**《きゅうじょ》する。

もっとしろう

● ［助太刀《すけだち》］
　太刀《たち》は「かたな」のことで、「かたなを持《も》って助《たす》ける」ことから「力《ちから》を貸《か》して助《たす》ける」ことをいいます。

なりたち

力は「ちから」を表《あらわ》し、且(ショ)がジョと変《か》わって読《よ》み方《かた》と「かさねる」いみをしめしています。力《ちから》をくわえることから、「たすける」いみを表《あらわ》します。

昭

9画［日5画］

おん　ショウ

くん

昭　だ さない　はねる

いみ

■ あきらか。◆(あきらか〈昭〉・平和《へいわ》)昭和《しょうわ》

つかいかた

● 昭和《しょうわ》を振《ふ》り返《かえ》る。
● 昭和《しょうわ》の時代《じだい》。

もっとしろう

● [昭和《しょうわ》]

「昭和《しょうわ》」は「平成《へいせい》」の前《まえ》の年号《ねんごう》で、世《よ》の中《なか》が明《あか》るく平和《へいわ》に治《おさ》まるように願《ねが》ってつけられた名《な》です。「昭和《しょうわ》」の前《まえ》は「大正《たいしょう》」、その前《まえ》は「明治《めいじ》」です。

なりたち

日は太陽《たいよう》を表《あらわ》し、召がショウという読《よ》み方《かた》と「あきらか」のいみをしめしています。日《ひ》の光《ひかり》のあかるいことを表《あらわ》し、「あきらか」のいみに使《つか》われます。

消

10画［氵7画］

おん　ショウ

くん　き-える・け-す

消　とめる　はねる　ﾂにならない

いみ

1 けす。なくなる。◆(火《ひ》を消《け》す)消火《しょうか》・消化《しょうか》・消去《しょうきょ》・消失《しょうしつ》・消灯《しょうとう》・消費《しょうひ》・消防《しょうぼう》・消滅《しょうめつ》

2 ひかえめ。◆消極的《しょうきょくてき》

つかいかた

● 明《あ》かりが消《き》える。● テレビを消《け》す。
● 火《ひ》を消《け》す。● 心配《しんぱい》が解消《かいしょう》される。

もっとしろう

● [消極的《しょうきょくてき》]

進《すす》んで物事《ものごと》をしたり考《かんが》えたりしないようすを「消極的《しょうきょくてき》」といい、その反対《はんたい》を「積極的《せっきょくてき》」といいます。

なりたち

氵は水《みず》を表《あらわ》し、肖がショウという読《よ》み方《かた》と「すくない」いみをしめしています。水《みず》が少《すく》なくなることから、「きえる、なくなる」いみに使《つか》われます。

商

11画［口8画］

おん　ショウ

くん　(あきな-う)

商　はねる

いみ

■ 売《う》り買《か》い。あきない。◆(商《あきな》いをする人《ひと》)商人《しょうにん》・商業《しょうぎょう》・商社《しょうしゃ》・商船《しょうせん》・商談《しょうだん》・商標《しょうひょう》
◆行商《ぎょうしょう》・小売商《こうりしょう》・古物商《こぶつしょう》・通商《つうしょう》

つかいかた

● 食品《しょくひん》を商《あきな》う。● 駅前《えきまえ》の商店街《しょうてんがい》。
● 商売《しょうばい》を始《はじ》める。● 商品《しょうひん》を並《なら》べる。

もっとしろう

● [商《しょう》と積《せき》]

わり算《ざん》の答《こた》えを「商《しょう》」といい、かけ算《ざん》の答《こた》えは「積《せき》」といいます。

なりたち

もとの形《かたち》は商。冂は台地《だいち》の形《かたち》を表《あらわ》し、章（辛は略《りゃく》した形《かたち》）がショウという読《よ》み方《かた》と「たかい」いみをしめしています。高台《たかだい》の住居《じゅうきょ》を表《あらわ》していましたが、「商売《しょうばい》」のいみに使《つか》われるようになりました。

章

11画［立6画］

おん　ショウ

くん

いみ

1 **詩《し》や文《ぶん》、曲《きょく》などのひとまとまり。くぎり。** ◆章句《しょうく》 ◆（楽《がっ》曲《きょく》のくぎり〈章〉）楽章《がくしょう》・憲章《けんしょう》・序章《じょしょう》・文章《ぶんしょう》

2 **しるし。** ◆（学校《がっこう》のしるし〈章〉）校章《こうしょう》・印章《いんしょう》・記章《きしょう》・勲章《くんしょう》・肩章《けんしょう》・帽章《ぼうしょう》・紋章《もんしょう》・腕章《わんしょう》

つかいかた

● 四《よっ》つの章《しょう》に分《わ》けて作文《さくぶん》する。
● 校章《こうしょう》をつける。
● 交響曲《こうきょうきょく》の第一楽章《だいいちがくしょう》。

もっとしろう

● ［章《しょう》の始《はじ》まりと終《お》わり］
文章《ぶんしょう》の、最初《さいしょ》の章《しょう》をふつう「序章《じょしょう》」、最後《さいご》の章《しょう》を「終章《しゅうしょう》」といいます。

なりたち

もとの形《かたち》は𢆉。いれずみに使《つか》う大《おお》きな針《はり》の形《かたち》を表《あらわ》し、「くぎり、しるし」のいみに使《つか》われます。

勝

12画［力10画］

おん　ショウ

くん　か-つ・（まさ-る）

いみ

1 **かつ。** ◆（勝《か》ち負《ま》け）勝負《しょうぶ》・勝因《しょういん》・勝機《しょうき》・勝者《しょうしゃ》・勝敗《しょうはい》・勝利《しょうり》・勝率《しょうりつ》 ◆圧勝《あっしょう》・快《かい》勝《しょう》・完勝《かんしょう》・常勝《じょうしょう》・全勝《ぜんしょう》・大勝《たいしょう》・必勝《ひっしょう》・不《ふ》戦勝《せんしょう》・楽勝《らくしょう》・連勝《れんしょう》

2 **すぐれる。** ◆名勝《めいしょう》

つかいかた

● 試合《しあい》に勝《か》つ。 ● 勝《か》ちを収《おさ》める。
● 健康《けんこう》に勝《まさ》るものはない。
● 勝算《しょうさん》は十分《じゅうぶん》ある。 ● 海《うみ》と山《やま》の景勝地《けいしょうち》。
● 決勝戦《けっしょうせん》に出《で》る。

もっとしろう

● 勝《か》ちに乗《の》る－勝《か》って勢《いきお》いづく。

なりたち

力は「ちから」を表《あらわ》し、朕がショウという読《よ》み方《かた》と「あげる」いみを表《あらわ》します。力《ちから》を入《い》れて持《も》ち上《あ》げることから、「もちこたえる、かつ」いみに使《つか》われます。

乗

9画［ノ8画］

おん　ジョウ

くん　の-る・の-せる

いみ

1 **のる。** ◆（乗《の》り降《お》り）乗降《じょうこう》・乗員《じょういん》・乗客《じょうきゃく》・乗船《じょうせん》・乗馬《じょうば》・乗務員《じょうむいん》・乗用車《じょうようしゃ》・乗組員《のりくみいん》

2 **うまく利用《りよう》する。** ◆便乗《びんじょう》

つかいかた

● 相手《あいて》のすきに乗《じょう》じる。 ● バスに乗《の》る。
● 馬《うま》に乗《の》せる。 ● 乗車券《じょうしゃけん》を買《か》う。
● 乗《の》り心地《ごこち》のよい車《くるま》。

もっとしろう

● 乗《の》りかかった船《ふね》－乗《の》った船《ふね》が岸《きし》をはなれたら、とちゅうで降《お》りることができないことから、いったん始《はじ》めてしまった以上《いじょう》、とちゅうでやめるわけにはいかないことのたとえ。

なりたち

木《き》（𣎳）の上《うえ》に人《ひと》が立《た》っている形《かたち》（𠂇）からできた字《じ》で、「のる」いみを表《あらわ》します。

三年

植

おん　ショク

くん　う－える・う－わる

12画［木8画］

いみ

1 **うえる。** ◆（樹《じゅ》木《もく》を植《う》える）植樹《しょくじゅ》・植物《しょくぶつ》・植木《うえき》 ◆移植《いしょく》

2 **人《ひと》をうつす。** ◆植民地《しょくみんち》 ◆入植《にゅうしょく》

つかいかた

- 球根《きゅうこん》を**植《う》える**。
- 庭《にわ》に**植《う》わって**いる木《き》。
- 山々《やまやま》に**植林《しょくりん》**をする。
- **田植《たう》え**をする。

もっとしろう

- ［植木《うえき》］
　「うえき」はむかしから送《おく》りがなをつけないで書《か》かれてきたことばです。「植《う》え木《き》」ではなく「植木《うえき》」と書《か》きます。

なりたち

木は「き」を表《あらわ》し、直（チョク）がショクと変《か》わって読《よ》み方《かた》と「まっすぐ」のいみをしめしています。木《き》をまっすぐに立《た》てることから、「草木《くさき》をうえる」いみに使《つか》われます。

申

おん　（シン）

くん　もう－す

5画［田0画］

いみ

1 **もうす。** ◆（申《もう》す・告《つ》げる）申告《しんこく》・申請《しんせい》

2 **十二支《じゅうにし》の九番《きゅうばん》め。さる。**

つかいかた

- **内申書《ないしんしょ》**を受験校《じゅけんこう》へ送《おく》る。
- 参加《さんか》を**申《もう》し込《こ》む**。
- **申《もう》し訳《わけ》**がない。

もっとしろう

- ［申《もう》す］
　「申《もう》す」は「言《い》う」のへりくだった言《い》い方《かた》で、目上《めうえ》の人《ひと》などに自分《じぶん》が「言《い》う」場合《ばあい》に使《つか》います。
　・私《わたし》は山田《やまだ》と申《もう》します。
　・ご説明《せつめい》申《もう》し上《あ》げます。

なりたち

背骨《せぼね》（｜）と、ろっ骨《こつ》（）を合《あ》わせた形《かたち》（）からでき、背中《せなか》がまっすぐのびた形《かたち》を表《あらわ》している字《じ》でしたが、「もうす」いみをもつようになりました。

身

おん　シン

くん　み

7画［身0画］

いみ

1 **からだ。自分《じぶん》。** ◆（身《み》・心《こころ》）身心《しんしん》・身上《しんじょう》（しんしょう）・身体《しんたい》・身辺《しんぺん》・身勝手《みがって》・身柄《みがら》・身軽《みがる》・身近《みぢか》・身元《みもと》 ◆一身《いっしん》・屈身《くっしん》・献身《けんしん》・自身《じしん》・終身《しゅうしん》・出身《しゅっしん》・心身《しんしん》・人身《じんしん》・全身《ぜんしん》・単身《たんしん》・長身《ちょうしん》・投身《とうしん》・独身《どくしん》・半身《はんしん》・病身《びょうしん》・分身《ぶんしん》・変身《へんしん》・満身《まんしん》・親身《しんみ》・不死身《ふじみ》

2 **なかみ。** ◆刀身《とうしん》・黄身《きみ》

つかいかた

- 魚《さかな》の皮《かわ》と**身《み》**。
- 自分《じぶん》の**身《み》**を守《まも》る。
- **身長《しんちょう》**を測《はか》る。
- かばんの**中身《なかみ》**。

もっとしろう

- **身《み》が入《はい》る**－一生懸命《いっしょうけんめい》になる。
- **身《み》にしみる**－しみじみと心《こころ》に感《かん》じる。

なりたち

おなかに子《こ》どもをみごもっている形《かたち》（）からできた字《じ》で、「からだ」のいみを表《あらわ》します。

三年

神

9画［ネ5画］

おん　シン・ジン

くん　かみ・（かん・こう）

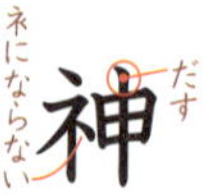

いみ

1 かみ。◆（神《かみ》をまつる社《やしろ》）神社《じんじゃ》・神聖《しんせい》・神《しん》前《ぜん》・神殿《しんでん》・神道《しんとう》・神父《しんぷ》・神宮《じんぐう》・神代《じんだい》（かみよ）・神業《かみわざ》 ◆祭神《さいじん》・天神《てんじん》・氏神《うじがみ》・女神《めがみ》

2 ふしぎな力《ちから》。◆神童《しんどう》・神秘《しんぴ》

3 こころ。◆神経《しんけい》 ◆失神《しっしん》・精神《せいしん》

つかいかた

●神《かみ》をまつる。●日本《にほん》の神話《しんわ》。

なりたち

もとの形《かたち》は祁。示は「かみ」を、申が稲光《いなびかり》を表《あらわ》します。申は申となり、シンという読《よ》み方《かた》をしめしています。天《てん》の神《かみ》を表《あらわ》す字《じ》で、「かみ」のいみに使《つか》われます。

とくべつなよみ

お神酒《みき》・神楽《かぐら》

※「かん・こう」という読《よ》み―神主《かんぬし》・神神《こうごう》しい

※「神奈川県」は「かながわけん」と読《よ》みます。

真

10画［目5画］

おん　シン

くん　ま

いみ

■まこと。ほんとう。◆（まこと〈真〉・まこと〈実〉）真実《しんじつ》・真意《しんい》・真価《しんか》・真偽《しんぎ》・真《しん》空《くう》・真珠《しんじゅ》・真性《しんせい》・真理《しんり》・真一文字《まいちもんじ》・真顔《まがお》・真四角《ましかく》・真人間《まにんげん》・真昼《まひる》・真水《まみず》・真夜中《まよなか》 ◆写真《しゃしん》・純真《じゅんしん》

つかいかた

●真《しん》の姿《すがた》。●人《ひと》の話《はなし》を真《ま》に受《う》ける。

●真剣《しんけん》に学《まな》ぶ。●真相《しんそう》を探《さぐ》る。

●真心《まごころ》をこめて接《せっ》する。

●真《ま》っ赤《か》になっておこる。

なりたち

古《ふる》い字《じ》は眞。人《ひと》（匕）と、首《くび》がさかさになっている形《かたち》（県）からできた字《じ》で、「さかさ」のいみをもっていましたが、同《おな》じ言《い》い方《かた》の「信《しん》」のいみに使《つか》われ、「まこと」のいみに使《つか》われるようになりました。

とくべつなよみ

真面目《まじめ》・真《ま》っ赤《か》・真《ま》っ青《さお》

深

11画［氵8画］

おん　シン

くん　ふか-い・ふか-まる・ふか-める

いみ

■ふかい。◆（深《ふか》い海《うみ》）深海《しんかい》・深呼吸《しんこきゅう》・深《しん》山《ざん》・深謝《しんしゃ》・深浅《しんせん》・深緑《しんりょく》・深手《ふかで》 ◆水深《すいしん》

つかいかた

●深《ふか》い悲《かな》しみ。●秋《あき》が深《ふか》まる。

●自信《じしん》を深《ふか》める。●深刻《しんこく》な問題《もんだい》。

●深夜《しんや》の放送《ほうそう》。

もっとしろう

●［深緑《しんりょく》と新緑《しんりょく》］

茂《しげ》った草木《くさき》のこい緑《みどり》を「深緑《しんりょく》」といい、夏《なつ》の初《はじ》めの若葉《わかば》の緑《みどり》を「新緑《しんりょく》」といいます。

なりたち

氵は水《みず》を表《あらわ》し、罙（シン）のもとの字《じ》は穾で、ふかい穴《あな》の中《なか》を手《て》（又）で火をもってさぐるようすから「ふかい」いみをもっています。水《みず》のふかいことを表《あらわ》す字《じ》で、「ふかい」いみに使《つか》われます。

進

11画［辶8画］

おん　シン

くん　すす-む・すす-める

いみ

1 **すすむ。** ◆(進《すす》む・行《い》く)進行《しんこう》・進化《しんか》・進《しん》級《きゅう》・進軍《しんぐん》・進撃《しんげき》・進攻《しんこう》・進水式《しんすいしき》・進展《しんてん》・進度《しんど》・進入《しんにゅう》・進路《しんろ》 ◆行進《こうしん》・後進《こうしん》・昇進《しょうしん》・精進《しょうじん》・新進《しんしん》・推進《すいしん》・先進《せんしん》・前進《ぜんしん》・増進《ぞうしん》・直進《ちょくしん》・突進《とっしん》・躍進《やくしん》

2 **さし上《あ》げる。** ◆進言《しんげん》・進上《しんじょう》・進呈《しんてい》・進物《しんもつ》 ◆寄進《きしん》

つかいかた

● 食《しょく》が**進《すす》む**。 ● 車《くるま》を**進《すす》める**。

● 大学《だいがく》に**進学《しんがく》**する。 ● 決勝《けっしょう》に**進出《しんしゅつ》**する。

● 科学《かがく》が**進歩《しんぽ》**する。 ● **行進曲《こうしんきょく》**が流《なが》れる。

なりたち

辶は道《みち》(⼻)と足《あし》(止)からできていて、道《みち》を歩《ある》くことを表《あらわ》し、隹が「とり」のいみをもっています。鳥《とり》のように速《はや》くいくことを表《あらわ》し、「すすむ」いみに使《つか》われます。

三年

世

5画［一4画］

おん　セイ・セ

くん　よ

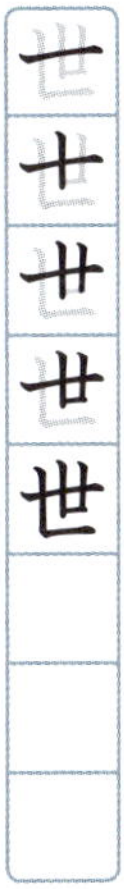

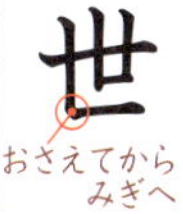

いみ

1 **よのなか。** ◆(世《よ》の中《なか》の議論《ぎろん》)世論《せろん》(よろん)・世間《せけん》・世相《せそう》・世話《せわ》 ◆時世《じせい》・処世《しょせい》・絶世《ぜっせい》・乱世《らんせい》・出世《しゅっせ》

2 **人《ひと》の一生《いっしょう》。** ◆世代《せだい》 ◆現世《げんせ》・前世《ぜんせ》・来世《らいせ》

3 **時代《じだい》。** ◆永世《えいせい》・近世《きんせい》・中世《ちゅうせい》

つかいかた

● 平和《へいわ》な**世《よ》**。 ● **世紀《せいき》**の大発明《だいはつめい》。

● **世界《せかい》**の地図《ちず》。 ● **後世《こうせい》**に名《な》を残《のこ》す。

もっとしろう

● **世《よ》に出《で》る**－世間《せけん》に認《みと》められる。

● **世《よ》を去《さ》る**－死《し》ぬ。

なりたち

もとの形《かたち》は卅。十《じゅう》(十)が三《みっ》つで三十《さんじゅう》をしめしていました。三十年《さんじゅうねん》たつとよのなかがかわり、親子《おやこ》の代《だい》もかわることから、「よのなか、人《ひと》の人生《じんせい》」のいみを表《あらわ》しています。

整

16画［攵12画］

おん　セイ

くん　ととの-える・ととの-う

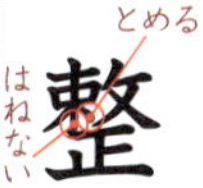

いみ

■ **ととのえる。** ◆(列《れつ》を整《ととの》える)整列《せいれつ》・整《せい》形《けい》・整数《せいすう》・整地《せいち》・整頓《せいとん》・整髪《せいはつ》・整理《せいり》

つかいかた

● 服装《ふくそう》を**整《ととの》える**。 ● 準備《じゅんび》が**整《ととの》う**。

● **整然《せいぜん》**と並《なら》ぶ。 ● 車《くるま》を**整備《せいび》**する。

なりたち

敕は「いましめる」いみをもち、正がセイという読《よ》み方《かた》と「ととのえる」いみをしめしています。いましめてきちんとさせることを表《あらわ》し、「ととのえる」いみに使《つか》われます。

つかいわけ

● **整《ととの》える・調《ととの》える**

「**整《ととの》える**」はみだれたところがないようにきちんとするときに、「**調《ととの》える**」は不《ふ》足《そく》なくそろえるときに使《つか》います。

整《ととの》える…身《み》なりを整《ととの》える。

調《ととの》える…費用《ひよう》を調《ととの》える。

昔

8画［日4画］

おん　（セキ・シャク）

くん　むかし

昔 昔 昔 昔 昔 昔 昔 昔

いみ

■**むかし。**昔《じゃく》・一昔《ひとむかし》　◇（昔《むかし》の話《はなし》）昔話《むかしばなし》・昔日《せきじつ》　◇今《こん》

つかいかた

●昔《むかし》と今《いま》。●日本《にほん》の昔話《むかしばなし》。●昔風《むかしふう》の家《いえ》。

もっとしろう

●**昔取《むかしと》ったきねづか**－若《わか》いころにきたえたじまんの腕前《うでまえ》。「きねづか」は、きねの手《て》で持《も》つ部分《ぶぶん》。きねで餅《もち》をつく技《わざ》からできたことば。

なりたち

もとの形《かたち》は𦣻。日は日《ひ》を表《あらわ》し、⺿がセキという読《よ》み方《かた》と、物《もの》をつみかさねるようすを表《あらわ》しています。つみかさねた日《ひ》から、「むかし」のいみに使《つか》われます。

とくべつなよみ

昔《じゃく》

※「シャク」という読《よ》み—今《こん》

全

6画［入4画］

おん　ゼン

くん　まった-く・すべ-て

全 全 全 全 全 全

いみ

■**そろっている。すべて。**◇（すべて〈全〉の部《ぶ》分《ぶん》）全部《ぜんぶ》・全員《ぜんいん》・全会《ぜんかい》・全額《ぜんがく》・全巻《ぜんかん》・全景《ぜんけい》・全権《ぜんけん》・全校《ぜんこう》・全集《ぜんしゅう》・全勝《ぜんしょう》・全焼《ぜんしょう》・全身《ぜんしん》・全盛《ぜんせい》・全然《ぜんぜん》・全体《ぜんたい》・全長《ぜんちょう》・全通《ぜんつう》・全土《ぜんど》・全敗《ぜんぱい》・全滅《ぜんめつ》・全面《ぜんめん》・全力《ぜんりょく》　◇完全《かんぜん》・健全《けんぜん》・万全《ばんぜん》

つかいかた

●全《まった》く理解《りかい》できない。●病気《びょうき》が全快《ぜんかい》する。●全国《ぜんこく》の代表《だいひょう》が集《あつ》まる大会《たいかい》。●全治《ぜんち》一《いっ》か月《げつ》のけが。●全文《ぜんぶん》を書《か》き写《うつ》す。

もっとしろう

●**全知全能《ぜんちぜんのう》**－すべてを知《し》り、すべてができる能力《のうりょく》。

なりたち

入は「集《あつ》める」いみを表《あらわ》し、王がみがきあげた玉《たま》を表《あらわ》しています。「かんぜん、すべて」のいみに使《つか》われます。

相

9画［目4画］

おん　ソウ・（ショウ）

くん　あい

相 相 相 相 相 相 相 相 相

いみ

1 **ようす。**◇相場《そうば》　◇（世《よ》の中《なか》のようす〈相〉）世相《せそう》・形相《ぎょうそう》・血相《けっそう》・真相《しんそう》・手相《てそう》・人相《にんそう》・貧相《ひんそう》・様相《ようそう》

2 **おたがいに。**◇（おたがい〈相〉・互《たが》い）相《そう》互《ご》・相違《そうい》・相応《そうおう》・相殺《そうさい》・相当《そうとう》・相性《あいしょう》・相《あい》棒《ぼう》

3 **大臣《だいじん》。**◇外相《がいしょう》・宰相《さいしょう》・首相《しゅしょう》

つかいかた

●水難《すいなん》の相《そう》がある。●遺産《いさん》を相続《そうぞく》する。●親《おや》に相談《そうだん》する。●相席《あいせき》をお願《ねが》いします。●試合《しあい》の相手《あいて》。

なりたち

木と目が向《む》かい合《あ》うようすを表《あらわ》し、「みる」いみをもっています。のちに、「たがいに、たすける」いみをもつようになりました。

とくべつなよみ

相撲《すもう》

送

9画［⻌6画］

おん　ソウ

くん　おく-る

いみ

■おくる。◆（金《かね》を送《おく》る）送金《そうきん》・送還《そうかん》・送《そう》信《しん》・送電《そうでん》・送風《そうふう》・送料《そうりょう》 ◆運送《うんそう》・護送《ごそう》・直送《ちょくそう》・転送《てんそう》・発送《はっそう》・返送《へんそう》・輸送《ゆそう》・郵送《ゆうそう》

つかいかた

●小包《こづつみ》を送《おく》る。●送迎《そうげい》のバスに乗《の》る。

●願書《がんしょ》を送付《そうふ》する。●駅《えき》まで見送《みおく》る。

もっとしろう

●［送《おく》りがな］

送《おく》りがなは、漢字《かんじ》のあとにつけるかなのことで、そのことばの読《よ》み方《かた》を明《あき》らかにしめすためのものです。「送《おく》る」の「る」、「明《あか》るい」の「るい」など。

なりたち

⻌は道《みち》を歩《ある》くことを表《あらわ》し、关（ヨウ）がソウと変《か》わって読《よ》み方《かた》と「おくる」いみをしめしています。「おくっていく」いみの字《じ》です。

想

13画［心9画］

おん　ソウ・（ソ）

くん

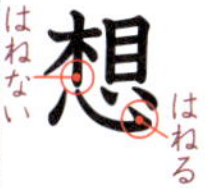

いみ

■おもう。考《かんが》え。◆想像《そうぞう》・想定《そうてい》 ◆（感《かん》じる・おもう〔想〕）感想《かんそう》・仮想《かそう》・幻想《げんそう》・思《し》想《そう》・随想《ずいそう》・着想《ちゃくそう》・追想《ついそう》・発想《はっそう》・黙想《もくそう》・予《よ》想《そう》・連想《れんそう》・愛想《あいそ》（あいそう）

つかいかた

●感想文《かんそうぶん》を書《か》く。●空想《くうそう》の世界《せかい》。

●作文《さくぶん》の構想《こうそう》を練《ね》る。●予想《よそう》が当《あ》たる。

●理想《りそう》に燃《も》える。

もっとしろう

●想像《そうぞう》を絶《ぜっ》する－その状態《じょうたい》をとても想像《そうぞう》することができない。

なりたち

心は「こころ」を表《あらわ》し、相がソウという読《よ》み方《かた》と「みる」いみをしめしています。心《こころ》にうかべることから、「思《おも》う、考《かんが》え」のいみに使《つか》われます。

とくべつなよみ

※「ソ」という読《よ》み―愛想《あいそ》

息

10画［心6画］

おん　ソク

くん　いき

いみ

1 いき。◆（鼻《はな》でする息《いき》）鼻息《はないき》・生息《せいそく》・窒《ちっ》息《そく》・寝息《ねいき》

2 やすむ。◆（休《やす》む・やすむ〔息〕）休息《きゅうそく》・安《あん》息《そく》

3 子《こ》。◆息女《そくじょ》 ◆子息《しそく》

つかいかた

●息《いき》を吸《す》う。●つかれたので休息《きゅうそく》をとる。

●戦争《せんそう》が終息《しゅうそく》する。●消息《しょうそく》が絶《た》える。

●熱《ねつ》が高《たか》く息苦《いきぐる》しい。

もっとしろう

●息《いき》をつく－ほっとする。ひと休《やす》みする。

●息《いき》をのむ－はっとおどろく。

なりたち

自のもとの形《かたち》は𦣻で鼻《はな》を表《あらわ》し、心が「むね」のいみをもっています。鼻《はな》から呼吸《こきゅう》する「いき」を表《あらわ》す字《じ》です。

とくべつなよみ

息吹《いぶき》・息子《むすこ》

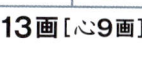

速

10画［⻌7画］

おん　ソク

くん　はや-い・はや-める・はや-まる・(すみ-やか)

いみ

■はやい。◆(速《はや》い効《き》きめ)速効《そっこう》・速達《そくたつ》・速《そく》度《ど》・速読《そくどく》・速力《そくりょく》・速攻《そっこう》◆音速《おんそく》・快速《かいそく》・急速《きゅうそく》・高速《こうそく》・早速《さっそく》・時速《じそく》・失速《しっそく》・秒速《びょうそく》

つかいかた

●速《はや》く走《はし》る。●足《あし》を速《はや》める。●速度《そくど》をゆるめる。●風速《ふうそく》二十《にじゅう》メートル。

なりたち

⻌は道《みち》を歩《ある》くことを表《あらわ》し、束がソクという読《よ》み方《かた》と「急《いそ》がせる」いみをしめしています。道《みち》を急《いそ》がせることから、「はやい」いみに使《つか》われます。

つかいわけ

「速《はや》い」はかかる時間《じかん》がはやい、「早《はや》い」は時期《じき》や時刻《じこく》がはやいことを表《あらわ》します。

●速《はや》い・早《はや》い

速《はや》い…川《かわ》の流《なが》れが速《はや》い。

早《はや》い…起《お》きるのが早《はや》い。

族

11画［方7画］

三年

おん　ゾク

くん

いみ

■みうち。なかま。◆(家《いえ》のみうち〈族〉)家《か》族《ぞく》・遺族《いぞく》・一族《いちぞく》・貴族《きぞく》・血族《けつぞく》・皇族《こうぞく》・豪《ごう》族《ぞく》・士族《しぞく》・種族《しゅぞく》・親族《しんぞく》

つかいかた

●家族《かぞく》で話《はな》す。●水族館《すいぞくかん》を見学《けんがく》する。●民族《みんぞく》が独立《どくりつ》する。

もっとしろう

●［民族《みんぞく》と民俗《みんぞく》］

「民族《みんぞく》」は同《おな》じ祖先《そせん》から出《で》て、ことばや文《ぶん》化《か》などが共通《きょうつう》している人々《ひとびと》の集《あつ》まり、「民《みん》俗《ぞく》」はむかしから受《う》けつがれている民間《みんかん》のならわしのことです。

なりたち

㫃(はた)と矢《や》を合《あ》わせた字《じ》で、はたの下《もと》に矢を集《あつ》めることを表《あらわ》し、「あつまる」いみに使《つか》われます。のちに、「みうち」のいみをもつようになりました。

他

5画［亻3画］

おん　タ

くん　ほか

いみ

■ほか。◆(ほか〈他〉の人《ひと》)他人《たにん》・他意《たい》・他界《たかい》・他言《たごん》・他殺《たさつ》・他方《たほう》◆自他《じた》

つかいかた

●他《た》に例《れい》を見《み》ない。●その他《た》の国々《くにぐに》。●他国《たこく》へ移《うつ》り住《す》む。●他殺《たさつ》の疑《うたが》いがある。●自他《じた》ともに認《みと》める。

もっとしろう

●他人行儀《たにんぎょうぎ》－親《した》しい間《あいだ》がらなのに、他人《たにん》に対《たい》するようによそよそしいこと。

なりたち

亻は人《ひと》を表《あらわ》し、也がタという読《よ》み方《かた》と「へび」のいみをしめしました。也はのちに「別《べつ》」のいみを表《あらわ》すようになり、「別《べつ》の人《ひと》、ほか」のいみに使《つか》われます。

つかいわけ

●他《ほか》・外《ほか》

他《ほか》…他《ほか》の質問《しつもん》。他《ほか》の人《ひと》。

外《ほか》…思《おも》いの外《ほか》。想定《そうてい》の外《ほか》。

打

5画［扌2画］

打　はねる

おん　ダ

くん　う-つ

いみ

■うつ。すすんでする。◆（打《う》ち開《ひら》く）打《だ》開《かい》・打《だ》楽《がっ》器《き》・打《だ》球《きゅう》・打《だ》撃《げき》・打《だ》算《さん》・打《だ》者《しゃ》・打《だ》順《じゅん》・打《だ》診《しん》・打《だ》席《せき》・打《だ》線《せん》・打《だ》点《てん》・打《だ》電《でん》・打《だ》倒《とう》・打《だ》撲《ぼく》・打《だ》率《りつ》 ◆安《あん》打《だ》・強《きょう》打《だ》・代《だい》打《だ》・長《ちょう》打《だ》・痛《つう》打《だ》・本《ほん》塁《るい》打《だ》・乱《らん》打《だ》・連《れん》打《だ》

つかいかた

●くぎを打《う》つ。●注《ちゅう》射《しゃ》を打《う》つ。

●電《でん》報《ぽう》を打《う》つ。●打《だ》席《せき》に立《た》つ。

●迷《めい》信《しん》を打《だ》破《は》する。●不《ふ》安《あん》を打《う》ち消《け》す。

もっとしろう

●**打《う》てばひびく**－働《はたら》きかけると、すぐにそれにこたえる動《うご》きをする。

なりたち

扌は手《て》（）を表《あらわ》し、丁（テイ）がダと変《か》わって読《よ》み方《かた》と「うつ」いみをしめしています。手《て》で「うつ」いみに使《つか》われます。

対

7画［寸4画］

対　とめる　はねる

おん　タイ・（ツイ）

くん

いみ

1 むかいあう。あいてになる。◆（相《あい》対《たい》する角《かく》）対《たい》角《かく》・対《たい》応《おう》・対《たい》外《がい》・対《たい》岸《がん》・対《たい》局《きょく》・対《たい》決《けつ》・対《たい》抗《こう》・対《たい》校《こう》・対《たい》処《しょ》・対《たい》照《しょう》・対《たい》談《だん》・対《たい》面《めん》・対《たい》立《りつ》・対《たい》話《わ》 ◆応《おう》対《たい》・敵《てき》対《たい》・反《はん》対《たい》

2 つい。二《ふた》つで一《ひと》くみになる。◆（つい〔対〕の句《く》）対《つい》句《く》

つかいかた

●赤《あか》組《ぐみ》対《たい》白《しろ》組《ぐみ》。●対《つい》の茶《ちゃ》わん。

●問《もん》題《だい》に対《たい》する答《こた》え。●対《たい》策《さく》を立《た》てる。

●子《こ》ども対《たい》象《しょう》の本《ほん》。●対《たい》戦《せん》の日《ひ》が決《き》まる。

●絶《ぜっ》対《たい》に負《ま》けない。●一《いっ》対《つい》のひな人《にん》形《ぎょう》。

なりたち

古《ふる》い字《じ》は對。寸は手《て》、丵は鐘《かね》をかける柱《はしら》の形《かたち》（）を表《あらわ》しています。この柱《はしら》は二《に》本《ほん》で一《ひと》くみになっていたので、「二《ふた》つそろった一《ひと》くみ、むきあう」のいみに使《つか》われます。

待

9画［彳6画］

待　ながく　はねる

おん　タイ

くん　ま-つ

いみ

1 まつ。◆（待《ま》ち望《のぞ》む）待《たい》望《ぼう》・待《たい》機《き》・待《たい》避《ひ》・待《まち》合《あい》室《しつ》 ◆期《き》待《たい》

2 もてなす。◆待《たい》遇《ぐう》 ◆（接《せっ》してもてなす〔待〕）接《せっ》待《たい》・歓《かん》待《たい》・優《ゆう》待《たい》

つかいかた

●機《き》会《かい》を待《ま》つ。●春《はる》を待《ま》つ。

●友《とも》達《だち》を招《しょう》待《たい》する。

もっとしろう

●**待《ま》てば海《かい》路《ろ》の日《ひ》和《より》あり**－じっと待《ま》っていれば、そのうち幸《こう》運《うん》もやってくる。「海《かい》路《ろ》の日《ひ》和《より》」は、航《こう》海《かい》につごうのよい天《てん》気《き》。

なりたち

彳は道《みち》（彳）を表《あらわ》し、寺（シ）がタイと変《か》わって読《よ》み方《かた》と「とまる」いみをしめしています。道《みち》でとまって「まつ」ことを表《あらわ》す字《じ》です。「もてなす」いみにも使《つか》われます。

代

5画［亻3画］

おん　ダイ・タイ

くん　か-わる・か-える・よ・（しろ）

代（わすれないように／うえへはねる）

代代代代代

いみ

1 **かわる。かわりになるもの。**◆（代《か》わりに用《もち》いる）代用《だいよう》・代案《だいあん》・代休《だいきゅう》・代行《だいこう》・代筆《だいひつ》・代表《だいひょう》・代弁《だいべん》・代役《だいやく》・代理《だいり》　◆交代《こうたい》

2 **ある期間《きかん》のひとまとまり。**◆近代《きんだい》・現代《げんだい》・古代《こだい》・世代《せだい》・前代《ぜんだい》・年代《ねんだい》

3 **地位《ちい》にある。**◆初代《しょだい》・先代《せんだい》・代代《だいだい》・当代《とうだい》・末代《まつだい》・歴代《れきだい》

つかいかた

● 祖父《そふ》の代《だい》から伝《つた》わる宝《たから》。● 代金《だいきん》をはらう。

なりたち

亻は人《ひと》を表《あらわ》し、弋がタイという読《よ》み方《かた》と「かわる」いみをしめしています。人《ひと》がいれかわることから、「かわり」のいみに使《つか》われます。

つかいわけ

● 変《か》える・代《か》える　→〈変《へん》〉332ページ

第

11画［竹5画］

おん　ダイ

くん

第（ださない／はねる）

第第第第第第第第第

いみ

1 **順序《じゅんじょ》。**◆（じゅんじょ〈次〉・じゅんじょ〈第〉）次第《しだい》

2 **数字《すうじ》の前《まえ》につけて順《じゅん》をしめす。**◆第一《だいいっ》線《せん》・第三者《だいさんしゃ》・第六感《だいろっかん》

3 **試験《しけん》。**◆（しけん〈第〉に落《お》ちる）落第《らくだい》・及第《きゅうだい》

つかいかた

● 安全《あんぜん》が第一《だいいち》だ。● 考古学研究《こうこがくけんきゅう》の第一人者《だいいちにんしゃ》。
● 夢《ゆめ》の実現《じつげん》への第一歩《だいいっぽ》をふみだす。
● 及第点《きゅうだいてん》を取《と》る。● 式次第《しきしだい》を配《くば》る。

なりたち

竹は、むかし紙《かみ》ができる前《まえ》は竹《たけ》の札《ふだ》に字《じ》を書《か》いたことから「書物《しょもつ》」のいみをもち、弟は「弟（＝じゅんじょ）」の略《りゃく》した形《かたち》で書物《しょもつ》のじゅんじょを表《あらわ》す字《じ》です。「じゅんじょ、しけん」のいみに使《つか》われます。

題

18画［頁9画］

おん　ダイ

くん

題（ださない／みぎへはらう）

題題題題題題題題

いみ

1 **みだし。言《い》おうとすることがら。**◆（題《だい》の名《な》）題名《だいめい》・題材《だいざい》・題字《だいじ》・題目《だいもく》　◆議題《ぎだい》・主題《しゅだい》・表題《ひょうだい》・本題《ほんだい》・話題《わだい》

2 **問《と》い。**◆（問《と》い〈題〉を出《だ》す）出題《しゅつだい》・課題《かだい》・難題《なんだい》・例題《れいだい》

つかいかた

● 作文《さくぶん》に題《だい》をつける。
● 物語《ものがたり》の主題《しゅだい》を考《かんが》える。
● 宿題《しゅくだい》を終《お》える。● 問題《もんだい》を解《と》く。
● 話題《わだい》になる。

なりたち

頁（おおがい）は頭《あたま》を表《あらわ》し、是（シ）がダイと変《か》わって読《よ》み方《かた》と「たいら」のいみをしめしています。顔《かお》の正面《しょうめん》の「ひたい」を表《あらわ》している字《じ》です。「あたま、はじめ、みだし、だいもく、とい」などのいみに使《つか》われます。

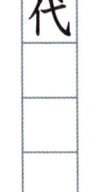

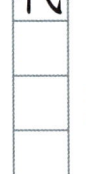

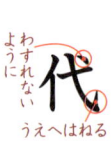

炭

おん　タン
くん　すみ

9画［火5画］

いみ

1 **すみ。** ◆(炭《すみ》でおこした火《ひ》)炭火《すみび》 ◆木炭《もくたん》

2 **せきたん。** ◆炭坑《たんこう》・炭鉱《たんこう》・炭田《たんでん》 ◆黒炭《こくたん》・採炭《さいたん》・無煙炭《むえんたん》

3 **たんそ。** ◆炭水化物《たんすいかぶつ》

つかいかた

● **炭酸水**《たんさんすい》を作《つく》る。 ● **石炭**《せきたん》をほる。

● 酸素《さんそ》と**二酸化炭素**《にさんかたんそ》。 ● **炭焼**《すみや》**き**小屋《ごや》。

もっとしろう

● [炭田《たんでん》]
「田《でん》」は産物《さんぶつ》の出《で》る地域《ちいき》のことで、石炭《せきたん》の出《で》る所《ところ》を「炭田《たんでん》」といいます。

なりたち

火は「ひ」を表《あらわ》し、屵(カン)がタンと変《か》わって読《よ》み方《かた》と「かえす」いみをしめしています。いったん消《き》えた火《ひ》のもえがらをもとにもどすことから、「すみ」のいみに使《つか》われます。

短

おん　タン
くん　みじか-い

12画［矢7画］

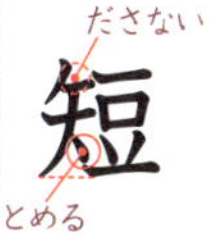

いみ

1 **みじかい。** ◆(気《き》が短《みじか》い)短気《たんき》・短歌《たんか》・短期《たんき》・短距離《たんきょり》・短剣《たんけん》・短冊《たんざく》・短銃《たんじゅう》・短刀《たんとう》・短波《たんぱ》・短文《たんぶん》・短編《たんぺん》・短命《たんめい》

2 **たりない。** ◆短所《たんしょ》

つかいかた

● ひもが**短**《みじか》**い**。 ● 髪《かみ》を**短**《みじか》**く**切《き》る。

● 時間《じかん》を**短縮**《たんしゅく》する。 ● 時計《とけい》の**短針**《たんしん》。

● **短編小説**《たんぺんしょうせつ》を読《よ》む。

もっとしろう

● [短所《たんしょ》]
「短所《たんしょ》」というのは「けってん」のことで、対語《たいご》は「長所《ちょうしょ》」です。

なりたち

矢が「や」を表《あらわ》し、豆(トウ)がタンと変《か》わって読《よ》み方《かた》と「ちいさい」いみをしめしています。みじかい矢《や》を表《あらわ》す字《じ》で、「みじかい、たりない」いみに使《つか》われます。

談

おん　ダン
くん

15画［言8画］

いみ

■ **話**《はな》**す。話**《はなし》**。** ◆(はなし〈談〉・話《はなし》)談話《だんわ》・談《だん》笑《しょう》・談判《だんぱん》 ◆縁談《えんだん》・歓談《かんだん》・懇談《こんだん》・雑談《ざつだん》・冗談《じょうだん》・対談《たいだん》・美談《びだん》・筆談《ひつだん》・密談《みつだん》・面談《めんだん》・余談《よだん》

つかいかた

● 両国《りょうこく》の代表《だいひょう》が**会談**《かいだん》する。 ● **怪談**《かいだん》を読《よ》む。

● **座談会**《ざだんかい》を行《おこな》う。 ● 先生《せんせい》に**相談**《そうだん》する。

もっとしろう

● **物**《もの》**は相談**《そうだん》－人《ひと》と相談《そうだん》すると、よい方法《ほうほう》が見《み》つかるものである。

なりたち

言は「はなす」いみを表《あらわ》し、炎(エン)がダンと変《か》わって読《よ》み方《かた》と「うすい」いみをしめしています。議論《ぎろん》ではなく、しずかに「はなす」ことを表《あらわ》している字《じ》です。「はなす、ものがたる」いみに使《つか》われます。

着

12画［⺷6画］

おん　チャク・(ジャク)

くん　き-る・き-せる・つ-く・つ-ける

着　日にならない

着 着 着 着 着 着 着 着

いみ

1 **身《み》につける。**◆(着《き》ている衣服《いふく》)着衣《ちゃくい》・着用《ちゃくよう》◆厚着《あつぎ》・上着《うわぎ》・下着《したぎ》・古着《ふるぎ》・水着《みずぎ》

2 **ゆきつく。つく。**◆着火《ちゃっか》・着色《ちゃくしょく》・着水《ちゃくすい》・着席《ちゃくせき》・着地《ちゃくち》・着陸《ちゃくりく》◆愛着《あいちゃく》(あいじゃく)・帰着《きちゃく》・終着《しゅうちゃく》・先着《せんちゃく》・到着《とうちゃく》・付着《ふちゃく》・密着《みっちゃく》

3 **おちつく。**◆着実《ちゃくじつ》◆決着《けっちゃく》・定着《ていちゃく》・落着《らくちゃく》

つかいかた

● 着物《きもの》を着《き》る。● 席《せき》に着《つ》く。

なりたち

著《じ》(チョ・チャク)の代《か》わりとしてできた字《じ》で、著と区別《くべつ》して、おもに「きる、つく」いみに使《つか》われます。

つかいわけ

● 就《つ》く・付《つ》く・着《つ》く →〈就《しゅう》〉438ページ

とくべつなよみ

※「ジャク」という読《よ》み―愛《あい》着《じゃく》(あいちゃく)・執着《しゅうじゃく》(しゅうちゃく)

注

8画［氵5画］

おん　チュウ

くん　そそ-ぐ

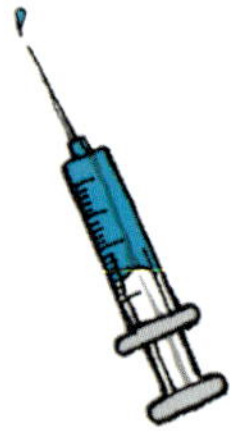

注　ながく

注 注 注 注 注 注 注 注

いみ

1 **そそぐ。**◆(水《みず》を注《そそ》ぐ)注水《ちゅうすい》・注意《ちゅうい》・注入《ちゅうにゅう》・注目《ちゅうもく》・注油《ちゅうゆ》

2 **くわしく説明《せつめい》する。**◆注記《ちゅうき》・注釈《ちゅうしゃく》◆脚注《きゃくちゅう》・頭注《とうちゅう》

3 **しるす。書《か》きつける。**◆注文《ちゅうもん》◆受注《じゅちゅう》・発注《はっちゅう》

つかいかた

● 川《かわ》が海《うみ》に注《そそ》ぐ。● 水《みず》を注《そそ》ぐ。● 力《ちから》を注《そそ》ぐ。● 注意《ちゅうい》をはらう。● 注射《ちゅうしゃ》をする。

もっとしろう

● **注目《ちゅうもく》の的《まと》**―たくさんの人《ひと》が関心《かんしん》を持《も》って見《み》ている人《ひと》や物事《ものごと》。

なりたち

氵は水《みず》を表《あらわ》し、主(シュ)がチュウと変《か》わって読《よ》み方《かた》と「あつめる」いみをしめしています。水《みず》を集《あつ》めてそそぐことから、「そそぐ」いみに使《つか》われます。

柱

9画［木5画］

おん　チュウ

くん　はしら

柱　はねない　ながく

柱 柱 柱 柱 柱 柱 柱 柱 柱

いみ

■ **はしら。**◆(円《まる》い柱《はしら》)円柱《えんちゅう》・角柱《かくちゅう》・支柱《しちゅう》・鉄柱《てっちゅう》・氷柱《ひょうちゅう》・門柱《もんちゅう》・貝柱《かいばしら》・霜柱《しもばしら》・大黒柱《だいこくばしら》・電信柱《でんしんばしら》・床柱《とこばしら》・帆柱《ほばしら》・水柱《みずばしら》

つかいかた

● 柱《はしら》を立《た》てる。● 地震《じしん》で電柱《でんちゅう》がたおれる。● 茶柱《ちゃばしら》が立《た》つ。● 火柱《ひばしら》が立《た》つ。

もっとしろう

● [大黒柱《だいこくばしら》]
家《いえ》の中央《ちゅうおう》にある太《ふと》い柱《はしら》をいい、そこから、家《いえ》や団体《だんたい》の中心《ちゅうしん》になって支《ささ》える人《ひと》のたとえになりました。「大黒《だいこく》」は、七福神《しちふくじん》の中《なか》の幸《しあわ》せをもたらす「大黒天《だいこくてん》」のことです。

なりたち

木が「き」を表《あらわ》し、主(シュ)がチュウと変《か》わって読《よ》み方《かた》と「たつ」いみをしめしています。まっすぐ立《た》つ木《き》のことから、「はしら」のいみに使《つか》われます。

丁

2画［一1画］

おん チョウ・(テイ)

くん

丁 はねる

いみ

1 書物《しょもつ》の紙《かみ》一枚《いちまい》。◆落丁《らくちょう》・乱丁《らんちょう》

2 町《まち》の区画《くかく》。◆三丁目《さんちょうめ》

3 とうふや料理《りょうり》や道具《どうぐ》を数《かぞ》えることば。

4 ていねい。◆丁重《ていちょう》

つかいかた

● とうふ一丁《いっちょう》。 ● 一丁目《いっちょうめ》一番地《いちばんち》。

● 落丁本《らくちょうぼん》を取《と》りかえる。 ● 丁寧《ていねい》なことば。

もっとしろう

● **丁丁《ちょうちょう》発止《はっし》**－激《はげ》しい音《おと》をたてて打《う》ちあうようす。激《はげ》しく議論《ぎろん》しあうようす。「丁丁《ちょうちょう》」は、かたい物《もの》を物《もの》をつづけて打《う》つ音《おと》、「発止《はっし》」は、かたい物が勢《いきお》いよくぶつかりあうようすを表《あらわ》す。

なりたち

くぎの形《かたち》（丁）からできた字《じ》です。今《いま》では、「書物《しょもつ》のページのうらおもて」のいみに、また物《もの》などを数《かぞ》えることばとしてひろく使《つか》われます。

帳

11画［巾8画］

おん チョウ

くん

帳 はねる はねる

いみ

1 まく。◆蚊帳《かや》

2 ちょうめん。◆（帳《ちょうめん》面・ちょうめん〈簿〉）帳簿《ちょうぼ》・帳場《ちょうば》・帳面《ちょうめん》 ◆学習帳《がくしゅうちょう》・記帳《きちょう》・雑記帳《きちょう》・写生帳《しゃせいちょう》・通帳《つうちょう》・日記帳《にっきちょう》

つかいかた

● 帳簿《ちょうぼ》をつける。 ● 予定《よてい》を手帳《てちょう》に記《しる》す。

もっとしろう

● **帳《ちょう》じりを合《あ》わせる**－帳簿《ちょうぼ》の最後《さいご》のところで収入《しゅうにゅう》と支出《ししゅつ》が合《あ》うようにするいみで、筋《すじ》道《みち》が通《とお》るようにして終《お》わりにする。

なりたち

巾（キン）は「ぬの」を表《あらわ》し、長がチョウという読《よ》み方《かた》と「はりめぐらす」いみをしめしています。ぬのをはりめぐらすことから、「まく」のいみに使《つか》われます。

とくべつなよみ

蚊帳《かや》

調

15画［言8画］

おん チョウ

くん しら-べる・(ととの-う・ととの-える)

調 はらう はねる

いみ

1 しらべる。◆調査《ちょうさ》

2 ととのえる。◆（調《ととの》える・整《ととの》える）調整《ちょうせい》・調印《ちょういん》・調合《ちょうごう》・調節《ちょうせつ》・調達《ちょうたつ》・調停《ちょうてい》・調理《ちょうり》・調律《ちょうりつ》・調和《ちょうわ》 ◆協調《きょうちょう》

3 ぐあい。リズム。◆調子《ちょうし》 ◆快調《かいちょう》・強調《きょうちょう》・口調《くちょう》・好調《こうちょう》・順調《じゅんちょう》・単調《たんちょう》・不調《ふちょう》・歩調《ほちょう》

つかいかた

● 原因《げんいん》を調《しら》べる。 ● ピアノの美《うつく》しい調《しら》べ。

● 支度《したく》を調《ととの》える。 ● 服《ふく》を新調《しんちょう》する。

なりたち

言は音声《おんせい》のいみを、周（シュウ）は「ゆきとどく」いみをもっています。ことばがゆきとどくことを表《あらわ》す字《じ》で、「ととのえる、しらべる」いみに使《つか》われます。

つかいわけ

● 整《ととの》える・調《ととの》える →〈整《せい》〉239ページ

追

9画［辶6画］

おん　ツイ

くん　お-う

追 追 追 追 追 追 追 追 追

いみ

1 **おいかける。** ◆追記《ついき》・追及《ついきゅう》・追求《ついきゅう》・追究《ついきゅう》・追撃《ついげき》・追試《ついし》・追従《ついじゅう》(しょう)・追跡《ついせき》・追突《ついとつ》 ◆急追《きゅうつい》

2 **つけくわえる。** ◆(追《お》って加《くわ》える)追加《ついか》・追記《ついき》・追伸《ついしん》

3 **さかのぼる。** ◆追憶《ついおく》・追想《ついそう》・追悼《ついとう》

つかいかた

● 流行《りゅうこう》を**追《お》う**。 ● 日《ひ》を**追《お》って**元気《げんき》になる。

● 注文《ちゅうもん》を**追加《ついか》**する。 ● 犯人《はんにん》を**追跡《ついせき》**する。

● 国外《こくがい》に**追放《ついほう》**する。

なりたち

辶は道《みち》を歩《ある》くことを表《あらわ》し、𠂤(スイ)がツイと変《か》わって読《よ》み方《かた》と「したがう」いみをしめしています。あとについて行《い》くことを表《あらわ》し、「おう」いみに使《つか》われます。

定

8画［宀5画］

おん　テイ・ジョウ

くん　さだ-める・さだ-まる・(さだ-か)

定 定 定 定 定 定 定 定

いみ

■ **きめる。さだまる。** ◆(定《さだ》まっている人《じん》員《いん》)定員《ていいん》・定価《ていか》・定期《ていき》・定休《ていきゅう》・定刻《ていこく》・定《てい》住《じゅう》・定食《ていしょく》・定数《ていすう》・定着《ていちゃく》・定石《じょうせき》 ◆安定《あんてい》・一定《いってい》・仮定《かてい》・改定《かいてい》・確定《かくてい》・規定《きてい》・協定《きょうてい》・決定《けってい》・限定《げんてい》・固定《こてい》・推定《すいてい》・制定《せいてい》・設定《せってい》・選定《せんてい》・測定《そくてい》・断定《だんてい》・特定《とくてい》・内定《ないてい》・認定《にんてい》・判定《はんてい》・否定《ひてい》・平定《へいてい》・法定《ほうてい》・未定《みてい》

つかいかた

● ねらいを**定《さだ》める**。 ● 方角《ほうがく》が**定《さだ》まる**。

● **定職《ていしょく》**につく。 ● **指定席《していせき》**に座《すわ》る。

● **定規《じょうぎ》**で線《せん》を引《ひ》く。

なりたち

宀は家《いえ》を表《あらわ》し、正(セイ)がテイと変《か》わって読《よ》み方《かた》と「とどまる」いみをしめしています。家《いえ》の中《なか》にとどまることから、「さだめる、きめる」いみに使《つか》われます。

庭

10画［广7画］

おん　テイ

くん　にわ

庭 庭 庭 庭 庭 庭 庭 庭 庭 庭

いみ

■ **にわ。** ◆(庭《にわ》・にわ〔園〕)庭園《ていえん》・庭球《ていきゅう》・庭《にわ》石《いし》・庭先《にわさき》・庭師《にわし》 ◆家庭《かてい》・石庭《せきてい》・中庭《なかにわ》・箱庭《はこにわ》

つかいかた

● 広《ひろ》い**庭《にわ》**。 ● **校庭《こうてい》**で遊《あそ》ぶ。

● **庭木《にわき》**の手入《てい》れをする。

もっとしろう

● ［家庭《かてい》］
「庭《にわ》」には「家《いえ》」のいみもあり、家庭《かてい》ということばに使《つか》われます。たとえ外《そと》に庭《にわ》がなくても「家庭《かてい》」といいます。

なりたち

广は家《いえ》を表《あらわ》し、廷がテイという読《よ》み方《かた》と「にわ、式場《しきじょう》」のいみをしめしています。宮殿《きゅうでん》の中《なか》の式場《しきじょう》を表《あらわ》し、「にわ」のいみに使《つか》われます。

三年

笛

おん テキ

くん ふえ

11画［竹5画］

いみ

■ふえ。◇（蒸気《じょうき》（汽）で鳴《な》る笛《ふえ》）汽笛《きてき》・鼓笛《こてき》隊《たい》・霧笛《むてき》・草笛《くさぶえ》・縦笛《たてぶえ》・角笛《つのぶえ》・横笛《よこぶえ》

つかいかた

●笛《ふえ》の音《ね》。●列車《れっしゃ》が警笛《けいてき》を鳴《な》らす。

●口笛《くちぶえ》をふく。

もっとしろう

●**笛《ふえ》ふけど踊《おど》らず**－笛《ふえ》をふいてもだれも踊《おど》らないということから、どんなにさそってもだれもついてこないことのたとえ。

●［似《に》ている字《じ》に注意《ちゅうい》］

「笛《ふえ》」の下《した》の部分《ぶぶん》は「由」で、似《に》ている字《じ》の「苗《なえ》」は上が「艹」で下《した》は「田」です。

なりたち

竹は「たけ」を表《あらわ》し、由（ユウ）がテキと変《か》わって読《よ》み方《かた》と「息《いき》をぬきだす」いみをしめしています。竹《たけ》に穴《あな》をあけて作《つく》った楽器《がっき》「ふえ」を表《あらわ》します。

鉄

おん テツ

くん

13画［金5画］

いみ

1 てつ。◇（鉄《てつ》の管《くだ》）鉄管《てっかん》・鉄器《てっき》・鉄鉱《てっこう》・鉄《てっ》骨《こつ》・鉄棒《てつぼう》・鉄砲《てっぽう》◇鋼鉄《こうてつ》・砂鉄《さてつ》・製鉄《せいてつ》

2 てつのような。◇鉄則《てっそく》・鉄壁《てっぺき》

3 「鉄道《てつどう》」の略《りゃく》。◇私鉄《してつ》・地下鉄《ちかてつ》

つかいかた

●鉄《てつ》の意志《いし》。●電車《でんしゃ》が鉄橋《てっきょう》をわたる。

●鉄筋《てっきん》コンクリート。●鉄道《てつどう》が開通《かいつう》する。

もっとしろう

●**鉄《てつ》は熱《あつ》いうちに打《う》て**－鉄《てつ》は熱《あつ》くてやわらかいうちに打《う》ってきたえるように、人《ひと》も若《わか》いうちにきたえるべきである。また、物事《ものごと》を行《おこな》う時機《じき》を逃《のが》してはいけない。

なりたち

古《ふる》い字《じ》は鐵。金は金属《きんぞく》を表《あらわ》し、載がテツという読《よ》み方《かた》と「くろ」のいみをしめしています。黒色《くろいろ》の金属《きんぞく》「てつ」を表《あらわ》します。

三年

転

おん テン

くん ころ-がる・ころ-げる・ころ-がす・ころ-ぶ

11画［車4画］

いみ

1 くるくるまわる。◇転回《てんかい》◇回転《かいてん》・公転《こうてん》

2 ひっくりかえる。◇（転《ころ》がり落《お》ちる）転《てん》落《らく》・転倒《てんとう》◇横転《おうてん》・逆転《ぎゃくてん》・動転《どうてん》・反転《はんてん》

3 かわる。うつる。◇転移《てんい》・転換《てんかん》・転機《てんき》・転居《てんきょ》・転業《てんぎょう》・転勤《てんきん》・転向《てんこう》・転校《てんこう》・転出《てんしゅつ》・転職《てんしょく》・転入《てんにゅう》・転任《てんにん》・転売《てんばい》・転用《てんよう》◇暗転《あんてん》・移転《いてん》・一転《いってん》・好転《こうてん》・変転《へんてん》・流転《るてん》

つかいかた

●球《たま》が転《ころ》がる。●つまずいて転《ころ》ぶ。

●車《くるま》を運転《うんてん》する。●自転車《じてんしゃ》に乗《の》る。

なりたち

古《ふる》い字《じ》は轉。車は「くるま」を表《あらわ》し、專（セン）がテンと変《か》わって読《よ》み方《かた》と「まわる」いみをしめしています。車《くるま》がまわることから、「ころがる」いみに使《つか》われます。

都

おん　ト・ツ

くん　みやこ

11画［阝8画］

都　だす　阝にならない

いみ

1 **みやこ。大《おお》きなまち。** ◆都会《とかい》・都市《とし》 ◆(古《ふる》い都《みやこ》)古都《こと》・首都《しゅと》・遷都《せんと》

2 **東京都《とうきょうと》。** ◆都営《とえい》・都下《とか》・都庁《とちょう》・都内《とない》・都《と》民《みん》・都立《とりつ》

つかいかた

● **都《みやこ》**へのぼる。 ● 音楽《おんがく》の**都《みやこ》**。

● **都市《とし》**に住《す》む。 ● **都心《としん》**のビル街《がい》。

● **都合《つごう》**が悪《わる》い。

もっとしろう

● ［都道府県《とどうふけん》］

東京都《とうきょうと》(都《と》)・北海道《ほっかいどう》(道《どう》)・大阪府《おおさかふ》・京都府《きょうとふ》(府《ふ》)と、四十三《よんじゅうさん》の県《けん》のことをいいます。

なりたち

阝は「むら」を表《あらわ》し、者(シャ)がトと変《か》わって読《よ》み方《かた》と「あつまる」いみをしめしています。人《ひと》がたくさんあつまるむらから、「みやこ」のいみに使《つか》われます。

度

おん　ド・(ト・タク)

くん　(たび)

9画［广6画］

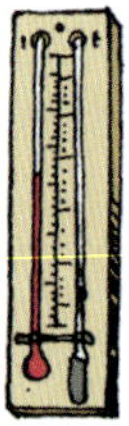

度　とじる　はらう

いみ

1 **ものさし。ほどあい。** ◆(温《あたた》かさの度《ど》合《あ》い)温度《おんど》・緯度《いど》・角度《かくど》・感度《かんど》・強度《きょうど》・経《けい》度《ど》・高度《こうど》・湿度《しつど》・進度《しんど》・震度《しんど》・速度《そくど》

2 **きまり。おきて。** ◆制度《せいど》・法度《はっと》

3 **心《こころ》の大《おお》きさ。人《ひと》がら。** ◆度胸《どきょう》・度量《どりょう》 ◆態度《たいど》

4 **回数《かいすう》を表《あらわ》すことば。たび。** ◆度数《どすう》 ◆今《こん》度《ど》・再度《さいど》・都度《つど》・毎度《まいど》

つかいかた

● **度《ど》**がすぎる。 ● 会《あ》う**度《たび》**にけんかをする。

なりたち

又は手《て》(ヌ)、广は庶(ショ)の略《りゃく》した形《かたち》で、ドと変《か》わって読《よ》み方《かた》と「おく」いみをしめしています。手《て》をおいて「はかる」ことを表《あらわ》します。

とくべつなよみ

法度《はっと》・支度《したく》

※「ト・タク」という読《よ》み―

投

おん　トウ

くん　なげる

7画［扌4画］

投　つける　はねる

いみ

1 **なげる。なげだす。** ◆(投《な》げ下《お》ろす)投《とう》下《か》・投棄《とうき》・投球《とうきゅう》・投降《とうこう》・投手《とうしゅ》・投身《とうしん》・投《とう》石《せき》 ◆完投《かんとう》・暴投《ぼうとう》

2 **おくる。出《だ》す。つぎこむ。** ◆投稿《とうこう》・投資《とうし》・投書《とうしょ》・投入《とうにゅう》・投薬《とうやく》

3 **あう。** ◆投合《とうごう》

つかいかた

● 一票《いっぴょう》を**投《とう》じる**。 ● ボールを**投《な》げる**。

● 新聞《しんぶん》に**投書《とうしょ》**する。 ● 選挙《せんきょ》の**投票日《とうひょうび》**。

● 試合《しあい》で**完投《かんとう》**する。

なりたち

扌は手《て》(扌)を表《あらわ》し、殳(シュ)がトウと変《か》わって読《よ》み方《かた》と、手《て》(ヌ)で武器《ぶき》のほこ(卜)を持《も》っている形《かたち》(攴)を表《あらわ》します。手《て》でほこをなげるようすから、「なげる、おくる」いみに使《つか》われます。

とくべつなよみ

投網《とあみ》

三年

豆

おん トウ・ズ

くん まめ

7画［豆0画］

いみ

1 まめ。◆（豆《まめ》の粒《つぶ》）豆粒《まめつぶ》・豆乳《とうにゅう》 ◆納豆《なっとう》・枝豆《えだまめ》

2 小《ち》さい。◆豆電球《まめでんきゅう》・豆本《まめほん》

つかいかた

●豆《まめ》をまく。●大豆《だいず》から豆腐《とうふ》を作《つく》る。

もっとしろう

●**豆腐《とうふ》にかすがい**－かすがい（＝材木《ざいもく》をつなぎとめるためのくぎ）を豆腐《とうふ》に打《う》ちつけるように、手《て》ごたえやききめのないことのたとえ。

なりたち

食《た》べ物《もの》をもる器《うつわ》の形《かたち》（豆）からできた字《じ》で、「食器《しょっき》」のいみを表《あらわ》していましたが、「まめ」のいみに使《つか》われるようになりました。

とくべつなよみ

小豆《あずき》

※「ズ」という読《よ》み―大豆《だいず》

島

おん トウ

くん しま

10画［山7画］

いみ

しま。◆（島《しま》の民《たみ》）島民《とうみん》 ◆（群《むら》がっている島《しま》）群島《ぐんとう》・孤島《ことう》・諸島《しょとう》・半島《はんとう》・離島《りとう》・列島《れっとう》・小島《こじま》

つかいかた

●船《ふね》で島《しま》にわたる。●日本《にほん》は島国《しまぐに》です。●無人島《むじんとう》で暮《く》らす。

もっとしろう

●［島《しま》かげ］
島《しま》にかくれて見《み》えない所《ところ》が「島陰《しまかげ》」で、島《しま》の姿《すがた》が「島影《しまかげ》」です。「島陰《しまかげ》にかくれる」「島影《しまかげ》が見《み》えてくる」などと使《つか》い分《わ》けます。

なりたち

もとの字《じ》は嶋。山は「やま」を表《あらわ》し、鳥（チョウ）がトウと変《か》わって読《よ》み方《かた》と「なみ」のいみをしめしています。波間《なみま》にうかぶ山《やま》から、「しま」のいみに使《つか》われます。

湯

おん トウ

くん ゆ

12画［氵9画］

いみ

1 ゆ。◆（湯《ゆ》と水《みず》）湯水《ゆみず》・湯気《ゆげ》 ◆熱湯《ねっとう》・重湯《おもゆ》

2 ふろ。◆湯治《とうじ》・湯殿《ゆどの》・湯元《ゆもと》 ◆銭湯《せんとう》・産湯《うぶゆ》・薬湯《くすりゆ》

つかいかた

●お湯《ゆ》をわかす。●熱湯《ねっとう》を注《そそ》ぐ。

もっとしろう

●［湯桶読《ゆとうよ》み］
「湯桶《ゆとう》」とは飲《の》む湯《ゆ》を入《い》れた桶《おけ》のことで、「湯」が訓読《くんよ》み、「桶」が音読《おんよ》みです。このように熟語《じゅくご》の上《うえ》の字《じ》を訓《くん》、下《した》の字《じ》を音《おん》で読《よ》む読《よ》み方《かた》を「湯桶読《ゆとうよ》み」といいます。

なりたち

氵は水《みず》を表《あらわ》し、昜（ヨウ）がトウと変《か》わって読《よ》み方《かた》と「あがる」いみをしめしています。わきあがるあつい水《みず》から、「おゆ」を表《あらわ》します。

登

おん　トウ・ト

くん　のぼ-る

12画［癶7画］

いみ

1 のぼる。あがる。◇（山《やま》に登《のぼ》る）登山《とざん》・登校《とうこう》・登庁《とうちょう》・登頂《とうちょう》・登板《とうばん》・登用《とうよう》・登城《とじょう》

2 記録《きろく》にのせる。◇登記《とうき》・登録《とうろく》

つかいかた

● 山《やま》に登《のぼ》る。● 物語《ものがたり》の登場人物《とうじょうじんぶつ》。

● 木登《きのぼ》りをする。

なりたち

癶は両足《りょうあし》をふんばっている形《かたち》（𣥠）からでき、豆がトウという読《よ》み方《かた》と「のぼる」いみをしめしています。高《たか》い所《ところ》へのぼることを表《あらわ》している字《じ》です。

つかいわけ

● 登《のぼ》る・上《のぼ》る

足《あし》をふんばってのぼるときは「登《のぼ》る」を、下《した》から上《うえ》へ向《む》かうときは「上《のぼ》る」を使《つか》います。

登《のぼ》る…山《やま》に登《のぼ》る。木《き》に登《のぼ》る。

上《のぼ》る…血《ち》が上《のぼ》る。川《かわ》を上《のぼ》る。

等

おん　トウ

くん　ひと-しい

12画［竹6画］

いみ

1 ひとしい。◇（等《ひと》しく分《わ》ける）等分《とうぶん》・等圧《とうあつ》線《せん》・等号《とうごう》・等高線《とうこうせん》・等式《とうしき》◇均等《きんとう》・同等《どうとう》・平等《びょうどう》

2 順位《じゅんい》。◇等外《とうがい》・等級《とうきゅう》◇一等《いっとう》・下等《かとう》・高《こう》等《とう》・上等《じょうとう》・中等《ちゅうとう》・優等《ゆうとう》・劣等《れっとう》

3 など。◇筆記用具等《ひっきようぐとう》

つかいかた

● 等《ひと》しい長《なが》さ。● 等身大《とうしんだい》の人形《にんぎょう》。

● 徒競走《ときょうそう》で一等《いっとう》になる。

● 特等席《とくとうせき》に座《すわ》る。

なりたち

竹は、むかし紙《かみ》ができる前《まえ》は竹《たけ》の札《ふだ》に字《じ》を書《か》いたことから「書物《しょもつ》」のいみをもち、寺（ジ）がトウと変《か》わって読《よ》み方《かた》と「そろえる」いみをしめしています。書《しょ》類《るい》を分《わ》けたり整《ととの》えたりすることから、「ひとしい」いみに使《つか》われます。

動

おん　ドウ

くん　うご-く・うご-かす

11画［力9画］

いみ

1 うごく。◇（動《うご》かす力《ちから》）動力《どうりょく》・動画《どうが》・動《どう》向《こう》・動詞《どうし》・動静《どうせい》・動脈《どうみゃく》◇移動《いどう》・運動《うんどう》・活動《かつどう》・手動《しゅどう》・震動《しんどう》・制動《せいどう》・発動《はつどう》・反動《はんどう》・変動《へんどう》・連動《れんどう》

2 みだれる。◇動揺《どうよう》・動乱《どうらん》◇騒動《そうどう》・暴動《ぼうどう》

3 ふるまい。◇動作《どうさ》◇挙動《きょどう》・言動《げんどう》・行動《こうどう》

つかいかた

● 動《どう》と静《せい》。● 時計《とけい》の針《はり》が動《うご》く。

● 動物園《どうぶつえん》に行《い》く。● 感動《かんどう》する話《はなし》。

もっとしろう

● 動《うご》きが取《と》れない－動《うご》くことができない。ゆきづまって思《おも》うように行動《こうどう》ができない。

なりたち

力は「ちから」を表《あらわ》し、重（チョウ）がドウと変《か》わって読《よ》み方《かた》と「うごく」いみをしめしています。力《ちから》を入《い》れて物《もの》を「うごかす」いみに使《つか》われます。

童

12画［立7画］

おん ドウ

くん （わらべ）

童 ながく

いみ

■子《こ》ども。◇（こども〈童〉の顔《かお》）童顔《どうがん》・童《どう》子《じ》・童女《どうじょ》・童心《どうしん》・童謡《どうよう》 ◇悪童《あくどう》・学童《がくどう》・児童《じどう》・神童《しんどう》

つかいかた

● 世界《せかい》の童話《どうわ》。 ● 童歌《わらべうた》を歌《うた》う。

もっとしろう

● ［児童《じどう》・学童《がくどう》］
「児童《じどう》」や「学童《がくどう》」はおもに小学生《しょうがくせい》をさし、中学生《ちゅうがくせい》・高校生《こうこうせい》の場合《ばあい》は「生徒《せいと》」といいます。

なりたち

辛（シン）は入《い》れずみに使《つか》う針《はり》を表《あらわ》し、形《かたち》が立に変《か》わりました。重（チョウ）はドウと変《か》わって読《よ》み方《かた》をしめし、「どれい」を表《あらわ》し、形《かたち》が里に変《か》わりました。入《い》れずみを入《い》れられたどれいを表《あらわ》しましたが、「わらべ」を表《あらわ》すようになりました。

農

13画［辰6画］

おん ノウ

くん

だす 農 はねる

いみ

■作物《さくもつ》をつくる。◇（作物《さくもつ》をつくる〈農〉しごと〈業〉）農業《のうぎょう》・農園《のうえん》・農家《のうか》・農機具《のうきぐ》・農耕《のうこう》・農作物《のうさくぶつ》・農産物《のうさんぶつ》・農場《のうじょう》・農道《のうどう》・農《のう》夫《ふ》・農民《のうみん》 ◇小《こ》作農《さくのう》・自《じ》作農《さくのう》・酪農《らくのう》

つかいかた

● 農業《のうぎょう》にはげむ。 ● 農村《のうそん》ののどかな風景《ふうけい》。
● 農地《のうち》を広《ひろ》げる。 ● 農薬《のうやく》をまく。

もっとしろう

● ［農民《のうみん》］
江戸《えど》時代《じだい》には「士農工商《しのうこうしょう》」といって、武《ぶ》士《し》・農民《のうみん》・職人《しょくにん》・商人《しょうにん》という身分制《みぶんせい》がありました。

なりたち

古《ふる》い形《かたち》は。は「草《くさ》かり道具《どうぐ》」のいみを、は耕作《こうさく》するようすを表《あらわ》しています。「作物《さくもつ》をつくる」いみに使《つか》われます。

波

8画［氵5画］

おん ハ

くん なみ

だす 波 フにならない

いみ

■なみ。◇（波《なみ》・なみ〈浪〉）波浪《はろう》・波長《はちょう》・波《は》頭《とう》（なみがしら）・波動《はどう》・波止場《はとば》・波乱《はらん》・波風《なみかぜ》・波《なみ》間《ま》 ◇寒波《かんぱ》・余波《よは》・荒波《あらなみ》・津波《つなみ》・人波《ひとなみ》

つかいかた

● 波《なみ》が打《う》ち寄《よ》せる。 ● 波紋《はもん》が広《ひろ》がる。
● 寒波《かんぱ》におそわれる。 ● 電波《でんぱ》を送《おく》る。

もっとしろう

● 波《なみ》に乗《の》る－波《なみ》に乗《の》って進《すす》むということで、①よい調子《ちょうし》が続《つづ》く。②世《よ》の中《なか》の動《うご》きに乗《の》って勢《いきお》いづく。

なりたち

氵は水《みず》を表《あらわ》し、皮がヒという読《よ》み方《かた》と「傾《かたむ》く」いみをしめしています。水《みず》の流《なが》れが高《たか》くなったり低《ひく》くなったりするようすを表《あらわ》す字《じ》で、「なみ」のいみに使《つか》われます。

とくべつなよみ

波止場《はとば》

三年

配

10画［酉3画］

おん　ハイ

くん　くば-る

配　うえへはねる　酉にならない

いみ

1 くばる。◇（配《くば》る・分《わ》ける）配分《はいぶん》・配管《はいかん》・配球《はいきゅう》・配給《はいきゅう》・配線《はいせん》・配膳《はいぜん》・配属《はいぞく》・配置《はいち》・配転《はいてん》・配当《はいとう》・配本《はいほん》・配役《はいやく》・配慮《はいりょ》 ◇集配《しゅうはい》・宅配便《たくはいびん》・手配《てはい》・分配《ぶんぱい》

2 したがえる。◇配下《はいか》 ◇軍配《ぐんばい》・支配《しはい》

3 組《く》み合《あ》わせる。◇配偶者《はいぐうしゃ》・配合《はいごう》・配色《はいしょく》・配列《はいれつ》 ◇交配《こうはい》

つかいかた

●手紙《てがみ》を配《くば》る。●品物《しなもの》を配送《はいそう》する。

●新聞《しんぶん》の配達《はいたつ》。●駅《えき》でビラを配布《はいふ》する。

●出席者《しゅっせきしゃ》に資料《しりょう》を配付《はいふ》する。●心配《しんぱい》をする。

なりたち

さけを入《い》れておくつぼと人《ひと》の形《かたち》（配）からできた字《じ》で、「さけをくばる人《ひと》」を表《あらわ》していましたが、「くばる、ならべる、わりあてる」のいみに使《つか》われるようになりました。

倍

10画［亻8画］

おん　バイ

くん

倍　ながく

いみ

■ばいにする。◇（倍《ばい》に増《ふ》える）倍増《ばいぞう》・倍加《ばいか》・倍数《ばいすう》・倍率《ばいりつ》 ◇公倍数《こうばいすう》

つかいかた

●人《ひと》の倍《ばい》は働《はたら》く。●志願者《しがんしゃ》が倍増《ばいぞう》する。

●三《さん》の二倍《にばい》は六《ろく》。

もっとしろう

●［倍《ばい》］

三倍《さんばい》・四倍《よんばい》…といろいろな倍《ばい》がありますが、ただ「倍《ばい》」というと二倍《にばい》を表《あらわ》し、「人一《ひといち》倍《ばい》」というと、人《ひと》よりずっと多《おお》いことを表《あらわ》します。

なりたち

音がバイという読《よ》み方《かた》と「そむく」いみをしめしています。人《ひと》（亻）がそむきあって二《ふた》つになることから、「ばいになる、同《おな》じ数《かず》をます」いみに使《つか》われるようになりました。

箱

15画［竹9画］

おん

くん　はこ

箱　はねない

いみ

■はこ。◇箱庭《はこにわ》 ◇（木《き》で作《つく》った箱《はこ》）木箱《きばこ》・空箱《からばこ》・重箱《じゅうばこ》・巣箱《すばこ》・貯金箱《ちょきんばこ》・筆箱《ふでばこ》・弁当《べんとう》箱《ばこ》・本箱《ほんばこ》

つかいかた

●商品《しょうひん》を箱《はこ》につめる。●空《あ》き箱《ばこ》を探《さが》す。

●紙《かみ》くずをごみ箱《ばこ》に捨《す》てる。

もっとしろう

●［いろいろな「箱《はこ》」］

・おはらい箱《ばこ》―やとっていた人《ひと》をやめさせること。いらなくなった物《もの》を捨《す》てること。

・私書箱《ししょばこ》―郵便局《ゆうびんきょく》にある、その会社《かいしゃ》やその人《ひと》だけのための郵便《ゆうびん》受《う》け取《と》り箱《ばこ》。

なりたち

竹は「たけ」を表《あらわ》し、相がショウという読《よ》み方《かた》と「相対《あいたい》する」いみをしめしています。車《くるま》の両側《りょうがわ》につけた竹《たけ》の「はこ」を表《あらわ》しています。

□は、
□て
ゆく人だ。

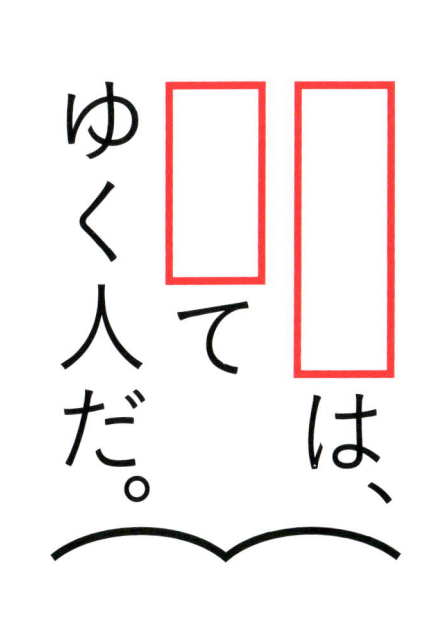

畑

9画［田4画］

おん

くん　はた・はたけ

畑　とめる

いみ

■はたけ。◆(畑《はたけ》に作《つく》る)畑作《はたさく》　◆桑畑《くわばたけ》・段《だん》畑《ばたけ》・茶畑《ちゃばたけ》・花畑《はなばたけ》・麦畑《むぎばたけ》

つかいかた

●畑《はたけ》で野菜《やさい》を育《そだ》てる。●田畑《たはた》を耕《たがや》す。

もっとしろう

●畑《はたけ》ちがい－専門《せんもん》の分野《ぶんや》ではないこと。(この「畑《はたけ》」は、「専門分野《せんもんぶんや》」のいみ)

●［田《た》と畑《はたけ》］

もともと「田《た》」には「はたけ」のいみもあったので、水《みず》を入《い》れる「たんぼ」と区別《くべつ》するために日本《にほん》で作《つく》ったのが「畑《はたけ》」の字《じ》です。このように日本《にほん》で作《つく》った字《じ》を「国字《こくじ》」といいます。

なりたち

たんぼを「水田《すいでん》」というのに対《たい》し、焼《や》いて開《ひら》いた「火田《かでん》」として「はたけ」を表《あらわ》している字《じ》です。

三年

発

9画［癶4画］

おん　ハツ・(ホツ)

くん

発　はねる

いみ

1 はなつ。出《だ》す。◆(だす〔発〕・送《おく》る)発《はっ》送《そう》・発音《はつおん》・発火《はっか》・発覚《はっかく》・発揮《はっき》・発見《はっけん》・発《はっ》言《げん》・発光《はっこう》・発行《はっこう》・発散《はっさん》・発射《はっしゃ》・発信《はっしん》・発《はっ》声《せい》・発電《はつでん》・発売《はつばい》・発表《はっぴょう》・発布《はっぷ》・発明《はつめい》・発《ほっ》起《き》・発足《ほっそく》　◆開発《かいはつ》・告発《こくはつ》・蒸発《じょうはつ》・摘発《てきはつ》・爆発《ばくはつ》・乱発《らんぱつ》・連発《れんぱつ》

2 でかける。◆発車《はっしゃ》・発進《はっしん》・発着《はっちゃく》　◆出発《しゅっぱつ》

3 のびていく。◆発育《はついく》・発達《はったつ》・発展《はってん》

つかいかた

●京都《きょうと》発《はつ》の電車《でんしゃ》。●声《こえ》を発《はっ》する。

●事故《じこ》が発生《はっせい》する。●活発《かっぱつ》に行動《こうどう》する。

●発作《ほっさ》を起《お》こす。

なりたち

古《ふる》い字《じ》は發。癶(ハツ)は弓《ゆみ》を射《い》るときの「ハツ」という音《おと》を表《あらわ》し、弓を合《あ》わせて、矢《や》を放《はな》つことから、「だす、始《はじ》める」いみに使《つか》われます。

反

4画［又2画］

おん　ハン・(ホン・タン)

くん　そ-る・そ-らす

反　つける　はらう

いみ

1 もどる。◆反映《はんえい》・反響《はんきょう》・反撃《はんげき》・反作用《はんさよう》・反射《はんしゃ》・反動《はんどう》・反応《はんのう》・反論《はんろん》

2 逆《ぎゃく》になる。◆反転《はんてん》・反比例《はんぴれい》・反面《はんめん》

3 そむく。◆反感《はんかん》・反旗《はんき》・反逆《はんぎゃく》・反抗《はんこう》・反《はん》戦《せん》・反則《はんそく》・反発《はんぱつ》・反目《はんもく》・反乱《はんらん》　◆違反《いはん》・謀《む》反《ほん》

4 広《ひろ》さや長《なが》さの単位《たんい》。◆反物《たんもの》

つかいかた

●規則《きそく》に反《はん》する。●胸《むね》を反《そ》らす。

●行《おこな》いを反省《はんせい》する。●反対《はんたい》の意見《いけん》。

なりたち

又は手《て》(手)で、厂はおおいを表《あらわ》しています。手《て》でおおいを押《お》しかえすことを表《あらわ》し、「もどる、そむく」いみに使《つか》われます。

とくべつなよみ

—謀《む》反《ほん》・反物《たんもの》

※「ホン・タン」という読《よ》み

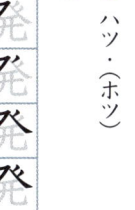

坂

7画［土4画］

おん　（ハン）

くん　さか

いみ

■さか。◆（坂《さか》になった道《みち》）坂道《さかみち》　◆急坂《きゅうはん》

つかいかた

●坂《さか》を上《のぼ》る。●ゆるい下《くだ》り坂《ざか》。

もっとしろう

●［男坂《おとこざか》と女坂《おんなざか》］
神社《じんじゃ》などのある山《やま》の二《ふた》つの坂道《さかみち》のうち、急《きゅう》なほうの坂《さか》を「男坂《おとこざか》」、ゆるやかなほうの坂《さか》を「女坂《おんなざか》」と呼《よ》びます。

●［大阪《おおさか》］
大阪《おおさか》は、昔《むかし》は「大坂《おおさか》」と書《か》きました。明治《めいじ》時代《じだい》の初《はじ》めに「阪《さか》」の字《じ》を用《もち》いることに統一《とういつ》され、「大阪《おおさか》」になりました。

なりたち

土《つち》は「つち」を表《あらわ》し、反がハンという読《よ》み方《かた》と「ななめ」のいみをしめしています。土地《とち》がななめになっていることから、「さか」のいみを表《あらわ》します。

板

三年

8画［木4画］

おん　ハン・バン

くん　いた

いみ

■いた。◆板金《ばんきん》（いたがね）・板書《ばんしょ》・板目《いため》　◆（黒《くろ》くぬった板《いた》）黒板《こくばん》・甲板《かんぱん》・合板《ごうはん》・鉄板《てっぱん》・掲示板《けいじばん》・降板《こうばん》・石板《せきばん》・登板《とうばん》・銅板《どうばん》・平板《へいばん》・羽子板《はごいた》・床板《ゆかいた》

つかいかた

●木《き》の板《いた》。●看板《かんばん》をかかげる。●胸板《むないた》が厚《あつ》い。

もっとしろう

●板《いた》につく―「板《いた》」は舞台《ぶたい》のことで、役者《やくしゃ》の芸《げい》が経験《けいけん》をつんで舞台《ぶたい》とぴったり調和《ちょうわ》することから、服装《ふくそう》や地位《ちい》・職業《しょくぎょう》などがなじんで、その人《ひと》にぴったり合《あ》うことのたとえ。

なりたち

木《き》は「き」を表《あらわ》し、反がハンという読《よ》み方《かた》と「ひらたい」いみをしめしています。ひらたい木《き》から、「いた」を表《あらわ》します。

皮

5画［皮0画］

おん　ヒ

くん　かわ

いみ

■かわ。はだ。表面《ひょうめん》をおおうもの。◆皮革《ひかく》・皮膚《ひふ》　◆（毛《け》のついた皮《かわ》）毛皮《けがわ》・外皮《がいひ》・樹皮《じゅひ》・脱皮《だっぴ》・表皮《ひょうひ》

つかいかた

●皮《かわ》をはぐ。●りんごの皮《かわ》をむく。●皮下注射《ひかちゅうしゃ》をする。●皮肉《ひにく》を言《い》う。

なりたち

手《て》（　）で頭《あたま》のついた動物《どうぶつ》（　）のかわをはぎとる形《かたち》（　）からできた字《じ》で、皮《かわ》をはぐいみを表《あらわ》し、「かわ」のいみに使《つか》われます。

つかいわけ

●皮《かわ》・革《かわ》
「皮《かわ》」は動物《どうぶつ》や植物《しょくぶつ》の表面《ひょうめん》をおおっているものをさし、「革《かわ》」は動物《どうぶつ》の皮《かわ》をやわらかくなめしたものをさします。

皮《かわ》…木《き》の皮《かわ》。みかんの皮《かわ》。

革《かわ》…革《かわ》のくつ。革《かわ》の表紙《ひょうし》の本《ほん》。

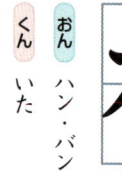

悲

12画［心8画］

おん　ヒ

くん　かな-しい・かな-しむ

悲 悲 悲 悲 悲 悲 悲 悲

いみ

1 かなしい。◆(悲《かな》しみ・哀《あわ》れ) 悲哀《ひあい》・悲《ひ》運《うん》・悲《ひ》歌《か》・悲《ひ》観《かん》・悲《ひ》願《がん》・悲《ひ》喜《き》・悲《ひ》劇《げき》・悲《ひ》惨《さん》・悲《ひ》壮《そう》・悲《ひ》嘆《たん》・悲《ひ》痛《つう》・悲《ひ》報《ほう》・悲《ひ》鳴《めい》・悲《ひ》恋《れん》・悲《ひ》話《わ》

2 あわれみの心《こころ》。◆慈《じ》悲《ひ》

つかいかた

●悲《かな》しい思《おも》い出《で》。●友人《ゆうじん》の不運《ふうん》を悲《かな》しむ。

●悲《かな》しげな顔《かお》。●悲《かな》しみを乗《の》りこえる。

●人生《じんせい》を悲観《ひかん》する。●悲願《ひがん》の優勝《ゆうしょう》をとげる。

●悲痛《ひつう》なさけび。●悲鳴《ひめい》をあげる。

なりたち

心は「こころ」を表《あらわ》し、非がヒという読《よ》み方《かた》と「そむく」いみをしめしています。心《こころ》の思《おも》いに反《はん》する気持《きも》ちを表《あらわ》し、「かなしみ」のいみに使《つか》われます。

美

9画［⺷3画］

おん　ビ

くん　うつく-しい

美 美 美 美 美 美 美 美 美

いみ

1 うつくしい。◆(美《うつく》しい人《ひと》) 美人《びじん》・美《び》観《かん》・美《び》技《ぎ》・美《び》辞《じ》・美《び》質《しつ》・美《び》術《じゅつ》・美《び》人《じん》・美《び》声《せい》・美《び》談《だん》・美《び》点《てん》・美《び》徳《とく》・美《び》文《ぶん》・美《び》名《めい》◆華《か》美《び》・優《ゆう》美《び》

2 おいしい。◆美《び》酒《しゅ》・美《び》食《しょく》・美《び》味《み》◆甘《かん》美《び》

3 ほめる。◆賛《さん》美《び》・賞《しょう》美《び》・褒《ほう》美《び》

つかいかた

●自然《しぜん》の美《び》。●美《うつく》しい景色《けしき》。●美《うつく》しい声《こえ》。

●校内《こうない》の美化運動《びかうんどう》。●美容院《びよういん》で髪《かみ》を切《き》る。

●賛美歌《さんびか》を歌《うた》う。

もっとしろう

●美辞麗句《びじれいく》－表面《ひょうめん》だけを美《うつく》しくかざったことばや文句《もんく》。

なりたち

羊と大からできた字《じ》です。太《ふと》った大《おお》きな羊《ひつじ》のいみから、「よい、うつくしい」いみに使《つか》われます。

鼻

14画［鼻0画］

おん　(ビ)

くん　はな

鼻 鼻 鼻 鼻 鼻 鼻 鼻 鼻

いみ

■ はな。◆(鼻《はな》から出《で》る血《ち》) 鼻血《はなぢ》・鼻《び》炎《えん》・鼻《び》濁音《だくおん》・鼻息《はないき》・鼻歌《はなうた》・鼻緒《はなお》・鼻先《はなさき》・鼻筋《はなすじ》・鼻面《はなづら》◆耳《じ》鼻《び》科《か》

つかいかた

●鼻《はな》をかむ。●ハンカチと鼻紙《はながみ》を持《も》つ。

●かぜで鼻声《はなごえ》になる。●鼻血《はなぢ》が出《で》る。

もっとしろう

●鼻《はな》が高《たか》い－得意《とくい》なようす。

●鼻《はな》であしらう－話《はな》しかけられても、ろくに返事《へんじ》もしないで、いいかげんにあつかう。

●鼻《はな》にかける－じまんする。得意《とくい》がる。

●鼻《はな》につく－あきあきして、いやになる。

●鼻《はな》を折《お》る－相手《あいて》のじまんをくじく。

なりたち

自ははなの形《かたち》()を表《あらわ》し、畀がビという読《よ》み方《かた》をしめしています。「はな」のいみに使《つか》われます。

筆

12画［竹6画］

おん　ヒツ

くん　ふで

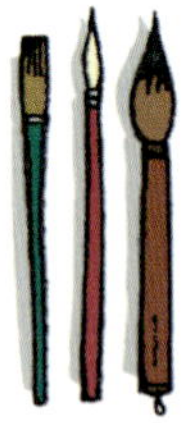

筆　だす　だす

いみ

1 **ふで。** ◆筆先《ふでさき》・筆箱《ふでばこ》 ◆（毛《け》の筆《ふで》）毛筆《もうひつ》・運筆《うんぴつ》・硬筆《こうひつ》・万年筆《まんねんひつ》・絵筆《えふで》

2 **書《か》く。書《か》いたもの。** ◆（書《か》く〔筆〕順序《じゅんじょ》）筆順《ひつじゅん》・筆者《ひっしゃ》・筆跡《ひっせき》・筆舌《ひつぜつ》・筆談《ひつだん》・筆頭《ひっとう》・筆法《ひっぽう》 ◆一筆《いっぴつ》・加筆《かひつ》・自筆《じひつ》・直筆《じきひつ》・執筆《しっぴつ》・随筆《ずいひつ》・代筆《だいひつ》・達筆《たっぴつ》・特筆《とくひつ》・文筆《ぶんぴつ》・乱筆《らんぴつ》

つかいかた

●**筆《ふで》**で字《じ》を書《か》く。●**筆記用具《ひっきようぐ》**をそろえる。●**筆算《ひっさん》**で答《こた》えを出《だ》す。●**鉛筆《えんぴつ》**をけずる。

もっとしろう

●**筆《ふで》が立《た》つ**－文章《ぶんしょう》を書《か》くことがうまい。

なりたち

竹は「たけ」を表《あらわ》し、聿（イツ）が手《て》（）にふで（）をもった形《かたち》からでき、ヒツと変《か》わって読《よ》み方《かた》をしめしています。竹《たけ》で作《つく》ったふでを表《あらわ》し、「ふで、字《じ》や絵《え》をかくこと」のいみに使《つか》われます。

氷

三年

5画［水1画］

おん　ヒョウ

くん　こおり・（ひ）

氷　てん　はねる

いみ

■ **こおり。** ◆（氷《こおり》と雪《ゆき》）氷雪《ひょうせつ》・氷河《ひょうが》・氷解《ひょうかい》・氷結《ひょうけつ》・氷柱《ひょうちゅう》・氷点《ひょうてん》・氷砂糖《こおりざとう》・氷雨《ひさめ》 ◆薄《はく》氷《ひょう》・霧氷《むひょう》・流氷《りゅうひょう》

つかいかた

●**氷《こおり》**で頭《あたま》を冷《ひ》やす。●南極《なんきょく》の**氷山《ひょうざん》**。●**流氷《りゅうひょう》**が見《み》える。●**氷水《こおりみず》**を飲《の》む。●**初氷《はつごおり》**が張《は》る。

もっとしろう

●**氷山《ひょうざん》の一角《いっかく》**－氷山《ひょうざん》は全体《ぜんたい》の一部《いちぶ》しか海面《かいめん》上《じょう》にでていないことから、表面《ひょうめん》にあらわれたものは、物事《ものごと》の一部分《いちぶぶん》にすぎないことのたとえ。

なりたち

もとの字《じ》は冰。水は「みず」を表《あらわ》し、冫はこおりのかたまったようす（）からできています。水《みず》がこおることを表《あらわ》す字《じ》で、「こおり」のいみに使《つか》われます。

表

8画［衣2画］

おん　ヒョウ

くん　おもて・あらわ-す・あらわ-れる

表　人にならない　はねる

いみ

1 **おもて。** ◆（表《おもて》と裏《うら》）表裏《ひょうり》・表記《ひょうき》・表札《ひょうさつ》・表紙《ひょうし》・表題《ひょうだい》・表皮《ひょうひ》・表面《ひょうめん》・表門《おもてもん》 ◆裏表《うらおもて》

2 **あらわす。** ◆（表《あらわ》す・示《しめ》す）表示《ひょうじ》・表決《ひょうけつ》・表現《ひょうげん》・表彰《ひょうしょう》・表情《ひょうじょう》・表明《ひょうめい》 ◆公表《こうひょう》・辞《じ》表《ひょう》・発表《はっぴょう》

3 **ひょう。** ◆一覧表《いちらんひょう》・時刻表《じこくひょう》・図表《ずひょう》・年表《ねんぴょう》

つかいかた

●**表《ひょう》**にまとめる。●グラフで**表《あらわ》す**。●日本《にほん》を**代表《だいひょう》**する選手《せんしゅ》。●**表通《おもてどお》り**に出《で》る。

なりたち

もとの形《かたち》は。衣（）と毛《け》（）からできた字《じ》です。からだをつつむ衣《ころも》から「毛皮《けがわ》の上着《うわぎ》」を表《あらわ》し、「おもて、あらわす」いみに使《つか》われます。

つかいわけ

●著《あらわ》す・表《あらわ》す・現《あらわ》す

→〈著《ちょ》〉456ページ

秒

おん　ビョウ

くん

9画［禾4画］

いみ

■時間《じかん》・角度《かくど》の単位《たんい》。びょう。一分《いっぷん》の六十《ろくじゅう》分《ぶん》の一《いち》。◆(秒《びょう》をきざむ針《はり》)秒針《びょうしん》 ◆寸《すん》秒《びょう》・分秒《ふんびょう》

つかいかた

● 秒速《びょうそく》二十《にじゅう》メートルの強風《きょうふう》。
● 一分《いっぷん》一秒《いちびょう》を争《あらそ》う。

もっとしろう

● **秒読《びょうよ》み**－残《のこ》りわずかになった時間《じかん》を秒《びょう》の単位《たんい》で数《かぞ》えること。また、期限《きげん》がさしせまっていること。

なりたち

禾は穀物《こくもつ》の穂《ほ》のたれさがった形《かたち》(禾)で、少(ショウ)がビョウと変《か》わって読《よ》み方《かた》と「こまかい」いみをしめしています。穂《ほ》の先《さき》の毛《け》を表《あらわ》し、ごくわずかなことから、時間《じかん》の「びょう(一分《いっぷん》の六十分《ろくじゅうぶん》の一《いち》)」のいみに使《つか》われます。

病

おん　ビョウ・(ヘイ)

くん　(や-む)・やまい

10画［疒5画］

いみ

■びょうき。◆病院《びょういん》・病苦《びょうく》・病死《びょうし》・病室《びょうしつ》・病身《びょうしん》・病人《びょうにん》・病名《びょうめい》 ◆(急《きゅう》に起《お》こる病《やまい》)急《きゅう》病《びょう》・看病《かんびょう》・仮病《けびょう》・持病《じびょう》・重病《じゅうびょう》・傷病《しょうびょう》・大《たい》病《びょう》・闘病《とうびょう》・難病《なんびょう》・発病《はつびょう》・疾病《しっぺい》

つかいかた

● 神経《しんけい》を病《や》む。 ● 不治《ふじ》の病《やまい》。
● 病気《びょうき》にかかる。 ● 病弱《びょうじゃく》な身《み》。
● 病状《びょうじょう》が悪化《あっか》する。

もっとしろう

● **病《やまい》は気《き》から**－病気《びょうき》は、気持《きも》ちの持《も》ちようでよくも悪《わる》くもなるものだ。

なりたち

疒はもと爿で、寝台《しんだい》(爿)で人《ひと》(ト)がねている形《かたち》からでき、丙がヘイという読《よ》み方《かた》と「くわわる」いみをしめしています。やまいが重《おも》くなることを表《あらわ》す字《じ》です。

とくべつなよみ

※「ヘイ」という読《よ》み―疾病《しっぺい》

品

おん　ヒン

くん　しな

9画［口6画］

いみ

1 しなもの。◆品質《ひんしつ》・品種《ひんしゅ》・品物《しなもの》 ◆(作《つく》った品《しな》)作品《さくひん》・学用品《がくようひん》・金品《きんぴん》・出品《しゅっぴん》・商品《しょうひん》・賞品《しょうひん》・新品《しんぴん》・製品《せいひん》・備品《びひん》・物品《ぶっぴん》・返品《へんぴん》・名品《めいひん》・薬品《やくひん》・粗品《そしな》(そひん)

2 ねうち。ひん。◆品位《ひんい》・品格《ひんかく》・品性《ひんせい》 ◆気品《きひん》・上品《じょうひん》・人品《じんぴん》

つかいかた

● 品《ひん》のある人《ひと》。 ● 上等《じょうとう》な品《しな》。
● 景品《けいひん》をもらう。 ● 下品《げひん》なことばづかい。
● 食品《しょくひん》の売《う》り場《ば》。 ● 自動車《じどうしゃ》の部品《ぶひん》。

もっとしろう

● **品行方正《ひんこうほうせい》**－日《ひ》ごろの行《おこな》いや心《こころ》のあり方《かた》が正《ただ》しいこと。

なりたち

物《もの》のいみの口を三《みっ》つならべて、「多《おお》くの物《もの》」を表《あらわ》しています。「しなもの、せいしつ」のいみに使《つか》われます。

負

9画［貝2画］

おん　フ

くん　ま-ける・ま-かす・お-う

いみ

1 せおう。こうむる。◆（傷《きず》を負《お》う）負傷《ふしょう》・負債《ふさい》・負担《ふたん》◆自負《じふ》・請負《うけおい》

2 まける。◆（勝《か》ち負《ま》け）勝負《しょうぶ》

つかいかた

● 負《ふ》の数《すう》。● 試合《しあい》に負《ま》ける。● 責任《せきにん》を負《お》う。
● 事故《じこ》で負傷《ふしょう》する。● 本気《ほんき》で勝負《しょうぶ》する。
● 荷物《にもつ》を背負《せお》う。

もっとしろう

● 負《ま》けるが勝《か》ち―むりやり争《あらそ》わないで相手《あいて》に勝《か》ちをゆずったほうが、結局《けっきょく》は自分《じぶん》にとってよい結果《けっか》になるということ。

なりたち

⺈（⺄）は人《ひと》の形《かたち》を表《あらわ》し、貝（バイ）がフと変《か》わって読《よ》み方《かた》と「せなか」のいみをしめしています。せなかに人《ひと》を「おう」ことを表《あらわ》し、「せおう、まける」いみに使《つか》われます。

三年

部

11画［⻏8画］

おん　ブ

くん

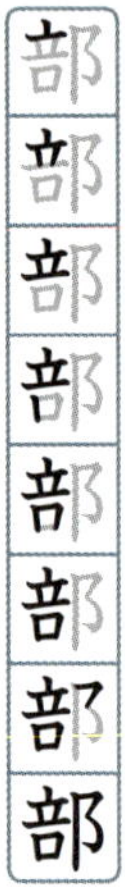

いみ

■ くわけしたもの。◆（わけたもの〈部〉・分《わ》ける）部分《ぶぶん》・部下《ぶか》・部会《ぶかい》・部首《ぶしゅ》・部族《ぶぞく》・部隊《ぶたい》・部類《ぶるい》・部屋《へや》◆一部《いちぶ》・下部《かぶ》・外部《がいぶ》・幹部《かんぶ》・後部《こうぶ》・細部《さいぶ》・支部《しぶ》・上部《じょうぶ》・全部《ぜんぶ》・退部《たいぶ》・中部《ちゅうぶ》・内部《ないぶ》・入部《にゅうぶ》・本部《ほんぶ》

つかいかた

● 午前《ごぜん》の部《ぶ》と午後《ごご》の部《ぶ》。● 部員《ぶいん》を集《あつ》める。
● 部品《ぶひん》を取《と》りかえる。● 一部《いちぶ》ずつ配《くば》る。
● 野球部《やきゅうぶ》に入《はい》る。

なりたち

⻏はもと𨸏で、人（𨸏）が住《す》んでいる囲《かこ》い（○）から「むら」を表《あらわ》し、音（ホウ）がブと変《か》わって読《よ》み方《かた》をしめしています。もと中国《ちゅうごく》の地名《ちめい》を表《あらわ》しましたが、のちに「わける」いみに使《つか》われるようになりました。

とくべつなよみ

部屋《へや》

服

8画［月4画］

おん　フク

くん

いみ

1 ふく。身《み》につける。◆服地《ふくじ》・服飾《ふくしょく》・服装《ふくそう》◆（西洋《せいよう》の服《ふく》）洋服《ようふく》・衣服《いふく》・呉服《ごふく》・私服《しふく》・式服《しきふく》・制服《せいふく》・着服《ちゃくふく》・略服《りゃくふく》・礼服《れいふく》・和服《わふく》

2 したがう。◆（服《ふく》する・従《したが》う）服従《ふくじゅう》・服役《ふくえき》◆感服《かんぷく》・屈服《くっぷく》・克服《こくふく》・征服《せいふく》

3 薬《くすり》や茶《ちゃ》などを飲《の》む。◆服薬《ふくやく》・服用《ふくよう》◆一《いっ》服《ぷく》・内服《ないふく》

つかいかた

● 新《あたら》しい服《ふく》を着《き》る。● 刑《けい》に服《ふく》する。
● 命令《めいれい》に服従《ふくじゅう》する。● 不服《ふふく》を申《もう》し立《た》てる。

なりたち

月は舟の変《か》わった形《かたち》で「ふね」を表《あらわ》し、𠬝がフクという読《よ》み方《かた》と「したがう」いみをしめしています。もと舟《ふね》の両側《りょうがわ》につける板《いた》を表《あらわ》しましたが、のちに着《き》る「ふく」のいみに用《もち》いられるようになりました。

福

13画［ネ9画］

おん　フク

くん

福 福 福 福 福 福 福 福

福　ネにならない

いみ

■しあわせ。◆（しあわせ〔福〕・さいわい〔祉〕）福祉《ふくし》・福音《ふくいん》　◆裕福《ゆうふく》

つかいかた

●福《ふく》の神《かみ》。●幸福《こうふく》な家庭《かてい》。

●七福神《しちふくじん》をまつる。

●新《あたら》しい門出《かどで》を祝福《しゅくふく》する。

もっとしろう

●**福《ふく》は内《うち》、鬼《おに》は外《そと》**－節分《せつぶん》の夜《よる》に行《おこな》われる豆《まめ》まきで唱《とな》える「幸《しあわ》せをもたらす福《ふく》の神《かみ》は中《なか》に入《はい》り、たたりをもたらす鬼《おに》は外《そと》へ出《で》ていけ」ということば。

なりたち

ネは神《かみ》を表《あらわ》し、畐がフクという読《よ》み方《かた》と、酒《さけ》のつぼの形《かたち》（畐）を表《あらわ》しています。「神《かみ》にそなえた酒《さけ》」のことで、これを神《かみ》のめぐみとして飲《の》んだことから、「さいわい」のいみに使《つか》われます。

物

8画［牜4画］

おん　ブツ・モツ

くん　もの

物 物 物 物 物 物 物 物

物　だす　とめる　はねる

いみ

■もの。◆物体《ぶったい》・物品《ぶっぴん》・物音《ものおと》・物語《ものがたり》・物事《ものごと》　◆（食《た》べ物《もの》）食物《しょくもつ》・異物《いぶつ》・現物《げんぶつ》・鉱物《こうぶつ》・産《さん》物《ぶつ》・実物《じつぶつ》・植物《しょくぶつ》・生物《せいぶつ》・動物《どうぶつ》・名物《めいぶつ》・貨《か》物《もつ》・禁物《きんもつ》・穀物《こくもつ》・作物《さくもつ》・書物《しょもつ》・荷物《にもつ》・宝《ほう》物《もつ》（宝物《たからもの》）・金物《かなもの》・着物《きもの》・品物《しなもの》・刃物《はもの》・本物《ほんもの》

つかいかた

●物《もの》を片《かた》づける。●見物《けんぶつ》する。

●すぐれた人物《じんぶつ》。●物知《ものし》りな人《ひと》。

●りっぱな建物《たてもの》。

もっとしろう

●**物《もの》ともせず**－なんとも思《おも》わないで。

なりたち

牜は牛《うし》を表《あらわ》し、勿がブツと読《よ》み、牛《うし》の「まだら」のいみをしめしています。牛のからだのもようがさまざまなことから、さまざまな「もの」のいみに使《つか》われます。

とくべつなよみ

果物《くだもの》

平

5画［干2画］

おん　ヘイ・ビョウ

くん　たい-ら・ひら

平 平 平 平 平

平　ださない　うえよりながく

いみ

1 たいら。◆（平《たい》らな野原《のはら》）平原《へいげん》・平行《へいこう》・平《へい》地《ち》・平板《へいばん》・平方《へいほう》・平面《へいめん》・平野《へいや》・平手《ひらて》・平《ひら》屋《や》　◆水平《すいへい》

2 おだやか。◆平安《へいあん》・平気《へいき》・平然《へいぜん》・平定《へいてい》　◆太平《たいへい》・不平《ふへい》・和平《わへい》

3 ひとしい。◆（ひとしい〔平〕・等《ひと》しい）平《びょう》等《どう》・平均《へいきん》

4 ふつう。◆平易《へいい》・平時《へいじ》・平日《へいじつ》・平常《へいじょう》・平《へい》生《ぜい》・平素《へいそ》・平年《へいねん》・平服《へいふく》・平凡《へいぼん》・平明《へいめい》

つかいかた

●平《たい》らな土地《とち》。●平《ひら》たい板《いた》。●平和《へいわ》を願《ねが》う。

●地平線《ちへいせん》のかなた。●不平《ふへい》を言《い》う。

なりたち

もとの形《かたち》は𠀘。すいれんなど水《すい》面《めん》にひらたく浮《う》かぶ水草《みずくさ》の形《かたち》を表《あらわ》しています。「たいら、ひらたい」いみに使《つか》われます。

三年

三年

返

おん　ヘン

くん　かえ-す・かえ-る

7画［⻌4画］

返　みぎへはらう

いみ

■**かえす。**◆（金《かね》を返《かえ》す）返金《へんきん》・返還《へんかん》・返《へん》却《きゃく》・返上《へんじょう》・返信《へんしん》・返送《へんそう》・返品《へんぴん》・返本《へんぽん》

つかいかた

●落《お》とし物《もの》が**返《かえ》る**。●持《も》ち主《ぬし》に**返《かえ》す**。●**返事《へんじ》**を書《か》く。

なりたち

⻌は道《みち》を歩《ある》くことを表《あらわ》し、反（ハン）がヘンと変《か》わって読《よ》み方《かた》と「かえる」いみをしめしています。もとの道《みち》をもどることを表《あらわ》し、「かえす」いみに使《つか》われます。

つかいわけ

●**返《かえ》す・帰《かえ》す**

「**返《かえ》す**」はもとの所《ところ》や持《も》ち主《ぬし》にもどすときに使《つか》い、「**帰《かえ》す**」はもとの所《ところ》に行《い》かせるときに使《つか》います。

返《かえ》す…借《か》りた本《ほん》を返《かえ》す。

帰《かえ》す…国《くに》に帰《かえ》す。親元《おやもと》に帰《かえ》す。

勉

おん　ベン

くん

10画［力8画］

はらう　勉　はねる

いみ

■**つとめる。**◆（学問《がくもん》にはげむ〈勉〉）勉学《べんがく》・勉強《べんきょう》・勉励《べんれい》　◆勤勉《きんべん》

つかいかた

●しっかり**勉強《べんきょう》**をする。

もっとしろう

●［勉強《べんきょう》］

「勉強《べんきょう》」には、学問《がくもん》や仕事《しごと》をいっしょうけんめいにすることのほかに、これからのためになる経験《けいけん》というい みや、品物《しなもの》のねだんを安《やす》くするというい みもあります。「いい勉強《べんきょう》になる」「ねだんを勉強《べんきょう》する」などと使《つか》います。

なりたち

力は「ちから」を表《あらわ》し、免（メン）が「つとめる」いみをしめしています。力《ちから》を入《い》れて「つとめる、はげむ」いみを表《あらわ》します。

放

おん　ホウ

くん　はな-す・はな-つ・はな-れる・ほう-る

8画［攵4画］

だす　放　はねる

いみ

1 **はなつ。ときはなつ。**◆放火《ほうか》・放課後《ほうかご》・放棄《ほうき》・放射《ほうしゃ》・放出《ほうしゅつ》・放心《ほうしん》・放水《ほうすい》・放送《ほうそう》・放置《ほうち》・放電《ほうでん》・放牧《ほうぼく》・放免《ほうめん》　◆（解《と》き放《はな》つ）解放《かいほう》・釈放《しゃくほう》・追放《ついほう》

2 **思《おも》うままにする。**◆放言《ほうげん》・放任《ほうにん》・放浪《ほうろう》

つかいかた

●池《いけ》に魚《さかな》を**放《はな》す**。●矢《や》を**放《はな》つ**。●名画《めいが》を**放映《ほうえい》**する。●したい**放題《ほうだい》**をする。●ダムの**放流《ほうりゅう》**。●校庭《こうてい》を**開放《かいほう》**する。

なりたち

攵は手《て》に棒《ぼう》をもつようすを表《あらわ》し、方がホウという読《よ》み方《かた》と「広《ひろ》がる」いみをしめしています。人《ひと》を追《お》いはらうことから、「はなつ、はなす」いみに使《つか》われます。

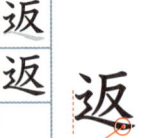

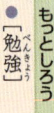

味

8画［口5画］

おん　ミ

くん　あじ・あじ-わう

いみ

1 あじ。◆（味《あじ》の感覚《かんかく》）味覚《みかく》・味見《あじみ》 ◆加《か》味《み》・賞味《しょうみ》・美味《びみ》・薬味《やくみ》・後味《あとあじ》・塩味《しおあじ》

2 おもむき。ようす。◆興味《きょうみ》・趣味《しゅみ》

3 なかま。◆味方《みかた》 ◆一味《いちみ》

つかいかた

● さっぱりした味《あじ》。● 料理《りょうり》を味《あじ》わう。
● 味《あじ》わいのある文章《ぶんしょう》。● 意味《いみ》を調《しら》べる。
● 地味《じみ》な色《いろ》。● 気味《きみ》が悪《わる》い。

もっとしろう

● **味《あじ》もそっけもない**－なんの味《あじ》わいもおもしろみもない。つまらない。愛想《あいそ》がない。

なりたち

口は「くち」を表《あらわ》し、未がミという読《よ》み方《かた》と「よい」いみをしめしています。口《くち》で美《うつく》しいと感《かん》じることから、「あじ」のいみに使《つか》われます。

とくべつなよみ

三味線《しゃみせん》

命

8画［口5画］

おん　メイ・（ミョウ）

くん　いのち

いみ

1 言《い》いつける。◆命令《めいれい》 ◆任命《にんめい》

2 いのち。◆命日《めいにち》 ◆（命《いのち》を助《たす》ける）助命《じょめい》・一命《いちめい》・延命《えんめい》・救命《きゅうめい》・懸命《けんめい》・生命《せいめい》・絶命《ぜつめい》・存命《ぞんめい》・短命《たんめい》・致命傷《ちめいしょう》・長命《ちょうめい》・余命《よめい》

3 天《てん》のさだめ。めぐりあわせ。◆命運《めいうん》 ◆運命《うんめい》・革命《かくめい》・宿命《しゅくめい》・天命《てんめい》・寿命《じゅみょう》

4 なづける。こせき。◆命名《めいめい》 ◆亡命《ぼうめい》

つかいかた

● 委員《いいん》を命《めい》じる。● 命《いのち》をたいせつにする。
● 重大《じゅうだい》な使命《しめい》。● 人命《じんめい》を救助《きゅうじょ》する。

なりたち

令（レイ）はメイと変《か》わって読《よ》み方《かた》と「いいつける」いみをしめしています。口を加《くわ》えて、「ことばでめいれいする」ことを表《あらわ》す字《じ》です。「天《てん》のめいれい」のいみから、「うんめい、いのち」のいみにも使《つか》われます。

面

9画［面0画］

おん　メン

くん　（おも・おもて・つら）

いみ

1 かお。◆面会《めんかい》・面識《めんしき》・面接《めんせつ》・面前《めんぜん》・面談《めんだん》・面目《めんぼく》（めんもく）・面面《めんめん》・面影《おもかげ》・面長《おもなが》 ◆（かお〔面〕を洗《あら》う）洗面《せんめん》・仮面《かめん》・対面《たいめん》・満面《まんめん》

2 むき。◆局面《きょくめん》・正面《しょうめん》・前面《ぜんめん》・側面《そくめん》・直面《ちょくめん》・当面《とうめん》・場面《ばめん》・背面《はいめん》・反面《はんめん》・方面《ほうめん》・両面《りょうめん》

3 おもてに見《み》えるところ。◆面積《めんせき》 ◆（水《みず》の面《おもて》）水面《すいめん》・海面《かいめん》・地面《じめん》・表面《ひょうめん》・路面《ろめん》

4 たいらなもの。◆画面《がめん》・図面《ずめん》

つかいかた

● 面《めん》をつける。● 面《おもて》を上《あ》げる。
● 泣《な》きっ面《つら》にはち。● 帳面《ちょうめん》に書《か》く。
● 面長《おもなが》の人《ひと》。

なりたち

首《くび》の形《かたち》（［古字］）にりんかくをつけて、「かお」を表《あらわ》している字《じ》です。「つら、おもて、めん」のいみに使《つか》われます。

とくべつなよみ

真面目《まじめ》

三年

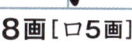

問

11画［口8画］

おん　モン

くん　と-う・と-い・とん

いみ

1 とう。◇(問《と》うことと答《こた》えること)問答《もんどう》・問題《もんだい》◇学問《がくもん》・疑問《ぎもん》・検問《けんもん》・試問《しもん》・尋問《じんもん》・難問《なんもん》・発問《はつもん》・反問《はんもん》・不問《ふもん》

2 おとずれる。◇(訪《おとず》れる・おとずれる〈問〉)訪問《ほうもん》・慰問《いもん》

つかいかた

●責任《せきにん》を問《と》う。●問《と》いと答《こた》え。●質問《しつもん》する。

もっとしろう

●問答無用《もんどうむよう》－話《はな》し合《あ》いはいらない。議論《ぎろん》の必《ひつ》要《よう》はない。

なりたち

口が「くち」を表《あらわ》し、門がモンという読《よ》み方《かた》と「引《ひ》き出《だ》す」いみをしめしています。口《くち》を使《つか》って聞《き》き出《だ》すことから、「とう」いみに使《つか》われます。

とくべつなよみ

※「とん」という読《よ》み—問屋《とんや》(とい やい)

役

三年

7画［彳4画］

おん　ヤク・(エキ)

くん

いみ

1 やくめ。しごと。◇役人《やくにん》・役場《やくば》・役割《やくわり》◇(大《おお》きな役目《やくめ》)大役《たいやく》・案内役《あんないやく》・現役《げんえき》

2 上《うえ》に立《た》つ位《くらい》。◇役員《やくいん》・役職《やくしょく》◇重役《じゅうやく》

3 しばいなどでのやく。◇役者《やくしゃ》◇悪役《あくやく》・子役《こやく》・主役《しゅやく》・代役《だいやく》・適役《てきやく》・配役《はいやく》

4 いくさ。◇戦役《せんえき》

つかいかた

●役《やく》を演《えん》じる。●役所《やくしょ》に勤《つと》める。●役目《やくめ》を果《は》たす。●上役《うわやく》の命令《めいれい》に従《したが》う。

もっとしろう

●役《やく》に立《た》つ－じゅうぶんなはたらきをする。

なりたち

彳は道《みち》(彳)で、「歩《ある》く」いみをもち、殳は武器《ぶき》(卜)を手《て》(又)で持《も》っている形《かたち》(殳)です。武器《ぶき》を持《も》って歩《ある》くことから、「いくさ、しごと、やくめ」のいみに使《つか》われます。

薬

16画［艹13画］

おん　ヤク

くん　くすり

いみ

1 くすり。◇(薬《くすり》として用《もち》いる)薬用《やくよう》・薬《やく》剤《ざい》・薬草《やくそう》・薬物《やくぶつ》・薬味《やくみ》・薬局《やっきょく》・薬湯《くすりゆ》◇医薬《いやく》・丸薬《がんやく》・水薬《すいやく》(みずぐすり)・製薬《せいやく》・投薬《とうやく》・粉薬《こなぐすり》

2 化学変化《かがくへんか》を起《お》こさせる材料《ざいりょう》。◇火薬《かやく》・弾《だん》薬《やく》・農薬《のうやく》・爆薬《ばくやく》

つかいかた

●薬《くすり》を飲《の》む。●薬品《やくひん》を使《つか》う。

もっとしろう

●[薬指《くすりゆび》]
「薬指《くすりゆび》」は、薬《くすり》をとかすとき、おもにこの指《ゆび》を使《つか》ったことからできた名《な》です。

なりたち

艹は艸で「くさ」を表《あらわ》し、楽(ラク)がヤクと変《か》わって読《よ》み方《かた》と「なおす」いみをしめしています。病気《びょうき》を治《なお》す草《くさ》から、「くすり」のいみに使《つか》われます。

由

おん ユ・ユウ・（ユイ）

くん （よし）

5画［田0画］

由 だす

いみ

1 いわれ。わけ。すじみち。◆由緒《ゆいしょ》・由縁《ゆえん》・由来《ゆらい》 ◆（すじみち〈理〉・わけ〈由〉）理《り》由《ゆう》

2 したがう。…による。◆（自《じ》分《ぶん》による〈由〉）自《じ》由《ゆう》

3 通《とお》る。経《へ》る。◆経由《けいゆ》

つかいかた

●知《し》る由《よし》もない。 ●地名《ちめい》の由来《ゆらい》を調《しら》べる。

●名古屋《なごや》を経由《けいゆ》して大阪《おおさか》へ行《い》く。

●理由《りゆう》を述《の》べる。

なりたち

酒《さけ》のもとを入《い》れて、酒《さけ》をぬきだす口《くち》のすぼまったつぼの形《かたち》（由）からできた字《じ》ですが、「いわれ、わけ」のいみに使《つか》われるようになりました。

とくべつなよみ

※「ユイ」という読《よ》み―由緒《ゆいしょ》

油

おん ユ

くん あぶら

8画［氵5画］

油 だす

いみ

■あぶら。◆（油《あぶら》の性《せい》質《しつ》）油《ゆ》性《せい》・油《ゆ》煙《えん》・油《ゆ》脂《し》・油絵《あぶらえ》・油紙《あぶらがみ》 ◆揮発油《きはつゆ》・給油《きゅうゆ》・軽油《けいゆ》・原油《げんゆ》・重油《じゅうゆ》・精油《せいゆ》・石油《せきゆ》・灯油《とうゆ》

つかいかた

●油《あぶら》で揚《あ》げる。 ●油性《ゆせい》のインク。

●油断《ゆだん》は禁物《きんもつ》。 ●海底《かいてい》の油田《ゆでん》。

もっとしろう

●油《あぶら》を売《う》る―仕事中《しごとちゅう》にむだ話《ばなし》などをして時《じ》間《かん》をついやす。仕事《しごと》をなまける。

●油《あぶら》をしぼる―おさえつけて油《あぶら》をしぼり出《だ》すように、きびしくしかる。こらしめる。

なりたち

氵は液体《えきたい》を表《あらわ》し、由がユという読《よ》み方《かた》と「なめらか」のいみをしめしています。水《みず》がなめらかでゆったりしているいみを表《あらわ》しましたが、「あぶら」のいみに使《つか》われるようになりました。

有

おん ユウ・（ウ）

くん あ-る

6画［月2画］

有 とめる はねる

いみ

■ある。◆（利《り》益《えき》が有《あ》る）有《ゆう》利《り》・有益《ゆうえき》・有害《ゆうがい》・有給《ゆうきゅう》・有権者《ゆうけんしゃ》・有志《ゆうし》・有数《ゆうすう》・有毒《ゆうどく》・有能《ゆうのう》・有望《ゆうぼう》・有名《ゆうめい》・有用《ゆうよう》・有料《ゆうりょう》・有力《ゆうりょく》・有頂天《うちょうてん》・有無《うむ》 ◆共有《きょうゆう》・固有《こゆう》・私有《しゆう》・特有《とくゆう》

つかいかた

●力《ちから》が有《あ》る。 ●時間《じかん》を有効《ゆうこう》に使《つか》う。

●試合《しあい》を有利《ゆうり》に進《すす》める。 ●土地《とち》の所有者《しょゆうしゃ》。

もっとしろう

●有無《うむ》を言《い》わせず―むりやりに。いやおうなしに。

なりたち

もとの形《かたち》は㞢。⺼は肉《にく》の形《かたち》、又は手《て》を表《あらわ》しています。肉《にく》をもって人《ひと》にすすめるいみの字《じ》でしたが、のちに「もつ、ある」いみになりました。

つかいわけ

●在《あ》る・有《あ》る →〈在《ざい》〉369ページ

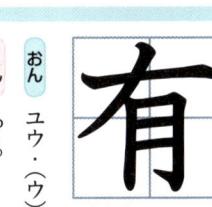

遊

12画［⻌9画］

おん　ユウ・(ユ)

くん　あそ-ぶ

いみ

1 あそぶ。◈(遊《あそ》び戯《たわむ》れる) 遊戯《ゆうぎ》・遊園地《ゆうえんち》・遊休《ゆうきゅう》・遊興《ゆうきょう》 ◈豪遊《ごうゆう》

2 あちらこちらへ行《い》く。旅《たび》にでる。◈遊泳《ゆうえい》・遊星《ゆうせい》・遊牧《ゆうぼく》・遊歩道《ゆうほどう》 ◈(外《がい》国《こく》に旅行《りょこう》〔遊〕する) 外遊《がいゆう》・回遊《かいゆう》・漫遊《まんゆう》

つかいかた

● 友《とも》だちと遊《あそ》ぶ。● 遊《あそ》びの時間《じかん》。

● 全国《ぜんこく》を遊説《ゆうぜい》する。● 遊覧船《ゆうらんせん》に乗《の》る。

● バスの周遊券《しゅうゆうけん》。● 水遊《みずあそ》びをする。

もっとしろう

● 物見遊山《ものみゆさん》－見物《けんぶつ》して遊《あそ》びまわること。

なりたち

もとの字《じ》は游(ユウ)。「およぐ、あそぶ」いみをもっています。氵(水《みず》)を、道《みち》を歩《ある》くいみの⻌に変《か》えて、「あそぶ」いみに使《つか》われます。

とくべつなよみ

※「ユ」という読《よ》み―遊山《ゆさん》

予

三年

4画［亅3画］

おん　ヨ

くん

いみ

■ あらかじめ。◈(あらかじめ〔予〕防《ふせ》ぐ) 予防《よぼう》・予期《よき》・予見《よけん》・予言《よげん》・予告《よこく》・予算《よさん》・予選《よせん》・予想《よそう》・予測《よそく》・予知《よち》・予備《よび》・予報《よほう》

つかいかた

● 悪《わる》い予感《よかん》がする。● 運動会《うんどうかい》の予行演習《よこうえんしゅう》。

● 予習《よしゅう》と復習《ふくしゅう》。● 予防注射《よぼうちゅうしゃ》を受《う》ける。

● ホテルの部屋《へや》を予約《よやく》する。

もっとしろう

● 予断《よだん》を許《ゆる》さない－前《まえ》もって判断《はんだん》できない。

● [予《よ》―自分《じぶん》]

むかし、位《くらい》の高《たか》い人《ひと》が目下《めした》の者《もの》に対《たい》して、「予《よ》は満足《まんぞく》じゃ。」などと、自分《じぶん》を指《さ》すことばとして「予《よ》(余《よ》)」を使《つか》いました。

なりたち

機《はた》を織《お》るときの横糸《よこいと》を通《とお》す道具《どうぐ》の形《かたち》()をえがいた字《じ》です。「あらかじめ」のいみに使《つか》われます。

羊

6画［羊0画］

おん　ヨウ

くん　ひつじ

いみ

■ ひつじ。◈(羊《ひつじ》の毛《け》) 羊毛《ようもう》・羊雲《ひつじぐも》 ◈牧《ぼく》羊《よう》・綿羊《めんよう》・子羊《こひつじ》

つかいかた

● 羊《ひつじ》の群《む》れ。● 羊毛《ようもう》のセーター。

もっとしろう

● 羊頭狗肉《ようとうくにく》－看板《かんばん》に羊《ひつじ》の頭《あたま》をかかげて、羊《ひつじ》の肉《にく》を売《う》っているように見《み》せかけて、実際《じっさい》には犬《いぬ》(狗)の肉《にく》を売《う》るといういみ。見《み》かけはりっぱだがなかみにうそがあることのたとえ。

● [羊《よう》かん]

「羊《よう》かん」は羊《ひつじ》の汁物《しるもの》のことで、中国《ちゅうごく》から日本《にほん》にわたってきて、なかみや味《あじ》が変《か》わって和菓子《わがし》の「羊《よう》かん」になりました。

なりたち

羊《ひつじ》の頭《あたま》の形《かたち》()からできた字《じ》で、「ひつじ」を表《あらわ》しています。

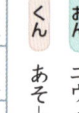

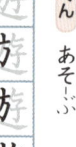

洋

9画[氵6画]

おん ヨウ

くん

いみ

1 広《ひろ》い海《うみ》。◆(広《ひろ》い海《うみ》(洋)の上《うえ》)洋上《ようじょう》・洋洋《ようよう》 ◆遠洋《えんよう》・海洋《かいよう》・大西洋《たいせいよう》・太平洋《たいへいよう》・北洋《ほくよう》

2 世界《せかい》(とくに西洋《せいよう》)。◆(西洋《せいよう》の服《ふく》)洋服《ようふく》・洋画《ようが》・洋館《ようかん》・洋行《ようこう》・洋式《ようしき》・洋室《ようしつ》・洋酒《ようしゅ》・洋書《ようしょ》・洋食《ようしょく》・洋装《ようそう》・洋品《ようひん》・洋間《ようま》 ◆和洋《わよう》

つかいかた

● 洋裁《ようさい》を習《なら》う。● 洋風《ようふう》の建物《たてもの》。

● 東洋《とうよう》と西洋《せいよう》。● 南洋《なんよう》の島《しま》。

もっとしろう

● [「洋《よう》」と「和《わ》」]
「西洋《せいよう》」の「洋《よう》」の対語《たいご》は「和《わ》」で、「洋式《ようしき》↔和式《わしき》、洋食《ようしょく》↔和食《わしょく》」などの関係《かんけい》になります。

なりたち

氵は水《みず》を表《あらわ》し、羊がヨウという読《よ》み方《かた》と「広《ひろ》い」いみをしめしています。水《みず》の広々《ひろびろ》としたようすから、「大海《たいかい》」のいみを表《あらわ》します。

葉

12画[艹9画]

おん ヨウ

くん は

いみ

■ 草木《くさき》のは。◆葉脈《ようみゃく》・葉緑素《ようりょくそ》・葉桜《はざくら》 ◆(葉《は》が落《お》ちる)落葉《らくよう》・紅葉《こうよう》(もみじ)・黄葉《こうよう》・広葉《こうよう》樹《じゅ》・枝葉《しよう》(えだは)・草葉《くさば》・二《ふた》(双)葉《ば》・若葉《わかば》

つかいかた

● 葉《は》が落《お》ちる。● 針葉樹《しんようじゅ》の林《はやし》。

● 青葉《あおば》がしげる。● 落《お》ち葉《ば》をはく。

● 正《ただ》しい言葉《ことば》を使《つか》う。

もっとしろう

● [一葉《いちよう》]
葉《は》のようにうすい紙《かみ》や写真《しゃしん》などを数《かぞ》えるときに、「写真一葉《しゃしんいちよう》」などと使《つか》います。

なりたち

艹は艸で「くさ」を表《あらわ》し、枼がヨウという読《よ》み方《かた》と「うすい」いみをしめしています。「草木《くさき》のうすいはっぱ」のいみに使《つか》われます。

とくべつなよみ

紅葉《もみじ》

陽

12画[阝9画]

おん ヨウ

くん

いみ

1 ひ。おひさま。◆(ひ(陽)の光《ひかり》)陽光《ようこう》 ◆太陽《たいよう》・落陽《らくよう》

2 あかるい。◆(あかるい(陽)気《き》分《ぶん》)陽気《ようき》

3 「陰《いん》」の対《つい》になるほう。◆陽性《ようせい》・陽転《ようてん》

つかいかた

● 陰《いん》と陽《よう》。● 陽気《ようき》な人《ひと》。

● 電池《でんち》の陽極《ようきょく》と陰極《いんきょく》。● 太陽《たいよう》の光《ひかり》。

もっとしろう

● [「陽《よう》」と「陰《いん》」]
「陽《よう》」の対語《たいご》は「陰《いん》」で、「陽性《ようせい》↔陰性《いんせい》、陽極《ようきょく》↔陰極《いんきょく》」などの関係《かんけい》になります。

なりたち

阝は土《つち》の盛《も》りあがった山《やま》を表《あらわ》し、昜がヨウという読《よ》み方《かた》と「日《ひ》がのぼる」いみをしめしています。山《やま》の日《ひ》のあたる所《ところ》を表《あらわ》す字《じ》で、「たいよう、あかるい」いみに使《つか》われます。

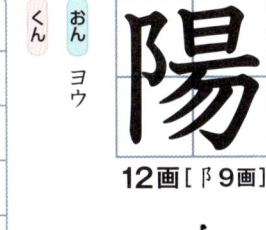

様

14画［木10画］

おん　ヨウ

くん　さま

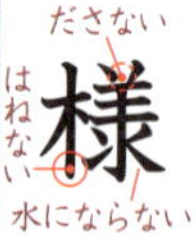

いみ

1 ありさま。かたち。◆(かたち〈様〉)・形《けい》式《しき》)様式《ようしき》・様相《ようそう》　◆異様《いよう》・一様《いちよう》・各様《かくよう》・多様《たよう》・同様《どうよう》・両様《りょうよう》

2 名前《なまえ》などにつけてうやまうきもちを表《あらわ》す。◆王様《おうさま》・神様《かみさま》・殿様《とのさま》・仏様《ほとけさま》

つかいかた

●うれしそうな様子《ようす》。●異様《いよう》な物音《ものおと》。●きれいな模様《もよう》。●町《まち》が様変《さまが》わりをする。

もっとしろう

●様《さま》になる－それにふさわしいようになる。それらしいかっこうになる。

なりたち

古《ふる》い字《じ》は樣。木と、羕(ヨウ)で、木《き》の名《な》を表《あらわ》す字《じ》でしたが、いい方《かた》が似《に》ている「象《しょう》(＝かたち)」のいみに用《もち》いられ、「かたち、ようす」を表《あらわ》すようになりました。

落

12画［艹9画］

おん　ラク

くん　お-ちる・お-とす

いみ

1 おちる。◆(日《ひ》が落《お》ちる)落日《らくじつ》・落後《らくご》・落語《らくご》・落差《らくさ》・落城《らくじょう》・落第《らくだい》・落胆《らくたん》・落馬《らくば》・落盤《らくばん》・落命《らくめい》・落葉《らくよう》・落雷《らくらい》・落下《らっか》　◆陥落《かんらく》・下落《げらく》・脱落《だつらく》・墜落《ついらく》・転落《てんらく》・当落《とうらく》・暴落《ぼうらく》・没落《ぼつらく》

2 おさまる。◆落着《らくちゃく》

3 まとまり。◆群落《ぐんらく》・集落《しゅうらく》・村落《そんらく》・段落《だんらく》

4 できあがる。◆落成《らくせい》

つかいかた

●しずくが落《お》ちる。●さいふを落《お》とす。●新校舎《しんこうしゃ》が落成《らくせい》する。●落石《らくせき》に注意《ちゅうい》する。●選挙《せんきょ》で落選《らくせん》する。●落《お》ち着《つ》いて話《はな》す。

なりたち

艹は艸で「くさ」を表《あらわ》し、洛がラクという読《よ》み方《かた》と「おりる」いみをしめしています。葉《は》がおちることから、「おちる」いみに使《つか》われます。

流

10画［氵7画］

おん　リュウ・(ル)

くん　なが-れる・なが-す

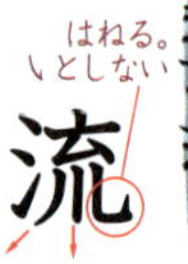

いみ

1 ながれる。◆流域《りゅういき》・流血《りゅうけつ》・流失《りゅうしつ》・流出《りゅうしゅつ》・流星《りゅうせい》・流動《りゅうどう》・流入《りゅうにゅう》・流氷《りゅうひょう》・流木《りゅうぼく》・流罪《るざい》・流転《るてん》　◆(水《みず》の流《なが》れ)水流《すいりゅう》・下流《かりゅう》・海流《かいりゅう》・寒流《かんりゅう》・逆流《ぎゃくりゅう》・合流《ごうりゅう》・支流《しりゅう》・上流《じょうりゅう》・暖流《だんりゅう》・中流《ちゅうりゅう》・直流《ちょくりゅう》・電流《でんりゅう》・放流《ほうりゅう》・本流《ほんりゅう》

2 ながれを受《う》けつぐ。◆流儀《りゅうぎ》・流派《りゅうは》

3 ひろまる。◆流感《りゅうかん》・流行《りゅうこう》・流布《るふ》

つかいかた

●時《とき》が流《なが》れる。●汗《あせ》を流《なが》す。●川《かわ》の上流《じょうりゅう》。

なりたち

㐬はもと𠫓巛で、こども(𠫓)がながれるように(巛)生《う》まれてくることを表《あらわ》し、リュウという読《よ》み方《かた》をしめしています。水《みず》(氵)を加《くわ》えて、「ながれる」いみに使《つか》われます。

とくべつなよみ

流布《るふ》・流罪《るざい》

※「ル」という読《よ》み―流転《るてん》・

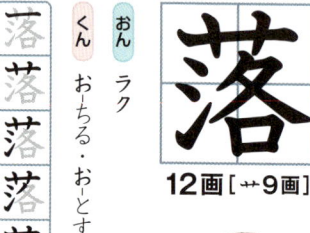

旅

10画［方6画］

おん リョ

くん たび

いみ

■たび。⬘（旅《たび》に行《い》く）旅行《りょこう》・旅客《りょかく》（りょきゃく）・旅館《りょかん》・旅券《りょけん》・旅情《りょじょう》・旅程《りょてい》・旅費《りょひ》・旅先《たびさき》・旅人《たびびと》 ⬙船旅《ふなたび》

つかいかた

●旅《たび》に出《で》る。●海外《かいがい》を旅行《りょこう》する。●旅費《りょひ》を計算《けいさん》する。●旅路《たびじ》を急《いそ》ぐ。

もっとしろう

●旅《たび》は道連《みちづ》れ世《よ》は情《なさ》け－旅《たび》はいっしょに行《い》く人《ひと》がいると心強《こころづよ》いように、生《い》きていくうえでも、たがいに情《なさ》けをかけ合《あ》い助《たす》け合《あ》っていくことがたいせつである。

なりたち

もとの形《かたち》は。旗《はた》を先頭《せんとう》にして兵隊《へいたい》がならんでいくようすをしめしている字《じ》です。「軍隊《ぐんたい》」のいみを表《あらわ》し、あちらこちらへ移動《いどう》していくことから、「たび」のいみに用《もち》いられます。

両

6画［一5画］

おん リョウ

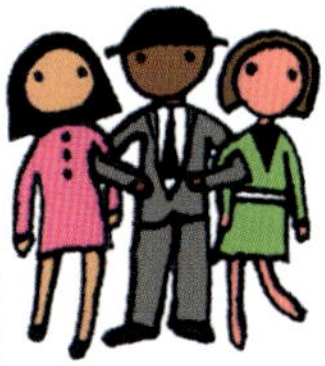

いみ

1 ふたつ。⬘（両方《りょうほう》の岸《きし》）両岸《りょうがん》（りょうぎし）・両院《りょういん》・両側《りょうがわ》・両極《りょうきょく》・両者《りょうしゃ》・両親《りょうしん》・両性《りょうせい》・両端《りょうたん》（りょうはし）・両人《りょうにん》・両面《りょうめん》・両用《りょうよう》・両様《りょうよう》・両輪《りょうりん》

2 くるま。⬙車両《しゃりょう》

3 むかしのお金《かね》の単位《たんい》。⬘両替《りょうがえ》 ⬙千両《せんりょう》 箱《ばこ》

つかいかた

●両方《りょうほう》の意見《いけん》を聴《き》く。

●勉強《べんきょう》と遊《あそ》びを両立《りょうりつ》させる。

もっとしろう

●両手《りょうて》に花《はな》－二《ふた》つの美《うつく》しいもの、よいものを同時《どうじ》にひとりじめすること。また、一人《ひとり》の男性《だんせい》が二人《ふたり》の女性《じょせい》を連《つ》れていること。

なりたち

右左《みぎひだり》にかけてある、はかりのおもりの形《かたち》（）からできた字《じ》で、対《つい》になっているふたつのものから、「ふたつ」のいみに使《つか》われます。

三年

緑

14画［糸8画］

おん リョク・（ロク）

くん みどり

いみ

■みどり。⬘（緑《みどり》色《いろ》の草《くさ》）緑草《りょくそう》・緑陰《りょくいん》・緑《りょく》茶《ちゃ》・緑青《ろくしょう》 ⬙新緑《しんりょく》・深緑《しんりょく》（ふかみどり）・浅緑《あさみどり》・黄《き》緑《みどり》

つかいかた

●緑《みどり》の大地《だいち》。●砂漠《さばく》を緑化《りょくか》する。●緑地《りょくち》を増《ふ》やす。●葉緑素《ようりょくそ》のはたらき。●緑色《みどりいろ》にぬる。

もっとしろう

●緑《みどり》の黒髪《くろかみ》－女性《じょせい》の、黒《くろ》くつやのある美《うつく》しい髪《かみ》。

なりたち

糸は「いと」を表《あらわ》し、录（ロク）がリョクと変《か》わって読《よ》み方《かた》と「すんだ水《みず》の色《いろ》」のいみをしめしています。みどり色《いろ》の糸《いと》を表《あらわ》す字《じ》で、「みどり」のいみに使《つか》われます。

とくべつなよみ

※「ロク」という読《よ》み―緑青《ろくしょう》

礼

5画［ネ1画］

おん　レイ・(ライ)

くん

ネにならない　うえへはねる

いみ

1 **れいぎ。作法《さほう》。** ⬘礼儀《れいぎ》・礼法《れいほう》　⬙(礼《れい》儀《ぎ》を失《うしな》う)失礼《しつれい》・非礼《ひれい》

2 **ぎしき。** ⬘礼服《れいふく》　⬙儀礼《ぎれい》・婚礼《こんれい》・洗礼《せんれい》・葬礼《そうれい》・朝礼《ちょうれい》

3 **おじぎ。** ⬘礼拝《れいはい》(らいはい)・礼賛《らいさん》　⬙一礼《いちれい》・敬礼《けいれい》・巡礼《じゅんれい》・返礼《へんれい》

4 **感謝《かんしゃ》のしるし。** ⬘礼金《れいきん》　⬙謝礼《しゃれい》

つかいかた

- きちんと**礼《れい》**をする。
- **礼《れい》**を述《の》べる。
- **礼儀《れいぎ》**正《ただ》しいあいさつ。
- **礼状《れいじょう》**を出《だ》す。
- 神社《じんじゃ》の**祭礼《さいれい》**。
- **無礼《ぶれい》**をわびる。

なりたち

古《ふる》い字《じ》は禮。示は神《かみ》を表《あらわ》し、豊がレイという読《よ》み方《かた》とそなえものを盛《も》ったようすをしめしています。神《かみ》をまつるぎしきを表《あらわ》し、「さほう、ぎしき、おれい」のいみに使《つか》われます。

列

6画［刂4画］

おん　レツ

くん

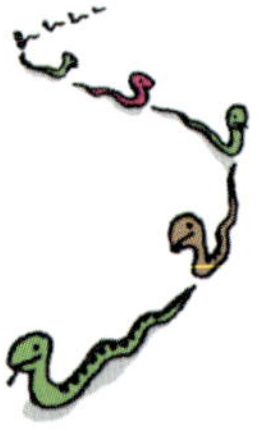

一ぽん　はらう　はねる

いみ

■ **ならぶ。つらなる。** ⬘(列《れつ》につながっている島《しま》じま)列島《れっとう》・列記《れっき》・列挙《れっきょ》・列強《れっきょう》・列国《れっこく》・列席《れっせき》　⬙系列《けいれつ》・参列《さんれつ》・序列《じょれつ》・整列《せいれつ》・直列《ちょくれつ》・同列《どうれつ》・配列《はいれつ》・並列《へいれつ》

つかいかた

- **列《れつ》**をそろえる。
- 貨物《かもつ》を**列車《れっしゃ》**で運《はこ》ぶ。
- **行列《ぎょうれつ》**を作《つく》る。
- **隊列《たいれつ》**を整《ととの》える。

もっとしろう

- 「「列《れつ》」がついてレツと読《よ》む字《じ》」
- ・裂《れつ》…ひきさく。「決裂《けつれつ》・破裂《はれつ》」
- ・烈《れつ》…はげしい。「強烈《きょうれつ》・熱烈《ねつれつ》」

なりたち

刂は刀《かたな》を表《あらわ》し、歹がレツという読《よ》み方《かた》と「きりさく」いみをしめしています。「刀《かたな》で切《き》りさく」ことを表《あらわ》しましたが、「ならべる」いみに用《もち》いられるようになりました。

練

14画［糸8画］

おん　レン

くん　ね-る

はねない

いみ

1 **こねる。** ⬘練炭《れんたん》・練乳《れんにゅう》

2 **きたえる。** ⬘(きたえる〈練〉・習《なら》う)練《れん》習《しゅう》・練磨《れんま》　⬙試練《しれん》・手練《しゅれん》・修練《しゅうれん》・熟練《じゅくれん》・洗練《せんれん》・鍛練《たんれん》・未練《みれん》

つかいかた

- 計画《けいかく》を**練《ね》る**。
- 小麦粉《こむぎこ》を**練《ね》る**。
- ピアノの**練習《れんしゅう》**。
- 犬《いぬ》を**訓練《くんれん》**する。
- チューブ入《い》りの**練《ね》り歯《は》みがき**。

もっとしろう

- **未練《みれん》がましい**－まだあきらめきれないというようすで、いかにも思《おも》いきりの悪《わる》いこと。

なりたち

古《ふる》い字《じ》は練。糸は「いと」を表《あらわ》し、柬がレンという読《よ》み方《かた》と「煮《に》てやわらかくする」いみをしめしています。糸《いと》を煮《に》てねることを表《あらわ》す字《じ》です。

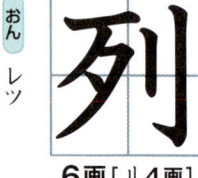

路

おん　ロ

くん　じ

13画［⻊6画］

路　路　路　路　路　路　路　路

いみ

■人《ひと》・車《くるま》・船《ふね》・飛行機《ひこうき》などの通《とお》るみち。

◆（みち（路）の表面《ひょうめん》）路面《ろめん》・路肩《ろかた》・路地《ろじ》・路上《ろじょう》・路頭《ろとう》・◆悪路《あくろ》・海路《かいろ》・帰路《きろ》・空路《くうろ》・経路《けいろ》・行路《こうろ》・航路《こうろ》・順路《じゅんろ》・針路《しんろ》・進路《しんろ》・水路《すいろ》・通路《つうろ》・末路《まつろ》・迷路《めいろ》・陸路《りくろ》・旅路《たびじ》・山路《やまじ》・夢路《ゆめじ》

つかいかた

●バスの**路線**《ろせん》。●**遠路**《えんろ》はるばるやって来《く》る。

●アカシアの**街路樹**《がいろじゅ》。●電車《でんしゃ》の**線路**《せんろ》。

●**高速道路**《こうそくどうろ》を利用《りよう》する。●**家路**《いえじ》を急《いそ》ぐ。

●**夢路**《ゆめじ》をたどる。

なりたち

⻊は足《あし》のことで、各（カク）がロと変《か》わって読《よ》み方《かた》と「つらねる」いみをしめしています。足《あし》でふみつらねる「みち」のいみを表《あらわ》し、「みちすじ、たび」のいみにも使《つか》われます。

三年

和

おん　ワ・（オ）

くん　（やわ-らぐ・やわ-らげる・なご-む・なご-やか）

8画［ロ5画］

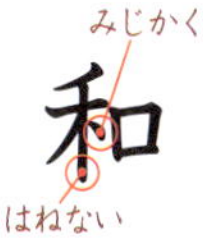

和　和　和　和　和　和　和　和

いみ

1 よく合《あ》う。なかよくする。◆和音《わおん》・和解《わかい》・和合《わごう》・◆共和《きょうわ》・協和《きょうわ》・調和《ちょうわ》・不和《ふわ》

2 やわらぐ。◆穏和《おんわ》・中和《ちゅうわ》

3 日本《にほん》。◆和歌《わか》・和紙《わし》・和式《わしき》・和室《わしつ》・和食《わしょく》・和装《わそう》・和風《わふう》・和服《わふく》・和洋《わよう》 ◆英和《えいわ》・漢和《かんわ》

つかいかた

●人《ひと》と人《ひと》の**和**《わ》。●寒《さむ》さが**和**《やわ》**らぐ**。

●心《こころ》が**和**《なご》**む**。●**温和**《おんわ》な気候《きこう》。

●**平和**《へいわ》な世《よ》の中《なか》。

なりたち

口は声《こえ》を表《あらわ》し、禾がカという読《よ》み方《かた》と「あわせる」いみをしめしています。声《こえ》を合《あ》わせることから、「なごむ、やわらぐ」いみに使《つか》われます。

とくべつなよみ

日和《ひより》・大和《やまと》

※「オ」という読《よ》み——和尚《おしょう》

◎数《かず》を表《あらわ》す漢字《かんじ》◎

数《かず》を表《あらわ》す漢字《かんじ》を漢数字《かんすうじ》といいます。

「一二三」は、横《よこ》にぼうをひいた数《かず》です。けれど、ぼうの数《かず》がふえると、書《か》く人《ひと》も読《よ》む人《ひと》もたいへんです。そこで、「よん」から上《うえ》は、ほかの字《じ》を借《か》りて表《あらわ》します。

一《いち》　一
二《に》　二
三《さん》　三
四《し・よん》　≡
五《ご》
六《ろく》
七《しち》
八《はち》
九《きゅう・く》
十《じゅう》
百《ひゃく》
千《せん》
万《まん》
億《おく》
兆《ちょう》

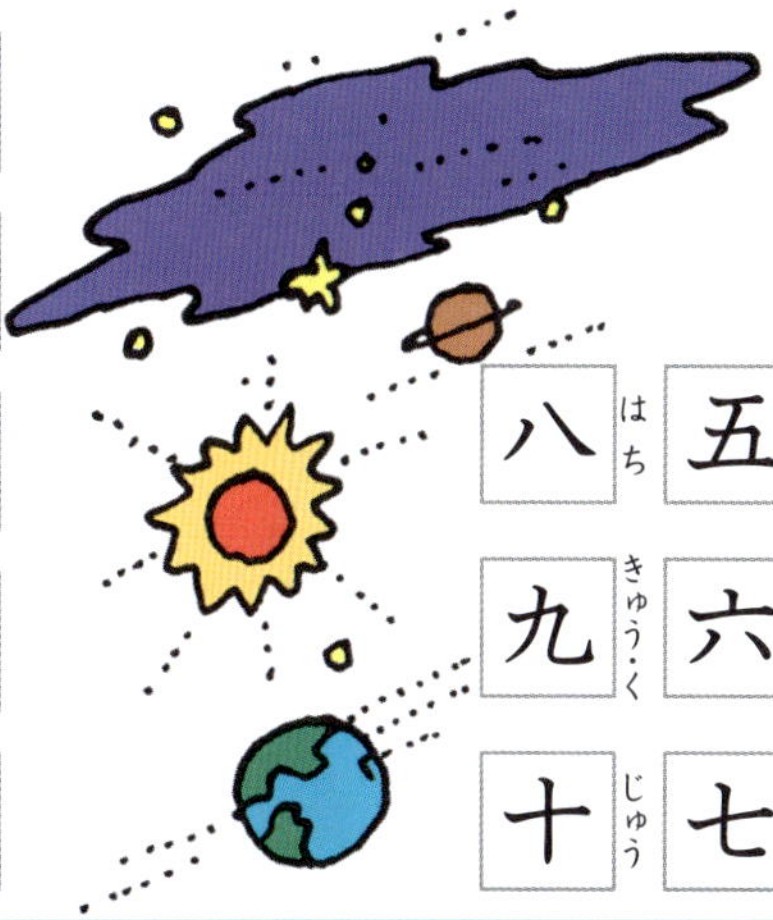

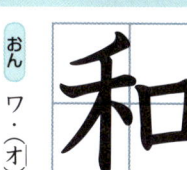

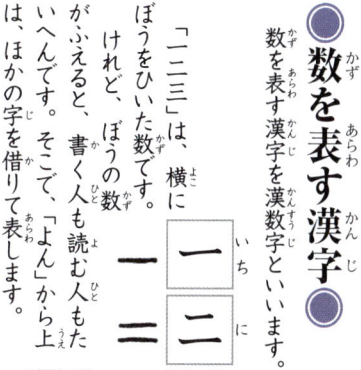

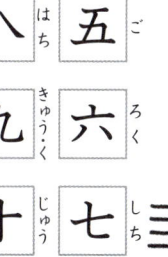

なかまの漢字《かんじ》をおぼえよう　てへん

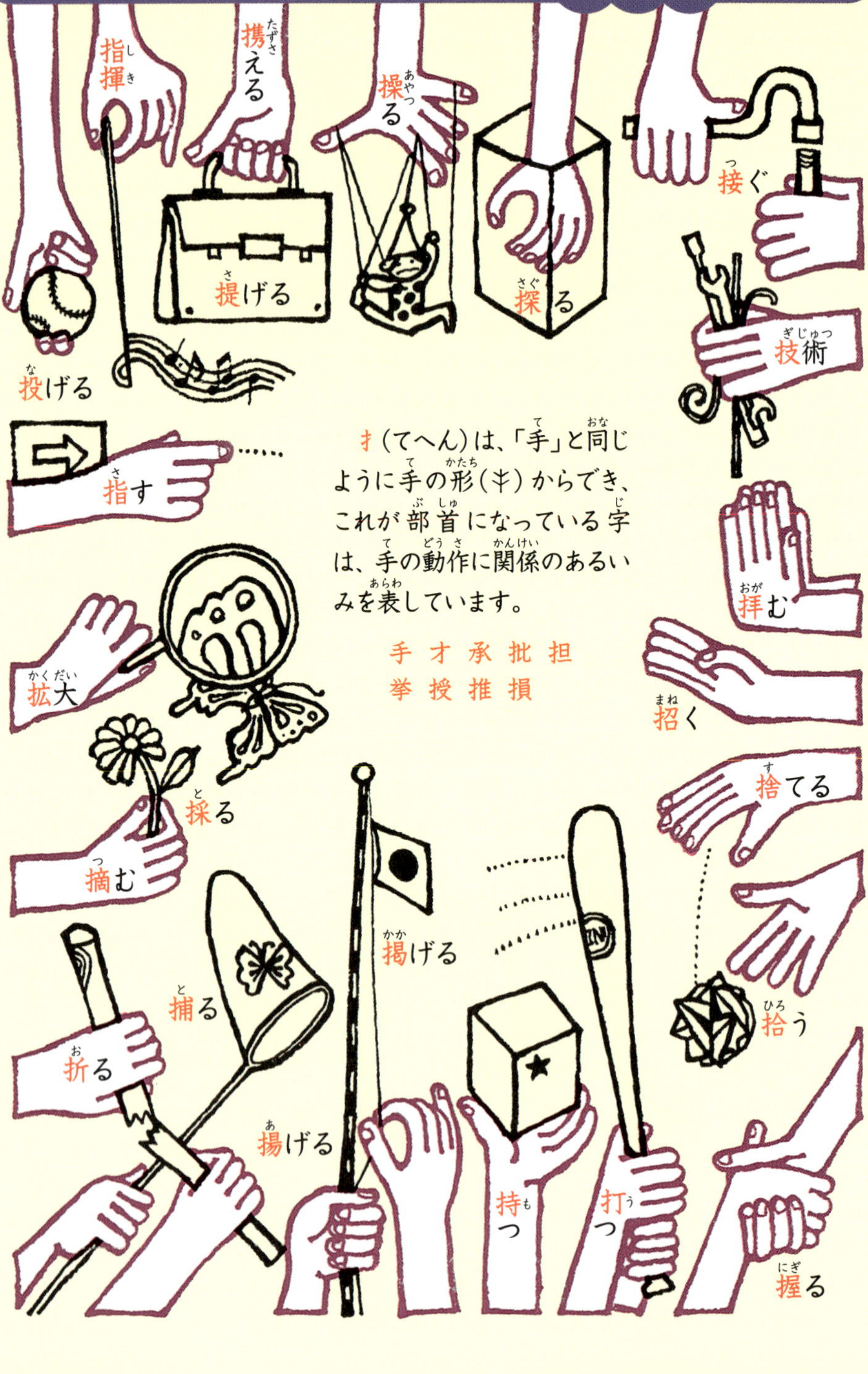

扌（てへん）は、「手《て》」と同《おな》じように手《て》の形《かたち》（扌）からでき、これが部首《ぶしゅ》になっている字《じ》は、手《て》の動作《どうさ》に関係《かんけい》のあるいみを表《あらわ》しています。

手　才　承　批　担
挙　授　推　損

202字《じ》

四《よ》年《ねん》で習《なら》う漢《かん》字《じ》

四年《よねん》で習《なら》う漢字《かんじ》

202字《じ》

ここには、四年《よねん》で習《なら》う漢字《かんじ》をかくすうの少《すく》ないじゅんにならべてあります。

四画

不 329
井 310
夫 329
欠 294
氏 302

五画

以 275
付 329
令 340
加 279
功 296
包 333
司 303
失 305
辺 332
必 328
札 300
末 334
未 335
民 335

六画

仲 319
伝 322
兆 320
共 289
印 277
争 315
各 282
好 296
成 311
灯 323
老 341
衣 276

七画

位 276
佐 297
低 320
児 303
兵 331
冷 340
初 307
別 331
利 337
努 322
労 341
完 283
岐 285
希 286
芸 293
阪 327
折 313
改 281
材 299
束 316
求 288
沖 320
良 338
臣 310

八画

例 340
典 321
刷 300
協 290
卒 317
参 301
周 306
固 295
奈 324
季 286
官 284
岡 278
底 321
府 330
径 293
英 277
芽 280
念 325
果 279
松 307
泣 288
治 304
法 333
牧 334
的 321
阜 330

九画

信 310
便 332
勇 336
城 309
変 332
建 294
単 319
茨 276
昨 300
栄 277
栃 324
浅 314
省 311
祝 306
約 336
要 336
軍 292
飛 327
香 296

十画

候 297
借 305
倉 315
孫 317
害 282
差 298
席 312
帯 318
徒 322
連 341
郡 292
挙 289
料 338
案 275
梅 326
残 302
浴 337
特 323
笑 308
訓 291

十一画

健 295
側 316
副 331
唱 308
埼 299
崎 299
康 297
巣 316
菜 298
陸 338
敗 326
望 333
械 281
梨 325
清 311
産 301
票 328
貨 280
鹿 305

十二画

博 326
媛 278
富 330
達 318
隊 318
散 302
景 293
最 298
極 291
滋 304
満 334
焼 308
然 315
無 335
給 288
結 294
街 282
覚 283
賀 281
量 339
順 307
飯 327

十三画

働 323
塩 278
愛 275
戦 314
照 309
置 319
節 313
続 317
群 292
試 303
辞 304

十四画

察 301
徳 324
旗 286
漁 289
熊 291
種 306
管 284
説 313
関 284
静 312

十五画

億 279
器 287
選 314
標 328
潟 283
熱 325
縄 309
課 280
輪 339
養 337

十六画

機 287
積 312
録 342

十八画

観 285
類 339
験 295

十九画

鏡 290
願 285

二十画

競 290
議 287

愛

13画［心9画］

おん　アイ

くん

愛　ツにならない

いみ

■ **あいする。**　◆（国《くに》を愛《あい》する）愛国《あいこく》・愛育《あいいく》・愛飲《あいいん》・愛犬《あいけん》・愛護《あいご》・愛好《あいこう》・愛児《あいじ》・愛称《あいしょう》・愛唱《あいしょう》・愛想《あいそ》（あいそう）・愛蔵《あいぞう》・愛着《あいちゃく》・愛用《あいよう》

◆敬愛《けいあい》・最愛《さいあい》・自愛《じあい》・慈愛《じあい》・情愛《じょうあい》・親愛《しんあい》・相愛《そうあい》・熱愛《ねつあい》・博愛《はくあい》・友愛《ゆうあい》・恋愛《れんあい》

つかいかた

● 母《はは》の**愛**《あい》。● 子《こ》どもを**愛**《あい》**する**。● **愛情**《あいじょう》を注《そそ》ぐ。● わたしの**愛読書**《あいどくしょ》。

なりたち

もとの字《じ》は㤅。心は「こころ」を表《あらわ》し、旡がアイという読《よ》み方《かた》と「つまる」いみをしめしています。㤅だけで「胸《むね》がつまる、あいする」いみを表《あらわ》していましたが、歩《ある》くいみの夊を合《あ》わせて、「あいする、めでる」いみを表《あらわ》すようになりました。

とくべつなよみ

※「愛媛県」は「えひめけん」と読《よ》みます。

案

10画［木6画］

おん　アン

くん

案　はねない

いみ

1 **考《かんが》える。考《かんが》え。**　◆案外《あんがい》　◆（代《か》わりの考《かんが》え〈案〉）代案《だいあん》・議案《ぎあん》・原案《げんあん》・考案《こうあん》・思案《しあん》・名案《めいあん》・立案《りつあん》

2 **下書《したが》き。**　◆案文《あんぶん》　◆図案《ずあん》・文案《ぶんあん》・法案《ほうあん》

つかいかた

● よい**案**《あん》を考《かんが》える。● 道《みち》を**案内**《あんない》する。● 学級会《がっきゅうかい》で**提案**《ていあん》する。● **答案用紙**《とうあんようし》を配《くば》る。

もっとしろう

● **案《あん》の定《じょう》**－思《おも》っていたとおり。

● **案《あん》ずるより産《う》むがやすし**－あれこれ心配《しんぱい》するよりも、実際《じっさい》にやってみると意外《いがい》とたやすくできるものだ。

なりたち

木は「き」を表《あらわ》し、安（アン）は「置《お》く」いみをもっています。物《もの》を置《お》く木《き》の「つくえ」を表《あらわ》している字《じ》でしたが、「考《かんが》える」いみに用《もち》いられるようになりました。

以

5画［人3画］

おん　イ

くん

以　おさえる

いみ

1 **もって。用《もち》いて。**　◆以心伝心《いしんでんしん》

2 **そこから。**　◆（そこから〈以〉前《まえ》）以前《いぜん》・以上《いじょう》・以遠《いえん》・以下《いか》・以外《いがい》・以後《いご》・以降《いこう》・以内《いない》・以来《いらい》

つかいかた

● 小学生《しょうがくせい》**以下**《いか》は無料《むりょう》。● それ**以外**《いがい》の方法《ほうほう》。● 明日《あす》**以降**《いこう》は天気《てんき》がくずれる。

もっとしろう

● **以心伝心《いしんでんしん》**－心《こころ》をもって心《こころ》に伝《つた》えるということで、ことばに表《あらわ》さなくても気持《きも》ちが相《あい》手《て》に伝《つた》わること。

なりたち

もとの形《かたち》は[illegible]。人《ひと》（[illegible]）がすき（㠯）をもっている形《かたち》からできています。道具《どうぐ》をもつことから「用《もち》いる」いみを表《あらわ》しています。また、「…から、…より」のいみにも使《つか》われます。

四年

衣

6画［衣0画］

おん　イ

くん　(ころも)

はねる　衣

いみ

■ころも。きもの。◆(衣《ころも》・服装《ふくそう》)衣装《いしょう》・衣《い》服《ふく》　◆脱衣《だつい》・着衣《ちゃくい》・白衣《はくい》・羽衣《はごろも》

つかいかた

●僧《そう》の衣《ころも》。●衣料品《いりょうひん》を買《か》う。●被災地《ひさいち》へ衣類《いるい》を送《おく》る。●学校《がっこう》の更衣室《こういしつ》。

もっとしろう

●衣食住《いしょくじゅう》—衣服《いふく》、食《た》べ物《もの》、住《す》むところのこと。人《ひと》が生活《せいかつ》していくうえで基礎《きそ》となるもの。生活《せいかつ》。

●衣食足《いしょくた》りて礼節《れいせつ》を知《し》る—人《ひと》は満足《まんぞく》に生活《せいかつ》できるようになって、はじめて礼儀作法《れいぎさほう》を身《み》につけることができる。

なりたち

きもののえりもとの形《かたち》()からできた字《じ》で、「ころも、きもの」のいみを表《あらわ》します。

とくべつなよみ

浴衣《ゆかた》

位

7画［イ5画］

おん　イ

くん　くらい

うちがわへ　位

いみ

1 おかれた場所《ばしょ》。◆位置《いち》　◆方位《ほうい》

2 くらい。◆位階《いかい》　◆(上《うえ》の位《くらい》)上位《じょうい》・下《か》位《い》・在位《ざいい》・首位《しゅい》・即位《そくい》・地位《ちい》・品位《ひんい》

つかいかた

●一《いち》の位《くらい》。●王《おう》の位《くらい》につく。●順位《じゅんい》を競《きそ》う。●水位《すいい》が上《あ》がる。●長《なが》さの単位《たんい》。

もっとしろう

●［各位《かくい》］
　多《おお》くの人々《ひとびと》に対《たい》し、その一人一人《ひとりひとり》を敬《うやま》っていう語《ご》。「みなさまがた」のいみです。

なりたち

人《ひと》(イ)と「たつ」いみの立とを合《あ》わせた字《じ》で、人《ひと》の立《た》つところをしめし、「場所《ばしょ》、くらい、方角《ほうがく》」を表《あらわ》します。

とくべつなよみ

※〈読《よ》みにちゅうい〉「三位一体・従三位」は「サンミイッタイ・ジュサンミ」と読《よ》みます。

茨

9画［艹6画］

おん

くん　いばら

ㄅにならない　はらう　茨

いみ

■(とげのある木《き》)いばら。また、植物《しょくぶつ》のとげ。

もっとしろう

●［いばらの道《みち》］
　とげがたくさん生《は》えていて、歩《ある》くのに苦《く》労《ろう》する道《みち》を「いばらの道《みち》」といいます。そこで、つらい生活《せいかつ》や人生《じんせい》を送《おく》ることを「いばらの道《みち》を歩《あゆ》む」といいます。歩《ある》きたくない道《みち》です。

なりたち

艹は「くさ」を表《あらわ》し、次(シ)が「並《なら》べる」いみをしめしています。草《くさ》を並《なら》べて屋根《やね》をふくことを表《あらわ》す字《じ》でしたが、「いばら」のいみに使《つか》われるようになりました。

とくべつなよみ

※「いばら」という読《よ》み—茨《いばら》城《き》県《けん》

四年

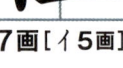

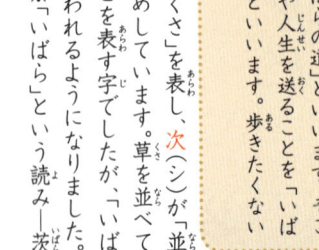

印

6画［卩4画］

おん　イン

くん　しるし

印　はねる

印 印 印 印 印 印

いみ

1 はんこ。◇印鑑《いんかん》・印肉《いんにく》 ◇（はん〈印〉を押《お》す）押印《おういん》・消印《けしいん》・実印《じついん》・封印《ふういん》

2 しるし。すりうつす。◇印字《いんじ》・印象《いんしょう》 ◇（矢《や》の形《かたち》の印《しるし》）矢印《やじるし》・旗印《はたじるし》・目印《めじるし》

つかいかた

● 持《も》ち物《もの》に印《しるし》をつける。● 年賀状《ねんがじょう》の印刷《いんさつ》。

● 印象深《いんしょうぶか》い場面《ばめん》。● 条約《じょうやく》に調印《ちょういん》する。

もっとしろう

●［印《しるし》と記《しる》す］

「しるし」は「印《しるし》」、「しるす」の場合《ばあい》は「記《しる》す」と書《か》きます。このように書《か》き分《わ》ける字《じ》に「氷《こおり》」と「凍《こお》る」があります。

なりたち

かがんでいる人《ひと》（）を手《て》（）でおさえつけている形《かたち》（）からできた字《じ》で、おさえつけてはんをおすことから、「はん、しるし」のいみに使《つか》われます。

英

8画［艹5画］

おん　エイ

くん

英　だす　ながく

英 英 英 英 英 英 英 英

いみ

1 ひいでる。すぐれる。◇（すぐれた〈英〉才能《さいのう》）英才《えいさい》・英気《えいき》・英姿《えいし》・英知《えいち》

2 イギリス。◇英国《えいこく》・英文《えいぶん》・英和《えいわ》 ◇和英《わえい》

つかいかた

● 英会話《えいかいわ》を習《なら》う。● 英語《えいご》を勉強《べんきょう》する。

● 英才教育《えいさいきょういく》を受《う》ける。

● 日本文学《にほんぶんがく》を英訳《えいやく》する。● 英雄《えいゆう》になる。

もっとしろう

●［「英《えい》」］

イギリスを漢字《かんじ》で「英吉利《イギリス》」と書《か》いたので、「英《えい》」はイギリスを表《あらわ》します。

なりたち

艹は艸で「くさ」を表《あらわ》し、央（オウ）がエイと変《か》わって読《よ》み方《かた》と「美《うつく》しくはえる」いみをしめしています。美《うつく》しい草花《くさばな》を表《あらわ》す字《じ》で、「すぐれる」いみに使《つか》われます。

栄

9画［木5画］

おん　エイ

くん　さか-える・（は-え・は-える）

栄　ツにならない　はねない

栄 栄 栄 栄 栄 栄 栄 栄 栄

いみ

1 さかえる。◇栄華《えいが》 ◇虚栄《きょえい》・繁栄《はんえい》

2 ほまれ。◇（栄《は》えある冠《かんむり》）栄冠《えいかん》・栄光《えいこう》・栄達《えいたつ》・栄転《えいてん》 ◇光栄《こうえい》

つかいかた

● 国《くに》が栄《さか》える。● 栄《は》えある優勝《ゆうしょう》。

● 最高《さいこう》の栄誉《えいよ》に輝《かがや》く。● 栄養《えいよう》をとる。

もっとしろう

● 栄枯盛衰《えいこせいすい》－人《ひと》・家《いえ》・国《くに》などが、盛《さか》んになったり、衰《おとろ》えたりすること。

なりたち

古《ふる》い字《じ》は榮。木は「き」を表《あらわ》し、𤇾（ケイ）がエイと変《か》わって読《よ》み方《かた》と「かるい」いみをしめしています。「かるい（軽《けい》）木《き》」を表《あらわ》す字《じ》でしたが、「さかえる、はえ（＝ほまれ）」のいみに使《つか》われるようになりました。

媛

12画［女9画］

おん　（エン）

くん

媛媛媛媛媛媛媛媛媛媛媛媛

媛　はらう

いみ

■ひめ。美《うつく》しい女《おんな》の人《ひと》。◆（すぐれた才《さい》能《のう》・ひめ〈媛〉）才媛《さいえん》

つかいかた

●才媛《さいえん》として名高《なだか》い。

もっとしろう

●［ひめ］

「ひめ」を表《あらわ》す漢字《かんじ》には、「姫《ひめ》」もあります。「かぐや姫《ひめ》・乙姫《おとひめ》・舞姫《まいひめ》」などと使《つか》われています。

なりたち

女は「おんな」を表《あらわ》し、爰はエンという読《よ》み方《かた》と「やわらかくしなう」いみをしめしています。美《うつく》しい女《おんな》の人《ひと》を表《あらわ》し、「うつくしい」いみに使《つか》われます。

とくべつなよみ

※「愛媛県」は「えひめけん」と読《よ》みます。

塩

13画［土10画］

おん　エン

くん　しお

塩塩塩塩塩塩塩塩塩塩塩塩塩

塩　日にならない

いみ

■しお。◆塩害《えんがい》・塩水《えんすい》（しお みず）・塩素《えんそ》・塩田《えんでん》・塩味《しおあじ》 ◆（食用《しょくよう》の塩《しお》）食塩《しょくえん》・岩塩《がんえん》・製塩《せいえん》

つかいかた

●塩《しお》をかける。●塩分《えんぶん》を控《ひか》えめにする。●塩《しお》からい味《あじ》。●塩気《しおけ》が足《た》りない。●塩《しお》づけにする。

もっとしろう

●**青菜《あおな》に塩《しお》**―青《あお》い野菜《やさい》に塩《しお》をかけるとしおれてしまうことから、急《きゅう》に元気《げんき》がなくなるようすをいうたとえ。「なめくじに塩《しお》」も似《に》た表現《ひょうげん》。

なりたち

古《ふる》い字《じ》は鹽。「からい」いみをもっている監（カン）がエンと変《か》わって読《よ》み方《かた》をしめし、鹵はしおが入《い》れ物《もの》に入《はい》っているようすを表《あらわ》します。「しお」のいみに使《つか》われます。

岡

8画［山5画］

おん

くん　おか

岡岡岡岡岡岡岡岡

岡　とめる　はねる

いみ

■土地《とち》が少《すこ》し高《たか》くなっている所《ところ》。おか。

もっとしろう

●［おか］

「おか」を表《あらわ》す漢字《かんじ》には「丘」もあります。ふつうは、この「丘」を使《つか》います。「岡」は、おもに地名《ちめい》に使《つか》います。

なお、「おか」とは読《よ》みませんが、「おか」のいみを持《も》っている字《じ》には「阜《ふ》」（330ページ）もあります。

なりたち

山は「やま」を表《あらわ》し、円（ボウ→コウ）が「高《たか》くかたい」いみをしめしています。周《まわ》りより少《すこ》し高《たか》くなった「おか」のいみに使《つか》われます。

とくべつなよみ

※「おか」という読《よ》み―岡山《おかやま》県《けん》・静岡県《しずおかけん》・福岡県《ふくおかけん》

四年

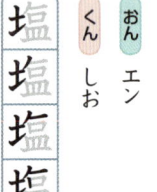

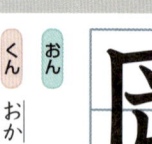

億

おん
オク

くん

15画［亻13画］

いみ
■おく。◆一億円《いちおくえん》

つかいかた
●億《おく》の位《くらい》。●億万長者《おくまんちょうじゃ》になる。

もっとしろう
●［「億《おく》」の数《かず》］
「億《おく》」は「一万《いちまん》」の一万倍《いちまんばい》の数《かず》で、算用数字《さんようすうじ》で表《あらわ》すと、1のあとに0を八個《はちこ》（100,000,000）書《か》きます。

さらに「一億《いちおく》」の一万倍《いちまんばい》を「兆《ちょう》」といい、たいへん多《おお》い数《かず》をまとめて、「億万《おくまん》」「億兆《おくちょう》」と呼《よ》びます。

なりたち
亻は人《ひと》を表《あらわ》し、意がオクという読《よ》み方《かた》と「みちたりる」いみをしめしています。「人《ひと》の心《こころ》がみちたりる」いみでしたが、数《かず》の「おく」のいみに使《つか》われるようになりました。

加

おん
カ

くん
くわ-える・くわ-わる

5画［力3画］

いみ
■くわえる。くわわる。◆（加《くわ》わる・入《はい》る）加入《かにゅう》・加減《かげん》・加工《かこう》・加重《かじゅう》・加勢《かせい》・加速《かそく》・加熱《かねつ》・加筆《かひつ》・加法《かほう》・加味《かみ》　◆増加《ぞうか》・添加《てんか》・付加《ふか》

つかいかた
●砂糖《さとう》を加《くわ》える。●重《おも》さが加《くわ》わる。●消費税《しょうひぜい》を加算《かさん》する。●悪事《あくじ》に加担《かたん》する。●国際連合《こくさいれんごう》に加盟《かめい》する。●旅行《りょこう》に参加《さんか》する。●追加《ついか》で注文《ちゅうもん》する。

もっとしろう
●**加減乗除《かげんじょうじょ》**－たし算《ざん》（加法《かほう》）、ひき算《ざん》（減法《げんぽう》）、かけ算《ざん》（乗法《じょうほう》）、わり算《ざん》（除法《じょほう》）の四《よん》とおりの計算《けいさん》のしかた。

なりたち
口と力を合《あ》わせた字《じ》です。口《くち》に力《ちから》を入《い》れて言《い》いたすことから、「くわえる」いみに使《つか》われます。

果

おん
カ

くん
は-たす・は-てる・は-て

8画［木4画］

いみ
1 くだもの。◆（くだもの〈果〉・実《み》）果実《かじつ》・果樹《かじゅ》・果汁《かじゅう》・果肉《かにく》　◆青果《せいか》
2 おわる。なしとげる。◆果報《かほう》　◆因果《いんが》・効果《こうか》・成果《せいか》・戦果《せんか》
3 思《おも》いきってする。◆果敢《かかん》・果断《かだん》

つかいかた
●目的《もくてき》を果《は》たす。●話《はなし》が果《は》てる。●地《ち》の果《は》て。●原因《げんいん》と結果《けっか》。

もっとしろう
●**果報《かほう》は寝《ね》て待《ま》て**－幸運《こううん》は、あせらずに時機《じき》が来《く》るのを待《ま》つしかない。

なりたち
木《き》の上《うえ》にくだものがなっている形《かたち》（　）からでき、「くだもの」のいみを表《あらわ》しています。また、「はたす、はて」のいみにも使《つか》われるようになりました。

とくべつなよみ
果物《くだもの》

貨

11画［貝4画］

おん　カ

くん

いみ

1 しなもの。◆（しなもの〈貨〉・品物《しなもの》）貨《か》物《もつ》・貨車《かしゃ》・◆雑貨《ざっか》・百貨店《ひゃっかてん》

2 お金《かね》。◆貨幣《かへい》　◆外貨《がいか》・硬貨《こうか》・銅貨《どうか》

つかいかた

● 貨物列車《かもつれっしゃ》が通《とお》る。　● 金貨《きんか》と銀貨《ぎんか》。

● 財貨《ざいか》をたくわえる。

もっとしろう

● ［硬貨《こうか》］

金属製《きんぞくせい》のお金《かね》を「硬貨《こうか》」といい、「一円玉《いちえんだま》・五円玉《ごえんだま》」のように「玉《たま》」をつけて呼《よ》ばれています。紙《かみ》のお金《かね》は「紙幣《しへい》」といい、「千円札《せんえんさつ》」のように「札《さつ》」で呼《よ》ばれます。

なりたち

貝は「お金《かね》」を表《あらわ》し、化がカという読《よ》み方《かた》と「かわる」いみをしめしています。お金《かね》ととりかえられる物《もの》を表《あらわ》し、「たから、おかね」のいみに使《つか》われます。

課

15画［言8画］

おん　カ

くん

いみ

1 わりあてる。◆（税《ぜい》をわりあてる〈課〉）課《か》税《ぜい》・課題《かだい》・課程《かてい》・課目《かもく》　◆学課《がっか》

2 仕事《しごと》のうけもち。◆課長《かちょう》　◆経理課《けいりか》

つかいかた

● 仕事《しごと》を課《か》する。

● 課外活動《かがいかつどう》を行《おこな》う。

● 会社《かいしゃ》の会計課《かいけいか》。

● 庭《にわ》そうじを日課《にっか》にする。

もっとしろう

● ［課《か》すると科《か》する］

「課《か》する」はわりあてるいみに使《つか》い、「科《か》する」は刑罰《けいばつ》をあたえるいみに使《つか》います。

なりたち

言は「ことば」を表《あらわ》し、果がカという読《よ》み方《かた》と「区分《くわ》け」のいみをしめしています。区分《くぶん》して仕事《しごと》をさせることを表《あらわ》し、「わりあて」のいみに使《つか》われます。

芽

8画［艹5画］

おん　ガ

くん　め

いみ

■ 草木《くさき》のめ。◆（麦《むぎ》の芽《め》）麦芽《ばくが》・新芽《しんめ》・若芽《わかめ》

つかいかた

● あさがおが芽《め》を出《だ》す。　● 木《き》の芽《め》草《くさ》の芽《め》。

● 才能《さいのう》の芽《め》をのばす。　● 種子《しゅし》が発芽《はつが》する。

● 愛《あい》が芽生《めば》える。

もっとしろう

● 芽《め》が出《で》る－草《くさ》や木《き》の芽《め》が出《で》る。幸運《こううん》がめぐってくる。成功《せいこう》のきざしが現《あらわ》れる。

● 芽《め》を摘《つ》む－出《で》てきたばかりの草《くさ》や木《き》の芽《め》をつみとるということで、これから大《おお》きくなる可能性《かのうせい》のあるものを小《ちい》さいうちに取《と》りのぞく。

なりたち

艹はもと艸で「くさ」を表《あらわ》し、牙がガという読《よ》み方《かた》と「かみあう」いみをしめしています。皮《かわ》が重《かさ》なってつつんでいる「くさのめ」のいみを表《あらわ》す字《じ》です。

賀

おん　ガ

くん

12画［貝5画］

賀　はねる　とめる

いみ

■ いわう。◆（正月《しょうがつ》をいわう〈賀〉）賀正《がしょう》・賀春《がしゅん》　◆参賀《さんが》・祝賀《しゅくが》

つかいかた

● 七十《しちじゅう》の賀《が》。● 祝賀《しゅくが》のパレード。

● 年賀状《ねんがじょう》を出《だ》す。

もっとしろう

● ［年賀状《ねんがじょう》のことば］

「謹賀新年《きんがしんねん》」は「謹《つつし》んで新年《しんねん》をお祝《いわ》い申《もう》し上《あ》げます」のいみを、「賀正《がしょう》」は正月《しょうがつ》をお祝《いわ》いするいみを表《あらわ》します。むかしの暦《こよみ》では春《はる》は正月《しょうがつ》からだったので、「賀春《がしゅん》」ということばもあります。

なりたち

貝は「お金《かね》」を表《あらわ》し、加がカという読《よ》み方《かた》と「ほめる」いみをしめしています。お金《かね》をおくって「いわう」ことを表《あらわ》し、「よろこぶ」いみにも使《つか》われます。

改

おん　カイ

くん　あらた-める・あらた-まる

7画［攵3画］

改　だす

いみ

1 あらためる。あらたまる。◆（心《こころ》を改《あらた》める）改心《かいしん》・改革《かいかく》・改行《かいぎょう》・改元《かいげん》・改新《かいしん》・改姓《かいせい》・改選《かいせん》・改善《かいぜん》・改造《かいぞう》・改定《かいてい》・改訂《かいてい》・改名《かいめい》

2 しらべる。◆改札《かいさつ》

つかいかた

● 態度《たいど》を改《あらた》める。● 年《とし》が改《あらた》まる。

● 規則《きそく》を改正《かいせい》する。● 家《いえ》を改装《かいそう》する。

● 店《みせ》を改築《かいちく》する。● 品種《ひんしゅ》を改良《かいりょう》する。

なりたち

攵は棒《ぼう》（卜）を手《て》（又）にもった形《かたち》（攴）から「うつ」いみを表《あらわ》し、己（キ）がカイと変《か》わって読《よ》み方《かた》と「いましめる」いみをしめしています。うっていましめることを表《あらわ》し、「あらためる」いみに使《つか》われます。

械

おん　カイ

くん

11画［木7画］

械　はねない　わすれない

いみ

■ しかけ。しくみ。◆（道具《どうぐ》〈器〉・道具《どうぐ》〈械〉）器械《きかい》・機械《きかい》

つかいかた

● 器械体操《きかいたいそう》の選手《せんしゅ》。● 機械《きかい》を動《うご》かす。

もっとしろう

● ［機械《きかい》と器械《きかい》］

「機械《きかい》」は、おもに人《ひと》の力《ちから》ではなく、電気《でんき》や燃料《ねんりょう》で動《うご》かす道具《どうぐ》で、規模《きぼ》が大《おお》きく、しくみが複雑《ふくざつ》なものをいいます。

それに対《たい》して、規模《きぼ》が小《ち》さく、しくみが簡単《かんたん》な道具《どうぐ》を「器械《きかい》」といいます。

なりたち

木は「き」を表《あらわ》し、戒がカイという読《よ》み方《かた》と「いましめる」いみをしめしています。罪人《ざいにん》をいましめるために木《き》で作《つく》ったかせ（＝手足《てあし》にはめる刑罰《けいばつ》の道具《どうぐ》）を表《あらわ》す字《じ》です。

四年

害

10画［宀7画］

おん　ガイ

くん

害害害害害害害害

いみ

■**そこなう。わざわいをもたらす。わざわい。**◆（害《がい》をあたえる虫《むし》）害虫《がいちゅう》・害悪《がいあく》・害《がい》鳥《ちょう》・害毒《がいどく》◆干害《かんがい》・公害《こうがい》・災害《さいがい》・殺害《さつがい》・自害《じがい》・傷害《しょうがい》・障害《しょうがい》・侵害《しんがい》・水害《すいがい》・雪害《せつがい》・損害《そんがい》・迫害《はくがい》・風害《ふうがい》・弊害《へいがい》・妨害《ぼうがい》・無害《むがい》・有害《ゆうがい》・利害《りがい》・冷害《れいがい》

つかいかた

●からだに**害**《がい》をあたえる。●気分《きぶん》を**害する**《がい》。●社会《しゃかい》に**害悪**《がいあく》を流《なが》す。●**加害者**《かがいしゃ》と**被害者**《ひがいしゃ》。●**危害**《きがい》を加《くわ》える。●**障害物**《しょうがいぶつ》を取《と》り除《のぞ》く。●人体《じんたい》に**有害**《ゆうがい》な物質《ぶっしつ》。

なりたち

もとの形《かたち》は。は「かぶりもの」、古は頭《あたま》を表《あらわ》しています。「頭《あたま》にかぶるかさ」のいみでしたが、「そこなう、わざわい」のいみに用《もち》いられるようになりました。

街

12画［行6画］

おん　ガイ・（カイ）

くん　まち

街街街街街街街街

いみ

■**まち。**◆（街《まち》の通《とお》りの電灯《でんとう》）街灯《がいとう》・街路《がいろ》・街道《かいどう》・街角《まちかど》◆市街《しがい》・商店街《しょうてんがい》

つかいかた

●若者《わかもの》の**街**《まち》。●**街頭**《がいとう》で演説《えんぜつ》を行《おこな》う。●**繁華街**《はんかがい》に出《で》る。

もっとしろう

●［街灯《がいとう》と外灯《がいとう》］
街《まち》の通《とお》りなどを照《て》らすためにつけた明《あ》かりは「街灯《がいとう》」、家《いえ》の外《そと》にとりつけた明《あ》かりは「外灯《がいとう》」です。

なりたち

行は道《みち》を表《あらわ》し、圭（ケイ）がガイと変《か》わって読《よ》み方《かた》と「くぎる」いみをしめしています。まちをくぎる大通《おおどお》りを表《あらわ》し、「まち」のいみに使《つか》われます。

つかいわけ

●町《まち》・街《まち》→〈町《ちょう》〉97ページ

とくべつなよみ

※「カイ」という読《よ》み——街道《かいどう》

各

6画［口3画］

おん　カク

くん　（おのおの）

各各各各各各

いみ

■**おのおの。それぞれ。**◆（各《おのおの》の国《くに》）各国《かっこく》・各《かく》位《い》・各員《かくいん》・各界《かくかい》（かっかい）・各紙《かくし》・各誌《かくし》・各《かく》自《じ》・各種《かくしゅ》・各所《かくしょ》・各人《かくじん》・各派《かくは》・各個《かっこ》

つかいかた

●**各校**《かくこう》の選手《せんしゅ》が入場《にゅうじょう》する。●**各自**《かくじ》が弁当《べんとう》を持参《じさん》する。●日本《にほん》の**各地**《かくち》を回《まわ》る。●**各国**《かっこく》の代表者《だいひょうしゃ》。

もっとしろう

●**各人各様**《かくじんかくよう》－おのおの（各）がおのおの（各）のようすをしているといういみで、人《ひと》によってみんなちがうということ。

なりたち

もとの形《かたち》は。足《あし》（）をさかさにした形《かたち》の夂と、場所《ばしょ》のいみをもつ口を合《あ》わせて、足《あし》をおろしてある場所《ばしょ》に下《お》りることを表《あらわ》しています。「おのおの」のいみに使《つか》われます。

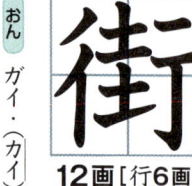

覚

12画［見5画］

おん カク

くん おぼ-える・さ-ます・さ-める

覚 うえへはねる ⺍にならない

覚覚覚覚覚覚覚覚

いみ

1 おぼえる。感《かん》じる。◆(感《かん》じる・かんじる〈覚〉) 感覚《かんかく》・嗅覚《きゅうかく》・幻覚《げんかく》・錯覚《さっかく》・視覚《しかく》・触覚《しょっかく》・知覚《ちかく》・聴覚《ちょうかく》・味覚《みかく》

2 さとる。気《き》がつく。◆覚悟《かくご》 ◆不覚《ふかく》

3 あらわれる。◆発覚《はっかく》

つかいかた

● 漢字《かんじ》を覚《おぼ》える。● 身《み》に覚《おぼ》えがない。

● 目《め》を覚《さ》ます。● 夢《ゆめ》から覚《さ》める。

● 覚悟《かくご》を決《き》める。● 指《ゆび》の感覚《かんかく》がなくなる。

● 上級生《じょうきゅうせい》としての自覚《じかく》を持《も》つ。

なりたち

古《ふる》い字《じ》は覺。見は「わかる」いみを表《あらわ》し、𦥯(コウ)がカクと変《か》わって読《よ》み方《かた》と「まなぶ」いみをしめしています。「さとる、おぼえる、さめる」いみに使《つか》われます。

潟

15画［氵12画］

おん

くん かた

潟 くっつけない はねる

潟潟潟潟潟潟潟潟

いみ

1 海岸《かいがん》で、潮《しお》のみちひきによって、かくれたり現《あらわ》れたりする所《ところ》。かた。◆(干《ひ》る・潟《かた》) 干潟《ひがた》

2 海《うみ》の一部分《いちぶぶん》が、砂丘《さきゅう》などで外側《そとがわ》の海《うみ》と切《き》りはなされてできた湖《みずうみ》や沼《ぬま》。

もっとしろう

● ［干潟《ひがた》・八郎潟《はちろうがた》］

1 にある「干潟《ひがた》」の「干《ひ》る」は、洗《せん》たく物《もの》をほすの「干《ほ》す」と同《おな》じように、水分《すいぶん》がぬけることを表《あらわ》します。2 の例《れい》では、秋田県《あきたけん》の「八郎潟《はちろうがた》」が有名《ゆうめい》です。地図《ちず》でさがしてみましょう。

なりたち

氵は「みず」を表《あらわ》し、舃(セキ)が「ひがた」「しおち」のいみをしめしています。「ひがた」のいみに使《つか》われます。

完

7画［宀4画］

おん カン

くん

完 うえにはねる かどをつけない

完完完完完完完

いみ

1 すっかり。◆(完《かん》全《ぜん》に勝《か》つ) 完勝《かんしょう》・完熟《かんじゅく》・完全《かんぜん》・完敗《かんぱい》・完備《かんび》・完封《かんぷう》・完璧《かんぺき》

2 終《お》わる。◆完結《かんけつ》・完工《かんこう》・完済《かんさい》・完遂《かんすい》・完納《かんのう》 ◆未完《みかん》

つかいかた

● 作品《さくひん》が完成《かんせい》する。● ゴールまで完走《かんそう》する。

● 病気《びょうき》が完治《かんち》する。● 準備《じゅんび》が完了《かんりょう》する。

● 未完《みかん》の大作《たいさく》。

もっとしろう

● 完全無欠《かんぜんむけつ》−全部《ぜんぶ》そろっていて、欠《か》けたところや欠点《けってん》がまったくない。

なりたち

宀は「やね」を表《あらわ》し、元(ガン)がカンと変《か》わって読《よ》み方《かた》と「めぐらす」いみをしめしています。やねをぐるりとめぐらすことを表《あらわ》し、「かんぜん」のいみに使《つか》われます。

四年

官

8画［宀5画］

おん　カン

くん

いみ

1 **役所《やくしょ》。役人《やくにん》。役目《やくめ》。** ◇（役人《やくにん》〈官〉としての職《しょく》務《む》）官職《かんしょく》・官軍《かんぐん》・官舎《かんしゃ》・官邸《かんてい》・官房《かんぼう》・官民《かんみん》・官吏《かんり》・官僚《かんりょう》 ◇教官《きょうかん》・高官《こうかん》・裁判《さいばん》官《かん》・士官《しかん》・仕官《しかん》・次官《じかん》・上官《じょうかん》・長官《ちょうかん》・任《にん》官《かん》・武官《ぶかん》・文官《ぶんかん》

2 **からだの中《なか》ではたらきをするもの。** ◇官《かん》能《のう》 ◇器官《きかん》・五官《ごかん》

つかいかた

● 官《かん》につく。 ● 官庁《かんちょう》に勤《つと》める。

● 外交官《がいこうかん》になる。 ● 警官隊《けいかんたい》が出動《しゅつどう》する。

● 政府《せいふ》の高官《こうかん》。

なりたち

もとの字《じ》は官。宀は「やね」を表《あらわ》し、𠂤は人《ひと》が集《あつ》まるいみをもっています。人《ひと》が集《あつ》まって仕事《しごと》をする家《いえ》から、「役所《やくしょ》」を表《あらわ》し、「政府《せいふ》、役所《やくしょ》、役人《やくにん》」のいみに使《つか》われます。

管

14画［竹8画］

おん　カン

くん　くだ

いみ

1 **くだ。** ◇管楽器《かんがっき》 ◇（鉄《てつ》の管《くだ》）鉄管《てっかん》・鉛《えん》管《かん》・血管《けっかん》・試験管《しけんかん》・水道管《すいどうかん》・配管《はいかん》

2 **つかさどる。あつかう。** ◇管轄《かんかつ》・管内《かんない》 ◇移管《いかん》・保管《ほかん》

つかいかた

● 管《くだ》を通《とお》す。 ● 空港《くうこう》の管制塔《かんせいとう》。

● アパートの管理人《かんりにん》。 ● 土管《どかん》をうめる。

もっとしろう

● ［器官《きかん》と気管《きかん》］

「器官《きかん》」はからだの中《なか》である決《き》まったはたらきをするところ、「気管《きかん》」はのどから肺《はい》までつづく空気《くうき》の通《とお》る管《くだ》をいいます。

なりたち

竹は「たけ」を表《あらわ》し、官がカンという読《よ》み方《かた》と「つらぬく」いみをしめしています。ふしがつらぬきとおった竹《たけ》から、「くだ」のいみに使《つか》われます。

関

14画［門6画］

おん　カン

くん　せき・かか-わる

いみ

1 **せきしょ。** ◇（関所《せきしょ》の門《もん》）関門《かんもん》・関西《かんさい》・関《かん》税《ぜい》・関東《かんとう》・関所《せきしょ》 ◇税関《ぜいかん》・難関《なんかん》

2 **かかわる。つながる。** ◇（かかわる〈関〉・知《し》る）関知《かんち》・関節《かんせつ》・関与《かんよ》 ◇相関《そうかん》

3 **しかけ。** ◇機関《きかん》

つかいかた

● 動物《どうぶつ》に関《かん》する本《ほん》。 ● 箱根《はこね》の関《せき》。

● 親子《おやこ》の関係《かんけい》。 ● 音楽《おんがく》に関心《かんしん》を持《も》つ。

● 事件《じけん》との関連《かんれん》を調《しら》べる。 ● 玄関《げんかん》を出《で》る。

なりたち

古《ふる》い字《じ》は關。門は「もん」を表《あらわ》し、𢇍がカンという読《よ》み方《かた》と「つらぬく」いみをしめしています。かんぬきを通《とお》して門《もん》をしめることから、「せきしょ」のいみを表《あらわ》します。また、𢇍は「しかけ」のいみをもつことから、「しかけ、かかわりあい」などのいみにも使《つか》われます。

四年

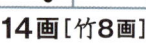

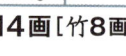

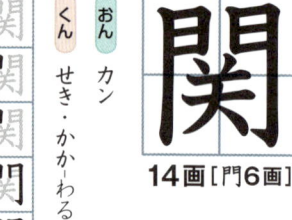

観

おん カン

くん

18画［見11画］

ださない　観　うえへはねる

いみ

1 **よく見《み》る。** ◇(劇《げき》をみる〈観〉) 観劇《かんげき》・観《かん》客《きゃく》・観光《かんこう》・観察《かんさつ》・観戦《かんせん》・観測《かんそく》・観点《かんてん》・観《かん》覧《らん》 ◇静観《せいかん》・拝観《はいかん》・傍観《ぼうかん》

2 **ものの見《み》かた。考《かんが》えかた。** ◇観点《かんてん》・観念《かんねん》 ◇客観《きゃっかん》・主観《しゅかん》・人生観《じんせいかん》・先入観《せんにゅうかん》・達観《たっかん》・悲観《ひかん》・楽観《らっかん》

3 **ありさま。ようす。** ◇壮観《そうかん》・美観《びかん》

つかいかた

- 美《うつく》しい**観光地《かんこうち》**。
- あさがおを**観察《かんさつ》**する。
- **観衆《かんしゅう》**が集《あつ》まる。
- 庭園《ていえん》を**観賞《かんしょう》**する。
- **外観《がいかん》**のりっぱな建物《たてもの》。
- 保護者《ほごしゃ》の**参観日《さんかんび》**。

なりたち

古《ふる》い字《じ》は觀。見は「みる」いみを表《あらわ》し、雚がカンという読《よ》み方《かた》と「めぐる」いみをしめしています。まわって見《み》ることを表《あらわ》し、「みる、ながめ、考《かんが》え」などのいみに使《つか》われます。

願

おん ガン

くん ねが-う

19画［頁10画］

はねる　願　とめる

いみ

■ **ねがう。** ◇(願《ねが》い・望《のぞ》み) 願望《がんぼう》 ◇哀願《あいがん》・祈願《きがん》・懇願《こんがん》・志願《しがん》・出願《しゅつがん》・請願《せいがん》・嘆願《たんがん》・念願《ねんがん》・悲願《ひがん》

つかいかた

- **願《ねが》い**がかなう。
- **入学願書《にゅうがくがんしょ》**を提出《ていしゅつ》する。
- **念願《ねんがん》**の優勝《ゆうしょう》を果《は》たす。

もっとしろう

- **願《がん》をかける**－願《ねが》いごとがかなうように神《かみ》や仏《ほとけ》に祈《いの》る。
- **願《ねが》ったりかなったり**－願《ねが》っていたとおりに実現《じつげん》すること。

なりたち

頁(おおがい)は頭《あたま》のことで、原(ゲン・ガン)が読《よ》み方《かた》と「おおきい」いみをもっています。大《おお》きい頭《あたま》を表《あらわ》す字《じ》でしたが、「ねがう」いみに使《つか》われるようになりました。

岐

おん (キ)

くん

7画［山4画］

たかく　岐　はらう

いみ

■ **わかれる。** ◇(わかれる〈岐〉・みち〈路〉) 岐路《きろ》 ◇多岐《たき》・分岐《ぶんき》

つかいかた

- **岐路《きろ》**に立《た》つ。道路《どうろ》の**分岐点《ぶんきてん》**。

もっとしろう

- ［複雑多岐《ふくざつたき》］

いろいろなことが入《い》りまじっていて、どこがどうなっているのか、どこにどうつながっているのかわからなくなっているような状態《じょうたい》を「複雑多岐《ふくざつたき》」といいます。

なりたち

山は「やま」を表《あらわ》し、支(シ)がキと変《か》わって読《よ》み方《かた》をしめしています。中《ちゅう》国《ごく》の山《やま》の名《な》を表《あらわ》す字《じ》でしたが、「わかれる」いみに使《つか》われるようになりました。

とくべつなよみ

読《よ》みます。

※「岐阜県」は「ぎふけん」と

四年

希

7画［巾4画］

おん　キ

くん

いみ

1 ねがう。◆（ねがう〈希〉・求《もと》める）希求《ききゅう》

2 すくない。まれ。◆（まれ〈希〉・薄《うす》い）希《き》薄《はく》・希代《きたい》（きだい）

だす　希　はねる

つかいかた

●この金属《きんぞく》には希少価値《きしょうかち》がある。

●希望《きぼう》に燃《も》える。

もっとしろう

●［希少価値《きしょうかち》］

そのものが世《よ》の中《なか》に少《すこ》ししかなく、手《て》に入《はい》りにくいために生《しょう》じたねうちをいいます。

なりたち

もとの形《かたち》はXX巾。XXは糸《いと》のまじわりをしめし、巾は布《ぬの》を表《あらわ》しています。糸《いと》をまぜて織《お》った布《ぬの》のことでしたが、「まれ、ねがう」いみに使《つか》われるようになりました。

季

8画［子5画］

おん　キ

くん

いみ

■きせつ。◆（季《き》節《せつ》ごとに刊《かん》行《こう》される）季《き》刊《かん》・季節《きせつ》　◆雨季《うき》・夏季《かき》・乾季《かんき》・四季《しき》・秋季《しゅうき》・春季《しゅんき》・冬季《とうき》

とめる　季　はらう

つかいかた

●季語《きご》を調《しら》べる。　●季節《きせつ》の変《か》わりめ。

●雨季《うき》が始《はじ》まる。

もっとしろう

●［季語《きご》］

俳句《はいく》の中《なか》で使《つか》われる季節《きせつ》を表《あらわ》すことばを「季語《きご》」といいます。「古池《ふるいけ》や蛙《かわず》とびこむ水《みず》の音《おと》」では「蛙《かわず》」が季語《きご》で春《はる》を表《あらわ》します。「季題《きだい》」ともいいます。

なりたち

禾は穀物《こくもつ》の穂《ほ》の形《かたち》、子が「おさない」いみを表《あらわ》しています。「まだのびていない苗《なえ》」のいみの字《じ》でしたが、「きせつ」のいみに使《つか》われるようになりました。

旗

14画［方10画］

おん　キ

くん　はた

いみ

■はた。◆（旗《はた》をもつ人《ひと》〈手〉）旗手《きしゅ》・旗艦《きかん》・旗色《はたいろ》・旗本《はたもと》　◆国旗《こっき》・半旗《はんき》・白旗《しらはた》（しろはた）・手旗《てばた》

甘・韭にならない　旗

つかいかた

●旗《はた》をふる。　●校旗《こうき》をかかげる。

●自由《じゆう》と平等《びょうどう》を旗印《はたじるし》にかかげる。

もっとしろう

●旗《はた》を揚《あ》げる－（旗《はた》をかかげて戦《いくさ》を始《はじ》めたことから）戦争《せんそう》を始《はじ》める。また、事業《じぎょう》などを始《はじ》める。

●旗《はた》を巻《ま》く－かかげていた旗《はた》をおろして巻《ま》くということで、降参《こうさん》する。

なりたち

㫃はもと㫃で「はた」を表《あらわ》し、其がキという読《よ》み方《かた》と「四角《しかく》」のいみをしめしています。四角《しかく》い布《ぬの》のはたを表《あらわ》し、「はた」のいみに使《つか》われます。

器

15画［口12画］

おん　キ

くん　（うつわ）

器　だす　はらう

いみ

1 入《い》れ物《もの》や道具《どうぐ》。◆器楽《きがく》・器具《きぐ》・器材《きざい》・器《き》物《ぶつ》◆（音楽《おんがく》の道具《どうぐ》（器））楽器《がっき》・機器《きき》・磁《じ》器《き》・漆器《しっき》・食器《しょっき》・青銅器《せいどうき》・石器《せっき》・鉄器《てっき》・陶器《とうき》・銅器《どうき》・陶磁器《とうじき》・兵器《へいき》・便器《べんき》・名器《めいき》・容器《ようき》・利器《りき》

2 からだの中《なか》ではたらくもの。◆呼吸器《こきゅうき》・消化器《しょうかき》・臓器《ぞうき》

3 才能《さいのう》。◆器用《きよう》・器量《きりょう》

つかいかた

●器《うつわ》を並《なら》べる。●器《うつわ》の大《おお》きい人《ひと》。

●器械体操《きかいたいそう》の選手《せんしゅ》。●管楽器《かんがっき》と打楽器《だがっき》。

●武器《ぶき》を取《と》って戦《たたか》う。

なりたち

古《ふる》い字《じ》は器。犬と口を四《よっ》つ合《あ》わせた字《じ》です。多《おお》くの犬《いぬ》がなきわめくいみを表《あらわ》す字《じ》でしたが、「うつわ」のいみに用《もち》いられるようになりました。

機

16画［木12画］

おん　キ

くん　（はた）

機　はねる　とめる

いみ

1 しくみ。◆機械《きかい》・機器《きき》・機具《きぐ》・機構《きこう》・機《き》材《ざい》・機能《きのう》◆織機《しょっき》・扇風機《せんぷうき》

2 だいじなところ。◆機密《きみつ》

3 とき。きっかけ。◆機運《きうん》・機縁《きえん》◆（危《あぶ》ないとき（機））危機《きき》・好機《こうき》・時機《じき》・待機《たいき》・転機《てんき》

4 心《こころ》の動《うご》き。◆機嫌《きげん》・機知《きち》・機転《きてん》・機微《きび》・機敏《きびん》

5 飛行機《ひこうき》。◆機首《きしゅ》・機体《きたい》◆航空機《こうくうき》

つかいかた

●機《き》が熟《じゅく》する。●機《はた》を織《お》る。●絶好《ぜっこう》の機会《きかい》。

●危機《きき》を脱《だっ》する。●犯行《はんこう》の動機《どうき》。

なりたち

木は「き」を表《あらわ》し、幾がキという読《よ》み方《かた》と「はた」のいみをしめしています。「はたおり機《き》」を表《あらわ》し、広《ひろ》く「きかい」のいみに使《つか》われます。

議

20画［言13画］

おん　ギ

くん

議　はねる

いみ

■ 話《はな》し合《あ》う。意見《いけん》。◆（話《はな》し合《あ》う（議）会《かい》）議会《ぎかい》・議員《ぎいん》・議院《ぎいん》・議決《ぎけつ》・議席《ぎせき》・議題《ぎだい》・議論《ぎろん》◆異議《いぎ》・協議《きょうぎ》・決議《けつぎ》・抗議《こうぎ》・審議《しんぎ》・争議《そうぎ》・討議《とうぎ》・評議《ひょうぎ》・論議《ろんぎ》

つかいかた

●議案《ぎあん》を提出《ていしゅつ》する。●議長《ぎちょう》を務《つと》める。

●会議《かいぎ》を開《ひら》く。●国会議事堂《こっかいぎじどう》を見学《けんがく》する。

もっとしろう

●［異議《いぎ》と異義《いぎ》］

「異議《いぎ》」はほかと異《こと》なった意見《いけん》、「異義《いぎ》」は異《こと》なったいみのことです。

なりたち

言は「ことば」を表《あらわ》し、義がギという読《よ》み方《かた》と「すじみちにかなう」いみをしめしています。すじみちにかなうように話《はな》し合《あ》うことから、「はなしあう」いみに使《つか》われます。

四年

求

おん　キュウ

くん　もと-める

7画［氺2画］

求 求 求 求 求 求 求

求　フにならない　はねる

いみ

■**もとめる。**◆（職《しょく》を求《もと》める）求職《きゅうしょく》・求愛《きゅうあい》・求刑《きゅうけい》・求人《きゅうじん》・求心力《きゅうしんりょく》　◆請求《せいきゅう》・探求《たんきゅう》・追求《ついきゅう》・要求《ようきゅう》

つかいかた

● 助《たす》けを**求《もと》める**。● 思《おも》いきって**求婚《きゅうこん》**する。

● **求人広告《きゅうじんこうこく》**を見《み》る。● 改善《かいぜん》を**要求《ようきゅう》**する。

● **欲求不満《よっきゅうふまん》**におちいる。

もっとしろう

●［求人《きゅうじん》と求職《きゅうしょく》］

「求人《きゅうじん》」は仕事《しごと》をするために働《はたら》く人《ひと》をさがし求《もと》めること、「求職《きゅうしょく》」は働《はたら》くための仕事《しごと》やつとめ口《ぐち》をさがし求《もと》めることです。

なりたち

毛皮《けがわ》をつりさげている形《かたち》（ ）をかたどり、皮《かわ》のころもを表《あらわ》す字《じ》でしたが、「もとめる、さがす」いみに使《つか》われるようになりました。

泣

おん　（キュウ）

くん　な-く

8画［氵5画］

泣 泣 泣 泣 泣 泣 泣 泣

泣　したをながく

いみ

■**なく。**◆泣《な》き顔《がお》・泣《な》き言《ごと》・泣《な》き面《つら》　◆（感《かん》激《げき》して泣《な》く）感泣《かんきゅう》・号泣《ごうきゅう》

つかいかた

● 声《こえ》をあげて**泣《な》く**。● 悲《かな》しくて**号泣《ごうきゅう》**する。

● **泣《な》き言《ごと》**を並《なら》べる。

もっとしろう

● **泣《な》き面《つら》にはち**－（泣《な》いている顔《かお》をさらにはちがさすことから）悪《わる》いことのうえにさらに悪《わる》いことが重《かさ》なることのたとえ。

● **泣《な》く子《こ》もだまる**－泣《な》いている子《こ》もだまってしまうほどおそろしい。

なりたち

氵は水《みず》を表《あらわ》し、立（リュウ）がキュウと変《か》わって読《よ》み方《かた》と「つぶ」のいみをしめしています。目《め》から流《なが》れる「なみだ」を表《あらわ》す字《じ》で、「なく」いみに使《つか》われるようになりました。

給

おん　キュウ

12画［糸6画］

給 給 給 給 給 給 給 給 給 給 給 給

給　はらう　はねない

いみ

■**あたえる。くばる。てあて。**◆（食《しょく》事《じ》をあたえる（給））給食《きゅうしょく》・給金《きゅうきん》・給仕《きゅうじ》・給水《きゅうすい》・給付《きゅうふ》・給油《きゅうゆ》・給与《きゅうよ》　◆供給《きょうきゅう》・月給《げっきゅう》・支給《しきゅう》・時給《じきゅう》・週給《しゅうきゅう》・昇給《しょうきゅう》・日給《にっきゅう》・無給《むきゅう》・有給《ゆうきゅう》

つかいかた

● **給食《きゅうしょく》**の時間《じかん》。● **給料《きゅうりょう》**が増《ふ》える。

● 食《た》べ物《もの》を**配給《はいきゅう》**する。

● ガソリンを**補給《ほきゅう》**する。

もっとしろう

● **給与《きゅうよ》**－品物《しなもの》やお金《かね》を与《あた》えること。また、働《はたら》く人《ひと》に支払《しはら》われる賃金《ちんぎん》のこと。

なりたち

糸は「いと」を表《あらわ》し、合（ゴウ）がキュウと変《か》わって読《よ》み方《かた》と「あわせる」いみをしめしています。きれかけた糸《いと》に、あとからつぎつぎとたしていくことから、「あたえる、くばる」いみに使《つか》われます。

四年

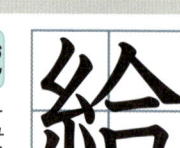

挙

おん キョ

くん あ-げる・あ-がる

10画［手6画］

いみ

1 あげる。おこす。◆(式《しき》を挙《あ》げる) 挙式《きょしき》・挙行《きょこう》・挙手《きょしゅ》・挙兵《きょへい》 ◆推挙《すいきょ》・列挙《れっきょ》

2 ふるまい。◆挙措《きょそ》・挙動《きょどう》 ◆快挙《かいきょ》・軽挙《けいきょ》・暴挙《ぼうきょ》

3 すべて。◆挙国《きょこく》 ◆一挙《いっきょ》・大挙《たいきょ》

つかいかた

● 手《て》を挙《あ》げる。 ● 証拠《しょうこ》が挙《あ》がる。
● 犯人《はんにん》を検挙《けんきょ》する。 ● 学級委員《がっきゅういいん》の選挙《せんきょ》。
● 特色《とくしょく》を列挙《れっきょ》する。

なりたち

古《ふる》い字《じ》は擧。手は「て」を表《あらわ》し、與(ヨ)がキョと変《か》わって読《よ》み方《かた》と「あげる」いみをしめしています。「あげる」いみに使《つか》われます。

つかいわけ

● 挙《あ》げる・上《あ》げる

挙《あ》げる…手《て》を挙《あ》げる。全力《ぜんりょく》を挙《あ》げる。

上《あ》げる…値段《ねだん》を上《あ》げる。腕前《うでまえ》を上《あ》げる。

漁

おん ギョ・リョウ

くん

14画［氵11画］

いみ

■ さかなをとる。◆(漁《りょう》をする場所《ばしょ》) 漁場《ぎょじょう》(ぎょ/ば)・漁獲《ぎょかく》・漁期《ぎょき》(き/りょう)・漁業《ぎょぎょう》・漁港《ぎょこう》・漁夫《ぎょふ》・漁民《ぎょみん》・漁師《りょうし》 ◆禁漁《きんりょう》・出漁《しゅつりょう》・大漁《たいりょう》・不漁《ふりょう》・密漁《みつりょう》

つかいかた

● 漁《りょう》に出《で》る。 ● 漁船《ぎょせん》が港《みなと》に帰《かえ》る。
● 漁村《ぎょそん》と農村《のうそん》。 ● 大漁《たいりょう》をいのる。

もっとしろう

● 漁夫《ぎょふ》の利《り》－水鳥《みずとり》と貝《かい》が争《あらそ》っているあいだに、漁師《りょうし》がきて両方《りょうほう》をつかまえてしまったという中国《ちゅうごく》の話《はなし》から、二者《にしゃ》が争《あらそ》っているすきに、第三者《だいさんしゃ》が利益《りえき》を横取《よこど》りすること。

なりたち

氵は水《みず》を表《あらわ》し、魚がギョという読《よ》み方《かた》と「さかな」のいみをしめしています。水中《すいちゅう》で「さかなをとる」いみに使《つか》われます。

共

おん キョウ

くん とも

6画［八4画］

いみ

■ ともに。◆(共《とも》に感《かん》じる) 共感《きょうかん》・共学《きょうがく》・共済《きょうさい》・共催《きょうさい》・共生《きょうせい》・共存《きょうそん》(きょう/ぞん)・共犯《きょうはん》・共謀《きょうぼう》・共鳴《きょうめい》・共有《きょうゆう》・共用《きょうよう》・共立《きょうりつ》・共和国《きょうわこく》
◆公共《こうきょう》

つかいかた

● 共《とも》に学《まな》び共《とも》に遊《あそ》ぶ。 ● 共通《きょうつう》の友人《ゆうじん》。
● 共同《きょうどう》で使《つか》う。 ● 共倒《ともだお》れになる。

もっとしろう

● 共存共栄《きょうそんきょうえい》－たがいに助《たす》け合《あ》って共《とも》に栄《さか》えていくこと。「共存《きょうそん》」は共《とも》に生存《せいぞん》する、共《とも》に存在《そんざい》するといういみ。「きょうぞん」ともいう。

なりたち

もとの形《かたち》は。物《もの》を両手《りょうて》でささげ持《も》つ形《かたち》をしめしています。物《もの》をささげることから、「ともに」のいみに使《つか》われます。

協

8画［十6画］

おん　キョウ

くん

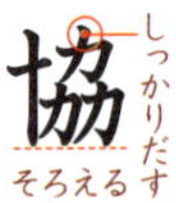

いみ

1 力《ちから》を合《あ》わせる。◆（力《ちから》を合《あ》わせる〈協〉）協《きょう》 力《りょく》・協会《きょうかい》・協賛《きょうさん》・協同《きょうどう》・協和《きょうわ》 ◆妥協《だきょう》

2 集《あつ》まって相談《そうだん》する。◆協議《きょうぎ》・協定《きょうてい》

つかいかた

● ピアノで協奏曲《きょうそうきょく》をひく。

● みんなの協調《きょうちょう》が必要《ひつよう》だ。

● 協力《きょうりょく》してそうじをする。

もっとしろう

● ［共同《きょうどう》と協同《きょうどう》］
「共同《きょうどう》」は、みんなでいっしょに何《なに》かをすること、「協同《きょうどう》」は、力《ちから》を出《だ》し合《あ》っていっしょに仕事《しごと》をすることです。

なりたち

ひとまとめにするいみの十と、力《ちから》を合《あ》わせるいみの劦（キョウ）を合《あ》わせて、「多《おお》くの人《ひと》が力《ちから》を合《あ》わせる」いみを表《あらわ》します。

鏡

19画［金11画］

おん　キョウ

くん　かがみ

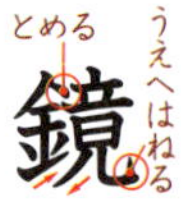

いみ

1 かがみ。◆（鏡《かがみ》をとりつけた台《だい》）鏡台《きょうだい》 ◆三面鏡《さんめんきょう》・手鏡《てかがみ》・水鏡《みずかがみ》

2 レンズ。◆顕微鏡《けんびきょう》・潜望鏡《せんぼうきょう》・双眼鏡《そうがんきょう》

つかいかた

● 鏡《かがみ》に映《うつ》る。 ● 内視鏡《ないしきょう》で検査《けんさ》する。

● 望遠鏡《ぼうえんきょう》で観測《かんそく》する。

もっとしろう

● ［鏡開《かがみびら》き］
正月《しょうがつ》にかざった鏡《かがみ》もちをわって、しるこなどに入《い》れて食《た》べる行事《ぎょうじ》。現在《げんざい》ではふつう一月十一日《いちがつじゅういちにち》に行《おこな》います。

なりたち

金は金属《きんぞく》を表《あらわ》し、竟がキョウという読《よ》み方《かた》と「かげ」のいみをしめしています。すがたをうつす金属製《きんぞくせい》のかがみを表《あらわ》しています。

とくべつなよみ

眼鏡《めがね》

競

20画［立15画］

おん　キョウ・ケイ

くん　（きそ-う・せ-る）

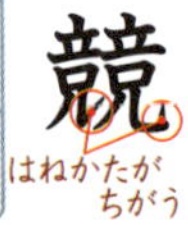

いみ

■ きそう。◆（競《きそ》う・争《あらそ》う）競争《きょうそう》・競演《きょうえん》・競《きょう》売《ばい》（ばいけい）・競歩《きょうほ》

つかいかた

● 技《わざ》を競《きそ》う。 ● ゴール前《まえ》ではげしく競《せ》る。

● 競泳《きょうえい》の選手《せんしゅ》。 ● 徒競走《ときょうそう》に出《で》る。

● 陸上《りくじょう》競技《きょうぎ》の大会《たいかい》。 ● 競馬《けいば》を見《み》る。

もっとしろう

● ［競争《きょうそう》と競走《きょうそう》］
「競争《きょうそう》」はたがいに勝《か》ち負《ま》けをあらそうこと、「競走《きょうそう》」は走《はし》る速《はや》さをきそうことをいいます。

なりたち

もとの形《かたち》は競。䇂は言で、「言《い》いあう」いみを表《あらわ》し、儿は人《ひと》を表《あらわ》しています。二人《ふたり》が言《い》いあらそっているようすをしめし、「あらそう、きそう」いみに使《つか》われます。

四年

極

おん キョク・(ゴク)

くん (きわ-める・きわ-まる・きわ-み)

12画[木8画]

いみ

■この上《うえ》ない。きわみ。◆(極《きわ》めて小《ちい》さい)極小《きょくしょう》・極言《きょくげん》・極限《きょくげん》・極大《きょくだい》・極端《きょくたん》・極致《きょくち》・極点《きょくてん》・極度《きょくど》・極力《きょくりょく》・極論《きょくろん》・極悪《ごくあく》・極彩色《ごくさいしき》・極上《ごくじょう》・極楽《ごくらく》 ◆陰極《いんきょく》・磁極《じきょく》・消極《しょうきょく》・積極《せっきょく》・南極《なんきょく》・北極《ほっきょく》・陽極《ようきょく》・両極《りょうきょく》・至極《しごく》

つかいかた

● 頂上《ちょうじょう》を極《きわ》める。● 再会《さいかい》に感極《かんきわ》まる。
● 極地《きょくち》を探検《たんけん》する。● 極秘《ごくひ》の書類《しょるい》。

なりたち

木は「き」を表《あらわ》し、亟がキョクという読《よ》み方《かた》と「きわまる」いみをしめしています。もっとも高《たか》いところの木《き》、家《いえ》のむな木《ぎ》を表《あらわ》し、「この上《うえ》ない、きわめる」いみに使《つか》われます。

つかいわけ

● 究《きわ》める・極《きわ》める →〈究《きゅう》〉215ページ

熊

おん

くん くま

14画[灬10画]

いみ

■(動物《どうぶつ》の)くま。

つかいかた

● 熊《くま》ん蜂《ばち》におそわれる。
● 熊手《くまで》を使《つか》って落《お》ち葉《ば》はき。

もっとしろう

● [熊《くま》ん蜂《ばち》]
スズメバチの別名《べつめい》。毒針《どくばり》を持《も》っています。

● [熊手《くまで》]
庭《にわ》などをはく掃除用《そうじよう》の道具《どうぐ》で、先《さき》が曲《ま》がって広《ひろ》がっている形《かたち》が、まるで熊《くま》の手《て》のようだということでつけられた名《な》です。

なりたち

灬は「火《ひ》」を表《あらわ》し、能(ドウ→ユウ)が「燃《も》え上《あ》がる」いみをしめしています。火《ひ》がさかんに燃《も》えることを表《あらわ》す字《じ》でしたが、「くま」のいみに使《つか》われるようになりました。

訓

おん クン

くん

10画[言3画]

いみ

1 おしえる。◆(おしえ〈訓〉育《そだ》てる)訓育《くんいく》・訓示《くんじ》・訓辞《くんじ》・訓話《くんわ》 ◆家訓《かくん》・教訓《きょうくん》

2 くん読《よ》み。◆訓読《くんどく》 ◆字訓《じくん》

つかいかた

● 音読《おんよ》みと訓読《くんよ》み。
● 避難訓練《ひなんくんれん》をする。

もっとしろう

● [訓読《くんよ》みと熟字訓《じゅくじくん》]
漢字《かんじ》をその字《じ》のいみにあたる日本語《にほんご》で読《よ》むことを「訓読《くんよ》み」といい、ことば全体《ぜんたい》にあてられた訓読《くんよ》みを「熟字訓《じゅくじくん》」といいます。
(熟字訓《じゅくじくん》の例《れい》) 明日《あす》 今朝《けさ》 大人《おとな》 七夕《たなばた》

なりたち

言は「ことば」のいみをもち、川(セン)がクンと変《か》わって読《よ》み方《かた》と「したがう」いみをしめしています。ことばでしたがわせることから、「おしえる」いみに使《つか》われます。

軍

9画［車2画］

おん　グン

くん

冖にならない　軍　だす

いみ

■ぐんたい。◇軍医《ぐんい》・軍歌《ぐんか》・軍艦《ぐんかん》・軍事《ぐんじ》・軍縮《ぐんしゅく》・軍隊《ぐんたい》・軍配《ぐんばい》・軍部《ぐんぶ》　◇（軍《ぐん》を進《すす》める）進軍《しんぐん》・援軍《えんぐん》・官軍《かんぐん》・空軍《くうぐん》・従軍《じゅうぐん》・将軍《しょうぐん》・水軍《すいぐん》・全軍《ぜんぐん》・賊軍《ぞくぐん》・大軍《たいぐん》・敵軍《てきぐん》・敗軍《はいぐん》・友軍《ゆうぐん》・陸軍《りくぐん》

つかいかた

●軍《ぐん》を率《ひき》いる。●軍記《ぐんき》を読《よ》む。
●敵《てき》の軍勢《ぐんぜい》が押《お》し寄《よ》せる。
●軍手《ぐんて》をはめて草《くさ》をむしる。
●軍備《ぐんび》を縮小《しゅくしょう》する。●海軍《かいぐん》の軍人《ぐんじん》。

なりたち

車は「くるま」を表《あらわ》し、勹（イン、冖は変化《へんか》した形《かたち》）がグンと変《か》わって読《よ》み方《かた》と「とりまく」いみをしめしています。戦車《せんしゃ》でかこんで作《つく》った陣地《じんち》を表《あらわ》し、「いくさ、へいたいの集団《しゅうだん》（ぐんたい）」のいみに使《つか》われます。

郡

10画［阝7画］

おん　グン

くん

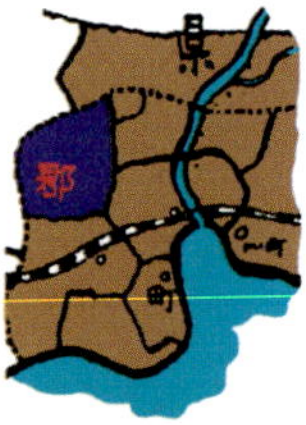

だす　郡　阝にならない

いみ

■都道府県内《とどうふけんない》の地理上《ちりじょう》の区画《くかく》。区《く》や市以外《しいがい》の、町村《ちょうそん》をいくつか合《あ》わせたもの。ぐん。◇（郡《ぐん》の部分《ぶぶん》）郡部《ぐんぶ》

つかいかた

●二《ふた》つの郡《ぐん》が合併《がっぺい》する。
●岩手県岩手郡《いわてけんいわてぐん》。●郡部《ぐんぶ》に住《す》む。

もっとしろう

●［似《に》ている字《じ》に注意《ちゅうい》］
郡《ぐん》は「○○県《けん》○○郡《ぐん》」のいみだけに使《つか》われ、「あつまる」いみのグンは「群《ぐん》」を用《もち》います。

なりたち

阝はもと で、人（ ）が住《す》んでいる囲《かこ》い（○）から「むら」を表《あらわ》し、君（クン）がグンと変《か》わって読《よ》み方《かた》と「あつまる」いみをしめしています。村《むら》があつまってできた地域《ちいき》を表《あらわ》します。

四年

群

13画［羊7画］

おん　グン

くん　む-れる・む-れ・むら

だす　群　ださない

いみ

■あつまり。むれ。◇（群《むら》がり集《あつ》まる）群《ぐん》集《しゅう》・群衆《ぐんしゅう》・群生《ぐんせい》・群島《ぐんとう》・群舞《ぐんぶ》　◇（魚《さかな》の群《む》れ）魚群《ぎょぐん》・一群《いちぐん》・大群《たいぐん》・抜群《ばつぐん》

つかいかた

●鳥《とり》の群《む》れ。●人《ひと》が群《むら》がる。
●地震《じしん》が群発《ぐんぱつ》する。●いなごの大群《たいぐん》。

もっとしろう

●群《ぐん》を抜《ぬ》く―たくさんの中《なか》で、飛《と》び抜《ぬ》けてすぐれている。抜群《ばつぐん》である。

なりたち

羊は「ひつじ」を表《あらわ》し、君（クン）がグンと変《か》わって読《よ》み方《かた》と「まとまる」いみをしめしています。羊《ひつじ》のむれを表《あらわ》す字《じ》で、「あつまり、むれ」のいみに使《つか》われます。

とくべつなよみ

※「むら」という読《よ》み―群《むら》がる・群《むら》すずめなど

径

おん ケイ

くん

8画［イ5画］

径 ながく イにならない

いみ

1 **円《えん》のさしわたし。** ◇（口《くち》のさしわたし〈径〉）口径《こうけい》・直径《ちょっけい》・半径《はんけい》

2 **こみち。** ◇径路《けいろ》 ◇（小《ちい》さな道《みち》〈径〉）小《しょう》径《けい》・山径《さんけい》

つかいかた

● 円《えん》の直径《ちょっけい》。

もっとしろう

● **直情径行《ちょくじょうけいこう》**－感情《かんじょう》をそのまま行動《こうどう》に移《うつ》すこと。思《おも》いのままに行動《こうどう》すること。「直情《ちょくじょう》」は、ありのままの感情《かんじょう》。「径行《けいこう》」は、まっすぐに行《い》くこと。

なりたち

古《ふる》い字《じ》は徑。彳は道《みち》（亅彳）で、巠がケイという読《よ》み方《かた》と「まっすぐ」のいみをしめしています。まっすぐな道《みち》を表《あらわ》し、「こみち、円《えん》のさしわたし（＝ちょっけい）」のいみに使《つか》われます。

景

おん ケイ

くん

12画［日8画］

景 ながく はねる

いみ

1 **けしき。ようす。** ◇（遠《とお》くのけしき〈景〉）遠景《えんけい》・光景《こうけい》・情景《じょうけい》・絶景《ぜっけい》 ◇景観《けいかん》・景勝《けいしょう》

2 **そえるもの。** ◇景品《けいひん》・景物《けいぶつ》

つかいかた

● 景気《けいき》がよくなる。 ● 舞《ぶ》台《たい》の背景《はいけい》。

● 美《うつく》しい風景《ふうけい》。 ● すばらしい景色《けしき》。

もっとしろう

● ［景品《けいひん》］

季節《きせつ》のおもむきをそえたものを「景物《けいぶつ》」といい、ここから「景品《けいひん》（＝そえもの、おまけ）」ということばができました。

なりたち

日は「ひ」を表《あらわ》し、京がケイという読《よ》み方《かた》と「ひかり」のいみをしめしています。日《ひ》の光《ひかり》を表《あらわ》し、「ひかり、けしき」のいみに使《つか》われます。

とくべつなよみ

景色《けしき》

芸

おん ゲイ

くん

7画［艹4画］

芸 ながく

いみ

1 **わざ。** ◇（芸《げい》をする人《ひと》）芸人《げいにん》・芸術《げいじゅつ》・芸《げい》当《とう》・芸名《げいめい》 ◇学芸《がくげい》・曲芸《きょくげい》・工芸《こうげい》・手芸《しゅげい》・陶芸《とうげい》・武芸《ぶげい》・文芸《ぶんげい》・民芸品《みんげいひん》

2 **草木《くさき》を植《う》える。** ◇園芸《えんげい》・農芸《のうげい》

つかいかた

● 芸《げい》を習《なら》う。 ● 園芸《えんげい》を始《はじ》める。

● 演芸会《えんげいかい》が開《ひら》かれる。 ● 日本《にほん》の郷土芸能《きょうどげいのう》。

もっとしろう

● **芸《げい》がない**－ありふれていて、おもしろみがない。

● **芸《げい》は身《み》を助《たす》ける**－趣味《しゅみ》で身《み》につけた芸《げい》が、こまったときに生活《せいかつ》を助《たす》ける手段《しゅだん》となる。

なりたち

古《ふる》い字《じ》は藝。埶（ゲイ）は人《ひと》が草《くさ》を植《う》えている形《かたち》からでき、のちに「くさをかる」いみの芸を加《くわ》えました。「うえる、わざ」のいみに使《つか》われます。

欠

おん　ケツ
くん　か-ける・か-く

4画［欠0画］

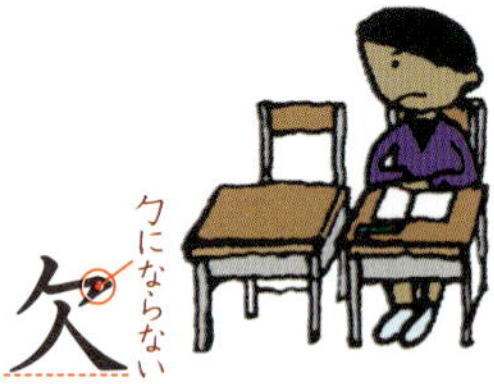

いみ
1 かける。◇（欠《か》ける・損《そこ》なう）欠損《けっそん》・欠員《けついん》・欠陥《けっかん》・欠番《けつばん》・欠乏《けつぼう》　◇不可欠《ふかけつ》・補欠《ほけつ》
2 やすむ。◇欠勤《けっきん》・欠場《けつじょう》　◇出欠《しゅっけつ》・病欠《びょうけつ》

つかいかた
●人数《にんずう》が欠《か》ける。●礼儀《れいぎ》を欠《か》く。
●船《ふね》が欠航《けっこう》する。●病気《びょうき》で欠席《けっせき》する。

もっとしろう
●［欠点《けってん》］
「欠点《けってん》」は、悪《わる》いところ、足《た》りないところのこと。似《に》たことばに「弱点《じゃくてん》」「短所《たんしょ》」があります。

なりたち
もとの形《かたち》は。人《ひと》があくびをしている形《かたち》からできた字《じ》で、「あくび」のいみを表《あらわ》します。「缺《けつ》（＝かける）」の字《じ》の代《か》わりに使《つか》われ、「かける」いみに使《つか》われるようになりました。

結

おん　ケツ
くん　むす-ぶ・（ゆ-う・ゆ-わえる）

12画［糸6画］

いみ
1 たばねる。むすびつける。◇（結《むす》び合《あ》わせる）結合《けつごう》・結婚《けっこん》・結成《けっせい》・結束《けっそく》・結団《けつだん》・結納《ゆいのう》　◇集結《しゅうけつ》・団結《だんけつ》・直結《ちょっけつ》・凍結《とうけつ》・氷結《ひょうけつ》
2 できあがる。◇結局《けっきょく》・結実《けつじつ》・結末《けつまつ》　◇完結《かんけつ》・終結《しゅうけつ》

つかいかた
●ひもを結《むす》ぶ。●髪《かみ》を結《ゆ》う。
●結果《けっか》を発表《はっぴょう》する。●力《ちから》を結集《けっしゅう》する。
●雪《ゆき》の結晶《けっしょう》。●結論《けつろん》を出《だ》す。
●列車《れっしゃ》を連結《れんけつ》する。

なりたち
糸は「いと」を表《あらわ》し、吉（キツ）がケツと変《か》わって読《よ》み方《かた》と「かたくしめる」いみをしめしています。糸《いと》のむすび目《め》をつくることを表《あらわ》し、「むすぶ」いみに使《つか》われます。

建

おん　ケン・（コン）
くん　た-てる・た-つ

9画［廴6画］

いみ
1 たてる。つくる。◇建設《けんせつ》・建造《けんぞう》・建立《こんりゅう》・建具《たてぐ》・建物《たてもの》　◇再建《さいけん》（さいこん）・創建《そうけん》
2 申《もう》しあげる。◇建議《けんぎ》・建白書《けんぱくしょ》

つかいかた
●家《いえ》を建《た》てる。●銅像《どうぞう》が建《た》つ。
●ビルを建設《けんせつ》する。●木造《もくぞう》の建築《けんちく》。

なりたち
廴は道《みち》の形《かたち》（）で「行《い》く」いみをもち、聿は手《て》（）で筆《ふで》（）を持《も》っている形《かたち》（）です。筆《ふで》を立《た》てて字《じ》を書《か》くことから、「たてる」いみに使《つか》われます。

つかいわけ
●建《た》つ・立《た》つ
「建《た》つ」は建物《たてもの》などがたついみに、「立《た》つ」はまっすぐたついみに使《つか》われます。
建《た》つ…ビルが建《た》つ。像《ぞう》が建《た》つ。
立《た》つ…大地《だいち》に立《た》つ。山頂《さんちょう》に立《た》つ。

とくべつなよみ
※「コン」という読《よ》み―建立《こんりゅう》

健

おん ケン

くん (すこ-やか)

11画[亻9画]

いみ

■ じょうぶ。すこやか。◆健脚《けんきゃく》・健在《けんざい》・健児《けんじ》・健勝《けんしょう》・健全《けんぜん》 ◆穏健《おんけん》・剛健《ごうけん》・壮健《そうけん》

つかいかた

● **健《すこ》やか**に育《そだ》つ。 ● **健康《けんこう》**が第一《だいいち》だ。

● **健闘《けんとう》**を祈《いの》る。 ● **強健《きょうけん》**なからだ。

● **保健室《ほけんしつ》**で休《やす》む。

もっとしろう

● [もう一《ひと》つの「健《けん》」]

「健《けん》」は「すこやか」のいみのほかに、「よく…する」といういみにも使《つか》われます。よく闘《たたか》うのは「健闘《けんとう》」、忘《わす》れっぽくなるのは「健忘《けんぼう》」です。

なりたち

亻は人《ひと》を表《あらわ》し、建がケンという読《よ》み方《かた》と「たつ」いみをしめしています。人《ひと》がしっかり立《た》つことから、「すこやか、じょうぶ」のいみに使《つか》われます。

験

おん ケン・(ゲン)

くん

18画[馬8画]

いみ

1 ためす。たしかめる。◆験算《けんざん》 ◆(試《ため》す・ためす〈験す〉) 試験《しけん》・経験《けいけん》・実験《じっけん》・体験《たいけん》

2 しるし。ききめ。◆効験《こうけん》・瑞験《ずいけん》(げずいん)・霊《れい》験《げん》(けれいん)

つかいかた

● 豊《ゆた》かな**経験《けいけん》**を積《つ》む。 ● **試験《しけん》**を受《う》ける。

● 理科《りか》の**実験《じっけん》**。 ● **受験勉強《じゅけんべんきょう》**をする。

もっとしろう

● **験《げん》がよい**-えんぎがよい。

なりたち

古《ふる》い字《じ》は驗。馬は「うま」を表《あらわ》し、僉がケンという読《よ》み方《かた》をしめしています。もとは馬《うま》の名《な》を表《あらわ》す字《じ》でしたが、「ためす、しるし」のいみに使《つか》われるようになりました。

とくべつなよみ

※「ゲン」という読《よ》み―霊験《れいげん》など

固

おん コ

くん かた-める・かた-まる・かた-い

8画[囗5画]

いみ

1 かたい。◆(固《かた》まった形《かたち》)固形《こけい》・固持《こじ》・固辞《こじ》・固守《こしゅ》・固定《こてい》 ◆確固《かっこ》・強固《きょうこ》・凝固《ぎょうこ》・堅固《けんご》

2 もとからある。◆固有《こゆう》

つかいかた

● 守《まも》りを**固《かた》める**。 ● **固《かた》い**約束《やくそく》を交《か》わす。

● **固体《こたい》**と液体《えきたい》。 ● **断固《だんこ》**として反対《はんたい》する。

もっとしろう

● **固有名詞《こゆうめいし》**-地名《ちめい》・人名《じんめい》・作品名《さくひんめい》などのようにそのものだけについている名前《なまえ》。

なりたち

囗はかこみを表《あらわ》し、古がコという読《よ》み方《かた》と「かたい」いみをしめしています。かこみをかためることから、「かためる、かたい」のいみに使《つか》われます。

とくべつなよみ

固唾《かたず》

功

5画［力3画］

おん　コウ・（ク）

くん

いみ

■てがら。◆（てがら〈功〉と罪《つみ》）功罪《こうざい》・功《こう》績《せき》・功名《こうみょう》・功利《こうり》・功徳《くどく》　◆年功《ねんこう》

つかいかた

●りっぱな**功績**《こうせき》を残《のこ》す。●実験《じっけん》が**成功**《せいこう》する。

もっとしろう

●**功罪相半**《こうざいあいなか》**ばする**－いい面《めん》と悪《わる》い面《めん》が同《おな》じくらいずつあって、いいとも悪《わる》いとも言《い》えない。

●**功成**《こうな》**り名**《な》**とげる**－りっぱな仕事《しごと》を成《な》しとげ、世《よ》の中《なか》からよい評判《ひょうばん》を得《え》る。「名《な》」は、名声《めいせい》。

なりたち

力は「ちから」を表《あらわ》し、工がコウという読《よ》み方《かた》と「仕事《しごと》」のいみをしめしています。力《ちから》をこめて仕事《しごと》をすることから、「てがら」のいみに使《つか》われます。

とくべつなよみ

※「ク」という読《よ》み―功徳《くどく》

好

6画［女3画］

おん　コウ

くん　この-む・す-く

いみ

1 このむ。すき。◆（好《す》きな物《もの》）好物《こうぶつ》・好《こう》学《がく》・好奇心《こうきしん》　◆愛好《あいこう》・同好《どうこう》・友好《ゆうこう》

2 よい。◆（よい〈好〉運《うん》）好運《こううん》・好一対《こういっつい》・好演《こうえん》・好感《こうかん》・好機《こうき》・好調《こうちょう》・好都合《こうつごう》・好適《こうてき》・好天《こうてん》・好転《こうてん》・好評《こうひょう》　◆良好《りょうこう》

つかいかた

●読書《どくしょ》を**好む**《この》。●**好み**《この》に合《あ》う。

●人《ひと》に**好**《す》**かれる**。●**好意**《こうい》を寄《よ》せる。

●**絶好**《ぜっこう》の機会《きかい》。●**良好**《りょうこう》な関係《かんけい》。

もっとしろう

●**好**《す》**きこそ物**《もの》**の上手**《じょうず》**なれ**－好《す》きなことは熱《ねっ》心《しん》に取《と》り組《く》むので、自然《しぜん》に上手《じょうず》になるものである。

なりたち

女と子を合《あ》わせて、女性《じょせい》が子《こ》どもをいつくしむいみを表《あらわ》し、「このむ、よい」いみに使《つか》われます。

香

9画［香0画］

おん　（コウ・キョウ）

くん　か・かお-り・かお-る

いみ

■におい。かおり。かおる。また、よいかおりをだすもの。◆（香《かお》り・水《みず》）香水《こうすい》・香《こう》油《ゆ》

つかいかた

●**香**《こう》をたく。●**香気**《こうき》がただよう。

●**香辛料**《こうしんりょう》。

●**線香**《せんこう》を供《そな》える。

●梅《うめ》の**香**《か》。●よい**香**《かお》**り**。

●花《はな》が**香**《かお》**る**。

なりたち

「きび」を表《あらわ》す黍（禾は省略《しょうりゃく》した形《かたち》）と、「あまい」いみを表《あらわ》す甘（日は変化《へんか》した形《かたち》）を合《あ》わせてできた字《じ》で、きびを口《くち》に入《い》れたときのこうばしいにおいから、「かおり」のいみに使《つか》われます。

とくべつなよみ

※「キョウ」という読《よ》み―香《きょう》車《しゃ》（将棋《しょうぎ》の駒《こま》の一《ひと》つ）

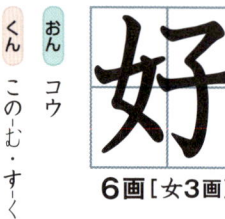

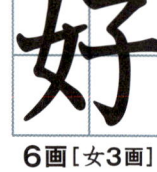

候

おん コウ
くん （そうろう）

10画［亻8画］

候候候候候候候候

いみ

1 **うかがう。さぐる。** ◆伺候《しこう》・斥候《せっこう》

2 **自然《しぜん》のようす。きざし。** ◆候鳥《こうちょう》 ◆（兆《きざ》し・ようす〈候〉） 兆候《ちょうこう》・気候《きこう》・時候《じこう》・症候《しょうこう》・候群《こうぐん》・測候所《そっこうじょ》・徴候《ちょうこう》

3 **待《ま》ちうける。** ◆候補《こうほ》

4 **そうろう。** ◆候文《そうろうぶん》

つかいかた

● よい天候《てんこう》が続《つづ》く。 ● かぜの兆候《ちょうこう》が現《あらわ》れる。

● 選挙《せんきょ》に立候補《りっこうほ》する。

もっとしろう

● 候文《そうろうぶん》－文《ぶん》の終《お》わりに、「ある」「いる」のていねいな言《い》い方《かた》「候《そうろう》」を用《もち》いる文章《ぶんしょう》。

（例《れい》）「元気《げんき》に暮《く》らしおり候《そうろう》」

なりたち

亻は人《ひと》を表《あらわ》し、侯がコウという読《よ》み方《かた》と「うかがう」いみをしめしています。「うかがう」いみに使《つか》われます。

康

おん コウ
くん

11画［广8画］

康康康康康康康康

いみ

■ **すこやか。やすらか。** ◆（健《すこ》やか・やすらか〈康〉） 健康《けんこう》・安康《あんこう》・小康《しょうこう》

つかいかた

● 健康《けんこう》に気《き》をつける。

もっとしろう

● ［小康《しょうこう》］

世《よ》の中《なか》の混乱《こんらん》がしばらくおさまることや、病気《びょうき》が少《すこ》しよくなり落《お》ち着《つ》いた状態《じょうたい》になることを「小康《しょうこう》」といい、「小康《しょうこう》を保《たも》つ」などと使《つか》います。

なりたち

庚と⺯からできた字《じ》です。庚はきね（干）を両手《りょうて》（廾）で持《も》っている形《かたち》（𠅞）からでき、コウという読《よ》み方《かた》をしめし、⺯は「米《こめ》ぬか」を表《あらわ》しています。「ぬか」のいみの字《じ》でしたが、「やすらか」のいみに使《つか》われるようになりました。

佐

おん サ
くん

7画［亻5画］

佐佐佐佐佐佐佐

いみ

1 **たすける。** ◆（補《おぎな》う・たすける〈佐〉） 補佐《ほさ》 ◆佐官《さかん》

2 **軍人《ぐんじん》や自衛官《じえいかん》の階級《かいきゅう》の一《ひと》つ。** ◆大佐《たいさ》・中佐《ちゅうさ》・少佐《しょうさ》

つかいかた

● 主君《しゅくん》を補佐《ほさ》する。

もっとしろう

● ［佐幕《さばく》と勤皇《きんのう》］

江戸時代《えどじだい》の終《お》わりごろ、幕府《ばくふ》を守《まも》ろうとした勢力《せいりょく》を「佐幕《さばく》」といい、幕府《ばくふ》をたおして、新《あたら》しい制度《せいど》を作《つく》ろうとした勢力《せいりょく》を「勤《きん》皇《のう》」といいます。

なりたち

亻は「人《ひと》」を表《あらわ》し、左がサという読《よ》み方《かた》と「たすける」いみをしめしています。人《ひと》をたすけることを表《あらわ》し、ひろく「たすける」いみに使《つか》われます。

四年

差

10画［工7画］

おん　サ

くん　さ-す

差 差 差 差 差 差 差 差 差厂にならない　ながく

いみ

■ちがい。さしひき。◇（差《さ》がある・異《こと》なる）差異《さい》　◇格差《かくさ》・僅差《きんさ》・誤差《ごさ》・交差《こうさ》・時差《じさ》・小差《しょうさ》・落差《らくさ》

つかいかた

●実力《じつりょく》の差《さ》。●日《ひ》が差《さ》す。●差額《さがく》の精算《せいさん》。●差別《さべつ》をなくす。●大差《たいさ》で勝《か》つ。

もっとしろう

●差《さ》し支《つか》える－さまたげになる。

なりたち

もとの形《かたち》は𡍮。𠂇は麦《むぎ》の穂《ほ》を表《あらわ》し、左がサという読《よ》み方《かた》と「分《わ》かれる」いみをしめしています。麦《むぎ》の穂《ほ》のふぞろいなことを表《あらわ》し、「ちがう」いみに使《つか》われます。

つかいわけ

●指《さ》す・差《さ》す→〈指《し》〉226ページ

とくべつなよみ

差《さ》し支《つか》える

菜

11画［艹8画］

おん　サイ

くん　な

菜　采にならない　はねない

いみ

1 あおな。◇（野菜《やさい》を食《た》べる）菜食《さいしょく》　◇山《さん》菜《さい》・白菜《はくさい》・青菜《あおな》・油菜《あぶらな》

2 おかず。◇前菜《ぜんさい》・総菜《そうざい》

つかいかた

●家庭菜園《かていさいえん》をつくる。●野菜《やさい》の料理《りょうり》。●菜種《なたね》の油《あぶら》。●菜《な》の花《はな》をつむ。

もっとしろう

●［さかなの話《はなし》］

「さかな」は、もとは酒《さけ》のおかず（菜《な》）のいみで「酒菜《さかな》」と書《か》きました。代表的《だいひょうてき》な「酒《さか》菜《な》」は魚《うお》だったので、「魚《さかな》」という呼《よ》び名《な》ができました。

なりたち

艹は艸で「くさ」を表《あらわ》し、采がサイという読《よ》み方《かた》と「とる」いみをしめしています。とって食《た》べる草《くさ》を表《あらわ》し、「やさい」のいみに使《つか》われます。

最

12画［日8画］

おん　サイ

くん　もっと-も

最　ながく　つきださない

いみ

■もっとも。◇（最《もっと》も愛《あい》する）最愛《さいあい》・最悪《さいあく》・最強《さいきょう》・最近《さいきん》・最後《さいご》・最期《さいご》・最終《さいしゅう》・最初《さいしょ》・最小《さいしょう》・最少《さいしょう》・最上《さいじょう》・最新《さいしん》・最善《さいぜん》・最多《さいた》・最大《さいだい》・最短《さいたん》・最中《さいちゅう》・最長《さいちょう》・最低《さいてい》・最適《さいてき》

つかいかた

●最《もっと》も高《たか》い山《やま》。●世《せ》界《かい》で最古《さいこ》の建築物《けんちくぶつ》。●最高《さいこう》の気分《きぶん》。●祭《まつ》りが最高潮《さいこうちょう》に達《たっ》する。●みかんの最盛期《さいせいき》。●最良《さいりょう》の方法《ほうほう》。

もっとしろう

●最後《さいご》の切《き》り札《ふだ》－いちばんあとのとっておきの手段《しゅだん》。

なりたち

日は「冒《ぼう》（＝おかす）」を略《りゃく》した形《かたち》で、取を合《あ》わせて、「おかし取《と》る」いみの字《じ》でしたが、「もっとも」のいみをもつようになりました。

とくべつなよみ

最寄《もよ》り

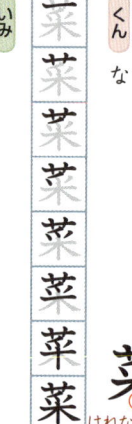

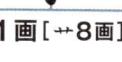

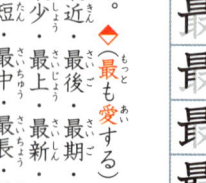

埼

おん　―
くん　さい

11画［土8画］

いみ
■ さき。陸地《りくち》が海《うみ》につき出《で》た所《ところ》。

もっとしろう
●「「さき」と「さい」」
もともと、「崎」と「埼」は同《おな》じような意味《いみ》で、共《とも》に「さき」として使《つか》われていました。ところが、長《なが》い歴史《れきし》の間《あいだ》に、「サイ」と発音《はつおん》が変《か》わった地名《ちめい》が出《で》たため、「崎《さき》」と区別《くべつ》して「埼」の字《じ》が「さい」として使《つか》われるようになりました。地名以外《ちめいいがい》では、見《み》ることが少《すく》ない字《じ》です。

なりたち
土は「つち」を表《あらわ》し、奇が「かたむく」いみをしめしています。「さき、みさき」のいみに使《つか》われます。

とくべつなよみ
※「さい」という読《よ》み―埼玉《さいたま》県《けん》

材

おん　ザイ
くん　―

7画［木3画］

いみ
1 **物《もの》をつくるもと。**◆（物《もの》をつくるもと〈材〉に使《つか》われるもの〈料〉）材料《ざいりょう》・材質《ざいしつ》・材木《ざいもく》・
◆角材《かくざい》・器材《きざい》・機材《きざい》・教材《きょうざい》・資材《しざい》・製材《せいざい》・石材《せきざい》・素材《そざい》・木材《もくざい》
2 **はたらき。才能《さいのう》。**◆逸材《いつざい》・人材《じんざい》

つかいかた
● 料理《りょうり》の**材料《ざいりょう》**。● 理科《りか》の**教材《きょうざい》**。
● 記者《きしゃ》が**取材《しゅざい》**に行《い》く。
● 優秀《ゆうしゅう》な**人材《じんざい》**を集《あつ》める。
● 作文《さくぶん》の**題材《だいざい》**を探《さが》す。

なりたち
才（サイ）はザイと変《か》わって読《よ》み方《かた》と「ざいもく」のいみをしめしていましたが、「才《さい》」が「才能《さいのう》」のいみで使《つか》われたため、木を加《くわ》えて「材《ざい》」になりました。「ざいもく、はたらき」などのいみに使《つか》われます。

崎

おん　―
くん　さき

11画［山8画］

いみ
■ さき。陸地《りくち》が海《うみ》につき出《で》た所《ところ》。◆大間崎《おおまざき》

もっとしろう
●［崎《さき》のつく地名《ちめい》］
大間崎《おおまざき》は、青森県《あおもりけん》の北《きた》の端《はし》にあります。そして並《なら》ぶように尻屋崎《しりやざき》もあります。日本《にほん》は海《うみ》に囲《かこ》まれ、陸地《りくち》が細《こま》かく入《い》り組んでいるため、「崎《さき》」のつく地名《ちめい》がたくさんあります。
・観音崎《かんのんざき》・石廊崎《いろうざき》・御前崎《おまえざき》…
まだまだあります。地図《ちず》で見《み》つけてみましょう。

なりたち
山は「やま」を表《あらわ》し、奇（キ）が「つき出《で》る」いみをしめしています。海《うみ》の中《なか》につき出《で》た山《やま》から、「つき出《で》た岸《きし》、さき」のいみに使《つか》われます。

昨

9画［日5画］

おん　サク

くん

いみ

■ 前《まえ》の。きのう。◇（きのう〈昨〉の夜《よる》）昨《さく》夜《や》・昨日《さくじつ》（きのう）・昨年《さくねん》・昨晩《さくばん》 ◇一昨日《いっさくじつ》・一昨年《いっさくねん》・一昨晩《いっさくばん》

つかいかた

● **昨年《さくねん》**の夏休《なつやす》み。

● **昨夜《さくや》**はおそく帰《かえ》ってきた。

● **昨今《さっこん》**の話題《わだい》。

もっとしろう

● **昨日《きのう》の今日《きょう》**－そのことがあった昨日《きのう》からまだ一日《いちにち》しかたっていない今日《きょう》。あることが起《お》こってまたすぐ。

なりたち

日は「ひ」を表《あらわ》し、乍がサクという読《よ》み方《かた》と「さき」のいみをしめしています。さきの日《ひ》から、「きのう、さき、むかし」のいみに使《つか》われます。

とくべつなよみ

昨日《きのう》

札

5画［木1画］

おん　サツ

くん　ふだ

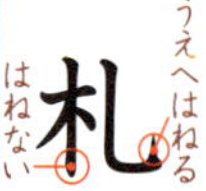

いみ

1 ふだ。◇札所《ふだしょ》 ◇（門《もん》にかかげる札《ふだ》）門《もん》札《さつ》・改札《かいさつ》・鑑札《かんさつ》・検札《けんさつ》・出札《しゅっさつ》・入札《にゅうさつ》・赤《あか》札《ふだ》・正札《しょうふだ》・荷札《にふだ》

2 紙《かみ》のお金《かね》。◇札束《さつたば》 ◇一万円札《いちまんえんさつ》

つかいかた

● さいふから**お札《さつ》**を出《だ》す。

● 荷物《にもつ》に**札《ふだ》**をつける。

● 駅《えき》の**改札口《かいさつぐち》**。 ● **名札《なふだ》**を胸《むね》につける。

● 門《もん》に**表札《ひょうさつ》**をかかげる。

もっとしろう

● **札付《ふだつ》き**－悪《わる》い評判《ひょうばん》が広《ひろ》まっていること。また、その人《ひと》。

なりたち

木は「き」を表《あらわ》し、乚（イツ）がサツと変《か》わって読《よ》み方《かた》と「けずる」いみをしめしています。木《き》をうすくけずった「ふだ」のいみに使《つか》われます。

刷

8画［刂6画］

おん　サツ

くん　す-る

いみ

1 する。印刷《いんさつ》する。◇（縮《ちぢ》めて刷《す》る）縮刷《しゅくさつ》・印刷《いんさつ》・増刷《ぞうさつ》

2 ぬぐう。清《きよ》める。◇（新《あたら》しく清《きよ》める〈刷〉）刷新《さっしん》

つかいかた

● 学級新聞《がっきゅうしんぶん》を**刷《す》る**。 ● 文集《ぶんしゅう》を**印刷《いんさつ》**する。

● ポスターが**刷《す》り上《あ》がる**。

もっとしろう

● ［刷《す》る］
　インクや絵《え》の具《ぐ》などをつけて、紙《かみ》に絵《え》や文字《もじ》をうつすこと、印刷《いんさつ》することを「刷《す》る」といいます。

なりたち

刂は「かたな」を表《あらわ》し、𠃌がサツという読《よ》み方《かた》と「する」いみをしめしています。刃物《はもの》でこすりとるいみから、「する」いみに使《つか》われます。

四年

察

おん サツ

くん

14画［宀11画］

二ほん　はねる

いみ

■よく見《み》る。おしはかる。◇察知《さっち》 ◇(みる〔観〕・みる〔察〕) 観察《かんさつ》・検察《けんさつ》・考察《こうさつ》・診《しん》察《さつ》・推察《すいさつ》

つかいかた

● 気持《きも》ちを察《さっ》する。● へちまを観察《かんさつ》する。
● 事件《じけん》を警察《けいさつ》が調《しら》べる。
● 海外《かいがい》へ視察《しさつ》に行《い》く。

もっとしろう

● 察《さっ》しがつく－人《ひと》の気持《きも》ちや物事《ものごと》の事情《じじょう》をおしはかることができる。見当《けんとう》がつく。

なりたち

宀は「おおい」を表《あらわ》し、祭(サイ)がサツと変《か》わって読《よ》み方《かた》と「こまかい」いみをしめしています。おおわれてはっきりしないものをくわしく見分《みわ》けることから、「よくみる、おしはかる」いみに使《つか》われます。

参

おん サン

くん まい-る

8画［ム6画］

しっかりだす

いみ

1 くわわる。◇(くわわる〔参〕・加《くわ》わる) 参《さん》加《か》・参会《さんかい》・参集《さんしゅう》・参政権《さんせいけん》・参戦《さんせん》・参入《さんにゅう》・参列《さんれつ》 ◇古参《こさん》・新参《しんざん》

2 てらしあわせる。◇参考《さんこう》・参照《さんしょう》

3 まいる。◇参賀《さんが》・参道《さんどう》・参拝《さんぱい》 ◇墓参《ぼさん》

4 数《かず》の三《さん》。◇参拾円《さんじゅうえん》

つかいかた

● お宮《みや》にお参《まい》りする。● 授業《じゅぎょう》を参観《さんかん》する。
● 降参《こうさん》して武器《ぶき》を捨《す》てる。
● 弁当《べんとう》を持参《じさん》する。

なりたち

もとの形《かたち》は𠫭。人《ひと》(儿)が頭《あたま》に玉《たま》(○)をならべてかざっているようすを表《あらわ》し、彡がサンという読《よ》み方《かた》と「光《ひか》る」いみをしめしています。のちに「まじわる」いみ、また数《かず》の三《さん》のいみに使《つか》われるようになりました。

産

おん サン

くん う-む・う-まれる・(うぶ)

11画［生6画］

ながく

いみ

1 うむ。◇(卵《たまご》を産《う》む) 産卵《さんらん》・産院《さんいん》・産着《うぶぎ》・産毛《うぶげ》・産湯《うぶゆ》 ◇安産《あんざん》・出産《しゅっさん》・難産《なんざん》・流産《りゅうざん》

2 つくり出《だ》す。◇産業《さんぎょう》・産地《さんち》・産物《さんぶつ》 ◇海《かい》産《さん》・減産《げんさん》・国産《こくさん》・水産《すいさん》・生産《せいさん》・増産《ぞうさん》・畜《ちく》産《さん》・物産《ぶっさん》・名産《めいさん》

3 ざいさん。◇遺産《いさん》・資産《しさん》・倒産《とうさん》・破産《はさん》

つかいかた

● 赤《あか》ちゃんが産《う》まれる。● 石油《せきゆ》を産出《さんしゅつ》する。
● 財産《ざいさん》をたくわえる。● 産声《うぶごえ》を上《あ》げる。

なりたち

古《ふる》い字《じ》は產。「うまれる」いみを表《あらわ》す生と、読《よ》み方《かた》をしめす产(ゲン、のちにサン)とを合《あ》わせて、「子《こ》をうむ」いみを表《あらわ》します。

つかいわけ

● 生《う》む・産《う》む →〔生《せい》〕80ページ

とくべつなよみ

土産《みやげ》

四年

散

おん　サン

くん　ち-る・ち-らす・ち-らかす・ち-らかる

12画［攵8画］

いみ

1 ちる。◆(水《みず》を散《ち》らす)散水《さんすい》・散会《さんかい》・散《さん》在《ざい》・散財《さんざい》・散水《さんすい》・散発《さんぱつ》・散布《さんぷ》・散乱《さんらん》◆解散《かいさん》・拡散《かくさん》・集散《しゅうさん》・退散《たいさん》・発散《はっさん》・飛散《ひさん》・分散《ぶんさん》・離散《りさん》

2 しばられていない。◆散策《さんさく》・散文《さんぶん》

つかいかた

● 花《はな》が散《ち》る。● 火花《ひばな》を散《ち》らす。

● 部屋《へや》を散《ち》らかす。● ごみが散《ち》らかる。

● 公園《こうえん》を散歩《さんぽ》する。● 一目散《いちもくさん》に逃《に》げる。

もっとしろう

● 散《ち》り散《ぢ》り－散《ち》らばって、別《わか》れ別《わか》れになる。

なりたち

𣏟はもと𣏟で「たけ」を表《あらわ》し、㪔(セキ)がサンと変《か》わって読《よ》み方《かた》と「そぐ」いみをしめしています。竹《たけ》をさくことから、「ちらす」いみに使《つか》われます。

残

おん　ザン

くん　のこ-る・のこ-す

10画［歹6画］

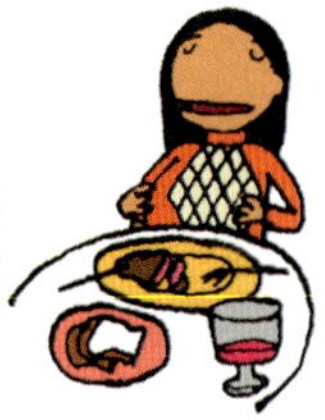

いみ

1 のこる。◆(残《のこ》りの金額《きんがく》)残額《ざんがく》・残業《ざんぎょう》・残《ざん》金《きん》・残暑《ざんしょ》・残雪《ざんせつ》・残像《ざんぞう》・残存《ざんそん》(ざんぞん)・残党《ざんとう》・残飯《ざんぱん》・残務《ざんむ》・残留《ざんりゅう》◆名残《なごり》

2 むごい。◆残虐《ざんぎゃく》・残酷《ざんこく》・残忍《ざんにん》

つかいかた

● 雪《ゆき》が残《のこ》る。● ご飯《はん》を残《のこ》す。● 預金《よきん》の残高《ざんだか》。

● 残念《ざんねん》な結果《けっか》。● 無残《むざん》な姿《すがた》。

もっとしろう

● 残《のこ》り物《もの》には福《ふく》がある－人《ひと》が先《さき》に取《と》って残《のこ》ったものには、思《おも》いがけない幸運《こううん》がある。

なりたち

古《ふる》い字《じ》は殘。死《し》のいみをしめす歹と、「そこなう」いみを表《あらわ》す戔(サン)とを合《あ》わせて、「きずつけてころす」いみを表《あらわ》しましたが、「のこり」のいみに使《つか》われるようになりました。

とくべつなよみ

名残《なごり》

氏

おん　シ

くん　(うじ)

4画［氏0画］

いみ

1 うじ。みょうじ。◆〈みょうじ〈氏〉と名《な》前《まえ》〉氏名《しめい》・氏族《しぞく》・氏子《うじこ》

2 人《ひと》の名前《なまえ》の下《した》につけて、うやまっていうことば。◆田中氏《たなかし》

つかいかた

● 住所《じゅうしょ》と氏名《しめい》を書《か》く。

● 氏神《うじがみ》さまにお参《まい》りする。

もっとしろう

● 氏《うじ》より育《そだ》ち－人《ひと》がらをつくるのは、家《いえ》がらや血筋《ちすじ》ではなく、生《う》まれてからの環境《かんきょう》や育《そだ》ち方《かた》によるものである。

なりたち

先《さき》のとがったさじの形《かたち》(𠂆)からできた字《じ》です。祖先《そせん》が同《おな》じ一族《いちぞく》の集《あつ》まり(＝うじ)を表《あらわ》すことばとして使《つか》われ、「しぞく、みょうじ」のいみに用《もち》いられています。

四年

司

5画［口2画］

おん　シ

くん

いみ

■つかさどる。司法《しほう》・司祭《しさい》・司令《しれい》 ◆（法律《ほうりつ》をつかさどる〈司〉） ◆行司《ぎょうじ》・宮司《ぐうじ》・国司《こくし》

つかいかた

●祝賀会《しゅくがかい》の司会《しかい》をする。
●図書館《としょかん》の司書《ししょ》として働《はたら》く。
●会社《かいしゃ》の上司《じょうし》。

もっとしろう

●［司法《しほう》］
「司法《しほう》」とは、国《くに》が法律《ほうりつ》をもとに、争《あらそ》いごとなどを裁判《さいばん》によって解決《かいけつ》するはたらきをいいます。

なりたち

口は「いのりのことば」のいみで、㇆がシという読《よ》み方《かた》と「神《かみ》」をしめしています。「神《かみ》をまつる」いみを表《あらわ》し、「つかさどる（＝役目《やくめ》をもつ）」いみに使《つか》われます。

試

13画［言6画］

おん　シ

くん　こころ-みる・（ため-す）

いみ

■こころみる。ためす。◆（試《ため》しにたてた案《あん》）試案《しあん》・試合《しあい》・試作《しさく》・試乗《しじょう》・試食《ししょく》・試薬《しやく》・試用《しよう》・試練《しれん》 ◆追試《ついし》・入試《にゅうし》

つかいかた

●新《あたら》しい方法《ほうほう》を試《こころ》みる。 ●実力《じつりょく》を試《ため》す。
●新車《しんしゃ》の試運転《しうんてん》をする。
●英語《えいご》の口頭試問《こうとうしもん》。 ●入学試験《にゅうがくしけん》を受《う》ける。

もっとしろう

●試行錯誤《しこうさくご》－新《あたら》しい課題《かだい》に対《たい》して、何度《なんど》もやってみて、失敗《しっぱい》を重《かさ》ねながら、少《すこ》しずつ解決《かいけつ》に近《ちか》づいていくこと。

なりたち

言は「ことば」を表《あらわ》し、式がシキ（のちにシ）という読《よ》み方《かた》と「用《もち》いる」いみをしめしています。ことばによって人《ひと》を官職《かんしょく》に用《もち》いてみることを表《あらわ》し、「こころみる、ためす」いみに使《つか》われます。

児

7画［儿5画］

おん　ジ・（ニ）

くん

いみ

1 こども。◆児童《じどう》 ◆（幼《おさな》いこども〈児〉）幼児《ようじ》・愛児《あいじ》・孤児《こじ》・女児《じょじ》・胎児《たいじ》・男児《だんじ》・乳児《にゅうじ》・稚児《ちご》

2 わかもの。◆（元気《げんき》のいい〈健〉わかもの〈児〉）健児《けんじ》

つかいかた

●育児《いくじ》でいそがしい。 ●保育園《ほいくえん》の園児《えんじ》。
●小児科《しょうにか》の医師《いし》。

なりたち

古《ふる》い字《じ》は兒。人《ひと》の頭《あたま》（𦥑）の上部《じょうぶ》がしっかりかたまっていない人《ひと》（儿）のいみから、「赤《あか》んぼう」をさしていました。「おさないこども」のいみに使《つか》われます。

とくべつなよみ

稚児《ちご》

※「ニ」という読《よ》み―小児《しょうに》

※「鹿児島県」は「かごしまけん」と読《よ》みます。

四年

治

8画［氵5画］

おん　ジ・チ

くん　おさ-める・おさ-まる・なお-る・なお-す

治治治治治治治治

治　とめる　そろえる

いみ

1 おさめる。◆治安《ちあん》・治水《ちすい》　◆政治《せいじ》・退治《たいじ》・自治《じち》・統治《とうち》・法治《ほうち》

2 なおす。◆治療《ちりょう》　◆湯治《とうじ》・完治《かんち》（じかん）

つかいかた

●国《くに》を**治《おさ》める**。●病気《びょうき》が**治《なお》る**。●痛《いた》みが**治《おさ》まる**。●**全治《ぜんち》**三週間《さんしゅうかん》のけが。

なりたち

水（氵）と台（イ、のちにチ）を合《あ》わせた字《じ》で、中国《ちゅうごく》の川《かわ》の名《な》を表《あらわ》す字《じ》でしたが、「おさめる、なおす」いみに使《つか》われるようになりました。

つかいわけ

●**治《なお》す・直《なお》す**

治《なお》す…かぜを治《なお》す。けがを治《なお》す。

直《なお》す…間違《まちが》いを直《なお》す。故障《こしょう》を直《なお》す。

●**収《おさ》める・治《おさ》める・納《おさ》める・修《おさ》める**　→〔収《しゅう》〕

438ページ

滋

12画［氵9画］

おん　（ジ）

くん

滋滋滋滋滋滋滋滋

滋

いみ

1 しげる。草木《くさき》が育《そだ》つ。

2 水分《すいぶん》をあたえる。栄養《えいよう》になる。◆（栄養《えいよう》になる〔滋〕・養《やしな》う）滋養《じよう》

3 おいしい。うまい。◆（おいしい〔滋〕味《あじ》）滋味《じみ》

つかいかた

●**滋養《じよう》**のある食《た》べ物《もの》。●**滋味《じみ》**豊《ゆた》かな料理《りょうり》。

もっとしろう

●「「玆」のつく字《じ》」

磁石《じしゃく》の「磁《じ》」にも「玆」がついています。

なりたち

氵は「みず」を表《あらわ》し、玆がジという読《よ》み方《かた》をしめしています。もとは川《かわ》の名《な》を表《あらわ》す字《じ》でしたが、「しげる、うるおう」いみに使《つか》われるようになりました。

とくべつなよみ

※「滋賀県」は「しがけん」と読《よ》みます。

辞

13画［辛6画］

おん　ジ

くん　（や-める）

辞辞辞辞辞辞辞辞

辞　ながく

いみ

1 ことば。◆辞典《じてん》・辞令《じれい》　◆訓辞《くんじ》・賛辞《さんじ》・式辞《しきじ》・祝辞《しゅくじ》・送辞《そうじ》・弔辞《ちょうじ》・答辞《とうじ》

2 やめる。ことわる。◆（辞《や》める・退《しりぞ》く）辞《じ》退《たい》・辞意《じい》・辞職《じしょく》・辞任《じにん》・辞表《じひょう》　◆固辞《こじ》

つかいかた

●開会《かいかい》の**辞《じ》**。●会社《かいしゃ》を**辞《や》める**。●**辞書《じしょ》**を引《ひ》く。●**辞世《じせい》**の句《く》をよむ。●出場《しゅつじょう》を**辞退《じたい》**する。●**お世辞《せじ》**を言《い》う。

もっとしろう

●**辞《じ》さない**－恐《おそ》れやためらいもなく何《なに》かをする。「ぎせいも辞《じ》さない」「実力《じつりょく》行使《こうし》も辞《じ》さない」など。

なりたち

古《ふる》い字《じ》は辭。もとは「つみびと（辛）をおさめる（𤔔）」いみを表《あらわ》す字《じ》でしたが、「ことば、やめる」などのいみに使《つか》われるようになりました。

四年

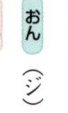

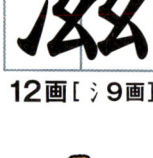

鹿

11画［鹿0画］

おん

くん しか・か

いみ

■（動物《どうぶつ》の）しか。

つかいかた

● 鹿《しか》の角《つの》。 ● 鹿の子《かのこ》染《ぞ》め。

もっとしろう

● ［鹿の子《かのこ》］
白《しろ》いまだら模様《もよう》を表《あらわ》すことばとして、染《そ》め物《もの》やお菓子《かし》の名前《なまえ》につけられます。

● ［鹿《しか》の半島《はんとう》］
宮城県《みやぎけん》に「牡鹿半島《おしかはんとう》」があり、秋田県《あきたけん》に「男《お》鹿半島《がはんとう》」があります。正《ただ》しく読《よ》み分《わ》けましょう。

なりたち

長《なが》い角《つの》を持《も》ったおすのしかの形《かたち》（　）をかたどり、「しか」のいみに使《つか》われます。

とくべつなよみ

子《こ》・鹿児島県《かごしまけん》 ※「か」という読《よ》み—鹿《か》の子《こ》・鹿児島県《かごしまけん》

失

5画［大2画］

おん シツ

くん うしなう

いみ

1 うしなう。◆（職業《しょくぎょう》を失《うしな》う）失業《しつぎょう》・失意《しつい》・失脚《しっきゃく》・失敬《しっけい》・失効《しっこう》・失神《しっしん》・失速《しっそく》・失地《しっち》・失点《しってん》・失念《しつねん》・失望《しつぼう》・失明《しつめい》・失恋《しつれん》 ◆遺失《いしつ》・消失《しょうしつ》・焼失《しょうしつ》・損失《そんしつ》・得失《とくしつ》・紛失《ふんしつ》・流失《りゅうしつ》

2 あやまち。◆失火《しっか》・失言《しつげん》・失策《しっさく》・失笑《しっしょう》・失政《しっせい》・失態《しったい》・失投《しっとう》 ◆（過《あやま》ち・あやまち〔失〕）過失《かしつ》

つかいかた

● 自信《じしん》を失《うしな》う。 ● 反則《はんそく》で失格《しっかく》になる。
● 不景気《ふけいき》で失業者《しつぎょうしゃ》が増《ふ》える。
● 実験《じっけん》が失敗《しっぱい》する。 ● 失礼《しつれい》な態度《たいど》。

なりたち

もとの形《かたち》は　。　は「て」を表《あらわ》し、乙（イツ）がシツと変《か》わって読《よ》み方《かた》と「とりおとす」いみをしめしています。「手《て》からおとす」ことから、「うしなう」いみに使《つか》われます。

四年

借

10画［亻8画］

おん シャク

くん か-りる

いみ

■ かりる。◆（借《か》りている家《いえ》）借家《しゃくや》・借用《しゃくよう》・貸借《たいしゃく》・拝借《はいしゃく》

つかいかた

● 本《ほん》を借《か》りる。 ● 部屋《へや》を借《か》りる。
● 友《とも》だちに借《か》りができる。
● 借地《しゃくち》に家《いえ》を建《た》てる。 ● 借金《しゃっきん》を返《かえ》す。
● 借《か》り物《もの》のかさ。

もっとしろう

● 借《か》りてきた猫《ねこ》のよう—ふだんとちがって、かしこまっておとなしくしているようすをいうことば。

なりたち

亻は人《ひと》を表《あらわ》し、昔（セキ）がシャクと変《か》わって読《よ》み方《かた》と「かさねる」いみをしめしています。人《ひと》に力《ちから》ぞえすることから、「かす」、また、助《たす》けを「かりる」いみに使《つか》われます。

種

おん　シュ
くん　たね

14画［禾9画］

いみ
1 たね。◆種子《しゅし》 ◆接種《せっしゅ》・菜種《なたね》
2 しゅるい。◆種族《しゅぞく》・種別《しゅべつ》・種類《しゅるい》 ◆一種《いっしゅ》・各種《かくしゅ》・業種《ぎょうしゅ》・雑種《ざっしゅ》・職種《しょくしゅ》・人種《じんしゅ》・多種《たしゅ》・特種《とくしゅ》(とくだね)

つかいかた
●種《たね》をまく。●手品《てじな》の種《たね》を明《あ》かす。
●運動会《うんどうかい》の種目《しゅもく》。●品種《ひんしゅ》を改良《かいりょう》する。

もっとしろう
●まかぬ種《たね》は生《は》えぬ－種《たね》をまかなければ芽《め》が出《で》ないように、何事《なにごと》も努力《どりょく》をしなければ、よい結果《けっか》は得《え》られない。

なりたち
禾は「いね」を表《あらわ》し、重(チョウ)がシュと変《か》わって読《よ》み方《かた》と「ながい」いみをしめしています。長《なが》い間《あいだ》かかってみのるいねを表《あらわ》し、「たね、なかま」のいみをもつようになりました。

周

おん　シュウ
くん　まわ-り

8画［口5画］

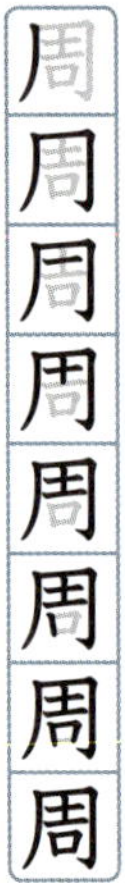

いみ
1 まわり。めぐる。◆周囲《しゅうい》・周忌《しゅうき》・周期《しゅうき》・周航《しゅうこう》・周遊《しゅうゆう》 ◆(円《えん》の周《まわ》り)円周《えんしゅう》
2 ゆきわたる。◆周知《しゅうち》・周到《しゅうとう》

つかいかた
●駅《えき》の周辺《しゅうへん》。●運動場《うんどうじょう》を一周《いっしゅう》する。

なりたち
もとの形《かたち》は啚。啚は田《た》にいっぱい作物《さくもつ》のできる形《かたち》を表《あらわ》し、シュウという読《よ》み方《かた》をしめしています。口がついて、ことばがよくゆきとどくことを表《あらわ》し、「めぐる」いみに使《つか》われます。

つかいわけ
●周《まわ》り・回《まわ》り
ものをとりかこんでいる周辺《しゅうへん》は「周《まわ》り」、ものがぐるぐるまわるいみや、せまいものの周囲《しゅうい》は「回《まわ》り」を使《つか》います。
周《まわ》り…池《いけ》の周《まわ》り。周《まわ》りの人《ひと》。
回《まわ》り…こまの回《まわ》りが速《はや》い。身《み》の回《まわ》り。

祝

おん　シュク・(シュウ)
くん　いわ-う

9画［ネ5画］

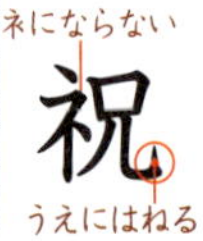

いみ
■ いわう。◆祝宴《しゅくえん》・祝賀《しゅくが》・祝詞《しゅくし》(のりと)・祝日《しゅくじつ》・祝勝《しゅくしょう》・祝典《しゅくてん》・祝電《しゅくでん》・祝杯《しゅくはい》・祝福《しゅくふく》・祝儀《しゅうぎ》

つかいかた
●優勝《ゆうしょう》を祝《しゅく》して乾杯《かんぱい》する。●誕生日《たんじょうび》を祝《いわ》う。
●祝辞《しゅくじ》を述《の》べる。●祝言《しゅうげん》を挙《あ》げる。

もっとしろう
●［祝詞の読《よ》み］
「祝詞《しゅくし》」はお祝《いわ》いのことば、「祝詞《のりと》」は神主《かんぬし》の神《かみ》への祈《いの》りの文章《ぶんしょう》をいいます。

なりたち
ネ(示)は「神《かみ》」を表《あらわ》し、兄はひざまずいて口《くち》をあけている人《ひと》の形《かたち》(兄)からできています。神《かみ》にいのりのことばをささげることを表《あらわ》す字《じ》で、「いのる、いわう」いみに使《つか》われます。

とくべつなよみ
※「シュウ」という読《よ》み―祝儀《しゅうぎ》・祝言《しゅうげん》
祝詞《のりと》

順

12画［頁3画］

おん　ジュン

くん

いみ

1 したがう。◇順接《じゅんせつ》・順応《じゅんのう》 ◇従順《じゅうじゅん》

2 じゅんじょ。◇順位《じゅんい》・順路《じゅんろ》 ◇五十音順《ごじゅうおんじゅん》・席順《せきじゅん》・打順《だじゅん》・着順《ちゃくじゅん》・手順《てじゅん》・筆順《ひつじゅん》・道順《みちじゅん》

3 うまくすすむ。◇順調《じゅんちょう》・順当《じゅんとう》 ◇不順《ふじゅん》

つかいかた

● 順《じゅん》に名前《なまえ》をよぶ。● 順序《じゅんじょ》よく並《なら》ぶ。

● 順番《じゅんばん》を待《ま》つ。● 運動会《うんどうかい》は雨天順延《うてんじゅんえん》だ。

● 漢字《かんじ》の筆順《ひつじゅん》を覚《おぼ》える。

もっとしろう

● 順風満帆《じゅんぷうまんぱん》－帆《ほ》にいっぱい追《お》い風《かぜ》(順風《じゅんぷう》)を受《う》けて船《ふね》が進《すす》むように、物事《ものごと》が順調《じゅんちょう》に進《すす》んでいるようす。

なりたち

頁(おおがい)は顔《かお》を表《あらわ》し、川(セン)がジュンと変《か》わって読《よ》み方《かた》と「すなお」のいみをしめしています。すなおな顔《かお》から、「したがう」いみに使《つか》われます。

初

7画［刀5画］

おん　ショ

くん　はじ-め・はじ-めて・はつ・(うい・そ-める)

いみ

1 はじめ。◇(夏《なつ》の初《はじ》め)初夏《しょか》・初回《しょかい》・初期《しょき》・初級《しょきゅう》・初志《しょし》・初秋《しょしゅう》・初春《しょしゅん》・初旬《しょじゅん》・初心《しょしん》・初代《しょだい》・初冬《しょとう》・初頭《しょとう》・初日《しょにち》・初歩《しょほ》・初老《しょろう》 ◇当初《とうしょ》

2 はじめて。◇(初《はじ》めて演《えん》じる)初演《しょえん》・初婚《しょこん》・初出《しょしゅつ》・初診《しょしん》・初対面《しょたいめん》・初氷《はつごおり》・初霜《はつしも》・初荷《はつに》・初日《はつひ》・初舞台《はつぶたい》・初物《はつもの》・初産《ういざん》・初陣《ういじん》

つかいかた

● 年《とし》の初《はじ》め。● 初《はじ》めての経験《けいけん》。

● 初《はつ》の勝利《しょうり》。● 最初《さいしょ》から最後《さいご》まで。

● 初夢《はつゆめ》をみる。● 正月《しょうがつ》の書《か》き初《ぞ》め。

なりたち

衣と刀からできた字《じ》。着物《きもの》を作《つく》るのに先立《さきだ》って、刀《かたな》でぬのをたち切《き》ることから、「はじめ」のいみに使《つか》われます。

つかいわけ

● 始《はじ》め・初《はじ》め →〈始《し》〉226ページ

四年

松

8画［木4画］

おん　ショウ

くん　まつ

いみ

■ まつ。◇(松《まつ》の葉《は》)松葉《まつば》・松風《まつかぜ》・松林《まつばやし》・松原《まつばら》 ◇門松《かどまつ》

つかいかた

● 松《まつ》の木《き》。

● 松《まつ》かざりをかざる。

● 黒松《くろまつ》の林《はやし》。

もっとしろう

● 松竹梅《しょうちくばい》－松《まつ》と竹《たけ》と梅《うめ》。冬《ふゆ》の寒《さむ》さにたえて松《まつ》と竹《たけ》は緑《みどり》を保《たも》ち、梅《うめ》は花《はな》をさかせることから、めでたいものとして、いわいごとに使《つか》う。

なりたち

木は「き」を表《あらわ》し、公(コウ)がショウと変《か》わって読《よ》み方《かた》と「密集《みっしゅう》する」いみをしめしています。細《ほそ》い葉《は》が密生《みっせい》する木《き》、「まつ」を表《あらわ》している字《じ》です。

笑

10画［竹4画］

おん　（ショウ）

くん　わら-う・（え-む）

笑　天にならない

いみ

■ わらう。◇一笑《いっしょう》・苦笑《くしょう》・失笑《しっしょう》・爆笑《ばくしょう》・微《び》笑《しょう》・冷笑《れいしょう》

つかいかた

● 笑《わら》いがとまらない。● 笑《え》みがこぼれる。

● みんなで談笑《だんしょう》する。● 苦笑《にがわら》いする。

もっとしろう

● **笑止千万**《しょうしせんばん》－あまりにもおろかで、ばかばかしい。

● **笑**《わら》**う門**《かど》**には福**《ふく》**きたる**－いつも笑《わら》い声《ごえ》が絶《た》えない人《ひと》の家《いえ》には、自然《しぜん》と幸福《こうふく》がやってくるものだ。「門《かど》」は、家《いえ》のこと。

なりたち

芺（＝あざみ）の字《じ》が誤《あやま》って笑にな った字《じ》。「咲《しょう》（＝わらう）」の代《か》わりに用《もち》いられ、「わらう」いみをもつようになりました。

とくべつなよみ

笑顔《えがお》

唱

11画［口8画］

おん　ショウ

くん　とな-える

唱　一ぽん

いみ

■ うたう。となえる。◇（歌《うた》をうたう（唱））唱歌《しょうか》・歌唱《かしょう》・合唱《がっしょう》・独唱《どくしょう》・二重唱《にじゅうしょう》・復唱《ふくしょう》・輪唱《りんしょう》◇愛唱《あいしょう》・唱和《しょうわ》

つかいかた

● 念仏《ねんぶつ》を唱《とな》える。● 詩《し》を暗唱《あんしょう》する。

● ばんざいを三唱《さんしょう》する。

もっとしろう

● ［合唱《がっしょう》］

男《おとこ》の人《ひと》たちによる合唱《がっしょう》は「男声合唱《だんせいがっしょう》」、女《おんな》の人《ひと》たちによる合唱《がっしょう》は「女声合唱《じょせいがっしょう》」です。そして、男女《だんじょ》による合唱《がっしょう》は「混声合唱《こんせいがっしょう》」といいます。

なりたち

口は「くち」を表《あらわ》し、昌はショウという読《よ》み方《かた》と「あげる」いみをしめしています。口《くち》で声《こえ》をあげて歌《うた》うことから、「うたう、となえる」いみに使《つか》われます。

焼

12画［火8画］

おん　（ショウ）

くん　や-く・や-ける

焼　はねる　とめる

いみ

■ やく。◇焼香《しょうこう》・焼死《しょうし》・焼失《しょうしつ》◇（全《ぜん》部《ぶ》焼《や》ける）全焼《ぜんしょう》・燃焼《ねんしょう》・半焼《はんしょう》

つかいかた

● 落《お》ち葉《ば》を焼《や》く。● 日《ひ》に焼《や》ける。

● ごみを焼却《しょうきゃく》する。

● となりの家《いえ》へ延焼《えんしょう》する。

もっとしろう

● **焼**《や》**け石**《いし》**に水**《みず》－焼《や》けて熱《あつ》くなった石《いし》に少《すこ》しばかり水《みず》をかけても石《いし》が冷《ひ》えないように、少《すこ》しの助《たす》けや努力《どりょく》ではなんのききめもないたとえ。

なりたち

古《ふる》い字《じ》は燒。火は「ひ」を表《あらわ》し、堯（ギョウ）がショウと変《か》わって読《よ》み方《かた》と「高《たか》くのぼる」いみをしめしています。火《ひ》が高《たか》くのぼることから、「やく」いみに使《つか》われます。

照

13画［灬9画］

おん　ショウ

くん　て-る・て-らす・て-れる

いみ

1 てる。てらす。◆（明《あか》るく照《て》らす）照明《しょうめい》・照射《しょうしゃ》◆日照《にっしょう》

2 てらしあわせる。◆照会《しょうかい》・照合《しょうごう》・照査《しょうさ》◆参照《さんしょう》・対照《たいしょう》

つかいかた

● 日《ひ》が照《て》る。● かいちゅう電灯《でんとう》で照《て》らす。

● 名簿《めいぼ》と照合《しょうごう》する。● 照《て》り返《かえ》しが強《つよ》い。

もっとしろう

● ［対照《たいしょう》・対称《たいしょう》・対象《たいしょう》］

比《くら》べ合《あ》わせるのが「対照《たいしょう》」、向《む》き合《あ》う位置《いち》にあるのが「対称《たいしょう》」、相手《あいて》として心《こころ》を向《む》けるのが「対象《たいしょう》」です。

なりたち

灬は火《ひ》を表《あらわ》し、昭がショウという読《よ》み方《かた》と「あきらか」のいみをしめしています。火《ひ》でてらしだすことを表《あらわ》し、「てらす」いみに使《つか》われます。

城

9画［土6画］

おん　ジョウ

くん　しろ

いみ

■ しろ。◆（城《しろ》の外《そと》）城外《じょうがい》・城郭《じょうかく》・城主《じょうしゅ》・城代《じょうだい》・城壁《じょうへき》・城跡《しろあと》◆宮城《きゅうじょう》・古城《こじょう》・築城《ちくじょう》・登城《とじょう》・落城《らくじょう》・根城《ねじろ》

つかいかた

● 城《しろ》を築《きず》く。● 城下町《じょうかまち》を歩《ある》く。

● 城門《じょうもん》を開《ひら》く。● 名古屋城《なごやじょう》を見学《けんがく》する。

もっとしろう

● ［似《に》ている字《じ》に注意《ちゅうい》］

・城《しろ》…土《つち》できずいたしろ。「築城《ちくじょう》」

・域《いき》…土地《とち》をくぎる。「区域《くいき》」

なりたち

扌は土《つち》を表《あらわ》し、成（セイ）がジョウと変《か》わって読《よ》み方《かた》と「つくりあげる」いみをしめしています。土《つち》できずいた「しろ、とりで」のいみに使《つか》われます。

とくべつなよみ

※「茨城県、宮城県」は「いばらきけん、みやぎけん」と読《よ》みます。

四年

縄

15画［糸9画］

おん　（ジョウ）

くん　なわ

いみ

■ わらや麻《あさ》などをより合《あ》わせたひも。なわ。◆（縄《なわ》のもよう〈文〉）縄文《じょうもん》

つかいかた

● 縄《なわ》をなう。● 縄《なわ》とび。● 縄《なわ》ばしご。

● 麻縄《あさなわ》。● 火縄銃《ひなわじゅう》。

もっとしろう

● ［縄文土器《じょうもんどき》・縄文時代《じょうもんじだい》］

縄《なわ》の模様《もよう》のある土器《どき》を「縄文土器《じょうもんどき》」といい、この土器《どき》が使《つか》われていた時代《じだい》を「縄文《じょうもん》時代《じだい》」といいます。はるか昔《むかし》です。なお、「縄《じょう》文土器《もんどき》」は「縄文式土器《じょうもんしきどき》」ともよびます。

なりたち

糸は「いと」を表《あらわ》し、黽（ヨウ）がジョウと変《か》わって読《よ》み方《かた》と「より合《あ》わせる」いみをしめしています。糸《いと》をより合《あ》わせた「なわ」のいみに使《つか》われます。

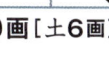

臣

おん　シン・ジン

くん

7画［臣0画］

臣臣臣臣臣臣臣

臣 とめる

いみ

■ けらい。◆臣下《しんか》・臣民《しんみん》 ◆(重《おも》い役《やく》の臣《しん》下《か》)重臣《じゅうしん》・忠臣《ちゅうしん》

つかいかた

● 徳川家《とくがわけ》の家臣《かしん》。 ● 重臣《じゅうしん》だけで協議《きょうぎ》する。

● 総理大臣《そうりだいじん》になる。

もっとしろう

● ［大臣《だいじん》］

日本《にほん》の国《くに》の政治《せいじ》の最高機関《さいこうきかん》は内閣《ないかく》です。その内閣《ないかく》をまとめるのが総理大臣《そうりだいじん》で、ほかには、法務大臣《ほうむだいじん》・外務大臣《がいむだいじん》・財務大臣《ざいむだいじん》など、専門《せんもん》の大臣《だいじん》がいます。

なりたち

目玉《めだま》を大《おお》きく見開《みひら》いている形《かたち》()からでき、もとは「目玉《めだま》」を表《あらわ》す字《じ》でした。のちに開《ひら》いた目《め》を伏《ふ》せて主人《しゅじん》の前《まえ》でかしこまるしもべのいみから、「しんか、けらい」を表《あらわ》すようになりました。

信

おん　シン

くん

9画［亻7画］

信信信信信信信信信

信 ながく

いみ

1 しんじる。◆(信《しん》じる心《こころ》)信心《しんじん》・信教《しんきょう》・信仰《しんこう》・信者《しんじゃ》・信条《しんじょう》・信託《しんたく》・信徒《しんと》・信任《しんにん》・信念《しんねん》・信望《しんぼう》・信用《しんよう》・信頼《しんらい》 ◆過信《かしん》・確信《かくしん》・狂信《きょうしん》・自信《じしん》・不信《ふしん》・迷信《めいしん》

2 まこと。◆信義《しんぎ》 ◆背信《はいしん》

3 知《し》らせ。◆信書《しんしょ》 ◆(知《し》らせ〈信《しん》〉を受《う》ける)受信《じゅしん》・往信《おうしん》・音信《おんしん》(いんしん)・私信《ししん》・送信《そうしん》・通信《つうしん》・発信《はっしん》・返信《へんしん》

つかいかた

● 神《かみ》を信《しん》じる。 ● 信号《しんごう》を守《まも》る。

● 信念《しんねん》をつらぬく。 ● 自信《じしん》を失《うしな》う。

● 電波《でんぱ》を送信《そうしん》する。

なりたち

ことば(言)と人《ひと》(亻)とで、人《ひと》のことばにうそがない、「まこと」のいみを表《あらわ》しています。また、ここから「手紙《てがみ》・合《あい》図《ず》」のいみもできました。

井

おん　(セイ・ショウ)

くん　い

4画［二2画］

井井井井

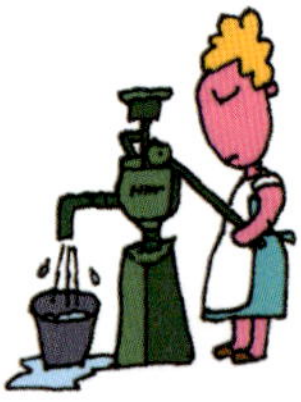

井 とめる

いみ

1 いど。水《みず》などをくみ出《だ》す所《ところ》。◆(石油《せきゆ》をくみ出《だ》す井戸《いど》)油井《ゆせい》

2 いげた(「井」の字《じ》の形《かたち》に組《く》みこんだ井戸《いど》のかこい)。◆天井《てんじょう》

3 まち。◆市井《しせい》(にぎやかなまち)

つかいかた

● 井戸掘《いどほ》り。 ● 井戸水《いどみず》をくむ。 ● 井戸端《いどばた》。

もっとしろう

● ［天井《てんじょう》］

「天井《てんじょう》」は部屋《へや》の中《なか》でいちばん高《たか》い所《ところ》(天《てん》)にあり、いげたのように木《き》が組《く》み合《あ》わさっていることからつけられた名《な》です。その天井《てんじょう》の上《うえ》にある空間《くうかん》が「天井裏《てんじょううら》」です。

なりたち

井戸《いど》の形《かたち》からできた字《じ》です。

とくべつなよみ

※「ショウ」という読《よ》み―天《てん》井《じょう》

成

おん セイ・(ジョウ)
くん な-る・な-す

6画［戈2画］

いみ

1 **なしとげる。** ◆成果《せいか》・成功《せいこう》・成績《せいせき》・成否《せいひ》・成立《せいりつ》・成就《じょうじゅ》・成仏《じょうぶつ》 ◆完成《かんせい》・造成《ぞうせい》・大成《たいせい》

2 **あつまってつくりあげる。** ◆成員《せいいん》・成分《せいぶん》 ◆形成《けいせい》・結成《けっせい》・構成《こうせい》・合成《ごうせい》・作成《さくせい》・編成《へんせい》

3 **そだつ。** ◆成育《せいいく》・成熟《せいじゅく》・成虫《せいちゅう》・成長《せいちょう》・成《せい》年《ねん》 ◆育成《いくせい》・促成《そくせい》・速成《そくせい》・養成《ようせい》

つかいかた

● **成人《せいじん》**する。 ● **成績《せいせき》**が上《あ》がる。
● 目標《もくひょう》を**達成《たっせい》**する。 ● 漢字《かんじ》の**成《な》り立《た》ち**。

なりたち

もとの字《じ》は成。戊は「おの」のいみをもち、丁(テイ)がセイと変《か》わって読《よ》み方《かた》と「打《う》つ」いみをしめしています。おので打《う》ちたいらげることから、「なしとげる」いみに使《つか》われます。

とくべつなよみ

就《じゅ》・成仏《じょうぶつ》など
※「ジョウ」という読《よ》み—成《じょう》

省

おん セイ・ショウ
くん (かえり-みる)・はぶ-く

9画［目4画］

いみ

1 **かえりみる。** ◆(かえる〈反〉・省《かえり》みる) 反《はん》省《せい》・自省《じせい》

2 **はぶく。** ◆(省《はぶ》く・略《りゃく》す) 省略《しょうりゃく》・省力《しょうりょく》

3 **国《くに》の役所《やくしょ》。** ◆省庁《しょうちょう》 ◆各省《かくしょう》・文《もん》部《ぶ》科《か》学《がく》省《しょう》

つかいかた

● 自分自身《じぶんじしん》を**省《かえり》みる**。 ● むだを**省《はぶ》く**。
● 過《あやま》ちを**反省《はんせい》**する。

もっとしろう

● ［省《しょう》エネ］
エネルギーを、節約《せつやく》しながら上手《じょうず》に使《つか》っていくこと。

なりたち

目は「め」を表《あらわ》し、少(生の変《か》わった形《かたち》)がセイ・ショウの読《よ》み方《かた》と「あきらか」のいみをしめしています。あきらかにみることを表《あらわ》し、「かえりみる」いみに使《つか》われます。

清

おん セイ・(ショウ)
くん きよ-い・きよ-まる・きよ-める

11画［氵8画］

いみ

1 **きよい。さわやか。** ◆(清《きよ》らかな流《なが》れ)清《せい》流《りゅう》・清音《せいおん》・清純《せいじゅん》・清浄《せいじょう》・清水《せいすい》(しみず)・清濁《せいだく》・清涼《せいりょう》

2 **きれいにする。きよめる。** ◆(掃《は》いて清《きよ》める) 清掃《せいそう》・清算《せいさん》

つかいかた

● **清《きよ》らか**な水《みず》。 ● 身《み》を**清《きよ》める**。
● 手《て》を**清潔《せいけつ》**にする。 ● 借金《しゃっきん》を**清算《せいさん》**する。
● 作文《さくぶん》を**清書《せいしょ》**する。

なりたち

氵は水《みず》を表《あらわ》し、青がセイという読《よ》み方《かた》と「まじりけがない」いみをしめしています。水《みず》がきよらかなことを表《あらわ》す字《じ》で、「きよい」いみに使《つか》われます。

とくべつなよみ

清水《しみず》
※「ショウ」という読《よ》み—六《ろっ》根《こん》清《しょう》浄《じょう》

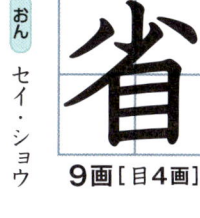

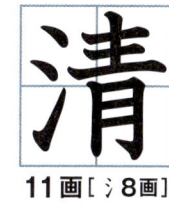

静

おん　セイ・（ジョウ）
くん　しず・しず-か・しず-まる・しず-める

14画［青6画］

いみ
■ **しずか。しずめる。** ◆（静《しず》かに聴《き》く）静《せい》聴《ちょう》・静観《せいかん》・静座《せいざ》・静止《せいし》・静粛《せいしゅく》・静電気《せいでんき》・静物画《せいぶつが》・静脈《じょうみゃく》 ◆動静《どうせい》・平静《へいせい》・冷静《れいせい》

つかいかた
● あらしの前《まえ》の**静《しず》けさ**。● **静《しず》か**な夜《よる》。
● 風《かぜ》が**静《しず》まる**。● いらだちを**静《しず》める**。
● 温泉《おんせん》へ**静養《せいよう》**に行《い》く。
● 家《いえ》で**安静《あんせい》**にしている。

なりたち
古《ふる》い字《じ》は靜。爭は「あらそい」のいみを表《あらわ》し、靑がセイという読《よ》み方《かた》と「しずめる」いみをしめしています。争《あらそ》いをしずめることを表《あらわ》し、「しずか」のいみに使《つか》われます。

とくべつなよみ
※「ジョウ」という読《よ》み――静《じょう》脈《みゃく》

席

おん　セキ

くん

10画［巾7画］

いみ
■ **すわる場《ば》所《しょ》。** ◆（座《ざ》席《せき》の順《じゅん》番《ばん》）席順《せきじゅん》・席《せき》次《じ》・席上《せきじょう》 ◆宴席《えんせき》・会席《かいせき》・議席《ぎせき》・客席《きゃくせき》・空席《くうせき》・欠席《けっせき》・座席《ざせき》・主席《しゅせき》・首席《しゅせき》・着席《ちゃくせき》・同席《どうせき》・末席《まっせき》・列席《れっせき》

つかいかた
● **席《せき》**に着《つ》く。● 病気《びょうき》で**欠席《けっせき》**する。
● **指定席《していせき》**に座《すわ》る。● **出席《しゅっせき》**をとる。

もっとしろう
● **席《せき》の暖《あたた》まる暇《ひま》もない**－一《いっ》か所《しょ》にじっとしていることがなく、あちらこちら動《うご》き回《まわ》っているようす。

なりたち
巾は「ぬの」を表《あらわ》し、庶がセキという読《よ》み方《かた》と「しく」いみをしめしています。すわるときにしくぬのから、「ざせき」のいみに使《つか》われます。

とくべつなよみ
寄席《よせ》

積

おん　セキ
くん　つ-む・つ-もる

16画［禾11画］

いみ
1 **つみかさなる。** ◆（積《つ》もった雪《ゆき》）積雪《せきせつ》・積《せき》雲《うん》・積載《せきさい》・積年《せきねん》・積乱雲《せきらんうん》 ◆山積《さんせき》・集積《しゅうせき》・蓄積《ちくせき》・累積《るいせき》
2 **大《おお》きさ。** ◆体積《たいせき》・面積《めんせき》・容積《ようせき》

つかいかた
● 荷物《にもつ》を**積《つ》む**。● **積《つ》もる**思《おも》い。
● **積極的《せっきょくてき》**に発言《はつげん》する。● 土地《とち》の**面積《めんせき》**。

もっとしろう
● **ちりも積《つ》もれば山《やま》となる**－ちりのようなわずかなものでも積《つ》もり積《つ》もれば大《おお》きなものになるというたとえ。

なりたち
禾は穀物《こくもつ》の穂《ほ》のたれさがった形《かたち》で、責がセキという読《よ》み方《かた》と「つみかさねる」いみをしめしています。穀物《こくもつ》をつみかさねることを表《あらわ》し、「つむ」いみに使《つか》われます。

四年

四年

折

7画［扌4画］

おん セツ

くん お-る・おり・お-れる

いみ

1 おる。おれる。◆折半《せっぱん》 ◆右折《うせつ》・曲折《きょくせつ》・屈折《くっせつ》

2 そのとき。◆折折《おりおり》・折節《おりふし》

つかいかた

● 紙《かみ》を二《ふた》つに**折《お》る**。● **折《おり》**を見《み》て話《はな》す。

● 枝《えだ》が**折《お》れる**。● 費《ひ》用《よう》を**折半《せっぱん》**する。

● 転《ころ》んで**骨折《こっせつ》**する。● 交《こう》差《さ》点《てん》を**左折《させつ》**する。

もっとしろう

● **折《お》り紙《がみ》つき**－値《ね》打《う》ちがあると、世《よ》の中《なか》から認《みと》められていること。「折《お》り紙《がみ》」は、品物《しなもの》の鑑定書《かんていしょ》や保証書《ほしょうしょ》のこと。

なりたち

もとの形《かたち》は[illegible]。[illegible]は「おの」を表《あらわ》し、朩は木《き》が切《き》れたようすをしめしています。おので木《き》を切《き》ることを表《あらわ》しましたが、あとで「おる、わける」いみに使《つか》われるようになりました。

節

13画［竹7画］

おん セツ・(セチ)

くん ふし

いみ

1 ふし。ふしめ。◆節句《せっく》・節分《せつぶん》・節穴《ふしあな》・節《ふし》目《め》 ◆音節《おんせつ》・関節《かんせつ》・季節《きせつ》・時節《じせつ》・小節《しょうせつ》・当節《とうせつ》・文節《ぶんせつ》・末節《まっせつ》

2 けじめ。◆節操《せっそう》・節度《せつど》 ◆忠節《ちゅうせつ》・礼節《れいせつ》

3 むだをはぶく。◆節減《せつげん》・節食《せっしょく》・節水《せっすい》・節《せっ》制《せい》・節電《せつでん》・節約《せつやく》

つかいかた

● **節《ふし》**の多《おお》い板《いた》。● **節《ふし》**をつけて歌《うた》う。

● **関節《かんせつ》**が痛《いた》む。● 温《おん》度《ど》を**調節《ちょうせつ》**する。

なりたち

竹は「たけ」を表《あらわ》し、即(ソク)がセツと変《か》わって読《よ》み方《かた》と「へだてる」いみをしめしています。一《ひと》つ一《ひと》つへだたった竹《たけ》のふしを表《あらわ》し、「ふし」のいみに使《つか》われます。

とくべつなよみ

※「セチ」という読《よ》み―お節《せち》料理《りょうり》

説

14画［言7画］

おん セツ・(ゼイ)

くん と-く

いみ

1 とく。ときあかす。◆(教《おし》えを説《と》く)説《せつ》教《きょう》・説得《せっとく》・説明《せつめい》・説法《せっぽう》・説諭《せつゆ》 ◆異説《いせつ》・演説《えんぜつ》・仮説《かせつ》・解説《かいせつ》・学説《がくせつ》・逆説《ぎゃくせつ》・自説《じせつ》・新説《しんせつ》・図説《ずせつ》・俗説《ぞくせつ》・地動説《ちどうせつ》・通説《つうせつ》・定説《ていせつ》・論説《ろんせつ》

2 はなし。◆説話《せつわ》 ◆伝説《でんせつ》・風説《ふうせつ》

つかいかた

● 新《あたら》しい**説《せつ》**を唱《とな》える。● 道理《どうり》を**説《と》く**。

● 使《つか》い方《かた》を**説明《せつめい》**する。● 新聞《しんぶん》の**社説《しゃせつ》**。

● **小説《しょうせつ》**を読《よ》む。● 戦《せん》争《そう》反《はん》対《たい》を**力説《りきせつ》**する。

なりたち

古《ふる》い字《じ》は說。言は「ことば」を表《あらわ》し、兌(エツ)がセツと変《か》わって読《よ》み方《かた》と「ときあかす」いみをしめしています。ことばでときほぐすことから、「ときあかす」いみに使《つか》われます。

とくべつなよみ

※「ゼイ」という読《よ》み―遊説《ゆうぜい》

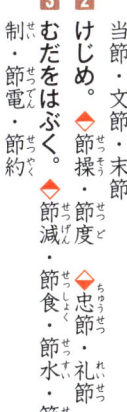

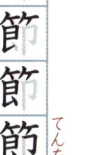

浅

おん　(セン)

くん　あさ-い

9画［氵6画］

いみ

1 あさい。水《みず》が少《すく》ない。◆浅海《せんかい》・浅瀬《あさせ》 ◆(遠《とお》くまで浅《あさ》い) 遠浅《とおあさ》

2 あわい。色《いろ》がうすい。◆(うすい〈浅〉緑《みどり》) 浅緑《あさみどり》

3 あさはか。◆浅学《せんがく》

つかいかた

● 考《かんが》えが浅《あさ》い。 ● 仕事《しごと》の経験《けいけん》が浅《あさ》い。

● 浅黒《あさぐろ》い顔《かお》。

もっとしろう

●［「浅《あさ》い」の対語《たいご》］

「浅《あさ》い」の対語《たいご》は「深《ふか》い」で、「浅海《せんかい》↕深海《しんかい》、浅手《あさて》↕深手《ふかて》」などの対語《たいご》ができます。

なりたち

古《ふる》い字《じ》は淺。氵は水《みず》を表《あらわ》し、戔がセンという読《よ》み方《かた》と「わずか」のいみをしめしています。水《みず》が少《すく》ないことから、「あさい」いみに使《つか》われます。

戦

おん　セン

くん　(いくさ)・たたか-う

13画［戈9画］

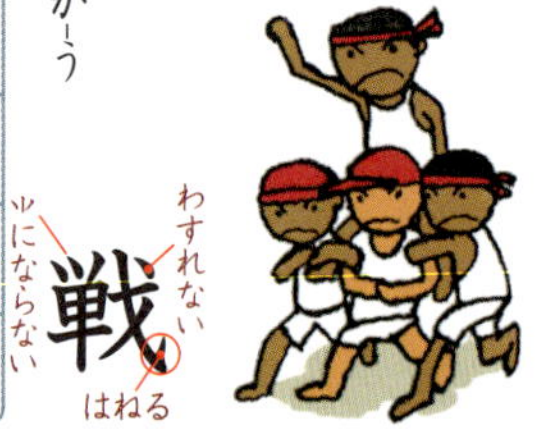

いみ

■ たたかう。◆(戦《たたか》う・争《あらそ》う) 戦争《せんそう》・戦火《せんか》・戦艦《せんかん》・戦況《せんきょう》・戦局《せんきょく》・戦後《せんご》・戦災《せんさい》・戦死《せんし》・戦車《せんしゃ》・戦場《せんじょう》・戦線《せんせん》・戦前《せんぜん》・戦地《せんち》・戦闘《せんとう》・戦法《せんぽう》・戦友《せんゆう》・戦乱《せんらん》・戦略《せんりゃく》・戦力《せんりょく》・戦列《せんれつ》 ◆応戦《おうせん》・合戦《かっせん》・観戦《かんせん》・休戦《きゅうせん》・苦戦《くせん》・決勝《けっしょう》戦《せん》・決戦《けっせん》・交戦《こうせん》・実戦《じっせん》・終戦《しゅうせん》・大戦《たいせん》・対《たい》戦《せん》・挑戦《ちょうせん》・停戦《ていせん》・内戦《ないせん》・熱戦《ねっせん》・敗戦《はいせん》・反《はん》戦《せん》・防戦《ぼうせん》・論戦《ろんせん》

つかいかた

● 戦《いくさ》に敗《やぶ》れる。 ● 敵《てき》と戦《たたか》う。

● 戦術《せんじゅつ》を考《かんが》える。 ● 作戦《さくせん》を練《ね》る。

なりたち

古《ふる》い字《じ》は戰。戈は武器《ぶき》のほこを表《あらわ》し、單(タン)がセンと変《か》わって読《よ》み方《かた》と「まじえる」いみをしめしています。武《ぶ》器《き》をまじえて「たたかう」ことを表《あらわ》す字《じ》です。

選

おん　セン

くん　えら-ぶ

15画［辶12画］

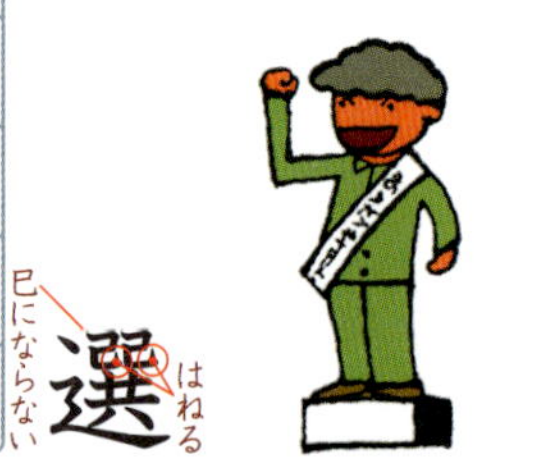

いみ

■ えらぶ。◆(選《えら》び出《だ》す) 選出《せんしゅつ》・選考《せんこう》・選《せん》択《たく》・選定《せんてい》・選別《せんべつ》 ◆改選《かいせん》・再選《さいせん》・人選《じんせん》・入選《にゅうせん》・落選《らくせん》

つかいかた

● 選《せん》にもれる。 ● 学級委員《がっきゅういいん》を選《えら》ぶ。

● 選挙《せんきょ》で当選《とうせん》する。 ● マラソンの選手《せんしゅ》。

● 議長《ぎちょう》を選出《せんしゅつ》する。 ● 予選《よせん》を通過《つうか》する。

もっとしろう

● 選《えら》ぶところがない ― 比《くら》べてみて、ちがいがない。同《おな》じだ。ふつう「…と選《えら》ぶところがない」の形《かたち》で用《もち》いられる。

なりたち

古《ふる》い形《かたち》の巽(ソン)がセンと変《か》わって読《よ》み方《かた》と「そろえる」いみをしめしています。辶は道《みち》を歩《ある》くことを表《あらわ》し、巽のそろえて送《おく》ることを表《あらわ》し、「えらぶ」いみに使《つか》われるようになりました。

然

おん　ゼン・ネン

くん

12画［灬8画］

いみ

■ようす。ありさま。◆依然《いぜん》・偶然《ぐうぜん》・公然《こうぜん》・雑然《ざつぜん》・整然《せいぜん》・騒然《そうぜん》・断然《だんぜん》・当然《とうぜん》・同然《どうぜん》・突然《とつぜん》・必然《ひつぜん》・平然《へいぜん》・猛然《もうぜん》・天然《てんねん》

つかいかた

●決然《けつぜん》と立《た》ち向《む》かう。●自然《しぜん》を大切《たいせつ》にする。●整然《せいぜん》と並《なら》ぶ。●事故《じこ》を未然《みぜん》に防《ふせ》ぐ。

もっとしろう

●［「然《ぜん》」のいみ］
「然《ぜん》」は、ほかのことばについて、ようすや状態《じょうたい》を表《あらわ》します。「同然《どうぜん》」は「同《おな》じであるようす」といういみです。

なりたち

灬は火《ひ》を表《あらわ》し、肰（エン）がゼンと変《か》わって読《よ》み方《かた》と「もえる」いみをしめしています。火《ひ》がもえるいみの字《じ》でしたが、「そのまま、…のようす」のいみに使《つか》われるようになりました。

争

おん　ソウ

くん　あらそ-う

6画［ク4画］

いみ

■あらそう。◆（争《あらそ》って奪《うば》いあう）争奪《そうだつ》・争《そう》議《ぎ》・争点《そうてん》・紛争《ふんそう》・論争《ろんそう》◆（競《きそ》う・争《あらそ》う）競争《きょうそう》・抗争《こうそう》・

つかいかた

●勝《か》ち負《ま》けを争《あらそ》う。●争《あらそ》いが絶《た》えない。●争乱《そうらん》の世《よ》。●戦争《せんそう》に反対《はんたい》する。●兄《あに》と言《い》い争《あらそ》う。

もっとしろう

●［争乱《そうらん》と騒乱《そうらん》］
争《あらそ》いによって世《よ》の中《なか》が乱《みだ》れることを「争《そう》乱《らん》」といい、さわぎなどが起《お》こって社会《しゃかい》が乱《みだ》れることを「騒乱《そうらん》」といいます。

なりたち

もとの形《かたち》は𠬝。左右《さゆう》の手《て》（ ）と力《ちから》（ ）とで、力《ちから》をこめてひっぱりあうことを表《あらわ》し、「あらそう」いみに使《つか》われます。

倉

おん　ソウ

くん　くら

10画［人8画］

いみ

■くら。◆（倉《くら》・くら〈庫〉）倉庫《そうこ》◆船倉《せんそう》（ふなぐら）・米倉《こめぐら》

つかいかた

●米《こめ》を倉《くら》に保管《ほかん》する。●日本《にほん》の穀倉地帯《こくそうちたい》。

もっとしろう

●倉《くら》が建《た》つ－倉《くら》を建《た》てるほどの大金持《おおがねも》ちになる。「蔵《くら》が建《た》つ」とも書《か》く。

なりたち

古《ふる》い形《かたち》は 。かこい（ ）に戸《と》（ ）がついているようすをしめした字《じ》で、穀物《こくもつ》をたくわえる「くら」のいみに使《つか》われます。

つかいわけ

●倉《くら》・蔵《くら》
「倉《くら》」は穀物《こくもつ》をおさめる建物《たてもの》をいい、「蔵《くら》」は大事《だいじ》な品《しな》をおさめる建物《たてもの》をいいます。
倉《くら》…米倉《こめぐら》。
蔵《くら》…蔵開《くらびら》き。

巣

11画［⺍8画］

おん　（ソウ）

くん　す

いみ

■す。集《あつ》まるところ。◇巣窟《そうくつ》・巣箱《すばこ》　◇（古《ふる》い巣《す》）古巣《ふるす》・卵巣《らんそう》

つかいかた

●鳥《とり》の巣《す》。●病巣《びょうそう》を取《と》り除《のぞ》く。
●巣箱《すばこ》を作《つく》る。●古巣《ふるす》にもどる。

もっとしろう

●**巣立《すだ》つ**－ひなが成長《せいちょう》して巣《す》から飛《と》び立《た》つ。また、親《おや》もとや学校《がっこう》からはなれて一人立《ひとりだ》ちする。

●**はちの巣《す》をつついたよう**－はちの巣《す》をつつくとはちがたくさん飛《と》び出《だ》してくることから、手《て》がつけられないほどの大《おお》さわぎになるようす。

なりたち

木と、その上《うえ》に作《つく》られたかごの形《かたち》（㠯）からでき、「鳥《とり》のす」を表《あらわ》している字《じ》です。巣→巣→巣と変《か》わりました。

束

7画［木3画］

おん　ソク

くん　たば

いみ

■たばねる。たば。◇（束《たば》ねる・縛《しば》る）束縛《そくばく》
◇拘束《こうそく》・札束《さつたば》・花束《はなたば》

つかいかた

●新聞《しんぶん》の束《たば》。●かみを束《たば》ねる。
●結束《けっそく》を固《かた》める。●約束《やくそく》を守《まも》る。
●花束《はなたば》をおくる。

もっとしろう

●**束《たば》になってかかる**－一対一《いちたいいち》ではなく、大勢《おおぜい》でいっしょになって一人《ひとり》または一《ひと》つのものに立《た》ち向《む》かう。

●［似《に》ている字《じ》に注意《ちゅうい》］
「束《そく》」と「朿《し》（＝とげ）」は形《かたち》が似《に》ているので、注意《ちゅうい》しましょう。「策《さく》」「刺《さ》す」は「朿《し》」の方《ほう》です。

なりたち

木《き》をしばった形《かたち》（朿）を表《あらわ》し、「たばねる、たば」のいみに使《つか》われます。

側

11画［亻9画］

おん　ソク

くん　がわ

いみ

■かたわら。かわ。◇側近《そっきん》　◇左側《さそく》（ひだりがわ）・
裏側《うらがわ》・縁側《えんがわ》・片側《かたがわ》

つかいかた

●相手《あいて》の側《がわ》に立《た》って考《かんが》える。
●建物《たてもの》の正面《しょうめん》と側面《そくめん》。
●人《ひと》は右側通行《みぎがわつうこう》をする。
●門《もん》の両側《りょうがわ》に並《なら》ぶ。

もっとしろう

●［似《に》ている字《じ》に注意《ちゅうい》］
・則《そく》…てほん。「規則《きそく》・法則《ほうそく》」
・測《そく》…はかる。「観測《かんそく》・目測《もくそく》」

なりたち

亻は人《ひと》を表《あらわ》し、則がソクという読《よ》み方《かた》と「よりそう」いみをしめしています。人《ひと》の「かたわら」のいみに使《つか》われます。

とくべつなよみ

※〈読《よ》みにちゅうい〉「かわ」とも読《よ》みます。

続

おん　ゾク

くん　つづ-く・つづ-ける

13画［糸7画］

いみ

■ **つづく。** ◆（続《つづ》いて出《で》る）続出《ぞくしゅつ》・続発《ぞくはつ》・続《ぞく》編《へん》・続報《ぞくほう》・続刊《ぞっかん》・続行《ぞっこう》 ◆永続《えいぞく》・継続《けいぞく》・後続《こうぞく》・持続《じぞく》・接続《せつぞく》・相続《そうぞく》・存続《そんぞく》・断続《だんぞく》・連続《れんぞく》

つかいかた

● 快晴《かいせい》が続《つづ》く。● 研究《けんきゅう》を続《つづ》ける。

● 大《おお》きな事故《じこ》が続発《ぞくはつ》する。

● 勤続《きんぞく》二十年《にじゅうねん》の社員《しゃいん》。

もっとしろう

● ［続《つづ》き柄《がら》（続柄《ぞくがら》）］

親子《おやこ》・きょうだいなどの関係《かんけい》を「続《つづ》き柄《がら》」といいます。

なりたち

古《ふる》い字《じ》は續。糸は「いと」を表《あらわ》し、賣（イク）がゾクと変《か》わって読《よ》み方《かた》と「つなぐ」いみをしめしています。糸《いと》をつなぐことから、「つづく」いみに使《つか》われます。

卒

おん　ソツ

くん

8画［十6画］

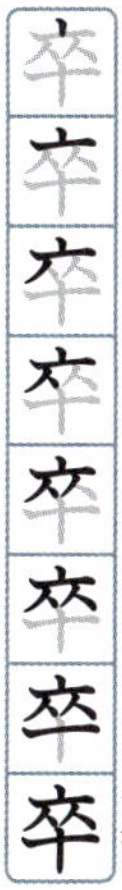

いみ

1 **おわる。** ◆（学業《がくぎょう》が終《お》わる〈卒〉）卒業《そつぎょう》・卒《そつ》園《えん》・卒論《そつろん》 ◆新卒《しんそつ》

2 **とつぜん。** ◆卒中《そっちゅう》・卒倒《そっとう》

3 **兵士《へいし》。** ◆兵卒《へいそつ》

つかいかた

● 小学校《しょうがっこう》を卒業《そつぎょう》する。

● 卒園式《そつえんしき》に出《で》る。

もっとしろう

● ［卒寿《そつじゅ》］

「卒《そつ》」の略字《りゃくじ》を「卆」と書《か》き、それが「九十《きゅうじゅう》」と読《よ》めることから、九十歳《きゅうじっさい》の長寿《ちょうじゅ》の祝《いわ》いを「卒寿《そつじゅ》」といいます。

なりたち

衣《ころも》（ひ）にしるし（ノ）がついた形《かたち》（卒）からできた字《じ》です。しるしのついた衣《ころも》を着《き》て「したがう者《もの》」を表《あらわ》しましたが、「終《お》わる、とつぜん」のいみに使《つか》われるようになりました。

孫

おん　ソン

くん　まご

10画［子7画］

いみ

■ **まご。** ◆孫子《まごこ》・孫娘《まごむすめ》 ◆皇孫《こうそん》・子孫《しそん》

つかいかた

● かわいい孫《まご》。

● 子孫《しそん》の代《だい》まで続《つづ》く。

もっとしろう

● **子子孫孫《ししそんそん》**－子《こ》や孫《まご》、そしてまたその子《こ》や孫《まご》というように、何代《なんだい》にもわたっての子孫《しそん》。

● ［孫《まご》］

よその家《いえ》へ嫁《よめ》にいった娘《むすめ》が産《う》んだ子《こ》のことを「外孫《そとまご》」といい、自分《じぶん》の家《いえ》をつぐ者《もの》から生《う》まれた子《こ》を「内孫《うちまご》」といいます。また、「孫《まご》」の子《こ》を「ひまご」といい、「ひまご」の子《こ》を「やしゃご」といいます。

なりたち

子は「こ」を表《あらわ》し、系（ケイ）が「糸《いと》」のようにつづく」といういみをもっています。子《こ》から子《こ》へつながることを表《あらわ》し、「まご」のいみに使《つか》われます。

四年

帯

10画［巾7画］

おん　タイ

くん　お-びる・おび

いみ

1 **おび。** ◆帯状《おびじょう》 ◆(包《つつ》む帯《おび》)包帯《ほうたい》・一帯《いったい》・温帯《おんたい》・寒帯《かんたい》・眼帯《がんたい》・声帯《せいたい》・熱帯《ねったい》・革帯《かわおび》

2 **おびる。つながりを持《も》つ。** ◆帯電《たいでん》・帯刀《たいとう》 ◆所帯《しょたい》・世帯《せたい》・連帯《れんたい》

つかいかた

●静電気《せいでんき》を帯《お》びる。●帯《おび》を結《むす》ぶ。

●携帯電話《けいたいでんわ》を買《か》う。●工業地帯《こうぎょうちたい》が広《ひろ》がる。

●包帯《ほうたい》を巻《ま》く。

もっとしろう

●**帯《おび》に短《みじか》したすきに長《なが》し**ー帯《おび》には短《みじか》すぎるし、たすきには長《なが》すぎるということから、中途半端《ちゅうとはんぱ》で役《やく》に立《た》たないことのたとえ。

なりたち

もとの形《かたち》は帶。卌はかざりをさげているおびの形《かたち》、巾は「ぬの」のいみを表《あらわ》しています。「おび、おびる(=腰《こし》にさげる、もつ)」いみに使《つか》われます。

隊

12画［阝9画］

おん　タイ

くん

いみ

■**組《くみ》をつくっている人《ひと》びとの集《あつ》まり。** ◆(隊《たい》のかしら(長《ちょう》))隊長《たいちょう》・隊員《たいいん》・隊形《たいけい》・隊商《たいしょう》 ◆一隊《いったい》・楽隊《がくたい》・艦隊《かんたい》・騎兵隊《きへいたい》・軍隊《ぐんたい》・縦隊《じゅうたい》・除隊《じょたい》・探検隊《たんけんたい》・入隊《にゅうたい》・兵隊《へいたい》・編隊《へんたい》・連隊《れんたい》

つかいかた

●隊《たい》を組《く》んで歩《ある》く。

●隊長《たいちょう》からの指令《しれい》を伝《つた》える。

●隊列《たいれつ》を整《ととの》える。●二列横隊《にれつおうたい》に並《なら》ぶ。

●応援《おうえん》の部隊《ぶたい》を結成《けっせい》する。

なりたち

阝は土《つち》の盛《も》りあがった山《やま》を表《あらわ》し、豖(シ)がタイと変《か》わって読《よ》み方《かた》と「おちる」いみをしめしています。山から落《お》ちることを表《あらわ》す字《じ》でしたが、「組《くみ》をつくっている人《ひと》びとの集《あつ》まり」のいみをもつようになりました。

達

12画［辶9画］

おん　タツ

くん

いみ

1 **とどく。** ◆達成《たっせい》 ◆(速《はや》く達《たっ》する)速達《そくたつ》・通達《つうたつ》・伝達《でんたつ》・到達《とうたつ》

2 **すぐれている。** ◆(すぐれている(達《たつ》)人《ひと》)達人《たつじん》・達見《たっけん》・達者《たっしゃ》 ◆栄達《えいたつ》・熟達《じゅくたつ》・上達《じょうたつ》・発達《はったつ》

つかいかた

●目的《もくてき》を達《たっ》する。●剣道《けんどう》の達人《たつじん》。

●達筆《たっぴつ》の手紙《てがみ》をもらう。●習字《しゅうじ》が上達《じょうたつ》する。

●速達《そくたつ》で送《おく》る。●食《た》べ物《もの》を調達《ちょうたつ》する。

●新聞《しんぶん》を配達《はいたつ》する。●科学《かがく》の発達《はったつ》。

なりたち

辶は道《みち》(彳)と足《あし》(止)からでき、道《みち》を歩《ある》くことをしめし、幸がタツという読《よ》み方《かた》と「ぬける」いみをしめしています。通《とお》りぬけることを表《あらわ》し、「とおる、たっする」いみに使《つか》われます。

とくべつなよみ

友達《ともだち》

単

9画［⺍6画］

単 ⺍にならない ながく

おん タン

くん

いみ

1 ひとつ。ひとまとまり。◆(ひとつ〈単〉の線《せん》)単線《たんせん》・単位《たんい》・単一《たんいつ》・単価《たんか》・単記《たんき》・単元《たんげん》・単語《たんご》・単車《たんしゃ》・単身《たんしん》・単数《たんすう》・単発《たんぱつ》・単品《たんぴん》

2 あっさりしている。◆単純《たんじゅん》 ◆簡単《かんたん》

つかいかた

●単《たん》なるうわさにすぎない。●英語《えいご》の単語《たんご》。●単調《たんちょう》なリズム。●単独《たんどく》で行動《こうどう》する。

もっとしろう

●単刀直入《たんとうちょくにゅう》－たった一人《ひとり》で刀《かたな》をふるって敵《てき》陣《じん》に切《き》りこむことから、話《はなし》をするとき、前《まえ》置《お》きなしでいきなり本題《ほんだい》に入《はい》るたとえ。

なりたち

もとの形《かたち》は𡘯。先《さき》がふたまたになっている平《ひら》たい器具《きぐ》の形《かたち》を表《あらわ》しましたが、「ひとつ」のいみに使《つか》われるようになりました。

置

13画［罒8画］

置 四にならない とめてからみぎへ

おん チ

くん おく

いみ

1 おく。◆(置《お》く物《もの》)置物《おきもの》 ◆位置《いち》・設置《せっち》・装置《そうち》・配置《はいち》・放置《ほうち》・留置《りゅうち》

2 かたづける。始末《しまつ》する。◆処置《しょち》・措置《そち》

つかいかた

●荷物《にもつ》を置《お》く。●仏像《ぶつぞう》を安置《あんち》する。●けがの処置《しょち》をする。●コピー機《き》を設置《せっち》する。

もっとしろう

●一目置《いちもくお》く－囲碁《いご》で、弱《よわ》い方《ほう》が先《さき》に碁石《ごいし》一《ひと》つ(一目《いちもく》)を置《お》くことから、相手《あいて》の方《ほう》が上《うえ》だと認《みと》めて敬《うやま》いの気持《きも》ちを表《あらわ》す。

なりたち

罒はあみの形《かたち》(网)からでき、直(チョク)がチと変《か》わって読《よ》み方《かた》と「まっすぐ」のいみをしめしています。あみをたてておくことを表《あらわ》す字《じ》で、「おく、すえる」いみに使《つか》われます。

仲

6画［亻4画］

仲 とめる

おん (チュウ)

くん なか

いみ

■ あいだ。なか。◆(両方《りょうほう》のなか〈仲〉に入《はい》って裁《さば》く)仲裁《ちゅうさい》・仲介《ちゅうかい》・仲秋《ちゅうしゅう》・仲買《なかがい》・仲人《なこうど》 ◆伯仲《はくちゅう》

つかいかた

●仲《なか》のよい兄弟《きょうだい》。●仲介《ちゅうかい》を買《か》って出《で》る。●けんかの仲裁《ちゅうさい》に入《はい》る。●仲間《なかま》に加《くわ》わる。

もっとしろう

●仲《なか》を裂《さ》く－恋人《こいびと》・親子《おやこ》・夫婦《ふうふ》など、親《した》しい間《あいだ》柄《がら》を離《はな》れさせる。

●仲《なか》をとりもつ－間《あいだ》に入《はい》って双方《そうほう》の関係《かんけい》をうまく整《ととの》える。特《とく》に男女《だんじょ》の間《あいだ》にいう。

なりたち

亻は人《ひと》を表《あらわ》し、中がチュウという読《よ》み方《かた》と「まんなか」のいみをしめしています。兄弟《きょうだい》の一番《いちばん》めと三番《さんばん》めの間《あいだ》の人《ひと》を表《あらわ》し、「なか」のいみに使《つか》われます。

とくべつなよみ

仲人《なこうど》

四年

沖

7画［氵4画］

おん　（チュウ）

くん　おき

沖　ながく

いみ

1 岸《きし》から遠《とお》くはなれた水《みず》の上《うえ》。おき。

2 まっすぐ、高《たか》くとび上《あ》がる。◆（天《てん》高《たか》くのぼる〈沖〉）沖天《ちゅうてん》

つかいかた

● 沖合漁業《おきあいぎょぎょう》（沖《おき》の方《ほう》でする漁業《ぎょぎょう》）。

● 沖釣《おきづ》り。

もっとしろう

● ［沖天《ちゅうてん》］

まるで天《てん》にものぼるようなはげしい気《き》持《も》ちを「沖天《ちゅうてん》の意気《いき》」といい、またそのような高《たか》い望《のぞ》みを「沖天《ちゅうてん》の志《こころざし》」といいます。どちらも、力強《ちからづよ》いことばです。

なりたち

氵は「みず」を表《あらわ》し、中がチュウという読《よ》み方《かた》をしめしています。水《みず》が勢《いきお》いよくふき出《で》るいみでしたが、「おき」のいみに使《つか》われるようになりました。

兆

6画［儿4画］

おん　チョウ

くん　（きざ-す・きざ-し）

兆　うえへはねる

いみ

1 きざし。◆（兆《きざ》し・ようす〈候〉）兆候《ちょうこう》 ◆前兆《ぜんちょう》

2 数《かず》の「ちょう」。◆一兆円《いっちょうえん》

つかいかた

● 春《はる》の兆《きざ》しを感《かん》じる。 ● 景気回復《けいきかいふく》の兆《きざ》し。

● 三兆円《さんちょうえん》の予算《よさん》。

もっとしろう

● ［兆《ちょう》の数《かず》］

「一億《いちおく》」の一万倍《いちまんばい》が「一兆《いっちょう》」。算用数字《さんようすうじ》で表《あらわ》すと、1のあとに0が十二《じゅうに》個《こ》連《つら》なります。

一兆《いっちょう》＝1,000,000,000,000

なりたち

かめのこうらがわれている形《かたち》からできた字《じ》です。むかし、こうらを焼《や》き、そのさけめのようすで、よい・悪《わる》いを判断《はんだん》したことから、「きざし」のいみに使《つか》われます。

低

7画［亻5画］

おん　テイ

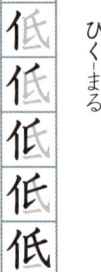

くん　ひく-い・ひく-める・ひく-まる

低　しっかりはねる

いみ

■ ひくい。◆（低《ひく》い音《おと》）低音《ていおん》・低温《ていおん》・低気《ていき》圧《あつ》・低級《ていきゅう》・低空《ていくう》・低姿勢《ていしせい》・低速《ていそく》・低地《ていち》・低調《ていちょう》・低木《ていぼく》・低迷《ていめい》 ◆高低《こうてい》

つかいかた

● 低《ひく》い山《やま》。 ● 低温《ていおん》で保存《ほぞん》する。

● 学力《がくりょく》が低下《ていか》する。 ● 明日《あす》の最低気温《さいていきおん》。

もっとしろう

● 平身低頭《へいしんていとう》－からだを地面《じめん》にすりつけるように平《たい》らにし、頭《あたま》を低《ひく》く下《さ》げるということで、ひたすらあやまること。

なりたち

亻は人《ひと》を表《あらわ》し、氏がテイという読《よ》み方《かた》と「ひくい」いみをしめしています。もとは背《せ》のひくい人《ひと》を表《あらわ》す字《じ》でしたが、今《いま》はただ「ひくい」いみに使《つか》われています。

四年

底

8画［广5画］

おん テイ
くん そこ

底（うえにはねる／みぎうえにはねる）

いみ

■ **そこ。** ◆(底《そこ》にある力《ちから》) 底力《そこぢから》・底面《ていめん》・底《てい》流《りゅう》・底値《そこね》 ◆根底《こんてい》・水底《すいてい》(みなそこ)・船底《せんてい》(ふなぞこ)・徹底《てってい》・奥底《おくそこ》・川底《かわぞこ》・心底《しんそこ》・谷底《たにぞこ》

つかいかた

● 心《こころ》の底《そこ》からさけぶ。 ● プールの底《そこ》。
● 三角形《さんかくけい》の底辺《ていへん》。 ● 海底《かいてい》を探検《たんけん》する。

もっとしろう

● **底《そこ》が浅《あさ》い** ― 内容《ないよう》がとぼしい。深《ふか》みがない。
● **底《そこ》をつく** ― ①たくわえていたものがすっかりなくなる。②物《もの》のねだんなどが最低《さいてい》になる。

なりたち

广は家《いえ》を表《あらわ》し、氏がテイという読《よ》み方《かた》と「ねざす」いみをしめしています。家《いえ》にとどまることを表《あらわ》す字《じ》でしたが、「そこ」のいみに使《つか》われるようになりました。

的

8画［白3画］

おん テキ
くん まと

的（てん一つ／はねる）

いみ

1 **まと。** ◆的確《てきかく》 ◆標的《ひょうてき》・目的《もくてき》
2 **…のような。** ◆一方的《いっぽうてき》・科学的《かがくてき》・具体的《ぐたいてき》・形式的《けいしきてき》・劇的《げきてき》・公的《こうてき》・私的《してき》・精神的《せいしんてき》・全《ぜん》面的《めんてき》・知的《ちてき》・病的《びょうてき》・本格的《ほんかくてき》

つかいかた

● 注目《ちゅうもく》の的《まと》になる。 ● 予想《よそう》が的中《てきちゅう》する。
● 積極的《せっきょくてき》に発言《はつげん》する。 ● 理想的《りそうてき》な生活《せいかつ》。

もっとしろう

● **的《まと》を射《い》る** ― (的《まと》に矢《や》を命中《めいちゅう》させることから)要点《ようてん》を正《ただ》しくとらえる。

なりたち

もとは日と勺からできた字《じ》で、勺(シャク)がテキと変《か》わって読《よ》み方《かた》と「あきらか」のいみをもち、「日《ひ》の光《ひかり》のあきらかなこと」を表《あらわ》していました。のちに日が白に変《か》わり、「まと」のいみに用《もち》いられるようになりました。

典

8画［八6画］

おん テン
くん

典（ださない／ださない）

いみ

1 **もととなる書物《しょもつ》。** ◆経典《きょうてん》・原典《げんてん》・古典《こてん》・字典《じてん》・事典《じてん》・出典《しゅってん》・法典《ほうてん》
2 **てほん。** ◆典拠《てんきょ》・典型《てんけい》
3 **儀式《ぎしき》。** ◆祝典《しゅくてん》

つかいかた

● 古典《こてん》を学《まな》ぶ。 ● スポーツの祭典《さいてん》。
● 辞典《じてん》を引《ひ》く。

もっとしろう

● ［字典《じてん》・辞典《じてん》・事典《じてん》］
「字典《じてん》」は漢字《かんじ》について説明《せつめい》した本《ほん》、「辞《じ》典《てん》」はことばについて説明《せつめい》した本《ほん》、「事典《じてん》」はことがらについて説明《せつめい》した本《ほん》です。

なりたち

竹《たけ》に書《か》きつけた巻《ま》き物《もの》(冊)をつくえ(丌)の上《うえ》にそなえた形《かたち》からできた字《じ》です。だいじな書物《しょもつ》を表《あらわ》し、「きそく、てほん」のいみに使《つか》われます。

伝

6画［亻4画］

おん デン

くん つた-わる・つた-える・つた-う

いみ

1 つたえる。つたわる。◆（言《こと》葉《ば》を伝《つた》える）伝言《でんごん》・伝授《でんじゅ》・伝承《でんしょう》・伝説《でんせつ》・伝染《でんせん》・伝達《でんたつ》・伝道《でんどう》・伝票《でんぴょう》・伝聞《でんぶん》・伝来《でんらい》・伝令《でんれい》 ◆遺伝《いでん》・駅伝《えきでん》・家伝《かでん》・口伝《くでん》・直伝《じきでん》・宣伝《せんでん》・秘伝《ひでん》・

2 人《ひと》の一生《いっしょう》を記《しる》したもの。◆伝記《でんき》 ◆自《じ》伝《でん》・武勇伝《ぶゆうでん》

つかいかた

●話《はなし》が伝《つた》わる。●思《おも》いを伝《つた》える。

●ほおを伝《つた》う涙《なみだ》。●学校《がっこう》の伝統《でんとう》。

なりたち

古《ふる》い字《じ》は傳。亻は人《ひと》を表《あらわ》し、専（セン）がデンと変《か》わって読《よ》み方《かた》と「うつす」いみをしめしています。人《ひと》から人《ひと》にうつすことから、「つたえる」いみに使《つか》われます。

とくべつなよみ

伝馬船《てんません》・手伝《てつだ》う

徒

10画［彳7画］

四年

おん ト

くん

いみ

1 足《あし》を使《つか》ってゆく。◆徒競走《ときょうそう》・徒歩《とほ》

2 何《なに》もない。◆徒手《としゅ》

3 でし。なかま。◆徒弟《とてい》 ◆学徒《がくと》・教徒《きょうと》・使徒《しと》・宗徒《しゅうと》・信徒《しんと》・暴徒《ぼうと》

つかいかた

●徒歩《とほ》で学校《がっこう》に通《かよ》う。

●努力《どりょく》が徒労《とろう》に終《お》わる。●先生《せんせい》と生徒《せいと》。

もっとしろう

●**徒手空拳《としゅくうけん》**－手《て》に何《なに》も持《も》っていないこと。「拳《けん》」は、こぶし。

●**徒党《ととう》を組《く》む**－何《なに》かよくないことをするために集団《しゅうだん》になること。

なりたち

彳は道《みち》を行《い》くことを表《あらわ》し、土がトという読《よ》み方《かた》と「つち」をしめしています。足《あし》で土《つち》をふんで「歩《ある》いてゆく」いみに使《つか》われます。

努

7画［力5画］

おん ド

くん つと-める

いみ

■ つとめる。力《ちから》をつくす。◆（力《ちから》をだして努《つと》める）努力《どりょく》

つかいかた

●勉学《べんがく》に努《つと》める。●完成《かんせい》に努《つと》める。

●努力《どりょく》が実《みの》る。

なりたち

力は「ちから」を表《あらわ》し、奴がドという読《よ》み方《かた》と「力《ちから》をこめる」いみをしめしています。「つとめる」いみに使《つか》われます。

つかいわけ

●努《つと》める・勤《つと》める・務《つと》める

「努《つと》める」は力《ちから》をつくしてはげむとき、「勤《つと》める」は役所《やくしょ》や会社《かいしゃ》で仕事《しごと》につくとき、「務《つと》める」は役目《やくめ》を受《う》けもつときに使《つか》います。

努《つと》める…事件《じけん》の解決《かいけつ》に努《つと》める。

勤《つと》める…会社《かいしゃ》に勤《つと》める。

務《つと》める…議長《ぎちょう》を務《つと》める。

灯

おん トウ
くん (ひ)

6画［火2画］

灯 とめる

いみ
■ひ。◇灯火《とうか》・灯台《とうだい》・灯明《とうみょう》・灯油《とうゆ》・灯籠《とうろう》・◇(灯《ひ》を消《け》す)消灯《しょうとう》・外灯《がいとう》・街灯《がいとう》・幻灯《げんとう》・常夜灯《じょうやとう》・点灯《てんとう》・電灯《でんとう》・門灯《もんとう》

つかいかた
● 灯《ひ》がともる。● 灯台《とうだい》の明《あ》かり。
● 思《おも》い出《で》が走馬灯《そうまとう》のようにかけめぐる。

もっとしろう
● 灯台下暗《とうだいもとくら》し－灯台《とうだい》の真下《ました》はかげになって暗《くら》いということから、身近《みぢか》なことは案外《あんがい》わからないものだというたとえ。ここの「灯《とう》台《だい》」は、部屋《へや》の明《あ》かりをともす台《だい》。

なりたち
古《ふる》い字《じ》は燈。火が「ひ」を表《あらわ》し、登がトウという読《よ》み方《かた》と「のぼる」いみをしめしています。高《たか》くかかげるあかりから、「ともしび」を表《あらわ》します。

つかいわけ
● 火《ひ》・灯《ひ》 ↓〈火《か》〉44ページ

働

おん ドウ
くん はたら-く

13画［イ11画］

働 とめない みぎうえへ

いみ
■はたらく。◇(実際《じっさい》に働《はたら》く)実働《じつどう》

つかいかた
● 朝《あさ》から晩《ばん》まで働《はたら》く。● 頭《あたま》がよく働《はたら》く。
● すばらしい働《はたら》きを見《み》せる。
● 労働力《ろうどうりょく》が不足《ふそく》する。

もっとしろう
● ［働《どう》－国字《こくじ》］
「働《どう》」は、日本人《にほんじん》が考《かんが》えて作《つく》った字《じ》です。三年生《さんねんせい》の「畑《はたけ》」もそうですが、このような日《に》本《ほん》で作《つく》った漢字《かんじ》を「国字《こくじ》」といいます。また、「働《どう》」は国字《こくじ》の中《なか》でも音読《おんよ》みがある数少《かずすく》ない例《れい》です。

なりたち
イは人《ひと》を表《あらわ》し、動がドウという読《よ》み方《かた》と「うごく」いみをしめしています。人《ひと》がからだを動《うご》かすことから、「はたらく」いみに使《つか》われます。

四年

特

おん トク
くん

10画［牛6画］

特 はねない はねる

いみ
■とりわけ。◇特異《とくい》・特技《とくぎ》・特質《とくしつ》・特殊《とくしゅ》・特種《とくしゅ》(とくだね)・特賞《とくしょう》・特色《とくしょく》・特性《とくせい》・特設《とくせつ》・特《とく》選《せん》・特長《とくちょう》・特徴《とくちょう》・特定《とくてい》・特典《とくてん》・特等《とくとう》・特《とく》派《は》・特筆《とくひつ》・特命《とくめい》・特約《とくやく》・特有《とくゆう》・特例《とくれい》・特《とっ》価《か》・特急《とっきゅう》・特訓《とっくん》・特権《とっけん》 ◇奇特《きとく》・独特《どくとく》

つかいかた
● 特《とく》にすぐれている。● 特産品《とくさんひん》を買《か》う。
● 特製《とくせい》のケーキ。● 特別《とくべつ》な日《ひ》。

もっとしろう
● ［特徴《とくちょう》と特長《とくちょう》］
・特徴《とくちょう》…特《とく》に目立《めだ》つ点《てん》。「犯人《はんにん》の特徴《とくちょう》」
・特長《とくちょう》…すぐれている点《てん》。「商品《しょうひん》の特長《とくちょう》」

なりたち
牛は「うし」を表《あらわ》し、寺(ジ)がトクと変《か》わって読《よ》み方《かた》をしめしています。目立《めだ》つ牛《うし》を表《あらわ》しましたが、「ただひとつ」のいみに使《つか》われるようになりました。

徳

14画［彳11画］

おん　トク

くん

徳 徳 徳 徳 徳 徳 徳 徳

いみ

1 人《ひと》としてりっぱなおこない。◆徳育《とくいく》・徳《とく》望《ぼう》・徳目《とくもく》 ◆高徳《こうとく》・人徳《じんとく》・仁徳《じんとく》(にんとく)・背徳《はいとく》・美徳《びとく》・不徳《ふとく》

2 めぐみ。◆徳政《とくせい》 ◆功徳《くどく》・報徳《ほうとく》

3 利益《りえき》。◆徳用《とくよう》

つかいかた

- 徳《とく》の高《たか》い人物《じんぶつ》。
- 人《ひと》びとに徳《とく》をほどこす。
- 徳用品《とくようひん》を買《か》う。●公徳心《こうとくしん》を育《そだ》てる。
- 道徳的《どうとくてき》なおこない。

なりたち

古《ふる》い字《じ》は德。彳は道《みち》(ノイ)を表《あらわ》し、悳は直と心からでき、チョク(トクは変《か》わった読《よ》み方《かた》)と読《よ》んで「まっすぐな心《こころ》」を表《あらわ》します。まっすぐな心《こころ》で正《ただ》しいおこないをすることから、「人《ひと》としてのりっぱなおこない」のいみに使《つか》われます。

栃

9画［木5画］

おん

くん　とち

栃 栃 栃 栃 栃 栃 栃 栃 栃

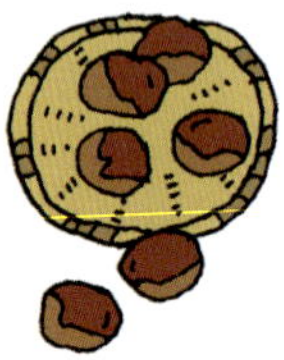

いみ

■(木《き》の一種《いっしゅ》)とち。とちのき。

もっとしろう

●[栃木《とちぎ》と茨城《いばらき》]

栃木県《とちぎけん》と茨城県《いばらきけん》はとなり合《あ》わせにならんでいます。読《よ》み方《かた》に注意《ちゅうい》しましょう。「栃木」は「とちぎ」とにごりますが、「茨城」は「いばらき」とにごりません。にごったり、にごらなかったり、漢字《かんじ》と地名《ちめい》のおもしろい組《く》み合《あ》わせです。

なりたち

もとの字《じ》は杤。木と万とを合《あ》わせた字《じ》で、万《まん》は千《せん》の十倍《じゅうばい》(十千)なので、「とち」という読《よ》み方《かた》をしめしています。「とちのき」のいみに使《つか》われます。

とくべつなよみ

※「とち」という読《よ》み—栃木《とちぎ》県《けん》

奈

8画［大5画］

おん　ナ

くん

奈 奈 奈 奈 奈 奈 奈 奈

いみ

■「なに。どうであるか。どうして。」など、疑問《ぎもん》を表《あらわ》す。

つかいかた

- 奈落《ならく》の底《そこ》に落《お》ちる(地獄《じごく》の底《そこ》に落《お》ちるような、最悪《さいあく》の状態《じょうたい》になる)。

もっとしろう

●[いろいろな奈《な》]

「奈《な》」は「なりたち」と「いみ」と「つかいかた」がずれています。これは意味《いみ》に関係《かんけい》なく、「ナ」という音《おん》がいろいろなことばに借《か》りて使《つか》われているからです。便利《べんり》な漢字《かんじ》です。

なりたち

もとの字《じ》は柰。木は「き」を表《あらわ》し、示(シ→ダイ)が読《よ》み方《かた》をしめしています。「からなし(=りんごの一種《いっしゅ》)」という木《き》の名《な》を表《あらわ》している字《じ》です。

梨

11画［木7画］

おん

くん　なし

いみ

■なし。なしの木《き》。なしの実《み》。

つかいかた

●梨《なし》の花《はな》。●西洋梨《せいようなし》。

もっとしろう

●［梨《なし》のつぶて］

投《な》げられた小石《こいし》を「つぶて」といいます。これを手紙《てがみ》に置《お》きかえると、来《こ》ない返事《へんじ》は「無《な》しのつぶて」になります。そして、さらにこの「無《な》し」をおもしろおかしく果物《くだもの》の梨《なし》に置《お》きかえて表《あらわ》したのが「梨《なし》のつぶて」です。まさか梨《なし》の実《み》が飛《と》んでくるわけではないのですが、昔《むかし》の人《ひと》が考《かんが》えたおもしろいことばです。

なりたち

木は「き」を表《あらわ》し、利（リ）が読《よ》み方《かた》をしめしています。まるい実《み》をつける「なしの木《き》」を表《あらわ》している字《じ》です。

熱

15画［灬11画］

おん　ネツ

くん　あつ-い

いみ

1 ねつ。あつい。◆（熱《あつ》い湯《ゆ》）熱湯《ねっとう》・熱帯《ねったい》・熱風《ねっぷう》◆加熱《かねつ》・過熱《かねつ》・解熱《げねつ》・高熱《こうねつ》・耐熱《たいねつ》・白熱《はくねつ》・発熱《はつねつ》・微熱《びねつ》・平熱《へいねつ》・余熱《よねつ》

2 はげしい。◆熱意《ねつい》・熱演《ねつえん》・熱狂《ねっきょう》・熱情《ねつじょう》・熱心《ねっしん》・熱戦《ねっせん》・熱弁《ねつべん》・熱望《ねつぼう》・熱烈《ねつれつ》◆情熱《じょうねつ》

つかいかた

●勉強《べんきょう》に熱《ねつ》が入《はい》る。●熱《あつ》いスープ。●胸《むね》を熱《あつ》くする。●スポーツに熱中《ねっちゅう》する。

もっとしろう

●熱《ねつ》を入《い》れる－一生懸命《いっしょうけんめい》になる。力《ちから》を注《そそ》ぐ。

なりたち

灬は火《ひ》を表《あらわ》し、埶（ゲイ）がネツと変《か》わって読《よ》み方《かた》をしめしています。火《ひ》のあたたかさを表《あらわ》し、「ねつ、あつい」のいみに使《つか》われます。

つかいわけ

●厚《あつ》い・熱《あつ》い・暑《あつ》い →〈厚《こう》〉364ページ

念

8画［心4画］

おん　ネン

くん

いみ

1 おもう。心《こころ》にとどめる。◆念願《ねんがん》・念頭《ねんとう》・念力《ねんりき》◆一念《いちねん》・雑念《ざつねん》・失念《しつねん》・執念《しゅうねん》・専念《せんねん》・丹念《たんねん》・断念《だんねん》・無念《むねん》・余念《よねん》

2 いのる。となえる。◆念仏《ねんぶつ》◆祈念《きねん》

つかいかた

●念《ねん》のため調《しら》べる。●家族《かぞく》の幸《しあわ》せを念《ねん》じる。●記念《きねん》の写真《しゃしん》をとる。●残念《ざんねん》な結果《けっか》。●信念《しんねん》をつらぬく。●入念《にゅうねん》に調《しら》べる。

もっとしろう

●念《ねん》には念《ねん》を入《い》れる－注意《ちゅうい》したうえにも、重《かさ》ねて注意《ちゅうい》をする。

●念《ねん》を押《お》す－重《かさ》ねてたしかめる。

なりたち

心は「こころ」を表《あらわ》し、今（キン）がネンと変《か》わって読《よ》み方《かた》と「内《うち》にこめる」いみをしめしています。心《こころ》にしっかりとどめて「おもう」いみを表《あらわ》します。

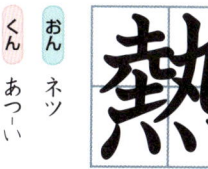

敗

おん　ハイ

くん　やぶれる

11画［攵7画］

いみ

■ **やぶれる。まける。** ◆（敗《やぶ》れて退《しりぞ》く）敗《はい》退《たい》・敗因《はいいん》・敗戦《はいせん》・敗北《はいぼく》 ◆完敗《かんぱい》・失敗《しっぱい》・勝敗《しょうはい》・惜敗《せきはい》・全敗《ぜんぱい》・大敗《たいはい》・不敗《ふはい》・腐敗《ふはい》・連敗《れんぱい》

つかいかた

● 戦《いくさ》に**敗《やぶ》れる**。 ● **敗者復活戦《はいしゃふっかつせん》**を行《おこな》う。

● 一回戦《いっかいせん》で**敗退《はいたい》**する。

なりたち

攵は「うつ」いみを表《あらわ》し、貝（バイ）がハイという読《よ》み方《かた》と「われる」いみをしめしています。打《う》ちわることから、「やぶれる、まける」いみに使《つか》われます。

つかいわけ

「**敗《やぶ》れる**」は相手《あいて》にまけるときに、「**破《やぶ》れる**」は布《ぬの》や紙《かみ》がきれるときに使《つか》います。

● **敗《やぶ》れる・破《やぶ》れる**

敗《やぶ》れる…試合《しあい》に敗《やぶ》れる。

破《やぶ》れる…紙《かみ》が破《やぶ》れる。

梅

おん　バイ

くん　うめ

10画［木6画］

いみ

1 **うめ。** ◆（梅《うめ》のにわ〈園〉）梅園《ばいえん》・梅林《ばいりん》・梅《うめ》酒《しゅ》（しら うめ） ◆寒梅《かんばい》・観梅《かんばい》・紅梅《こうばい》・松竹梅《しょうちくばい》・白梅《はくばい》

2 **つゆ。** ◆入梅《にゅうばい》

つかいかた

● **梅《うめ》**が実《みの》る。 ● **梅《うめ》**の花《はな》が開《ひら》く。

● **梅雨前線《ばいうぜんせん》**がとどまる。

● **梅干《うめぼ》し**を食《た》べる。

もっとしろう

● **梅《うめ》にうぐいす** ‐ 絵《え》になるような、調和《ちょうわ》したもの、取《と》り合《あ》わせのよいもののたとえ。「松《まつ》に鶴《つる》」「竹《たけ》に虎《とら》」など。

なりたち

古《ふる》い字《じ》は梅。木は「き」を表《あらわ》し、毎がバイという読《よ》み方《かた》をしめしています。「うめの木《き》」を表《あらわ》している字《じ》です。

とくべつなよみ

梅雨《つゆ》

博

おん　ハク・（バク）

12画［十10画］

いみ

1 **広《ひろ》くゆきわたる。** ◆（広《ひろ》く〈博〉愛《あい》する）博愛《はくあい》・博学《はくがく》・博士《はくし》（はかせ）・博識《はくしき》・博物《はくぶつ》・博《はく》覧会《らんかい》

2 **かけごと。** ◆博徒《ばくと》

つかいかた

● 人気《にんき》を**博《はく》する**。 ● **博愛《はくあい》**の精神《せいしん》。

● **博物館《はくぶつかん》**へ見学《けんがく》に行《い》く。

もっとしろう

● **博学多才《はくがくたさい》** ‐ 知識《ちしき》が豊《ゆた》かで、広《ひろ》い分野《ぶんや》で才能《さいのう》にめぐまれていること。

なりたち

古《ふる》い字《じ》は博。十は「集《あつ》める」いみを表《あらわ》し、尃がハクという読《よ》み方《かた》と「平《たい》らにひろげる」いみをしめしています。「広《ひろ》くゆきわたる」いみに使《つか》われます。

とくべつなよみ

博士《はかせ》

※「バク」という読《よ》み―博徒《ばくと》・博労《ばくろう》

四年

阪

おん （ハン）

くん

7画［阝4画］

阪阪阪阪阪阪阪

いみ

1 上《のぼ》り下《お》りのある道《みち》。さか。

2 「大阪《おおさか》」の略《りゃく》。◈（大阪《おおさか》・神戸《こうべ》）阪神《はんしん》

つかいかた

●（京都《きょうと》と大阪《おおさか》）京阪《けいはん》。

●（京都《きょうと》と大阪《おおさか》と神戸《こうべ》）京阪神《けいはんしん》。

もっとしろう

●［大阪《おおさか》］

「阪」と「坂」は、もともとは同《おな》じ意味《いみ》でしたが、明治《めいじ》の初《はじ》めに「大坂」は「大阪」に統一《とういつ》されました。

なりたち

阝は「小山《こやま》」を表《あらわ》し、反はハンという読《よ》み方《かた》と「かたむく」いみをしめしています。小山《こやま》のかたむいた所《ところ》を表《あらわ》し、「さか」のいみに使《つか》われます。

とくべつなよみ

※「大阪府」は「おおさかふ」と読《よ》みます。

飯

おん ハン

くん めし

12画［飠4画］

飯飯飯飯飯飯飯飯飯飯飯飯

いみ

■めし。◈飯台《はんだい》・飯粒《めしつぶ》◈（ご飯《はん》を炊《た》く）炊《すい》飯《はん》・夕飯《ゆうはん》（ゆうめし）・朝飯《あさめし》・晩飯《ばんめし》・昼飯《ひるめし》・麦飯《むぎめし》

つかいかた

●飯《めし》を食《く》う。●残飯《ざんぱん》を片《かた》づける。

●赤飯《せきはん》をたく。●にぎり飯《めし》を食《た》べる。

もっとしろう

●飯《めし》の食《く》い上《あ》げ－お金《かね》が入《はい》らなくなって、生《せい》活《かつ》ができなくなること。「食《く》い上《あ》げ」は、食《た》べることができないのいみ。

●飯《めし》の種《たね》－生活《せいかつ》するための仕事《しごと》。「種《たね》」は、手《しゅ》段《だん》や方法《ほうほう》。

なりたち

飠は「食《た》べる」いみを表《あらわ》し、反がハンという読《よ》み方《かた》と「ふくむ」いみをしめしています。口《くち》にふくんで食《た》べることを表《あらわ》し、「めし、ごはん」のいみに使《つか》われます。

飛

おん ヒ

くん と-ぶ・と-ばす

9画［飛0画］

飛飛飛飛飛飛飛飛飛

いみ

■とぶ。◈（飛《と》び行《ゆ》く）飛行《ひこう》・飛脚《ひきゃく》・飛散《ひさん》・飛躍《ひやく》・飛来《ひらい》◈雄飛《ゆうひ》

つかいかた

●鳥《とり》が飛《と》ぶ。●シャボン玉《だま》を飛《と》ばす。

●飛行機《ひこうき》に乗《の》る。●大空《おおぞら》を飛翔《ひしょう》する。

●川《かわ》に飛《と》びこむ。●あちらこちら飛《と》び回《まわ》る。

もっとしろう

●飛《と》ぶ鳥《とり》あとをにごさず－立《た》ち去《さ》るときは、あとが見苦《みぐる》しくないようにきれいにかたづけていくべきだ。「立《た》つ鳥《とり》あとをにごさず」ともいう。

●飛《と》ぶ鳥《とり》を落《お》とす勢《いきお》い－飛《と》ぶ鳥《とり》も落《お》とすほど、威勢《いせい》がいいようす。

なりたち

鳥《とり》がつばさを開《ひら》いてとぶさま（）からできた字《じ》で、「とぶ」いみに使《つか》われます。

四年

必

おん　ヒツ

くん　かなら-ず

5画［心1画］

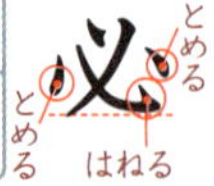

いみ

■ かならず。きっと。◈（必《かなら》ず要《い》る）必要《ひつよう》・必携《ひっけい》・必見《ひっけん》・必殺《ひっさつ》・必修《ひっしゅう》・必需品《ひつじゅひん》・必勝《ひっしょう》・必然《ひつぜん》・必着《ひっちゃく》

つかいかた

● 約束《やくそく》は必《かなら》ず守《まも》る。● 必死《ひっし》に勉強《べんきょう》する。

● 必勝《ひっしょう》をいのる。● 必読《ひつどく》の書《しょ》。

● 必要《ひつよう》な物《もの》をそろえる。

もっとしろう

● **必要《ひつよう》は発明《はつめい》の母《はは》** － 発明《はつめい》というものは、必要《ひつよう》にせまられたとき生《う》まれてくるものだということ。

なりたち

武器《ぶき》（ ）の柄《え》にあて木《ぎ》をそえてしめつけた形《かたち》（ ）からでき、「ほこの柄《え》」を表《あらわ》す字《じ》でしたが、のちに「かならず、きっと」のいみに使《つか》われるようになりました。

票

おん　ヒョウ

くん

11画［示6画］

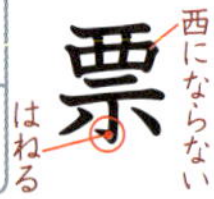

いみ

1 書《か》きつけのふだ。◈（内容《ないよう》を伝《つた》える票《ひょう》）伝票《でんぴょう》

2 選挙《せんきょ》に使《つか》うふだ。◈票決《ひょうけつ》・票田《ひょうでん》 ◈（票《ひょう》をさしだす〈投〉）投票《とうひょう》・開票《かいひょう》

つかいかた

● よく考《かんが》えて一票《いっぴょう》を投《とう》じる。

● 開票《かいひょう》の結果《けっか》を伝《つた》える。

● 得票《とくひょう》数《すう》を数《かぞ》える。

もっとしろう

● **票《ひょう》を読《よ》む** － 選挙《せんきょ》の得票《とくひょう》数《すう》を予測《よそく》すること。

なりたち

もとの字《じ》は㶾。火は「ひ」を表《あらわ》し、𦥑（フウ）がヒョウと変《か》わって読《よ》み方《かた》と「まいあがる」いみをしめしています。火《ひ》の粉《こ》がまいあがることを表《あらわ》しましたが、「ふだ」のいみに使《つか》われるようになりました。

標

おん　ヒョウ

くん

15画［木11画］

いみ

■ しるし。◈（しるし〈標〉を示《しめ》す）標示《ひょうじ》・標準《ひょうじゅん》・標的《ひょうてき》・標本《ひょうほん》 ◈座標《ざひょう》・指標《しひょう》・商標《しょうひょう》・道標《どうひょう》・墓標《ぼひょう》・門標《もんぴょう》

つかいかた

● 交通《こうつう》安全《あんぜん》の標語《ひょうご》。● 標高《ひょうこう》二《に》千《せん》メートル。

● 道路《どうろ》の標識《ひょうしき》。● 目標《もくひょう》を立《た》てる。

もっとしろう

● ［似《に》ている字《じ》に注意《ちゅうい》］

・標《ひょう》…標準《ひょうじゅん》・目標《もくひょう》

・票《ひょう》…票決《ひょうけつ》・投票《とうひょう》

・漂《ひょう》…漂流《ひょうりゅう》・漂《ただよ》う

なりたち

木は「き」を表《あらわ》し、票がヒョウという読《よ》み方《かた》と「高《たか》くあがる」いみをしめしています。「こずえ」を表《あらわ》す字《じ》でしたが、「しるし」のいみに使《つか》われるようになりました。

不

おん フ・ブ

くん

4画［一3画］

不 不 不 不

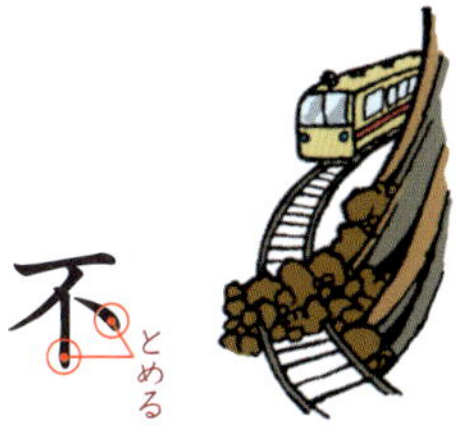

いみ

■…でない。⬘（安心《あんしん》できない（不））不安《ふあん》・不意《ふい》・不運《ふうん》・不可《ふか》・不快《ふかい》・不覚《ふかく》・不況《ふきょう》・不潔《ふけつ》・不幸《ふこう》・不在《ふざい》・不作《ふさく》・不思議《ふしぎ》・不時着《ふじちゃく》・不死身《ふじみ》・不信《ふしん》・不正《ふせい》・不戦勝《ふせんしょう》・不調《ふちょう》・不通《ふつう》・不定《ふてい》・不当《ふとう》・不動《ふどう》・不能《ふのう》・不備《ふび》・不服《ふふく》・不平《ふへい》・不便《ふべん》・不満《ふまん》・不毛《ふもう》・不用《ふよう》・不要《ふよう》・不漁《ふりょう》・不和《ふわ》

つかいかた

●**不順**《ふじゅん》な天候《てんこう》。●何《なに》も**不足**《ふそく》はない。

●**不良品**《ふりょうひん》を返《かえ》す。●**親不孝**《おやふこう》な子《こ》ども。

●**行方不明**《ゆくえふめい》になる。

なりたち

花《はな》のつけ根《ね》がふくらんだ形《かたち》（）をしめし、「おおきい」いみを表《あらわ》す字《じ》でしたが、おもにようすを表《あらわ》すことばの上《うえ》について、そのようすを「打《う》ち消《け》す」はたらきをするようになりました。

夫

おん フ・（フウ）

くん おっと

4画［大1画］

夫 夫 夫 夫

いみ

1 おっと。⬘（夫《おっと》と妻《つま》）夫妻《ふさい》・夫婦《ふうふ》

2 おとこ。⬙（農業《のうぎょう》をする人《ひと》（夫））農夫《のうふ》・漁夫《ぎょふ》・水夫《すいふ》

つかいかた

●**夫**《おっと》と妻《つま》。●**夫人**《ふじん》同伴《どうはん》で旅行《りょこう》する。

もっとしろう

●**夫婦**《ふうふ》**げんかは犬**《いぬ》**も食**《く》**わぬ**－夫婦《ふうふ》はけんかしてもその時《とき》だけですぐ仲《なか》なおりをするから、他人《たにん》がよけいな口出《くちだ》しをしないほうがよい。

なりたち

立《た》っている人《ひと》（大）に、横棒《よこぼう》を加《くわ》えて、人《ひと》が成人《せいじん》し、かんむりをつけ、かんざしをさしていることを表《あらわ》し、「一人前《いちにんまえ》の男《おとこ》、おっと」のいみを表《あらわ》します。

とくべつなよみ

夫《ふう》・夫婦《ふうふ》

※「フウ」という読《よ》み―工《く》

付

おん フ

くん つ-ける・つ-く

5画［亻3画］

付 付 付 付 付

いみ

1 つける。⬘（付《つ》け加《くわ》える）付加《ふか》・付記《ふき》・付《ふ》近《きん》・付着《ふちゃく》⬙受付《うけつけ》・番付《ばんづけ》・日付《ひづけ》

2 あたえる。⬙寄付《きふ》・給付《きゅうふ》・交付《こうふ》・送付《そうふ》・添付《てんぷ》・納付《のうふ》

つかいかた

●名札《なふだ》を**付**《つ》**ける**。●実力《じつりょく》が**付**《つ》**く**。

●駅《えき》の**付近**《ふきん》。●大学《だいがく》に**付属**《ふぞく》する中学校《ちゅうがっこう》。

●雑誌《ざっし》の**付録**《ふろく》。

もっとしろう

●**付和雷同**《ふわらいどう》－はっきりした考《かんが》えを持《も》たないで、他人《たにん》の意見《いけん》にすぐに同調《どうちょう》すること。

なりたち

もとの形《かたち》は。人《ひと》（亻）に手《て》（）をさしだすさまで、人《ひと》に「あたえる」いみを表《あらわ》しています。

つかいわけ

●**就**《つ》**く・付**《つ》**く・着**《つ》**く** →〈就《しゅう》〉438ページ

府

8画［广5画］

おん　フ

くん

府　はらう　はねる

いみ

1 役所《やくしょ》。◆政府《せいふ》

2 （地方公共団体《ちほうこうきょうだんたい》の）ふ。◆（府《ふ》の役所《やくしょ》〈庁〉）府庁《ふちょう》・府知事《ふちじ》

3 中心地《ちゅうしんち》。みやこ。◆（中心《ちゅうしん》〈首〉となるみやこ〈府〉）首府《しゅふ》

つかいかた

● 学問《がくもん》の**府**《ふ》。● **府立**《ふりつ》の図書館《としょかん》。

● 江戸《えど》に**幕府**《ばくふ》をひらく。

もっとしろう

●［府《ふ》］

日本《にほん》の都道府県《とどうふけん》で、「府《ふ》」のつくところは「京都府《きょうとふ》」と「大阪府《おおさかふ》」の二《ふた》つです。

なりたち

广は家《いえ》で、付がフという読《よ》み方《かた》と「集《あつ》まる」いみをしめしています。物《もの》が集《あつ》まって入《はい》っている家《いえ》を表《あらわ》し、「くら、役《やく》所《しょ》」のいみに使《つか》われます。

阜

8画［阜0画］

おん　フ

くん

阜　はねない

いみ

■ 土《つち》の山《やま》。おか。

もっとしろう

●［おか］

「おか」を表《あらわ》す漢字《かんじ》には、「阜」のほかに「丘」と「岡」もあります。ふつう、小高《こだか》い山《やま》を表《あらわ》す場合《ばあい》は「丘《おか》」の字《じ》を使《つか》います。「岡《おか》」は主《おも》に地名《ちめい》に使《つか》います。

●［こざとへん（阝）］

「阜」は漢字《かんじ》の「へん」になると、「こざとへん（阝）」の形《かたち》になります。

なりたち

切《き》り立《た》った大地《だいち》の側面《そくめん》につけた階段《かいだん》の形《かたち》（𨸏）からできた字《じ》で、「おか」のいみに使《つか》われます。

とくべつなよみ

※「フ」という読《よ》み―岐阜県《ぎふけん》

富

12画［宀9画］

おん　フ・（フウ）

くん　と-む・とみ

富　わすれない　おおきく

いみ

■ ゆたか。◆（富《と》む・ゆたか〈裕〉）富裕《ふゆう》・富《ふ》豪《ごう》・富貴《ふうき》（ふっき）◆貧富《ひんぷ》・豊富《ほうふ》

つかいかた

● 経験《けいけん》に**富《と》む**。● **富**《とみ》をたくわえる。

● **貧富**《ひんぷ》の差《さ》をなくす。● **豊富**《ほうふ》な資源《しげん》。

もっとしろう

● **富国強兵**《ふこくきょうへい》－国《くに》を豊《ゆた》かにし、兵力《へいりょく》を増強《ぞうきょう》すること。（明治時代《めいじじだい》、日本《にほん》が積極的《せっきょくてき》に行《おこな》った政策《せいさく》。もともとは中国《ちゅうごく》のことば）

なりたち

宀が家《いえ》を表《あらわ》し、畐がフという読《よ》み方《かた》と「ゆたか」のいみをしめしています。家《いえ》の中《なか》がゆたかなことから、「とむ」いみに使《つか》われます。

とくべつなよみ

※「フウ」という読《よ》み―富《ふう》貴《き》（ふっき）

※「富山県」は「とやまけん」と読《よ》みます。

四年

副

おん フク

くん

11画［刂9画］

副 はねる

いみ

■おもなものにそえる。
副詞《ふくし》・副食物《ふくしょくぶつ》・副題《ふくだい》・副読本《ふくどくほん》
◆副業《ふくぎょう》・副産物《ふくさんぶつ》・
◆正副《せいふく》

つかいかた

●正《せい》と**副**《ふく》。●薬《くすり》の**副作用**《ふくさよう》を心配《しんぱい》する。
●**副議長**《ふくぎちょう》を務《つと》める。●**副賞**《ふくしょう》をもらう。

もっとしろう

●［副食物《ふくしょくぶつ》］
「副食物」は、「副《ふく》の食物《しょくもつ》」ではなく、「副食《ふくしょく》の物《もの》」なので、「副食物《ふくしょくぶつ》」が正《ただ》しい読《よ》み方《かた》です。「副食《ふくしょく》」ともいい、「副食《ふくしょく》」の対語《たいご》は「主《しゅ》食《しょく》」です。

なりたち

刂は刀《かたな》を表《あらわ》し、畐がフクという読《よ》み方《かた》と「半分《はんぶん》にする」いみをしめしています。刀《かたな》で二《ふた》つに切《き》りさくいみの字《じ》です。二《ふた》つになることから「そえる」いみに使《つか》われます。

兵

おん ヘイ・ヒョウ

くん

7画［八5画］

兵 はらう とめる

いみ

1 たたかう人《ひと》。へいたい。
◆(兵隊《へいたい》の宿舎《しゅくしゃ》)
兵舎《へいしゃ》・兵士《へいし》・兵卒《へいそつ》・兵隊《へいたい》
◆騎兵《きへい》・出兵《しゅっぺい》・
将兵《しょうへい》・水兵《すいへい》・派兵《はへい》・番兵《ばんぺい》・歩兵《ほへい》・雑兵《ぞうひょう》

2 いくさ。◆兵法《へいほう》(ひょうほう)・兵糧《ひょうろう》

つかいかた

●陸軍《りくぐん》の**兵**《へい》。●**兵器**《へいき》を使《つか》う。●敵《てき》の**兵士**《へいし》。
●**兵力**《へいりょく》を増強《ぞうきょう》する。

もっとしろう

●**兵《へい》を挙《あ》げる**－軍隊《ぐんたい》をつくって、いくさをしかける。挙兵《きょへい》する。
●**短兵急**《たんぺいきゅう》－刀《かたな》などの短《みじか》い兵器《へいき》をふりかざして、急《きゅう》に敵陣《てきじん》に攻《せ》めこむいみから、とつぜん、だしぬけのようす。

なりたち

おの（⺀）を両手《りょうて》（廾）で持《も》っている形《かたち》（𠔉）からできた字《じ》で、「武器《ぶき》、兵隊《へいたい》、いくさ」のいみを表《あらわ》しています。

別

おん ベツ

くん わか-れる

7画［刂5画］

別 はねる

いみ

1 わかれる。わける。◆別居《べっきょ》 ◆(送《おく》って別《わか》れる) **送別**《そうべつ》・鑑別《かんべつ》・区別《くべつ》・戸別《こべつ》・個別《こべつ》・
告別《こくべつ》・差別《さべつ》・識別《しきべつ》・種別《しゅべつ》・生別《せいべつ》・性別《せいべつ》・
選別《せんべつ》・判別《はんべつ》・分別《ふんべつ》(ぶんべつ)・離別《りべつ》

2 ほかの。ちがうもの。◆別格《べっかく》・別口《べつくち》・別《べっ》
件《けん》・別個《べっこ》・別紙《べっし》・別室《べっしつ》・別状《べつじょう》・別人《べつじん》・別《べっ》
世界《せかい》・別荘《べっそう》・別段《べつだん》・別天地《べってんち》・別表《べっぴょう》

つかいかた

●**別**《べつ》の場所《ばしょ》に行《い》く。●友《とも》だちと**別れる**《わか》。
●**別れ**《わか》のことば。●**特別**《とくべつ》な日《ひ》。

なりたち

刂は刀《かたな》を表《あらわ》し、另は骨《ほね》を表《あらわ》しています。刀《かたな》（刂）で骨《ほね》と肉《にく》をきりわけることから、「わかれる、べつ」のいみに使《つか》われます。

つかいわけ

●**分**《わ》**かれる・別**《わか》**れる** →〈分《ぶん》〉189ページ

辺

5画［辶2画］

おん　ヘン

くん　あた-り・べ

辺　はねる　みぎへはらう

いみ

1 ほとり。ふち。◆(川《かわ》のほとり〔辺〕)川《かわ》辺《べ》・近辺《きんぺん》・周辺《しゅうへん》・身辺《しんぺん》・海辺《うみべ》・岸辺《きしべ》・窓辺《まどべ》

2 はて。◆辺境《へんきょう》・辺地《へんち》

3 へん。図形《ずけい》をつくる直線《ちょくせん》。◆一辺《いっぺん》・底辺《ていへん》

つかいかた

● この辺《へん》に店《みせ》はない。● 辺《あた》りを見回《みまわ》す。

● 辺境《へんきょう》の地《ち》。● 平行四辺形《へいこうしへんけい》をかく。

● 水辺《みずべ》で遊《あそ》ぶ。

もっとしろう

● 辺《あた》りをはらう－周《まわ》りの人《ひと》を寄《よ》せつけないほど堂々《どうどう》として勢《いきお》いがある。

なりたち

古《ふる》い字《じ》は邊。辶は道《みち》を表《あらわ》し、臱がヘンという読《よ》み方《かた》と「両《りょう》わき」のいみをしめしています。道《みち》のはしを表《あらわ》し、「ほとり」のいみに使《つか》われます。

変

9画［夂6画］

おん　ヘン

くん　か-わる・か-える

変　ひだりへちいさくはらう　とめる

いみ

1 かわる。◆変革《へんかく》・変換《へんかん》・変形《へんけい》・変更《へんこう》・変《へん》色《しょく》・変心《へんしん》・変身《へんしん》・変遷《へんせん》・変装《へんそう》・変造《へんぞう》・変《へん》速《そく》・変動《へんどう》・変名《へんめい》◆一変《いっぺん》・急変《きゅうへん》・不変《ふへん》

2 ふつうでない。◆変異《へんい》・変事《へんじ》・変種《へんしゅ》・変《へん》人《じん》・変則《へんそく》◆異変《いへん》・事変《じへん》・大変《たいへん》

つかいかた

● 変《へん》な音《おと》。● 色《いろ》が変《か》わる。● 姿《すがた》を変《か》える。

● 気温《きおん》の変化《へんか》。

なりたち

古《ふる》い字《じ》は變。䜌(レン)がヘンと変《か》わって読《よ》み方《かた》と、糸《いと》がもつれることをしめし、夊(攴)は強制《きょうせい》するいみをもっています。乱《みだ》れたものをあらためることから、「かえる」いみに使《つか》われます。

つかいわけ

● 変《か》える・代《か》える

変《か》える…色《いろ》を変《か》える。髪形《かみがた》を変《か》える。

代《か》える…あいさつに代《か》える。命《いのち》に代《か》える。

便

9画［亻7画］

おん　ベン・ビン

くん　たよ-り

便　ださない　だす

いみ

1 つごうがよい。◆便法《べんぽう》・便利《べんり》・便乗《びんじょう》・便《びん》船《せん》◆簡便《かんべん》・不便《ふべん》・方便《ほうべん》

2 たより。◆便箋《びんせん》◆航空便《こうくうびん》

3 大《だい》べん。小《しょう》べん。◆便意《べんい》・便器《べんき》・便所《べんじょ》・便通《べんつう》・便秘《べんぴ》◆検便《けんべん》・小便《しょうべん》・大便《だいべん》・用便《ようべん》

つかいかた

● 交通《こうつう》の便《べん》がいい。● 次《つぎ》の便《びん》で送《おく》る。

● 故郷《こきょう》からの便《たよ》り。● 郵便物《ゆうびんぶつ》を配達《はいたつ》する。

もっとしろう

● 便《たよ》りのないのは良《よ》い便《たよ》り－何《なん》の便《たよ》りもないのは、無事《ぶじ》でいる証拠《しょうこ》だから、しばらく便《たよ》りがなくてもそれほど心配《しんぱい》することはない。

なりたち

亻は人《ひと》を表《あらわ》し、更は「改《あらた》める」いみをもっています。人《ひと》が悪《わる》いところを改《あらた》めて「つごうがよい」いみを表《あらわ》します。

四年

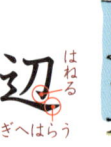

包

5画［勹3画］

おん　ホウ

くん　つつ-む

包包包包包

包　うえにださない　うえにはねる

いみ

■つつむ。かこむ。ふくむ。◆(包《つつ》む・囲《かこ》む)包囲《ほうい》・包含《ほうがん》・包装《ほうそう》・包容力《ほうようりょく》　◆内包《ないほう》・小包《こづつみ》

つかいかた

●ふろしきに包《つつ》む。●包《つつ》みをとく。●敵陣《てきじん》を包囲《ほうい》する。●包帯《ほうたい》を巻《ま》く。●荷物《にもつ》を梱包《こんぽう》する。

もっとしろう

●［小包《こづつみ》］

「つつみ」は「包《つつ》み」と書《か》きますが、「こづつみ」はとくべつに送《おく》りがなをつけずに「小包《こづつみ》」と書《か》きます。

なりたち

もとの形《かたち》は（包の古い字形）。人《ひと》がおなかの中《なか》に子《こ》をかかえているようすを表《あらわ》しています。かかえていることから、「つつむ」いみに使《つか》われます。

法

8画［氵5画］

おん　ホウ・(ハッ・ホッ)

くん

法法法法法法法法

法　ながく　とめる

いみ

1 おきて。さだめ。◆法案《ほうあん》・法規《ほうき》・法治《ほうち》・法廷《ほうてい》・法定《ほうてい》・法令《ほうれい》・法度《はっと》　◆違法《いほう》・憲法《けんぽう》・合法《ごうほう》・司法《しほう》・不法《ふほう》・民法《みんぽう》・無法《むほう》・立法《りっぽう》

2 やりかた。きまり。◆法則《ほうそく》　◆泳法《えいほう》・技法《ぎほう》・作法《さほう》・手法《しゅほう》・寸法《すんぽう》・戦法《せんぽう》・文法《ぶんぽう》・兵法《へいほう》(ひょうほう)・方法《ほうほう》・魔法《まほう》・用法《ようほう》・論法《ろんぽう》

3 ほとけの教《おし》え。◆法師《ほうし》　◆説法《せっぽう》

つかいかた

●法《ほう》の下《もと》の平等《びょうどう》。●法律《ほうりつ》を定《さだ》める。

なりたち

もとの字《じ》は灋。氵は水《みず》、廌はしかに似《に》た珍獣《ちんじゅう》、去はしりぞけるいみを表《あらわ》しています。水《みず》で囲《かこ》んで廌が出《で》られないようにすることを表《あらわ》し、行《い》き過《す》ぎをおさえる「おきて」のいみに使《つか》われます。

とくべつなよみ

―法度《はっと》・法主《ほっす》(ほうしゅ)

※「ハッ・ホッ」という読《よ》み

望

11画［月7画］

おん　ボウ・(モウ)

くん　のぞ-む

望望望望望望望望

望　だす　はねる

いみ

1 遠《とお》くを見《み》る。◆望郷《ぼうきょう》　◆一望《いちぼう》・遠望《えんぼう》

2 ねがう。◆望外《ぼうがい》　◆(願《ねが》い・望《のぞ》み)願望《がんぼう》・希望《きぼう》・志望《しぼう》・失望《しつぼう》・切望《せつぼう》・絶望《ぜつぼう》・待望《たいぼう》・熱望《ねつぼう》・野望《やぼう》・要望《ようぼう》・欲望《よくぼう》・所望《しょもう》・大望《たいもう》(たいぼう)・本望《ほんもう》

3 よい評判《ひょうばん》。◆人望《じんぼう》

つかいかた

●遠《とお》く山《やま》を望《のぞ》む。●望《のぞ》ましい態度《たいど》。●望《のぞ》みがかなう。●望遠鏡《ぼうえんきょう》をのぞく。●友《とも》だちからの信望《しんぼう》が厚《あつ》い。●有望《ゆうぼう》な新人《しんじん》。●展望台《てんぼうだい》に上《のぼ》る。

なりたち

もとの字《じ》は朢。目《め》を見《み》はって（臣の古い字形）背《せ》のびをして（𡈼の古い字形）遠《とお》くをのぞんでいる形《かたち》の𦣠(ボウ)に、月を加《くわ》えて、満月《まんげつ》を遠くのぞみ見《み》ることを表《あらわ》し、「満月《まんげつ》、のぞむ」のいみに使《つか》われます。

四年

牧

8画［牛4画］

おん　ボク

くん　(まき)

いみ

■ **動物《どうぶつ》を放《はな》し飼《が》いにする。**◈(牛《うし》を放《はな》し飼《が》い〈牧〉にする) 牧牛《ぼくぎゅう》・牧場《ぼくじょう》(まき)(ば)・牧畜《ぼくちく》・牧《ぼく》童《どう》・牧歌《ぼっか》 ◈遊牧《ゆうぼく》

つかいかた

● 牧場《ぼくじょう》を見学《けんがく》する。 ● 牧草《ぼくそう》をかり取《と》る。

● 牛《うし》や馬《うま》を放牧《ほうぼく》する。

もっとしろう

● ［牧師《ぼくし》］

羊《ひつじ》や牛《うし》を養《やしな》うことから、「牧《ぼく》」は「教《おし》え導《みちび》く」のいみももち、人《ひと》を教《おし》え導《みちび》く、キリスト教《きょう》の指導者《しどうしゃ》を「牧師《ぼくし》」といいます。

なりたち

牛は「うし」を表《あらわ》し、攵(ホク)がボクと変《か》わって読《よ》み方《かた》と「打《う》つ」いみをしめしています。棒《ぼう》で牛《うし》を追《お》いたてて飼《か》うことを表《あらわ》し、「放《はな》し飼《が》い」のいみに使《つか》われます。

末

5画［木1画］

おん　マツ・(バツ)

くん　すえ

いみ

1 **はし。おわりのほう。**◈(おわりの〈末〉時《じ》期《き》) 末期《まっき》(まつ)(ご)・末日《まつじつ》・末席《まっせき》(ばっ)(せき)・末代《まつだい》・末端《まったん》・末尾《まつび》・末路《まつろ》 ◈巻末《かんまつ》・結末《けつまつ》・月末《げつまつ》・始末《しまつ》・週末《しゅうまつ》・終末《しゅうまつ》・年末《ねんまつ》・幕末《ばくまつ》・場末《ばすえ》

2 **つまらないもの。**◈粗末《そまつ》

3 **こまかいもの。**◈粉末《ふんまつ》

つかいかた

● 苦心《くしん》の末《すえ》に完成《かんせい》する。 ● 期末《きまつ》の試験《しけん》。

● 悲《かな》しい結末《けつまつ》をむかえる。

もっとしろう

● **末広《すえひろ》がり**－①物事《ものごと》がだんだんよくなり、さかんになっていくこと。②せんす。

なりたち

木《き》の上《うえ》に線《せん》をひいた形《かたち》(末)からでき、木《き》の先《さき》の端《はし》をしめしている字《じ》です。「先《さき》の方《ほう》」のいみから、「すえ、おわり」のいみに使《つか》われます。

満

12画［氵9画］

おん　マン

くん　み-ちる・み-たす

いみ

■ **みちる。すべて。**◈(満《み》ち足《た》りる) 満足《まんぞく》・満員《まんいん》・満期《まんき》・満月《まんげつ》・満室《まんしつ》・満車《まんしゃ》・満場《まんじょう》・満水《まんすい》・満席《まんせき》・満潮《まんちょう》・満点《まんてん》・満腹《まんぷく》・満塁《まんるい》 ◈円満《えんまん》・干満《かんまん》・充満《じゅうまん》・肥満《ひまん》・不満《ふまん》・未満《みまん》

つかいかた

● 潮《しお》が満《み》ちる。 ● 要求《ようきゅう》を満《み》たす。

● 満開《まんかい》の桜《さくら》。 ● 満身《まんしん》の力《ちから》をこめる。

もっとしろう

● **満場一致《まんじょういっち》**－その場《ば》にいる全員《ぜんいん》の意見《いけん》が一《ひと》つにまとまること。

● **満《まん》を持《じ》する**－じゅうぶんに用意《ようい》して待《ま》ちうける。

なりたち

古《ふる》い字《じ》は滿。氵は水《みず》を表《あらわ》し、㒼がマンという読《よ》み方《かた》と「たいら」のいみをしめしています。水《みず》がふちとたいらになることから、「みちる」いみに使《つか》われます。

未

おん　ミ

くん

5画［木1画］

未 未 未 未 未

いみ

1 まだ…していない。◆（まだ〈未〉完成《かんせい》していない）未完《みかん》・未解決《みかいけつ》・未決《みけつ》・未婚《みこん》・未熟《みじゅく》・未遂《みすい》・未知《みち》・未着《みちゃく》・未定《みてい》・未納《みのう》・未満《みまん》・未明《みめい》・未来《みらい》・未練《みれん》

2 十二支《じゅうにし》の八番《はちばん》め。ひつじ。

つかいかた

●未開《みかい》の原野《げんや》。●未成年《みせいねん》の飲酒禁止《いんしゅきんし》。●事故《じこ》を未然《みぜん》に防《ふせ》ぐ。●未知《みち》の世界《せかい》。

もっとしろう

●未曽有《みぞう》―「未《いま》だ曽《か》って有《あ》らず」のいみから、むかしから今《いま》までまだ一度《いちど》も起《お》きたことがないこと。

なりたち

木《き》の先《さき》に小枝《こえだ》のでた形《かたち》（木）からできた字《じ》です。木《き》のしげることを表《あらわ》す字《じ》でしたが、のちに「まだ…ない」のいみに使《つか》われるようになりました。

民

おん　ミン

くん　（たみ）

5画［氏1画］

民 民 民 民 民

いみ

■たみ。ふつうの人《ひと》びと。◆民営《みんえい》・民家《みんか》・民芸《みんげい》・民権《みんけん》・民衆《みんしゅう》・民宿《みんしゅく》・民俗《みんぞく》・民族《みんぞく》・民法《みんぽう》◆移民《いみん》・漁民《ぎょみん》・国民《こくみん》・市民《しみん》・住民《じゅうみん》・庶民《しょみん》・人民《じんみん》・村民《そんみん》・町民《ちょうみん》・農民《のうみん》・貧民《ひんみん》

つかいかた

●民《たみ》の声《こえ》をきく。●民間《みんかん》の会社《かいしゃ》。●民話《みんわ》を語《かた》りつぐ。●難民《なんみん》を救《すく》う。

もっとしろう

●［民族《みんぞく》と民俗《みんぞく》］
同《おな》じ人種《じんしゅ》で、同《おな》じことばや習慣《しゅうかん》をもつ集団《しゅうだん》を「民族《みんぞく》」、民間《みんかん》に古《ふる》くから伝《つた》わる習慣《しゅうかん》や言《い》い伝《つた》えを「民俗《みんぞく》」といいます。

なりたち

もと、針《はり》（十）で目《め》（目）を突《つ》きさすさま（民）で、目《め》をみえなくしたどれいを表《あらわ》し、のちに「たみ」のいみに使《つか》われるようになりました。

無

おん　ム・ブ

くん　な-い

12画［灬8画］

無 無 無 無 無 無 無 無

いみ

■ない。◆（限《かぎ》りが無《な》い）無限《むげん》・無益《むえき》・無害《むがい》・無期《むき》・無傷《むきず》・無休《むきゅう》・無口《むくち》・無形《むけい》・無効《むこう》・無言《むごん》・無罪《むざい》・無残《むざん》・無視《むし》・無実《むじつ》・無情《むじょう》・無色《むしょく》・無職《むしょく》・無数《むすう》・無線《むせん》・無知《むち》・無敵《むてき》・無念《むねん》・無能《むのう》・無法《むほう》・無名《むめい》・無用《むよう》・無理《むり》・無料《むりょう》・無力《むりょく》・無難《ぶなん》・無礼《ぶれい》◆有無《うむ》

つかいかた

●努力《どりょく》が無《む》になる。●何《なに》も無《な》い。●無二《むに》の親友《しんゆう》。●無事《ぶじ》に帰《かえ》る。

なりたち

たもとにかざりをつけて舞《ま》う形《かたち》（无）からできた字《じ》で、「舞《ま》う」ことを表《あらわ》していましたが、「ない」いみに使《つか》われるようになりました。

つかいわけ

●無《な》い・亡《な》い
無《な》い…お金《かね》が無《な》い。
亡《な》い…今《いま》は亡《な》き人《ひと》。

約

9画［糸3画］

おん　ヤク

くん

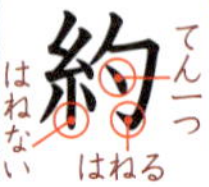

いみ

1 **とりきめる。** ◆（とりきめる〈約〉・まとめる〈束〉）約束《やくそく》 ◆違約《いやく》・解約《かいやく》・確約《かくやく》・規約《きやく》・契約《けいやく》・公約《こうやく》・婚約《こんやく》・条約《じょうやく》・誓約《せいやく》・密約《みつやく》

2 **ちぢめる。** ◆約数《やくすう》・約分《やくぶん》 ◆倹約《けんやく》・公約《こうやく》数《すう》・制約《せいやく》・要約《ようやく》

3 **およそ。** ◆約半分《やくはんぶん》

つかいかた

● 約《やく》三万人《さんまんにん》の観客《かんきゃく》。 ● 再会《さいかい》を約《やく》す。

● こづかいを節約《せつやく》する。

● ホテルを予約《よやく》する。 ● 要約《ようやく》して話《はな》す。

なりたち

糸は「いと」を表《あらわ》し、勺（シャク）がヤクと変《か》わって読《よ》み方《かた》と「しめつける」いみをしめしています。糸《いと》でしばることを表《あらわ》し、「まとめる、ちぢめる」いみに使《つか》われます。

勇

9画［力7画］

おん　ユウ

くん　いさ-む

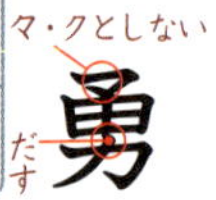

いみ

■ **いさましい。** ◆（勇《いさ》ましい者《もの》）勇者《ゆうしゃ》・勇《ゆう》敢《かん》・勇士《ゆうし》・勇姿《ゆうし》・勇退《ゆうたい》・勇名《ゆうめい》・勇猛《ゆうもう》・勇躍《ゆうやく》 ◆武勇《ぶゆう》

つかいかた

● 勇《いさ》ましい姿《すがた》。 ● 喜《よろこ》び勇《いさ》む。

● 勇《いさ》んで出《で》かける。 ● 勇気《ゆうき》を出《だ》す。

もっとしろう

● **勇将《ゆうしょう》の下《もと》に弱卒《じゃくそつ》なし**－（勇《いさ》ましい将軍《しょうぐん》のもとには弱《よわ》い兵士《へいし》はいないということから）上《うえ》に立《た》つ人《ひと》がりっぱでしっかりしていれば、下《した》にいる人《ひと》はそれにならってしっかりするものだというたとえ。

なりたち

力は「ちから」を表《あらわ》し、甬がユウという読《よ》み方《かた》と「わき出《で》る」いみをしめしています。力《ちから》がわき出《で》ることを表《あらわ》し、「いさましい」いみに使《つか》われます。

要

9画［覀3画］

おん　ヨウ

くん　かなめ・（い-る）

いみ

1 **だいじなところ。かなめ。** ◆要因《よういん》・要項《ようこう》・要綱《ようこう》・要旨《ようし》・要所《ようしょ》・要職《ようしょく》・要人《ようじん》・要素《ようそ》・要約《ようやく》・要領《ようりょう》 ◆主要《しゅよう》・重要《じゅうよう》

2 **もとめる。** ◆要求《ようきゅう》・要請《ようせい》・要望《ようぼう》 ◆強要《きょうよう》・需要《じゅよう》

つかいかた

● 長《なが》い年月《ねんげつ》を要《よう》する研究《けんきゅう》。 ● お金《かね》が要《い》る。

● 要点《ようてん》を話《はな》す。 ● 会社《かいしゃ》までの所要時間《しょようじかん》。

● 必要《ひつよう》な品《しな》をそろえる。

もっとしろう

● **要領《ようりょう》をえない**－何《なに》を言《い》おうとしているのかはっきりしない。わけがわからない。

なりたち

人《ひと》が両手《りょうて》を腰《こし》のところにあてているようす（）で、「こし」を表《あらわ》している字《じ》です。「かなめ、もとめる」のいみに使《つか》われます。

養

15画［食6画］

おん ヨウ

くん やしな-う

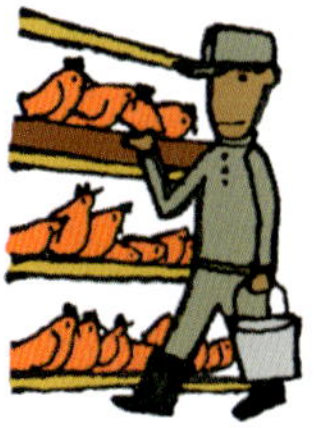

養 美にならない

いみ

1 やしなう。力《ちから》をつける。◆（養《やしな》い育《そだ》てる）

養育《よういく》・養魚《ようぎょ》・養鶏《ようけい》・養護《ようご》・養蚕《ようさん》・養子《ようし》・養女《ようじょ》・養生《ようじょう》・養殖《ようしょく》・養豚《ようとん》・養父《ようふ》・養分《ようぶん》・養母《ようぼ》・養老《ようろう》 ◆休養《きゅうよう》・孝養《こうよう》・滋養《じよう》・扶養《ふよう》・保養《ほよう》・療養《りょうよう》

2 心《こころ》をゆたかにする。◆修養《しゅうよう》・素養《そよう》

つかいかた

- 家族《かぞく》を**養《やしな》う**。
- 英気《えいき》を**養《やしな》う**。
- 新人《しんじん》を**養成《ようせい》**する。
- **栄養《えいよう》**をとる。
- **教養《きょうよう》**を身《み》につける。
- 温泉《おんせん》で**静養《せいよう》**する。

なりたち

食は食《た》べ物《もの》を表《あらわ》し、羊がヨウという読《よ》み方《かた》と「すすめる」いみをしめしています。食事《しょくじ》をすすめることを表《あらわ》し、「やしなう」いみに使《つか》われます。

浴

10画［氵7画］

おん ヨク

くん あ-びる・あ-びせる

浴 火にならない そろえる

いみ

■ あびる。◆浴室《よくしつ》・浴場《よくじょう》 ◆海水浴《かいすいよく》・森林《しんりん》浴《よく》・日光浴《にっこうよく》・入浴《にゅうよく》

つかいかた

- 朝日《あさひ》を**浴《あ》びる**。
- 質問《しつもん》を**浴《あ》びる**。
- **浴槽《よくそう》**につかる。

もっとしろう

- ［いろいろな「浴《あ》びる」］
  - ・注目《ちゅうもく》を浴《あ》びる。
  - ・火《ひ》の粉《こ》を浴《あ》びる。
  - ・非難《ひなん》を浴《あ》びる。
  - ・拍手《はくしゅ》を浴《あ》びる。
  - ・シャワーを浴《あ》びる。

なりたち

氵は水《みず》を表《あらわ》し、谷（コク）がヨクと変《か》わって読《よ》み方《かた》と「入《はい》る」いみをしめしています。水《みず》に入《はい》りからだを洗《あら》うことから、「あびる」いみに使《つか》われます。

とくべつなよみ

浴衣《ゆかた》

利

7画［刂5画］

おん リ

くん （き-く）

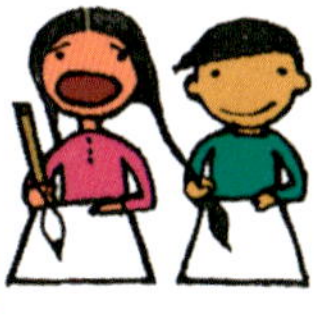

利 とめる とめる はねる

いみ

1 するどい。◆鋭利《えいり》

2 すばやい。かしこい。◆利口《りこう》

3 つごうがよい。役立《やくだ》つ。◆利己《りこ》・利点《りてん》

4 とく。もうけ。◆利害《りがい》・利子《りし》・利息《りそく》 ◆権利《けんり》・不利《ふり》・便利《べんり》・有利《ゆうり》

つかいかた

- 地《ち》の**利《り》**をいかす。
- 機転《きてん》が**利《き》く**。
- **利益《りえき》**が上《あ》がる。
- 風力《ふうりょく》を**利用《りよう》**する。
- **権利《けんり》**と義務《ぎむ》。
- **勝利《しょうり》**をおさめる。

なりたち

禾はいねを表《あらわ》し、刀《かたな》（刂）と合《あ》わせて、いねを鋭《するど》い刃物《はもの》で切《き》るいみを表《あらわ》しています。「するどい」いみに使《つか》われます。

つかいわけ

- 効《き》く・利《き》く →〈効《こう》〉364ページ

とくべつなよみ

砂利《じゃり》

四年

陸

おん　リク

くん

11画［阝8画］

いみ

■りくち。陸地《りくち》・陸路《りくろ》・陸橋《りっきょう》 ◆（陸《りく》の上《うえ》）陸上《りくじょう》・陸軍《りくぐん》・陸送《りくそう》・離陸《りりく》 ◆上陸《じょうりく》・大陸《たいりく》・内陸《ないりく》・

つかいかた

●海《うみ》から陸《りく》に上《あ》がる。●台風《たいふう》が上陸《じょうりく》する。
●空港《くうこう》に着陸《ちゃくりく》する。

もっとしろう

●［陸《りく》の孤島《ことう》］
交通《こうつう》がひどく不便《ふべん》で、周《まわ》りからぽつんと離《はな》れてしまった土地《とち》を「陸《りく》の孤島《ことう》」といいます。「孤島《ことう》」は、海《うみ》の上《うえ》にただ一《ひと》つ離《はな》れてある島《しま》のことです。

なりたち

阝はおかを表《あらわ》し、坴（ロク）がリクと変《か》わって読《よ》み方《かた》と「つらなる」いみをしめしています。おかのつらなりから、「りくち」のいみに使《つか》われます。

良

おん　リョウ

くん　よ-い

7画［艮1画］

いみ

■よい。◆（良《よ》い薬《くすり》）良薬《りょうやく》・良家《りょうけ》（かりょう）・良好《りょうこう》・良質《りょうしつ》 ◆最良《さいりょう》・善良《ぜんりょう》・不良《ふりょう》・優良《ゆうりょう》

つかいかた

●良《よ》い成績《せいせき》。●良識《りょうしき》ある行動《こうどう》をとる。
●品質《ひんしつ》を改良《かいりょう》する。

なりたち

もとの形《かたち》は𥃩。穀物《こくもつ》をふるいにかけて、よいものを選《えら》んでいるようすからできた字《じ》です。「よい」いみに使《つか》われます。

つかいわけ

●良《よ》い・善《よ》い

「良《よ》い」はすぐれているときに使《つか》い、「善《よ》い」は道徳的《どうとくてき》に正《ただ》しいときに使《つか》います。

良《よ》い…成績《せいせき》が良《よ》い。品質《ひんしつ》が良《よ》い。

善《よ》い…善《よ》い行《おこな》い。

とくべつなよみ

野良《のら》

※「奈良県」は「ならけん」と読《よ》みます。

料

おん　リョウ

くん

10画［斗6画］

いみ

1 もとになるもの。◆料理《りょうり》 ◆衣料《いりょう》・原料《げんりょう》・材料《ざいりょう》・食料《しょくりょう》・染料《せんりょう》・調味料《ちょうみりょう》・塗料《とりょう》・肥料《ひりょう》

2 はらうお金《かね》。◆料金《りょうきん》 ◆送料《そうりょう》・手数料《てすうりょう》・無料《むりょう》

つかいかた

●給料《きゅうりょう》をもらう。●工作《こうさく》の材料《ざいりょう》。
●研究《けんきゅう》のための資料《しりょう》。●有料《ゆうりょう》の道路《どうろ》。

もっとしろう

●［料金《りょうきん》と代金《だいきん》］
「料金《りょうきん》」は、何《なに》かを使《つか》ったり手数《てすう》をかけたりしたことに対《たい》してはらうお金《かね》のことをいい、「代金《だいきん》」は、品物《しなもの》に対《たい》して買《か》う人《ひと》がはらうお金《かね》のことをいいます。

なりたち

物《もの》をはかる「ます」を表《あらわ》す斗に、米を合《あ》わせて、ますで米《こめ》をはかることから、「はかる」いみに使《つか》われます。

量

12画［里5画］

おん　リョウ
くん　はか-る

いみ

1 **はかる。** ◇（計《はか》る・量《はか》る）計量《けいりょう》・測量《そくりょう》

2 **物《もの》の重《おも》さや大《おお》きさ。** ◆量産《りょうさん》 ◇（少《すこ》しの量《りょう》）少量《しょうりょう》・雨量《うりょう》・質量《しつりょう》・重量《じゅうりょう》・水量《すいりょう》・数《すう》量《りょう》・多量《たりょう》・適量《てきりょう》・熱量《ねつりょう》・分量《ぶんりょう》・容量《ようりょう》

3 **心《こころ》や力《ちから》の大《おお》きさ。** ◇器量《きりょう》・技量《ぎりょう》・度量《どりょう》・力量《りきりょう》

つかいかた

- 食事《しょくじ》の量《りょう》が多《おお》い。
- 重《おも》さを量《はか》る。
- 音量《おんりょう》を調節《ちょうせつ》する。
- 降水量《こうすいりょう》を測《はか》る。
- 声量《せいりょう》が豊《ゆた》かな歌手《かしゅ》。
- 大量《たいりょう》の荷物《にもつ》を送《おく》る。

なりたち

品物《しなもの》を表《あらわ》す⊖と、おもさを表《あらわ》す重を合《あ》わせた字《じ》で、物《もの》のおもさを「はかる」いみを表《あらわ》します。

つかいわけ

- 測《はか》る・計《はか》る・図《はか》る・量《はか》る

↓〈測《そく》〉388ページ

輪

15画［車8画］

おん　リン
くん　わ

いみ

■ **わ。わのように回《まわ》る。** ◆輪作《りんさく》・輪唱《りんしょう》・輪《りん》読《どく》・輪番《りんばん》 ◇（車《くるま》の輪《わ》）車輪《しゃりん》・競輪《けいりん》・五《ご》輪《りん》・後輪《こうりん》・前輪《ぜんりん》・両輪《りょうりん》・腕輪《うでわ》・首輪《くびわ》・耳《みみ》輪《わ》

つかいかた

- 輪《わ》になっておどる。
- 三輪車《さんりんしゃ》に乗《の》る。
- 大輪《たいりん》のきくの花《はな》。
- 木《き》の年輪《ねんりん》。
- 指輪《ゆびわ》をはめる。

もっとしろう

- **輪《わ》をかける**－程度《ていど》をいっそう激《はげ》しくする。さらに大《おお》きくする。

なりたち

車は「くるま」を表《あらわ》し、侖がリンという読《よ》み方《かた》と「ならぶ」いみをしめしています。わのささえ棒《ぼう》がきちんと並《なら》んでいるくるまを表《あらわ》し、「わ」のいみに使《つか》われます。

類

18画［頁9画］

おん　ルイ
くん　たぐ-い

いみ

■ **おなじなかま。似《に》ているもの。** ◆類型《るいけい》・類書《るいしょ》・類焼《るいしょう》・類別《るいべつ》 ◇（同《おな》じなかま〈類〉）同類《どうるい》・衣類《いるい》・魚類《ぎょるい》・穀類《こくるい》・種類《しゅるい》・人類《じんるい》・鳥類《ちょうるい》・部類《ぶるい》・無類《むるい》

つかいかた

- 他《た》に類《るい》を見《み》ない技術《ぎじゅつ》。
- 書類《しょるい》を提出《ていしゅつ》する。
- 親類《しんるい》が集《あつ》まる。
- 本《ほん》を分類《ぶんるい》する。

もっとしろう

- **類《るい》をもって集《あつ》まる**－同《おな》じような人間《にんげん》が集《あつ》まって仲間《なかま》になる。「類《るい》は友《とも》を呼《よ》ぶ」と同《おな》じいみ。

なりたち

古《ふる》い字《じ》は類。頪（ライ）がルイと変《か》わって読《よ》み方《かた》と「にる」いみをしめしています。犬と合《あ》わせて、犬《いぬ》ににかよったものから、「にる、にかよったなかま」のいみに使《つか》われます。

四年

令

5画［人3画］

おん　レイ

くん

いみ

■さしず。きまり。◆（命令《めいれい》を伝《つた》える書状《しょじょう》）令状《れいじょう》 ◆司令《しれい》・指令《しれい》・辞令《じれい》・勅令《ちょくれい》・法令《ほうれい》

つかいかた

●禁令《きんれい》をおかす。●伝令《でんれい》を出《だ》す。●号令《ごうれい》をかける。●命令《めいれい》に従《したが》う。

もっとしろう

●［敬語《けいご》としての「令《れい》」］
他人《たにん》の親族《しんぞく》を敬《うやま》って、「令《れい》」をつけて呼《よ》ぶことがあります。
・妻《つま》…令室《れいしつ》・令夫人《れいふじん》　・娘《むすめ》…令嬢《れいじょう》
・息子《むすこ》…令息《れいそく》

なりたち

もとの形《かたち》は。が「あつめる」いみをもち、は人《ひと》がひざまずいている形《かたち》を表《あらわ》しています。人《ひと》をあつめてめいれいすることを表《あらわ》し、「おきて、いいつけ」のいみに使《つか》われます。

冷

7画［冫5画］

おん　レイ

くん　つめ-たい・ひ-える・ひ-や・ひ-やす・ひ-やかす・さ-める・さ-ます

いみ

1 温度《おんど》がひくい。◆（冷《つめ》たい水《みず》）冷水《れいすい》・冷《れい》夏《か》・冷害《れいがい》・冷気《れいき》・冷却《れいきゃく》・冷凍《れいとう》・冷房《れいぼう》 ◆寒冷《かんれい》

2 心《こころ》がつめたい。◆冷酷《れいこく》・冷笑《れいしょう》・冷淡《れいたん》

3 落《お》ち着《つ》いている。◆冷静《れいせい》

つかいかた

●冷《つめ》たい水《みず》。●からだが冷《ひ》える。●頭《あたま》を冷《ひ》やす。●お茶《ちゃ》が冷《さ》める。●お湯《ゆ》を冷《さ》ます。●冷害《れいがい》に見《み》まわれる。●食品《しょくひん》を冷蔵庫《れいぞうこ》にしまう。

なりたち

冫は氷《こおり》を表《あらわ》し、令がレイという読《よ》み方《かた》と「澄《す》んだ」いみをしめしています。澄《す》みきった氷《こおり》から、「つめたい、ひえる」いみに使《つか》われます。

例

8画［亻6画］

おん　レイ

くん　たと-える

いみ

1 いつものとおり。◆例会《れいかい》・例外《れいがい》・例祭《れいさい》 ◆慣例《かんれい》・恒例《こうれい》・通例《つうれい》・定例《ていれい》

2 たとえ。見本《みほん》。◆（例《れい》をあげて解説《かいせつ》する）例解《れいかい》・例文《れいぶん》 ◆異例《いれい》・先例《せんれい》・前例《ぜんれい》・特例《とくれい》・用例《ようれい》

つかいかた

●例《れい》を挙《あ》げる。●例《たと》えば十年後《じゅうねんご》の話《はなし》。●色《いろ》の白《しろ》さを雪《ゆき》に例《たと》える。●例題《れいだい》を解《と》く。●例年《れいねん》になく雪《ゆき》が少《すく》ない。●実例《じつれい》を示《しめ》す。

もっとしろう

●例《れい》によって－いつもと同《おな》じように。

なりたち

亻は人《ひと》を表《あらわ》し、列（レツ）がレイと変《か》わって読《よ》み方《かた》と「ならぶ」いみをしめしています。ならぶ人《ひと》から、「たとえる、にている、いつもの、みほん」のいみに使《つか》われます。

連

おん レン

くん つら-なる・つら-ねる・つ-れる

10画［⻌7画］

いみ

■つらなる。つながる。◆(連《つら》なり続《つづ》く)連《れん》続《ぞく》・連《れん》関《かん》・連《れん》記《き》・連《れん》休《きゅう》・連《れん》結《けつ》・連《れん》呼《こ》・連《れん》行《こう》・連《れん》合《ごう》・連《れん》載《さい》・連《れん》作《さく》・連《れん》山《ざん》・連《れん》日《じつ》・連《れん》勝《しょう》・連《れん》戦《せん》・連《れん》想《そう》・連《れん》打《だ》・連《れん》帯《たい》・連《れん》中《ちゅう》(れんじゅう)・連《れん》投《とう》・連《れん》動《どう》・連《れん》破《ぱ》・連《れん》覇《ぱ》・連《れん》敗《ぱい》・連《れん》発《ぱつ》・連《れん》邦《ぽう》・連《れん》峰《ぽう》・連《れん》名《めい》・連《れん》盟《めい》・連《れん》夜《や》・連《れん》立《りつ》
◆一《いち》連《れん》・関《かん》連《れん》・常《じょう》連《れん》

つかいかた

●車《くるま》が**連《つら》なる**。●名《な》を**連《つら》ねる**。
●子《こ》どもを公《こう》園《えん》に**連《つ》れて**ゆく。
●電《でん》車《しゃ》の**連《れん》結《けつ》器《き》**。●電《でん》話《わ》で**連《れん》絡《らく》**する。

なりたち

車は「くるま」を表《あらわ》し、⻌は道《みち》を歩《ある》くいみを表《あらわ》しています。車《くるま》がつらなって道《みち》を行《い》くことをしめす字《じ》で、「つらなる」いみに使《つか》われます。

老

おん ロウ

くん お-いる・(ふ-ける)

6画［老0画］

いみ

1 年《とし》をとる。としより。◆(老《お》いた後《あと》)老《ろう》後《ご》・老《ろう》化《か》・老《ろう》眼《がん》・老《ろう》朽《きゅう》・老《ろう》衰《すい》・老《ろう》年《ねん》・老《ろう》父《ふ》・老《ろう》母《ぼ》・老《ろう》齢《れい》◆敬《けい》老《ろう》・養《よう》老《ろう》
2 経《けい》験《けん》ゆたかな。◆老《ろう》巧《こう》・老《ろう》練《れん》
3 年《とし》をとって、とりしまる役《やく》の人《ひと》。◆家《か》老《ろう》・元《げん》老《ろう》・長《ちょう》老《ろう》

つかいかた

●めっきり**老《ふ》ける**。●**老《ろう》人《じん》**をいたわる。

もっとしろう

●**老《ろう》若《にゃく》男《なん》女《にょ》**－老《ろう》人《じん》も若《わか》者《もの》も男《おとこ》も女《おんな》も、だれもかれも。

なりたち

もとの形《かたち》は(古字形)。長《なが》い髪《かみ》(古字形)の、こしのまがった人《ひと》(古字形)がつえ(T)をついている形《かたち》からでき、「ろうじん」を表《あらわ》しています。「おいる」いみに使《つか》われます。

とくべつなよみ

老《し》舗《にせ》

労

おん ロウ

くん

7画［力5画］

いみ

■はたらく。ほねおり。◆(ほねをおって〔労〕作《つく》る)労《ろう》作《さく》・労《ろう》役《えき》・労《ろう》働《どう》・労《ろう》力《りょく》
◆慰《い》労《ろう》・勤《きん》労《ろう》・功《こう》労《ろう》・心《しん》労《ろう》・徒《と》労《ろう》・疲《ひ》労《ろう》

つかいかた

●**労《ろう》**をおしむ。●**過《か》労《ろう》**でたおれる。
●**苦《く》労《ろう》**が報《むく》いられる。

もっとしろう

●**労《ろう》をとる**－人《ひと》のために、めんどうがらずにしてあげる。
●**労《ろう》をねぎらう**－その人《ひと》の苦《く》労《ろう》に対《たい》して、礼《れい》を言《い》ったりいたわったりする。
●**労《ろう》多《おお》くして功《こう》なし**－苦《く》労《ろう》ばかり多《おお》くて、効《こう》果《か》が上《あ》がらない。

なりたち

古《ふる》い字《じ》は勞。ともしび(火)をならべて仕《し》事《ごと》(力)をすることから、「ほねをおって働《はたら》く」いみに使《つか》われます。

録

16画［金8画］

おん　ロク

くん

いみ

■しるす。◆（音《おと》を記録《きろく》する）録音《ろくおん》　◆採《さい》録《ろく》・収録《しゅうろく》・集録《しゅうろく》・登録《とうろく》・目録《もくろく》

つかいかた

●テレビ番組《ばんぐみ》を録画《ろくが》する。●記録《きろく》をつける。●雑誌《ざっし》の付録《ふろく》。

もっとしろう

●［「録《ろく》」のつくことば］
　つぎのような「録《ろく》」のつくことばは、上《うえ》のものの記録《きろく》であることをしめします。
・回想録《かいそうろく》・議事録《ぎじろく》・言行録《げんこうろく》・見聞録《けんぶんろく》・講義録《こうぎろく》・交友録《こうゆうろく》・住所録《じゅうしょろく》・備忘録《びぼうろく》

なりたち

古《ふる》い字《じ》は錄。金は「きん」を表《あらわ》し、彔がロクという読《よ》み方《かた》と「きらめく」いみをしめしています。金色《きんいろ》のきらめきを表《あらわ》しましたが、「しるす」いみに使《つか》われるようになりました。

●都道府県名《とどうふけんめい》の漢字《かんじ》をおぼえよう●

都道府県名《とどうふけんめい》の中《なか》には、小学校《しょうがっこう》で習《なら》う「おん」「くん」にないよみが使《つか》われていることがあります。特別《とくべつ》な読《よ》み方《かた》としておぼえておきましょう。

九州地方《きゅうしゅうちほう》
福岡県《ふくおかけん》　大分県《おおいたけん》
佐賀県《さがけん》　宮崎県《みやざきけん》
長崎県《ながさきけん》　鹿児島県《かごしまけん》
熊本県《くまもとけん》　沖縄県《おきなわけん》

中国地方《ちゅうごくちほう》
鳥取県《とっとりけん》
島根県《しまねけん》　広島県《ひろしまけん》
岡山県《おかやまけん》　山口県《やまぐちけん》

東北地方《とうほくちほう》
青森県《あおもりけん》　秋田県《あきたけん》
岩手県《いわてけん》　山形県《やまがたけん》
宮城県《みやぎけん》　福島県《ふくしまけん》

北海道地方《ほっかいどうちほう》
北海道《ほっかいどう》

関東地方《かんとうちほう》
茨城県《いばらきけん》
栃木県《とちぎけん》
群馬県《ぐんまけん》
埼玉県《さいたまけん》
千葉県《ちばけん》
東京都《とうきょうと》
神奈川県《かながわけん》

中部地方《ちゅうぶちほう》
新潟県《にいがたけん》
富山県《とやまけん》　長野県《ながのけん》
石川県《いしかわけん》　岐阜県《ぎふけん》
福井県《ふくいけん》　静岡県《しずおかけん》
山梨県《やまなしけん》　愛知県《あいちけん》

四国地方《しこくちほう》
徳島県《とくしまけん》
香川県《かがわけん》
愛媛県《えひめけん》
高知県《こうちけん》

近畿地方《きんきちほう》
三重県《みえけん》
滋賀県《しがけん》　兵庫県《ひょうごけん》
京都府《きょうとふ》　奈良県《ならけん》
大阪府《おおさかふ》　和歌山県《わかやまけん》

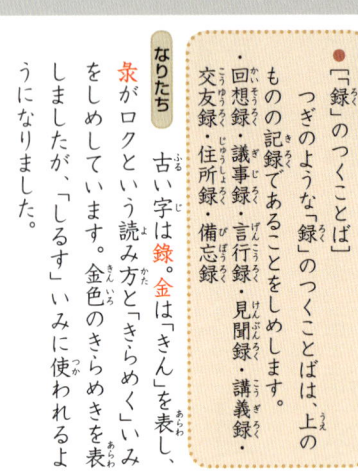

193字《じ》

五年《ごねん》で習《なら》う漢字《かんじ》

五年《ごねん》で習《なら》う漢字《かんじ》

193字《じ》

ここには、五年《ごねん》で習《なら》う漢字《かんじ》をかくすうの少《すく》ないじゅんにならべてあります。

三画

久 357
士 371

四画

仏 401
支 372
比 397

五画

刊 353
弁 402
可 349
句 359
史 372
圧 345
布 400
旧 357
永 346
犯 396
示 374

六画

仮 350
件 361
任 395
再 367
因 346
団 390
在 369

七画

似 374
余 407
判 397
告 366
囲 345
均 359
序 378
防 404
応 348
志 372
快 351
技 356
条 379
災 368
状 380

八画

価 350
舎 375
制 381
効 364
妻 368
居 358
往 349
述 377
性 382
招 378
易 347
枝 373
武 400
毒 394
河 350
版 397
肥 398
非 398

九画

保 403
則 387
厚 364
型 360
逆 356
迷 406
限 362
故 363
政 382
査 367
独 395
祖 385
紀 354

十画

個 363
修 376
容 407
師 373
造 386
桜 349
格 352
殺 370
留 408
益 347
破 396
粉 402
素 386
耕 364
能 396
脈 405
航 365
財 369

十一画

停 391
務 405
基 354
堂 393
婦 400
寄 355
常 380
張 391
得 394
険 361
情 380
採 368
授 376
接 384
救 357
断 390
液 348
混 367
率 388
現 362
略 408
眼 354
移 345
経 360
術 377
規 355
許 358
設 385
責 384
貧 399

十二画

備 399
喜 355
報 403
属 388
復 401
過 351
営 346
提 392
検 361
減 362
測 388
税 383
程 392
絶 385
統 393
証 378
評 399
象 379
貸 389
貯 391
費 398
貿 404

十三画

勢 382
墓 403
夢 406
幹 353
損 389
準 377
禁 359
罪 370
義 356
解 351
豊 404
資 373
鉱 365
飼 374

十四画

像 387
境 358
増 387
適 392
際 369
態 389
慣 353
構 365
歴 409
演 348
精 383
総 386
綿 406
製 383
複 401
酸 371
銅 393
雑 370
領 408

十五画

導 394
暴 405
潔 360
確 352
編 402
賛 371
質 375
賞 379

十六画

興 366
燃 395
築 390
衛 347
輸 407

十七画

績 384
講 366
謝 376

十八画

織 381
職 381
額 352

十九画

識 375

二十画

護 363

圧

5画［土2画］

おん アツ

くん

圧 うえよりながく

いみ

■おさえる。◇（おさえる〈圧〉力《ちから》）圧力《あつりょく》・圧巻《あっかん》・圧縮《あっしゅく》・圧勝《あっしょう》・圧政《あっせい》・圧倒《あっとう》・圧迫《あっぱく》
◇威圧《いあつ》・血圧《けつあつ》・高圧《こうあつ》・水圧《すいあつ》・弾圧《だんあつ》

つかいかた

● 敵《てき》を圧《あっ》する勢《いきお》い。 ● 気圧《きあつ》が高《たか》い。

もっとしろう

● 圧巻《あっかん》－他《た》を圧《あっ》するいみから、いちばんすぐれているもの、すぐれているところ。むかし、中国《ちゅうごく》の役人《やくにん》の試験《しけん》で、最優秀《さいゆうしゅう》の答案《とうあん》（＝巻《かん》）をいちばん上《うえ》に置《お》き、ほかの答案《とうあん》をおさえたことからいう。

なりたち

古《ふる》い字《じ》は壓。土は「つち」を表《あらわ》し、厭（エン）がアツと変《か》わって読《よ》み方《かた》と「おさえる」いみをしめしています。土《つち》でおさえてふさぐことから、ひろく「おさえる」いみに使《つか》われます。

囲

7画［口4画］

おん イ

くん かこ-む・かこ-う

囲 かるくはらう うえよりながく

いみ

■かこむ。かこい。◇囲碁《いご》・囲炉裏《いろり》 ◇（包《つつ》み囲《かこ》む）包囲《ほうい》・胸囲《きょうい》・周囲《しゅうい》・範囲《はんい》

つかいかた

● テーブルを囲《かこ》む。 ● へいで囲《かこ》う。
● 囲《かこ》いを破《やぶ》る。 ● 胸囲《きょうい》を測《はか》る。

もっとしろう

● ［圍から囲へ］
「囲《い》」は「韋《い》」の代《か》わりに読《よ》み方《かた》をしめす「井《い》」を口に入《い》れて作《つく》った字《じ》です。「韋」は画数《かくすう》が多《おお》く、書《か》くのがたいへんなので、多《おお》くの人《ひと》が「井」を入《い》れて日常《にちじょう》使《つか》っていたために、「囲《い》」が常用漢字《じょうようかんじ》になりました。

なりたち

古《ふる》い字《じ》は圍。口はかこみを表《あらわ》し、韋がイという読《よ》み方《かた》と「めぐる」いみをしめしています。「かこむ、かこい」のいみに使《つか》われます。

移

11画［禾6画］

おん イ

くん うつ-る・うつ-す

移 みじかく はねない

いみ

■うつる。うつす。◇（移《うつ》り行《ゆ》く）移行《いこう》・移《い》出《しゅつ》・移植《いしょく》・移送《いそう》・移築《いちく》・移転《いてん》・移入《いにゅう》
◇転移《てんい》・変移《へんい》

つかいかた

● 時代《じだい》が移《うつ》る。 ● 住所《じゅうしょ》を移《うつ》す。
● 新制度《しんせいど》に移行《いこう》する。 ● 外国《がいこく》へ移住《いじゅう》する。
● ほかのチームへ移籍《いせき》する。
● 音楽室《おんがくしつ》に移動《いどう》する。
● 外国《がいこく》からの移民《いみん》を受《う》け入《い》れる。
● 季節《きせつ》の移《うつ》り変《か》わり。

なりたち

禾は穀物《こくもつ》の穂《ほ》がたれさがった形《かたち》からでき、多（夕）がイと変《か》わって読《よ》み方《かた》と「横《よこ》になびく」いみをしめしています。「いねの穂《ほ》がゆれなびく」いみを表《あらわ》し、のちに「うつる」いみを表《あらわ》すようになりました。

因

6画［囗3画］

おん　イン

くん　(よ-る)

いみ

■よる。もと。わけ。◆因果《いんが》・因子《いんし》・因縁《いんねん》・◆(もと〈原〉・わけ〈因〉)原因《げんいん》・起因《きいん》・死因《しいん》・勝因《しょういん》・要因《よういん》

つかいかた

●不注意《ふちゅうい》に因《よ》る事故《じこ》。

●寝不足《ねぶそく》が病気《びょうき》の一因《いちいん》となる。

●火事《かじ》の原因《げんいん》を調《しら》べる。

もっとしろう

●因果《いんが》をふくめる－ものの道理《どうり》や、どうにもならない事情《じじょう》を説明《せつめい》して、納得《なっとく》させる。「因《いん》果《が》」は、原因《げんいん》と結果《けっか》などの変《か》えられない事《じ》情《じょう》。

なりたち

もとの形《かたち》は囨。人《ひと》がふとんの上《うえ》に大《だい》の字《じ》にねるようすをしめし、そこから「よる、もと」のいみを表《あらわ》すようになりました。

永

5画［水1画］

おん　エイ

くん　なが-い

いみ

■ながい。ながくつづく。◆(永《なが》い・遠《とお》い)永遠《えいえん》・永久《えいきゅう》・永世《えいせい》・永続《えいぞく》・永代《えいたい》・永年《えいねん》・永眠《えいみん》

つかいかた

●永《なが》い眠《ねむ》りにつく。●永久《えいきゅう》の平和《へいわ》を願《ねが》う。

●アメリカに永住《えいじゅう》する。

なりたち

川《かわ》の支流《しりゅう》が分《わ》かれる形《かたち》(𠂢)からできた字《じ》です。支流《しりゅう》を集《あつ》めて川《かわ》が長《なが》く流《なが》れることを表《あらわ》し、「ながい」いみに使《つか》われます。

つかいわけ

●永《なが》い・長《なが》い

時《じ》間《かん》がいつまでも続《つづ》くというときは「永《なが》い」を使《つか》い、形《かたち》・距離《きょり》・時間《じかん》などがながいときはひろく「長《なが》い」を使《つか》います。

永《なが》い…永《なが》くその名《な》が残《のこ》る。

長《なが》い…長《なが》い髪《かみ》の毛《け》。長《なが》い道《みち》。

営

12画［⺍9画］

おん　エイ

くん　いとな-む

いみ

1 軍隊《ぐんたい》のいるところ。◆兵営《へいえい》・本営《ほんえい》・夜営《やえい》・野営《やえい》

2 いとなむ。◆(業務《ぎょうむ》を営《いとな》む)営業《えいぎょう》・営利《えいり》・営林《えいりん》◆運営《うんえい》・県営《けんえい》・公営《こうえい》・国営《こくえい》・私営《しえい》・村営《そんえい》・町営《ちょうえい》

3 建物《たてもの》などをつくる。◆設営《せつえい》・造営《ぞうえい》

つかいかた

●社会生活《しゃかいせいかつ》を営《いとな》む。●食堂《しょくどう》を営《いとな》む。

●休《やす》まず営業《えいぎょう》する。●会社《かいしゃ》を経営《けいえい》する。

●市営《しえい》のプール。●相手《あいて》の陣営《じんえい》を探《さぐ》る。

なりたち

古《ふる》い字《じ》は營。呂はならんだ建物《たてもの》を表《あらわ》し、𤇾(ケイ)がエイと変《か》わって読《よ》み方《かた》と「めぐる」いみをしめしています。かきねをめぐらした建物《たてもの》を表《あらわ》し、「いとなむ」いみに使《つか》われます。

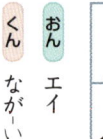

衛

おん　エイ

くん

16画［行10画］

いみ

■ **まもる。見《み》まわる。**　衛星《えいせい》・衛生《えいせい》・衛兵《えいへい》　◆（まわる〈衛〉星《ほし》）護衛《ごえい》・後衛《こうえい》・自衛《じえい》・守衛《しゅえい》・前衛《ぜんえい》

つかいかた

● **人工衛星《じんこうえいせい》**を打《う》ち上《あ》げる。
● 国土《こくど》を**防衛《ぼうえい》**する。

もっとしろう

●［衛星《えいせい》］　太陽《たいよう》のまわりを回《まわ》っている星《ほし》が惑星《わくせい》で、その惑星《わくせい》のまわりを回《まわ》っている星《ほし》が衛星《えいせい》です。地球《ちきゅう》は太陽《たいよう》の惑星《わくせい》で、月《つき》は地球《ちきゅう》の衛《えい》星《せい》です。

なりたち

もとの形《かたち》は。は「道《みち》」、は「両足《りょうあし》」、○は「まわること」をしめしています。道《みち》を歩《ある》きまわってみはることから、「まわる、まもる」いみに使《つか》われます。

易

おん　エキ・イ

くん　やさ-しい

8画［日4画］

いみ

1 **やさしい。**　◆（簡単《かんたん》で易《やさ》しい）簡易《かんい》・安《あん》易《い》・難易《なんい》・平易《へいい》
2 **うらない。**　◆易者《えきしゃ》・易断《えきだん》
3 **かわる。**　◆交易《こうえき》・貿易《ぼうえき》

つかいかた

● **易《やさ》しい**本《ほん》。
● **易者《えきしゃ》**がうらなう。
● **貿易《ぼうえき》**をする。
● **容易《ようい》**に解決《かいけつ》する問題《もんだい》。

もっとしろう

● **易《やす》きにつく**－苦《くる》しいことや難《むずか》しいことよりも、たやすく楽《らく》な方《ほう》を選《えら》ぶ。

なりたち

もとの形《かたち》は。とかげ（）のからだが光《ひか》る（）ようすを表《あらわ》しています。光《ひかり》が変化《へんか》することから、「かわる」いみをもっています。また、「やさしい」、「うらない」のいみにも使《つか》われるようになりました。

益

おん　エキ・（ヤク）

くん

10画［皿5画］

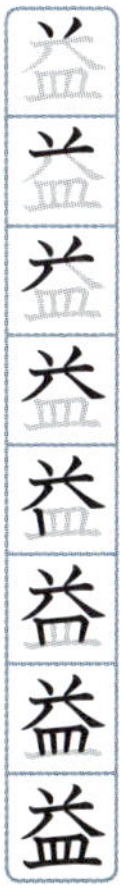

いみ

1 **役《やく》だつ。**　◆（有益《ゆうえき》な鳥《とり》）益鳥《えきちょう》　◆公益《こうえき》・無《む》益《えき》・有益《ゆうえき》
2 **得《とく》する。もうけ。**　◆収益《しゅうえき》・純益《じゅんえき》

つかいかた

● 社会《しゃかい》の**益《えき》**になる行《おこな》い。
● **益虫《えきちゅう》**と害虫《がいちゅう》。
● **有益《ゆうえき》**な話《はなし》。
● **利益《りえき》**が上《あ》がる。

もっとしろう

● **益者三友《えきしゃさんゆう》**－ためになる友人《ゆうじん》には、正直《しょうじき》な人《ひと》・誠実《せいじつ》な人《ひと》・広《ひろ》い知識《ちしき》をもっている人《ひと》の三種類《さんしゅるい》がある。

なりたち

皿《さら》の上《うえ》から水《みず》（）があふれているようす（）からできた字《じ》で、「あふれる」いみを表《あらわ》しています。「ます、あふれる」いみに使《つか》われます。

とくべつなよみ

※「ヤク」という読《よ》み－御利《ごり》益《やく》

液

おん　エキ

くん

11画［氵8画］

液　一ぽん　はらう

いみ

■えき。えきたい。◇（液《えき》になっている状《じょう》態《たい》）液状《えきじょう》・液化《えきか》・液体《えきたい》　◇胃液《いえき》・樹液《じゅえき》・唾液《だえき》・粘液《ねんえき》・廃液《はいえき》・溶液《ようえき》

つかいかた

●液《えき》にひたす。●液体《えきたい》の燃料《ねんりょう》。

●血液型《けつえきがた》を調《しら》べる。

もっとしろう

●［液体《えきたい》・固体《こたい》・気体《きたい》］
　物質《ぶっしつ》の状態《じょうたい》は、液体《えきたい》・固体《こたい》・気体《きたい》の三《みっ》つに分《わ》けられます。たとえば、氷《こおり》は「固体《こたい》」で、解《と》けると水《みず》という「液体《えきたい》」に変《か》わり、さらに蒸《じょう》発《はつ》すると水蒸気《すいじょうき》という「気体《きたい》」になります。

なりたち

氵は水《みず》を表《あらわ》し、夜がエキという読《よ》み方《かた》と「一《ひと》つ一《ひと》つ続《つづ》く」いみをしめしています。一《いっ》てきずつしたたる水《みず》から、「えきたい」のいみに使《つか》われます。

演

おん　エン

くん

14画［氵11画］

演　だす　そろえる

いみ

1 口《くち》で述《の》べる。◇（のべる〈演〉・説《と》く）演《えん》説《ぜつ》・演題《えんだい》・演壇《えんだん》　◇講演《こうえん》

2 わざを行《おこな》う。◇（技《わざ》を演《えん》じる）演技《えんぎ》・演《えん》芸《げい》・演劇《えんげき》・演出《えんしゅつ》　◇（実《じっ》際《さい》に演《えん》じる）実《じつ》演《えん》・開演《かいえん》・休演《きゅうえん》・共演《きょうえん》・公演《こうえん》・再演《さいえん》・主《しゅ》演《えん》・終演《しゅうえん》・出演《しゅつえん》・初演《しょえん》・助演《じょえん》・上演《じょうえん》・独《どく》演《えん》

つかいかた

●主役《しゅやく》を演《えん》じる。●すばらしい演技《えんぎ》。

●ピアノの演奏会《えんそうかい》。●名作《めいさく》を上演《じょうえん》する。

●運動会《うんどうかい》の予行演習《よこうえんしゅう》。

なりたち

氵は水《みず》を表《あらわ》し、寅（イン）がエンと変《か》わって読《よ》み方《かた》と「引《ひ》きのばす」いみをしめしています。川《かわ》の流《なが》れが長《なが》くのびることを表《あらわ》す字《じ》でしたが、「のべる、行《おこな》う」いみに使《つか》われるようになりました。

応

おん　オウ

くん　こた-える

7画［心3画］

応　かるくはらう　とめる　はねる

いみ

■こたえる。おうじる。◇（応《おう》じる・答《こた》える）応答《おうとう》・応援《おうえん》・応接《おうせつ》・応戦《おうせん》・応対《おうたい》・応用《おうよう》　◇一応《いちおう》・呼応《こおう》・順応《じゅんのう》・相応《そうおう》・対応《たいおう》・適応《てきおう》

つかいかた

●要求《ようきゅう》に応《おう》じる。●応急手当《おうきゅうてあ》てをする。

●コンクールに応募《おうぼ》する。●音《おと》に反応《はんのう》する。

なりたち

古《ふる》い字《じ》は應。心は「こころ」を表《あらわ》し、雁がオウという読《よ》み方《かた》と「うけとめる」いみをしめしています。心《こころ》でうけとめることを表《あらわ》し、「こたえる、おうじる」いみに使《つか》われます。

つかいわけ

●答《こた》える・応《こた》える　→〈答《とう》〉181ページ

とくべつなよみ

※〈読《よ》みにちゅうい〉「反応・順応」は「ハンノウ・ジュンノウ」と読《よ》みます。

五年

往

8画［彳5画］

おん　オウ

くん

いみ

1 行《い》く。◆（行《い》って〈往〉診《しん》察《さつ》する）往診《おうしん》・往生《おうじょう》・往路《おうろ》

2 むかし。◆往時《おうじ》・往年《おうねん》

つかいかた

● 往復《おうふく》の切符《きっぷ》を買《か》う。

● 車《くるま》の往来《おうらい》が激《はげ》しい道路《どうろ》。

もっとしろう

● **往往《おうおう》にして**－そうなりがちであるようす。しばしば。

● **往生《おうじょう》際《ぎわ》が悪《わる》い**－もうだめだとわかっていながらあきらめきれないでいる。（往生《おうじょう》際《ぎわ》は、死《し》に際《ぎわ》）

なりたち

もとの字《じ》は𡳿。止は「いく」いみをもち、王がオウという読《よ》み方《かた》と「向《む》かう」いみをしめしています。目的地《もくてきち》に向《む》かって「いく」いみに使《つか》われます。

桜

10画［木6画］

おん　（オウ）

くん　さくら

いみ

■ さくら。◆（桜《さくら》の花《はな》）桜花《おうか》・桜桃《おうとう》・桜色《さくらいろ》◆観桜《かんおう》・夜桜《よざくら》

つかいかた

● 桜《さくら》の花《はな》びら。● 桜《さくら》が満開《まんかい》になる。

● 桜前線《さくらぜんせん》が北上《ほくじょう》する。

● 桜《さくら》もちを食《た》べる。

もっとしろう

● ［桜前線《さくらぜんせん》］　日本各地《にほんかくち》の桜《さくら》（おもにソメイヨシノ）の開花時期《かいかじき》を線《せん》で結《むす》んで地図《ちず》にしめしたものです。

なりたち

古《ふる》い字《じ》は櫻。木は「き」を表《あらわ》し、嬰（エイ）がオウと変《か》わって読《よ》み方《かた》と「首《くび》かざり」のいみをしめしています。首《くび》かざりの玉《たま》のような実《み》のなる木《き》から、「さくら」のいみに使《つか》われます。

可

5画［口2画］

おん　カ

くん

いみ

1 よい。ゆるす。◆（よい〈可〉と決《き》める）可決《かけつ》・可否《かひ》・不可《ふか》◆印可《いんか》・許可《きょか》・裁可《さいか》・認可《にんか》・

2 できる。◆可視《かし》・可能《かのう》

つかいかた

● 可燃性《かねんせい》の薬品《やくひん》。● 入学《にゅうがく》を許可《きょか》される。

● 一人《ひとり》では不可能《ふかのう》な仕事《しごと》。

もっとしろう

● **可《か》もなく不可《ふか》もなし**－とりたててよいところもないが、悪《わる》いところもない。

なりたち

もとの形《かたち》は𠀆。口は「くち」を表《あらわ》し、丂（コウ）がカと変《か》わって読《よ》み方《かた》と「折《お》れ曲《ま》がる」いみをしめしています。まよったあとに、口《くち》で「よい」と言《い》ってゆるすことから、「よい、ゆるす」いみに使《つか》われます。

五年

仮

おん　カ・(ケ)
くん　かり

6画［亻4画］

いみ

■**かりの。かりに。**◆（仮《かり》に想《そう》像《ぞう》する）仮《か》想《そう》・仮死《かし》・仮説《かせつ》・仮装《かそう》・仮定《かてい》・仮名《かめい》（かな）・仮面《かめん》・仮病《けびょう》

つかいかた

●仮《かり》の住《す》まい。●仮《かり》の名《な》を使《つか》う。●仮設《かせつ》の会場《かいじょう》。●仮眠《かみん》をとる。

もっとしろう

●**仮面《かめん》をかぶる**－本当《ほんとう》の心《こころ》をかくして、表面《ひょうめん》では別《べつ》のものに見《み》せかける。
●**仮面《かめん》をぬぐ**－正体《しょうたい》を現《あらわ》す。

なりたち

古《ふる》い字《じ》は假。亻は人《ひと》を表《あらわ》し、叚がカという読《よ》み方《かた》と「仮面《かめん》をかぶる」いみをしめしています。仮面《かめん》をつけた人《ひと》を表《あらわ》し、「かり」のいみに使《つか》われます。

とくべつなよみ

仮名《かな》
※「ケ」という読《よ》み―仮病《けびょう》

価

おん　カ
くん　（あたい）

8画［亻6画］

いみ

1 **あたい。ねだん。**◆価格《かかく》 ◆（物《もの》の価《あたい》）物《ぶっ》価《か》・安価《あんか》・原価《げんか》・時価《じか》・代価《だいか》・単価《たんか》・地価《ちか》・定価《ていか》・特価《とっか》・売価《ばいか》・米価《べいか》
2 **ねうち。**◆価値《かち》 ◆声価《せいか》・評価《ひょうか》

つかいかた

●商品《しょうひん》の価《あたい》。●高価《こうか》な品物《しなもの》。●真価《しんか》を発揮《はっき》する。●物価《ぶっか》が上《あ》がる。

なりたち

古《ふる》い字《じ》は價。亻は人《ひと》を表《あらわ》し、賈がカという読《よ》み方《かた》と「あたい」のいみをしめしています。「あたい、ねだん」のいみに使《つか》われます。

つかいわけ

●**価《あたい》・値《あたい》**
金額《きんがく》を表《あらわ》すときは「価《あたい》」を使《つか》い、物《もの》のねうちや数量《すうりょう》を表《あらわ》すときは「値《あたい》」を使《つか》います。
価《あたい》…商品《しょうひん》に価《あたい》をつける。
値《あたい》…問題《もんだい》の値《あたい》を求《もと》める。

河

おん　カ
くん　かわ

8画［氵5画］

いみ

■**かわ。**◆（河《かわ》の岸《きし》）河岸《かがん》（かわぎし・かし）・河口《かこう》・河畔《かはん》 ◆銀河《ぎんが》・大河《たいが》・氷河《ひょうが》

つかいかた

●河川《かせん》がはんらんする。●運河《うんが》をつくる。●ふるさとの山河《さんが》。

もっとしろう

●**河童《かっぱ》の川流《かわなが》れ**－（かっぱのように泳《およ》ぎの得《とく》意《い》なものでも、ときにはおぼれることもあるといういみから）得意《とくい》なことでも、油断《ゆだん》するとしくじるということ。

なりたち

氵は水《みず》を表《あらわ》し、可がカという読《よ》み方《かた》と「折《お》れ曲《ま》がる」いみをしめしています。大《おお》きく曲《ま》がる川《かわ》、中国《ちゅうごく》の黄河《こうが》を表《あらわ》しましたが、「大《おお》きなかわ」のいみに使《つか》われるようになりました。

とくべつなよみ

河岸《かし》・河原《かわら》

五年

過

おん カ

くん す-ぎる・す-ごす・(あやま-つ・あやま-ち)

12画[⻌9画]

過 冋にならない はねる

いみ

1 すぎる。⬘過去《かこ》・過程《かてい》 ⬙(通《とお》り過《す》ぎる) 通過《つうか》・一過《いっか》・経過《けいか》・超過《ちょうか》

2 度《ど》をこす。⬘過激《かげき》・過重《かじゅう》・過剰《かじょう》・過疎《かそ》・過多《かた》・過度《かど》・過熱《かねつ》・過敏《かびん》・過分《かぶん》・過密《かみつ》

3 あやまち。⬘過失《かしつ》

つかいかた

●春《はる》が過《す》ぎる。 ●過《あやま》ちをおかす。

もっとしろう

●過《す》ぎたるはなお及《およ》ばざるがごとし－やり過《す》ぎは、足《た》りないのと同《おな》じくらいよくない。物事《ものごと》は、ほどほどがよい。

なりたち

⻌は歩《ある》くことを表《あらわ》し、咼がカという読《よ》み方《かた》と「多《おお》い」いみをしめしています。「すぎる、度《と》をこす、あやまち」のいみに使《つか》われます。

快

おん カイ

くん こころよ-い

7画[忄4画]

快 だす

いみ

1 こころよい。⬘(快《こころよ》い・活発《かっぱつ》)快活《かいかつ》・快勝《かいしょう》・快晴《かいせい》・快調《かいちょう》・快適《かいてき》 ⬙豪快《ごうかい》・壮快《そうかい》・痛快《つうかい》・不快《ふかい》・愉快《ゆかい》

2 病気《びょうき》がよくなる。⬘快方《かいほう》 ⬙全快《ぜんかい》

3 はやい。⬘快走《かいそう》・快足《かいそく》

つかいかた

●快《こころよ》いそよ風《かぜ》。 ●快《こころよ》く引《ひ》き受《う》ける。 ●快感《かいかん》を味《あじ》わう。 ●軽快《けいかい》に走《はし》る。

もっとしろう

●快刀乱麻《かいとうらんま》を断《た》つ－するどい刀《かたな》で、もつれた麻糸《あさいと》を断《た》ち切《き》るように、こじれた問題《もんだい》などをあざやかにさばいて解決《かいけつ》するたとえ。

なりたち

忄は心《こころ》を表《あらわ》し、夬がカイという読《よ》み方《かた》と「ひろがる」いみをしめしています。心《こころ》がひろびろとするようすから、「こころよい」いみに使《つか》われます。

五年

解

おん カイ・(ゲ)

くん と-く・と-かす・と-ける

13画[角6画]

解 だす ださない

いみ

1 わける。ばらばらにする。⬘(解《と》き放《はな》つ) 解放《かいほう》・解散《かいさん》・解体《かいたい》・解凍《かいとう》・解剖《かいぼう》 ⬙氷解《ひょうかい》・分解《ぶんかい》・溶解《ようかい》

2 とく。ときあかす。⬘解釈《かいしゃく》・解説《かいせつ》・解答《かいとう》・解読《かいどく》・解明《かいめい》 ⬙曲解《きょっかい》・見解《けんかい》・図解《ずかい》・正解《せいかい》・読解《どっかい》・難解《なんかい》・不可解《ふかかい》・弁解《べんかい》・理解《りかい》・例解《れいかい》

3 とりのぞく。ゆるす。⬘解禁《かいきん》・解雇《かいこ》・解除《かいじょ》・解消《かいしょう》・解任《かいにん》・解毒《げどく》・解熱《げねつ》 ⬙和解《わかい》

つかいかた

●なぞを解《と》く。 ●氷《こおり》を解《と》かす。 ●雪《ゆき》が解《と》ける。 ●難問《なんもん》を解決《かいけつ》する。 ●人質《ひとじち》を解放《かいほう》する。 ●誤解《ごかい》を解《と》く。

なりたち

角《つの》と刀と牛からできた字《じ》です。角《つの》のある牛《うし》を刀《かたな》でばらばらにすることから、「ばらばらにする、とく」いみに使《つか》われます。

格

10画［木6画］

おん　カク・（コウ）

くん

いみ

1 きまり。わくぐみ。◆（きまり〈格〉・方式《ほうしき》）格式《かくしき》・格言《かくげん》　◆規格《きかく》・骨格《こっかく》・体格《たいかく》・適格《てきかく》・破格《はかく》

2 位置《いち》づけ。くらい。◆格差《かくさ》・格段《かくだん》・格調《かくちょう》・格納《かくのう》・格別《かくべつ》・格安《かくやす》　◆価格《かかく》・降格《こうかく》・資格《しかく》・失格《しっかく》・昇格《しょうかく》・人格《じんかく》・同格《どうかく》・品格《ひんかく》・風格《ふうかく》・別格《べっかく》

3 うつ。◆格闘《かくとう》

つかいかた

● 格《かく》が上《あ》がる。● 厳格《げんかく》な教育《きょういく》。

● 試験《しけん》に合格《ごうかく》する。● まじめな性格《せいかく》。

なりたち

木は「き」を表《あらわ》し、各がカクという読《よ》み方《かた》と「かたい」いみをしめしています。突《つ》き出《で》た枝《えだ》を表《あらわ》し、のちに「きまり」のいみに使《つか》われるようになりました。

とくべつなよみ

※「コウ」という読《よ》み―格子《こうし》

確

15画［石10画］

おん　カク

くん　たし-か・たし-かめる

いみ

■ たしか。◆確実《かくじつ》・確証《かくしょう》・確定《かくてい》・確答《かくとう》・確認《かくにん》・確保《かくほ》・確約《かくやく》・確立《かくりつ》　◆的確《てきかく》・明確《めいかく》

つかいかた

● 確《たし》かな記録《きろく》。● 答《こた》えを確《たし》かめる。

● 勝利《しょうり》を確信《かくしん》する。● 正確《せいかく》な計算《けいさん》。

もっとしろう

● ［的確《てきかく》と適格《てきかく》］

「的確《てきかく》」は的《まと》を射《い》たような確《たし》かなようす、「適格《てきかく》」は必要《ひつよう》な資格《しかく》や条件《じょうけん》にあてはまっているようすに使《つか》います。

・的確《てきかく》…的確《てきかく》な判断《はんだん》。

・適格《てきかく》…会長《かいちょう》として適格《てきかく》な人《ひと》。

なりたち

石は「いし」を表《あらわ》し、隺がカクという読《よ》み方《かた》と「かたい」いみをしめしています。かたい石《いし》を表《あらわ》し、「かたい、たしか」のいみに使《つか》われます。

額

18画［頁9画］

おん　ガク

くん　ひたい

いみ

1 ひたい。◆前額《ぜんがく》

2 （かかげておく）がく。◆額縁《がくぶち》

3 おかねの量《りょう》。きんがく。◆額面《がくめん》　◆巨額《きょがく》・金額《きんがく》・高額《こうがく》・差額《さがく》・残額《ざんがく》・総額《そうがく》・低額《ていがく》・半額《はんがく》

つかいかた

● 絵《え》を額《がく》に入《い》れる。● 額《ひたい》にしわを寄《よ》せる。

● 全額《ぜんがく》を支払《しはら》う。● 多額《たがく》のお礼《れい》。

もっとしろう

● 額《ひたい》に汗《あせ》する－汗《あせ》を流《なが》し一生懸命《いっしょうけんめい》に働《はたら》く。

● 額《ひたい》を集《あつ》める－大勢《おおぜい》寄《よ》り集《あつ》まって熱心《ねっしん》に相談《そうだん》する。

なりたち

頁は顔《かお》を表《あらわ》し、客（カク）がガクと変《か》わって読《よ》み方《かた》と「かたい」いみをしめしています。顔《かお》のかたい部分《ぶぶん》を表《あらわ》し、「ひたい」のいみに使《つか》われます。

五年

刊

5画[刂3画]

おん　カン

くん

刊 刊 刊 刊 刊

刊　だささない　とめる

いみ

■出版《しゅっぱん》する。◆刊行《かんこう》　◆廃刊《はいかん》・発刊《はっかん》・復刊《ふっかん》

つかいかた

●新聞《しんぶん》の**休刊日**《きゅうかんび》。●**新刊**《しんかん》の図書《としょ》。

●雑誌《ざっし》を**創刊**《そうかん》する。●臨時《りんじ》に**増刊**《ぞうかん》する。

もっとしろう

●[刊行《かんこう》の時期《じき》]

・朝《あさ》ごと……朝刊《ちょうかん》　・月《つき》ごと……月刊《げっかん》

・夕方《ゆうがた》ごと…夕刊《ゆうかん》　・季節《きせつ》ごと…季刊《きかん》

・週《しゅう》ごと……週刊《しゅうかん》　・年《とし》ごと……年刊《ねんかん》

・十日《とおか》ごと…旬刊《じゅんかん》

なりたち

刂は刀《かたな》を表《あらわ》し、干がカンという読《よ》み方《かた》と「たいらにする」いみをしめしています。「けずりそろえる、きざむ」いみを表《あらわ》す字《じ》ですが、むかし刀《かたな》で木《き》に字《じ》をほって印刷《いんさつ》したことから、「出版《しゅっぱん》する」いみに使《つか》われるようになりました。

幹

13画[干10画]

おん　カン

くん　みき

幹 幹 幹 幹 幹 幹 幹 幹

幹　だささない　そろえる

いみ

■中心《ちゅうしん》になる部分《ぶぶん》。みき。◆幹線《かんせん》・幹部《かんぶ》　◆骨幹《こっかん》・根幹《こんかん》

つかいかた

●木《き》の**幹**《みき》にのぼる。●歓迎会《かんげいかい》の**幹事**《かんじ》。

●**新幹線**《しんかんせん》が走《はし》る。

もっとしろう

●[みき]

訓読《くんよ》みの「みき」は、木《き》のからだの中心部《ちゅうしんぶ》分《ぶん》をしめす「身木《みき》」からできたことばです。「みき」に対《たい》して、中心《ちゅうしん》でないところは「枝《えだ》葉《は》(しよう)」といいます。

なりたち

もとの字《じ》は榦。木は「き」を表《あらわ》し、倝がカンという読《よ》み方《かた》と「かざりのついた旗《はた》ざお」のいみをしめしています。はしらを表《あらわ》し、「みき、おもな部分《ぶぶん》」のいみに使《つか》われます。

慣

14画[忄11画]

おん　カン

くん　な-れる・な-らす

慣 慣 慣 慣 慣 慣 慣 慣

慣　母にならない

いみ

■なれる。ならわし。◆慣行《かんこう》・慣用句《かんようく》・慣《かん》

例《れい》　習慣《しゅうかん》

◆(ならわし〈習〉・ならわし〈慣〉)

つかいかた

●学校《がっこう》に**慣**《な》**れる**。●寒《さむ》さにからだを**慣**《な》**らす**。

●土地《とち》の**慣習**《かんしゅう》に従《したが》う。

もっとしろう

●[慣用句《かんようく》]

二《ふた》つ以上《いじょう》のことばが結《むす》びついて、とくべつないみを表《あらわ》すようになったものを慣用《かんよう》句《く》といいます。たとえば「腹《はら》をたてる」「目《め》がきく」「口《くち》がすべる」など。

なりたち

忄は心《こころ》を表《あらわ》し、貫がカンという読《よ》み方《かた》と「つらぬく、なれる」いみをしめしています。「なれる」いみに使《つか》われる字《じ》です。

五年

眼

11画［目6画］

おん　ガン・（ゲン）

くん　（まなこ）

いみ

1 まなこ。め。◆眼下《がんか》・眼球《がんきゅう》・眼光《がんこう》・眼中《がんちゅう》・眼力《がんりき》◆開眼《かいがん》（かいげん）・近眼《きんがん》・検眼《けんがん》・着眼《ちゃくがん》・点眼《てんがん》・肉眼《にくがん》・複眼《ふくがん》・老眼《ろうがん》・血眼《ちまなこ》

2 だいじなところ。◆眼目《がんもく》◆主眼《しゅがん》

つかいかた

●眼《まなこ》をひらく。●眼科《がんか》の医者《いしゃ》。

●眼前《がんぜん》に広《ひろ》がる景色《けしき》。●眼帯《がんたい》をかける。

もっとしろう

●**眼中《がんちゅう》にない**－考《かんが》えにいれない。まったく問題《もんだい》にしない。

なりたち

目は「め」を表《あらわ》し、艮（コン）がガンと変《か》わって読《よ》み方《かた》と「まるい」いみをしめしています。まるい目玉《めだま》を表《あらわ》し、「め」のいみに使《つか》われます。

とくべつなよみ

眼鏡《めがね》

※「ゲン」という読《よ》み―開眼《かいげん》

紀

9画［糸3画］

おん　キ

くん

いみ

1 書《か》きしるす。◆（旅行《りょこう》のきろく（紀））紀《き》行《こう》・紀伝《きでん》

2 きまり。◆軍紀《ぐんき》・校紀《こうき》・風紀《ふうき》

3 年代《ねんだい》。◆紀元《きげん》◆世紀《せいき》

つかいかた

●世紀《せいき》の祭典《さいてん》。●風紀《ふうき》が乱《みだ》れる。

もっとしろう

●［紀元《きげん》］

歴史《れきし》の上《うえ》で、年数《ねんすう》をかぞえるもとになる年《とし》を「紀元《きげん》」といいます。西洋《せいよう》ではキリストが誕生《たんじょう》したとされる年《とし》を「紀元元年《きげんがんねん》」としています。

なりたち

糸は「いと」を表《あらわ》し、己がキという読《よ》み方《かた》と「もと、はじめ」のいみをしめしています。糸の先《さき》を表《あらわ》し、「はじまり、きまり」のいみに使《つか》われます。

基

11画［土8画］

おん　キ

くん　（もと・もとい）

いみ

■もと。土台《どだい》。◆（基《もと》になる点《てん》）基点《きてん》・基《き》準《じゅん》・基盤《きばん》・基本《きほん》

つかいかた

●資料《しりょう》を基《もと》に説明《せつめい》する。●事実《じじつ》に基《もと》づく。

●国際援助《こくさいえんじょ》の基金《ききん》。●基礎《きそ》を固《かた》める。

●基地《きち》をつくる。

もっとしろう

●［基点《きてん》と起点《きてん》］

「基点《きてん》」は、距離《きょり》を測《はか》るときのもとになる点《てん》。「起点《きてん》」は出発点《しゅっぱつてん》で、対語《たいご》は「終点《しゅうてん》」。

なりたち

土は「つち」を表《あらわ》し、其がキという読《よ》み方《かた》と「台《だい》」のいみをしめしています。土を固《かた》めた土台《どだい》のことから、「もと」のいみに使《つか》われます。

つかいわけ

●元《もと》・下《もと》・本《もと》・基《もと》 →〈元《げん》〉139ページ

寄

おん　キ

くん　よ-る・よ-せる

11画［宀8画］

いみ

1 よる。たよる。◆（港《みなと》に寄《よ》る）寄港《きこう》・寄宿《きしゅく》・寄生《きせい》

2 おくる。◆（おくる〈寄〉・与《あた》える）寄与《きよ》・寄稿《きこう》・寄進《きしん》・寄贈《きぞう》（きそう）

つかいかた

● しわが寄《よ》る。● 波《なみ》が寄《よ》せる。

● 本《ほん》を寄付《きふ》する。● 寄《よ》り道《みち》をする。

もっとしろう

● 寄《よ》らば大樹《たいじゅ》の陰《かげ》－たよるなら、大《おお》きくてしっかりしたものの方《ほう》がよいというたとえ。

なりたち

宀は家《いえ》を表《あらわ》し、奇がキという読《よ》み方《かた》と「よる」いみをしめしています。家《いえ》に身《み》をよせることから、「よる、おくる」いみに使《つか》われます。

とくべつなよみ

数寄屋《すきや》・最寄《もよ》り・寄席《よせ》

規

おん　キ

くん

11画［見4画］

いみ

1 線《せん》を引《ひ》く道具《どうぐ》。◆定規《じょうぎ》

2 きまり。◆規格《きかく》・規定《きてい》・規範《きはん》・規模《きぼ》・正規《せいき》・内規《ないき》・法規《ほうき》

つかいかた

● 交通《こうつう》を規制《きせい》する。● 規則《きそく》正《ただ》しい生活《せいかつ》。

● 会《かい》の規約《きやく》を決《き》める。● 規律《きりつ》を守《まも》る。

もっとしろう

● しゃくし定規《じょうぎ》－曲《ま》がったしゃくしを定規《じょうぎ》として使《つか》うように、一《ひと》つの基準《きじゅん》にとらわれた、応用《おうよう》やゆうずうのきかないやり方《かた》。

なりたち

夫のもとの形《かたち》は矢で、「まっすぐな棒《ぼう》」のいみをもっています。「むかいあう」いみの見と合《あ》わせて、向《む》かい合《あ》ったあしで円《えん》をかく道具《どうぐ》（コンパス）を表《あらわ》す字《じ》です。「コンパス、きまり」のいみに使《つか》われます。

喜

おん　キ

くん　よろこ-ぶ

12画［口9画］

いみ

■ よろこぶ。よろこび。◆（悲《かな》しみと喜《よろこ》び）悲喜《ひき》・◆喜悦《きえつ》・喜劇《きげき》・歓喜《かんき》・狂喜《きょうき》・驚喜《きょうき》・随喜《ずいき》

つかいかた

● 優勝《ゆうしょう》を喜《よろこ》ぶ。

● 喜《よろこ》びの声《こえ》をあげる。

● 歓喜《かんき》の涙《なみだ》を流《なが》す。

もっとしろう

● 喜色《きしょく》満面《まんめん》－喜《よろこ》びが顔《かお》いっぱいにあふれているようす。

● 喜怒哀楽《きどあいらく》－喜《よろこ》びと怒《いか》りとかなしみ（哀《あい》）と楽《たの》しみ。人間《にんげん》のさまざまな感情《かんじょう》。

なりたち

D（台《だい》）の上《うえ》に壴（太鼓《たいこ》）を立《た》てたようすを表《あらわ》しています。音楽《おんがく》を奏《かな》でて「よろこぶ」いみに使《つか》われます。

五年

技

7画［扌4画］

おん　ギ
くん　（わざ）

技 技 技 技 技 技 技

いみ

■ **わざ。** ◆（技《わざ》・わざ〈術〉）技術《ぎじゅつ》・技芸《ぎげい》・技《ぎ》巧《こう》・技師《ぎし》・技法《ぎほう》・技量《ぎりょう》 ◆球技《きゅうぎ》・実技《じつぎ》

つかいかた

● 技《わざ》をみがく。 ● 技《わざ》をかける。
● すぐれた技能《ぎのう》。 ● はなやかな演技《えんぎ》。
● 特技《とくぎ》を生《い》かす。 ● 陸上競技《りくじょうきょうぎ》の選手《せんしゅ》。

なりたち

扌は手《て》を表《あらわ》し、支（シ）がギと変《か》わって読《よ》み方《かた》と「わかれる」いみをしめしています。細《こま》かい手仕事《てしごと》から、「わざ」のいみに使《つか》われます。

つかいわけ

● 技《わざ》・業《わざ》
修練《しゅうれん》の結果《けっか》身《み》につけた技術《ぎじゅつ》には「技《わざ》」を使《つか》い、しごとやおこないなどのいみには「業《わざ》」を使《つか》います。
技《わざ》…得意《とくい》の技《わざ》が決《き》まる。
業《わざ》…離《はな》れ業《わざ》。軽業《かるわざ》。

義

13画［⺷7画］

おん　ギ
くん

義 義 義 義 義 義 義 義

いみ

1 **正《ただ》しいみち。** ◆義援金《ぎえんきん》・義士《ぎし》・義人《ぎじん》・義《ぎ》憤《ふん》 ◆（正《ただ》しい・正《ただ》しいみち〈義〉）正義《せいぎ》・主義《しゅぎ》・信義《しんぎ》・仁義《じんぎ》・忠義《ちゅうぎ》
2 **わけ。いみ。** ◆（異《こと》なるいみ〈義〉）異義《いぎ》・意義《いぎ》・講義《こうぎ》・定義《ていぎ》
3 **代《か》わり。** ◆義眼《ぎがん》・義歯《ぎし》・義手《ぎしゅ》・義足《ぎそく》
4 **血《ち》のつながりのないみうち。** ◆義兄弟《ぎきょうだい》・義兄《ぎけい》・義姉《ぎし》・義弟《ぎてい》・義父《ぎふ》・義母《ぎぼ》・義妹《ぎまい》

つかいかた

● 国民《こくみん》の義務《ぎむ》。 ● 義理《ぎり》をはたす。
● 恩義《おんぎ》に報《むく》いる。 ● 正義《せいぎ》を守《まも》る。

なりたち

我（ガ）がギと変《か》わって読《よ》み方《かた》と「きわだつ」いみをしめしています。「正《ただ》しいみち」を表《あらわ》す字《じ》で、「わけ、いみ」などのいみにも使《つか》われます。羊（⺶）は「美《うつく》しい」いみを表《あらわ》し、

逆

9画［⻌6画］

おん　ギャク
くん　さか・さか-らう

逆 逆 逆 逆 逆 逆 逆 逆 逆

いみ

■ **さかさま。さからう。** ◆（逆《さか》さに転《ころ》がる）逆転《ぎゃくてん》・逆効果《ぎゃくこうか》・逆光線《ぎゃくこうせん》・逆算《ぎゃくさん》・逆襲《ぎゃくしゅう》・逆《ぎゃく》上《じょう》・逆接《ぎゃくせつ》・逆手《ぎゃくて》（さかて）・逆風《ぎゃくふう》・逆流《ぎゃくりゅう》・逆夢《さかゆめ》 ◆反逆《はんぎゃく》

つかいかた

● 左右《さゆう》を逆《ぎゃく》にする。 ● 流《なが》れに逆《さか》らう。
● 逆境《ぎゃっきょう》にくじけない。 ● 形勢《けいせい》が逆転《ぎゃくてん》する。
● 逆立《さかだ》ちをする。 ● 波《なみ》が逆巻《さかま》く。

もっとしろう

● 逆手《さかて》（ぎゃくて）にとる－相手《あいて》の攻撃《こうげき》をうまく利《り》用《よう》して、逆《ぎゃく》に攻《せ》め返《かえ》す。

なりたち

⻌は「歩《ある》く」ことを表《あらわ》し、屰がギャクという読《よ》み方《かた》と「さかさま」のいみをしめしています。反対向《はんたいむ》きに進《すす》んでむかえることを表《あらわ》す字《じ》で、「さかさま、さからう」いみに使《つか》われます。

五年

久

3画［ノ2画］

おん　キュウ・(ク)

くん　ひさ-しい

久（はらう）

書き順：久 久 久

いみ

■ **ひさしい。長《なが》い間《あいだ》。** ◆久久《ひさびさ》 ◆（ながいあいだ〈久〉耐《た》える）耐久《たいきゅう》・永久《えいきゅう》・持久《じきゅう》・悠久《ゆうきゅう》

つかいかた

● 故郷《こきょう》を出《で》て**久《ひさ》しい**。 ● **久《ひさ》しぶり**の雨《あめ》。

● **永久《えいきゅう》**に平和《へいわ》が続《つづ》く。 ● **持久力《じきゅうりょく》**をつける。

もっとしろう

● **おごれる者《もの》久《ひさ》しからず**－権力《けんりょく》をにぎって勝手《かって》きままなことをしている者《もの》は、長《なが》く栄《さか》えることはない。

なりたち

もとの形《かたち》は久。人《ひと》（ク）と、うしろからひきとめているようす（乀）からできています。「とどめる」いみを表《あらわ》す字《じ》で、「ひさしい、長《なが》い間《あいだ》」のいみに使《つか》われます。

とくべつなよみ

※「ク」という読《よ》み―久遠《くおん》

旧

5画［日1画］

おん　キュウ

くん

旧（とめる）

書き順：旧 旧 旧 旧 旧

いみ

■ **ふるい。むかし。** ◆（古《ふる》い〈旧〉制度《せいど》）旧制《きゅうせい》・旧恩《きゅうおん》・旧家《きゅうか》・旧教《きゅうきょう》・旧交《きゅうこう》・旧習《きゅうしゅう》・旧姓《きゅうせい》・旧知《きゅうち》・旧道《きゅうどう》・旧盆《きゅうぼん》・旧友《きゅうゆう》・旧来《きゅうらい》・旧暦《きゅうれき》 ◆新旧《しんきゅう》・復旧《ふっきゅう》

つかいかた

● **旧式《きゅうしき》**のカメラ。 ● **旧正月《きゅうしょうがつ》**を祝《いわ》う。

● **旧年中《きゅうねんちゅう》**はお世話《せわ》になりました。

● 線路《せんろ》が**復旧《ふっきゅう》**する。 ● **名所旧跡《めいしょきゅうせき》**を訪《たず》ねる。

もっとしろう

● **旧態依然《きゅうたいいぜん》**－むかしのままで、少《すこ》しの進歩《しんぽ》も発展《はってん》もない。

なりたち

古《ふる》い字《じ》は舊。萑は頭《あたま》に毛《け》のある鳥《とり》を表《あらわ》し、臼はキュウという読《よ》み方《かた》をしめしています。みみずくを表《あらわ》す字《じ》でしたが、「ふるい」いみに使《つか》われるようになりました。

救

11画［攵7画］

おん　キュウ

くん　すく-う

救（わすれない／はねる）

書き順：救 救 救 救 救 救 救 救

いみ

■ **すくう。** ◆（命《いのち》を救《すく》う）救命《きゅうめい》・救援《きゅうえん》・救《きゅう》護《ご》・救出《きゅうしゅつ》・救難《きゅうなん》

つかいかた

● おぼれている人《ひと》を**救《すく》う**。

● **救《すく》い**の手《て》を差《さ》しのべる。

● **救急車《きゅうきゅうしゃ》**を呼《よ》ぶ。 ● 難民《なんみん》を**救済《きゅうさい》**する。

● 人命《じんめい》を**救助《きゅうじょ》**する。

もっとしろう

● **救《すく》い主《ぬし》**－救《すく》ってくれた人《ひと》。また、キリスト教《きょう》で、救世主《きゅうせいしゅ》。イエス・キリスト。

なりたち

攵は手《て》（又）に棒《ぼう》（卜）をもっている形《かたち》（攴）から「むりにさせる」いみを表《あらわ》し、求がキュウという読《よ》み方《かた》と「ひきしめる」いみをしめしています。「やめさせる」いみを表《あらわ》しましたが、「すくう」いみに用《もち》いられるようになりました。

居

8画［尸5画］

おん　キョ

くん　い-る

いみ

■いる。すむ。◆（居《い》る・住《す》む）居住《きょじゅう》・居《きょ》室《しつ》・居留地《きょりゅうち》・居候《いそうろう》・居間《いま》◆隠居《いんきょ》・皇居《こうきょ》・雑居《ざっきょ》・住居《じゅうきょ》・同居《どうきょ》・入居《にゅうきょ》・別居《べっきょ》・敷居《しきい》・芝居《しばい》・長居《ながい》

つかいかた

●新居《しんきょ》へ引《ひ》っ越《こ》す。●転居《てんきょ》の通知《つうち》を出《だ》す。

●居心地《いごこち》のいい部屋《へや》。●居場所《いばしょ》を知《し》らせる。

もっとしろう

●居《い》ても立《た》ってもいられない－気《き》が気《き》でなくて、じっとしていられない。

なりたち

尸は人《ひと》がうずくまっている形《かたち》（）を表《あらわ》し、古（コ）がキョと変《か》わって読《よ》み方《かた》と「動《うご》かない」いみをしめしています。じっとして動《うご》かないことから、「いる」いみに使《つか》われます。

とくべつなよみ

居士《こじ》

許

11画［言4画］

おん　キョ

くん　ゆる-す

いみ

■ゆるす。◆（許《ゆる》す・ききいれる〈容〉）許《きょ》容《よう》・許可《きょか》◆特許《とっきょ》・免許《めんきょ》

つかいかた

●友《とも》だちに心《こころ》を許《ゆる》す。●罪《つみ》を許《ゆる》す。

●父《ちち》から留学《りゅうがく》の許《ゆる》しを得《え》る。

●特別《とくべつ》に許可《きょか》する。

もっとしろう

●［許《きょ》の右《みぎ》の部分《ぶぶん》］

「許《きょ》」の右《みぎ》がわの「午」を「牛」と書《か》く誤《あやま》りが多《おお》く見《み》られます。午前《ごぜん》・午後《ごご》の「午《ご》」と、動物《どうぶつ》の「牛《うし》」とをしっかりと書《か》き分《わ》けましょう。

なりたち

言は「ことば」を表《あらわ》し、午（ゴ）がキョと変《か》わって読《よ》み方《かた》と「同意《どうい》する」いみをしめしています。ことばで同意《どうい》することを表《あらわ》し、「ゆるす」いみに使《つか》われます。

境

14画［土11画］

おん　キョウ・（ケイ）

くん　さかい

いみ

1 さかい。◆境界《きょうかい》◆（国《くに》の境《さかい》）国境《こっきょう》（くにざかい）・越境《えっきょう》

2 場所《ばしょ》。◆境内《けいだい》◆異境《いきょう》・秘境《ひきょう》

3 人《ひと》がおかれている状態《じょうたい》。◆境遇《きょうぐう》◆（心《こころ》の状態《じょうたい》〈境〉）心境《しんきょう》・佳境《かきょう》・環境《かんきょう》・逆境《ぎゃっきょう》・順境《じゅんきょう》・老境《ろうきょう》

つかいかた

●となりの土地《とち》との境《さかい》。●さとりの境地《きょうち》。

●環境《かんきょう》が変《か》わる。●苦境《くきょう》に立《た》つ。

●進境《しんきょう》著《いちじる》しい。●生死《せいし》の境目《さかいめ》。

●見境《みさかい》がつかない。

なりたち

土は土地《とち》を表《あらわ》し、竟がキョウという読《よ》み方《かた》と「さかい」のいみをしめしています。「土地《とち》のさかい」のいみに使《つか》われます。

とくべつなよみ

※「ケイ」という読《よ》み―境内《けいだい》

五年

均

7画［土4画］

おん キン

くん

いみ

■たいら。ひとしい。◆（ひとしい〈均〉・等《ひと》しい）均等《きんとう》・均一《きんいつ》・均衡《きんこう》・均質《きんしつ》・均分《きんぶん》・◆平均《へいきん》

つかいかた

●均一《きんいつ》の料金《りょうきん》。●均整《きんせい》のとれたからだ。

●均等《きんとう》に分《わ》ける。

もっとしろう

●［書《か》き方注意《かたちゅうい》］

小学校《しょうがっこう》で習《なら》う字《じ》で、右《みぎ》がわに点二《てんふた》つの「匀《きん》」が使《つか》われている字《じ》は、この「均《きん》」だけです。それに対《たい》し、点一《てんひと》つの「勺《しゃく》」がついている字《じ》には「約《やく》」「的《てき》」があります。

なりたち

土は土地《とち》を表《あらわ》し、匀（キン）は「平《たい》らにそろえる」いみをもっています。土地《とち》を平《たい》らにするいみを表《あらわ》す字《じ》で、「ひとしい」いみに使《つか》われます。

禁

13画［示8画］

おん キン

くん

いみ

■さしとめる。やめさせる。◆（禁《きん》じる・止《と》める）禁止《きんし》・禁煙《きんえん》・禁句《きんく》・禁固《きんこ》・禁酒《きんしゅ》・禁書《きんしょ》・禁制《きんせい》・禁足《きんそく》・禁断《きんだん》・禁物《きんもつ》・禁欲《きんよく》・禁猟《きんりょう》・禁漁《きんりょう》・禁令《きんれい》 ◆解禁《かいきん》・監禁《かんきん》・軟禁《なんきん》・発禁《はっきん》

つかいかた

●外出《がいしゅつ》を禁《きん》じる。●油断《ゆだん》は禁物《きんもつ》だ。

●土足《どそく》は厳禁《げんきん》です。

もっとしろう

●禁《きん》を犯《おか》す－してはならないとされていることをする。

なりたち

示は神《かみ》を表《あらわ》し、林（リン）がキンと変《か》わって読《よ》み方《かた》をしめしています。神《かみ》が立《た》ち入《い》りを禁止《きんし》した林《はやし》を表《あらわ》しましたが、「さしとめる」いみに使《つか》われるようになりました。

句

5画［口2画］

おん ク

くん

いみ

1 ことば。文《ぶん》のひとくぎり。◆句点《くてん》 ◆慣《かん》用句《ようく》・禁句《きんく》・警句《けいく》・字句《じく》・絶句《ぜっく》・対句《ついく》

2 はいく。◆句会《くかい》・句集《くしゅう》・句碑《くひ》 ◆発句《ほっく》・名句《めいく》・連句《れんく》

つかいかた

●語句《ごく》の意味《いみ》を調《しら》べる。●俳句《はいく》をよむ。

●文句《もんく》を言《い》う。

もっとしろう

●［句読点《くとうてん》］

文《ぶん》の終《お》わりにつける「。」が句点《くてん》。ことばの区切《くぎ》りにつける「、」が読点《とうてん》。両方合《りょうほうあ》わせて「句読点《くとうてん》」といいます。

なりたち

もとの形《かたち》は𠀌。口は「ことば」を表《あらわ》し、勹は「かぎ型《がた》でくぎる」いみをもっています。ことばをくぎることから、「文《ぶん》のひとくぎり」のいみに使《つか》われます。

五年

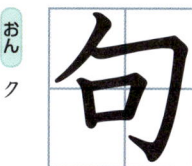

型

おん　ケイ

くん　かた

9画［土6画］

いみ

■かた。◆(型《かた》をとった紙《かみ》)型紙《かたがみ》　◆紙型《しけい》・典型《てんけい》・鋳型《いがた》・木型《きがた》・新型《しんがた》

つかいかた

●古《ふる》い型《かた》の自動車《じどうしゃ》。●模型《もけい》の飛行機《ひこうき》。●型紙《かたがみ》を使《つか》う。●血液型《けつえきがた》を調《しら》べる。

もっとしろう

●**型《かた》にはまる**－きまったわくの中《なか》に入《はい》っていて、新《あたら》しさや工夫《くふう》がない。
●**型破《かたやぶ》り**－これまでのやり方《かた》や型《かた》とまったくちがっているようす。

なりたち

土は「つち」を表《あらわ》し、刑がケイという読《よ》み方《かた》と「かた」のいみをしめしています。土を使《つか》ってきまった形《かたち》の鋳型《いがた》を作《つく》ることを表《あらわ》し、「かた」のいみに使《つか》われます。

つかいわけ

●形《かた》・型《かた》→〈形《けい》〉138ページ

経

おん　ケイ・(キョウ)

くん　へ-る

11画［糸5画］

いみ

1 たて糸《いと》。たて。◆(たてに通《とお》る〈経〉線《せん》)経線《けいせん》・経緯《けいい》・経度《けいど》　◆西経《せいけい》・東経《とうけい》
2 通《とお》っていく。へる。◆(経《へ》る・過《す》ぎる)経《けい》過《か》・経口《けいこう》・経歴《けいれき》・経路《けいろ》　◆神経《しんけい》
3 おさめる。いとなむ。◆経済《けいざい》・経理《けいり》
4 教《おし》え。◆経典《きょうてん》(けいてん)・経文《きょうもん》　◆写経《しゃきょう》

つかいかた

●お経《きょう》を読《よ》む。●長《なが》い年月《ねんげつ》を経《へ》る。●会社《かいしゃ》を経営《けいえい》する。●経験《けいけん》を積《つ》む。●緯度《いど》と経度《けいど》。●経費《けいひ》がかさむ。●秋田《あきた》を経由《けいゆ》して青森《あおもり》へ行《い》く。

なりたち

古《ふる》い字《じ》は經。糸は「いと」を表《あらわ》し、巠(ケイ)がはたおり機《き》にたて糸《いと》を張《は》ったようすを表《あらわ》しています。たて糸《いと》を表《あらわ》し、「たて、へる」いみに使《つか》われます。

とくべつなよみ

読経《どきょう》

潔

おん　ケツ

くん　(いさぎよ-い)

15画［氵12画］

いみ

■きよらか。きよい。いさぎよい。◆(潔《いさぎよ》い・白《しろ》い)潔白《けっぱく》・潔癖《けっぺき》　◆簡潔《かんけつ》・純潔《じゅんけつ》・不潔《ふけつ》

つかいかた

●潔《いさぎよ》く謝《あやま》る。●文《ぶん》を簡潔《かんけつ》にまとめる。●高潔《こうけつ》な人《ひと》がら。●清潔《せいけつ》な身《み》なり。●不潔《ふけつ》な部屋《へや》。

もっとしろう

●**潔《いさぎよ》しとしない**－自分《じぶん》の信念《しんねん》に照《て》らし合《あ》わせて、そういうことをするのはひきょうなことだ、はずかしいことだとして、それをしない。

なりたち

氵は水《みず》を表《あらわ》し、絜がケツという読《よ》み方《かた》と「きよい」いみをしめしています。水《みず》で清《きよ》めることから、「いさぎよい」いみに使《つか》われます。

件

6画［亻4画］

おん　ケン

くん

いみ

■ことがら。◇件数《けんすう》・件名《けんめい》◇（必要《ひつよう》なことがら（件））要件《ようけん》・案件《あんけん》・一件《いっけん》・雑件《ざっけん》・事件《じけん》・物件《ぶっけん》

つかいかた

●事件《じけん》が起《お》こる。●無条件《むじょうけん》で引《ひ》き受《う》ける。

●用件《ようけん》を伝《つた》える。

もっとしろう

●［用件《ようけん》と要件《ようけん》］

「用件《ようけん》」は用事《ようじ》やことがら、「要件《ようけん》」は特《とく》にだいじなことがらや必要《ひつよう》な条件《じょうけん》をいいます。

なりたち

亻は人《ひと》を表《あらわ》し、牛は「より分《わ》ける」いみの牽を省略《しょうりゃく》した形《かたち》でケンという読《よ》み方《かた》をしめしています。区分《くわ》けすることを表《あらわ》す字《じ》で、「ことがら」のいみに使《つか》われます。

険

11画［阝8画］

おん　ケン

くん　けわ-しい

いみ

■あぶない。けわしい。◇（険《けわ》しい・悪《わる》い）険悪《けんあく》◇陰険《いんけん》・保険《ほけん》・冒険《ぼうけん》

つかいかた

●険《けん》のある顔《かお》。●険《けわ》しい山道《やまみち》を登《のぼ》る。

●険《けわ》しい表情《ひょうじょう》。●危険《きけん》な場所《ばしょ》。

もっとしろう

●［似《に》ている字《じ》に注意《ちゅうい》］

「㑒《けん》」がつく字《じ》を使《つか》い分《わ》けましょう。

・険《けん》…危険《きけん》・保険《ほけん》・険《けわ》しい

・験《けん》…試験《しけん》・実験《じっけん》

・検《けん》…検査《けんさ》・点検《てんけん》

なりたち

古《ふる》い字《じ》は險。阝は山《やま》を表《あらわ》し、僉（セン）がケンと変《か》わって読《よ》み方《かた》と「きり立《た》つ」いみをしめしています。きり立《た》った山《やま》を表《あらわ》すことから、「けわしい」いみに使《つか》われます。

検

12画［木8画］

おん　ケン

くん

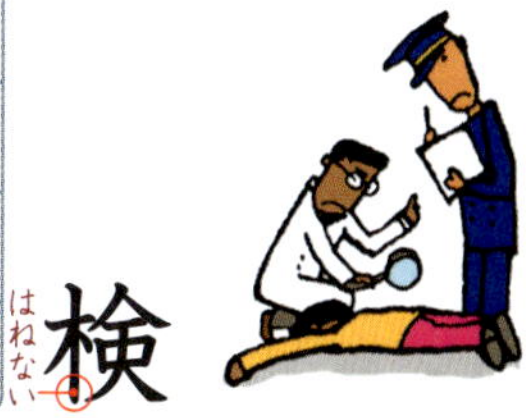

いみ

■しらべる。◇（温《おん》度《ど》をしらべる（検））検温《けんおん》◇検印《けんいん》・検疫《けんえき》・検閲《けんえつ》・検眼《けんがん》・検札《けんさつ》・検察《けんさつ》・検事《けんじ》・検出《けんしゅつ》・検証《けんしょう》・検針《けんしん》・検診《けんしん》・検地《けんち》・検討《けんとう》・検分《けんぶん》・検便《けんべん》・検問《けんもん》◇探検《たんけん》・点検《てんけん》

つかいかた

●犯人《はんにん》を検挙《けんきょ》する。●品質《ひんしつ》を検査《けんさ》する。

●検算《けんざん》して確《たし》かめる。

●英語《えいご》の検定試験《けんていしけん》を受《う》ける。

●持《も》ち物《もの》を点検《てんけん》する。

なりたち

古《ふる》い字《じ》は檢。木は木箱《きばこ》を表《あらわ》し、僉（セン）がケンと変《か》わって読《よ》み方《かた》と「おさめる」いみをしめしています。もとは文書《ぶんしょ》を箱《はこ》におさめることを表《あらわ》す字《じ》でしたが、「しらべる」いみに使《つか》われるようになりました。

五年

限

9画［阝6画］

おん　ゲン

くん　かぎ-る

限　なにもつけない

いみ

■かぎる。かぎり。◇（限《かぎ》る・定《さだ》める）限《げん》定《てい》・限度《げんど》　◇極限《きょくげん》・権限《けんげん》・際限《さいげん》・無限《むげん》・有限《ゆうげん》

つかいかた

●人数《にんずう》を限《かぎ》る。●体力《たいりょく》の限界《げんかい》までがんばる。●本《ほん》を期限《きげん》までに返《かえ》す。●速度《そくど》を制限《せいげん》する。●門限《もんげん》を守《まも》る。

もっとしろう

●限《かぎ》りある世《よ》－いつまでも生《い》きていることのできないこの世《よ》。現世《げんせ》。

●限《かぎ》りをつくす－これ以上《いじょう》できないというところまで、一生懸命《いっしょうけんめい》がんばる。

なりたち

阝は山《やま》を表《あらわ》し、艮（コン）がゲンと変《か》わって読《よ》み方《かた》と「とどまる」いみをしめしています。行《い》きどまりの山《やま》を表《あらわ》し、「かぎり」のいみに使《つか》われます。

現

11画［王7画］

おん　ゲン

くん　あらわ-れる・あらわ-す

現　うえへはねる

いみ

1 あらわれる。◇現象《げんしょう》・現像《げんぞう》　◇（現《あらわ》れ出《で》る）出現《しゅつげん》・再現《さいげん》・表現《ひょうげん》

2 いまある。◇現況《げんきょう》・現行《げんこう》・現在《げんざい》・現状《げんじょう》・現世《げんせ》（げん）（ぜ）・現存《げんそん》（げん）（ぞん）・現代《げんだい》・現地《げんち》・現場《げんば》（げん）（じょう）・現品《げんぴん》・現物《げんぶつ》

つかいかた

●すがたを現《あらわ》す。●現役《げんえき》の選手《せんしゅ》。●現金《げんきん》ではらう。●理想《りそう》と現実《げんじつ》。●夢《ゆめ》が実現《じつげん》する。

なりたち

王はもと玉《たま》のことで、見（ケン）がゲンと変《か》わって読《よ》み方《かた》と「あらわれる」いみをしめしています。玉《たま》の光《ひかり》がかがやきでることを表《あらわ》し、「あらわれる」いみに使《つか》われます。

つかいわけ

●著《あらわ》す・表《あらわ》す・現《あらわ》す　→〈著《ちょ》〉456ページ

減

12画［氵9画］

おん　ゲン

くん　へ-る・へ-らす

わすれない　減　はねる

いみ

■へる。へらす。◇（生産《せいさん》が減《へ》る）減産《げんさん》・減《げん》員《いん》・減額《げんがく》・減刑《げんけい》・減収《げんしゅう》・減食《げんしょく》・減税《げんぜい》・減《げん》速《そく》・減点《げんてん》・減法《げんぽう》・減量《げんりょう》　◇加減《かげん》・軽減《けいげん》・激減《げきげん》・増減《ぞうげん》・半減《はんげん》

つかいかた

●収入《しゅうにゅう》が一割《いちわり》の減《げん》になる。●入場者《にゅうじょうしゃ》が減《へ》る。●人数《にんずう》を減《へ》らす。●人口《じんこう》が減少《げんしょう》する。●食欲《しょくよく》が減退《げんたい》する。●減量《げんりょう》に成功《せいこう》する。

もっとしろう

●減《へ》らず口《ぐち》をたたく－負《ま》けおしみをいう。にくまれ口《ぐち》をきく。

なりたち

氵は水《みず》を表《あらわ》し、咸（カン）がゲンと変《か》わって読《よ》み方《かた》と「ふさぐ」いみをしめしています。水流《すいりゅう》をふさいで流《なが》れをへらすことを表《あらわ》し、「へる」いみに使《つか》われます。

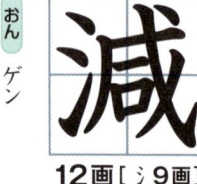

故

9画［攵5画］

おん　コ

くん　（ゆえ）

いみ

1 むかしからの。ふるい。◆故国《ここく》・故事《こじ》　◆縁故《えんこ》

2 死《し》ぬ。◆故人《こじん》　◆物故《ぶっこ》

3 できごと。◆事故《じこ》

4 わざと。◆故意《こい》

5 わけ。◆何故《なにゆえ》

つかいかた

●故《ゆえ》あって転校《てんこう》する。●故郷《こきょう》へ帰《かえ》る。

●機械《きかい》が故障《こしょう》する。

なりたち

攵は手《て》（又）に棒《ぼう》（卜）をもっている形《かたち》（攴）からでき、「うつ」いみを表《あらわ》しています。古がコという読《よ》み方《かた》と「しぬ」いみをしめしています。打《う》ち殺《ころ》すことを表《あらわ》し、のちに「こと、ゆえ」のいみ、転《てん》じて「ふるい」いみにも使《つか》われるようになりました。

個

10画［亻8画］

おん　コ

くん

いみ

■ひとりの。ひとつの。◆（ひとり〈個〉のへや〈室〉）個室《こしつ》・個人《こじん》・個別《こべつ》　◆各個《かっこ》

つかいかた

●りんごを五個《ごこ》買《か》う。●個々《ここ》の性質《せいしつ》。

●個性《こせい》をのばす。●個別《こべつ》に指導《しどう》する。

もっとしろう

●［個体《こたい》と固体《こたい》］

「個体《こたい》」は一《ひと》つ一《ひと》つが独立《どくりつ》していて、ほかと区別《くべつ》できるものをいい、「固体《こたい》」はきまった形《かたち》と大《おお》きさがあり、変化《へんか》しにくいものをいいます。

なりたち

亻は人《ひと》を表《あらわ》し、固は物《もの》を数《かぞ》えることばの箇《こ》の省略形《しょうりゃくけい》で、コという読《よ》み方《かた》をしめしています。人《ひと》を数《かぞ》えるのに使《つか》われ、また箇《こ》の代《か》わりにも使《つか》われます。「ひとり、ひとつ」のいみを表《あらわ》します。

護

20画［言13画］

おん　ゴ

くん

いみ

■まもる。◆（身《み》をまもる〈護〉）護身《ごしん》・護衛《ごえい》・護国《ごこく》・護送《ごそう》　◆援護《えんご》・介護《かいご》・救護《きゅうご》・警護《けいご》・守護《しゅご》・弁護《べんご》・防護《ぼうご》・養護《ようご》

つかいかた

●護岸《ごがん》のための工事《こうじ》。●動物《どうぶつ》を愛護《あいご》する。

●病人《びょうにん》を看護《かんご》する。●要人《ようじん》を警護《けいご》する。

●自然《しぜん》を保護《ほご》する。

もっとしろう

●［似《に》ている字《じ》に注意《ちゅうい》］

・獲《かく》…獲得《かくとく》・獲物《えもの》

・穫《かく》…収穫《しゅうかく》

なりたち

言は「ことば」を表《あらわ》し、蒦（カク）がゴと変《か》わって読《よ》み方《かた》と「つかまえる」いみをしめしています。命令《めいれい》で支配《しはい》してとめることを表《あらわ》し、「まもる、たすける」いみに使《つか》われます。

効

おん　コウ

くん　き-く

8画［力6画］

いみ

■ききめ。◆効用《こうよう》　◆時効《じこう》・特効《とっこう》・無効《むこう》

つかいかた

●よく**効《き》く**薬《くすり》。●勉強《べんきょう》の**効果《こうか》**があらわれる。●薬《くすり》の**効能《こうのう》**。●**効率《こうりつ》**よく仕事《しごと》をする。●**有効《ゆうこう》**な手段《しゅだん》。

なりたち

古《ふる》い字《じ》は效。交がコウという読《よ》み方《かた》と「ならう」いみをしめしています。攵(攴)は強制《きょうせい》することを表《あらわ》し、ならわせることから、「ならう、ききめ」のいみに使《つか》われます。

つかいわけ

●**効《き》く・利《き》く**

ききめがあるときは「**効《き》く**」を使《つか》い、思《おも》いどおりにはたらくときは「**利《き》く**」を使《つか》います。

効《き》く…薬《くすり》が効《き》く。わさびが効《き》く。

利《き》く…気《き》が利《き》く。自由《じゆう》の利《き》く身《み》。

厚

おん　(コウ)

くん　あつ-い

9画［厂7画］

いみ

1 あつみがある。◆厚顔《こうがん》・厚紙《あつがみ》・厚着《あつぎ》

2 心《こころ》がこもっている。◆厚意《こうい》　◆温厚《おんこう》

つかいかた

●**厚《あつ》い**本《ほん》。●**ご厚情《こうじょう》**を感謝《かんしゃ》する。●**温厚《おんこう》**な人《ひと》がら。●**厚手《あつで》**のセーター。

なりたち

厂は「がけ」を表《あらわ》し、㫗がコウという読《よ》み方《かた》と「大《おお》きい」いみをしめしています。土《つち》があつく重《かさ》なったがけから、「あつい」いみに使《つか》われます。

つかいわけ

●**厚《あつ》い・熱《あつ》い・暑《あつ》い**

物《もの》の表《おもて》と裏《うら》の間《あいだ》のきょりが大《おお》きいとき「**厚《あつ》い**」、温度《おんど》が高《たか》いとき「**熱《あつ》い**」を使《つか》い、特《とく》に気温《きおん》が高《たか》い場合《ばあい》「**暑《あつ》い**」を使《つか》います。

厚《あつ》い…厚《あつ》い壁《かべ》。

熱《あつ》い…熱《あつ》い湯《ゆ》。

暑《あつ》い…暑《あつ》い夏《なつ》。

耕

おん　コウ

くん　たがや-す

10画［耒4画］

いみ

■たがやす。田《でん》・農耕《のうこう》　◆(耕《たがや》して作《つく》る)耕作《こうさく》　◆休耕《きゅうこう》

つかいかた

●田畑《たはた》を**耕《たがや》す**。●新《あたら》しい**耕具《こうぐ》**を使《つか》う。●**耕地《こうち》**の面積《めんせき》。

もっとしろう

●［耕《たがや》す］

「耕《たがや》す」は「田返《たがえ》す」からできたことばで、作物《さくもつ》を植《う》えたり、種《たね》をまいたりするために、田畑《たはた》を掘《ほ》り返《かえ》し土《つち》をやわらかくすることをいいます。

なりたち

古《ふる》い字《じ》は耕。耒は「すき」を表《あらわ》し、井(セイ)がコウと変《か》わって読《よ》み方《かた》と「たてよこにくぎる」いみをしめしています。すきで田畑《たはた》にくぎりをつけることから、「たがやす」いみに使《つか》われます。

五年

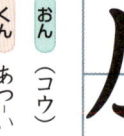

航

10画［舟4画］

おん　コウ

くん

航　儿にならない

いみ

■水上《すいじょう》や空中《くうちゅう》をわたる。◆（空《そら》をとぶ〈航〉）航空《こうくう》・航海《こうかい》・航行《こうこう》・航跡《こうせき》 ◆運航《うんこう》・回航《かいこう》・周航《しゅうこう》・就航《しゅうこう》・出航《しゅっこう》・巡航《じゅんこう》・渡航《とこう》・難航《なんこう》・密航《みっこう》・来航《らいこう》

つかいかた

●航路《こうろ》を外《はず》れる。 ●台風《たいふう》で欠航《けっこう》する。

もっとしろう

●［「きこう」のいろいろ］
帰《かえ》りの航路《こうろ》につくのが「帰航《きこう》」、途中《とちゅう》でよそに立《た》ち寄《よ》るのが「寄航《きこう》」。港《みなと》に帰《かえ》るのは「帰港《きこう》」、港《みなと》に寄《よ》るのは「寄港《きこう》」です。

なりたち

舟は「ふね」を表《あらわ》し、亢がコウという読《よ》み方《かた》と「ならべる」いみをしめしています。舟《ふね》を横《よこ》にならべることを表《あらわ》し、舟《ふね》で川《かわ》をわたることから、「わたる」いみに使《つか》われます。

鉱

13画［金5画］

おん　コウ

くん

鉱　とめる　とめる

いみ

■金属《きんぞく》などをふくむ石《いし》。◆（鉱石《こうせき》を掘《ほ》りだす山《やま》）鉱山《こうざん》・鉱業《こうぎょう》・鉱泉《こうせん》・鉱毒《こうどく》・鉱夫《こうふ》・鉱物《こうぶつ》・鉱脈《こうみゃく》 ◆（鉱石《こうせき》を採《と》る）採鉱《さいこう》・金鉱《きんこう》・炭鉱《たんこう》・鉄鉱《てっこう》

つかいかた

●鉱山《こうざん》で働《はたら》く。 ●金鉱《きんこう》を見《み》つける。

もっとしろう

●［鉱《こう》と鋼《こう》］
「鉱《こう》」は土《つち》の中《なか》から掘《ほ》りだしたままの金《きん》属《ぞく》をいい、「鋼《こう》」はきたえて強《つよ》くした鉄《てつ》、はがねをいいます。

なりたち

古《ふる》い字《じ》は鑛。金は「かね」を表《あらわ》し、廣がコウという読《よ》み方《かた》と「あな」のいみをしめしています。土《つち》の中《なか》からほりだす「あらがね（金属《きんぞく》などをふくむ石《いし》）」のいみに使《つか》われます。

構

14画［木10画］

おん　コウ

くん　かま-える・かま-う

構　はねない　だす

いみ

1 組《く》み立《た》てる。つくる。◆（組《く》み立《た》て〈構〉）・造《つく》り方《かた》）構造《こうぞう》・構図《こうず》・構成《こうせい》・構築《こうちく》 ◆機《き》構《こう》

2 建物《たてもの》のかこい。◆（構《かま》えの内側《うちがわ》）構内《こうない》・構《こう》外《がい》

つかいかた

●家《いえ》を構《かま》える。 ●剣道《けんどう》の構《かま》え。 ●りっぱな構《かま》えの家《いえ》。 ●犬《いぬ》を構《かま》う。 ●写真《しゃしん》の構図《こうず》。 ●文章《ぶんしょう》の構想《こうそう》を練《ね》る。

もっとしろう

●心構《こころがま》え―（これから予測《よそく》される困難《こんなん》なことに対《たい》する）心《こころ》の準備《じゅんび》。覚悟《かくご》。

なりたち

木は「き」を表《あらわ》し、冓がコウという読《よ》み方《かた》と「まじえる」いみをしめしています。木《き》を組《く》み合《あ》わせることを表《あらわ》し、「しくみ、かまえ」などのいみに使《つか》われます。

興

16画［臼9画］

おん　コウ・キョウ

くん　（おこ-る・おこ-す）

だす 興 だす

いみ

1 おこる。おこす。◆興行《こうぎょう》・興亡《こうぼう》・興隆《こうりゅう》 ◆(再《ふたた》び興《おこ》る)再興《さいこう》・新興《しんこう》・振興《しんこう》・復興《ふっこう》

2 おもしろみ。◆興味《きょうみ》 ◆即興《そっきょう》・不興《ふきょう》

つかいかた

● 水遊《みずあそ》びに興《きょう》じる。 ● 新《あたら》しい産業《さんぎょう》が興《おこ》る。

● 興奮《こうふん》してねむれない。 ● 興味《きょうみ》がわく。

● 会《かい》の余興《よきょう》に手品《てじな》をする。

もっとしろう

● 興味津津《きょうみしんしん》－次《つぎ》から次《つぎ》へと興味《きょうみ》がわいてきて、つきないようす。

なりたち

もとの形《かたち》は䦶。同が「いっしょ」のいみをしめしています。四《よっ》つの手《て》が力《ちから》を合《あ》わせてひきあげて「もちあげる、おこす」いみに使《つか》われます。

つかいわけ

● 起《お》こる・興《おこ》る →〈起《き》〉214ページ

講

17画［言10画］

おん　コウ

くん

講 ださない

いみ

1 ときあかす。とく。◆(いみ〈義〉をときあかす〈講〉)講義《こうぎ》・講師《こうし》・講釈《こうしゃく》・講談《こうだん》・講評《こうひょう》・講話《こうわ》 ◆開講《かいこう》・休講《きゅうこう》・受講《じゅこう》・聴講《ちょうこう》・論講《ろんこう》

2 はかる。なかなおりする。◆講和《こうわ》

3 ならう。◆(ならう〈講〉・習《なら》う)講習《こうしゅう》・講《こう》武《ぶ》

つかいかた

● 対策《たいさく》を講《こう》じる。 ● 講演《こうえん》を聞《き》く。

● ラジオの講座《こうざ》。 ● 料理《りょうり》の講習会《こうしゅうかい》。

● 講堂《こうどう》で式《しき》を行《おこな》う。

なりたち

言は「ことば」を表《あらわ》し、冓がコウという読《よ》み方《かた》と「組《く》み合《あ》わせる」いみをしめしています。話《はな》し合《あ》うことを表《あらわ》す字《じ》で、「ときあかす、ならう、なかなおりする」などのいみに使《つか》われます。

告

7画［口4画］

おん　コク

くん　つ-げる

ださない 告 うえよりながく

いみ

1 つげる。◆(告《つ》げる・示《しめ》す)告示《こくじ》・告知《こくち》・告別《こくべつ》 ◆勧告《かんこく》・急告《きゅうこく》・広告《こうこく》・申告《しんこく》・宣告《せんこく》・忠告《ちゅうこく》・通告《つうこく》・布告《ふこく》・報告《ほうこく》・密告《みっこく》・予告《よこく》

2 うったえる。◆告訴《こくそ》・告発《こくはつ》 ◆原告《げんこく》・上《じょう》告《こく》・被告《ひこく》

つかいかた

● 別《わか》れを告《つ》げる。 ● 罪《つみ》を告白《こくはく》する。

● 警告《けいこく》を発《はっ》する。 ● 告《つ》げ口《ぐち》をする。

もっとしろう

● 「告訴《こくそ》と原告《げんこく》・被告《ひこく》」

裁判所《さいばんしょ》にうったえることを「告訴《こくそ》」、うったえた人《ひと》を「原告《げんこく》」、うったえられた人《ひと》を「被告《ひこく》」といいます。

なりたち

もとの形《かたち》は𠱐。口《くち》(ㅂ)と、「進《すす》みでる」いみの屮(牛)とで申《もう》し上《あ》げることを表《あらわ》し、「つげる」いみに使《つか》われます。

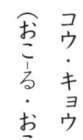

混

11画［氵8画］

おん　コン

くん　ま-じる・ま-ざる・ま-ぜる・こ-む

混　はねる

いみ

■まじる。◆（混《ま》じり合《あ》う）混合《こんごう》・混血《こんけつ》・混在《こんざい》・混雑《こんざつ》・混成《こんせい》・混声《こんせい》・混戦《こんせん》・混線《こんせん》・混同《こんどう》・混迷《こんめい》

つかいかた

●ラジオの音声《おんせい》に雑音《ざつおん》が混《ま》じる。●油《あぶら》の中《なか》に少量《しょうりょう》の水《みず》が混《ま》ざる。●絵《え》の具《ぐ》を混《ま》ぜる。●会場《かいじょう》が混雑《こんざつ》する。●異物《いぶつ》を混入《こんにゅう》する。●頭《あたま》が混乱《こんらん》する。

なりたち

氵は水《みず》を表《あらわ》し、昆がコンという読《よ》み方《かた》と「まとまる」いみをしめしています。水《みず》がこんこんとわき出《で》ることを表《あらわ》し、「まじる」いみに使《つか》われるようになりました。

つかいわけ

●交《ま》じる・混《ま》じる　→〈交《こう》〉144ページ

査

9画［木5画］

おん　サ

くん

査　且にならない　はねない

いみ

■しらべる。◆査察《ささつ》・査定《さてい》・監査《かんさ》・鑑査《かんさ》・巡査《じゅんさ》・捜査《そうさ》・調査《ちょうさ》◆（考《かんが》えてしらべる〈査〉）考査《こうさ》

つかいかた

●工場《こうじょう》を査察《ささつ》する。●品質《ひんしつ》の検査《けんさ》をする。●作品《さくひん》を審査《しんさ》する。●火星《かせい》を探査《たんさ》する。●現地《げんち》へ行《い》って踏査《とうさ》する。

もっとしろう

●［漢字《かんじ》の一部《いちぶ》に且のつく字《じ》］
・査《さ》…検査《けんさ》　・助《じょ》…救助《きゅうじょ》
・組《そ》…組織《そしき》　・祖《そ》…祖先《そせん》

なりたち

木は「き」を表《あらわ》し、且（ショ）がサと変《か》わって読《よ》み方《かた》と「くみあわせる」いみをしめしています。木《き》を組《く》んだいかだを表《あらわ》す字《じ》でしたが、「しらべる」いみに使《つか》われるようになりました。

五年

再

6画［冂4画］

おん　サイ・サ

くん　ふたた-び

ださない　再　ださない

いみ

■ふたたび。◆（再《ふたた》び開《ひら》く）再開《さいかい》・再演《さいえん》・再起《さいき》・再建《さいけん》（さいこん）・再現《さいげん》・再考《さいこう》・再婚《さいこん》・再選《さいせん》・再度《さいど》・再任《さいにん》・再燃《さいねん》・再来《さいらい》・再来年《さらいねん》

つかいかた

●再《ふたた》び訪《おとず》れる。●十年《じゅうねん》ぶりに再会《さいかい》する。●場面《ばめん》を再現《さいげん》する。●国《くに》を再興《さいこう》する。●録音《ろくおん》したものを再生《さいせい》する。●事故《じこ》の再発《さいはつ》を防止《ぼうし》する。

もっとしろう

●再三再四《さいさんさいし》－何度《なんど》も何度《なんど》も。たびたび。

なりたち

上下同《じょうげおな》じ形《かたち》のかご（⋈）の下半《したはん》分《ぶん》の形《かたち》に一《いち》をそえて、同《おな》じものを上《うえ》にのせるところから、重《かさ》ねてする、「ふたたび」のいみを表《あらわ》します。

とくべつなよみ

※「サ」という読《よ》み－再来《さらい》年《ねん》・再来週《さらいしゅう》など

災

おん　サイ

くん　（わざわ-い）

7画［火3画］

災　たかく　そろえる

いみ

■わざわい。◆（災《わざわ》い・わざわい〈害〉）災《さい》害《がい》・災禍《さいか》◆震災《しんさい》・人災《じんさい》・戦災《せんさい》・天災《てんさい》・被災《ひさい》・防災《ぼうさい》

つかいかた

●災《わざわ》いを招《まね》く。●災害《さいがい》に見《み》まわれる。

●思《おも》わぬ災難《さいなん》にあう。●火災《かさい》が発生《はっせい》する。

●被災者《ひさいしゃ》を見《み》まう。

もっとしろう

●**災《わざわ》いを転《てん》じて福《ふく》となす**－不幸《ふこう》にあってもくじけないで、それを逆《ぎゃく》に利用《りよう》して幸《しあわ》せになるようにする。

なりたち

火は「ひ」を表《あらわ》し、巛（サイ）はわざわいの古《ふる》い字形《じけい》で、川《かわ》がふさがるいみを表《あらわ》し、その省略形《しょうりゃくけい》が巛です。火《ひ》のわざわいを表《あらわ》し、ひろく「わざわい」のいみに使《つか》われます。

妻

おん　サイ

くん　つま

8画［女5画］

妻　だす

いみ

■つま。◆（妻《つま》と子《こ》）妻子《さいし》・妻帯《さいたい》◆夫妻《ふさい》・良妻《りょうさい》

つかいかた

●妻《つま》と旅行《りょこう》する。●妻子《さいし》を養《やしな》う。

もっとしろう

●［妻《つま》・夫《おっと》］

「つま」はもともと「そばにあるもの、そばにいるもの」のいみといわれていて、男《だん》性《せい》も女性《じょせい》も自分《じぶん》の結婚相手《けっこんあいて》を「妻《つま》・夫《つま》」と呼《よ》んでいました。今《いま》は「つま」という呼《よ》び方《かた》は女性《じょせい》の方《ほう》だけに残《のこ》り、「妻《つま》・夫《おっと》」になりました。

なりたち

もとの形《かたち》は𡜏。女と手（又）とかんざしの形《かたち》（屮）を合《あ》わせて、女性《じょせい》が手《て》でかんざしをさすことを表《あらわ》し、「つま」のいみに使《つか》われます。

採

おん　サイ

くん　と-る

11画［扌8画］

採　はねる　とめる

いみ

■とる。◆（採《と》る・掘《ほ》る）採掘《さいくつ》・採血《さいけつ》・採《さい》決《けつ》・採鉱《さいこう》・採算《さいさん》・採取《さいしゅ》・採石《さいせき》・採択《さいたく》・採《さい》否《ひ》◆伐採《ばっさい》

つかいかた

●新入社員《しんにゅうしゃいん》を採《と》る。●採光《さいこう》のよい部屋《へや》。

●植物《しょくぶつ》を採集《さいしゅう》する。●答案《とうあん》を採点《さいてん》する。

●提案《ていあん》を採用《さいよう》する。●虫《むし》の声《こえ》を採録《さいろく》する。

●森林《しんりん》を伐採《ばっさい》する。

もっとしろう

●**採算《さいさん》がとれる**－収入《しゅうにゅう》と支出《ししゅつ》のつり合《あ》いがとれる。利益《りえき》がある。

なりたち

扌は手《て》を表《あらわ》し、采（サイ）が「とる」のいみをしめしています。手《て》でとることから、「とる」いみに使《つか》われます。

つかいわけ

●取《と》る・採《と》る　→〈取《しゅ》〉230ページ

際

14画［阝11画］

おん サイ

くん （きわ）

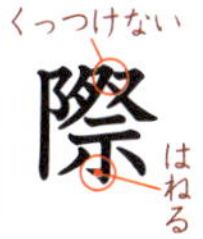

いみ

1 きわ。はて。◆（際《きわ》・限《かぎ》り）際限《さいげん》

2 とき。おり。◆実際《じっさい》・間際《まぎわ》

3 であう。まじわる。◆交際《こうさい》

つかいかた

●この際《さい》はっきり言《い》う。●がけの際《きわ》に立《た》つ。

●国際協力《こくさいきょうりょく》をする。

もっとしろう

●［際物《きわもの》］

ある時季《じき》だけに売《う》り出《だ》す品物《しなもの》が「際物《きわもの》」。門松《かどまつ》・ひな人形《にんぎょう》・こいのぼりなどがその例《れい》です。また、一時的《いちじてき》な流行《りゅうこう》をとり入《い》れて売《う》り出《だ》すものも「際物《きわもの》」といいます。

なりたち

阝は山《やま》を表《あらわ》し、祭がサイという読《よ》み方《かた》と「ふれあう」いみをしめしています。山《やま》と山《やま》が接《せっ》するところから、「まじわる、きわ」のいみに使《つか》われます。

在

6画［土3画］

おん ザイ

くん あ-る

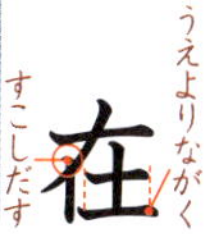

いみ

1 ある。いる。◆在位《ざいい》・在学《ざいがく》・在庫《ざいこ》・在室《ざいしつ》・在住《ざいじゅう》・在籍《ざいせき》・在宅《ざいたく》・在中《ざいちゅう》・在来《ざいらい》 ◆健在《けんざい》・散在《さんざい》・自在《じざい》・存在《そんざい》・滞在《たいざい》・点在《てんざい》・不在《ふざい》

2 いなか。◆在所《ざいしょ》 ◆近在《きんざい》

つかいかた

●卒業生《そつぎょうせい》と在校生《ざいこうせい》。●在日《ざいにち》のアメリカ人《じん》。

●実在《じつざい》の人物《じんぶつ》。●所在《しょざい》がわからない。

なりたち

土は「つち」を表《あらわ》し、才がザイという読《よ》み方《かた》と「ふさぎとめる」いみをしめしています。土《つち》でふさぐことから、動《うご》かずに「ある」いみに使《つか》われます。

つかいわけ

●在《あ》る・有《あ》る

「存在《そんざい》する」いみのときは「在《あ》る」を、「所有《しょゆう》する」いみのときは「有《あ》る」を使《つか》います。

在《あ》る…木《き》は山《やま》に在《あ》る。

有《あ》る…財産《ざいさん》が有《あ》る。

財

10画［貝3画］

おん ザイ・（サイ）

くん

いみ

■ たから。ざいさん。◆（たから〈財〉・たから〈貨〉）財貨《ざいか》・財界《ざいかい》・財源《ざいげん》・財政《ざいせい》・財力《ざいりょく》・財布《さいふ》 ◆散財《さんざい》・私財《しざい》・資財《しざい》・蓄財《ちくざい》・文化財《ぶんかざい》

つかいかた

●一代《いちだい》で財《ざい》をなす。●財産《ざいさん》をたくわえる。

●財宝《ざいほう》を発掘《はっくつ》する。●家財《かざい》を失《うしな》う。

●私財《しざい》を投《とう》じる。

もっとしろう

●財布《さいふ》の底《そこ》をはたく－持《も》っている金《かね》を全部《ぜんぶ》使《つか》ってしまう。

なりたち

貝は「お金《かね》」を表《あらわ》し、才がザイという読《よ》み方《かた》と「役《やく》に立《た》つ」いみをしめしています。価値《かち》ある財宝《ざいほう》を表《あらわ》し、「たから、ざいさん」のいみに使《つか》われます。

とくべつなよみ

※「サイ」という読《よ》み―財布《さいふ》

罪

13画［罒8画］

おん　ザイ
くん　つみ

罪 罪 罪 罪 罪 罪 罪 罪

罪　はねない　はらう

いみ
■悪《わる》いおこない。つみ。◆罪状《ざいじょう》・罪人《ざいにん》・罪名《ざいめい》 ◆(重《おも》い罪《つみ》)重罪《じゅうざい》・功罪《こうざい》・死罪《しざい》・大罪《たいざい》・断罪《だんざい》・無罪《むざい》・免罪《めんざい》・有罪《ゆうざい》・余罪《よざい》・流罪《るざい》

つかいかた
●罪《つみ》を犯《おか》す。●罪悪《ざいあく》を重《かさ》ねる。●犯罪《はんざい》を防《ふせ》ぐ。●相手《あいて》に謝罪《しゃざい》する。

もっとしろう
●罪《つみ》がない－悪気《わるぎ》がない。むじゃきだ。にくめない。
●罪《つみ》を着《き》せる－悪事《あくじ》や失敗《しっぱい》の責任《せきにん》を他人《たにん》におしつける。

なりたち
罒はあみの形《かたち》(网)を表《あらわ》し、非が「悪《わる》いこと」のいみをしめしています。法《ほう》のあみにかかった悪《わる》いこと、「つみ」のいみに使《つか》われます。

殺

10画［殳6画］

おん　サツ・(サイ・セツ)
くん　ころ-す

殺 殺 殺 殺 殺 殺 殺 殺 殺

殺　はねる　はねない

いみ
1 ころす。◆(殺《ころ》す・傷《きず》つける)殺傷《さっしょう》・殺意《さつい》・殺害《さつがい》・殺気《さっき》・殺菌《さっきん》・殺人《さつじん》・殺生《せっしょう》 ◆暗殺《あんさつ》・自殺《じさつ》・射殺《しゃさつ》・銃殺《じゅうさつ》・他殺《たさつ》・毒殺《どくさつ》・抹殺《まっさつ》
2 なくす。へらす。◆相殺《そうさい》

つかいかた
●はえを殺《ころ》す。●気配《けはい》を殺《ころ》す。
●殺虫剤《さっちゅうざい》をまく。
●必殺《ひっさつ》の技《わざ》をくり出《だ》す。

なりたち
もとの形《かたち》は。が毛《け》の長《なが》い動物《どうぶつ》の形《かたち》を表《あらわ》し、神《かみ》に供《そな》えるいけにえのいみをもっています。「打《う》つ」いみの殳を加《くわ》えて、いけにえを打《う》ちころすことを表《あらわ》し、「ころす」いみに使《つか》われます。
※「サイ・セツ」という読《よ》み

とくべつなよみ
―相殺《そうさい》・殺生《せっしょう》

雑

14画［隹6画］

おん　ザツ・ゾウ
くん

雑 雑 雑 雑 雑 雑 雑 雑

雑　はねる　とめる

いみ
1 入《い》りまじる。◆雑音《ざつおん》・雑貨《ざっか》・雑学《ざつがく》・雑記《ざっき》・雑居《ざっきょ》・雑菌《ざっきん》・雑誌《ざっし》・雑種《ざっしゅ》・雑食《ざっしょく》・雑多《ざった》・雑踏《ざっとう》・雑念《ざつねん》・雑炊《ぞうすい》・雑煮《ぞうに》・雑魚《ざこ》 ◆混雑《こんざつ》・繁雑《はんざつ》・複雑《ふくざつ》・乱雑《らんざつ》
2 だいじでない。◆雑役《ざつえき》・雑穀《ざっこく》・雑念《ざつねん》・雑費《ざっぴ》・雑用《ざつよう》・雑木《ぞうき》・雑巾《ぞうきん》
3 あらい。◆(粗《あら》い・あらい〈雑〉)粗雑《そざつ》

つかいかた
●雑《ざつ》な仕事《しごと》。●雑然《ざつぜん》とした部屋《へや》。
●雑草《ざっそう》をぬく。●雑談《ざつだん》をする。

なりたち
古《ふる》い字《じ》は襍。ネは衣《ころも》を表《あらわ》し、集(シュウ)がザツと変《か》わって読《よ》み方《かた》と「あつめる」いみをしめしています。いろいろな布《ぬの》をあつめて衣服《いふく》を作《つく》ることを表《あらわ》し、「まじる」いみに使《つか》われます。

とくべつなよみ
雑魚《ざこ》

五年

酸

14画［酉7画］

おん サン

くん (す-い)

酸 酉にならない

いみ

1 すっぱい。◆(酸《す》っぱい味《あじ》)酸味《さんみ》

2 つらい。いたましい。◆辛酸《しんさん》

3 酸性《さんせい》の物質《ぶっしつ》。◆塩酸《えんさん》・硫酸《りゅうさん》

4 さんそ。◆酸化《さんか》・酸欠《さんけつ》

つかいかた

●酸《す》っぱいぶどう。 ●酸性《さんせい》の食品《しょくひん》。

●酸素《さんそ》を吸入《きゅうにゅう》する。 ●酸味《さんみ》が強《つよ》い。

もっとしろう

●酸《す》いも甘《あま》いもかみ分《わ》ける－酸《す》っぱい味《あじ》も甘《あま》い味《あじ》も知《し》っていることから、経験豊《けいけんゆた》かで世《よ》の中《なか》のことをよく知《し》っている。

なりたち

酉は「さけ」を表《あらわ》し、夋(シュン)がサンと変《か》わって読《よ》み方《かた》と「さす」いみをしめしています。舌《した》をさすようなすっぱい味《あじ》の酒《さけ》を表《あらわ》し、「すっぱい」いみに使《つか》われます。

賛

15画［貝8画］

おん サン

くん

賛 とめる はらう

いみ

1 たすける。力《ちから》をそえる。◆(たすける〈賛〉・助《たす》ける)賛助《さんじょ》・賛意《さんい》・賛成《さんせい》・賛同《さんどう》・賛否《さんぴ》◆協賛《きょうさん》

2 ほめる。◆(ほめる〈賛〉ことば〈辞〉)賛辞《さんじ》◆絶賛《ぜっさん》・礼賛《らいさん》

つかいかた

●計画《けいかく》に賛成《さんせい》する。 ●全員《ぜんいん》の賛同《さんどう》を得《え》る。

●英雄《えいゆう》を賛美《さんび》する。 ●賞賛《しょうさん》の声《こえ》。

●事業《じぎょう》に協賛《きょうさん》する。

もっとしろう

●賛否両論《さんぴりょうろん》－賛成《さんせい》と反対《はんたい》の両方《りょうほう》の意見《いけん》。

なりたち

古《ふる》い字《じ》は贊。貝は「お金《かね》」を表《あらわ》し、兟(シン)がサンと変《か》わって読《よ》み方《かた》と「すすめる」いみをしめしています。会見《かいけん》のとき、手《て》みやげとしてさしだすお金《かね》を表《あらわ》し、「たすける」いみに使《つか》われます。

士

3画［士0画］

おん シ

くん

士 みじかく

いみ

1 おとこ。◆(高《たか》い志《こころざし》をもつおとこ〈士〉)志士《しし》・紳士《しんし》・同士《どうし》・名士《めいし》

2 たたかう人《ひと》。さむらい。◆士官《しかん》・士族《しぞく》◆武士《ぶし》

3 資格《しかく》や技術《ぎじゅつ》をもつ人《ひと》。◆運転士《うんてんし》・介護福《かいごふく》祉士《しし》・学士《がくし》・修士《しゅうし》・博士《はくし》(はかせ)・弁士《べんし》・保《ほ》育士《いくし》・力士《りきし》

つかいかた

●士気《しき》を高《たか》める。 ●新幹線《しんかんせん》の運転士《うんてんし》。

●白馬《はくば》の騎士《きし》。 ●戦《たたか》う兵士《へいし》たち。

●弁護士《べんごし》を目《め》ざす。

なりたち

もとは丄と書《か》き、くいを地上《ちじょう》に立《た》てたようすをしめす字《じ》でした。立《た》てるいみから、「さむらい、成人《せいじん》したおとこ」のいみをもつようになりました。

とくべつなよみ

海士《あま》・居士《こじ》・博士《はかせ》

支

おん　シ

くん　ささ-える

4画［支0画］

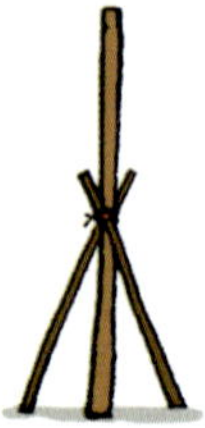

いみ

1 わかれ出《で》る。◆支局《しきょく》・支社《ししゃ》・支線《しせん》・支部《しぶ》・支流《しりゅう》　◆気管支《きかんし》

2 しはらう。◆支出《ししゅつ》　◆収支《しゅうし》

3 おさめる。◆支配《しはい》

4 ささえる。◆支援《しえん》・支持《しじ》・支柱《しちゅう》

5 さしつかえる。◆支障《ししょう》

つかいかた

●からだを支《ささ》える。●手当《てあて》を支給《しきゅう》する。

●本店《ほんてん》と支店《してん》。●支点《してん》と力点《りきてん》と作用点《さようてん》。

もっとしろう

●支離滅裂《しりめつれつ》－考《かんが》えや話《はなし》がばらばらで、筋《すじ》が通《とお》っていないこと。

なりたち

手《て》（　）にえだ（　）をもつようす（　）で、「えだ」のいみを表《あらわ》し、「わかれる、ささえる」いみに使《つか》われます。

とくべつなよみ

差《さ》し支《つか》える

史

おん　シ

5画［口2画］

いみ

■れきし。◆（歴史《れきし》の学問《がくもん》）史学《しがく》・史書《ししょ》・史料《しりょう》　◆国史《こくし》・世界史《せかいし》・日本史《にほんし》

つかいかた

●史実《しじつ》の記録《きろく》。●史上《しじょう》まれなできごと。

●史跡《しせき》をめぐる。●日本《にほん》の歴史《れきし》。

もっとしろう

●［史書《ししょ》－古事記《こじき》と日本書紀《にほんしょき》］

日本《にほん》の歴史《れきし》を書《か》いた書物《しょもつ》で最《もっと》も古《ふる》いのは七一二年《ねん》にできた「古事記《こじき》」、次《つぎ》は七二〇年《ねん》にできた「日本書紀《にほんしょき》」です。両方《りょうほう》合《あ》わせて「記紀《きき》」といいます。

なりたち

もとの形《かたち》は　。数《かず》をかぞえる棒《ぼう》の形《かたち》（中）と手《て》（　）を合《あ》わせて、天体《てんたい》の運行《うんこう》を計算《けいさん》して暦《こよみ》をつくる人《ひと》を表《あらわ》し、のちに「記録《きろく》をつかさどる人《ひと》」、また「記録《きろく》」のいみに使《つか》われるようになりました。

志

おん　シ

くん　こころざ-す・こころざし

7画［心3画］

いみ

■こころざす。こころざし。◆（志《こころざ》す・願《ねが》う）志願《しがん》・志向《しこう》・大志《たいし》・闘志《とうし》・立志《りっし》　◆遺志《いし》・初志《しょし》・寸志《すんし》・

つかいかた

●医師《いし》を志《こころざ》す。●志《こころざし》をつらぬく。

●勤皇《きんのう》の志士《しし》。●志望《しぼう》の学校《がっこう》。

●意志《いし》が強《つよ》い。●同志《どうし》をつのる。

もっとしろう

●志操堅固《しそうけんご》－境遇《きょうぐう》や立場《たちば》が変《か》わっても、自分《じぶん》のこころざしや考《かんが》えをしっかりと守《まも》り通《とお》すこと。

なりたち

心は「こころ」を表《あらわ》し、之が士と変《か》わってシという読《よ》み方《かた》と「いく」いみをしめしています。心《こころ》が向《む》かっていくところから、「こころざし」のいみに使《つか》われます。

枝

おん　（シ）
くん　えだ

8画［木4画］

枝　支にならない　はねない

いみ

■木《き》のえだ。◆（枝《えだ》と葉《は》）枝葉《しよう》（はえだ）　◆小枝《こえだ》

つかいかた

●木《き》の枝《えだ》。●枝《えだ》を折《お》る。●枝《えだ》が分《わ》かれる。
●松《まつ》の木《き》のりっぱな枝《えだ》ぶり。

もっとしろう

●枝葉末節《しようまっせつ》－物事《ものごと》の中心部分《ちゅうしんぶぶん》ではなく、本筋《ほんすじ》からはずれた、どうでもいいような細《こま》かい部分《ぶぶん》。「枝葉《しよう》」も「末節《まっせつ》」も、幹《みき》に対《たい》して重要《じゅうよう》でない部分《ぶぶん》のこと。

●［似《に》ている字《じ》に注意《ちゅうい》］
・枝《し》……木《き》のえだ。「枝葉《しよう》」
・技《ぎ》…手《て》（扌）のわざ。「技術《ぎじゅつ》」

なりたち

木は「き」を表《あらわ》し、支がシという読《よ》み方《かた》と「分《わ》かれる」いみをしめしています。木《き》の幹《みき》から分《わ》かれた「えだ」のいみに使《つか》われます。

師

おん　シ
くん

10画［巾7画］

師　だきない　はねる

いみ

1 みちびく人《ひと》。◆（先生《せんせい》（師）と弟子《でし》）師弟《してい》・師事《しじ》・師匠《ししょう》・師範《しはん》　◆恩師《おんし》・法師《ほうし》・牧師《ぼくし》・老師《ろうし》

2 （ことばの下《した》につけて）そのことを専門《せんもん》にする人《ひと》。◆医師《いし》・技師《ぎし》・美容師《びようし》・薬剤師《やくざいし》・漁師《りょうし》

3 軍隊《ぐんたい》。◆師団《しだん》

つかいかた

●師《し》の恩《おん》をわすれない。●病院《びょういん》の看護師《かんごし》。
●勉強会《べんきょうかい》の講師《こうし》を務《つと》める。

なりたち

𠂤（タイ）はシと変《か》わって読《よ》み方《かた》と「人《ひと》の住《す》む所《ところ》」のいみをしめしています。「めぐる」いみの帀を加《くわ》えて、集団《しゅうだん》をめぐり教《おし》える人《ひと》、「みちびく人《ひと》」のいみに使《つか》われます。

とくべつなよみ

師走《しわす》

資

おん　シ
くん

13画［貝6画］

資　次にならない

いみ

1 もとになるものやお金《かね》。◆（もとになる（資）材料《ざいりょう》）資材《しざい》・資産《しさん》・資本《しほん》・資力《しりょく》　◆外資《がいし》・学資《がくし》・合資《ごうし》・出資《しゅっし》・投資《とうし》・物資《ぶっし》・融資《ゆうし》

2 うまれつき。◆（うまれつき（資）の性質《せいしつ》）資質《ししつ》

つかいかた

●看護師《かんごし》の資格《しかく》を取《と》る。●資金《しきん》を集《あつ》める。
●豊富《ほうふ》な資源《しげん》。●選手《せんしゅ》の資質《ししつ》を見《み》ぬく。
●資料《しりょう》をそろえる。
●外国《がいこく》に物資《ぶっし》をおくる。

なりたち

貝は「お金《かね》」を表《あらわ》し、次がシという読《よ》み方《かた》と「つみたくわえる」いみをしめしています。つみたくわえたお金《かね》を表《あらわ》し、「もとになるもの、うまれつき」のいみに使《つか》われます。

五年

飼

13画［食5画］

おん　シ

くん　か-う

いみ

■かう。◆(飼《か》う・育《そだ》てる)飼育《しいく》・飼料《しりょう》

つかいかた

●牛《うし》を飼《か》う。●うさぎを飼育《しいく》する。

もっとしろう

●**飼《か》い犬《いぬ》に手《て》をかまれる**－ふだんかわいがってめんどうをみていたものに裏切《うらぎ》られたり、害《がい》を加《くわ》えられたりすることのたとえ。

●[飼《し》]

「飼《し》」は、もとは、人《ひと》を養《やしな》うことばとしても使《つか》われましたが、今《いま》は動物《どうぶつ》を養《やしな》う場合《ばあい》だけに使《つか》います。

なりたち

食は食《た》べ物《もの》を表《あらわ》し、司がシという読《よ》み方《かた》と「おさめる」いみをしめしています。食《た》べ物《もの》をあたえて養《やしな》うことから、「かう」いみに使《つか》われます。

示

5画［示0画］

おん　ジ・(シ)

くん　しめ-す

いみ

■しめす。◆示談《じだん》　◆(掲《かか》げて示《しめ》す)掲示《けいじ》・暗示《あんじ》・公示《こうじ》・告示《こくじ》・提示《ていじ》・表示《ひょうじ》・図示《ずし》

つかいかた

●興味《きょうみ》を示《しめ》す。●手本《てほん》を示《しめ》す。●指示《しじ》に従《したが》う。●作品《さくひん》を展示《てんじ》する。

もっとしろう

●**示《しめ》しがつかない**－そのままにしておいては、ほかの者《もの》を教《おし》えるのに、いい例《れい》にならない。

●[示→ネ]

「示」が、「しめすへん」として使《つか》われると「ネ」になります。

なりたち

もとの形《かたち》は示。神《かみ》が宿《やど》る台《だい》(丅)に、いけにえ(一)をのせ、血《ち》(::)がしたたるようすを表《あらわ》す字《じ》です。神《かみ》の意《い》をしめすことから、「しめす」いみに使《つか》われます。

似

7画［亻5画］

おん　(ジ)

くん　に-る

いみ

■にている。◆(似《に》ている顔《かお》)似顔《にがお》　◆疑《ぎ》似《じ》・近似《きんじ》・酷似《こくじ》

つかいかた

●顔《かお》が似《に》ている。●相似《そうじ》した三角形《さんかくけい》。●二《ふた》つの事件《じけん》は類似《るいじ》している。

もっとしろう

●**似《に》たり寄《よ》ったり**－どちらも同《おな》じようで、たいしてちがいがない。「寄《よ》ったり」は、そばに寄《よ》っているのいみ。

●**似《に》ても似《に》つかない**－似《に》ているところが一《ひと》つもない。ちっとも似《に》ていない。まるでちがう。

なりたち

亻は人《ひと》を表《あらわ》し、以(イ)がシと変《か》わって読《よ》み方《かた》と「わざと作《つく》る」いみをしめしています。人《ひと》ににせて作《つく》ることから、「にる」いみに使《つか》われます。

五年

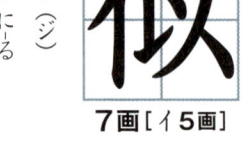

識

19画［言12画］

おん シキ

くん

いみ

1 めじるし。◆標識《ひょうしき》

2 見分《みわ》ける。しる。◆識者《しきしゃ》 ◆（認《みと》める・しる（識））認識《にんしき》・学識《がくしき》・見識《けんしき》・博識《はくしき》・面識《めんしき》・良識《りょうしき》

つかいかた

● ちがいを識別《しきべつ》する。● 意識《いしき》を失《うしな》う。

● 常識《じょうしき》のない人《ひと》。● 知識《ちしき》を広《ひろ》める。

もっとしろう

●［似《に》ている字《じ》に注意《ちゅうい》］

・織《しき》…組織《そしき》・織機《しょっき》・織物《おりもの》

・職《しょく》…職業《しょくぎょう》

なりたち

言は「ことば」を表《あらわ》し、戠（ショク・シキ）が読《よ》み方《かた》と「目《め》じるし」のいみをしめしています。ことばのいみを区別《くべつ》することを表《あらわ》し、「みわける、しる」いみに使《つか》われます。

質

15画［貝8画］

おん シツ・（シチ・チ）

くん

いみ

1 もと。うまれつき。なかみ。◆質量《しつりょう》 ◆悪質《あくしつ》・異質《いしつ》・気質《きしつ》・均質《きんしつ》・材質《ざいしつ》・資質《ししつ》・実質《じっしつ》・神経質《しんけいしつ》・水質《すいしつ》・素質《そしつ》・体質《たいしつ》・地質《ちしつ》・同質《どうしつ》・特質《とくしつ》・品質《ひんしつ》・物質《ぶっしつ》・変質《へんしつ》・本質《ほんしつ》・良質《りょうしつ》

2 かざりのないこと。じみ。◆質実《しつじつ》・質素《しっそ》

3 問《と》いただす。◆質疑《しつぎ》・質問《しつもん》

4 しち。◆質草《しちぐさ》・質屋《しちや》 ◆人質《ひとじち》・言質《げんち》

つかいかた

● 質《しつ》のよい品《しな》。● 質素《しっそ》な身《み》なり。

● 先生《せんせい》に質問《しつもん》する。● おだやかな性質《せいしつ》。

なりたち

貝は「お金《かね》」を表《あらわ》し、斦が「おもさをはかる」いみをもっています。お金《かね》と同《おな》じ価値《かち》のものを表《あらわ》し、「もとになるもの、なかみ」のいみに使《つか》われます。

とくべつなよみ

※「チ」という読《よ》み―言質《げんち》

舎

8画［人6画］

おん シャ

くん

いみ

■ いえ。建物《たてもの》。◆（駅《えき》の建物《たてもの》（舎））駅舎《えきしゃ》・官舎《かんしゃ》・宿舎《しゅくしゃ》・庁舎《ちょうしゃ》・兵舎《へいしゃ》

つかいかた

● 寄宿舎《きしゅくしゃ》に入《はい》って共同生活《きょうどうせいかつ》をする。

● 学校《がっこう》の校舎《こうしゃ》。

もっとしろう

●［舎利《しゃり》］

おしゃかさまの骨《ほね》を「舎利《しゃり》」といい、色《いろ》と形《かたち》が米《こめ》つぶに似《に》ていることから、俗《ぞく》にごはんのことを「舎利《しゃり》」といいます。

なりたち

古《ふる》い字《じ》は舍。佘（ヨ）がシャと変《か》わって読《よ》み方《かた》と「屋根《やね》のある建物《たてもの》」のいみをしめしています。場所《ばしょ》のいみをもつ口を合《あ》わせて、休息《きゅうそく》するやどを表《あらわ》し、「いえ」のいみに使《つか》われます。

とくべつなよみ

田舎《いなか》

五年

謝

17画［言10画］

おん　シャ

くん　（あやま-る）

いみ

1 わびる。◆（罪《つみ》を謝《あやま》る）謝罪《しゃざい》　◆慰謝料《いしゃりょう》・深謝《しんしゃ》・陳謝《ちんしゃ》

2 お礼《れい》をする。◆謝意《しゃい》　◆感謝《かんしゃ》・月謝《げっしゃ》

3 ことわる。しりぞく。◆謝絶《しゃぜつ》

つかいかた

●失礼《しつれい》を謝《あやま》る。●謝恩会《しゃおんかい》を開《ひら》く。

●謝礼《しゃれい》をのべる。●ご厚意《こうい》に感謝《かんしゃ》する。

なりたち

言は「ことば」を表《あらわ》し、射がシャという読《よ》み方《かた》と「ゆるす」いみをしめしています。「わびる、ことわる」いみに使《つか》われます。

つかいわけ

●謝《あやま》る・誤《あやま》る

「謝《あやま》る」は、悪《わる》いと思《おも》ってわびることを、「誤《あやま》る」は、まちがうことをいいます。

謝《あやま》る…不注意《ふちゅうい》による事故《じこ》を謝《あやま》る。

誤《あやま》る…方法《ほうほう》を誤《あやま》る。

授

11画［扌8画］

おん　ジュ

くん　（さず-ける・さず-かる）

いみ

■さずける。◆（授《さず》けることと受《う》けること）授受《じゅじゅ》　◆伝授《でんじゅ》・授章《じゅしょう》・授与《じゅよ》

つかいかた

●ほうびを授《さず》ける。●子《こ》どもを授《さず》かる。

●授業《じゅぎょう》を受《う》ける。●ノーベル賞《しょう》の授賞式《じゅしょうしき》。

●大学《だいがく》の教授《きょうじゅ》。

もっとしろう

●［授賞《じゅしょう》と受賞《じゅしょう》］

賞《しょう》を授《さず》ける（わたす）のが「授賞《じゅしょう》」で、その式典《しきてん》は「授賞式《じゅしょうしき》」です。

式典《しきてん》に出《で》て賞《しょう》を受《う》けるのは「受賞《じゅしょう》」で、その人《ひと》は「受賞者《じゅしょうしゃ》」です。

なりたち

扌は手《て》を表《あらわ》し、受がジュという読《よ》み方《かた》と「うけわたしする」いみをしめしています。「さずける」いみに使《つか》われています。

修

10画［亻8画］

おん　シュウ・（シュ）

くん　おさ-める・おさ-まる

いみ

1 おさめる。学《まな》んで身《み》につける。◆（学業《がくぎょう》を修《おさ》める）修学《しゅうがく》　◆修業《しゅうぎょう》（しゅぎょう）・修得《しゅうとく》・修養《しゅうよう》・修了《しゅうりょう》・修練《しゅうれん》・修行《しゅぎょう》　◆研修《けんしゅう》

2 形《かたち》をととのえる。◆修飾《しゅうしょく》・修正《しゅうせい》・修整《しゅうせい》・修繕《しゅうぜん》・修復《しゅうふく》・修理《しゅうり》　◆改修《かいしゅう》・補修《ほしゅう》

つかいかた

●学問《がくもん》を修《おさ》める。●素行《そこう》が修《おさ》まる。

●修学旅行《しゅうがくりょこう》に行《い》く。●車《くるま》を修理《しゅうり》する。

なりたち

攸（ユウ）がシュウと変《か》わって読《よ》み方《かた》と「清《きよ》める」いみをしめし、彡は「ととのえる」いみをもっています。合《あ》わせて、「おさめる、ととのえる」いみに使《つか》われます。

つかいわけ

●収《おさ》める・治《おさ》める・納《おさ》める・修《おさ》める

→〈収《しゅう》〉438ページ

とくべつなよみ

※「シュ」という読《よ》み——修行《しゅぎょう》

述

8画［⻌5画］

おん ジュツ

くん の-べる

いみ

■ のべる。◇述語《じゅつご》 ◇（口《くち》で述《の》べる）口述《こうじゅつ》・供述《きょうじゅつ》・後述《こうじゅつ》・叙述《じょじゅつ》・前述《ぜんじゅつ》・著述《ちょじゅつ》・陳述《ちんじゅつ》

つかいかた

● 意見《いけん》を述《の》べる。 ● 細《こま》かく記述《きじゅつ》する。

● 法廷《ほうてい》で陳述《ちんじゅつ》する。

もっとしろう

● ［述語《じゅつご》］

「何《なに》が、何《なん》だ」「何《なに》が、どうする」「何《なに》が、どんなだ」というときの、「何《なん》だ・どうする・どんなだ」にあたる部分《ぶぶん》のことばが「述語《じゅつご》」です。

なりたち

⻌は道《みち》を歩《ある》くことを表《あらわ》し、朮がジュツという読《よ》み方《かた》と「したがう」いみをしめしています。人《ひと》にしたがっていくことから、人《ひと》の意見《いけん》を受《う》けついで「のべる」いみに使《つか》われます。

術

11画［行5画］

おん ジュツ

くん

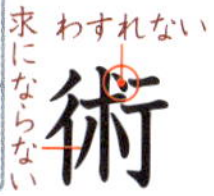

いみ

1 方法《ほうほう》。わざ。◇（話《はな》すわざ〈術〉）話術《わじゅつ》・医《い》術《じゅつ》・学術《がくじゅつ》・奇術《きじゅつ》・技術《ぎじゅつ》・芸術《げいじゅつ》・剣術《けんじゅつ》・算《さん》術《じゅつ》・手術《しゅじゅつ》・柔術《じゅうじゅつ》・忍術《にんじゅつ》・馬術《ばじゅつ》・美術《びじゅつ》・武《ぶ》術《じゅつ》

2 はかりごと。◇術策《じゅっさく》・術中《じゅっちゅう》

つかいかた

● 術《じゅつ》をかける。 ● 技術《ぎじゅつ》が進歩《しんぽ》する。

● 勝《か》つための戦術《せんじゅつ》を練《ね》る。 ● 魔術《まじゅつ》をつかう。

もっとしろう

● **術中《じゅっちゅう》におちいる**－はかりごとの中《なか》にはまりこむということで、相手《あいて》の計略《けいりゃく》にひっかかる。

なりたち

行はもと⾏で道《みち》を表《あらわ》し、朮がジュツという読《よ》み方《かた》と「したがう」いみをしめしています。道《みち》にそっていくことから、「方法《ほうほう》、わざ」のいみに使《つか》われます。

準

13画［氵10画］

おん ジュン

くん

いみ

1 めやす。めあて。よりどころ。◇準拠《じゅんきょ》・準用《じゅんよう》 ◇（基《もと》になるめやす〈準〉）基準《きじゅん》・照準《しょうじゅん》・標準《ひょうじゅん》

2 前《まえ》もってそなえる。◇準備《じゅんび》

3 つぐ。そのつぎに位置《いち》する。◇準会員《じゅんかいいん》・準優勝《じゅんゆうしょう》

つかいかた

● 前例《ぜんれい》に準《じゅん》じたあつかいをする。

● 準決勝《じゅんけっしょう》へ進《すす》む。 ● 旅行《りょこう》の準備《じゅんび》をする。

● 基準《きじゅん》を設《もう》ける。 ● 学力《がくりょく》の水準《すいじゅん》が高《たか》い。

● 標準語《ひょうじゅんご》を話《はな》す。

なりたち

氵は水《みず》を表《あらわ》し、隼（シュン）がジュンと変《か》わって読《よ》み方《かた》と「したがう」いみをしめしています。水《みず》が低《ひく》いところに落《お》ち着《つ》くことを表《あらわ》す字《じ》で、「めやす」のいみに使《つか》われます。

序

7画［广4画］

おん　ジョ

くん

いみ

1 じゅんばん。順序《じゅんじょ》・秩序《ちつじょ》◆序列《じょれつ》◆(順《じゅん》・じゅん〈序〉)

2 はじめ。◆序言《じょげん》・序盤《じょばん》・序文《じょぶん》

つかいかた

- オペラの序曲《じょきょく》。
- 芝居《しばい》の序幕《じょまく》。
- 順序《じゅんじょ》よく並《なら》ぶ。

もっとしろう

- **序《じょ》の口《くち》**－①物事《ものごと》のはじまったばかりのところ。はじめの部分《ぶぶん》。また、程度《ていど》が軽《かる》い段階《だんかい》であること。②すもうの力士《りきし》の階級《かいきゅう》で、いちばん下《した》の位《くらい》。

なりたち

广は家《いえ》を表《あらわ》し、予(ヨ)がジョと変《か》わって読《よ》み方《かた》と「のびる」いみをしめしています。家《いえ》の東西《とうざい》にのびた建物《たてもの》を表《あらわ》す字《じ》でしたが、「じゅんばん、はじめ」のいみに使《つか》われるようになりました。

招

8画［扌5画］

おん　ショウ

くん　まね-く

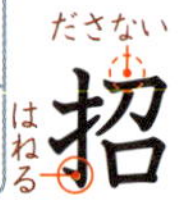

いみ

■まねく。◆(招《まね》く・集《あつ》める) 招集《しょうしゅう》・招待《しょうたい》

つかいかた

- 誤解《ごかい》を招《まね》く。
- 友人《ゆうじん》を家《いえ》に招《まね》く。
- 知人《ちじん》から招待《しょうたい》を受《う》ける。
- オリンピックを招致《しょうち》する。
- 手招《てまね》きをして呼《よ》ぶ。

もっとしろう

- **招《まね》かれざる客《きゃく》**－呼《よ》ばれもしないのにやってくる、歓迎《かんげい》されない客《きゃく》。
- **招《まね》き猫《ねこ》**－前足《まえあし》で人《ひと》を招《まね》くような格好《かっこう》をした猫《ねこ》の置物《おきもの》。お客《きゃく》を招《まね》く縁起物《えんぎもの》として、商店《しょうてん》などに飾《かざ》られる。

なりたち

扌は手《て》(手)を表《あらわ》し、召がショウという読《よ》み方《かた》と「めす」いみをしめしています。手《て》まねきで呼《よ》ぶことから、「まねく」いみに使《つか》われます。

証

12画［言5画］

おん　ショウ

くん

いみ

■あかし。◆証拠《しょうこ》・証人《しょうにん》・証文《しょうもん》◆確証《かくしょう》・検証《けんしょう》・考証《こうしょう》・実証《じっしょう》・認証《にんしょう》・領収証《りょうしゅうしょう》

つかいかた

- 法廷《ほうてい》で証言《しょうげん》する。
- 証明書《しょうめいしょ》をもらう。
- 卒業証書《そつぎょうしょうしょ》を授与《じゅよ》する。
- 品質《ひんしつ》を保証《ほしょう》する。

もっとしろう

- **証文《しょうもん》の出《だ》しおくれ**－証拠《しょうこ》となる書《か》きつけを出《だ》す期限《きげん》が過《す》ぎて役《やく》に立《た》たなくなることで、手《て》おくれで効《き》き目《め》がなくなってしまうたとえ。

なりたち

古《ふる》い字《じ》は證。言は「ことば」を表《あらわ》し、登(トウ)がショウと変《か》わって読《よ》み方《かた》と「あきらか」のいみをしめしています。あきらかに申《もう》し立《た》てることから、「あかし」のいみに使《つか》われます。

五年

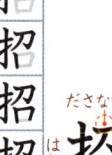

象

12画［豕5画］

おん　ショウ・ゾウ

くん

象　⺈にならない　はねる

いみ

1 ぞう。◆象牙《ぞうげ》　◆巨象《きょぞう》

2 かたち。かたどる。◆（形《かたち》をかたどる〈象〉）象形《しょうけい》・象徴《しょうちょう》　◆気象《きしょう》・具象《ぐしょう》・現象《げんしょう》・事象《じしょう》・抽象《ちゅうしょう》・万象《ばんしょう》

つかいかた

●インド象《ぞう》とアフリカ象《ぞう》。

●印象《いんしょう》に残《のこ》る風景《ふうけい》。

●子《こ》どもを対象《たいしょう》にした本《ほん》。

もっとしろう

●**有象無象**《うぞうむぞう》－世《よ》の中《なか》の、形《かたち》のある物《もの》、ない物《もの》のすべて。また、数《かず》は多《おお》いが、取《と》るに足《た》りないさまざまな人《ひと》や物《もの》のこと。（「象《ぞう》」は物《もの》のかたちのいみ）

なりたち

ぞうを横《よこ》から見《み》た形《かたち》（𧰼）からできた字《じ》で、「ぞう」を表《あらわ》しています。また、「かたち」のいみにも使《つか》われます。

賞

15画［貝8画］

おん　ショウ

くん

賞　⺍にならない

いみ

1 ほめる。ほうび。◆（ほうび〈賞〉の品《しな》）賞品《しょうひん》・賞賛《しょうさん》・賞状《しょうじょう》・賞罰《しょうばつ》・賞与《しょうよ》　◆恩《おん》賞《しょう》・懸賞《けんしょう》・受賞《じゅしょう》・授賞《じゅしょう》・入賞《にゅうしょう》・褒賞《ほうしょう》

2 あじわって楽《たの》しむ。◆賞味《しょうみ》　◆観賞《かんしょう》

つかいかた

●賞《しょう》をもらう。　●賞金《しょうきん》がかかる。

●映画《えいが》を鑑賞《かんしょう》する。　●六位《ろくい》に入賞《にゅうしょう》する。

もっとしろう

●［観賞《かんしょう》と鑑賞《かんしょう》］

美《うつく》しいものを見《み》て楽《たの》しむのが「観賞《かんしょう》」、芸《げい》術《じゅつ》のよさを味《あじ》わうのが「鑑賞《かんしょう》」です。「庭園《ていえん》を観賞《かんしょう》する、音楽《おんがく》を鑑賞《かんしょう》する」と使《つか》います。

なりたち

貝は「お金《かね》」を表《あらわ》し、尚がショウという読《よ》み方《かた》と「くわえる」いみをしめしています。てがらにおうじたお金《かね》を表《あらわ》し、「ほめる」いみに使《つか》われます。

条

7画［木3画］

おん　ジョウ

くん

条　ホにならない　はねない

いみ

1 すじ。すじみち。◆条理《じょうり》　◆鉄条網《てつじょうもう》

2 一《ひと》つ一《ひと》つ分《わ》けてならべたもの。◆条件《じょうけん》・条項《じょうこう》・条文《じょうぶん》・条例《じょうれい》

つかいかた

●条約《じょうやく》を結《むす》ぶ。　●箇条書《かじょうが》きにする。

●「人《ひと》に親切《しんせつ》に」を信条《しんじょう》とする。

もっとしろう

●［条約《じょうやく》と条例《じょうれい》］

「条約《じょうやく》」は国《くに》と国《くに》との間《あいだ》で決《き》めた約束《やくそく》をいい、「条例《じょうれい》」は都道府県《とどうふけん》や市町村《しちょうそん》が決《き》めたきまりをいいます。

なりたち

古《ふる》い字《じ》は條。木は「き」を表《あらわ》し、攸（ユウ）がジョウと変《か》わって読《よ》み方《かた》と「のびる」いみをしめしています。のび出《で》た小《こ》枝《えだ》を表《あらわ》し、分《わ》かれ出《で》ていることから、「すじ、すじみち」のいみに使《つか》われます。

五年

状

おん　ジョウ

くん

7画［犬3画］

状 状 状 状 状 状 状

いみ

1 **ようす。ありさま。** ◆（ありさま〈状〉・ありさま〈況〉）状況《じょうきょう》・状態《じょうたい》 ◆異状《いじょう》・形状《けいじょう》・現状《げんじょう》・罪状《ざいじょう》・惨状《さんじょう》・実状《じつじょう》・白状《はくじょう》・別状《べつじょう》

2 **書《か》きつけ。** ◆（案内《あんない》の書《か》きつけ〈状〉）案内状《あんないじょう》・回状《かいじょう》・書状《しょじょう》・賞状《しょうじょう》・招待状《しょうたいじょう》・免状《めんじょう》・令状《れいじょう》

つかいかた

● かぜの**症状**《しょうじょう》が出《で》る。 ● **年賀状**《ねんがじょう》を書《か》く。

● 罪《つみ》を**白状**《はくじょう》する。 ● **病状**《びょうじょう》が安定《あんてい》する。

● **礼状**《れいじょう》を出《だ》す。

なりたち

古《ふる》い字《じ》は狀。犬は「いぬ」を表《あらわ》し、爿（ショウ）がジョウと変《か》わって読《よ》み方《かた》と「すがた」のいみをしめしています。犬《いぬ》のすがたを表《あらわ》し、「かたち」のいみに使《つか》われます。

常

おん　ジョウ

くん　つね・（とこ）

11画［巾8画］

常 常 常 常 常 常 常 常

いみ

■ **いつも。ふつう。** ◆（常《つね》に用《もち》いる）常用《じょうよう》・常温《じょうおん》・常勤《じょうきん》・常時《じょうじ》・常識《じょうしき》・常習《じょうしゅう》・常食《じょうしょく》・常体《じょうたい》・常任《じょうにん》・常連《じょうれん》・常夏《とこなつ》 ◆異常《いじょう》・尋常《じんじょう》・正常《せいじょう》・平常《へいじょう》・無常《むじょう》

つかいかた

● **常**《つね》**に**努力《どりょく》する。 ● 米《こめ》を**常食**《じょうしょく》にする。

● **常設**《じょうせつ》の展示場《てんじじょう》。 ● 薬《くすり》を**常備**《じょうび》する。

● **日常**《にちじょう》の生活《せいかつ》。 ● **非常口**《ひじょうぐち》から出《で》る。

● **常夏**《とこなつ》の国《くに》。

もっとしろう

● **常套手段**《じょうとうしゅだん》－いつも使《つか》う方法《ほうほう》。「常套《じょうとう》」は、いつも決《き》まっていること。

なりたち

巾は「きれ」を表《あらわ》し、尚（ショウ）が読《よ》み方《かた》と「ながい」いみをしめしています。長《なが》い布《ぬの》のことから、長《なが》く変《か》わらないこと、「いつも」のいみに使《つか》われます。

情

おん　ジョウ・（セイ）

くん　なさけ

11画［忄8画］

情 情 情 情 情 情 情 情

いみ

1 **きもち。なさけ。** ◆（情《なさ》け・思《おも》いやり〈愛〉）情愛《じょうあい》・情操《じょうそう》 ◆愛情《あいじょう》・温情《おんじょう》・感情《かんじょう》・苦情《くじょう》・強情《ごうじょう》・純情《じゅんじょう》・同情《どうじょう》・人情《にんじょう》・熱情《ねつじょう》・薄情《はくじょう》・非情《ひじょう》・無情《むじょう》

2 **おもむき。** ◆詩情《しじょう》・旅情《りょじょう》・風情《ふぜい》

3 **ありさま。** ◆情景《じょうけい》・情勢《じょうせい》・情報《じょうほう》 ◆事情《じじょう》・実情《じつじょう》・表情《ひょうじょう》

つかいかた

● **情**《じょう》が深《ふか》い。 ● 敵《てき》に**情け**《なさ》をかける。

● **情熱**《じょうねつ》を燃《も》やす。 ● **友情**《ゆうじょう》を深《ふか》める。

なりたち

古《ふる》い字《じ》は情。忄は心《こころ》を表《あらわ》し、青がセイという読《よ》み方《かた》と「いきている」いみをしめしています。生《い》きている心《こころ》のありのままを表《あらわ》す字《じ》で、「きもち、なさけ」のいみに使《つか》われます。

とくべつなよみ

※「セイ」という読《よ》み－風情《ふぜい》

五年

織

18画［糸12画］

おん　（ショク）・シキ

くん　お-る

いみ

■おる。くむ。◆（織《お》ってつくった物《もの》）織《おり》物《もの》・織機《しょっき》　◆染織《せんしょく》・羽織《はおり》

つかいかた

●布《ぬの》を織《お》る。●子《こ》ども会《かい》を組織《そしき》する。

●機織《はたお》りの技術《ぎじゅつ》。

もっとしろう

●［織女星《しょくじょせい》］

七月七日《しちがつなのか》の夜《よる》、牽牛星《けんぎゅうせい》と織女星《しょくじょせい》が天《あま》の川《がわ》をわたって年《ねん》に一度《いちど》会《あ》うという中国《ちゅうごく》の伝説《でんせつ》があります。この伝説《でんせつ》にもとづく祭《まつ》りが「七夕《たなばた》」です。

なりたち

糸は「いと」を表《あらわ》し、戠がショクという読《よ》み方《かた》と「しるしをつける」いみをしめしています。糸《いと》で模様《もよう》をおり出《だ》すことから、はたを「おる、くみたてる」いみに使《つか》われます。

職

18画［耳12画］

おん　ショク

くん

いみ

■しごと。◆（しごと〈職〉・務《つと》め）職務《しょくむ》・職《しょく》員《いん》・職業《しょくぎょう》・職種《しょくしゅ》・職人《しょくにん》・職場《しょくば》・職歴《しょくれき》・職《しょっ》権《けん》　◆（職《しょく》を退《しりぞ》く）退職《たいしょく》・汚職《おしょく》・官職《かんしょく》・休職《きゅうしょく》・求職《きゅうしょく》・教職《きょうしょく》・現職《げんしょく》・公職《こうしょく》・在職《ざいしょく》・失職《しっしょく》・定職《ていしょく》・天職《てんしょく》・転職《てんしょく》・内職《ないしょく》・復職《ふくしょく》・免職《めんしょく》・役職《やくしょく》

つかいかた

●職《しょく》を探《さが》す。●重《おも》い職責《しょくせき》を果《は》たす。

●病気《びょうき》で休職《きゅうしょく》する。●大臣《だいじん》を辞職《じしょく》する。

●希望《きぼう》の会社《かいしゃ》に就職《しゅうしょく》する。●寺《てら》の住職《じゅうしょく》。

●定年《ていねん》で退職《たいしょく》する。

なりたち

耳が「みみ」を表《あらわ》し、戠がショクという読《よ》み方《かた》と「知《し》る」いみをしめしています。よく聞《き》き分《わ》けておぼえることを表《あらわ》しましたが、「しごと」のいみに使《つか》われるようになりました。

五年

制

8画［刂6画］

おん　セイ

くん

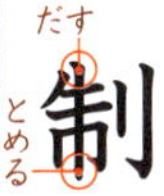

いみ

1 とりきめる。しくみ。◆（とりきめる〈制〉・定《さだ》める）制定《せいてい》・制度《せいど》・制帽《せいぼう》　◆学制《がくせい》・旧《きゅう》制《せい》・市制《しせい》・新制《しんせい》・体制《たいせい》

2 おさえる。◆（おさえる〈制〉・限《かぎ》る）制《せい》限《げん》・制圧《せいあつ》・制球《せいきゅう》・制御《せいぎょ》・制裁《せいさい》・制止《せいし》・制《せい》動《どう》・制覇《せいは》・制約《せいやく》　◆管制《かんせい》・強制《きょうせい》・禁制《きんせい》・自制《じせい》・節制《せっせい》・専制《せんせい》・統制《とうせい》・抑制《よくせい》

3 つくる。◆制作《せいさく》

つかいかた

●野球《やきゅう》大会《たいかい》を制《せい》する。●憲法《けんぽう》を制定《せいてい》する。

●制服《せいふく》で通学《つうがく》する。●速度《そくど》を規制《きせい》する。

●先制点《せんせいてん》を入《い》れる。

なりたち

刂は刀《かたな》を表《あらわ》し、𠂔は枝《えだ》のついた木《き》（）をしめしています。刀《かたな》で枝《えだ》を切《き》ることを表《あらわ》し、「とりきめる、おさえる」いみに使《つか》われます。

性

8画[忄5画]

おん セイ・(ショウ)

くん

性性性性性性性性

性 はねない ながく

いみ

1 せいしつ。◇(性《せい》質《しつ》と行《おこな》い)性《せい》行《こう》・性《せい》質《しつ》・性《せい》能《のう》・性《しょう》分《ぶん》 ◇悪《あく》性《せい》・陰《いん》性《せい》・急《きゅう》性《せい》・酸《さん》性《せい》・習《しゅう》性《せい》・中《ちゅう》性《せい》・天《てん》性《せい》・特《とく》性《せい》・品《ひん》性《せい》・慢《まん》性《せい》・野《や》性《せい》・陽《よう》性《せい》・理《り》性《せい》・気《き》性《しょう》・根《こん》性《じょう》・素《す》性《じょう》・本《ほん》性《しょう》(ほんせい)

2 男《おとこ》と女《おんな》の別《べつ》。◇異《い》性《せい》・同《どう》性《せい》

つかいかた

●性《しょう》に合《あ》わない。●明《あか》るい性《せい》格《かく》。

●個《こ》性《せい》をのばす。●男《だん》性《せい》と女《じょ》性《せい》。

もっとしろう

●性《しょう》こりもなく―同《おな》じまちがいや失《しっ》敗《ぱい》をくり返《かえ》しても、こりることも反《はん》省《せい》もなく。

なりたち

忄は心《こころ》を表《あらわ》し、生がセイという読《よ》み方《かた》と「うまれながら」のいみをしめしています。生《う》まれながらにもっている心《こころ》を表《あらわ》し、「せいしつ」のいみに使《つか》われます。

政

9画[攵5画]

おん セイ・(ショウ)

くん (まつりごと)

政政政政政政政政政

政 だす

いみ

1 国《くに》をおさめる。◇(政《まつりごと》・治《おさ》める)政《せい》治《じ》・政《せい》界《かい》・政《せい》局《きょく》・政《せい》権《けん》・政《せい》党《とう》・政《せい》府《ふ》・政《せい》略《りゃく》・政《せい》令《れい》 ◇王《おう》政《せい》・行《ぎょう》政《せい》・憲《けん》政《せい》・国《こく》政《せい》・参《さん》政《せい》・内《ない》政《せい》・摂《せっ》政《しょう》

2 ととのえる。◇家《か》政《せい》

つかいかた

●政《まつりごと》を行《おこな》う。●政《せい》見《けん》を放《ほう》送《そう》する。

●政《せい》権《けん》をにぎる。●政《せい》策《さく》を発《はっ》表《ぴょう》する。

●財《ざい》政《せい》を立《た》て直《なお》す。

なりたち

攵は「うつ」いみを表《あらわ》し、正はセイという読《よ》み方《かた》と「ただす」いみをしめしています。うってただすことから、「おさめる、まつりごと(=世《よ》の中《なか》をおさめること)」のいみに使《つか》われます。

とくべつなよみ

※「ショウ」という読《よ》み―摂《せっ》政《しょう》

勢

13画[力11画]

おん セイ

くん いきお-い

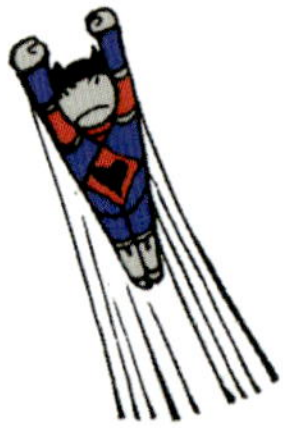

勢勢勢勢勢勢勢勢

勢 、をわすれない はねる

いみ

1 いきおい。◇(勢《いきお》い・力《ちから》)勢《せい》力《りょく》 ◇威《い》勢《せい》・加《か》勢《せい》・虚《きょ》勢《せい》・権《けん》勢《せい》・攻《こう》勢《せい》・守《しゅ》勢《せい》・優《ゆう》勢《せい》・余《よ》勢《せい》・劣《れっ》勢《せい》

2 ようす。◇(土《と》地《ち》のようす〈勢〉)地《ち》勢《せい》・形《けい》勢《せい》・国《こく》勢《せい》・姿《し》勢《せい》・時《じ》勢《せい》・大《たい》勢《せい》・態《たい》勢《せい》

3 人《ひと》の集《あつ》まり。◇軍《ぐん》勢《ぜい》・総《そう》勢《ぜい》・多《た》勢《ぜい》・手《て》勢《ぜい》・無《ぶ》勢《ぜい》

つかいかた

●水《みず》の勢《いきお》いが強《つよ》い。●運《うん》勢《せい》をうらなう。

●大《おお》勢《ぜい》で出《で》かける。●気《き》勢《せい》を上《あ》げる。

●姿《し》勢《せい》を正《ただ》す。●情《じょう》勢《せい》を見《み》守《まも》る。

なりたち

力が「ちから」を表《あらわ》し、埶(ゲイ)がセイと変《か》わって読《よ》み方《かた》と「木《き》をうえる」いみをしめしています。木《き》をうえるためにつとめはげむことから、「いきおい」のいみに使《つか》われます。

五年

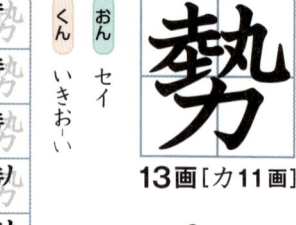

精

おん セイ・（ショウ）

くん

14画［米8画］

いみ

1 **まじりけのない。すぐれたもの。** ◆精鋭《せいえい》・精製《せいせい》・精選《せいせん》・精白《せいはく》・精米《せいまい》・精油《せいゆ》

2 **こまかい。** ◆精解《せいかい》・精確《せいかく》・精巧《せいこう》・精通《せいつう》・精度《せいど》・精読《せいどく》

3 **たましい。こころ。** ◆精気《せいき》・精勤《せいきん》・精根《せいこん》・精魂《せいこん》・精神《せいしん》・精力《せいりょく》・精霊《せいれい》（しょうりょう）・精進《しょうじん》 ◆丹精《たんせい》・不精《ぶしょう》・無精《ぶしょう》

つかいかた

● 森《もり》の**精**《せい》。● 運賃《うんちん》を**精算**《せいさん》する。
● 原油《げんゆ》を**精製**《せいせい》する。● **精密**《せいみつ》に検査《けんさ》する。

なりたち

古《ふる》い字《じ》は精。米は「こめ」を表《あらわ》し、青がセイという読《よ》み方《かた》と「きよい」いみをしめしています。きれいにした米《こめ》を表《あらわ》し、「まじりけのない」いみに使《つか》われます。

とくべつなよみ

※「ショウ」という読《よ》み―精進《しょうじん》・不精《ぶしょう》

製

おん セイ

くん

14画［衣8画］

いみ

■ **品物《しなもの》をつくる。** ◆（つくる〈製〉・造《つく》る）製《せい》造《ぞう》・製材《せいざい》・製糸《せいし》・製紙《せいし》・製図《せいず》・製鉄《せいてつ》・製法《せいほう》・製本《せいほん》・製薬《せいやく》 ◆官製《かんせい》・再製《さいせい》・作製《さくせい》・精製《せいせい》・調製《ちょうせい》・手製《てせい》・並製《なみせい》・和製《わせい》

つかいかた

● 新《あたら》しい**製品**《せいひん》。● 小麦《こむぎ》を**製粉**《せいふん》する。
● **特製**《とくせい》の品《しな》。● **複製**《ふくせい》の絵画《かいが》。

もっとしろう

●［製作《せいさく》と制作《せいさく》］
「製作《せいさく》」は実用的《じつようてき》な道具《どうぐ》などを作《つく》ることをいい、「制作《せいさく》」は芸術品《げいじゅつひん》などを作《つく》ることをいいます。

なりたち

衣は衣服《いふく》を表《あらわ》し、制がセイという読《よ》み方《かた》と「たちきる」いみをしめしています。布《ぬの》をたちきって衣服《いふく》をつくることから、「つくる」いみに使《つか》われます。

税

おん ゼイ

くん

12画［禾7画］

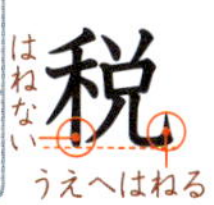

いみ

■ **ぜいきん。** ◆税関《ぜいかん》・税金《ぜいきん》・税収《ぜいしゅう》・税制《ぜいせい》・税法《ぜいほう》・税率《ぜいりつ》 ◆（税《ぜい》を減《へ》らす）減税《げんぜい》・課《か》税《ぜい》・関税《かんぜい》・国税《こくぜい》・重税《じゅうぜい》・消費税《しょうひぜい》・所得税《しょとくぜい》・租税《そぜい》・増税《ぞうぜい》・脱税《だつぜい》・地方税《ちほうぜい》・免税《めんぜい》

つかいかた

● **税**《ぜい》を納《おさ》める。● **税務署**《ぜいむしょ》に行《い》く。
● **税率**《ぜいりつ》が変《か》わる。● **納税**《のうぜい》の義務《ぎむ》。

もっとしろう

●［税関《ぜいかん》］
「税関《ぜいかん》」は、港《みなと》・空港《くうこう》などで、輸出入品《ゆしゅつにゅうひん》を取《と》りしまったり、税金《ぜいきん》をかけたりする役所《やくしょ》。

なりたち

禾は「いね」を表《あらわ》し、兌（タイ）がゼイと変《か》わって読《よ》み方《かた》と「ぬきとる」いみをしめしています。収穫《しゅうかく》の一部《いちぶ》をぬきとって集《あつ》めることから、「ぜいきん」のいみに使《つか》われます。

責

11画［貝4画］

おん　セキ

くん　せ-める

責　ながく　とめる

いみ

1 せめる。とがめる。◆（自《じ》分《ぶん》を責《せ》める）自《じ》責《せき》・引責《いんせき》

2 つとめ。◆（つとめ〈責〉・任《にん》務《む》）責《せき》務《む》・責《せき》任《にん》◆職責《しょくせき》

つかいかた

●落《お》ち度《ど》を責《せ》める。●責《せき》任《にん》感《かん》が強《つよ》い。

●重責《じゅうせき》を果《は》たす。

もっとしろう

●責《せき》任《にん》転《てん》嫁《か》－自《じ》分《ぶん》が引《ひ》き受《う》けなければならない責《せき》任《にん》を、ほかになすりつけること。「転《てん》嫁《か》」は、ほかに移《うつ》すいみ。

なりたち

貝は「お金《かね》」を表《あらわ》し、朿（主は変《へん》化《か》した形《かたち》）がシからセキと変《か》わって読《よ》み方《かた》と「せめる」いみをしめしています。お金《かね》のことで相《あい》手《て》をせめることから、「せめる」いみに使《つか》われます。

績

17画［糸11画］

おん　セキ

くん

績　ながく　はねない

いみ

1 つむぐ。◆（紡《つむ》ぐ・つむぐ〈績〉）紡《ぼう》績《せき》

2 てがら。しごと。◆業績《ぎょうせき》・功績《こうせき》・事績《じせき》・実績《じっせき》・成績《せいせき》・戦績《せんせき》

つかいかた

●功績《こうせき》を残《のこ》す。●よい成績《せいせき》を上《あ》げる。

もっとしろう

●［似《に》ている字《じ》に注《ちゅう》意《い》］

次《つぎ》の字《じ》は、「責」がセキという読《よ》み方《かた》をしめしています。「へん」に気《き》をつけて使《つか》い分《わ》けましょう。

・績《せき》（いとへん）…成績《せいせき》

・積《せき》（のぎへん）…面積《めんせき》

なりたち

糸は「いと」を表《あらわ》し、責がセキという読《よ》み方《かた》と「つむ」いみをしめしています。糸《いと》をつぎつぎと加《くわ》えて太《ふと》くすることを表《あらわ》し、「つむぐ」いみに使《つか》われます。

接

11画［扌8画］

おん　セツ

くん　（つ-ぐ）

接　ややつきだす　はねる

いみ

1 つなぐ。◆（接《つ》ぎ合《あ》わせる）接《せつ》合《ごう》・接《せつ》岸《がん》・接《せっ》骨《こつ》・接《せつ》続《ぞく》・接《せっ》着《ちゃく》・接《せっ》点《てん》◆間接《かんせつ》・密接《みっせつ》・溶接《ようせつ》

2 ちかづく。◆接《せっ》写《しゃ》・接《せっ》触《しょく》・接《せっ》戦《せん》

3 人《ひと》とあう。◆接客《せっきゃく》◆面接《めんせつ》

つかいかた

●骨《ほね》を接《つ》ぐ。●台《たい》風《ふう》が接《せっ》近《きん》する。

●お客《きゃく》さまを接《せっ》待《たい》する。●直《ちょく》接《せつ》話《はな》す。

●予《よ》防《ぼう》接《せっ》種《しゅ》を受《う》ける。●接《つ》ぎ木《き》をする。

なりたち

扌は手《て》（✋）を表《あらわ》し、妾（ショウ）がセツと変《か》わって読《よ》み方《かた》と「あわせる」いみをしめしています。手《て》をとり合《あ》わせることを表《あらわ》し、「つなぐ、ちかづく」いみに使《つか》われます。

つかいわけ

●次《つ》ぐ・接《つ》ぐ　→〈次《じ》〉227ページ

五年

設

11画［言4画］

おん　セツ

くん　もう-ける

いみ

■**もうける。つくる。**◆（設《もう》ける・備《そな》える）設備《せつび》・設定《せってい》・設問《せつもん》・設立《せつりつ》◆仮設《かせつ》・開設《かいせつ》・建設《けんせつ》・公設《こうせつ》・私設《しせつ》・施設《しせつ》・常設《じょうせつ》・新設《しんせつ》・創設《そうせつ》・増設《ぞうせつ》・特設《とくせつ》・併設《へいせつ》

つかいかた

●規則《きそく》を**設《もう》ける**。●話《はな》し合《あ》いの場《ば》を**設《もう》ける**。

●テントを**設営《せつえい》**する。●**設計図《せっけいず》**をかく。

●消火器《しょうかき》を**設置《せっち》**する。●会社《かいしゃ》を**設立《せつりつ》**する。

もっとしろう

●［似《に》ている字《じ》に注意《ちゅうい》］

・設《せつ》…設《もう》ける。「設計《せっけい》・建設《けんせつ》」

・説《せつ》…説《と》く。「説明《せつめい》・解説《かいせつ》」

なりたち

もとの形《かたち》は𣪠。つち（𠃌）を手《て》（又）で持《も》ってくさび（𠆢）を打《う》っている形《かたち》を表《あらわ》しています。仕事《しごと》をすることから、「もうける、つくる」いみに使《つか》われます。

絶

12画［糸6画］

おん　ゼツ

くん　た-える・た-やす・た-つ

いみ

1 **たちきる。**◆（交《まじ》わりを絶《た》つ）絶交《ぜっこう》・絶縁《ぜつえん》・絶句《ぜっく》・絶食《ぜっしょく》・絶版《ぜっぱん》・絶筆《ぜっぴつ》◆拒絶《きょぜつ》・謝絶《しゃぜつ》・断絶《だんぜつ》

2 **たえる。**◆絶望《ぜつぼう》・絶命《ぜつめい》・絶滅《ぜつめつ》◆気絶《きぜつ》

3 **くらべるものがない。**◆絶景《ぜっけい》・絶賛《ぜっさん》・絶唱《ぜっしょう》・絶世《ぜっせい》・絶対《ぜったい》・絶大《ぜつだい》・絶頂《ぜっちょう》・絶品《ぜっぴん》

つかいかた

●想像《そうぞう》を**絶《ぜっ》する**。●息《いき》が**絶《た》える**。

●友《とも》だちと**絶交《ぜっこう》**する。●**絶好《ぜっこう》**の機会《きかい》。

なりたち

古《ふる》い字《じ》は絕。糸は「いと」を表《あらわ》し、巴は卩から変《か》わった形《かたち》で、ゼツという読《よ》み方《かた》と「きる」いみをしめしています。刀を合《あ》わせて、刀《かたな》で糸《いと》をたちきることを表《あらわ》し、「たちきる」いみに使《つか》われます。

つかいわけ

●**裁《た》つ・断《た》つ・絶《た》つ**　→〈裁《さい》〉432ページ

五年

祖

9画［ネ5画］

おん　ソ

くん

いみ

■**つながりのはじまり。**◆（家系《かけい》のはじめの人《ひと》〈祖〉・先《さき》の代《だい》の人《ひと》）祖先《そせん》・祖父《そふ》・祖母《そぼ》◆元祖《がんそ》・教祖《きょうそ》・始祖《しそ》

つかいかた

●近代医学《きんだいいがく》の**祖《そ》**。●**祖国《そこく》**へ帰《かえ》る。

●お寺《てら》の**開祖《かいそ》**。●**先祖《せんぞ》**を敬《うやま》う。

もっとしろう

●［祖父母《そふぼ］］

親《おや》の親《おや》は「祖父《そふ》・祖母《そぼ》」で、さらにその親《おや》は「曽祖父《そうそふ》・曽祖母《そうそぼ》」です。「ひいおじいさん・ひいおばあさん」です。

なりたち

ネは神《かみ》を表《あらわ》し、且がソという読《よ》み方《かた》と「はじめ」のいみをしめしています。大《おお》もとの神《かみ》を表《あらわ》す字《じ》で、「家系《かけい》の初代《しょだい》の人《ひと》、先祖《せんぞ》」のいみに使《つか》われるようになりました。

素

おん　ソ・(ス)

くん

10画［糸4画］

いみ

1 もと。◈(もと〈素〉になる材料《ざいりょう》)素材《そざい》・素地《そじ》 ◈塩素《えんそ》・元素《げんそ》・酵素《こうそ》・酸素《さんそ》・色素《しきそ》・水素《すいそ》・炭素《たんそ》・窒素《ちっそ》・毒素《どくそ》・要素《ようそ》

2 かざりがない。◈素読《そどく》・素朴《そぼく》・素足《すあし》・素顔《すがお》・素性《すじょう》・素直《すなお》・素肌《すはだ》・素人《しろうと》 ◈簡素《かんそ》・質素《しっそ》

3 ふだんの。◈素養《そよう》 ◈平素《へいそ》

つかいかた

●素行《そこう》を改《あらた》める。●音楽《おんがく》の素質《そしつ》がある。

●質素《しっそ》な生活《せいかつ》。●魚《さかな》を素手《すで》でつかむ。

なりたち

もとの形《かたち》は。垂の省略《しょうりゃく》した形《かたち》と糸からできています。より合《あ》わせる前《まえ》の白《しろ》いままのきぬ糸《いと》がたれさがっているようすを表《あらわ》し、「もと」のいみに使《つか》われます。

とくべつなよみ

素人《しろうと》

総

おん　ソウ

くん

14画［糸8画］

いみ

1 まとめる。◈(まとめる〈総〉・合《あ》わせる)総合《そうごう》・総括《そうかつ》・総監《そうかん》・総裁《そうさい》・総長《そうちょう》・総本山《そうほんざん》・総領《そうりょう》

2 すべて。◈(すべて〈総〉の人員《じんいん》)総員《そういん》・総意《そうい》・総額《そうがく》・総計《そうけい》・総攻撃《そうこうげき》・総数《そうすう》・総出《そうで》・総動員《そうどういん》

つかいかた

●保護者会《ほごしゃかい》の総会《そうかい》。●漢字《かんじ》の総画《そうかく》。

●総勢《そうぜい》二千人《にせんにん》。●総選挙《そうせんきょ》が行《おこな》われる。

●卒業生《そつぎょうせい》の総代《そうだい》を務《つと》める。

●チームの総力《そうりょく》を挙《あ》げて戦《たたか》う。

なりたち

古《ふる》い字《じ》は總。糸は「いと」を表《あらわ》し、悤がソウという読《よ》み方《かた》と「あつめる」いみをしめしています。糸《いと》をたばねた「ふさ」を表《あらわ》し、「すべて、まとめる」いみに使《つか》われます。

造

おん　ゾウ

くん　つく-る

10画［辶7画］

いみ

■ つくる。◈(庭園《ていえん》を造《つく》る)造園《ぞうえん》・造営《ぞうえい》・造花《ぞうか》・造形《ぞうけい》・造語《ぞうご》・造作《ぞうさく》(ぞうさ)・造船《ぞうせん》・造反《ぞうはん》・造林《ぞうりん》 ◈改造《かいぞう》・偽造《ぎぞう》・急造《きゅうぞう》・建造《けんぞう》・構造《こうぞう》・酒造《しゅぞう》・醸造《じょうぞう》・人造《じんぞう》・製造《せいぞう》・創造《そうぞう》・変造《へんぞう》・密造《みつぞう》・模造《もぞう》・乱造《らんぞう》

つかいかた

●橋《はし》を造《つく》る。●船《ふね》を造《つく》る。

●宅地《たくち》を造成《ぞうせい》する。●木造《もくぞう》の建物《たてもの》。

なりたち

古《ふる》い字《じ》は造。辶は「歩《ある》く」いみを表《あらわ》し、告(ジュウ)がゾウと変《か》わって読《よ》み方《かた》と「つく」いみをしめしています。歩《ある》いて行《い》って席《せき》につくことを表《あらわ》しましたが、「ものをつくる」いみに使《つか》われるようになりました。

つかいわけ

●作《つく》る・造《つく》る・創《つく》る　→〈作《さく》〉151ページ

像

14画［亻12画］

おん　ゾウ

くん

像　まげる　はねる

いみ

■すがた。かたち。◆(仏《ほとけ》の像《ぞう》)仏像《ぶつぞう》・映《えい》像・実《じつ》像《ぞう》・画像《がぞう》・虚像《きょぞう》・胸像《きょうぞう》・偶像《ぐうぞう》・現像《げんぞう》・像《ぞう》・肖像《しょうぞう》・石像《せきぞう》・彫像《ちょうぞう》・銅像《どうぞう》・木像《もくぞう》

つかいかた

●ブロンズの像《ぞう》。●将来《しょうらい》の自分《じぶん》を想像《そうぞう》する。●西郷隆盛《さいごうたかもり》の銅像《どうぞう》。●仏像《ぶつぞう》を拝《おが》む。

もっとしろう

●［象《しょう》と像《ぞう》］
「象《しょう》」は動物《どうぶつ》のぞうを横《よこ》から見《み》た形《かたち》からできた字《じ》で、「ぞう、かたち」のいみを表《あらわ》しています。それに人《ひと》(亻)を加《くわ》えてできた字《じ》が「像《ぞう》」です。区別《くべつ》して使《つか》いましょう。

なりたち

亻は人《ひと》を表《あらわ》し、象がゾウという読《よ》み方《かた》と「すがた」のいみをしめしています。人《ひと》の「すがた」のいみに使《つか》われます。

増

14画［土11画］

おん　ゾウ

くん　ま-す・ふ-える・ふ-やす

増　目にならない

いみ

■ます。◆(増《ふ》える・加《くわ》わる)増加《ぞうか》・増員《ぞういん》・増援《ぞうえん》・増額《ぞうがく》・増強《ぞうきょう》・増結《ぞうけつ》・増減《ぞうげん》・増産《ぞうさん》・増収《ぞうしゅう》・増税《ぞうぜい》・増設《ぞうせつ》・増大《ぞうだい》・増発《ぞうはつ》・増幅《ぞうふく》・◆急増《きゅうぞう》・倍増《ばいぞう》

つかいかた

●食欲《しょくよく》が増《ま》す。●体重《たいじゅう》が増《ふ》える。●定員《ていいん》を増《ふ》やす。●体力《たいりょく》の増進《ぞうしん》をはかる。●川《かわ》が増水《ぞうすい》する。

もっとしろう

●［「増《ぞう》」の反対《はんたい》は「減《げん》」］
・増加《ぞうか》↕減少《げんしょう》　・増税《ぞうぜい》↕減税《げんぜい》
・増額《ぞうがく》↕減額《げんがく》　・増進《ぞうしん》↕減退《げんたい》

なりたち

古《ふる》い字《じ》は增。土は「つち」を表《あらわ》し、曾がゾウという読《よ》み方《かた》と「かさねる」いみをしめしています。土《つち》をつみかさねることから、「ふやす」いみに使《つか》われます。

則

9画［刂7画］

おん　ソク

くん

則　とめる　はねる

いみ

■きまり。◆(会《かい》の規《き》則《そく》)会則《かいそく》・学則《がくそく》・教《きょう》則《そく》・原則《げんそく》・校則《こうそく》・総則《そうそく》・鉄則《てっそく》・罰則《ばっそく》・反《はん》則《そく》・変則《へんそく》

つかいかた

●規則《きそく》正《ただ》しい生活《せいかつ》。●原則《げんそく》を立《た》てる。●校則《こうそく》を守《まも》る。●反則《はんそく》を取《と》られる。●万有引力《ばんゆういんりょく》の法則《ほうそく》。

もっとしろう

●則天去私《そくてんきょし》−自分《じぶん》へのこだわりをなくし、身《み》を天《てん》にまかせて生《い》きていく。(作家《さっか》の夏目《なつめ》漱石《そうせき》が理想《りそう》とした心《こころ》のありかた)

なりたち

古《ふる》い字《じ》は鼎刂。刂は刀《かたな》で、鼎は肉《にく》を煮《に》るうつわを表《あらわ》します。うつわにナイフを添《そ》えることから、常《つね》に離《はな》れない関係《かんけい》を表《あらわ》し、「きまり」のいみに使《つか》われるようになりました。

測

おん　ソク
くん　はか-る

12画［氵9画］

測 測 測 測 測 測 測 測

測（たかく／はねる）

いみ

■はかる。◆(測《はか》る・量《はか》る) 測量《そくりょう》 ◆(目《め》で測《はか》る) 目測《もくそく》・憶測《おくそく》・計測《けいそく》・実測《じっそく》・推測《すいそく》・不測《ふそく》

つかいかた

●深《ふか》さを測《はか》る。●測候所《そっこうじょ》を見学《けんがく》する。●体重《たいじゅう》を測定《そくてい》する。●気象《きしょう》を観測《かんそく》する。●台風《たいふう》の進路《しんろ》を予測《よそく》する。

なりたち

氵は水《みず》を表《あらわ》し、則がソクという読《よ》み方《かた》と「基準《きじゅん》にのっとる」いみをしめしています。水《みず》の深《ふか》さをはかることを表《あらわ》し、「はかる」いみに使《つか》われます。

つかいわけ

●測《はか》る・計《はか》る・図《はか》る・量《はか》る

測《はか》る…身長《しんちょう》を測《はか》る。距離《きょり》を測《はか》る。
計《はか》る…時間《じかん》を計《はか》る。体温《たいおん》を計《はか》る。
図《はか》る…解決《かいけつ》を図《はか》る。合理化《ごうりか》を図《はか》る。
量《はか》る…分量《ぶんりょう》を量《はか》る。容積《ようせき》を量《はか》る。

属

おん　ゾク
くん

12画［尸9画］

属 属 属 属 属 属 属 属

属（一にならない／はねる）

いみ

1 つきしたがう。◆(そのものに属《ぞく》している性《せい》質《しつ》) 属性《ぞくせい》・属国《ぞっこく》 ◆帰属《きぞく》・従属《じゅうぞく》・直属《ちょくぞく》・配属《はいぞく》

2 なかま。◆金属《きんぞく》

つかいかた

●野球部《やきゅうぶ》に属《ぞく》する。●専属《せんぞく》の歌手《かしゅ》。●付属《ふぞく》の品《しな》。●無所属《むしょぞく》の候補者《こうほしゃ》。

もっとしろう

●［書《か》き方注意《かたちゅうい》］
「属《ぞく》」の終《お》わりの部分《ぶぶん》は、三画《さんかく》で書《か》きます。

属　(1 2 3) 3画

なりたち

古《ふる》い字《じ》は屬。尸は尾《お》を表《あらわ》し、蜀(ショク・ゾク)が読《よ》み方《かた》と「つづく」いみをしめしています。つづいて生《う》まれた者《もの》を表《あらわ》し、「つらなる、あとにつづく」いみに使《つか》われます。

率

おん　(ソツ)・リツ
くん　ひき-いる

11画［玄6画］

率 率 率 率 率 率 率 率

率（だす）

いみ

1 ひきいる。◆(先《さき》に立《た》って率《ひき》いる) 率先《そっせん》 ◆引率《いんそつ》・統率《とうそつ》

2 ありのまま。◆率直《そっちょく》

3 あわただしい。◆軽率《けいそつ》

4 わりあい。◆(比《くら》べたわりあい〈率〉) 比《ひ》率《りつ》・円周率《えんしゅうりつ》・勝率《しょうりつ》・税率《ぜいりつ》・打率《だりつ》・能率《のうりつ》・百分率《ひゃくぶんりつ》・利率《りりつ》

つかいかた

●チームを率《ひき》いる。●生徒《せいと》を引率《いんそつ》する。●雨《あめ》の降《ふ》る確率《かくりつ》。●効率《こうりつ》よく仕事《しごと》をする。●レンズの倍率《ばいりつ》。

なりたち

もとの形《かたち》は率。上下《じょうげ》に張《は》った麻《あさ》糸《いと》をあむようす(幺)と、糸《いと》が毛《け》ばだつようす(八)とで、麻《あさ》のなわを表《あらわ》す字《じ》でしたが、「ひきいる」いみに使《つか》われるようになりました。

五年

損

13画［扌10画］

おん　ソン

くん　（そこ-なう・そこ-ねる）

いみ

■へる。そこなう。◆（損《そこ》なう・そこなう〔害〕）損害《そんがい》・損益《そんえき》・損壊《そんかい》・損失《そんしつ》・損傷《そんしょう》・損得《そんとく》　◆欠損《けっそん》

つかいかた

● 口下手《くちべた》のために損《そん》をする。
● 気分《きぶん》を損《そこ》なう。● きげんを損《そこ》ねる。
● 車《くるま》を破損《はそん》する。

もっとしろう

● **損《そん》して得取《とくと》れ**－いったんは損《そん》をしても、あとになって大《おお》きな利益《りえき》になることを考《かんが》えなさいという教《おし》え。

なりたち

扌は手《て》（𠂇）を表《あらわ》し、員（イン）がソンと変《か》わって読《よ》み方《かた》と「取《と》り去《さ》る」いみをしめしています。手《て》で取《と》り去《さ》ることを表《あらわ》し、「へる、そこなう」いみに使《つか》われます。

貸

12画［貝5画］

おん　（タイ）

くん　か-す

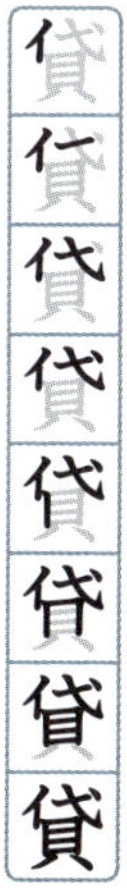

いみ

■かす。◆（貸《か》す・借《か》りる）貸借《たいしゃく》・貸本《かしほん》・貸《かし》間《ま》・貸家《かしや》　◆賃貸《ちんたい》

つかいかた

● えんぴつを貸《か》す。● 部屋《へや》を貸《か》す。
● 制服《せいふく》を貸与《たいよ》する。

もっとしろう

● ［使《つか》い方注意《かたちゅうい》］
「借《か》りる」とはっきり区別《くべつ》しましょう。
・消《け》しゴムをかす…貸《か》す
・消《け》しゴムをかりる…借《か》りる
・本《ほん》をかす…貸《か》す
・本《ほん》をかりる…借《か》りる

なりたち

貝は「お金《かね》」を表《あらわ》し、代がタイという読《よ》み方《かた》と「たてかえる」いみをしめしています。お金《かね》をかし与《あた》えることから、「かす」いみに使《つか》われます。

態

14画［心10画］

おん　タイ

くん

いみ

■ありさま。◆態勢《たいせい》・態度《たいど》　◆（形《かたち》・ありさま〔態〕）形態《けいたい》・悪態《あくたい》・擬態《ぎたい》・失態《しったい》・醜態《しゅうたい》・状態《じょうたい》・変態《へんたい》

つかいかた

● りっぱな態度《たいど》。● 事態《じたい》が悪化《あっか》する。
● 実態《じったい》を調査《ちょうさ》する。● 危険《きけん》な状態《じょうたい》。

もっとしろう

● ［態勢《たいせい》と体勢《たいせい》］
「態勢《たいせい》」はある物事《ものごと》に対《たい》する態度《たいど》で、「体《たい》勢《せい》」はからだのかまえや姿勢《しせい》のことです。

なりたち

心は「こころ」を表《あらわ》し、能（ノウ）がタイと変《か》わって読《よ》み方《かた》と「できる」いみをしめしています。心《こころ》のはたらきを表《あらわ》す字《じ》でしたが、「からだのようす」を表《あらわ》すようになり、「ありさま、すがた」のいみに使《つか》われるようになりました。

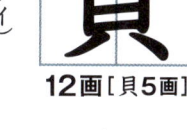

団

6画［囗3画］

おん　ダン・(トン)

くん

いみ

1 まるい。◆団子《だんご》

2 かたまり。あつまり。◆団員《だんいん》・団結《だんけつ》・団体《だんたい》・団地《だんち》・団長《だんちょう》◆(団体《だんたい》に入《はい》る)入団《にゅうだん》・一団《いちだん》・楽団《がくだん》・合唱団《がっしょうだん》・寒気団《かんきだん》・劇団《げきだん》・公団《こうだん》・星団《せいだん》・退団《たいだん》

つかいかた

●団結《だんけつ》をかためる。●団体《だんたい》で旅行《りょこう》する。

●希望《きぼう》の球団《きゅうだん》に入《はい》る。●選手《せんしゅ》の結団式《けつだんしき》。

●集団《しゅうだん》で行動《こうどう》する。●円満《えんまん》に退団《たいだん》する。

●布団《ふとん》にくるまる。

なりたち

古《ふる》い字《じ》は團。囗は「まるいかこみ」を表《あらわ》し、專がダンという読《よ》み方《かた》と「まるめる」いみをしめしています。ひとかたまりにまるまったものを表《あらわ》し、「まるい、かたまり」のいみに使《つか》われます。

とくべつなよみ

※「トン」という読《よ》み―布団《ふとん》

断

11画［斤7画］

おん　ダン

くん　(た-つ)・ことわ-る

いみ

1 たちきる。◆(食《しょく》を断《た》つ)断食《だんじき》・断崖《だんがい》・断水《だんすい》・断絶《だんぜつ》・断線《だんせん》・断層《だんそう》・断続《だんぞく》・断念《だんねん》・断片《だんぺん》・断面《だんめん》◆裁断《さいだん》・縦断《じゅうだん》・切断《せつだん》・中断《ちゅうだん》・不断《ふだん》・油断《ゆだん》

2 きっぱりきめる。◆断言《だんげん》・断行《だんこう》・断罪《だんざい》・断然《だんぜん》・断定《だんてい》◆決断《けつだん》・診断《しんだん》・独断《どくだん》・判断《はんだん》

3 ことわる。◆無断《むだん》

つかいかた

●逃《に》げ道《みち》を断《た》つ。●申《もう》し出《で》を断《ことわ》る。

●断固《だんこ》反対《はんたい》する。●道路《どうろ》を横断《おうだん》する。

なりたち

古《ふる》い字《じ》は斷。斤は「おの」を表《あらわ》し、㡭が糸《いと》をたち切《き》るようすを表《あらわ》します。おので糸《いと》をたち切《き》ることから、「たつ」いみに使《つか》われます。

つかいわけ

●裁《た》つ・断《た》つ・絶《た》つ　→〈裁《さい》〉432ページ

築

16画［竹10画］

おん　チク

くん　きず-く

いみ

■ きずく。◆(城《しろ》を築《きず》く)築城《ちくじょう》・築港《ちっこう》・築山《つきやま》◆構築《こうちく》・増築《ぞうちく》

つかいかた

●土手《どて》を築《きず》く。●店《みせ》を改築《かいちく》する。

●木造《もくぞう》の建築《けんちく》。●家《いえ》を新築《しんちく》する。

もっとしろう

●［いろいろな建築《けんちく》］

家《いえ》などを新《あたら》しく建《た》てるのが「新築《しんちく》」、今《いま》までの建物《たてもの》につぎ足《た》すように部屋《へや》などを増《ふ》やすのは「増築《ぞうちく》」です。そして、建物《たてもの》の一部《いちぶ》や全部《ぜんぶ》を建《た》て直《なお》すのは「改築《かいちく》」です。

なりたち

木が「き」を表《あらわ》し、筑がチクという読《よ》み方《かた》と「つく」いみをしめしています。木《き》のきねで土《つち》をつきかためることを表《あらわ》し、「きずく」いみに使《つか》われます。

とくべつなよみ

築山《つきやま》

五年

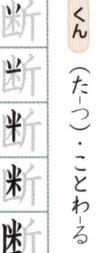

貯

12画［貝5画］

おん　チョ

くん

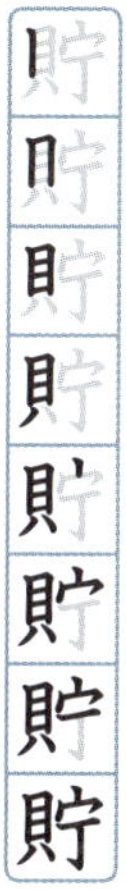

いみ

■たくわえる。◇（たくわえる〈貯〉・蓄《たくわ》える）貯蓄《ちょちく》・貯蔵《ちょぞう》

つかいかた

●お年玉《としだま》を**貯金《ちょきん》**する。●**貯水池《ちょすいち》**をつくる。

もっとしろう

●［貯金《ちょきん》と預金《よきん》］
　郵便局《ゆうびんきょく》にお金《かね》を預《あず》けることを「貯金《ちょきん》」、銀《ぎん》行《こう》などに預《あず》けることを「預金《よきん》」といい、「郵《ゆう》便貯金《びんちょきん》」「銀行預金《ぎんこうよきん》」ということばで区別《くべつ》しています。また、ふつう「貯金《ちょきん》」は、預金《よきん》もふくめて、お金《かね》をためておくことを表《あらわ》すことばです。

なりたち

貝は「お金《かね》」を表《あらわ》し、宁がチョという読《よ》み方《かた》と「たくわえる」いみをしめしています。お金《かね》を「たくわえる」いみに使《つか》われます。

張

11画［弓8画］

おん　チョウ

くん　は-る

いみ

1 はる。◇（張《は》る力《ちから》）張力《ちょうりょく》 ◇緊張《きんちょう》

2 ひろがる。ひろげる。◇（ひろげる〈拡〉・張《は》る）拡張《かくちょう》・誇張《こちょう》・膨張《ぼうちょう》

3 言《い》いはる。◇主張《しゅちょう》

つかいかた

●氷《こおり》が**張《は》る**。●**張《は》り**のある声《こえ》。

●道路《どうろ》を**拡張《かくちょう》**する。●外国《がいこく》に**出張《しゅっちょう》**する。

もっとしろう

●**張《は》り子《こ》の虎《とら》**－見《み》かけは強《つよ》そうに見《み》えるが、実際《じっさい》はたいしたことがないこと。「張《は》り子《こ》」は、木《き》の型《かた》に紙《かみ》を張《は》り重《かさ》ね、あとで型《かた》をぬいて作《つく》ったもの。

なりたち

弓は「ゆみ」を表《あらわ》し、長がチョウという読《よ》み方《かた》と「ながくのばす」いみをしめしています。弓《ゆみ》づるを引《ひ》いて弓《ゆみ》をはることを表《あらわ》し、「はる」いみに使《つか》われます。

停

11画［亻9画］

おん　テイ

くん

いみ

■とめる。とまる。◇（とまる〈停〉・止《と》まる）停止《ていし》・停学《ていがく》・停船《ていせん》・停戦《ていせん》・停滞《ていたい》・停《てい》泊《はく》 ◇調停《ちょうてい》

つかいかた

●機械《きかい》が**停止《ていし》**する。●各駅《かくえき》に**停車《ていしゃ》**する。

●落雷《らくらい》で**停電《ていでん》**する。●バスの**停留所《ていりゅうじょ》**。

もっとしろう

●［停車《ていしゃ》と駐車《ちゅうしゃ》］
　「停車《ていしゃ》」は、人《ひと》の乗《の》り降《お》りや荷物《にもつ》の上《あ》げおろしのために少《すこ》しの間《あいだ》車《くるま》をとめることをいい、「駐車《ちゅうしゃ》」は、ずっととめたままにしている場合《ばあい》をいいます。

なりたち

亻は人《ひと》を表《あらわ》し、亭がテイという読《よ》み方《かた》と「とどまる」いみをしめしています。人《ひと》がとどまることから、人《ひと》や物《もの》が「とまる」いみに使《つか》われます。

提

おん　テイ

くん　（さ-げる）

12画［扌9画］

いみ

1 手《て》にさげる。◆提携《ていけい》

2 さしだす。◆（案《あん》をさしだす〈提〉）提案《ていあん》・提起《ていき》・提示《ていじ》・提唱《ていしょう》 ◆前提《ぜんてい》

つかいかた

●かばんを提《さ》げる。 ●資金《しきん》を提供《ていきょう》する。

●宿題《しゅくだい》を提出《ていしゅつ》する。 ●手提《てさ》げのふくろ。

なりたち

扌は手《て》（𠂇）を表《あらわ》し、是がテイという読《よ》み方《かた》と「まっすぐのばす」いみをしめしています。手《て》にさげてもつことを表《あらわ》し、「さげる」いみに使《つか》われます。

つかいわけ

●提《さ》げる・下《さ》げる

手《て》にさげて持《も》つときは「提《さ》げる」を、高《たか》いところから低《ひく》いところに向《む》かわせるときは「下《さ》げる」を使《つか》います。

提《さ》げる…手《て》に提《さ》げる。

下《さ》げる…値段《ねだん》を下《さ》げる。軒《のき》に下《さ》げる。

程

おん　テイ

くん　（ほど）

12画［禾7画］

いみ

1 どあい。ほど。◆程度《ていど》 ◆音程《おんてい》

2 みちのり。◆行程《こうてい》・射程《しゃてい》・道程《どうてい》・旅程《りょてい》

3 きまり。◆規程《きてい》・方程式《ほうていしき》

つかいかた

●程《ほど》なく父《ちち》は帰《かえ》ってくる。 ●研究《けんきゅう》の過程《かてい》。

●修学旅行《しゅうがくりょこう》の日程《にってい》。

もっとしろう

●程《ほど》がある－物事《ものごと》の限度《げんど》をこえていることを非難《ひなん》することば。「じょうだんにもほどがある」「むちゃをするにもほどがある」などと使《つか》う。

なりたち

禾は穀物《こくもつ》の穂《ほ》のたれた形《かたち》を表《あらわ》し、呈がテイという読《よ》み方《かた》と「まっすぐのびる」いみをしめしています。いねののびを表《あらわ》しましたが、「きまり、ほど」のいみに使《つか》われるようになりました。

適

おん　テキ

14画［辶11画］

いみ

■ ふさわしい。◆（適《てき》している・合《あ》う）適《てき》合《ごう》・適応《てきおう》・適温《てきおん》・適性《てきせい》・適当《てきとう》・適任《てきにん》・適《てき》役《やく》・適用《てきよう》・適量《てきりょう》 ◆快適《かいてき》・好適《こうてき》・最適《さいてき》

つかいかた

●気候《きこう》に適《てき》した作物《さくもつ》。 ●委員《いいん》に適格《てきかく》な人《ひと》。

●適正《てきせい》な価格《かかく》。 ●適度《てきど》な運動《うんどう》を続《つづ》ける。

もっとしろう

●適材適所《てきざいてきしょ》－その人《ひと》の性格《せいかく》や才能《さいのう》にふさわしい役目《やくめ》や仕事《しごと》につけること。「適材《てきざい》」はふさわしい人材《じんざい》、「適所《てきしょ》」はふさわしい役目《やくめ》や仕事《しごと》。

なりたち

辶は道《みち》を歩《ある》くことを表《あらわ》し、啇がテキという読《よ》み方《かた》と「まっすぐ」のいみをしめしています。まっすぐ行《い》くことを表《あらわ》す字《じ》でしたが、「てきする」いみに使《つか》われるようになりました。

五年

統

12画［糸6画］

おん トウ

くん (す-べる)

統統統統統統統統

いみ

1 まとめる。◆統計《とうけい》・統制《とうせい》・統率《とうそつ》・統治《とうち》

2 ひとつづき。◆系統《けいとう》・血統《けっとう》・正統《せいとう》

つかいかた

●国《くに》を統《す》べる。●天下《てんか》を統一《とういつ》する。●委員会《いいんかい》を統合《とうごう》する。●伝統《でんとう》を守《まも》る。

もっとしろう

●「「大統領《だいとうりょう》」の熟語《じゅくご》のなりたち」

「大統領《だいとうりょう》」は「統領《とうりょう》」に「大《だい》」がついたことばです。「統領《とうりょう》」は、多《おお》くの人《ひと》をとりまとめておさめること、またおさめる人《ひと》のことをいいます。

なりたち

糸は「いと」を表《あらわ》し、充(ジュウ)がトウと変《か》わって読《よ》み方《かた》と「全体《ぜんたい》にゆきわたる」いみをしめしています。「おおすじ」のいみを表《あらわ》し、「まとめる」いみに使《つか》われます。

堂

11画［土8画］

おん ドウ

くん

堂堂堂堂堂堂堂堂

いみ

1 大《おお》きな建物《たてもの》。聖堂《せいどう》・殿堂《でんどう》・本堂《ほんどう》◆議事堂《ぎじどう》・公会堂《こうかいどう》・金堂《こんどう》・

2 どっしりしている。◆堂堂《どうどう》

つかいかた

●講堂《こうどう》で入学式《にゅうがくしき》を行《おこな》う。●デパートの食堂《しょくどう》。

もっとしろう

●堂堂《どうどう》めぐり－神《かみ》や仏《ほとけ》に願《ねが》うためにお堂《どう》を何度《なんど》も回《まわ》ることから、議論《ぎろん》がくり返《かえ》されて少《すこ》しも前《まえ》へ進《すす》まないこと。

●堂《どう》に入《い》る－技術《ぎじゅつ》などがすぐれている。なれて自分《じぶん》のものになっている。

なりたち

土は「つち」を表《あらわ》し、尚(ショウ)がドウと変《か》わって読《よ》み方《かた》と「高《たか》い」いみをしめしています。土《つち》を高《たか》く盛《も》った場所《ばしょ》を表《あらわ》し、土台《どだい》の上《うえ》に建《た》てた「大《おお》きな建物《たてもの》」のいみに使《つか》われます。

五年

銅

14画［金6画］

おん ドウ

くん

銅銅銅銅銅銅銅銅

いみ

■どう。あかがね。◆(銅《どう》をほり出《だ》す山《やま》)銅《どう》山《ざん》・銅線《どうせん》◆赤銅《しゃくどう》・青銅《せいどう》・分銅《ふんどう》

つかいかた

●銅《どう》のめっきをする。●金貨《きんか》と銅貨《どうか》。●銅像《どうぞう》を建《た》てる。●銅《どう》メダルをもらう。

もっとしろう

●[金属《きんぞく》のなまえ]

「銅《どう》」はその色《いろ》から「あかがね」と呼《よ》ばれます。「銀《ぎん》」は「しろがね」、「鉄《てつ》」は「くろがね」です。「金《きん》」は黄色《きいろ》なので、「きがね→くがね」と変《か》わり、今《いま》は「こがね」と呼《よ》ばれています。

なりたち

金が金属《きんぞく》を表《あらわ》し、同がドウという読《よ》み方《かた》と「あかい」いみをしめしています。赤《あか》い色《いろ》の金属《きんぞく》から、「どう」を表《あらわ》しています。

導

15画［寸12画］

おん　ドウ

くん　みちび-く

いみ

1 みちびく。◇(導《みちび》き入《い》れる)　導入《どうにゅう》　◇補《ほ》導《どう》・誘導《ゆうどう》

2 つたえる。◇導火線《どうかせん》・導線《どうせん》・導体《どうたい》　◇伝《でん》導《どう》

つかいかた

● チームを優勝《ゆうしょう》に導《みちび》く。● 生徒《せいと》を指導《しどう》する。

● 一行《いっこう》を先導《せんどう》する。

もっとしろう

● [伝導《でんどう》と伝道《でんどう》]

「伝導《でんどう》」は熱《ねつ》や電気《でんき》が伝《つた》わっていくことで、「伝道《でんどう》」はおもにキリスト教《きょう》の教《おし》えを世《よ》の中《なか》に広《ひろ》めることをいいます。

なりたち

寸は手《て》（ ）を表《あらわ》し、道がドウという読《よ》み方《かた》と「みちびく」いみをしめしています。手《て》を引《ひ》いて「みちびく」いみに使《つか》われます。

得

11画［彳8画］

おん　トク

くん　え-る・(う-る)

いみ

■ える。わかる。◇(得《え》た点《てん》数《すう》)　得点《とくてん》・得《とく》策《さく》・得失《とくしつ》・得票《とくひょう》・得手《えて》　◇会得《えとく》・取得《しゅとく》・拾得《しゅうとく》・習得《しゅうとく》・所得《しょとく》・損得《そんとく》・体得《たいとく》・納得《なっとく》

つかいかた

● 得《とく》と損《そん》。● 許《ゆる》しを得《え》る。

● 得《う》るところが大《おお》きい。

● 得意《とくい》な科目《かもく》。● 得点《とくてん》を重《かさ》ねる。

もっとしろう

● 得手勝手《えてかって》－自分《じぶん》のつごうのよいことだけをすること。

● 得意満面《とくいまんめん》－じまんそうな表情《ひょうじょう》が顔《かお》いっぱいにあふれていること。

なりたち

彳は「行《い》く」いみをもち、㝵のもとの形《かたち》は㝵で、貝はお金《かね》をしめし、寸は手《て》（ ）を表《あらわ》しています。行《い》って「える(＝手《て》に入《い》れる)」いみに使《つか》われます。

毒

8画［毋4画］

おん　ドク

くん

いみ

■ どく。◇(毒《どく》のある物《もの》)　毒物《どくぶつ》・毒牙《どくが》・毒《どく》殺《さつ》・毒蛇《どくじゃ》(どくへび)・毒舌《どくぜつ》・毒素《どくそ》・毒草《どくそう》・毒味《どくみ》・毒矢《どくや》・毒薬《どくやく》　◇害毒《がいどく》・解毒《げどく》・中毒《ちゅうどく》・無毒《むどく》・猛毒《もうどく》・有毒《ゆうどく》

つかいかた

● 毒《どく》のあるきのこ。● 毒性《どくせい》の強《つよ》い薬品《やくひん》。

● 気《き》の毒《どく》な人《ひと》。● 手《て》を消毒《しょうどく》する。

もっとしろう

● 毒《どく》にも薬《くすり》にもならない－毒《どく》のように害《がい》にもならないが、薬《くすり》のような効《き》き目《め》もないということから、あってもなくてもよい、つまらないもの。

なりたち

もとの形《かたち》は 。Ψは草《くさ》を表《あらわ》し、 は「どく」のいみをしめしています。どくのある草《くさ》を表《あらわ》し、「どく」のいみに使《つか》われます。

独

9画［犭6画］

おん　ドク

くん　ひと-り

いみ

■ひとり。◆(独《ひと》りで学習《がくしゅう》する)独学《どくがく》・独演《どくえん》・独裁《どくさい》・独自《どくじ》・独習《どくしゅう》・独身《どくしん》・独善《どくぜん》・独走《どくそう》・独断《どくだん》・独特《どくとく》・独立《どくりつ》・独力《どくりょく》 ◆孤独《こどく》

つかいかた

● 独《ひと》りで旅《たび》に出《で》る。● 人気《にんき》を独占《どくせん》する。
● ピアノを独奏《どくそう》する。● 独創的《どくそうてき》な考《かんが》え。
● 親《おや》から独立《どくりつ》する。● 単独《たんどく》で行動《こうどう》する。
● 独《ひと》り言《ごと》を言《い》う。

もっとしろう

● 独立独歩《どくりつどっぽ》－他人《たにん》に頼《たよ》らないで、自分《じぶん》の力《ちから》で自分《じぶん》の信《しん》じる道《みち》を歩《ある》いていく。

なりたち

古《ふる》い字《じ》は獨。犭は「けもの」を表《あらわ》し、蜀(ショク)がドクと変《か》わって読《よ》み方《かた》と「たたかう」いみをしめしています。犬《いぬ》がけんかをするいみでしたが、「ひとり」のいみに使《つか》われるようになりました。

任

6画［亻4画］

おん　ニン

くん　まか-せる・まか-す

いみ

1 まかせる。◆(意《い》思《し》に任《まか》せる)任意《にんい》 ◆委《い》任《にん》・信任《しんにん》・放任《ほうにん》

2 役目《やくめ》につく。つとめ。◆任期《にんき》・任地《にんち》・任《にん》命《めい》 ◆(任《にん》務《む》に就《つ》く)就任《しゅうにん》・解任《かいにん》・兼任《けんにん》・後任《こうにん》・再任《さいにん》・在任《ざいにん》・辞任《じにん》・主任《しゅにん》・常任《じょうにん》・新任《しんにん》・専任《せんにん》・前任《ぜんにん》・大任《たいにん》・適任《てきにん》・転任《てんにん》・留任《りゅうにん》・歴任《れきにん》

つかいかた

● 仕事《しごと》を任《まか》せる。● 任務《にんむ》を終《お》える。
● 決定《けってい》を会長《かいちょう》に一任《いちにん》する。
● 自分《じぶん》の責任《せきにん》を果《は》たす。
● 担任《たんにん》の先生《せんせい》。

なりたち

亻は人《ひと》を表《あらわ》し、壬がニンという読《よ》み方《かた》と「かつぐ」いみをしめしています。人《ひと》が荷物《にもつ》をかつぐことから、「つとめ、やくめ、まかせる」いみに使《つか》われます。

五年

燃

16画［火12画］

おん　ネン

くん　も-える・も-やす・も-す

いみ

■もえる。もやす。◆(燃《も》える・焼《や》ける)燃《ねん》焼《しょう》・燃費《ねんぴ》 ◆再燃《さいねん》・不燃《ふねん》

つかいかた

● 火《ひ》が燃《も》える。● まきを燃《も》やす。
● ごみを燃《も》す。● 燃料《ねんりょう》を補給《ほきゅう》する。

もっとしろう

● [然《ぜん》と燃《ねん》]

「然《ぜん》」はもともと「もえる」いみの字《じ》でしたが、「自然《しぜん》」「突然《とつぜん》」などの「然《ぜん》」として使《つか》われたために、「火《ひ》」をつけて「もえる」いみを表《あらわ》したのが「燃《ねん》」です。同《おな》じような字《じ》に「源《げん》」(426ページ)があります。

なりたち

然だけで「もえる」いみをもっていましたが、とちゅうで別《べつ》のいみに変《か》わったため、火を加《くわ》えて「もえる」いみの字《じ》にしました。

能

10画［月6画］

おん　ノウ

くん

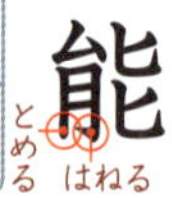

能能能能能能能能

いみ

1 できる。はたらきかける力《ちから》。◇能動的《のうどうてき》・能弁《のうべん》・能率《のうりつ》・能力《のうりょく》 ◇可能《かのう》・機能《きのう》・技能《ぎのう》・効能《こうのう》・性能《せいのう》・全能《ぜんのう》・知能《ちのう》・万能《ばんのう》・不能《ふのう》・無能《むのう》・有能《ゆうのう》

2 古典芸能《こてんげいのう》の「のう」。◇能楽《のうがく》・能面《のうめん》

つかいかた

● 仕事《しごと》の**能率**《のうりつ》を上《あ》げる。● 郷土《きょうど》の**芸能**《げいのう》。
● 音楽《おんがく》の**才能**《さいのう》がある。● 人間《にんげん》の**本能**《ほんのう》。

もっとしろう

● **能《のう》ある鷹《たか》は爪《つめ》をかくす**－すぐれた才能《さいのう》を持《も》っている人《ひと》は、それをむやみに見《み》せたりはしないというたとえ。

なりたち

もとの形《かたち》は𦞂。大《おお》きな口《くち》をあけ尾《お》をふりあげたけものを表《あらわ》し、「くま」のいみでしたが、「できる、はたらき」のいみに使《つか》われるようになりました。

破

10画［石5画］

おん　ハ

くん　やぶ-る・やぶ-れる

破破破破破破破破破破

いみ

1 やぶる。こわれる。◇（破《やぶ》れ裂《さ》ける）破《は》裂《れつ》・破壊《はかい》・破棄《はき》・破局《はきょく》・破談《はだん》・破滅《はめつ》・破門《はもん》 ◇撃破《げきは》・打破《だは》・大破《たいは》・突破《とっぱ》・難破《なんぱ》・爆破《ばくは》・連破《れんぱ》・論破《ろんぱ》

2 わくからはずれる。◇破格《はかく》

3 やりとげる。◇踏破《とうは》・読破《どくは》

つかいかた

● 約束《やくそく》を**破**《やぶ》**る**。● 紙《かみ》が**破**《やぶ》**れる**。
● 家《いえ》が**破産**《はさん》する。● 車《くるま》が**破損**《はそん》する。
● ガラスの**破片**《はへん》。● 全《ぜん》コースを**走破**《そうは》する。

なりたち

石が「いし」を表《あらわ》し、皮（ヒ）がハと変《か》わって読《よ》み方《かた》と「さける」いみをしめしています。石《いし》がわれることから、「やぶる、やぶれる」いみに使《つか》われます。

つかいわけ

● **敗**《やぶ》**れる・破**《やぶ》**れる**　→〈敗《はい》〉326ページ

犯

5画［犭2画］

おん　ハン

くん　（おか-す）

犯犯犯犯犯

いみ

■ おかす。◇（罪《つみ》を犯《おか》す）犯罪《はんざい》・犯人《はんにん》 ◇共《きょう》犯《はん》・現行犯《げんこうはん》・再犯《さいはん》・主犯《しゅはん》・常習犯《じょうしゅうはん》・侵《しん》犯《ぱん》・防犯《ぼうはん》

つかいかた

● 過《あやま》ちを**犯**《おか》**す**。● 罪《つみ》を**犯**《おか》**す**。
● **犯行**《はんこう》の動機《どうき》を解明《かいめい》する。
● **犯罪**《はんざい》を取《と》りしまる。

もっとしろう

● ［けものへん（犭）について］
「けものへん（犭）」は、書《か》き順《じゅん》と形《かたち》をまちがえやすいので注《ちゅう》意《い》しましょう。

犭（1・2・3）

なりたち

犭は犬《いぬ》を表《あらわ》し、㔾がハンという読《よ》み方《かた》と「度《ど》をこえる」いみをしめしています。犬《いぬ》が囲《かこ》いを破《やぶ》って人《ひと》をきずつけることから、「おかす」いみに使《つか》われます。

五年

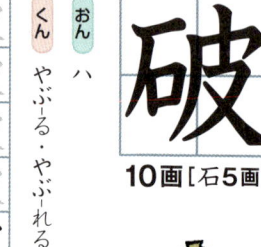

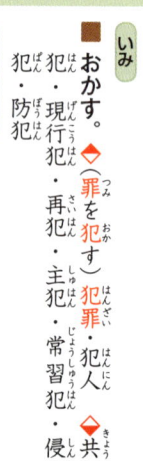

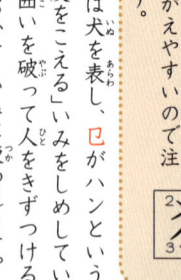

判

おん ハン・バン

くん

7画［刂5画］

判 判 判 判 判 判 判

いみ

1 はっきりさせる。さばく。◆判決《はんけつ》・判事《はんじ》・判然《はんぜん》・判断《はんだん》・判読《はんどく》・判別《はんべつ》・判明《はんめい》・判例《はんれい》 ◆公判《こうはん》・談判《だんぱん》・批判《ひはん》

2 はんこ。◆印判《いんばん》・血判《けっぱん》

3 むかしの金貨《きんか》。◆大判《おおばん》・小判《こばん》

つかいかた

● 判《はん》を押《お》す。● 審判《しんぱん》の判定《はんてい》に従《したが》う。

● 裁判《さいばん》を行《おこな》う。● 評判《ひょうばん》のよい品物《しなもの》。

もっとしろう

● 判《はん》で押《お》したよう－いつも同《おな》じで変化《へんか》のないたとえ。

なりたち

刂は刀《かたな》を表《あらわ》し、半がハンという読《よ》み方《かた》と「二《ふた》つにわける」いみをしめしています。刀《かたな》でものを分《わ》けることから、「けじめをつける、さばく」いみに使《つか》われます。

版

おん ハン

くん

8画［片4画］

版 版 版 版 版 版 版 版

いみ

1 印刷《いんさつ》のために字《じ》や絵《え》をほった板《いた》。◆(木《き》にほった版《はん》)版木《はんぎ》 ◆鉛版《えんばん》・活版《かっぱん》・原版《げんぱん》・製版《せいはん》・石版《せきばん》・銅版《どうばん》・木版《もくはん》

2 印刷《いんさつ》する。本《ほん》を発行《はっこう》する。◆版権《はんけん》 ◆(書《しょ》物《もつ》の最初《さいしょ》の版《はん》)初版《しょはん》・改版《かいはん》・旧版《きゅうはん》・再版《さいはん》・重版《じゅうはん》・新版《しんぱん》・絶版《ぜっぱん》

3 戸籍簿《こせきぼ》。◆版籍《はんせき》・版図《はんと》

つかいかた

● 版《はん》を重《かさ》ねる。

● 年賀状《ねんがじょう》を版画《はんが》で刷《す》る。

● 本《ほん》を出版《しゅっぱん》する。

なりたち

片は木《き》(木)を半分《はんぶん》にした形《かたち》(片)からでき、反がハンという読《よ》み方《かた》と「さく」いみをしめしています。半分《はんぶん》にわった木《き》のいたを表《あらわ》し、「いた」のいみに使《つか》われます。

比

おん ヒ

くん くら－べる

4画［比0画］

比 比 比 比

いみ

1 くらべる。ならぶ。◆(比《くら》べるなかま〈類〉)比類《ひるい》 ◆対比《たいひ》・無比《むひ》

2 わりあい。◆(重《おも》さのわりあい〈比〉)比《ひ》重《じゅう》・比率《ひりつ》

つかいかた

● 横綱《よこづな》の強《つよ》さは他《た》の力士《りきし》の比《ひ》ではない。

● 大《おお》きさを比《くら》べる。● 比較《ひかく》にならない。

● 比例《ひれい》と反比例《はんぴれい》。

もっとしろう

● ［比喩《ひゆ》］

「比喩《ひゆ》」とは、ある物事《ものごと》を表《あらわ》すのにほかの似《に》た物事《ものごと》を用《もち》いること。多《おお》くは、「まるで」「あたかも」「ようだ」などを用《もち》います。

なりたち

人《ひと》がならんでいる形《かたち》(从)からできた字《じ》で、「ならぶ、くらべる」いみに使《つか》われます。

肥

8画［月4画］

おん　ヒ

くん　こ-える・こえ・こ-やす・こ-やし

いみ

1 **ふとる。** ◆（肥《こ》えて大《おお》きい）肥大《ひだい》・肥満《ひまん》・肥沃《ひよく》

2 **こやし。** ◆肥料《ひりょう》 ◆金肥《きんぴ》・追肥《ついひ》・下肥《しもごえ》

つかいかた

●食《た》べすぎてからだが**肥《こ》える**。

●やせた土地《とち》を**肥《こ》やす**。

●**肥《こ》やし**をまく。 ●**肥満《ひまん》**をなくす。

もっとしろう

●［肥前《ひぜん》と肥後《ひご》］

むかしの国名《こくめい》。「肥前《ひぜん》」は今《いま》の佐賀県《さがけん》と長崎県《ながさきけん》の大部分《だいぶぶん》、「肥後《ひご》」は今《いま》の熊本県《くまもとけん》です。

なりたち

古《ふる》い字《じ》は肥。月は肉《にく》(月)を表《あらわ》し、己(キ)がヒと変《か》わって読《よ》み方《かた》と「ふとる」いみをしめしています。肉《にく》がついて「ふとる」いみに使《つか》われます。

非

8画［非0画］

おん　ヒ

くん

いみ

1 **…でない。よくない。** ◆（よくない〈非〉行《おこな》い）非行《ひこう》・非運《ひうん》・非業《ひごう》・非公開《ひこうかい》・非公式《ひこうしき》・非情《ひじょう》・非常《ひじょう》・非常識《ひじょうしき》・非道《ひどう》・非凡《ひぼん》・非力《ひりき》（ひりょく）・非礼《ひれい》 ◆是非《ぜひ》

2 **とがめる。** ◆非難《ひなん》

つかいかた

●自分《じぶん》の**非《ひ》**を認《みと》める。

●少年少女《しょうねんしょうじょ》の**非行《ひこう》**を防止《ぼうし》する。

●**非常事態《ひじょうじたい》**に備《そな》える。 ●**非凡《ひぼん》**な才能《さいのう》。

もっとしろう

●**非《ひ》の打《う》ちどころがない**－けなすところがまったくなく、完全《かんぜん》である。

なりたち

もとの形《かたち》は非。飛《と》ぶ鳥《とり》のつばさがたがいに逆《ぎゃく》の方《ほう》を向《む》いていることから、否定《ひてい》を表《あらわ》すことばとして用《もち》いられ、「…でない」いみに使《つか》われます。

費

12画［貝5画］

おん　ヒ

くん　（つい-やす・つい-える）

いみ

1 **ついやす。** ◆空費《くうひ》・消費《しょうひ》・浪費《ろうひ》

2 **かかるお金《かね》。** ◆費用《ひよう》 ◆学費《がくひ》・経費《けいひ》・公費《こうひ》・国費《こくひ》・雑費《ざっぴ》・私費《しひ》・自費《じひ》・実費《じっぴ》

つかいかた

●お金《かね》を**費《つい》やす**。 ●**会費《かいひ》**をはらう。

●**出費《しゅっぴ》**がかさむ。 ●生産者《せいさんしゃ》と**消費者《しょうひしゃ》**。

もっとしろう

●［費《ひ》のつくことば］

下《した》に費《ひ》のつくことばの多《おお》くは、それが何《なに》に必要《ひつよう》なお金《かね》なのかをしめしています。

・営業費《えいぎょうひ》・交際費《こうさいひ》・交通費《こうつうひ》・食費《しょくひ》・人件費《じんけんひ》・生活費《せいかつひ》・旅費《りょひ》など

なりたち

貝は「お金《かね》」を表《あらわ》し、弗(フツ)がヒと変《か》わって読《よ》み方《かた》と「とび散《ち》る」いみをしめしています。お金《かね》がなくなることを表《あらわ》し、「ついやす」いみに使《つか》われます。

五年

備

12画［亻10画］

おん ビ

くん そな-える・そな-わる

いみ

■そなえる。◆備考《びこう》・備蓄《びちく》・備品《びひん》 ◆警備《けいび》・常備《じょうび》・設備《せつび》・装備《そうび》・不備《ふび》・防備《ぼうび》・予備《よび》

つかいかた

● 災害《さいがい》に**備《そな》える**。 ● 気品《きひん》が**備《そな》わる**。

● 冷暖房《れいだんぼう》を**完備《かんび》**している。● **守備《しゅび》**を固《かた》める。

● 食事《しょくじ》の**準備《じゅんび》**。 ● 自動車《じどうしゃ》を**整備《せいび》**する。

もっとしろう

● **備《そな》えあればうれいなし**－ふだんから準備《じゅんび》をしておけば、何《なに》が起《お》きても心配《しんぱい》はない。

なりたち

亻は人《ひと》を表《あらわ》し、𤰇がビという読《よ》み方《かた》と矢《や》を用意《ようい》しておく入《い》れもの（えびら）の形《かたち》を表《あらわ》しています。人《ひと》がえびらを背負《せお》うようすから、物事《ものごと》を用意《ようい》する、「そなえる」いみに使《つか》われます。

つかいわけ

● **供《そな》える・備《そな》える** →〈供《きょう》〉421ページ

評

12画［言5画］

おん ヒョウ

くん

いみ

■物事《ものごと》のよしあしやねうちを決《き》める。◆（批《ひ》評《ひょう》する・論《ろん》じる）**評論《ひょうろん》**・評価《ひょうか》・評議《ひょうぎ》・評決《ひょうけつ》・評定《ひょうてい》（ひょうじょう）・評点《ひょうてん》 ◆悪評《あくひょう》・講評《こうひょう》・書評《しょひょう》・世評《せひょう》・批評《ひひょう》・不評《ふひょう》・風評《ふうひょう》

つかいかた

● **評判《ひょうばん》**のよい店《みせ》。 ● 発表会《はっぴょうかい》は**好評《こうひょう》**だった。

● **定評《ていひょう》**のある味《あじ》。 ● 菊《きく》の花《はな》の**品評会《ひんぴょうかい》**。

もっとしろう

● ［評決《ひょうけつ》と票決《ひょうけつ》］

「評決《ひょうけつ》」は話《はな》し合《あ》い（評議《ひょうぎ》）で決《き》めることをいい、「票決《ひょうけつ》」は投票《とうひょう》で決《き》めることをいいます。

なりたち

言は「ことば」を表《あらわ》し、平はヒョウという読《よ》み方《かた》と「たいら」のいみをしめしています。公平《こうへい》なことばを表《あらわ》し、「物事《ものごと》のよしあしを決《き》める」いみに使《つか》われます。

貧

11画［貝4画］

おん （ヒン）・ビン

くん まず-しい

いみ

■まずしい。◆（**貧《まず》**しくて**困《こま》**る）**貧困《ひんこん》**・貧窮《ひんきゅう》・貧血《ひんけつ》・貧者《ひんじゃ》・貧民《ひんみん》・貧乏《びんぼう》 ◆清貧《せいひん》・赤貧《せきひん》

つかいかた

● **貧《まず》しい**暮《く》らし。 ● **貧《まず》しい**知識《ちしき》。

● **貧苦《ひんく》**にあえぐ。 ● **貧弱《ひんじゃく》**なからだ。

● **貧相《ひんそう》**な身《み》なり。 ● **貧富《ひんぷ》**の差《さ》が大《おお》きい。

もっとしろう

● **貧乏《びんぼう》ひまなし**－まずしい人《ひと》は生活《せいかつ》に追《お》われていつも働《はたら》いているので、ひまなときがない。

なりたち

貝は「お金《かね》」を表《あらわ》し、分（フン）がヒンと変《か》わって読《よ》み方《かた》と「わかれる」いみをしめしています。お金《かね》がちらばってとぼしいことを表《あらわ》し、「まずしい」いみに使《つか》われます。

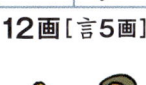

布

5画［巾2画］

おん　フ

くん　ぬの

いみ

1 **ぬの。** ◆布団《ふとん》・布地《ぬのじ》・布目《ぬのめ》　◆絹布《けんぷ》・財布《さいふ》・綿布《めんぷ》・麻布《あさぬの》

2 **ひろげる。ゆきわたらせる。** ◆（教《おし》えをひろめる〈布〉）布教《ふきょう》・布告《ふこく》・布陣《ふじん》・布石《ふせき》　◆公布《こうふ》・散布《さんぷ》・敷布《しきふ》・湿布《しっぷ》・配布《はいふ》・分布《ぶんぷ》・流布《るふ》

つかいかた

●布《ぬの》を織《お》る。●宣戦《せんせん》を布告《ふこく》する。

●消毒液《しょうどくえき》を散布《さんぷ》する。●ビラを配布《はいふ》する。

●憲法《けんぽう》を発布《はっぷ》する。●人口《じんこう》の分布《ぶんぷ》。

●毛布《もうふ》をかける。

なりたち　もとの形《かたち》は㶳。巾は「ぬの」を表《あらわ》し、父がフという読《よ》み方《かた》と「打《う》ってひろげる」いみをしめしています。平《たい》らにのばしたぬのを表《あらわ》し、ひろく「ぬの」のいみに使《つか》われます。

婦

11画［女8画］

おん　フ

くん

いみ

1 **女《おんな》の人《ひと》。** ◆（おんな〈婦〉・女《おんな》）婦女《ふじょ》・婦人《ふじん》　◆産婦《さんぷ》

2 **つま。よめ。** ◆（新《あたら》しいよめ〈婦〉）新婦《しんぷ》・主婦《しゅふ》・夫婦《ふうふ》

つかいかた

●婦人服《ふじんふく》の売《う》り場《ば》。

●夫婦《ふうふ》の仲《なか》がよい。

もっとしろう

●［婦人《ふじん》と夫人《ふじん》］
「婦人《ふじん》」は成人《せいじん》した女《おんな》の人《ひと》のことをいい、「夫人《ふじん》」はほかの人《ひと》の妻《つま》をうやまってよぶことばです。

なりたち　女は女《おんな》の人《ひと》を表《あらわ》し、帚がほうきの形《かたち》を表《あらわ》しています。そうじをする女《おんな》の人《ひと》から、「女《おんな》の人《ひと》、つま、よめ」のいみに使《つか》われます。

武

8画［止4画］

おん　ブ・ム

くん

いみ

■ **いくさ。** ◆（いくさ〈武〉に使《つか》う道具《どうぐ》）武具《ぶぐ》・武官《ぶかん》・武家《ぶけ》・武芸《ぶげい》・武術《ぶじゅつ》・武装《ぶそう》・武門《ぶもん》・武勇《ぶゆう》　◆文武《ぶんぶ》

つかいかた

●武運《ぶうん》つたなく敗《やぶ》れる。●武器《ぶき》を捨《す》てる。

●戦国《せんごく》の武将《ぶしょう》。●武力《ぶりょく》でおさえる。

もっとしろう

●**武士《ぶし》に二言《にごん》はない**－武士《ぶし》たる者《もの》は、言《い》ったことは必《かなら》ず守《まも》る。「二言《にごん》」は、言《い》い直《なお》し。

●**武士《ぶし》は食《く》わねど高楊枝《たかようじ》**－武士《ぶし》たる者《もの》は気《き》位《ぐらい》を高《たか》く持《も》ち、たとえ食《た》べる物《もの》がなくても食《た》べたふりをして楊枝《ようじ》を使《つか》うものだ。

なりたち　もとの形《かたち》は戓。ぶきのほこ（戈）と足《あし》（止）からできています。ぶきをもって進《すす》むことから、「いくさ、つよい」いみに使《つか》われます。

五年

復

おん フク

くん

12画［彳9画］

復 一ぽん 又にならない

いみ

■かえる。もどる。◆(元《もと》にかえす(復))復《ふく》元《げん》・復員《ふくいん》・復縁《ふくえん》・復学《ふくがく》・復習《ふくしゅう》・復唱《ふくしょう》・復《ふく》職《しょく》・復調《ふくちょう》・復路《ふくろ》・復活《ふっかつ》・復刊《ふっかん》・復帰《ふっき》・復《ふっ》旧《きゅう》・復権《ふっけん》・復古《ふっこ》 ◆往復《おうふく》・回復《かいふく》・反復《はんぷく》・報復《ほうふく》

つかいかた

- 正常《せいじょう》に**復《ふく》する**。
- 習《なら》ったことを**復習《ふくしゅう》**する。
- 病気《びょうき》が治《なお》って**復職《ふくしょく》**する。
- 道路《どうろ》が**復旧《ふっきゅう》**する。 ● 被災地《ひさいち》が**復興《ふっこう》**する。
- 天気《てんき》が**回復《かいふく》**する。
- 文化財《ぶんかざい》を**修復《しゅうふく》**する。

なりたち

彳は道《みち》を表《あらわ》し、复がフクという読《よ》み方《かた》と「もとにかえる」いみをしめしています。一度《いちど》行《い》った道《みち》をもどることから、「かえる」いみに使《つか》われます。

複

おん フク

くん

14画［衤9画］

ネとしない 複 一ぽん

いみ

1 かさねる。かさなる。二《ふた》つ以上《いじょう》ある。◆(二《ふた》つ以上《いじょう》ある(複)め(眼))複眼《ふくがん》・複《ふく》式《しき》・複数《ふくすう》・複線《ふくせん》・複利《ふくり》 ◆重複《ちょうふく》(じゅうふく)

2 ふたたび。◆複写《ふくしゃ》・複製《ふくせい》

つかいかた

- **複合競技《ふくごうきょうぎ》**に出場《しゅつじょう》する。 ● **複雑《ふくざつ》**なしくみ。
- **複写機《ふくしゃき》**でコピーをとる。

もっとしろう

- ［似《に》ている字《じ》に注意《ちゅうい》］
- ・複《ふく》…ころも(衤)をかさねる。「複数《ふくすう》」
- ・復《ふく》…みち(彳)をもどる。「復路《ふくろ》」
- ・腹《ふく》…からだ(月)をおおう。「満腹《まんぷく》」

なりたち

衤は衣《ころも》を表《あらわ》し、复がフクという読《よ》み方《かた》と「かさねる」いみをしめしています。衣服《いふく》をかさねて着《き》ることから、「かさねる」いみに使《つか》われます。

仏

おん ブツ

くん ほとけ

4画［亻2画］

仏 とめる

いみ

■ほとけ。◆仏閣《ぶっかく》・仏具《ぶつぐ》・仏師《ぶっし》・仏式《ぶっしき》・仏《ぶっ》心《しん》(ほとけごころ)・仏壇《ぶつだん》・仏法《ぶっぽう》・仏滅《ぶつめつ》・仏門《ぶつもん》 ◆金仏《かなぶつ》・成仏《じょうぶつ》・神仏《しんぶつ》・石仏《せきぶつ》(いしぼとけ)

つかいかた

- **仏《ほとけ》**を拝《おが》む。 ● **仏教《ぶっきょう》**を広《ひろ》める。
- **仏前《ぶつぜん》**に花《はな》を供《そな》える。 ● **仏像《ぶつぞう》**をほる。
- 奈良《なら》の**大仏《だいぶつ》**。 ● **念仏《ねんぶつ》**を唱《とな》える。

もっとしろう

- **仏《ほとけ》の顔《かお》も三度《さんど》**－どんなにおとなしい人《ひと》でも、たびたびひどいことをされたら、ついにはおこり出《だ》すというたとえ。

なりたち

古《ふる》い字《じ》は佛。亻は人《ひと》を表《あらわ》し、弗がブツという読《よ》み方《かた》をしめしています。インドで「ほとけ」のことをブッダといったので、ブツにこの字《じ》をあてて「ほとけ」のいみを表《あらわ》すようになりました。

五年

粉

おん　フン

くん　こ・こな

10画［米4画］

いみ

■こな。◇(粉《こな》の薬《くすり》)粉薬《こなぐすり》・粉砕《ふんさい》・粉乳《ふんにゅう》・粉《ふん》末《まつ》・粉雪《こなゆき》◇(金《きん》の粉《こな》)金粉《きんぷん》・花粉《かふん》・製《せい》粉《ふん》・小麦粉《こむぎこ》

つかいかた

●白《しろ》い粉《こな》。●花粉《かふん》が飛《と》ぶ。
●カレー粉《こ》を入《い》れる。
●皿《さら》が粉々《こなごな》に割《わ》れる。●粉雪《こなゆき》がまう。

もっとしろう

●粉骨砕身《ふんこつさいしん》－骨《ほね》を粉《こな》にし、身《み》を砕《くだ》くように、力《ちから》の限《かぎ》り努力《どりょく》すること。
●身《み》を粉《こ》にする－苦労《くろう》をいやがらず、一生懸《いっしょうけん》命《めい》に働《はたら》く。

なりたち

米は「こめ」を表《あらわ》し、分がフンという読《よ》み方《かた》と「切《き》りわける」いみをしめしています。米《こめ》をこまかくしたものを表《あらわ》し、「こな」のいみに使《つか》われます。

編

おん　ヘン

くん　あ-む

15画［糸9画］

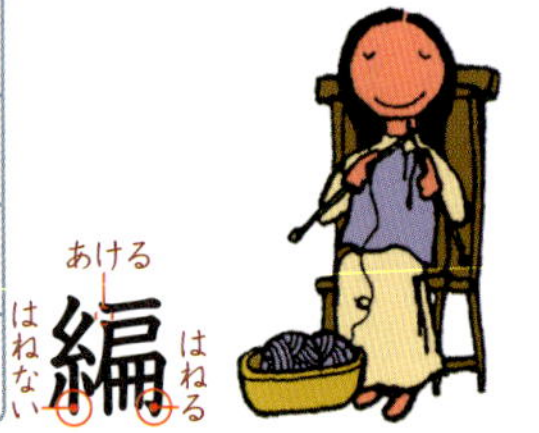

いみ

■あむ。くみたてる。◇編曲《へんきょく》・編者《へんじゃ》・編隊《へんたい》・編入《へんにゅう》◇後編《こうへん》・前編《ぜんぺん》・続編《ぞくへん》・長編《ちょうへん》

つかいかた

●毛糸《けいと》を編《あ》む。●雑誌《ざっし》を編集《へんしゅう》する。
●チームを編成《へんせい》する。●短編《たんぺん》の小説《しょうせつ》。

もっとしろう

●［編《あ》む］
「編《あ》む」は、糸《いと》・竹《たけ》・針金《はりがね》などをたがいちがいに組《く》み合《あ》わせることですが、「編集《へんしゅう》・編《へん》曲《きょく》」などと、ことばや曲《きょく》を組《く》み合《あ》わせることにも使《つか》われます。

なりたち

糸は「いと」を表《あらわ》し、扁がヘンという読《よ》み方《かた》と「竹《たけ》の札《ふだ》」のいみをしめしています。むかし竹《たけ》の札《ふだ》を糸《いと》でつづり合《あ》わせて書物《しょもつ》をつくったことから、「あむ、くみたてる」いみに使《つか》われます。

弁

おん　ベン

くん

5画［廾2画］

いみ

1 のべる。◇弁士《べんし》・弁舌《べんぜつ》・弁明《べんめい》◇答弁《とうべん》
2 わきまえる。◇弁別《べんべつ》◇勘弁《かんべん》
3 用《よう》にあてる。◇弁償《べんしょう》・弁当《べんとう》◇自弁《じべん》
4 花《はな》びら。◇花弁《かべん》
5 気体《きたい》や液体《えきたい》の流《なが》れを調節《ちょうせつ》するしくみ。◇安全弁《あんぜんべん》

つかいかた

●いちいち弁解《べんかい》する。●友《とも》だちを弁護《べんご》する。
●弁当《べんとう》を買《か》う。●熱弁《ねつべん》をふるう。

なりたち

もとの形《かたち》は。両手《りょうて》でかんむりをかぶろうとしている形《かたち》からでき、「かんむり」を表《あらわ》す字《じ》でしたが、同《おな》じベンと読《よ》む「辨(刀《かたな》で切《き》る)・瓣(はなびら)・辯(ことばでいいわける)」の代《か》わりとして用《もち》いられ、それぞれのいみをまとめてもつようになりました。

保

おん　ホ
くん　たも-つ

9画［亻7画］

いみ

1 たもつ。◆保安《ほあん》・保温《ほおん》・保持《ほじ》・保守《ほしゅ》・保《ほ》身《しん》・保全《ほぜん》・保存《ほぞん》・保有《ほゆう》・保留《ほりゅう》 ◆確保《かくほ》

2 まもる。◆保育《ほいく》・保護《ほご》・保母《ほぼ》・保養《ほよう》

3 うけあう。◆保管《ほかん》・保釈《ほしゃく》 ◆担保《たんぽ》

つかいかた

● 健康《けんこう》を保《たも》つ。 ● 保険《ほけん》をかける。

● 品質《ひんしつ》を保証《ほしょう》する。 ● 安全《あんぜん》を保障《ほしょう》する。

もっとしろう

● [保証《ほしょう》と保障《ほしょう》]

「保証《ほしょう》」はたしかだとうけ合《あ》うことをいい、「保障《ほしょう》」は災《わざわ》いを受《う》けないようにうけ合《あ》うことをいいます。

なりたち

人《ひと》(亻)が子《こ》ども(子)におむつをあてておっているようすを表《あらわ》しています。子《こ》どもをやしなうことから、「たもつ」いみに使《つか》われます。

墓

おん　ボ
くん　はか

13画［土10画］

いみ

■ はか。◆(墓《はか》の石《いし》)墓石《ぼせき》(はかいし)・墓穴《ぼけつ》(はかあな)・墓参《ぼさん》・墓地《ぼち》・墓碑《ぼひ》・墓場《はかば》

つかいかた

● 先祖代々《せんぞだいだい》の墓《はか》。

● 墓前《ぼぜん》に花《はな》を供《そな》える。

● 墓石《はかいし》に名《な》を刻《きざ》む。

● お彼岸《ひがん》には墓参《はかまい》りをする。

もっとしろう

● 墓穴《ぼけつ》をほる－自分《じぶん》で自分《じぶん》の墓穴《はかあな》をほるということで、自分《じぶん》のしたことがもとで身《み》をほろぼすことになるというたとえ。

なりたち

土は「つち」を表《あらわ》し、莫がボという読《よ》み方《かた》と「おおう」いみをしめしています。土《つち》でおおうことから、死《し》んだ人《ひと》をうずめて土《つち》でおおった「はか」のいみに使《つか》われます。

五年

報

おん　ホウ
くん　(むく-いる)

12画［土9画］

いみ

1 むくいる。◆(恩《おん》に報《むく》いる)報恩《ほうおん》・報酬《ほうしゅう》・報復《ほうふく》 ◆果報《かほう》

2 知《し》らせる。◆(しらせる〈報〉・知《し》らせる)報知《ほうち》・報道《ほうどう》 ◆吉報《きっぽう》・急報《きゅうほう》・警報《けいほう》・公報《こうほう》・速報《そくほう》・通報《つうほう》・悲報《ひほう》・朗報《ろうほう》

つかいかた

● 事件《じけん》を報《ほう》じる。 ● 恩《おん》に報《むく》いる。

● 調《しら》べたことを報告《ほうこく》する。 ● 正午《しょうご》の時報《じほう》。

● 情報《じょうほう》を集《あつ》める。 ● 選挙《せんきょ》の速報《そくほう》。

● 天気予報《てんきよほう》を確認《かくにん》する。

● 電報《でんぽう》を打《う》つ。

なりたち

幸は罪人《ざいにん》にかける手《て》かせを表《あらわ》し、𠬝(フク)がホウと変《か》わって読《よ》み方《かた》と「したがわせる」いみをしめしています。罪人《ざいにん》を処罰《しょばつ》することを表《あらわ》し、「むくいる」いみに使《つか》われます。

豊

13画［豆6画］

おん　ホウ

くん　ゆた-か

豊 豊 豊 豊 豊 豊 豊 豊 豊

豊　だす　ださない

いみ

■ゆたか。豊年《ほうねん》・豊満《ほうまん》　◆（作物《さくもつ》が豊《ゆた》かにみのる）豊作《ほうさく》・

つかいかた

●豊《ゆた》かな暮《く》らし。●豊《ゆた》かな実《みの》り。

●豊富《ほうふ》な経験《けいけん》。●豊漁《ほうりょう》で港《みなと》が活気《かっき》づく。

もっとしろう

●［「豊」の対語《たいご》］

・豊《ゆた》か ↕ 貧《まず》しい

・豊漁《ほうりょう》 ↕ 不漁《ふりょう》

・豊作《ほうさく》 ↕ 不作《ふさく》・凶作《きょうさく》

・豊年《ほうねん》 ↕ 凶年《きょうねん》

なりたち

食器《しょっき》の上《うえ》に食《た》べ物《もの》がたくさんある形《かたち》（豊）からできた字《じ》です。丰がホウという読《よ》み方《かた》と「みちる」いみをしめしています。「ゆたか、たくさん」のいみに使《つか》われます。

防

7画［阝4画］

おん　ボウ

くん　ふせ-ぐ

防 防 防 防 防 防 防

防

いみ

■ふせぐ。疫《えき》・防御《ぼうぎょ》・防空《ぼうくう》・防護《ぼうご》・防災《ぼうさい》・防止《ぼうし》・防水《すい》・防雪林《ぼうせつりん》・防戦《ぼうせん》・防波堤《ぼうはてい》・防備《ぼうび》・防風林《ぼうふうりん》　◆（火《ひ》を防《ふせ》ぐ）防火《ぼうか》・防衛《ぼうえい》・防疫　◆警防《けいぼう》・攻防《こうぼう》・国防《こくぼう》

つかいかた

●事故《じこ》を未然《みぜん》に防《ふせ》ぐ。

●防音装置《ぼうおんそうち》をつける。

●防寒具《ぼうかんぐ》を身《み》につける。

●防犯《ぼうはん》ベルが鳴《な》る。

●消防車《しょうぼうしゃ》が来《く》る。●堤防《ていぼう》を築《きず》く。

●病気《びょうき》を予防《よぼう》する。

なりたち

阝は盛《も》りあがった土《つち》を表《あらわ》し、方（ホウ）がボウと変《か》わって読《よ》み方《かた》と「さまたげる」いみをしめしています。水《みず》をさえぎるていぼうを表《あらわ》すことから、「ふせぐ」いみに使《つか》われます。

五年

貿

12画［貝5画］

おん　ボウ

貿 貿 貿 貿 貿 貿 貿 貿 貿 貿 貿 貿

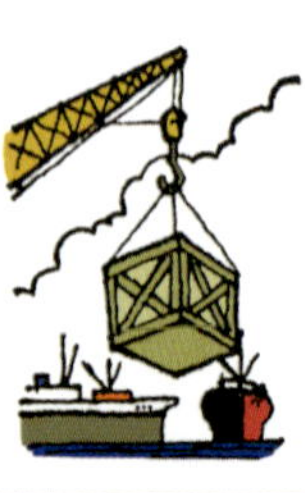

貿　わすれない　にならない

いみ

■売《う》り買《か》いをする。とりかえる〈易〉）　◆（売《う》り買《か》いする〈貿〉・貿易《ぼうえき》

つかいかた

●日本《にほん》の貿易港《ぼうえきこう》。●貿易商《ぼうえきしょう》を営《いとな》む。

●外国《がいこく》の貿易船《ぼうえきせん》。●貿易風《ぼうえきふう》を利用《りよう》する。

もっとしろう

●［貿易風《ぼうえきふう》］

緯度《いど》三〇度《ど》のあたりから赤道《せきどう》に向《む》かって一年《いちねん》じゅうふく風《かぜ》を「貿易風《ぼうえきふう》」といい、むかし、貿易船《ぼうえきせん》がこの風《かぜ》を利用《りよう》して航海《こうかい》したので、この名《な》がつきました。

なりたち

貝は「お金《かね》」を表《あらわ》し、卯がボウという読《よ》み方《かた》と「ひとしい」いみをしめしています。お金《かね》と品物《しなもの》を同《おな》じわりあいでとりかえることを表《あらわ》す字《じ》で、「売《う》り買《か》いする」いみに使《つか》われます。

暴

15画［日11画］

おん　ボウ・（バク）

くん　（あば-く）・あば-れる

いみ

1 あらい。あらあらしい。あばれる。◆暴《ぼう》漢《かん》・暴挙《ぼうきょ》・暴君《ぼうくん》・暴行《ぼうこう》・暴走《ぼうそう》・暴徒《ぼうと》・暴《ぼう》発《はつ》・暴風《ぼうふう》・暴利《ぼうり》・暴論《ぼうろん》　◆横暴《おうぼう》・粗暴《そぼう》・乱《らん》暴《ぼう》

2 あばく。◆暴露《ばくろ》

つかいかた

- 秘密《ひみつ》を**暴《あば》く**。●馬《うま》が**暴《あば》れる**。
- **暴飲暴食《ぼういんぼうしょく》**で体調《たいちょう》をくずす。
- **暴言《ぼうげん》**をはく。●**暴動《ぼうどう》**が起《お》きる。
- 野菜《やさい》の値段《ねだん》が**暴落《ぼうらく》**する。
- すぐに**暴力《ぼうりょく》**をふるう。

なりたち

もとの形《かたち》は。切《き》り開《ひら》いた動物《どうぶつ》のからだを両手《りょうて》で日《ひ》にさらすようすを表《あらわ》していましたが、「あらい、あばれる」いみに使《つか》われるようになりました。

とくべつなよみ

※「バク」という読《よ》み―暴露《ばくろ》

脈

10画［月6画］

おん　ミャク

くん

いみ

1 血《ち》のめぐるくだ。血管《けっかん》。◆血脈《けつみゃく》・静脈《じょうみゃく》・動脈《どうみゃく》

2 みゃく。みゃくはく。◆脈動《みゃくどう》

3 つながるすじ。◆脈絡《みゃくらく》　◆鉱脈《こうみゃく》・山脈《さんみゃく》・人脈《じんみゃく》・水脈《すいみゃく》・文脈《ぶんみゃく》・葉脈《ようみゃく》

つかいかた

- **脈《みゃく》**を打《う》つ。●**脈拍《みゃくはく》**を数《かぞ》える。
- 伝統《でんとう》が**脈々《みゃくみゃく》**と続《つづ》く。
- **静脈《じょうみゃく》**に注射《ちゅうしゃ》する。

もっとしろう

- **脈《みゃく》がある**－心臓《しんぞう》が動《うご》いていて、命《いのち》がある。また、まだ望《のぞ》みがある。

なりたち

月は肉《にく》（月）を表《あらわ》し、𠂢は水《みず》の流《なが》れが分《わ》かれている形《かたち》を表《あらわ》しています。からだの中《なか》で分《わ》かれてのびている器官《きかん》から、「血管《けっかん》」のいみに使《つか》われます。

務

11画［力9画］

おん　ム

くん　つと-める・つと-まる

いみ

■ つとめ。つとめる。◆（勤《つと》める・務《つと》める）
勤務《きんむ》・外務《がいむ》・義務《ぎむ》・急務《きゅうむ》・業務《ぎょうむ》・兼務《けんむ》・公務《こうむ》・雑務《ざつむ》・職務《しょくむ》・政務《せいむ》・任務《にんむ》・用務《ようむ》・労務《ろうむ》

つかいかた

- 議長《ぎちょう》を**務《つと》める**。●代《か》わりが**務《つと》まる**。
- **務《つと》め**を果《は》たす。●権利《けんり》と**義務《ぎむ》**。
- 工場《こうじょう》に**勤務《きんむ》**する。●**残務《ざんむ》**をかたづける。
- **事務《じむ》**の仕事《しごと》につく。
- 大《おお》きな**任務《にんむ》**を負《お》う。

なりたち

力は「ちから」を表《あらわ》し、敄がムという読《よ》み方《かた》と「つとめる」いみをしめしています。ひろく、「つとめる」いみに使《つか》われます。

つかいわけ

- **努《つと》める・勤《つと》める・務《つと》める**　→〈努《ど》〉322ページ

夢

13画［夕10画］

おん　ム

くん　ゆめ

夢　つにならない

いみ

■ゆめ。◇夢幻《むげん》・夢想《むそう》・夢中《むちゅう》・夢心地《ゆめごこち》・夢路《ゆめじ》・夢物語《ゆめものがたり》　◇(悪《わる》い夢《ゆめ》)悪夢《あくむ》・逆夢《さかゆめ》・正夢《まさゆめ》

つかいかた

●夢《ゆめ》からさめる。●遊《あそ》びに夢中《むちゅう》になる。

●悪夢《あくむ》にうなされる。●夢見《ゆめみ》が悪《わる》い。

●すてきな初夢《はつゆめ》を見《み》る。

もっとしろう

●**夢《ゆめ》のまた夢《ゆめ》**－夢《ゆめ》の中《なか》の夢《ゆめ》ということで、実現《じつげん》するはずもないはかないことがら。

●**夢《ゆめ》をえがく**－こんなことが実現《じつげん》したらいいなと想像《そうぞう》をめぐらす。

なりたち

夕は夜《よる》を表《あらわ》し、𦫳(ボウ)が「くらい」いみを表《あらわ》しています。夜《よる》のくらいことを表《あらわ》しましたが、「ゆめ」のいみに使《つか》われるようになりました。

迷

9画［⻌6画］

おん　(メイ)

くん　まよ-う

迷　はねない

いみ

■まよう。◇(迷《まよ》うように造《つく》った宮殿《きゅうでん》)迷宮《めいきゅう》・迷彩《めいさい》　◇混迷《こんめい》

つかいかた

●森《もり》で道《みち》に迷《まよ》う。●迷信《めいしん》を打破《だは》する。

●迷路《めいろ》に入《はい》りこむ。●人《ひと》に迷惑《めいわく》をかける。

●成績《せいせき》が低迷《ていめい》する。

もっとしろう

●**迷惑千万《めいわくせんばん》**－たいへん迷惑《めいわく》なこと。「千万《せんばん》」はこの上《うえ》なくはなはだしいことで、「迷惑《めいわく》」のいみを強《つよ》めている。

なりたち

⻌は道《みち》を歩《ある》くことを表《あらわ》し、米(マイ)がメイと変《か》わって読《よ》み方《かた》と「見《み》えにくい」いみをしめしています。行《い》く道《みち》がわからないことから、「まよう」いみに使《つか》われます。

とくべつなよみ　迷子《まいご》

綿

14画［糸8画］

おん　メン

くん　わた

綿　だす　はねる　はねない

いみ

1 わた。もめん。◇(もめん(綿)の布《ぬの》)綿布《めんぷ》・綿花《めんか》・綿糸《めんし》・綿雪《わたゆき》　◇純綿《じゅんめん》・脱脂綿《だっしめん》・石綿《いしわた》・木綿《きわた》(もめん)・真綿《まわた》

2 つづく。◇連綿《れんめん》

3 こまかい。◇綿密《めんみつ》

つかいかた

●綿《めん》のシャツ。●綿《わた》のような雲《くも》。

●綿織物《めんおりもの》の産地《さんち》。●綿花《めんか》を栽培《さいばい》する。

●思《おも》いを綿々《めんめん》と語《かた》る。

●たんぽぽの綿毛《わたげ》。

なりたち

古《ふる》い字《じ》は緜。系は「糸《いと》でつなぐ」いみを表《あらわ》し、帛は「きぬ」を表《あらわ》しています。きぬを織《お》る長《なが》い糸《いと》のいみでしたが、「綿」と変《か》わり、糸《いと》の原料《げんりょう》である「わた」のいみに使《つか》われるようになりました。

とくべつなよみ　木綿《もめん》

輸

16画［車9画］

おん　ユ

くん

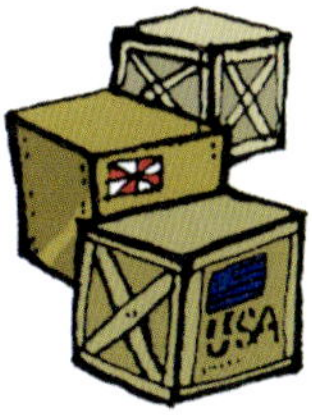

いみ

■ **はこぶ。** ◆（はこぶ〈輸〉・送《おく》る）輸送《ゆそう》・輸血《けつ》・輸出《ゆしゅつ》・輸入《ゆにゅう》 ◆運輸《うんゆ》・空輸《くうゆ》

つかいかた

● 輸血《ゆけつ》で助《たす》かる。 ● 自動車《じどうしゃ》を輸出《ゆしゅつ》する。
● 物資《ぶっし》を輸送《ゆそう》する。 ● 食料《しょくりょう》を輸入《ゆにゅう》する。
● 密輸《みつゆ》を取《と》りしまる。

もっとしろう

●［似《に》ている字《じ》に注意《ちゅうい》］
・輸《ゆ》…車《くるま》ではこぶ。「輸送《ゆそう》」
・愉《ゆ》…心《こころ》（忄）でたのしむ。「愉快《ゆかい》」
・諭《ゆ》…ことばでおしえる。「教諭《きょうゆ》」

なりたち

古《ふる》い字《じ》は輸。車は「くるま」を表《あらわ》し、俞がユという読《よ》み方《かた》と「うつす」いみをしめしています。車《くるま》で物《もの》をはこぶことを表《あらわ》し、「おくる、はこぶ」いみに使《つか》われます。

余

7画［人5画］

おん　ヨ

くん　あま-る・あま-す

いみ

1 **あまる。** ◆（余《あま》った分《ぶん》）余分《よぶん》・余暇《よか》・余震《よしん》・余地《よち》・余熱《よねつ》・余波《よは》・余白《よはく》・余命《よめい》・余裕《よゆう》・余力《よりょく》 ◆残余《ざんよ》・有余《ゆうよ》

2 **ほかの。** ◆余興《よきょう》・余談《よだん》・余念《よねん》・余病《よびょう》

つかいかた

● 数《かず》に余《あま》りが出《で》る。 ● 余計《よけい》なお世話《せわ》。
● 余罪《よざい》を追及《ついきゅう》する。 ● 静《しず》かに余生《よせい》を送《おく》る。

もっとしろう

● **余念《よねん》がない**－ほかのことに注意《ちゅうい》が向《む》かないで、一《ひと》つのことに打《う》ちこんでいる。「余《よ》念《ねん》」は、ほかの考《かんが》え。

なりたち

古《ふる》い字《じ》は餘。飠が「食《た》べ物《もの》」を表《あらわ》し、余がヨという読《よ》み方《かた》と「ゆとりがある」いみをしめしています。食《た》べ物《もの》がたくさんあることを表《あらわ》す字《じ》で、「あまる」いみに使《つか》われます。

容

10画［宀7画］

おん　ヨウ

くん

いみ

1 **いれる。** ◆（物《もの》をいれる〈容〉器《うつわ》）容器《ようき》・容積《ようせき》・容量《ようりょう》 ◆収容《しゅうよう》

2 **すがた。** ◆（すがた〈容〉・姿《すがた》）容姿《ようし》・容色《ようしょく》・容体《ようだい》（ようたい） ◆威容《いよう》・形容《けいよう》・陣容《じんよう》・全容《ぜんよう》・理容《りよう》

3 **ゆるす。** ◆容赦《ようしゃ》・容認《ようにん》 ◆寛容《かんよう》・許容《きょよう》・認容《にんよう》

4 **たやすい。** ◆（たやすい〈容〉・易《やさ》しい）容易《い》

つかいかた

● 容疑《ようぎ》を否認《ひにん》する。 ● 美《うつく》しい容姿《ようし》。
● 話《はなし》の内容《ないよう》をまとめる。 ● 美容院《びよういん》に行《い》く。

なりたち

宀は家《いえ》を表《あらわ》し、谷（コク）がヨウと変《か》わって読《よ》み方《かた》と「から」のいみをしめしています。家《いえ》の中《なか》ががらんとしていることを表《あらわ》し、「いれる」いみに使《つか》われます。

五年

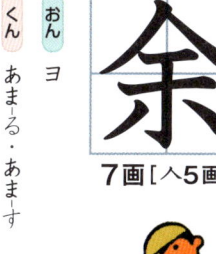

略

おん　リャク

くん

11画［田6画］

ださない
略

いみ

1 はぶく。かんたんにする。 ◆（かんたん〈略〉な服装《ふくそう》）略装《りゃくそう》・略画《りゃくが》・略語《りゃくご》・略号《りゃくごう》・略字《りゃくじ》・略式《りゃくしき》・略称《りゃくしょう》・略歴《りゃくれき》　◆概略《がいりゃく》・簡略《かんりゃく》・前略《ぜんりゃく》

2 はかりごと。 ◆計略《けいりゃく》・策略《さくりゃく》・政略《せいりゃく》・戦略《せんりゃく》・謀略《ぼうりゃく》

3 うばい取《と》る。 ◆略取《りゃくしゅ》・略奪《りゃくだつ》　◆攻略《こうりゃく》・侵略《しんりゃく》

つかいかた

- 漢字《かんじ》を**略《りゃく》す**。
- 通学路《つうがくろ》の**略図《りゃくず》**。
- **計略《けいりゃく》**をめぐらす。
- 説明《せつめい》を**省略《しょうりゃく》**する。

なりたち

田は「た」を表《あらわ》し、各（カク）がリャクと変《か》わって読《よ》み方《かた》と「くぎる」いみをしめしています。田《た》をくぎりおさめることを表《あらわ》す字《じ》でしたが、のちに「はぶく」いみに使《つか》われるようになりました。

留

おん　リュウ・ル

くん　と-める・と-まる

10画［田5画］

わすれない
クにならない
留

いみ

■ とどまる。とどめる。 ◆（留《と》めて置《お》く）留《りゅう》置《ち》・留鳥《りゅうちょう》・留任《りゅうにん》・留年《りゅうねん》・留守《るす》　◆遺留《いりゅう》・居留《きょりゅう》・係留《けいりゅう》・拘留《こうりゅう》・在留《ざいりゅう》・残留《ざんりゅう》・蒸留《じょうりゅう》・駐留《ちゅうりゅう》・保留《ほりゅう》・抑留《よくりゅう》・書留《かきとめ》

つかいかた

- ボタンを**留《と》める**。
- 鳥《とり》が木《き》に**留《と》まる**。
- 健康《けんこう》に**留意《りゅうい》**する。
- イギリスに**留学《りゅうがく》**する。
- バスの**停留所《ていりゅうじょ》**。

なりたち

古《ふる》い字《じ》は留。田は「た」を表《あらわ》し、卯がリュウという読《よ》み方《かた》と「かこう」いみをしめしています。はたけの中《なか》に作物《さくもつ》をかこうことを表《あらわ》し、「とどまる」いみに使《つか》われます。

つかいわけ

- **止《と》まる・留《と》まる**　→〈止《し》〉152ページ

とくべつなよみ

※「ル」という読《よ》み―留守《るす》

五年

領

おん　リョウ

くん

14画［頁5画］

とめる
領
とめる

いみ

1 たいせつなところ。 ◆本領《ほんりょう》・要領《ようりょう》

2 自分《じぶん》のものにする。おさめる。 ◆領域《りょういき》・領有《りょうゆう》・領海《りょうかい》・領空《りょうくう》・領事《りょうじ》・領主《りょうしゅ》・領分《りょうぶん》　◆横領《おうりょう》・首領《しゅりょう》・占領《せんりょう》・総領《そうりょう》・頭領《とうりょう》

つかいかた

- **領収書《りょうしゅうしょ》**を受《う》け取《と》る。
- **領地《りょうち》**を広《ひろ》げる。
- 日本《にほん》の**領土《りょうど》**。
- アメリカの**大統領《だいとうりょう》**。

もっとしろう

- **要領《ようりょう》がいい**－①仕事《しごと》や物事《ものごと》のこなしかたがうまい。②うまく立《た》ち回《まわ》り、自分《じぶん》の立場《たちば》を有利《ゆうり》にする方法《ほうほう》を心得《こころえ》ている。

なりたち

頁は頭《あたま》を表《あらわ》し、令（レイ・リョウ）が「連《つら》なる」いみをしめしています。頭《あたま》が胴体《どうたい》とつながる部分《ぶぶん》、「くびすじ」を表《あらわ》し、のちに「おさめる」いみに使《つか》われるようになりました。

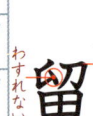

歴

おん　レキ

くん

14画［止10画］

歴 みじかく

いみ

1 通《とお》ってきたあと。◆歴史《れきし》　◆学歴《がくれき》・経歴《けいれき》・職歴《しょくれき》・前歴《ぜんれき》・略歴《りゃくれき》

2 つぎつぎと。◆歴代《れきだい》・歴任《れきにん》・歴訪《れきほう》

3 はっきり。◆歴然《れきぜん》

つかいかた

● **歴戦《れきせん》**の勇士《ゆうし》。　● **歴代《れきだい》**の首相《しゅしょう》。

● **履歴書《りれきしょ》**を書《か》く。

もっとしろう

● **歴史《れきし》はくり返《かえ》す**－過去《かこ》に起《お》こったできごとは、また同《おな》じように何度《なんど》もくり返《かえ》し起《お》こるものである。

なりたち

古《ふる》い字《じ》は歷。止は足《あし》の形《かたち》（ㅂ）で、厤がレキという読《よ》み方《かた》と「じゅんばんにならぶ」いみをしめしています。つぎつぎに進《すす》んでいくことから、「じゅん、つぎつぎ」のいみに使《つか》われます。

なかまの漢字《かんじ》をおぼえよう　くさかんむり

艹（くさかんむり）は、草《くさ》が生《は》えているようす（ψψ）からでき、これが部首《ぶしゅ》になっている字《じ》は、植物《しょくぶつ》に関係《かんけい》したいみを表《あらわ》しています。

この中《なか》には小学校《しょうがっこう》で習《なら》わない漢《かん》字《じ》もありますが、関連《かんれん》しておぼえておくと便利《べんり》です。

芸　英　若　茨　著　蒸　蔵

なかまの漢字《かんじ》をおぼえよう　にくづき

月（にくづき）が部首《ぶしゅ》になっている字《じ》は、「にく・体《からだ》」に関係《かんけい》するいみを表《あらわ》します。

この中《なか》には小学校《しょうがっこう》で習《なら》わない漢字《かんじ》もありますが、関連《かんれん》しておぼえておくと便利《べんり》です。

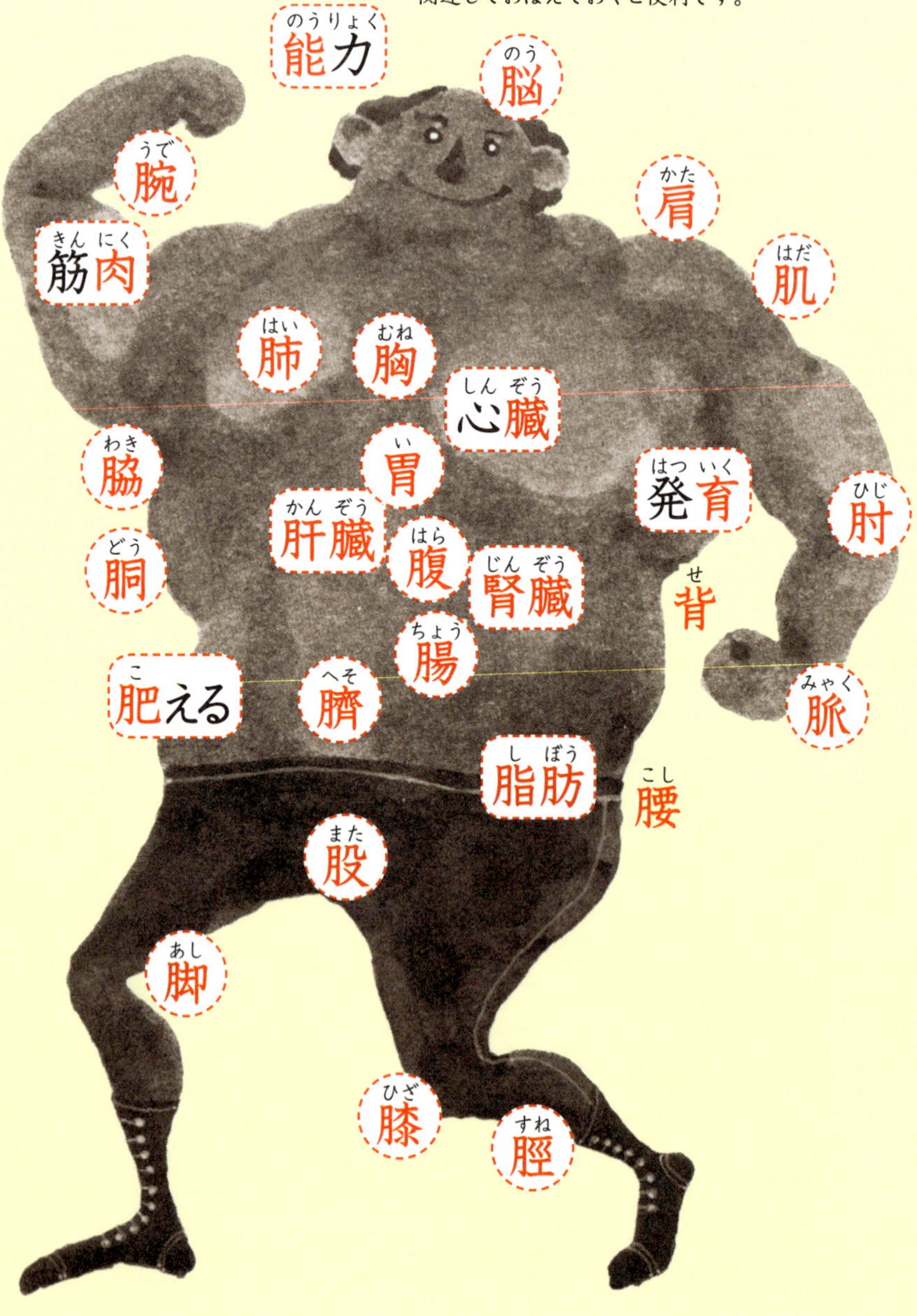

六《ろく》年《ねん》で習《なら》う漢《かん》字《じ》

191字《じ》

六年《ろくねん》で習《なら》う漢字《かんじ》

191字《じ》

ここには、六年《ろくねん》で習《なら》う漢字《かんじ》をかくすうの少《すく》ないじゅんにならべてあります。

三画

亡 469　寸 445　己 427　干 418

四画

仁 444　収 438　尺 437　片 467

五画

冊 433　処 441　幼 473　庁 456　穴 425

六画

危 419　吸 421　后 428　存 452　宇 414　宅 453　机 420　灰 416

至 434　舌 446

七画

乱 474　卵 474　否 464　困 431　孝 428　忘 469　我 416　批 464

私 434　系 423

八画

乳 460　供 421　券 425　刻 430　呼 427　垂 444　宗 438　宙 455

宝 468　届 460　延 415　若 437　並 466　忠 455　拡 416　承 442

担 453　拝 462　枚 470　沿 415

九画

奏 449　姿 434　宣 447　専 447　巻 418　律 475　退 452　映 414

染 448　段 454　泉 447　洗 448　派 462　皇 429　看 419　砂 431

紅 429　胃 413　肺 463　背 462　革 417

十画

値 455　俳 463　俵 465　射 436　将 442　展 458　座 432　従 439

十一画

降 429　除 442　陛 466　党 459　恩 415　朗 476　株 418　班 463

秘 465　純 440　納 461　胸 422　蚕 433　討 459　針 444　骨 431

域 414　密 470　著 456　郷 422　郵 472　捨 436　推 445　探 453

欲 473　済 432　異 413　盛 445　窓 449　翌 473　脳 461　視 435

訪 468　訳 471　閉 467　頂 456

十二画

割 417　創 450　勤 422　善 449　尊 452　就 438　揮 420　敬 423

晩 464　棒 469　痛 458　筋 423　策 433　衆 439　裁 432　装 450

補 467　詞 435　貴 420

十三画

傷 443　幕 470　蒸 443　暖 454　源 426　盟 471　署 441　絹 425

聖 446　腸 457　腹 465　裏 475　誠 446　賃 457　預 472

十四画

層 450　障 443　暮 468　模 471　疑 421　磁 436　穀 430　誤 428

誌 435　認 461　銭 448　閣 417

十五画

劇 424　蔵 451　遺 413　敵 458　権 426　潮 457　熟 440　諸 441

誕 454　論 476

十六画

奮 466　憲 426　操 451　樹 437　激 424　糖 459　縦 439　鋼 430

十七画

優 472　厳 427　縮 440　覧 474

十八画

簡 419　臨 475　難 460

十九画

臓 451　警 424

胃

9画［月5画］

おん　イ

くん

いみ

■ いぶくろ。
胃酸《いさん》・胃腸《いちょう》・胃袋《いぶくろ》・胃壁《いへき》 ◆（胃《い》の消化液《しょうかえき》）胃液《いえき》・胃散《いさん》・

つかいかた

● 食《た》べ過《す》ぎて胃《い》がもたれる。● 胃薬《いぐすり》を飲《の》む。
● 胃腸《いちょう》の病気《びょうき》。

もっとしろう

● 「「月（にくづき）」と「月（つきへん）」」
「胃《い》」の部首《ぶしゅ》は「月（にくづき）」です。「肉《にく》」が漢字《かんじ》のへんになると、略《りゃく》した形《かたち》の「月」になります。「脂《し》」「腸《ちょう》」などもそうです。一方《いっぽう》、一月《いちがつ》・二月《にがつ》の「月」は、もとは月《つき》の欠《か》けた形《かたち》からでき、別《べつ》の部首《ぶしゅ》です。常用漢字《じょうようかんじ》では、この二《ふた》つの形《かたち》は同《おな》じです。

なりたち

食《た》べ物《もの》がつまっているふくろ（田）と肉《にく》（からだの器官《きかん》）を表《あらわ》す月からできていて、「い」を表《あらわ》す字《じ》です。

異

11画［田6画］

おん　イ

くん　こと

いみ

1 べつの。ことなる。◆（べつの〈異〉国《くに》）
異国《いこく》・異義《いぎ》・異議《いぎ》・異郷《いきょう》・異境《いきょう》・異質《いしつ》・
異人《いじん》・異性《いせい》・異存《いぞん》・異同《いどう》・異動《いどう》・異論《いろん》

2 ふつうとちがう。◆異彩《いさい》・異状《いじょう》・異常《いじょう》・
異変《いへん》・異様《いよう》・異例《いれい》 ◆奇異《きい》・驚異《きょうい》・特異《とくい》

つかいかた

● 異《い》を唱《とな》える。● 意見《いけん》を異《こと》にする。
● 事実《じじつ》と異《こと》なる。● 異物《いぶつ》が混《ま》じる。

もっとしろう

● **異口同音《いくどうおん》**－異《こと》なる口《くち》から同《おな》じ音《おん》が出《で》るというみから、多《おお》くの人《ひと》が同《おな》じことを言《い》うこと。

なりたち

人《ひと》がお祭《まつ》りにお面《めん》をかぶって両《りょう》手《て》をあげた形《かたち》（）からできた字《じ》で、お面《めん》をかぶって「別《べつ》の人《ひと》」になることから、「ことなる」いみに使《つか》われます。

遺

15画［辶12画］

おん　イ・（ユイ）

くん

いみ

1 あとにのこす。◆（のこされた〈遺〉物《もの》）
遺物《いぶつ》・遺憾《いかん》・遺骨《いこつ》・遺恨《いこん》・遺作《いさく》・遺児《いじ》・
遺書《いしょ》・遺跡《いせき》・遺族《いぞく》・遺体《いたい》・遺伝《いでん》・遺品《いひん》・
遺言《ゆいごん》（《いごん》）

2 わすれる。すてる。◆遺棄《いき》

つかいかた

● 遺影《いえい》に手《て》を合《あ》わせる。● 父《ちち》の遺志《いし》を継《つ》ぐ。
● 遺失物《いしつぶつ》を保管《ほかん》する。● 縄文時代《じょうもんじだい》の遺跡《いせき》。
● 文化遺産《ぶんかいさん》を守《まも》る。

なりたち

辶は道《みち》を歩《ある》くことを表《あらわ》し、貴（キ）がイと変《か》わって読《よ》み方《かた》と「すてる」いみをしめしています。道《みち》に物《もの》をすてることから、「すてる、のこす」いみに使《つか》われます。

とくべつなよみ

※「ユイ」という読《よ》み―遺言《ゆいごん》（《いごん》）

域

11画［土8画］

おん　イキ

くん

いみ

■さかい。くぎり。かぎられた場所《ばしょ》。◆域《いき》外《がい》・域内《いきない》◆音域《おんいき》・海域《かいいき》・境域《きょういき》・区域《くいき》・芸域《げいいき》・広域《こういき》・声域《せいいき》・聖域《せいいき》

つかいかた

●名人《めいじん》の**域**《いき》に達《たっ》する。●**地域**《ちいき》の住民《じゅうみん》。●利根川《とねがわ》の**流域**《りゅういき》。●他国《たこく》の**領域**《りょういき》をおかす。

もっとしろう

●［声域《せいいき》］
声《こえ》の高《たか》い・低《ひく》いの範囲《はんい》が「声域《せいいき》」で、高《たか》いほうから順《じゅん》に次《つぎ》のように分《わ》けられます。
女声《じょせい》…ソプラノ・メゾソプラノ・アルト
男声《だんせい》…テノール・バリトン・バス

なりたち

土は土地《とち》を表《あらわ》し、或がイキという読《よ》み方《かた》と「さかいのある場所《ばしょ》」のいみをしめしています。土地《とち》の「さかい」のいみに使《つか》われます。

宇

6画［宀3画］

おん　ウ

くん

いみ

1 大《おお》きなやねでおおわれた世界《せかい》。◆宇宙《うちゅう》・宇宙基地《うちゅうきち》・宇宙人《うちゅうじん》・宇宙船《うちゅうせん》・宇宙飛行《うちゅうひこう》

2 のき。やね。◆（お堂《どう》ののき〈宇〉）堂宇《どうう》

つかいかた

●**宇宙**《うちゅう》を探検《たんけん》する。

もっとしろう

●［うかんむり］
かたかなの「ウ」は、「宇《う》」のかんむりからできました。そして、「うかんむり」という部首名《ぶしゅめい》は、この「宇《う》」の字《じ》がもとになってつけられました。

なりたち

宀は「やね」を表《あらわ》し、于がウという読《よ》み方《かた》と「おおう」いみをしめしています。家《いえ》の四方《しほう》をおおう屋根《やね》を表《あらわ》し、さらに天《てん》がおおうところ、「天地四方《てんちしほう》」のいみに使《つか》われます。

映

9画［日5画］

おん　エイ

くん　うつ-る・うつ-す・（は-える）

いみ

1 うつる。うつす。◆（映《うつ》す・写《うつ》す）映写《えいしゃ》◆上映《じょうえい》・放映《ほうえい》

2 はえる。

つかいかた

●水面《すいめん》に**映る**《うつ》。●自分《じぶん》の顔《かお》を鏡《かがみ》に**映す**《うつ》。●夕日《ゆうひ》に**映える**《は》もみじ。●評判《ひょうばん》の**映画**《えいが》を見《み》る。●テレビの**映像**《えいぞう》が乱《みだ》れる。●国民《こくみん》の声《こえ》を政治《せいじ》に**反映**《はんえい》させる。

なりたち

日が「日《ひ》の光《ひかり》」を表《あらわ》し、央（オウ）がエイと変《か》わって読《よ》み方《かた》と「うき出《だ》す」いみをしめしています。日《ひ》の光《ひかり》がはえることを表《あらわ》し、「うつる、はえる」いみに使《つか》われます。

つかいわけ

●**写《うつ》す・映《うつ》す** →〈写《しゃ》〉229ページ

六年

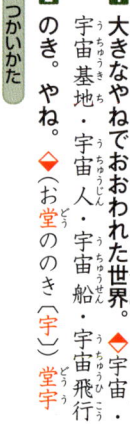

延

おん　エン

くん　の-びる・の-べる・の-ばす

8画［廴5画］

延　壬にならない

いみ

■ のびる。のばす。◆(期《き》限《げん》を延《の》ばす) 延《えん》期《き》・延焼《えんしょう》・延着《えんちゃく》・延長《えんちょう》・延命《えんめい》 ◆順延《じゅんえん》・遅延《ちえん》

つかいかた

● 会議《かいぎ》が延《の》びる。● 床《とこ》を延《の》べる。

● 出発《しゅっぱつ》を延《の》ばす。● 遠足《えんそく》が延期《えんき》になる。

● 同点《どうてん》のまま延長戦《えんちょうせん》に入《はい》る。

● 約束《やくそく》が延《の》び延《の》びになる。

もっとしろう

● **延命息災《えんめいそくさい》**－無事《ぶじ》に長生《ながい》きすること。「息災《そくさい》」は、災《わざわ》いをとめること。

なりたち

廴は「引《ひ》きのばす」いみをもち、止が足《あし》の形《かたち》を表《あらわ》し、ノは「遠《とお》く」のいみを表《あらわ》します。長《なが》く引《ひ》きのばして遠《とお》くに行《い》くことから、「のびる、のばす」いみに使《つか》われます。

沿

おん　エン

くん　そ-う

8画［氵5画］

八・ソにならない　沿

いみ

■ そう。◆(海《うみ》に沿《そ》ったところ) 沿海《えんかい》・沿革《えんかく》・沿岸《えんがん》・沿線《えんせん》・沿道《えんどう》

つかいかた

● 川《かわ》に沿《そ》って歩《ある》く。● 学校《がっこう》の沿革《えんかく》を調《しら》べる。

● 太平洋《たいへいよう》の沿岸《えんがん》。● 私鉄《してつ》の沿線《えんせん》。

● 沿道《えんどう》の家《いえ》。

もっとしろう

● ［読《よ》み方《かた》をしめす「㕣」］

「㕣」がついてエンと読《よ》む字《じ》には「沿《えん》」のほかに「鉛《えん》」もあります。

・沿《えん》…水《みず》(氵)の岸《きし》にそう。「沿岸《えんがん》」

・鉛《えん》…金属《きんぞく》のなまり。「鉛筆《えんぴつ》」

なりたち

氵は水《みず》を表《あらわ》し、㕣がエンという読《よ》み方《かた》と「ふち」のいみをしめしています。水《みず》の岸《きし》にそっていることを表《あらわ》し、「そう」いみに使《つか》われます。

恩

おん　オン

くん

10画［心6画］

囚にならない　恩　はねる

いみ

■ 人《ひと》からうけためぐみ。なさけ。◆(恩《おん》をうけた人《ひと》) 恩人《おんじん》・恩愛《おんあい》・恩義《おんぎ》・恩給《おんきゅう》・恩恵《おんけい》・恩賜《おんし》・恩賞《おんしょう》・恩情《おんじょう》・恩典《おんてん》 ◆報恩《ほうおん》

つかいかた

● 親《おや》の恩《おん》を忘《わす》れない。

● 小学校《しょうがっこう》の恩師《おんし》を招《まね》く。

● 卒業《そつぎょう》の謝恩会《しゃおんかい》。

もっとしろう

● **恩《おん》に着《き》せる**－恩《おん》をあたえたことを、相手《あいて》にありがたく思《おも》わせる。

● **恩《おん》を売《う》る**－何《なに》か返《かえ》してもらうことを期待《きたい》して、相手《あいて》に恩《おん》をあたえる。

なりたち

心は「こころ」を表《あらわ》し、因(イン)がオンと変《か》わって読《よ》み方《かた》と「いたむ」いみをしめしています。いたみあわれむことから、「めぐみ」のいみに使《つか》われます。

我

7画［戈3画］

おん　（ガ）

くん　われ・（わ）

いみ

■ **自分《じぶん》。われ。** 〈我〉）自我《じが》

◆我慢《がまん》　◆（自《じ》分《ぶん》・じぶん

つかいかた

● **我流《がりゅう》**で絵《え》をかく。● **我先《われさき》**に急《いそ》ぐ。

● **我《わ》が国《くに》**の将来《しょうらい》を考《かんが》える。

もっとしろう

● **我《が》を張《は》る**－自分《じぶん》の考《かんが》えをどこまでもおし通《とお》そうとする。

● **我《われ》を忘《わす》れる**－あることに夢中《むちゅう》になり、今《いま》の自分《じぶん》を忘《わす》れてしまう。

● **我《わ》が身《み》をつねって人《ひと》の痛《いた》さを知《し》れ**－実際《じっさい》に自分《じぶん》で痛《いた》い思《おも》いをして、人《ひと》のつらさや苦《くる》しさを思《おも》いやれというい ましめ。

なりたち

ぎざぎざの刃先《はさき》をつけたほこの形《かたち》（我）からできた字《じ》で、のちに「われ」のいみに使《つか》われるようになりました。

灰

6画［火2画］

おん　（カイ）

くん　はい

いみ

■ **はい。** 火山灰《かざんばい》

◆（灰《はい》を入《い》れる皿《さら》）灰皿《はいざら》　◆石灰《せっかい》・

つかいかた

●すべての財産《ざいさん》が**灰《はい》**になる。

● **石灰水《せっかいすい》**を作《つく》る。● **灰色《はいいろ》**の服《ふく》を着《き》る。

もっとしろう

●［灰色《はいいろ》］
「灰色《はいいろ》」は色《いろ》を表《あらわ》すほかに、希望《きぼう》のないことをたとえて「灰色《はいいろ》の人生《じんせい》」などという使《つか》われ方《かた》をします。また、黒《くろ》と白《しろ》の中間《ちゅうかん》の色《いろ》なので、有罪《ゆうざい》（黒《くろ》）か無罪《むざい》（白《しろ》）かはっきりしないときや疑《うたが》わしいときに、「灰色《はいいろ》」ということばが使《つか》われます。

なりたち

もとの形《かたち》は（火）。手《て》（ヨ）でつかめるようになった火《ひ》のもえがらを表《あらわ》し、「はい」のいみに使《つか》われます。

拡

8画［扌5画］

おん　カク

くん

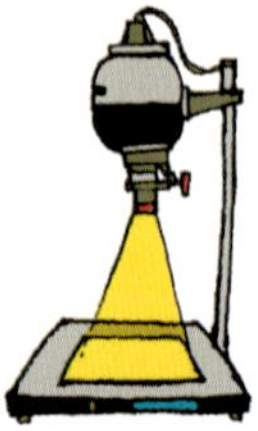

いみ

■ **ひろげる。ひろがる。** ◆拡散《かくさん》・拡声器《かくせいき》

つかいかた

●施設《しせつ》の**拡充《かくじゅう》**を図《はか》る。●図面《ずめん》を**拡大《かくだい》**する。

●道路《どうろ》を**拡張《かくちょう》**する。

もっとしろう

●［熟語《じゅくご》の成《な》り立《た》ち］
「拡《かく》」のつく熟語《じゅくご》はどのように成《な》り立《た》っているのか、考《かんが》えてみましょう。
・ひろげる（拡）＋大《おお》きくする…拡大《かくだい》
・ひろげる（拡）＋張《は》る……拡張《かくちょう》
・ひろがる（拡）＋散《ち》る……拡散《かくさん》
・声《こえ》＋ひろげる（拡）……拡声《かくせい》

なりたち

古《ふる》い字《じ》は擴。扌は手《て》を表《あらわ》し、廣（コウ）がカクと変《か》わって読《よ》み方《かた》と「ひろげる」いみをしめしています。手《て》で「ひろげる」いみに使《つか》われます。

革

おん カク

くん (かわ)

9画[革0画]

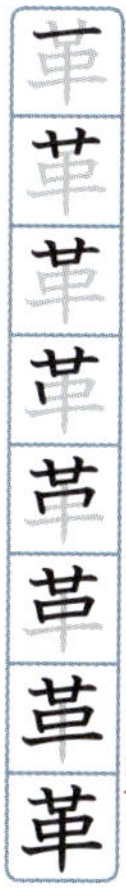

革 だす 芇にならない

いみ

1 **かわ。なめしがわ（毛皮《けがわ》から毛《け》やあぶらをとってやわらかくしたかわ）。**◆革帯《かわおび》・革靴《かわぐつ》 ◆皮革《ひかく》

2 **あらためる。**◆（あらためる〈革〉・新《あたら》しくする）革新《かくしん》・革命《かくめい》 ◆沿革《えんかく》・改革《かいかく》・変《へん》革《かく》

つかいかた

● 革《かわ》のかばんを持《も》ち歩《ある》く。
● 革新的《かくしんてき》な技術《ぎじゅつ》。
● 古《ふる》い制度《せいど》を改革《かいかく》する。

なりたち

切《き》り開《ひら》いた動物《どうぶつ》の全身《ぜんしん》の皮《かわ》を、かわかすために張《は》り延《の》ばした形《かたち》（）からでき、「かわ」のいみに使《つか》われます。また手《て》を加《くわ》えることから、「あらためる」いみにも使《つか》われます。

つかいわけ

● **皮《かわ》・革《かわ**》 →〈皮《ひ》〉256ページ

閣

おん カク

くん

14画[門6画]

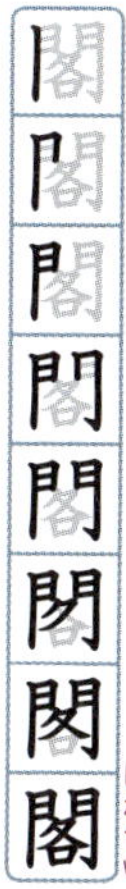

はねない 閣 はねる

いみ

1 **りっぱな高《たか》い建物《たてもの》。**◆楼閣《ろうかく》

2 **内閣《ないかく》。**◆閣僚《かくりょう》 ◆（内閣《ないかく》を組《く》みたてる）組《そ》閣《かく》・入閣《にゅうかく》

つかいかた

● 閣議《かくぎ》で決定《けってい》する。
● 神社仏閣《じんじゃぶっかく》をめぐり歩《ある》く。
● 城《しろ》の天守閣《てんしゅかく》。 ● 新《あたら》しい内閣総理大臣《ないかくそうりだいじん》。

もっとしろう

● [閣下《かっか》]
「閣下《かっか》」は、りっぱな建物《たてもの》にいる位《くらい》の高《たか》い人《ひと》を、建物《たてもの》の下《した》にいる人《ひと》を通《とお》して呼《よ》ぶことからできたことばです。

なりたち

門は「もん」を表《あらわ》し、各がカクという読《よ》み方《かた》と「とめる」いみをしめしています。門《もん》のとびらの「止《と》め木《ぎ》」を表《あらわ》し、「高《たか》い建物《たてもの》」のいみに使《つか》われます。

割

おん (カツ)

くん わ-る・わり・わ-れる・(さ-く)

12画[刂10画]

だす 割 ださない

いみ

1 **わる。分《わ》ける。**◆割愛《かつあい》・割腹《かっぷく》 ◆分割《ぶんかつ》

2 **わりあい。**◆割合《わりあい》・割高《わりだか》・割安《わりやす》 ◆学割《がくわり》

つかいかた

● 卵《たまご》を割《わ》る。 ● 花《か》びんが割《わ》れる。
● 時間《じかん》を割《さ》く。 ● かけ算《ざん》と割《わ》り算《ざん》。
● 割引券《わりびきけん》を使《つか》う。 ● 役割《やくわり》を果《は》たす。

もっとしろう

● **割《わ》り切《き》れない**－気持《きも》ちがすっきりしない。納得《なっとく》できない。
● **割《わり》に合《あ》わない**－苦労《くろう》や努力《どりょく》に比《くら》べて結果《けっか》がつり合《あ》っていない。引《ひ》き合《あ》わない。

なりたち

刂は刀《かたな》を表《あらわ》し、害がカツという読《よ》み方《かた》と「切《き》れめを入《い》れる」いみをしめしています。刀《かたな》で切《き》りさくことから、「わる」いみに使《つか》われます。

株

10画［木6画］

おん ―

くん かぶ

いみ

1 木《き》のかぶ。草木《くさき》の根《ね》もと。◆（古《ふる》い株《かぶ》）古《ふる》株《かぶ》

2 かぶけん。◆（会社《かいしゃ》の株《かぶ》の価格《かかく》）株価《かぶか》・株《かぶ》券《けん》・株主《かぶぬし》

つかいかた

● 木《き》の株《かぶ》。● 菊《きく》の株《かぶ》を分《わ》ける。

● 会社《かいしゃ》の株《かぶ》を買《か》う。

● 株式会社《かぶしきがいしゃ》を設立《せつりつ》する。

もっとしろう

● 株《かぶ》が上《あ》がる―①株《かぶ》の価格《かかく》が高《たか》くなる。②評《ひょう》判《ばん》がよくなる。評価《ひょうか》が高《たか》まる。

なりたち

木は「き」を表《あらわ》し、朱（シュ）が「きりかぶ」のいみをもっています。朱が「赤《あか》い色《いろ》」のいみに使《つか》われるようになったので、木を加《くわ》えて「きりかぶ」のいみに用《もち》いるようになりました。

干

3画［干0画］

おん カン

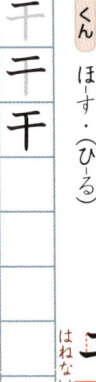

くん ほ-す・（ひ-る）

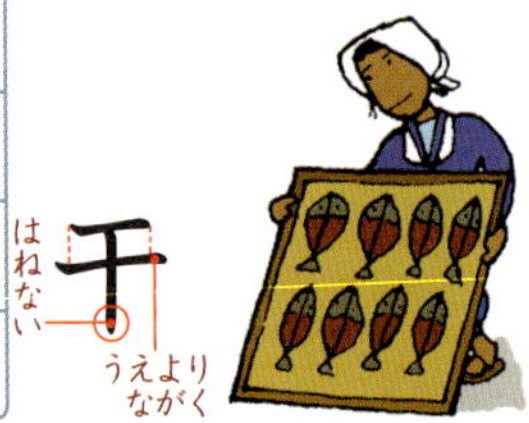

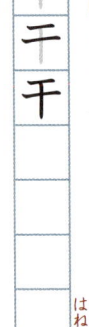

いみ

1 かわく。◆（潮《しお》がかわく（干））干潮《かんちょう》・干《かん》拓《たく》・干満《かんまん》・干潟《ひがた》

2 かかわる。◆干渉《かんしょう》

3 えと。◆干支《えと》（かんし）　◆十干《じっかん》

つかいかた

● 洗《せん》たく物《もの》を干《ほ》す。● 干害《かんがい》になやむ。

● あじの干物《ひもの》。● 潮干《しおひ》がりに行《い》く。

もっとしろう

● ［干《かん》］

「干《かん》」には、はっきりしない数《かず》のいみもあり、「若干《じゃっかん》（＝いくらか）」ということばに使《つか》われます。

なりたち

もとの形《かたち》は。武器《ぶき》の「ほこ」または「たて」を表《あらわ》しています。「おかす、ふせぐ」ことから「かかわる」いみをもち、「ほす、ひでり」のいみにも使《つか》われます。

巻

9画［己6画］

おん カン

くん ま-く・まき

いみ

1 まく。◆巻紙《まきがみ》　◆葉巻《はまき》

2 書物《しょもつ》。◆巻頭《かんとう》　◆下巻《げかん》・上巻《じょうかん》・全巻《ぜんかん》

つかいかた

● 包帯《ほうたい》を巻《ま》く。● 巻《まき》の一《いち》。● 巻末《かんまつ》の付録《ふろく》。

● 巻《ま》き貝《がい》を拾《ひろ》う。● のり巻《ま》きを食《た》べる。

もっとしろう

● ［巻《ま》き物《もの》と書物《しょもつ》］

むかしの読《よ》み物《もの》は、巻《ま》き物《もの》にしてありました。そこから、「第一巻《だいいっかん》・第二巻《だいにかん》」という呼《よ》び方《かた》ができ、「巻《かん》」は書物《しょもつ》のいみにも使《つか》われるようになりました。

書物《しょもつ》を読《よ》み進《すす》めていくことを「巻《かん》を追《お》う」といいます。

なりたち

古《ふる》い字《じ》は卷。丸《まる》める（龹）と、ひざまずく（㔾）を合《あ》わせた字《じ》で、からだを丸《まる》めるいみから、「まく」いみに使《つか》われます。

六年

看

9画［目4画］

おん カン

くん

看看看看看看看看看

だささない 看

いみ

■ 見《み》る。見《み》まもる。◆看守《かんしゅ》・看板《かんばん》・看病《かんびょう》

つかいかた

● 看護師《かんごし》として働《はたら》く。 ● 真相《しんそう》を看破《かんぱ》する。
● 祖母《そぼ》の看病《かんびょう》をする。

もっとしろう

● **看板《かんばん》に偽《いつわ》りあり**－かかげた看板《かんばん》にうそがある。見《み》かけはりっぱそうでも、中身《なかみ》がともなっていないこと。
● **看板《かんばん》に傷《きず》がつく**－客《きゃく》の信用《しんよう》を失《うしな》うようなことをして、店《みせ》の評判《ひょうばん》が落《お》ちる。
● **看板《かんばん》を下《お》ろす**－①その日《ひ》の店《みせ》の営業《えいぎょう》を終《お》える。②商売《しょうばい》をやめる。③主張《しゅちょう》や題目《だいもく》を引《ひ》っこめる。

なりたち

手と目とで、目《め》の上《うえ》に手《て》をかざして遠《とお》くを見《み》ることを表《あらわ》し、「みる」いみに使《つか》われます。

簡

18画［竹12画］

おん カン

くん

簡簡簡簡簡簡簡簡

簡 とめる はねる

いみ

1 てがみ。◆(書《か》きつけ・てがみ〈簡〉) 書簡《しょかん》
2 てがる。むだがない。◆(てがる〈簡〉)・こみいっていない〈単〉) 簡単《かんたん》・簡易《かんい》・簡《かん》便《べん》・簡明《かんめい》・簡略《かんりゃく》

つかいかた

● 簡潔《かんけつ》な文章表現《ぶんしょうひょうげん》。 ● 簡素《かんそ》な暮《く》らし。
● 食事《しょくじ》を簡単《かんたん》にすませる。
● 簡便《かんべん》な方法《ほうほう》。

もっとしろう

● **簡《かん》にして要《よう》を得《え》る**－簡単《かんたん》ではあるが、きちんと要点《ようてん》をとらえている。

なりたち

古《ふる》い字《じ》は簡。竹は「たけ」を表《あらわ》し、閒がカンという読《よ》み方《かた》と「けずる」いみをしめしています。文字《もじ》を書《か》きうつすためにけずった竹《たけ》のふだのいみに使《つか》われます。

危

6画［㔾4画］

おん キ

くん あぶ-ない・(あや-うい・あや-ぶむ)

危危危危危危

危 とめる はねる

いみ

■ あぶない。◆(危《あぶ》ない・険《けわ》しい) 危険《きけん》・危《き》害《がい》・危機《きき》・危急《ききゅう》・危地《きち》 ◆安危《あんき》

つかいかた

● 危《あぶ》ない目《め》にあう。 ● 危《あや》うく命拾《いのちびろ》いする。
● 明日《あす》の天気《てんき》が危《あや》ぶまれる。

もっとしろう

● **危機一髪《ききいっぱつ》**－危険《きけん》が髪《かみ》の毛《け》一本《いっぽん》ほどのところまでせまるということで、非常《ひじょう》に危《あぶ》ない状態《じょうたい》。
● **危《あぶ》ない橋《はし》をわたる**－危《あぶ》ないとわかっていることをするたとえ。

なりたち

もとの形《かたち》は危。がけ(厂)の上《うえ》に立《た》っている人《ひと》(⺈)と、こわくなってひざまずく(㔾)姿《すがた》を合《あ》わせた字《じ》です。「あぶない」いみに使《つか》われます。

六年

机

おん　（キ）
くん　つくえ

6画［木2画］

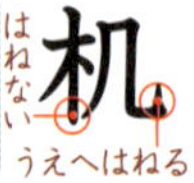

いみ

■つくえ。◆机下《きか》・机上《きじょう》　◆文机《ふづくえ》（ふみづくえ）

つかいかた

●机《つくえ》を整理《せいり》する。●机上版《きじょうばん》の辞書《じしょ》を買《か》う。

もっとしろう

●**机上《きじょう》の空論《くうろん》**－机《つくえ》の上《うえ》で考《かんが》えただけで、実際《じっさい》には役《やく》に立《た》たない方法《ほうほう》や計画《けいかく》。

●**机《つくえ》を並《なら》べる**－（同級《どうきゅう》生《せい》・同窓生《どうそうせい》として）いっしょに学《まな》ぶ。

●［机下《きか》］

手紙《てがみ》のあて名《な》のわきに「机下《きか》」と書《か》くことがあります。これは手紙《てがみ》を目《め》の前《まえ》に差《さ》し出《だ》すのは失礼《しつれい》なので、「机《つくえ》の下《した》へ」という気《き》持《も》ちをこめて使《つか》うことばです。

なりたち

木は「き」を表《あらわ》し、几（キ）が「つくえ」を表《あらわ》します。木《き》で作《つく》った「つくえ」のいみに使《つか》われます。

揮

おん　キ
くん

12画［扌9画］

いみ

■ふるう。ふりまわす。まきちらす。◆（まき散《ち》らす〈揮〉・発《はっ》する）揮発《きはつ》　◆指揮《しき》・発揮《はっき》

つかいかた

●オーケストラの指揮者《しきしゃ》。●実力《じつりょく》を発揮《はっき》する。

もっとしろう

●［読《よ》み方《かた》をしめす「軍」］

「軍」はほかの字《じ》と組《く》み合《あ》わさって、キ・ウンなどといろいろな音《おん》に変《か》わります。

・揮《き》・輝《き》…「発揮《はっき》・光輝《こうき》」
・運《うん》…「運動《うんどう》」

なりたち

扌は手《て》を表《あらわ》し、軍（クン）がキと変《か》わって読《よ》み方《かた》と「まわす」いみをしめしています。手《て》をふりまわすことから、「さしずする」いみに使《つか》われます。

貴

おん　キ
くん　（たっとい・とうとい・たっとぶ・とうとぶ）

12画［貝5画］

いみ

■とうとい。◆（貴《とうと》い人《ひと》）貴人《きじん》・貴金属《ききんぞく》・貴《き》公子《こうし》・貴族《きぞく》・貴賓《きひん》・貴婦人《きふじん》　◆富貴《ふうき》（ふっき）

つかいかた

●貴《たっと》（とうと）い教《おし》え。●学問《がくもん》を貴《たっと》（とうと）ぶ。●貴重品《きちょうひん》を保管《ほかん》する。●高貴《こうき》な生《う》まれ。

もっとしろう

●［貴様《きさま》］

「貴様《きさま》」は、むかしは敬《うやま》う気持《きも》ちで使《つか》われることばでしたが、今《いま》はおもに男性《だんせい》から同等《どうとう》や目下《めした》の相手《あいて》をさして使《つか》われます。

なりたち

古《ふる》い字《じ》は臾貝。貝は「お金《かね》」を表《あらわ》し、臾がキという読《よ》み方《かた》と「高《たか》くあげる」いみをしめしています。値段《ねだん》の高《たか》いことを表《あらわ》し、「とうとい」いみに使《つか》われます。

つかいわけ

●**尊《とうと》い・貴《とうと》い**　→〈尊《そん》〉452ページ

六年

疑

おん ギ

くん うたが-う

14画［⻊9画］

いみ

■うたがう。◆（疑《うたが》わしい・似《に》ている）疑《ぎ》似《じ》・疑念《ぎねん》・疑惑《ぎわく》 ◆嫌疑《けんぎ》・半信半疑《はんしんはんぎ》

つかいかた

●人《ひと》を疑《うたが》う。●疑《うたが》わしい人物《じんぶつ》。

●疑問《ぎもん》を持《も》つ。●質疑応答《しつぎおうとう》を行《おこな》う。

●容疑《ようぎ》が晴《は》れる。

もっとしろう

●疑心暗鬼《ぎしんあんき》－疑《うたが》いの心《こころ》をもつと、いるはずもない鬼《おに》の姿《すがた》まで見《み》えてしまうように、なんでもないものまでおそろしく思《おも》え、信《しん》じられなくなること。

なりたち

もとの形《かたち》は𠤕。子と、足《あし》を止《と》めるいみの止と、立《た》ち止《ど》まり迷《まよ》ういみの𠮷（ギ）とで、子《こ》どもがよちよちしていることを表《あらわ》し、あちこち見回《みまわ》すことから、「うたがう」いみに使《つか》われます。

吸

おん キュウ

くん す-う

6画［口3画］

いみ

■すう。◆（空気《くうき》を吸《す》う）吸気《きゅうき》・吸血《きゅうけつ》・吸《きゅう》収《しゅう》・吸盤《きゅうばん》 ◆呼吸《こきゅう》

つかいかた

●息《いき》を吸《す》う。●吸引力《きゅういんりょく》が強《つよ》い。

●養分《ようぶん》を吸収《きゅうしゅう》する。●酸素《さんそ》を吸入《きゅうにゅう》する。

もっとしろう

●甘《あま》い汁《しる》を吸《す》う－自分《じぶん》は何《なに》もしないで、他人《たにん》の苦労《くろう》や努力《どりょく》によって利益《りえき》を得《え》る。

●呼吸《こきゅう》が合《あ》う－おたがいの気持《きも》ちが通《つう》じ合《あ》い、調子《ちょうし》がうまく合《あ》う。

●呼吸《こきゅう》をのみこむ－物事《ものごと》を上手《じょうず》にするためのこつや調子《ちょうし》を覚《おぼ》える。

なりたち

口は「くち」を表《あらわ》し、及がキュウという読《よ》み方《かた》と「とりこむ」いみをしめしています。口《くち》で息《いき》をすいこむことから、「すう」いみに使《つか》われます。

供

おん キョウ・（ク）

くん そな-える・とも

8画［亻6画］

いみ

1 そなえる。さしだす。◆供給《きょうきゅう》・供出《きょうしゅつ》・供《く》物《もつ》・供養《くよう》 ◆提供《ていきょう》

2 申《もう》しのべる。◆供述《きょうじゅつ》 ◆自供《じきょう》

3 つきしたがう。◆供人《ともびと》

つかいかた

●仏前《ぶつぜん》に花《はな》を供《そな》える。●お供《とも》をする。

なりたち

亻は人《ひと》を表《あらわ》し、共がキョウという読《よ》み方《かた》と「そなえる」いみをしめしています。「そなえる」いみに使《つか》われます。

つかいわけ

●供《そな》える・備《そな》える

「供《そな》える」は物《もの》をささげるときに、「備《そな》える」は用意《ようい》しておくときに使《つか》います。

供《そな》える…仏《ほとけ》さまに供《そな》える。

備《そな》える…災害《さいがい》に備《そな》える。

とくべつなよみ

供養《くよう》など　※「ク」という読《よ》み―供物《くもつ》・

六年

胸

おん　キョウ

くん　むね・(むな)

10画［月6画］

胸　とめる　はねる

いみ

1 むね。胸元《むなもと》 ◆(胸《むね》の周囲《しゅうい》)胸囲《きょうい》・胸像《きょうぞう》・胸倉《むなぐら》・

2 こころ。◆胸中《きょうちゅう》 ◆度胸《どきょう》

つかいかた

●胸《むね》がどきどきする。●胸《むね》に手《て》を当《あ》てる。

●胸囲《きょうい》を測《はか》る。●胸騒《むなさわ》ぎがする。

もっとしろう

●胸《むね》を打《う》つ－心《こころ》に深《ふか》く感《かん》じる。感動《かんどう》する。

●胸《むね》をなでおろす－不安《ふあん》や心配《しんぱい》がなくなって、ほっと安心《あんしん》する。

なりたち

月は肉《にく》を表《あらわ》し、匈がキョウという読《よ》み方《かた》と「心臓《しんぞう》をおさめる」いみをしめしています。「心臓《しんぞう》をつつむからだの器《き》官《かん》」から「むね」のいみに使《つか》われます。

とくべつなよみ

板《いた》・胸毛《むなげ》・胸騒《むなさわ》ぎなど　※「むな」という読《よ》み—胸《むな》

郷

おん　キョウ・(ゴウ)

くん

11画［阝8画］

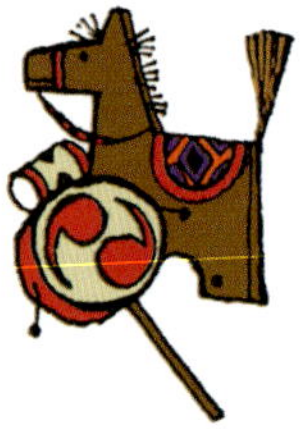

丶をつけない　郷　阝にならない

いみ

■ むらざと。ふるさと。◆(ふるさと〈郷〉・村里《むらざと》)郷里《きょうり》・郷愁《きょうしゅう》 ◆異郷《いきょう》・温泉郷《おんせんきょう》・帰《き》郷《きょう》・同郷《どうきょう》・望郷《ぼうきょう》・理想郷《りそうきょう》・近郷《きんごう》

つかいかた

●郷土《きょうど》を愛《あい》する。●郷里《きょうり》へ帰《かえ》る。

●故郷《こきょう》をなつかしく思《おも》う。

もっとしろう

●郷《ごう》に入《い》っては郷《ごう》に従《したが》え－その土地《とち》へ行《い》ったら、その土地《とち》の習慣《しゅうかん》やしきたりに従《したが》うのがよい。

なりたち

もとの形《かたち》は㿝。人《ひと》が向《む》かいあって物《もの》を食《た》べている形《かたち》を表《あらわ》し、キョウという読《よ》み方《かた》をしめしています。もとは人《ひと》びとが集《あつ》まって宴会《えんかい》をしたところをしめす字《じ》で、「むら、ふるさと」のいみに使《つか》われます。

勤

おん　キン・(ゴン)

くん　つと-める・つと-まる

12画［力10画］

せにならない　勤　はねる

六年

いみ

1 力《ちから》をつくす。◆勤王《きんのう》・勤皇《きんのう》・勤勉《きんべん》 ◆精勤《せいきん》

2 つとめる。仕事《しごと》をする。◆(続《つづ》けて勤《つと》める)勤続《きんぞく》・勤務《きんむ》 ◆皆勤《かいきん》・外勤《がいきん》・出勤《しゅっきん》・非常勤《ひじょうきん》・夜勤《やきん》

つかいかた

●会社《かいしゃ》に勤《つと》める。●定年《ていねん》で勤《つと》めをやめる。

●勤労《きんろう》に感謝《かんしゃ》する。●病気《びょうき》で欠勤《けっきん》する。

●電車《でんしゃ》で通勤《つうきん》する。●北海道《ほっかいどう》へ転勤《てんきん》になる。

なりたち

古《ふる》い字《じ》は勤。力は「ちから」を表《あらわ》し、堇がキンという読《よ》み方《かた》と「つきる」いみをしめしています。力《ちから》を出《だ》しつくして「つとめる」いみに使《つか》われます。

つかいわけ

→〈努《ど》〉322ページ

●努《つと》める・勤《つと》める・務《つと》める

とくべつなよみ

※「ゴン」という読《よ》み—勤行《ごんぎょう》

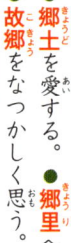

筋

おん　キン
くん　すじ

12画［竹6画］

筋
刀にならない
かるくはらう

いみ

■すじ。◆（筋《きん》肉《にく》と骨《ほね》）筋骨《きんこつ》・筋力《きんりょく》・筋金《すじがね》
◆大筋《おおすじ》・血筋《ちすじ》・鼻筋《はなすじ》・本筋《ほんすじ》・道筋《みちすじ》

つかいかた

●話《はなし》の筋《すじ》を通《とお》す。●たくましい筋肉《きんにく》。
●鉄筋《てっきん》の建物《たてもの》。●背筋《せすじ》をのばす。

もっとしろう

●**筋《すじ》がいい**－将来《しょうらい》、力《ちから》を発揮《はっき》する素質《そしつ》がある。
●**筋《すじ》が通《とお》らない**－道理《どうり》や進《すす》め方《かた》に無理《むり》があって、筋道《すじみち》が通《とお》っていない。
●**筋書《すじが》き通《どお》り**－前《まえ》もって計画《けいかく》したとおり。
●**筋金入《すじがねい》り**－中《なか》に筋金《すじがね》が入《はい》っているように、からだや心《こころ》がしっかりしているようす。

なりたち

竹は「たけ」を表《あらわ》し、肋が「すじが立《た》つ」いみをもっています。竹《たけ》のすじを表《あらわ》し、「すじ」のいみに使《つか》われます。

系

おん　ケイ

7画［糸1画］

系
一にならない
はねない

いみ

■つながり。◆系統《けいとう》・系譜《けいふ》 ◆家系《かけい》・銀河《ぎんが》系《けい》・体系《たいけい》・太陽系《たいようけい》・父系《ふけい》・文系《ぶんけい》・母系《ぼけい》・理系《りけい》

つかいかた

●家《いえ》の系図《けいず》を調《しら》べる。●同《おな》じ系列《けいれつ》の会社《かいしゃ》。
●直系《ちょっけい》の子孫《しそん》。

もっとしろう

●［「系《けい》」の用法《ようほう》］
「系《けい》」は、ある一続《ひとつづ》きの関係《かんけい》があるものを表《あらわ》し、多《おお》くほかのことばについて使《つか》われます。「太陽系《たいようけい》の星《ほし》」「理科系《りかけい》の学部《がくぶ》」「母系《ぼけい》の血筋《ちすじ》」など。

なりたち

糸は「いと」を表《あらわ》し、ノが「ひっかかる」いみをもっています。糸《いと》が上《うえ》からひっかかっているようすから、「つながり」のいみに使《つか》われます。

敬

おん　ケイ
くん　うやま-う

12画［攵8画］

敬
だす
はねる

いみ

■うやまう。◆敬愛《けいあい》・敬遠《けいえん》・敬具《けいぐ》・敬称《けいしょう》・敬服《けいふく》・敬慕《けいぼ》・敬礼《けいれい》・敬老《けいろう》 ◆失敬《しっけい》・尊敬《そんけい》

つかいかた

●先祖《せんぞ》を敬《うやま》う。●敬語《けいご》を使《つか》う。
●作文《さくぶん》を敬体《けいたい》で書《か》く。

もっとしろう

●**敬《けい》して遠《とお》ざける（敬遠《けいえん》）**－もともとは、敬《うやま》ってなれなれしくは近《ちか》づかないといういみ。転《てん》じて、敬《うやま》っているように見《み》せかけているが、実《じつ》は親《した》しくしたくない、あまり近《ちか》づきたくない。

なりたち

攵は「むりにさせる」いみを表《あらわ》し、苟（キョク）がケイと変《か》わって読《よ》み方《かた》と「いましめる」いみをしめしています。「つつしむ」いみでしたが、「うやまう」いみに使《つか》われるようになりました。

警

おん　ケイ

くん

19画［言12画］

はねる　ながく

いみ

1 **いましめる。用心《ようじん》させる。** ◆(いましめる〈警〉・戒《いまし》める)警戒《けいかい》・警句《けいく》・警告《けいこく》・警鐘《けいしょう》・警報《けいほう》

2 **まもる。** ◆警官《けいかん》・警護《けいご》・警察《けいさつ》 ◆夜警《やけい》

つかいかた

● 警笛《けいてき》を鳴《な》らす。 ● 警備《けいび》を固《かた》める。

● 大雨《おおあめ》の警報《けいほう》が出《で》る。

もっとしろう

● [読《よ》み方《かた》をしめす「敬」]

「警《けい》」のほかにも、「敬《けい》」が上《うえ》につく漢字《かんじ》があります。「敬《けい》」がキョウと変《か》わって、馬《うま》がおどろくことを表《あらわ》している「驚《きょう》」の字《じ》です。

なりたち

言は「ことば」を表《あらわ》し、敬がケイという読《よ》み方《かた》と「いましめる」いみをしめしています。ことばでいましめることから、「いましめる」いみに使《つか》われます。

劇

おん　ゲキ

くん

15画［刂13画］

はねる　はねる　とめる

いみ

1 **はげしい。** ◆(はげしい〈劇〉薬《くすり》)劇薬《げきやく》・劇務《げきむ》

2 **げき。しばい。** ◆(劇《げき》をする会場《かいじょう》)劇場《げきじょう》・劇画《げきが》・劇作家《げきさっか》・劇団《げきだん》 ◆演劇《えんげき》・歌劇《かげき》・活劇《かつげき》・喜劇《きげき》・剣劇《けんげき》・惨劇《さんげき》・時代劇《じだいげき》・寸劇《すんげき》・悲劇《ひげき》・無言劇《むごんげき》

つかいかた

● 劇《げき》に出演《しゅつえん》する。 ● 劇場《げきじょう》で映画《えいが》を見《み》る。

● 劇的《げきてき》な逆転《ぎゃくてん》ホームラン。

● 観劇《かんげき》を楽《たの》しむ。

なりたち

古《ふる》い字《じ》は劇。力は「つとめる」いみを表《あらわ》し、豦がゲキという読《よ》み方《かた》と「いそがしい」いみをしめしています。いそがしいつとめのいみを表《あらわ》していましたが、「はげしい」と「しばい」のいみに使《つか》われるようになりました。

激

おん　ゲキ

くん　はげしい

16画［氵13画］

欠にならない

いみ

1 **はげしい。いきおいが強《つよ》い。** ◆(激《はげ》しい流《なが》れ)激流《げきりゅう》・激化《げきか》・激減《げきげん》・激情《げきじょう》・激戦《げきせん》・激増《げきぞう》・激痛《げきつう》・激怒《げきど》・激動《げきどう》・激突《げきとつ》・激変《げきへん》・激務《げきむ》 ◆過激《かげき》・急激《きゅうげき》

2 **はげます。きもちが高《たか》ぶる。** ◆激励《げきれい》 ◆感激《かんげき》・刺激《しげき》

つかいかた

● 激《はげ》しい雨《あめ》が降《ふ》る。 ● 戦争《せんそう》が激化《げきか》する。

● 人口《じんこう》が激減《げきげん》する。 ● 父《ちち》は激怒《げきど》した。

● 激流《げきりゅう》にのまれる。 ● 激論《げきろん》をたたかわせる。

● 人《ひと》のやさしさに感激《かんげき》する。

なりたち

氵は水《みず》を表《あらわ》し、敫(キョウ)がゲキと変《か》わって読《よ》み方《かた》と「打《う》ちあたる」いみをしめしています。水《みず》がはげしく打《う》ちあたることを表《あらわ》し、「はげしい」いみに使《つか》われます。

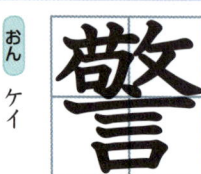

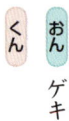

穴

5画［穴0画］

おん （ケツ）

くん あな

穴 はらう

いみ

■ あな。◆穴蔵《あなぐら》・穴場《あなば》 ◆洞穴《どうけつ》（ほら あな）・墓穴《ぼけつ》（はか あな）・大穴《おおあな》・鍵穴《かぎあな》・縦穴《たてあな》

つかいかた

● 穴《あな》をほる。● くつ下《した》に穴《あな》があく。
● 穴居生活《けっきょせいかつ》をおくる。● 穴場《あなば》の店《みせ》。
● 横穴式《よこあなしき》の住居《じゅうきょ》の跡《あと》。

もっとしろう

● **穴《あな》があったら入《はい》りたい**ー身《み》の置《お》き所《どころ》がなく、穴《あな》の中《なか》にかくれてしまいたいほど、はずかしい。
● **穴《あな》のあくほど見《み》る**ー穴《あな》があくと思《おも》われるほど、じっと見《み》つめる。

なりたち

宀は「いえ」を表《あらわ》し、八が「左右《さゆう》に分《わ》ける」いみをもっています。ほらあなを掘《ほ》り分《わ》けて住《す》むいえを表《あらわ》し、「あな」のいみに使《つか》われます。

券

8画［刀6画］

おん ケン

くん

券 だす ださない

いみ

1 証拠《しょうこ》となるふだ。◆株券《かぶけん》・証券《しょうけん》・旅券《りょけん》 ◆回数券《かいすうけん》・招待券《しょうたいけん》・優待券《ゆうたいけん》

2 きっぷ。◆券売機《けんばいき》 定期券《ていきけん》・特急券《とっきゅうけん》・入場券《にゅうじょうけん》・

つかいかた

● バスの回数券《かいすうけん》。● 乗車券《じょうしゃけん》を買《か》う。
● デパートの商品券《しょうひんけん》。

もっとしろう

● ［似《に》ている字《じ》に注意《ちゅうい》］
「券《けん》」はもともと刀《かたな》で切《き》ったものなので「刀《かたな》」がつき、「勝《しょう》」の右《みぎ》の部分《ぶぶん》につくのは「力《ちから》」です。

なりたち

古《ふる》い字《じ》は劵。刀は、刀《かたな》で二《ふた》つに切《き》った札《ふだ》を約束《やくそく》の符号《ふごう》としたことを表《あらわ》し、龹がケンという読《よ》み方《かた》と「まく」いみをしめしています。「証拠《しょうこ》となるふだ、きっぷ」のいみに使《つか》われます。

絹

13画［糸7画］

おん （ケン）

くん きぬ

絹 はねない はねる

いみ

■ きぬ。◆（絹《きぬ》の糸《いと》） 絹糸《けんし》（きぬ いと）・絹布《けんぷ》 ◆正絹《しょうけん》・人絹《じんけん》

つかいかた

● 絹《きぬ》のスカーフ。● 絹《きぬ》をさくような悲鳴《ひめい》。
● 絹織物《きぬおりもの》の産地《さんち》。

もっとしろう

● ［絹《きぬ》の道《みち》］
中国《ちゅうごく》から地中海沿岸《ちちゅうかいえんがん》まで続《つづ》き、東洋《とうよう》と西洋《せいよう》の物《もの》や文化《ぶんか》が行《い》き来《き》した道《みち》を「絹《きぬ》の道《みち》（シルクロード）」といいます。むかし、中国《ちゅうごく》特産《とくさん》の絹《きぬ》（シルク）が西《にし》へ運《はこ》ばれたことから名《な》づけられました。

なりたち

糸は「いと」を表《あらわ》し、肙がケンという読《よ》み方《かた》と「まるくまく」いみをしめしています。まゆからとった糸《いと》を表《あらわ》し、「きぬ」のいみに使《つか》われます。

権

おん　ケン・(ゴン)

くん

15画［木11画］

権　ださない　はねない

いみ

■人《ひと》をしたがわせる力《ちから》。◆(人《ひと》をしたがわせるちから(〔権〕・力《ちから》)権力《けんりょく》・権威《けんい》・権限《けんげん》・権勢《けんせい》◆(政《せい》治《じ》を行《おこな》う権力《けんりょく》)政権《せいけん》・越権《えっけん》・棄権《きけん》・強権《きょうけん》・参政権《さんせいけん》・執権《しっけん》・実権《じっけん》・主権《しゅけん》・職権《しょっけん》・所有権《しょゆうけん》・生存権《せいぞんけん》・選挙権《せんきょけん》・全権《ぜんけん》・同権《どうけん》・特権《とっけん》・分権《ぶんけん》

つかいかた

●権利《けんり》と義務《ぎむ》。●権力《けんりょく》をふるう。
●人権《じんけん》を尊重《そんちょう》する。

なりたち

古《ふる》い字《じ》は權。木は「き」を表《あらわ》し、雚(カン)がケンと変《か》わって読《よ》み方《かた》をしめしています。木《き》の名《な》を表《あらわ》す字《じ》でしたが、「おもり、人《ひと》を支配《しはい》するちから」のいみに使《つか》われるようになりました。

とくべつなよみ

※「ゴン」という読《よ》み―権《ごん》化《げ》・権現《ごんげん》

憲

おん　ケン

くん

16画［心12画］

憲　だす　はねる

いみ

■おきて。きまり。◆憲兵《けんぺい》◆違憲《いけん》・官憲《かんけん》・合憲《ごうけん》・立憲《りっけん》

つかいかた

●憲法《けんぽう》を制定《せいてい》する。●児童憲章《じどうけんしょう》の理念《りねん》。

もっとしろう

●［憲法《けんぽう》］

今《いま》の日本《にほん》の憲法《けんぽう》は「日本国憲法《にほんこくけんぽう》」といいます。一九四七年《ねん》に施行《しこう》されました。その前《まえ》の憲法《けんぽう》は、一八八九年制定《ねんせいてい》の「大日本帝国憲法《だいにっぽんていこくけんぽう》」です。日本《にほん》で最初《さいしょ》の憲法《けんぽう》は、聖徳太子《しょうとくたいし》が作《つく》ったと伝《つた》えられる「十七条憲法《じゅうしちじょうけんぽう》」で、制定《せいてい》は六〇四年《ねん》です。

なりたち

心は「こころ」を表《あらわ》し、害がケンという読《よ》み方《かた》と「ふさぎとめる」いみをしめしています。人《ひと》の言動《げんどう》をおさえることを表《あらわ》し、「おきて」のいみに使《つか》われます。

源

おん　ゲン

くん　みなもと

13画［氵10画］

源　とめる　はねる

いみ

■みなもと。◆源泉《げんせん》・源流《げんりゅう》◆起源《きげん》・光源《こうげん》・財源《ざいげん》・資源《しげん》・水源《すいげん》・電源《でんげん》

つかいかた

●日本文化《にほんぶんか》の源《みなもと》をさぐる。●悪《あく》の根源《こんげん》。
●機械《きかい》の電源《でんげん》を入《い》れる。

もっとしろう

●［原《げん》と源《げん》］

「みなもと」は、「原《げん》」がそのいみを表《あらわ》していましたが、「原《はら》」として使《つか》われ出《だ》したため、水《みず》(氵)を加《くわ》えて作《つく》った字《じ》が「源《げん》」です。このように、もとの字《じ》のいみが変《か》わってしまい、新《あたら》しく作《つく》った漢字《かんじ》に「燃《ねん》」(395ページ)があります。

なりたち

氵は水《みず》を表《あらわ》し、原がゲンという読《よ》み方《かた》と「みなもと」のいみをしめしています。「みなもと」のいみに使《つか》われます。

厳

17画［⺍14画］

おん ゲン・(ゴン)

くん (おごそ-か)・きび-しい

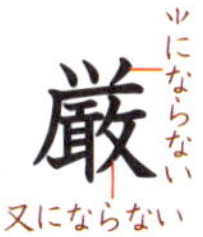

いみ

1 きびしい。◆(厳《きび》しく禁《きん》じる) 厳禁《げんきん》・厳《げん》戒《かい》・厳寒《げんかん》・厳正《げんせい》・厳選《げんせん》・厳冬《げんとう》・厳命《げんめい》 ◆戒厳《かいげん》

2 おごそか。◆厳粛《げんしゅく》・厳然《げんぜん》 ◆威厳《いげん》・尊厳《そんげん》・荘厳《そうごん》

つかいかた

●厳《おごそ》かな式典《しきてん》。●寒《さむ》さが厳《きび》しい。
●厳格《げんかく》なしつけ。●時間《じかん》を厳守《げんしゅ》する。
●厳重《げんじゅう》に注意《ちゅうい》する。●厳罰《げんばつ》に処《しょ》する。
●厳密《げんみつ》に調《しら》べる。

なりたち

古《ふる》い字《じ》は嚴。吅は「口《くち》うるさくせめる」ことを表《あらわ》し、厰(ガン)がゲンと変《か》わって読《よ》み方《かた》と「けわしい」いみをしめしています。きびしく言《い》うことから、「きびしい、おごそか」のいみに使《つか》われます。

とくべつなよみ

※「ゴン」という読《よ》み―荘厳《そうごん》

己

3画［己0画］

おん コ・(キ)

くん (おのれ)

いみ

■ じぶん。◆(己《おのれ》の利《り》益《えき》をはかる) 利己《りこ》・克《こっ》己《き》・知己《ちき》

つかいかた

●己《おのれ》の主張《しゅちょう》を通《とお》す。●自己流《じこりゅう》で楽器《がっき》をひく。

もっとしろう

●己《おのれ》の欲《ほっ》せざるところは人《ひと》に施《ほどこ》すなかれ―自《じ》分《ぶん》がされたくないことは人《ひと》もされたくないのだから、人《ひと》にしてはならない。中国《ちゅうごく》の古典《こてん》「論語《ろんご》」にあることば。

●[似《に》ている字《じ》に注意《ちゅうい》]
形《かたち》がたいへん似《に》ている字《じ》があるので、きちんと書《か》き分《わ》けましょう。「己《こ》・已《い》・巳《し》」

なりたち

古《ふる》い形《かたち》は己。糸《いと》すじの先端《せんたん》を引《ひ》き出《だ》した糸《いと》の形《かたち》を表《あらわ》し、「糸《いと》の先《さき》、はじめ」のいみを表《あらわ》していましたが、「おのれ」のいみに使《つか》われるようになりました。

呼

8画［口5画］

おん コ

くん よ-ぶ

いみ

1 よぶ。◆(呼《よ》ぶ・こたえる〈応〉) 呼応《こおう》・呼《こ》称《しょう》 ◆歓呼《かんこ》・連呼《れんこ》

2 息《いき》をはく。◆呼気《こき》

つかいかた

●名前《なまえ》を呼《よ》ぶ。●歓呼《かんこ》の声《こえ》をあげる。
●大《おお》きく深呼吸《しんこきゅう》する。●点呼《てんこ》をとる。
●呼《よ》び鈴《りん》をならす。

もっとしろう

●呼吸《こきゅう》をはかる―物事《ものごと》をうまく行《おこな》うために、調子《ちょうし》を見《み》ながらその機会《きかい》をうかがう。

●呼《よ》び声《ごえ》が高《たか》い―評判《ひょうばん》が高《たか》い。(有力《ゆうりょく》な候補《こうほ》として)もっぱらのうわさである。

なりたち

口は「くち」を表《あらわ》し、乎がコという読《よ》み方《かた》と口《くち》から息《いき》をはき出《だ》す音《おと》を表《あらわ》しています。息《いき》をはくことを表《あらわ》し、「よぶ」いみに使《つか》われます。

六年

誤

14画［言7画］

おん　ゴ

くん　あやま-る

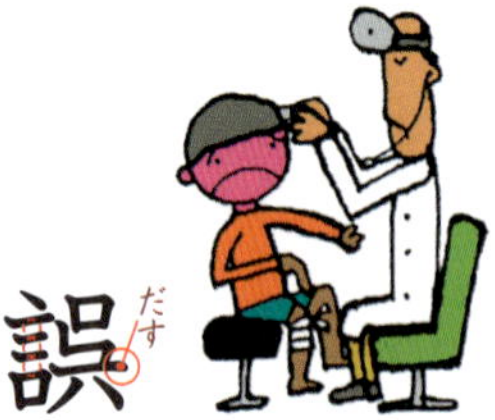

いみ

■ **あやまる。あやまり。** ◈（誤《あやま》って用《もち》いる）

誤用《ごよう》・誤解《ごかい》・誤記《ごき》・誤差《ごさ》・誤植《ごしょく》・誤審《ごしん》・誤読《ごどく》・誤認《ごにん》・誤報《ごほう》・誤訳《ごやく》　◈過誤《かご》・錯誤《さくご》・正誤《せいご》

つかいかた

● 道《みち》を**誤《あやま》る**。● 見通《みとお》しを**誤《あやま》る**。

● **誤《あやま》り**を正《ただ》す。● **誤解《ごかい》**をまねく。

● **誤差《ごさ》**が生《しょう》じる。● 計画《けいかく》に**誤算《ごさん》**があった。

● **誤字脱字《ごじだつじ》**に注意《ちゅうい》する。● **誤植《ごしょく》**を直《なお》す。

● 医師《いし》の**誤診《ごしん》**をおそれる。

なりたち

言は「ことば」を表《あらわ》し、呉がゴという読《よ》み方《かた》と「くいちがう」いみをしめしています。ことばが事実《じじつ》とくいちがっていることを表《あらわ》し、「あやまる」いみに使《つか》われます。

つかいわけ

● **謝《あやま》る・誤《あやま》る** →〈謝《しゃ》〉376ページ

后

6画［口3画］

おん　コウ

くん

いみ

■ **きさき。** ◈（天皇《てんのう》のきさき〈后〉）皇后《こうごう》・皇《こう》太后《たいごう》

つかいかた

● 天皇陛下《てんのうへいか》と**皇后陛下《こうごうへいか》**。

もっとしろう

● ［后《きさき》］

「皇后《こうごう》」は天皇《てんのう》のきさき、「皇太后《こうたいごう》」は前《まえ》の天皇《てんのう》のきさき、「太皇太后《たいこうたいごう》」は先先代《せんせんだい》の天皇《てんのう》のきさきをいいます。

正式《せいしき》に皇后《こうごう》を定《さだ》めることを「立后《りっこう》」といいます。

なりたち

𠂆は「人《ひと》のからだ」を表《あらわ》し、口がコウという読《よ》み方《かた》をしめしています。人間《にんげん》のからだのうしろのいみでしたが、「きみ、きさき」のいみに使《つか》われるようになりました。

孝

7画［子4画］

おん　コウ

くん

いみ

■ **親《おや》をたいせつにする。** ◈（孝行《こうこう》な子《こ》）孝《こう》子《し》・孝女《こうじょ》・孝心《こうしん》・孝養《こうよう》　◈忠孝《ちゅうこう》・不孝《ふこう》

つかいかた

● **孝養《こうよう》**をつくす。● **親孝行《おやこうこう》**をする。

● **親不孝《おやふこう》**をわびる。

もっとしろう

● **孝行《こうこう》のしたい時分《じぶん》に親《おや》はなし**－親《おや》の苦労《くろう》やありがたみがわかって、孝行《こうこう》をしたいと思《おも》うころには、親《おや》はもういない。親孝行《おやこうこう》は、親《おや》が生《い》きているうちにしなさいという教《おし》え。

なりたち

子は「こども」を表《あらわ》し、耂は老の省略形《しょうりゃくけい》で、こしの曲《ま》がった老人《ろうじん》をしめしています。子《こ》が先祖《せんぞ》や父母《ふぼ》によくつかえることを表《あらわ》し、「こうこう」のいみに使《つか》われます。

六年

皇

9画［白4画］

おん　コウ・オウ

くん

いみ

■天子《てんし》。みかど。◆(天皇《てんのう》の位《くらい》)皇位《こうい》・皇居《きょ》・皇室《こうしつ》・皇女《こうじょ》(おうじょ)・皇族《こうぞく》・皇太后《こうたいごう》・皇太子《こうたいし》・皇統《こうとう》・皇道《こうどう》・皇子《おうじ》 ◆上皇《じょうこう》・勤皇《きんのう》・法皇《ほうおう》

つかいかた

● 皇居《こうきょ》が見《み》える。● ロシアの皇帝《こうてい》。

● 天皇《てんのう》の位《くらい》につく。

なりたち

白はもと自と書《か》き、「はじめ」のいみを表《あらわ》し、王がオウという読《よ》み方《かた》と「いだいな人《ひと》」のいみをしめしています。一番《いちばん》はじめの王《おう》を表《あらわ》し、「天《てん》のう、天子《てんし》」のいみに使《つか》われます。

とくべつなよみ

※〈読《よ》みにちゅうい〉「天皇」「勤皇」などは「テンノウ」「キンノウ」と読《よ》みます。上《うえ》に「ン」がつくと、「オウ」は「ノウ」という読《よ》みになります。

紅

9画［糸3画］

おん　コウ・(ク)

くん　べに・(くれない)

いみ

■くれない。◆紅顔《こうがん》・紅玉《こうぎょく》・紅潮《こうちょう》・紅梅《こうばい》・紅葉《こうよう》(もみじ) ◆真紅《しんく》・深紅《しんく》

つかいかた

● 西《にし》の空《そら》が紅《くれない》に染《そ》まる。● 紅茶《こうちゃ》を飲《の》む。

● 紅白《こうはく》の幕《まく》。● 口紅《くちべに》をつける。

もっとしろう

● 紅一点《こういってん》―見《み》わたすかぎりの緑《みどり》の草《くさ》むらの中《なか》に、ただ一《ひと》つだけ紅色《べにいろ》の花《はな》がさいているということで、大勢《おおぜい》の男性《だんせい》の中《なか》にただ一人《ひとり》女性《じょせい》がまじっているたとえ。

なりたち

糸は「いと」を表《あらわ》し、工がコウという読《よ》み方《かた》と「うす赤色《あかいろ》」のいみをしめしています。うす赤色《あかいろ》の糸《いと》を表《あらわ》し、「くれない」のいみに使《つか》われます。

とくべつなよみ

紅葉《もみじ》

※「ク」という読《よ》み―真紅《しんく》・深紅《しんく》

降

10画［阝7画］

おん　コウ

くん　お-りる・お-ろす・ふ-る

いみ

1 おりる。おろす。くだる。ふる。◆(雨《あめ》が降《ふ》る)降雨《こうう》・降下《こうか》・降格《こうかく》・降車《こうしゃ》・降雪《こうせつ》・降誕《こうたん》・降板《こうばん》・降臨《こうりん》 ◆(乗《の》る・降《お》りる)乗降《じょうこう》・下降《かこう》・滑降《かっこう》

2 負《ま》けてしたがう。◆降伏《こうふく》 ◆投降《とうこう》

3 のち。◆以降《いこう》

つかいかた

● 車《くるま》から降《お》りる。● 荷物《にもつ》を降《お》ろす。

● 雨《あめ》が降《ふ》る。● 敵《てき》に降参《こうさん》する。

● 降水量《こうすいりょう》を調《しら》べる。● 学校《がっこう》の昇降口《しょうこうぐち》。

● 電車《でんしゃ》の乗降客《じょうこうきゃく》。

なりたち

阝は土《つち》が盛《も》りあがった山《やま》の形《かたち》、夅はもとの形《かたち》が[illegible]で、両足《りょうあし》が下向《したむ》きになっている形《かたち》を表《あらわ》しています。高《たか》い所《ところ》からおりることから、「おりる、くだる」いみに使《つか》われます。

六年

鋼

おん　コウ

くん　(はがね)

16画［金8画］

いみ

■ はがね。◇鋼材《こうざい》　◇製鋼《せいこう》・鉄鋼《てっこう》

つかいかた

● 鋼《はがね》のように強《つよ》いからだ。● 鋼鉄製《こうてつせい》の機械《きかい》。

もっとしろう

● [鋼《はがね》]
「はがね」は「刃金《はがね》(=はものの刃《は》にするかね)」からきたことばです。鉄鉱石《てっこうせき》を溶《と》かして銑鉄《せんてつ》を作《つく》り、その銑鉄《せんてつ》を練《ね》りきたえて作《つく》ったのが「はがね(鋼鉄《こうてつ》)」です。

● [鋼玉《こうぎょく》]
宝石《ほうせき》の一《ひと》つで、赤《あか》いものをルビー、青《あお》いものをサファイアといいます。

なりたち

金は「金属《きんぞく》」を表《あらわ》し、岡がコウという読《よ》み方《かた》と「つよい」いみをしめしています。きたえて強《つよ》くした鉄《てつ》を表《あらわ》し、「はがね」のいみに使《つか》われます。

刻

おん　コク

くん　きざ-む

8画［刂6画］

いみ

1 きざむ。◇彫刻《ちょうこく》・復刻《ふっこく》　◇(はんこ〈印〉を刻《きざ》む)刻印《こくいん》

2 きびしい。◇深刻《しんこく》

3 とき。◇刻限《こくげん》・刻刻《こっこく》　◇時刻《じこく》・先刻《せんこく》・即《そっ》刻《こく》・定刻《ていこく》・夕刻《ゆうこく》

つかいかた

● 時《とき》を刻《きざ》む。● 野菜《やさい》を刻《きざ》む。
● 出発《しゅっぱつ》の時刻《じこく》が刻一刻《こくいっこく》とせまる。
● 遅刻《ちこく》しないように家《いえ》を出《で》る。

もっとしろう

● 一刻千金《いっこくせんきん》－わずかな時間《じかん》に、大金《たいきん》に値《あたい》するほど大《おお》きな価値《かち》があること。

なりたち

刂は刀《かたな》を表《あらわ》し、亥がコクという読《よ》み方《かた》と「かたい」いみをしめしています。かたいものにすじをほることから、「きざむ」いみに使《つか》われます。

穀

おん　コク

くん

14画［禾9画］

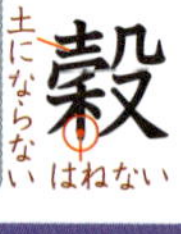

いみ

■ こくもつ。◇(穀物《こくもつ》を入《い》れる倉《くら》)穀倉《こくそう》・穀《こく》類《るい》　◇五穀《ごこく》・雑穀《ざっこく》・脱穀《だっこく》・米穀《べいこく》

つかいかた

● 日本《にほん》の穀倉地帯《こくそうちたい》。● 穀物《こくもつ》を輸入《ゆにゅう》する。
● 機械《きかい》で脱穀《だっこく》をする。

もっとしろう

● [穀物《こくもつ》]
ふつう、「米《こめ》・麦《むぎ》・あわ・ひえ・豆《まめ》」を「五《ご》穀《こく》」といい、米《こめ》・麦《むぎ》を除《のぞ》いた穀物《こくもつ》を「雑穀《ざっこく》」とも呼《よ》びます。

なりたち

古《ふる》い字《じ》は穀。禾は「こくもつ」の穂《ほ》のたれさがった形《かたち》、殸(カク)がコクと変《か》わって読《よ》み方《かた》と「かたいから」のいみをしめしています。かたいからをかぶったもみを表《あらわ》し、「こくもつ」のいみに使《つか》われます。

骨

10画［骨0画］

おん コツ

くん ほね

いみ

1 ほね。ほねぐみ。◆（骨《ほね》を折《お》る）骨折《こっせつ》・骨《こっ》子《し》・骨髄《こつずい》◆遺骨《いこつ》・筋骨《きんこつ》・人骨《じんこつ》・接骨《せっこつ》・軟骨《なんこつ》・納骨《のうこつ》・白骨《はっこつ》・老骨《ろうこつ》・背骨《せぼね》

2 人がら。気《き》だて。◆気骨《きこつ》（きぼね）

つかいかた

●かさの骨《ほね》。●がっしりした骨格《こっかく》。●鉄骨《てっこつ》を組《く》む。●骨身《ほねみ》をけずる。

もっとしろう

●**骨《ほね》が折《お》れる**－やりとげるのに、努力《どりょく》や労力《ろうりょく》を必要《ひつよう》とする。

●**骨《ほね》をうずめる**－その土地《とち》や仕事《しごと》に、一生《いっしょう》をささげる。

なりたち

月は肉《にく》を表《あらわ》し、円が関節《かんせつ》のほねの形《かたち》を表《あらわ》し、コツという読《よ》み方《かた》をしめしています。肉《にく》のついているほねを表《あらわ》し、「ほね」のいみに使《つか》われます。

困

7画［口4画］

おん コン

くん こま-る

いみ

■ こまる。くるしむ。◆（困《こま》る・惑《まど》う）困《こん》惑《わく》・困窮《こんきゅう》・困苦《こんく》◆貧困《ひんこん》

つかいかた

●生活《せいかつ》に困《こま》る。●困難《こんなん》に打《う》ち勝《か》つ。

もっとしろう

●［似《に》ている字《じ》に注意《ちゅうい》］

「困《こん》」は木《き》がかこみ（口）の中《なか》でこまっているようすを表《あらわ》している字《じ》ですが、木のかわりに人《ひと》が入《はい》っている字《じ》もあります。

・囚《しゅう》…おりの中《なか》の人《ひと》。「囚人《しゅうじん》」

・因《いん》…ふとんの上《うえ》に大《だい》の字《じ》にねている人《ひと》。「原因《げんいん》」

なりたち

木と口を合《あ》わせた字《じ》で、木《き》がかこい（口）の中《なか》でのびていけないようすを表《あらわ》しています。「こまる、くるしむ」いみに使《つか》われます。

砂

9画［石4画］

おん サ・（シャ）

くん すな

いみ

■ すな。◆（砂《すな》の丘《おか》）砂丘《さきゅう》・砂金《さきん》・砂州《さす》・砂《さ》鉄《てつ》・砂防林《さぼうりん》・砂利《じゃり》・砂地《すなじ》（すなち）・砂時計《すなどけい》・砂浜《すなはま》◆土砂《どしゃ》・白砂《はくしゃ》（はくさ）

つかいかた

●砂《すな》をほる。●広大《こうだい》な砂漠《さばく》。●白砂糖《しろざとう》と黒砂糖《くろざとう》。●砂煙《すなけむり》がまう。●砂場《すなば》で遊《あそ》ぶ。

もっとしろう

●**砂《すな》をかむよう**－まるで砂《すな》をかんでいるように、ものの味《あじ》わいもなければ、おもしろみもないことのたとえ。

なりたち

石は「いし」を表《あらわ》し、少がサという読《よ》み方《かた》と「こまかい」いみをしめしています。こまかい石《いし》のつぶから、「すな」のいみに使《つか》われます。

とくべつなよみ

砂利《じゃり》

座

10画［广7画］

おん　ザ

くん　（すわ-る）

いみ

1 **すわる。すわる所《ところ》。** ◆座高《ざこう》・座敷《ざしき》・座席《ざせき》・座禅《ざぜん》・座標《ざひょう》 ◆王座《おうざ》・上座《かみざ》（じょうざ）・玉座《ぎょくざ》・下座《しもざ》（げざ）・正座《せいざ》・対座《たいざ》・台座《だいざ》・当座《とうざ》

2 **集《あつ》まり。** ◆座興《ざきょう》 ◆講座《こうざ》・星座《せいざ》・満座《まんざ》

3 **劇場《げきじょう》や劇団《げきだん》。** ◆歌舞伎座《かぶきざ》

つかいかた

● 社長《しゃちょう》の**座《ざ》**につく。 ● いすに**座《すわ》る**。

● 度胸《どきょう》が**座《すわ》る**。 ● **座布団《ざぶとん》**をしく。

● **一座《いちざ》**の**座長《ざちょう》**。 ● **即座《そくざ》**に答《こた》える。

もっとしろう

● **座《ざ》が白《しら》ける**－楽《たの》しかったその場《ば》の雰囲気《ふんいき》が気《き》まずく、つまらないものになる。

なりたち

广は家《いえ》を表《あらわ》し、坐がザという読《よ》み方《かた》と「すわる」いみをしめしています。家《いえ》の中《なか》で人《ひと》のすわる場所《ばしょ》を表《あらわ》し、「すわる」のいみに使《つか》われます。

済

11画［氵8画］

おん　サイ

くん　す-む・す-ます

いみ

1 **すむ。** ◆完済《かんさい》・決済《けっさい》・返済《へんさい》・弁済《べんさい》

2 **すくう。たすける。** ◆（救《すく》う・すくう〈済〉）救済《きゅうさい》・共済《きょうさい》

つかいかた

● 用事《ようじ》が**済《す》む**。 ● 宿題《しゅくだい》を**済《す》ませる**。

● 難民《なんみん》を**救済《きゅうさい》**する。 ● 借金《しゃっきん》を**返済《へんさい》**する。

もっとしろう

● ［経済《けいざい》］

「経済《けいざい》」は、「経世済民《けいせいさいみん》（＝世《よ》の中《なか》をおさめて民《たみ》の苦《くる》しみをすくうこと）」を略《りゃく》したことばです。

なりたち

古《ふる》い字《じ》は濟。氵は水《みず》を表《あらわ》し、齊がサイという読《よ》み方《かた》と「ととのえる」いみをしめしています。水流《すいりゅう》をととのえることを表《あらわ》しましたが、のちに、「すくう、すむ」いみに使《つか》われるようになりました。

裁

12画［衣6画］

おん　サイ

くん　（た-つ）・さば-く

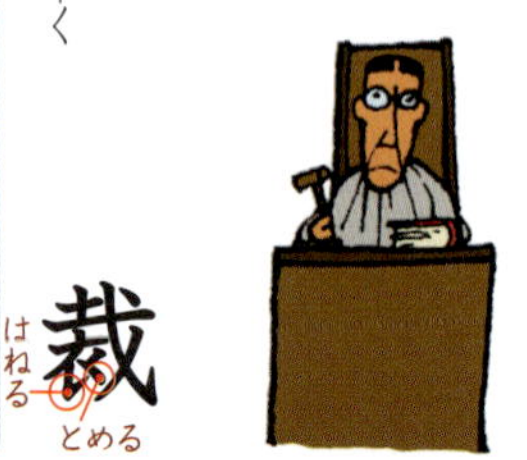

いみ

1 **布《ぬの》を切《き》る。** ◆裁断《さいだん》・裁縫《さいほう》 ◆洋裁《ようさい》・和裁《わさい》

2 **さばく。** ◆裁決《さいけつ》・裁量《さいりょう》 ◆決裁《けっさい》・制裁《せいさい》・独裁《どくさい》

3 **ようす。** ◆体裁《ていさい》

つかいかた

● 布《ぬの》を**裁《た》つ**。 ● 罪《つみ》を**裁《さば》く**。 ● **裁定《さいてい》**を下《くだ》す。

● **裁判所《さいばんしょ》**の判決《はんけつ》。 ● **制裁《せいさい》**をくわえる。

● 政党《せいとう》の**総裁《そうさい》**。 ● けんかの**仲裁《ちゅうさい》**をする。

なりたち

衣は「ころも」を表《あらわ》し、𢦏がサイという読《よ》み方《かた》と「きりはなす」いみをしめしています。布《ぬの》をたちきることを表《あらわ》し、転《てん》じて、「さばく」いみに使《つか》われます。

つかいわけ

● **裁《た》つ・断《た》つ・絶《た》つ**

裁《た》つ…布《ぬの》を裁《た》つ。型紙《かたがみ》を裁《た》つ。

断《た》つ…酒《さけ》を断《た》つ。退路《たいろ》を断《た》つ。

絶《た》つ…命《いのち》を絶《た》つ。消息《しょうそく》を絶《た》つ。

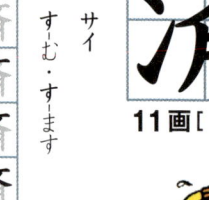

策

12画［竹6画］

おん サク

くん

いみ

■ はかりごと。たくらみ。計略《けいりゃく》。◆策士《さくし》 ◆画策《かくさく》・政策《せいさく》・善後策《ぜんごさく》・得策《とくさく》・方策《ほうさく》

つかいかた

● **策略《さくりゃく》**を練《ね》る。 ● **失策《しっさく》**が重《かさ》なる。

● 地震《じしん》への**対策《たいさく》**が必要《ひつよう》だ。

もっとしろう

● **策《さく》を講《こう》じる**－問題《もんだい》を解決《かいけつ》するために、対策《たいさく》を立《た》てて準備《じゅんび》をする。

● **策士《さくし》策《さく》におぼれる**－はかりごとのたくみな人《ひと》(策士《さくし》)は、あまりはかりごとにたよりすぎてかえって失敗《しっぱい》する。

なりたち

竹は「たけ」を表《あらわ》し、束(シ)がサクと変《か》わって読《よ》み方《かた》と「せめる」いみをしめしています。馬《うま》をせめる竹《たけ》のむちを表《あらわ》す字《じ》でしたが、「はかりごと」のいみに使《つか》われるようになりました。

冊

5画［冂3画］

おん サツ・(サク)

くん

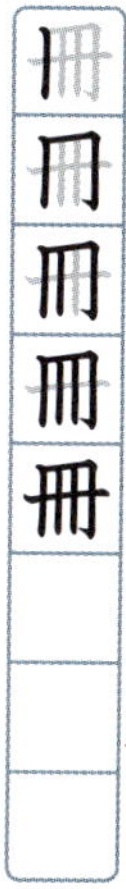

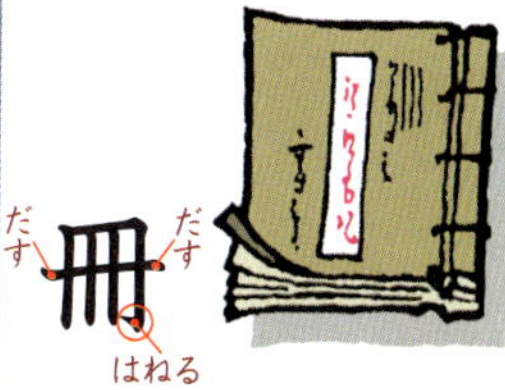

いみ

1 書物《しょもつ》。書物《しょもつ》をかぞえることば。◆(書物《しょもつ》〈冊〉の数《かず》)冊数《さっすう》・冊子《さっし》 ◆分冊《ぶんさつ》・別冊《べっさつ》

2 書《か》きつけるふだ。◆短冊《たんざく》

つかいかた

● 本《ほん》を**三冊《さんさつ》**借《か》りる。 ● **別冊《べっさつ》**の付録《ふろく》。

もっとしろう

● [冊子《さっし》]

とじた書物《しょもつ》のことで、小《ちい》さいものは「小《しょう》冊子《さっし》」といいます。

「冊子《さっし》」の「子《し》」は、「粒子《りゅうし》・障子《しょうじ》」など、小《ちい》さい物《もの》や道具《どうぐ》の名《な》の下《した》につけて、「小《ちい》さい」いみをしめすことばです。

なりたち

もとの形《かたち》は𠕋。記録《きろく》などを書《か》いた竹《たけ》や木《き》のふだにひもを通《とお》したものの形《かたち》からできた字《じ》で、「書《か》きつけ、書物《しょもつ》」のいみに使《つか》われます。

蚕

10画［虫4画］

おん サン

くん かいこ

いみ

■ かいこ。◆蚕糸《さんし》・蚕室《さんしつ》

つかいかた

● **蚕《かいこ》**のまゆから生糸《きいと》を取《と》る。 ● **養蚕《ようさん》**の仕事《しごと》。

もっとしろう

● [蚕《かいこ》]

「かいこ」は「飼《か》い蚕《こ》」からできた呼《よ》び名《な》です。そして、春《はる》に育《そだ》てる蚕《かいこ》を「春蚕《はるご》」、夏《なつ》に育《そだ》てる蚕《かいこ》を「夏蚕《なつご》」、秋《あき》に育《そだ》てる蚕《かいこ》を「秋蚕《あきご》」と呼《よ》んでいます。

なりたち

古《ふる》い字《じ》は蠶。蚰は「むし」を表《あらわ》し、朁がサンという読《よ》み方《かた》と「おかす」いみをしめしています。桑《くわ》の葉《は》をむしばむ虫《むし》「かいこ」を表《あらわ》します。「みみず」のいみの「蚕」とは別字《べつじ》でしたが、蠶(サン)の略字《りゃくじ》として使《つか》われ、「かいこ」のいみに使《つか》われるようになりました。

六年

至

おん　シ
くん　いた-る

6画［至0画］

いみ

1 **いたる。ゆきつく。** ◆（必《かなら》ず至《いた》る）必至《ひっし》・夏至《げし》・冬至《とうじ》

2 **きわめて。このうえなく。** ◆（きわめて〔至〕近《ちか》い）至近《しきん》・至極《しごく》・至上《しじょう》・至誠《しせい》・至《し》当《とう》・至《し》難《なん》

つかいかた

●山頂《さんちょう》に至《いた》る。●至《いた》って元《げん》気《き》です。

●至急《しきゅう》来《き》てください。●至難《しなん》の業《わざ》。

●至福《しふく》のひととき。●交通至便《こうつうしべん》な土《と》地《ち》。

もっとしろう

●**至《いた》れりつくせり**－心《こころ》づかいなどが、細《こま》かいところまでゆきとどいていて申《もう》し分《ぶん》がない。

なりたち

矢《や》が飛《と》んできて地《じ》面《めん》につきささった形《かたち》（𦤳）からできた字《じ》で、「いたる」いみを表《あらわ》しています。

私

おん　シ
くん　わたくし・わたし

7画［禾2画］

いみ

■ **わたくし。じぶん。おおやけでない。** ◆（わたくし〔ごと〕）私《し》事《じ》・私案《しあん》・私営《しえい》・私学《しがく》・私見《しけん》・私財《しざい》・私《し》設《せつ》・私的《してき》・私情《しじょう》・私心《ししん》・私信《ししん》・私生活《しせいかつ》・私《し》私《し》有《ゆう》・私用《しよう》・私欲《しよく》・私立《しりつ》・私鉄《してつ》・私道《しどう》・私腹《しふく》・私物《しぶつ》 ◆公《こう》私《し》・無《む》私《し》

つかいかた

●私《わたくし》から申《もう》し上《あ》げます。●私的《してき》な用《よう》事《じ》。

●私服《しふく》に着《き》がえる。●私立《しりつ》の中学校《ちゅうがっこう》。

もっとしろう

●**私利私欲《しりしよく》**－自《じ》分《ぶん》だけの利《り》益《えき》や欲望《よくぼう》を追《お》い求《もと》める心《こころ》。

なりたち

もとの形《かたち》は𥝌。禾は穀物《こくもつ》の穂《ほ》の形《かたち》を表《あらわ》し、厶（イ）がシと変《か》わって読《よ》み方《かた》と「囲《かこ》う」いみをしめしています。穀物《こくもつ》を自《じ》分《ぶん》のものにすることを表《あらわ》し、「わたくし」のいみに使《つか》われます。

姿

おん　シ
くん　すがた

9画［女6画］

いみ

■ **すがた。** ◆姿見《すがたみ》 ◆（勇《いさ》ましい姿《すがた》）勇姿《ゆうし》・雄《ゆう》姿《し》・容《よう》姿《し》

つかいかた

●姿《すがた》を現《あらわ》す。●正《ただ》しい姿勢《しせい》。

●美《うつく》しい容姿《ようし》の女性《じょせい》。

もっとしろう

●**姿《すがた》を消《け》す**－①その場《ば》からいなくなる。②今《いま》まであったことがらや物事《ものごと》がすっかり見《み》られなくなる。

●［似《に》ている字《じ》に注意《ちゅうい》］
・姿…すがた。「容姿《ようし》」
・婆…としよりの女《おんな》のひと。「老婆《ろうば》」

なりたち

女は女性《じょせい》を表《あらわ》し、次がシという読《よ》み方《かた》と「もとで」のいみをしめしています。女性《じょせい》の生《う》まれつきのすがたを表《あらわ》し、「すがた」のいみに使《つか》われます。

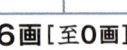

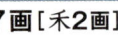

視

11画［見4画］

おん　シ

くん

ネにならない　視　うえへはねる

いみ

■見《み》る。目《め》を向《む》ける。◇（みる〈視〉力《ちから》）視《し》力《りょく》・視《し》界《かい》・視《し》覚《かく》・視《し》点《てん》・視《し》野《や》 ◇（軽《かる》くみる〈視〉）軽《けい》視《し》・遠《えん》視《し》・監《かん》視《し》・凝《ぎょう》視《し》・近《きん》視《し》・座《ざ》視《し》・重《じゅう》視《し》・重《じゅう》大《だい》視《し》・巡《じゅん》視《し》・正《せい》視《し》・注《ちゅう》視《し》・直《ちょく》視《し》・敵《てき》視《し》・透《とう》視《し》・度《ど》外《がい》視《し》・白《はく》眼《がん》視《し》・乱《らん》視《し》

つかいかた

●視界《しかい》が開《ひら》ける。●海外《かいがい》へ視察《しさつ》に行《い》く。●視線《しせん》が合《あ》う。●番組《ばんぐみ》の視聴率《しちょうりつ》。●視力《しりょく》がおとろえる。●現実《げんじつ》を直視《ちょくし》する。●親切《しんせつ》な忠告《ちゅうこく》を無視《むし》する。

なりたち

古《ふる》い字《じ》は視。見は「みる」いみを表《あらわ》し、示がシという読《よ》み方《かた》と「とどめる」いみをしめしています。目《め》をとめてよく見《み》ることから、「みる」いみに使《つか》われます。

詞

12画［言5画］

おん　シ

くん

詞　はねる

いみ

■ことば。◇（歌《うた》のことば〈詞〉）歌《か》詞《し》・冠《かん》詞《し》・感《かん》動《どう》詞《し》・形《けい》容《よう》詞《し》・形《けい》容《よう》動《どう》詞《し》・作《さく》詞《し》・自《じ》動《どう》詞《し》・祝《しゅく》詞《し》（のりと）・助《じょ》詞《し》・助《じょ》動《どう》詞《し》・数《すう》詞《し》・接《せつ》続《ぞく》詞《し》・代《だい》名《めい》詞《し》・他《た》動《どう》詞《し》・品《ひん》詞《し》・副《ふく》詞《し》・名《めい》詞《し》・連《れん》体《たい》詞《し》

つかいかた

●作詞《さくし》と作曲《さっきょく》。●動詞《どうし》の活用《かつよう》。

もっとしろう

●［作詞《さくし》と作詩《さくし》］
「作詞《さくし》」は歌《うた》う曲《きょく》のことばをつくること、「作詩《さくし》」は詩《し》をつくることをいいます。

なりたち

言は「ことば」を表《あらわ》し、司がシという読《よ》み方《かた》と「おさめる」いみをしめしています。物事《ものごと》をおさめることばから、「ことば」のいみに使《つか》われます。

とくべつなよみ

祝詞《のりと》

誌

14画［言7画］

おん　シ

くん

ながく　誌　はねる

いみ

■しるす。書《か》きしるしたもの。◇（雑《ざっ》誌《し》の紙《し》面《めん》）誌《し》面《めん》・誌《し》上《じょう》 ◇機《き》関《かん》誌《し》・月《げっ》刊《かん》誌《し》・週《しゅう》刊《かん》誌《し》・日《にっ》誌《し》

つかいかた

●写真《しゃしん》が誌面《しめん》をかざる。●子《こ》ども向《む》けの雑誌《ざっし》。

もっとしろう

●［日誌《にっし》と日記《にっき》］
「日誌《にっし》」は、毎日《まいにち》の公《おおやけ》のできごとや仕事《しごと》のようすを書《か》き記《しる》すもので、「日記《にっき》」は、毎日《まいにち》自分《じぶん》がしたことや感《かん》じたことを書《か》き記《しる》すものです。

なりたち

言は「ことば」を表《あらわ》し、志がシという読《よ》み方《かた》と「とどめておく」いみをしめしています。ことばをとどめておくことを表《あらわ》す字《じ》で、「しるす」いみに使《つか》われます。

六年

磁

14画［石9画］

おん　ジ

くん

磁

絲にならない

いみ

1 じしゃく。◆(磁《じ》石《しゃく》の力《ちから》)磁力《じりょく》・磁気《じき》・磁《じ》場《ば》(じじょう)

2 かたくやきあげたやきもの。◆青磁《せいじ》・白磁《はくじ》◆磁器《じき》

つかいかた

●日本《にほん》の**磁器《じき》**。●**磁石《じしゃく》**にくっつける。

●**磁針《じしん》**が南北《なんぼく》を指《さ》す。

もっとしろう

●［磁石《じしゃく》のNとS］

磁針《じしん》はNとSを指《さ》します。NはNorth(北《きた》)、SはSouth(南《みなみ》)のそれぞれの頭文《かしらも》字《じ》です。

なりたち

石は「いし」を表《あらわ》し、玆がジという読《よ》み方《かた》と「ひきつける」いみをしめしています。鉄《てつ》をくっつける石《いし》から、「じしゃく」のいみに使《つか》われます。

射

10画［寸7画］

おん　シャ

くん　い-る

射

だす

はねる

いみ

1 いる。うつ。◆射撃《しゃげき》・射殺《しゃさつ》・射手《しゃしゅ》・射程《しゃてい》・射的《しゃてき》◆掃射《そうしゃ》・発射《はっしゃ》・乱射《らんしゃ》・連射《れんしゃ》

2 いきおいよくでる。◆照射《しょうしゃ》・噴射《ふんしゃ》・放射《ほうしゃ》

つかいかた

●矢《や》を**射《い》る**。●**注射《ちゅうしゃ》**を打《う》つ。

●**直射日光《ちょくしゃにっこう》**をさける。

もっとしろう

●**将《しょう》を射《い》んと欲《ほっ》すればまず馬《うま》を射《い》よ**－馬《うま》に乗《の》っている敵《てき》の大将《たいしょう》を射《い》るには、まず馬《うま》を射《い》てからにするのがよい。目的《もくてき》を達成《たっせい》するためには、周辺《しゅうへん》の問題《もんだい》から片《かた》づけるのがよいというたとえ。

なりたち

もとの形《かたち》は。弓《ゆみ》()に矢《や》(←)を手《て》()でつがえているようすを表《あらわ》し、弓《ゆみ》で矢《や》をいることから、「いる、うつ」のいみに使《つか》われます。

捨

11画［扌8画］

おん　シャ

くん　す-てる

捨

はねる

ながく

いみ

1 すてる。◆(取《と》ることと捨《す》てること)取捨《しゅしゃ》

2 ほどこす。◆喜捨《きしゃ》

つかいかた

●ごみを**捨《す》てる**。●**喜捨《きしゃ》**を求《もと》める。

●**捨《す》て身《み》**でぶつかる。

もっとしろう

●**捨《す》て石《いし》になる**－(囲碁《いご》から出《で》たことばで)後《あと》になって役立《やくだ》てるために、今《いま》はむだと思《おも》える方法《ほうほう》をとる。また、ぎせいになる。

●**捨《す》てたものではない**－もう役《やく》に立《た》たないように見《み》えても、まだまだよいところがある。

なりたち

古《ふる》い字《じ》は捨。扌は手《て》()を表《あらわ》し、舍がシャという読《よ》み方《かた》と「とりのぞく」いみをしめしています。手《て》でとりのぞくことから、「すてる」いみに使《つか》われます。

尺

おん　シャク

くん

4画［尸1画］

いみ

■しゃく。長《なが》さの単位《たんい》。約《やく》三十・三センチメートル。ものさし。◆尺八《しゃくはち》・尺貫法《しゃっかんほう》

つかいかた

● 判断《はんだん》の尺度《しゃくど》を決《き》める。
● 縮尺《しゅくしゃく》が五万分《ごまんぶん》の一《いち》の地図《ちず》。

もっとしろう

●［尺《しゃく》がつくことば］
・尺八《しゃくはち》―楽器《がっき》の長《なが》さが一尺八寸《いっしゃくはっすん》(約五十五《やくごじゅうご》センチメートル)なので、こう呼《よ》ばれます。
・尺取《しゃくと》り虫《むし》―まるで人《ひと》が指《ゆび》で長《なが》さを測《はか》っているように動《うご》くので、この名《な》があります。

なりたち

もとの形《かたち》は。親指《おやゆび》とほかの四《よん》本《ほん》の指《ゆび》を合《あ》わせたものを開《ひら》いて長《なが》さをはかっているようすを表《あらわ》しています。「一寸《いっすん》の十倍《じゅうばい》の長《なが》さの単位《たんい》」、また「ものさし」のいみに使《つか》われます。

若

おん　(ジャク・ニャク)

くん　わか-い・(も-しくは)

8画［艹5画］

いみ

1 わかい。◆(若《わか》い芽《め》)若芽《わかめ》・若年《じゃくねん》・若輩《じゃくはい》・若木《わかぎ》・若草《わかくさ》・若気《わかげ》・若年寄《わかどしより》・若者《わかもの》・若人《わこうど》 ◆老若《ろうにゃく》(ろうじゃく)
2 いくらか。すこし。◆若干《じゃっかん》

つかいかた

● 若《わか》い世代《せだい》。
● 若手《わかて》の選手《せんしゅ》が活躍《かつやく》する。
● 若葉《わかば》が山《やま》をいろどる。

なりたち

もとの形《かたち》は。みこが髪《かみ》をふり乱《みだ》し、両手《りょうて》()を差《さ》し上《あ》げてひざまずいたようすを表《あらわ》し、のちに口《くち》を加《くわ》えて、神意《しんい》を告《つ》げることを表《あらわ》し、のちに𦭝に形《かたち》が変《か》わりました。「わかい」いみに使《つか》われるようになりました。

とくべつなよみ

若人《わこうど》
※「ニャク」という読《よ》み―老若《ろうにゃく》(ろうじゃく)

樹

おん　ジュ

くん

16画［木12画］

いみ

1 たち木《き》。◆(き〈樹《じゅ》〉・木《き》)樹木《じゅもく》・樹液《じゅえき》・樹《じゅ》海《かい》・樹脂《じゅし》・樹皮《じゅひ》・樹氷《じゅひょう》・樹齢《じゅれい》・常緑樹《じょうりょくじゅ》・針葉樹《しんようじゅ》・落葉樹《らくようじゅ》 ◆広葉樹《こうようじゅ》・
2 たてる。◆(たてる〈樹〉・立《た》てる)樹立《じゅりつ》

つかいかた

● 新記録《しんきろく》を樹立《じゅりつ》する。● 街路樹《がいろじゅ》が続《つづ》く。
● 果樹園《かじゅえん》のりんご。● 広葉樹《こうようじゅ》の森《もり》。
● 卒業記念《そつぎょうきねん》に植樹《しょくじゅ》をする。

もっとしろう

●［木《き》と樹《じゅ》］
「木《き》」は加工《かこう》したものにも使《つか》いますが、「樹《じゅ》」はたち木《き》だけをさします。

なりたち

木は「き」を表《あらわ》し、尌がジュという読《よ》み方《かた》と「たいこを立《た》てる」いみをしめしています。まっすぐに立《た》っている木《き》を表《あらわ》し、「たち木《き》」のいみに使《つか》われます。

収

4画［又2画］

おん　シュウ

くん　おさ-める・おさ-まる

収

いみ

1 **おさめる。**　◆収穫《しゅうかく》・収拾《しゅうしゅう》・収集《しゅうしゅう》・収納《しゅうのう》・収容《しゅうよう》　◆押収《おうしゅう》・回収《かいしゅう》・買収《ばいしゅう》・没収《ぼっしゅう》・領収《りょうしゅう》

2 **お金《かね》が入《はい》る。**　◆収支《しゅうし》・収入《しゅうにゅう》　◆月収《げっしゅう》

3 **ちぢまる。**　◆収縮《しゅうしゅく》

つかいかた

●番組《ばんぐみ》を**収録《しゅうろく》**する。　●汗《あせ》を**吸収《きゅうしゅう》**する。

なりたち

丩（シュウ）が「問《と》いただす」いみをもっています。罪人《ざいにん》をとらえてただすことを表《あらわ》し、「おさめる」いみに使《つか》われます。

古《ふる》い字《じ》は收。攵は「強制《きょうせい》する」、

つかいわけ

●**収《おさ》める・治《おさ》める・納《おさ》める・修《おさ》める**

収《おさ》める…成功《せいこう》を収《おさ》める。効果《こうか》を収《おさ》める。

治《おさ》める…領地《りょうち》を治《おさ》める。

納《おさ》める…税《ぜい》を納《おさ》める。品物《しなもの》を納《おさ》める。

修《おさ》める…学業《がくぎょう》を修《おさ》める。

宗

8画［宀5画］

おん　シュウ・（ソウ）

くん

宗

いみ

1 **神《かみ》や仏《ほとけ》の教《おし》え。**　◆宗教《しゅうきょう》・宗旨《しゅうし》・宗徒《しゅうと》・宗《しゅう》派《は》

2 **おおもと。**　◆（おおもと〈宗〉の家《いえ》）宗家《そうけ》・宗匠《そうしょう》

つかいかた

●**宗教家《しゅうきょうか》**として活動《かつどう》する。

●**宗教画《しゅうきょうが》**をえがく。

●**宗教心《しゅうきょうしん》**をもつ。

もっとしろう

●**宗旨《しゅうし》を変《か》える**－宗教《しゅうきょう》や宗派《しゅうは》を変《か》えること。また、これまでの考《かんが》え方《かた》や方針《ほうしん》などを変《か》えて、別《べつ》なものにすること。

なりたち

宀は家《いえ》を表《あらわ》し、示が祭壇《さいだん》を表《あらわ》しています。祖先《そせん》をまつる所《ところ》を表《あらわ》し、「おおもとの祖《そ》先《せん》、かしら」のいみに使《つか》われます。

就

12画［尢9画］

おん　シュウ・（ジュ）

くん　（つ-く・つ-ける）

就

いみ

1 **役目《やくめ》や仕事《しごと》につく。**　◆（任《にん》務《む》に就《つ》く）就《しゅう》任《にん》・就学《しゅうがく》・就業《しゅうぎょう》・就航《しゅうこう》・就寝《しゅうしん》・就眠《しゅうみん》・就《しゅう》労《ろう》　◆去就《きょしゅう》

2 **なしとげる。**　◆成就《じょうじゅ》

つかいかた

●警備《けいび》の任《にん》に**就《つ》く**。　●銀行《ぎんこう》に**就職《しゅうしょく》**する。

●会長《かいちょう》に**就任《しゅうにん》**する。

なりたち

京は「高《たか》い丘《おか》」のいみをもち、尤がシュウという読《よ》み方《かた》と「あつまる」いみをしめしています。人《ひと》の住《す》みつく高《たか》い丘《おか》を表《あらわ》し、「つく」いみに使《つか》われます。

つかいわけ

●**就《つ》く・付《つ》く・着《つ》く**

就《つ》く…仕事《しごと》に就《つ》く。床《とこ》に就《つ》く。

付《つ》く…服《ふく》にどろが付《つ》く。気《き》が付《つ》く。

着《つ》く…目的地《もくてきち》に着《つ》く。手紙《てがみ》が着《つ》く。

とくべつなよみ

※「ジュ」という読《よ》み—成就《じょうじゅ》

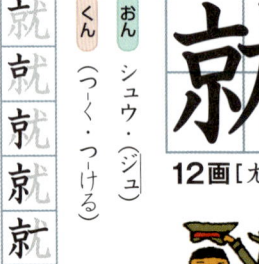

衆

12画［血6画］

おん　シュウ・（シュ）

くん

いみ

■ **おおい。おおぜいの人《ひと》。**◆（おおぜいの人《ひと》〔衆〕が知《し》っている）衆知《しゅうち》・衆人《しゅうじん》・衆望《しゅうぼう》・衆目《しゅうもく》 ◆群衆《ぐんしゅう》・大衆《たいしゅう》・聴衆《ちょうしゅう》

つかいかた

● **衆議院**《しゅうぎいん》の議員《ぎいん》。
● **観衆**《かんしゅう》がスタンドをうめる。
● **公衆道徳**《こうしゅうどうとく》を守《まも》る。 ● **民衆**《みんしゅう》の声《こえ》を聴《き》く。

もっとしろう

● **衆《しゅう》を頼《たの》む**－人数《にんずう》の多《おお》いのをいいことにして、物事《ものごと》を強引《ごういん》にする。

なりたち

もとの形《かたち》は𥃩。口は地域《ちいき》をしめし、一《ひと》つの地域《ちいき》に人《ひと》（⺈）がたくさんあつまっていることを表《あらわ》しています。いっしょにいるたくさんの人《ひと》から、「おおい、おおぜいの人《ひと》」のいみに使《つか》われます。

とくべつなよみ

※「シュ」という読《よ》み―衆生《しゅじょう》

従

10画［彳7画］

おん　ジュウ・（ショウ・ジュ）

くん　したが-う・したが-える

いみ

1 **したがう。したがえる。**◆（従《したが》う・属《ぞく》する）従属《じゅうぞく》・従軍《じゅうぐん》・従者《じゅうしゃ》・従順《じゅうじゅん》・従犯《じゅうはん》 ◆屈従《くつじゅう》・侍従《じじゅう》・主従《しゅじゅう》・追従《ついじゅう》（ついしょう）・忍従《にんじゅう》・服従《ふくじゅう》

2 **たずさわる。**◆従業員《じゅうぎょういん》 ◆専従《せんじゅう》

3 **…から。**◆従前《じゅうぜん》・従来《じゅうらい》

つかいかた

● 規則《きそく》に**従《したが》う**。 ● 部下《ぶか》を**従《したが》えて**歩《ある》く。
● 介護《かいご》に**従事**《じゅうじ》する。 ● 主人《しゅじん》と**従者**《じゅうしゃ》。
● 命令《めいれい》に**服従**《ふくじゅう》する。

なりたち

古《ふる》い字《じ》は從。彳は「行《い》く」ことを表《あらわ》し、从は人《ひと》がつきしたがう形《かたち》、止は足《あし》を表《あらわ》します。人《ひと》がついて行《い》くことを表《あらわ》し、「したがう」いみに使《つか》われます。

とくべつなよみ

※「ショウ・ジュ」という読《よ》み―従容《しょうよう》・従三位《じゅさんみ》など

縦

16画［糸10画］

おん　ジュウ

くん　たて

いみ

1 **たて。**◆（縦《たて》に貫《つらぬ》く）縦貫《じゅうかん》・縦走《じゅうそう》・縦糸《たていと》・縦軸《たてじく》・縦笛《たてぶえ》

2 **思《おも》うままに。**◆縦覧《じゅうらん》 ◆操縦《そうじゅう》

つかいかた

● **縦**《たて》に線《せん》を引《ひ》く。 ● **縦横**《じゅうおう》に走《はし》り回《まわ》る。
● 本州《ほんしゅう》を**縦断**《じゅうだん》する。 ● 飛行機《ひこうき》を**操縦**《そうじゅう》する。
● **二列縦隊**《にれつじゅうたい》に並《なら》ぶ。

もっとしろう

● **縦横無尽**《じゅうおうむじん》－したいことを思《おも》う存分《ぞんぶん》にする。「縦横《じゅうおう》」は、四方八方《しほうはっぽう》どこでも。「無尽《むじん》」は、尽《つ》きることがないいみ。

なりたち

古《ふる》い字《じ》は縱。糸は「いと」を表《あらわ》し、従がジュウという読《よ》み方《かた》と「したがう」いみをしめしています。糸《いと》がつぎつぎに連《つら》なって、たてに細《ほそ》くのびることを表《あらわ》し、「たて」のいみに使《つか》われます。

縮

17画［糸11画］

おん　シュク

くん　ちぢ-む・ちぢ-まる・ちぢ-める・ちぢ-れる・ちぢ-らす

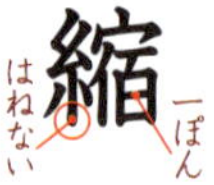

いみ

■ちぢむ。ちぢめる。◆（縮《ちぢ》める・小《ちい》さくする）縮小《しゅくしょう》・縮減《しゅくげん》・縮刷《しゅくさつ》・縮写《しゅくしゃ》・縮図《しゅくず》◆（短《みじか》く縮《ちぢ》める）短縮《たんしゅく》・圧縮《あっしゅく》・萎縮《いしゅく》・恐縮《きょうしゅく》・緊縮《きんしゅく》・収縮《しゅうしゅく》・伸縮《しんしゅく》・濃縮《のうしゅく》

つかいかた

●セーターが縮《ちぢ》む。●点差《てんさ》が縮《ちぢ》まる。
●からだを縮《ちぢ》める。
●縮尺《しゅくしゃく》が五万分《ごまんぶん》の一《いち》の地図《ちず》。
●濃縮《のうしゅく》のジュース。
●時間《じかん》を短縮《たんしゅく》する。

なりたち

糸は「いと」を表《あらわ》し、宿がシュクという読《よ》み方《かた》と「ちぢまる」いみをしめしています。糸《いと》や布地《ぬのじ》がちぢまることを表《あらわ》し、「ちぢむ」いみに使《つか》われます。

熟

15画［灬11画］

おん　ジュク

くん　（う-れる）

いみ

1 うれる。◆（早《はや》く熟《う》れる）早熟《そうじゅく》・完熟《かんじゅく》・成熟《せいじゅく》・未熟《みじゅく》

2 にえる。◆半熟《はんじゅく》

3 じゅうぶんに。◆（じゅうぶんに〈熟〉読《よ》む）熟読《じゅくどく》・熟視《じゅくし》・熟睡《じゅくすい》・熟成《じゅくせい》・熟達《じゅくたつ》・熟知《じゅくち》・熟慮《じゅくりょ》◆円熟《えんじゅく》・習熟《しゅうじゅく》

つかいかた

●機《き》が熟《じゅく》す。●かきの実《み》が熟《う》れる。
●熟語《じゅくご》を集《あつ》める。●熟知《じゅくち》している町《まち》。
●文章《ぶんしょう》を熟読《じゅくどく》する。
●熟練《じゅくれん》を要《よう》する作業《さぎょう》。

なりたち

灬は火《ひ》を表《あらわ》し、孰がジュクという読《よ》み方《かた》と「やわらか」のいみをしめしています。火《ひ》にかけてやわらかくにるいみを表《あらわ》し、「にる、うれる、じゅうぶん」のいみに使《つか》われます。

純

10画［糸4画］

おん　ジュン

くん

いみ

■まじりけがない。◆（まじりけがない〈純〉愛《あい》）純愛《じゅんあい》・純益《じゅんえき》・純金《じゅんきん》・純銀《じゅんぎん》・純潔《じゅんけつ》・純真《じゅんしん》・純粋《じゅんすい》・純然《じゅんぜん》・純度《じゅんど》・純朴《じゅんぼく》・純綿《じゅんめん》・純良《じゅんりょう》◆清純《せいじゅん》

つかいかた

●純《じゅん》な人《ひと》。●純情《じゅんじょう》な少女《しょうじょ》。●純白《じゅんぱく》のドレス。
●純毛《じゅんもう》のコート。●単純《たんじゅん》な作業《さぎょう》。
●不純物《ふじゅんぶつ》を取《と》り除《のぞ》く。

もっとしろう

●純真無垢《じゅんしんむく》－けがれやかざりけがなく、清《きよ》らかなようす。「垢《く》」は、あか・よごれ。

なりたち

糸は「いと」を表《あらわ》し、屯（トン）がジュンと変《か》わって読《よ》み方《かた》と「まじりものがない」いみをしめしています。まじりもののない生糸《きいと》から、「まじりけがない」いみに使《つか》われます。

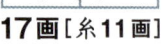

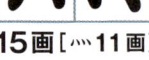

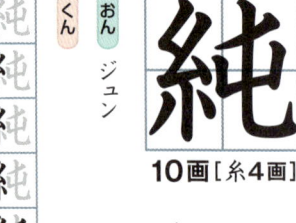

処

5画［几3画］

おん　ショ

くん

いみ

1 そのままでいる。◇処女《しょじょ》 ◇出処《しゅっしょ》

2 とりさばく。◇処刑《しょけい》・処世《しょせい》・処断《しょだん》・処置《しょち》・処罰《しょばつ》・処方《しょほう》 ◇善処《ぜんしょ》

つかいかた

● 厳罰《げんばつ》に**処《しょ》する**。 ● 不用品《ふようひん》を**処分《しょぶん》**する。

● 事故《じこ》を**処理《しょり》**する。 ● 事態《じたい》に**対処《たいしょ》**する。

もっとしろう

● **出処進退《しゅっしょしんたい》**－仕事《しごと》につくべきかどうか、仕事《しごと》をやめるべきかどうかという身《み》のふり方《かた》。「出《しゅっ》」は世《よ》に出《で》て仕事《しごと》をする、「処《しょ》」は家《いえ》にいるいみ。

なりたち

古《ふる》い字《じ》は處。虍がショという読《よ》み方《かた》をしめし、几はこしかけ、夂は足《あし》の形《かたち》を表《あらわ》しています。足《あし》をとめてこしかけているいることを表《あらわ》し、「いる」いみに使《つか》われます。

署

13画［罒8画］

おん　ショ

くん

いみ

1 役所《やくしょ》。役《やく》わり。◇署長《しょちょう》 ◇警察署《けいさつしょ》・消防《しょうぼう》署《しょ》・税務署《ぜいむしょ》・部署《ぶしょ》・分署《ぶんしょ》・本署《ほんしょ》

2 名《な》を書《か》く。書《か》きしるす。◇署名《しょめい》 ◇自署《じしょ》・連署《れんしょ》

つかいかた

● 容疑者《ようぎしゃ》を**署《しょ》**に連行《れんこう》する。

● 契約書《けいやくしょ》に**署名《しょめい》**する。

もっとしろう

● ［似《に》ている字《じ》に注意《ちゅうい》］

・署《しょ》…あみ（罒）をめぐらす。「警察署《けいさつしょ》」

・暑《しょ》…日《ひ》のひかりがあつい。「暑中見舞《しょちゅうみま》い」

なりたち

罒はあみの形《かたち》（㓁）で、者（シャ）がショと変《か》わって読《よ》み方《かた》と「おく」いみをしめしています。あみをしかけるために人《ひと》を配置《はいち》することを表《あらわ》し、「役《やく》わり、役所《やくしょ》」のいみに使《つか》われます。

諸

15画［言8画］

おん　ショ

くん

いみ

■ おおくの。もろもろ。◇（おおくの〔諸〕事《こと》がら）諸事《しょじ》・諸君《しょくん》・諸説《しょせつ》・諸般《しょはん》

つかいかた

● **諸国《しょこく》**をめぐる。 ● これには**諸説《しょせつ》**ある。

● **伊豆諸島《いずしょとう》**の特産品《とくさんひん》。

もっとしろう

● **諸行無常《しょぎょうむじょう》**－我々《われわれ》が住《す》むこの世《よ》のすべてのものは常《つね》に移《うつ》り変《か》わり、一《ひと》つとして変《か》わらないものはないということ。「諸行《しょぎょう》」は、いっさいの物事《ものごと》。「無常《むじょう》」は、いつも同《おな》じではない。

なりたち

言は「ことば」を表《あらわ》し、者（シャ）がショと変《か》わって読《よ》み方《かた》と「おおい」いみをしめしています。おおくのことばを表《あらわ》し、「おおくの、もろもろ」のいみに使《つか》われます。

除

おん　ジョ・(ジ)
くん　のぞ-く

10画 [阝7画]

いみ

■ **のぞく。** ◆(除《のぞ》く・外《はず》す) 除外《じょがい》・除去《じょきょ》・除《じょ》湿《しつ》・除草《じょそう》・除名《じょめい》 ◆解除《かいじょ》・駆除《くじょ》・控除《こうじょ》・削除《さくじょ》・切除《せつじょ》・排除《はいじょ》・免除《めんじょ》

つかいかた

● 不安《ふあん》を**除《のぞ》く**。● 不良品《ふりょうひん》を**除《のぞ》く**。
● 部屋《へや》を**除湿《じょしつ》**する。● **除雪車《じょせつしゃ》**が通《とお》る。
● 記念碑《きねんひ》の**除幕式《じょまくしき》**が行《おこな》われる。
● **除夜《じょや》の鐘《かね》**が鳴《な》る。● 武装《ぶそう》を**解除《かいじょ》**する。
● 一行目《いちぎょうめ》を**削除《さくじょ》**する。
● 部屋《へや》をきれいに**掃除《そうじ》**する。

なりたち

阝は土《つち》を盛《も》りあげた階段《かいだん》を表《あらわ》し、余(ヨ)がジョと変《か》わって読《よ》み方《かた》と家《いえ》のいみをしめしています。家《いえ》の階段《かいだん》を表《あらわ》す字《じ》でしたが、「のぞく」いみに使《つか》われるようになりました。

とくべつなよみ

※「ジ」という読《よ》み―掃除《そうじ》

承

おん　ショウ
くん　(うけたまわ-る)

8画 [手4画]

いみ

■ **うけたまわる。うけつぐ。** ◆(承《うけたまわ》る・知《し》る) 承知《しょうち》・承諾《しょうだく》・承認《しょうにん》・承服《しょうふく》 ◆継承《けいしょう》・了承《りょうしょう》

つかいかた

● 注文《ちゅうもん》を**承《うけたまわ》る**。● はい、**承知《しょうち》**しました。
● **承服《しょうふく》**できない判定《はんてい》。

もっとしろう

● [「承-うけたまわる」の送《おく》りがな]
承《しょう》の訓読《くんよ》み「うけたまわる」は、「受《う》ける」のていねいな言《い》い方《かた》「受《う》け賜《たまわ》る」からできたことばで、送《おく》りがなは「る」だけです。

なりたち

丞と手からできた字《じ》です。手は「て」を表《あらわ》し、丞(丞)がショウという読《よ》み方《かた》と「もちあげる」いみをしめしています。ささげもつことを表《あらわ》し、「うける」いみに使《つか》われます。

将

おん　ショウ

10画 [寸7画]

いみ

1 **ひきいる人《ひと》。** ◆(軍《ぐん》をひきいる人《ひと》〈将〉)将《しょう》軍《ぐん》・将官《しょうかん》・将棋《しょうぎ》・将校《しょうこう》・将兵《しょうへい》 ◆(かしら〈主〉・かしら〈将〉) 主将《しゅしょう》・王将《おうしょう》・大将《たいしょう》・知将《ちしょう》・武将《ぶしょう》・勇将《ゆうしょう》

2 **まさに。これから…しようとする。** ◆将《しょう》来《らい》

つかいかた

● **将軍《しょうぐん》**と兵士《へいし》。
● チームの**主将《しゅしょう》**に選《えら》ばれる。
● **名将《めいしょう》**とうたわれた軍人《ぐんじん》。

なりたち

もとの形《かたち》は𤖅。爿(ショウ)は机《つくえ》、夕は肉《にく》、又は手《て》を表《あらわ》します。机《つくえ》に肉《にく》をのせて神《かみ》にささげることから、その役目《やくめ》をする一族《いちぞく》のかしらのいみを表《あらわ》し、「ひきいる、したがえる人《ひと》」のいみに使《つか》われます。

𤖅→將→将と変《か》わりました。

傷

13画［亻11画］

おん　ショウ

くん　きず・（いた-む・いた-める）

いみ

■きず。◆傷害《しょうがい》・傷心《しょうしん》・傷病《しょうびょう》・傷跡《きずあと》 ◆外傷《がいしょう》・感傷《かんしょう》・殺傷《さっしょう》・中傷《ちゅうしょう》・生傷《なまきず》・古傷《ふるきず》

つかいかた

●**傷**《きず》がなおる。●**軽傷**《けいしょう》を負《お》う。●建物《たてもの》が**損傷**《そんしょう》する。●**負傷者**《ふしょうしゃ》を救《すく》う。

なりたち

亻は人《ひと》を表《あらわ》し、昜がショウという読《よ》み方《かた》と「きずつける」いみをしめしています。人《ひと》がきずつくことを表《あらわ》し、「きず」のいみに使《つか》われます。

つかいわけ

●傷《いた》む・痛《いた》む

「**傷**《いた》**む**」は傷《きず》ついてこわれたり、果物《くだもの》がくさったりするときに、「**痛**《いた》**む**」は肉体的《にくたいてき》、精神的《せいしんてき》な苦《くる》しみに使《つか》います。

傷《いた》**む**…りんごが傷《いた》む。屋根《やね》が傷《いた》む。

痛《いた》**む**…虫歯《むしば》が痛《いた》む。心《こころ》が痛《いた》む。

障

14画［阝11画］

おん　ショウ

くん　（さわ-る）

いみ

■さえぎる。さまたげる。◆（さまたげる〈障〉・さまたげ〈害〉）障害《しょうがい》・障壁《しょうへき》 ◆万障《ばんしょう》・保障《ほしょう》

つかいかた

●**障子**《しょうじ》を張《は》りかえる。●**故障**《こしょう》を直《なお》す。●仕事《しごと》に**支障**《ししょう》をきたす。●**差**《さ》**し障**《さわ》**り**がある。

もっとしろう

●［きざ］

耳《みみ》に障《さわ》るのは「耳障《みみざわ》り」、目《め》に障《さわ》るのは「目障《めざわ》り」です。そして、気《き》に障《さわ》るのは「気障《きざわ》り」で、ここからいやな感《かん》じを表《あらわ》す「きざ」ということばができました。

なりたち

阝は土《つち》の盛《も》りあがった山《やま》を表《あらわ》し、章がショウという読《よ》み方《かた》と「さえぎる」いみをしめしています。道《みち》をはばむ山《やま》を表《あらわ》し、「さえぎる」いみに使《つか》われます。

蒸

13画［艹10画］

おん　ジョウ

くん　（む-す・む-れる・む-らす）

いみ

■むす。むらす。水《みず》が気体《きたい》になってたちのぼる。◆蒸留《じょうりゅう》 ◆水蒸気《すいじょうき》

つかいかた

●さつまいもを**蒸**《む》**す**。●**蒸気機関車**《じょうきかんしゃ》が走《はし》る。●水分《すいぶん》が**蒸発**《じょうはつ》する。●**茶**《ちゃ》**わん蒸**《む》**し**を食《た》べる。

もっとしろう

●［水蒸気《すいじょうき》と湯気《ゆげ》］

水《みず》がお湯《ゆ》になるとき、「水蒸気《すいじょうき》」が出《で》ます。その水蒸気《すいじょうき》がまわりの空気《くうき》に冷《ひ》やされると、小《ちい》さな水《みず》の粒《つぶ》になります。これが「湯気《ゆげ》」です。

なりたち

艹は「くさ」を表《あらわ》し、烝がジョウという読《よ》み方《かた》と「むす」いみをしめしています。たきぎに用《もち》いる草《くさ》「おがら」を表《あらわ》す字《じ》でしたが、「むす」いみに使《つか》われるようになりました。

針

10画［金2画］

おん　シン

くん　はり

とめる
針

いみ

■はり。◆針葉樹《しんようじゅ》・針仕事《はりしごと》・針箱《はりばこ》 ◆（針《はり》の運《はこ》びかた）運針《うんしん》・検針《けんしん》・指針《ししん》・時針《じしん》・磁《じ》針《しん》・短針《たんしん》・長針《ちょうしん》・秒針《びょうしん》・避雷針《ひらいしん》・分針《ふんしん》

つかいかた

●針《はり》でぬう。●針路《しんろ》を南南西《なんなんせい》にとる。●学校《がっこう》の方針《ほうしん》。●針金《はりがね》で結《むす》ぶ。

もっとしろう

●針小棒大《しんしょうぼうだい》－針《はり》ほどの小《ちい》さなことを、棒《ぼう》のように大《おお》きくいうことで、小《ちい》さなことをおおげさにいういみ。

●針《はり》のむしろ－針《はり》をしきつめたむしろ（敷《しき》物《もの》）のいみで、悪意《あくい》や敵意《てきい》のなかのつらい立場《たちば》や身《み》の上《うえ》をたとえたことば。

なりたち

金は金属《きんぞく》を表《あらわ》し、十はもと丨で、あなのある「はり」の形《かたち》をしめしています。金属製《きんぞくせい》の「はり」のいみに使《つか》われます。

仁

4画［亻2画］

おん　ジン・（二）

くん

したより
みじかく
仁

いみ

■思《おも》いやり。いつくしみ。◆仁術《じんじゅつ》・仁政《じんせい》・仁徳《じんとく》

つかいかた

●仁愛《じんあい》の心《こころ》をもつ。●仁義《じんぎ》を重《おも》んじる。●医《い》は仁術《じんじゅつ》。

もっとしろう

●仁王立《におうだ》ち－仏《ほとけ》を守《まも》る仁王像《におうぞう》（＝仏法《ぶっぽう》を守《まも》る神《かみ》で、寺《てら》の門《もん》に立《た》っている一対《いっつい》の金剛力士《こんごうりきし》の像《ぞう》）のように、いかめしくどっしりと立《た》つこと。

なりたち

亻は人《ひと》を表《あらわ》し、二（ジ）がジンと変《か》わって読《よ》み方《かた》と「ふたつ」のいみをしめしています。人《ひと》と人《ひと》が親《した》しむことを表《あらわ》し、「したしむ、いつくしむ」いみに使《つか》われます。

とくべつなよみ

※「二」という読《よ》み―仁王《におう》

垂

8画［土5画］

おん　スイ

くん　た-れる・た-らす

だす　だす
垂

いみ

■たれる。◆垂下《すいか》・垂直《すいちょく》・垂範《すいはん》 ◆胃下垂《いかすい》・懸垂《けんすい》

つかいかた

●屋根《やね》から雨水《あまみず》が垂《た》れる。●全身《ぜんしん》から汗《あせ》を垂《た》らす。●川《かわ》で釣《つ》り糸《いと》を垂《た》らす。●垂線《すいせん》を引《ひ》く。●がけから垂直《すいちょく》に落下《らっか》する滝《たき》。

もっとしろう

●垂涎《すいぜん》の的《まと》－みんながほしがってねらっている物《もの》やことがら。「垂涎《すいぜん》」は、食《た》べたくて思《おも》わずよだれをたらすこと。

なりたち

もとの形《かたち》は𠈌。土《つち》と、その上《うえ》に草木《くさき》の花《はな》や葉《は》がたれさがっているようすをしめしています。「たれる」いみに使《つか》われます。

推

11画［扌8画］

おん　スイ

くん　（お-す）

いみ

1 おす。◆推移《すいい》・推敲《すいこう》・推進《すいしん》・推力《すいりょく》

2 すすめる。◆推挙《すいきょ》・推奨《すいしょう》・推薦《すいせん》

3 おしはかる。◆推計《すいけい》・推察《すいさつ》・推測《すいそく》・推定《すいてい》・推理《すいり》・推量《すいりょう》・推論《すいろん》　◆邪推《じゃすい》・類推《るいすい》

つかいかた

●会長《かいちょう》に**推《お》す**。●事件《じけん》を**推理《すいり》**する。

●相手《あいて》の気持《きも》ちを**推《お》し量《はか》る**。

もっとしろう

●**推《お》して知《し》るべし**－起《お》こっていることがらを見《み》ていくと、実際《じっさい》の事情《じじょう》やこれからどのようになるのかは、たやすく想像《そうぞう》できる。

なりたち

扌は手《て》（[illegible]）を表《あらわ》し、隹がスイという読《よ》み方《かた》と「おいやる」いみをしめしています。手《て》で押《お》しやることを表《あらわ》しましたが、「おしはかる」いみに使《つか》われるようになりました。

寸

3画［寸0画］

おん　スン

くん

いみ

1 長《なが》さの単位《たんい》。約《やく》三・〇三センチメートル。◆一寸《いっすん》

2 長《なが》さ。◆寸法《すんぽう》　◆原寸《げんすん》

3 ほんのわずか。◆（わずかな〈寸〉志《こころざし》）寸《すん》志《し》・寸暇《すんか》・寸劇《すんげき》・寸刻《すんこく》・寸時《すんじ》・寸前《すんぜん》・寸《すん》秒《びょう》・寸描《すんびょう》・寸評《すんぴょう》

つかいかた

●ゴールの**寸前《すんぜん》**で転《ころ》ぶ。

●道路《どうろ》が**寸断《すんだん》**される。

●**寸詰《すんづ》まり**のズボン。

●**寸分《すんぶん》**のくるいもない。

なりたち

もとの形《かたち》は[illegible]。手首《てくび》に指一本《ゆびいっぽん》をあてて、脈《みゃく》をはかる位置《いち》に印《しるし》をつけ、手《て》のひらのつけ根《ね》から、脈《みゃく》をはかる印《しるし》までの長《なが》さを一寸《いっすん》と表《あらわ》しました。長《なが》さが短《みじか》いことから、「わずか」のいみにも使《つか》われます。

盛

11画［皿6画］

おん　（セイ・ジョウ）

くん　も-る・（さか-る・さか-ん）

いみ

1 もる。もり。◆山盛《やまも》り

2 さかんである。◆（盛《さか》ん・大《おお》きい）盛大《せいだい》・盛夏《せいか》・盛会《せいかい》・盛観《せいかん》・盛況《せいきょう》・盛衰《せいすい》　◆旺盛《おうせい》・全盛《ぜんせい》・隆盛《りゅうせい》

つかいかた

●土《つち》を**盛《も》る**。●夏《なつ》の暑《あつ》い**盛《さか》り**。

●不利《ふり》なチームを**盛《さか》ん**に応援《おうえん》する。

●今《いま》が**働《はたら》き盛《ざか》り**の人《ひと》。

●**盛装《せいそう》**して出《で》かける。

●店《みせ》が**繁盛《はんじょう》**する。

なりたち

皿は「さら」を表《あらわ》し、成がセイという読《よ》み方《かた》と「もり上《あ》げる」いみをしめしています。器《うつわ》にもり上《あ》げた供《そな》え物《もの》を表《あらわ》し、「もる、さかん」のいみに使《つか》われます。

とくべつなよみ

盛《じょう》　※「ジョウ」という読《よ》み―繁《はん》

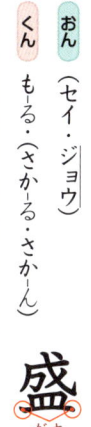

聖

13画［耳7画］

おん　セイ

くん

いみ

1 ちえや人《ひと》がらのすぐれた人《ひと》。ひじり。◇聖賢《せいけん》・聖者《せいじゃ》・聖人《せいじん》

2 その道《みち》でとくにすぐれている人《ひと》。◇歌聖《かせい》・詩聖《しせい》

3 けがれのない。きよらか。◇聖域《せいいき》・聖歌《せいか》・聖書《せいしょ》・聖職《せいしょく》・聖地《せいち》・聖典《せいてん》・聖堂《せいどう》・聖夜《せいや》・聖霊《せいれい》　◇神聖《しんせい》

つかいかた

●**聖**《せい》なる神《かみ》。●オリンピックの**聖火**《せいか》。
●**聖母**《せいぼ》マリアの像《ぞう》。
●不滅《ふめつ》の**楽聖**《がくせい》ベートーベン。

なりたち

古《ふる》い字《じ》は聖。耳《みみ》は「みみ」を表《あらわ》し、呈（テイ）がセイと変《か》わって読《よ》み方《かた》と「まっすぐにとおる」いみをしめしています。耳《みみ》がよくとおって神《かみ》の声《こえ》がよくきこえる人《ひと》を表《あらわ》し、「せいじん」のいみに使《つか》われます。

誠

13画［言6画］

おん　セイ

くん　（まこと）

いみ

■ まこと。まごころ。◇（誠《まこと》のこころ（意））誠意《せいい》　◇至誠《しせい》・忠誠《ちゅうせい》

つかいかた

●**誠**《まこと》をつくす。●**誠**《まこと》のある人《ひと》。
●**誠意**《せいい》のこもったことば。
●**誠実**《せいじつ》な人《ひと》がらがにじみ出《で》る。
●**忠誠**《ちゅうせい》をちかう。

もっとしろう

●**誠心誠意**《せいしんせいい》－まごころをこめて一生懸命《いっしょうけんめい》に行《おこな》うようす。「誠心《せいしん》」も「誠意《せいい》」も、いつわりのない心《こころ》、まごころ。

なりたち

言は「ことば」を表《あらわ》し、成がセイという読《よ》み方《かた》と「一《ひと》つにまとまる」いみをしめしています。ことばが真実《しんじつ》でいつわりがないことを表《あらわ》し、「まこと」のいみに使《つか》われます。

舌

6画［舌0画］

おん　（ゼツ）

くん　した

いみ

1 した。◇舌先《したさき》・舌鼓《したつづみ》　◇猫舌《ねこじた》

2 ことば。◇舌戦《ぜっせん》　◇毒舌《どくぜつ》・筆舌《ひつぜつ》

つかいかた

●**舌**《した》をやけどする。●**弁舌**《べんぜつ》をふるう。
●**二枚舌**《にまいじた》を使《つか》う。

もっとしろう

●**舌先三寸**《したさきさんずん》－心《こころ》のこもっていない、舌先《したさき》だけのことば。「三寸《さんずん》」は約九《やくきゅう》センチメートルの長《なが》さ。
●**舌が回**《まわ》**る**－つっかえないで、すらすらとよくしゃべる。
●**舌**《した》**を巻**《ま》**く**－口《くち》がきけなくなるほどおどろいたり、感心《かんしん》したりする。

なりたち

口《くち》からしたを出《だ》したようす（）からできた字《じ》で、「した」のいみに使《つか》われます。

宣

おん セン

くん

9画［宀6画］

いみ

■のべる。広《ひろ》く知《し》らせる。◆（のべる〈宣〉・言《い》う）宣言《せんげん》・宣教師《せんきょうし》・宣告《せんこく》

つかいかた

●閉会《へいかい》を宣《せん》する。●独立《どくりつ》を宣言《せんげん》する。

●敵《てき》に宣戦布告《せんせんふこく》する。

●新製品《しんせいひん》の宣伝《せんでん》。●選手宣誓《せんしゅせんせい》を行《おこな》う。

もっとしろう

●［似《に》ている字《じ》に注意《ちゅうい》］

「宣《せん》」と「宜《ぎ》」は、形《かたち》がたいへん似《に》ています。「宜《ぎ》」は、「適宜《てきぎ》・便宜《べんぎ》」など「よろしい」のいみに使《つか》われる字《じ》です。

なりたち

宀は「いえ」を表《あらわ》し、亘（エン）がセンと変《か》わって読《よ》み方《かた》と「どべい」のいみをしめしています。どべいをめぐらした家《いえ》のいみでしたが、「のべる」いみに使《つか》われるようになりました。

専

おん セン

くん （もっぱ-ら）

9画［寸6画］

いみ

1 そのことだけ。もっぱら。◆専科《せんか》・専修《せんしゅう》・専従《せんじゅう》・専属《せんぞく》・専任《せんにん》・専売《せんばい》・専務《せんむ》・専門《せんもん》

2 ひとりじめ。◆専制《せんせい》・専有《せんゆう》

つかいかた

●専《もっぱ》ら寝《ね》ている。●みかんの専業農家《せんぎょうのうか》。

●大学《だいがく》で文学《ぶんがく》を専攻《せんこう》する。

●研究《けんきゅう》に専念《せんねん》する。●専門学校《せんもんがっこう》に通《かよ》う。

●自動車《じどうしゃ》専用《せんよう》の道路《どうろ》。

もっとしろう

●専制政治《せんせいせいじ》－国《くに》のすべての権力《けんりょく》を支配者《しはいしゃ》がにぎり、国民《こくみん》の意見《いけん》を受《う》け入《い》れないで、思《おも》うがままに行《おこな》われる政治《せいじ》。

なりたち

もとの形《かたち》は。糸《いと》まき（）と手《て》（）とで、糸《いと》をまきとるいみを表《あらわ》しましたが、「もっぱら」のいみに使《つか》われるようになりました。

泉

おん セン

くん いずみ

9画［水5画］

いみ

■いずみ。◆源泉《げんせん》・鉱泉《こうせん》・冷泉《れいせん》

つかいかた

●泉《いずみ》がわき出《で》る。●温泉《おんせん》に入《はい》る。

もっとしろう

●渇《かっ》しても盗泉《とうせん》の水《みず》を飲《の》まず－どんなに苦《くる》しくても、決《けっ》して悪《わる》いことはしないというたとえ。（孔子《こうし》が旅《たび》をしているとき、のどがかわいたので泉《いずみ》で水《みず》を飲《の》もうとしたところ、その泉《いずみ》の名《な》が「盗泉《とうせん》」というのを知《し》り、その水《みず》を飲《の》まなかったというはなしから）

●［いずみ］

「泉《いずみ》」は、水《みず》が出《で》るいみの「出水《いずみ》」からできたことばです。

なりたち

岩《いわ》のすきまから水《みず》がわきでている形《かたち》（）からでき、「いずみ」を表《あらわ》している字《じ》です。

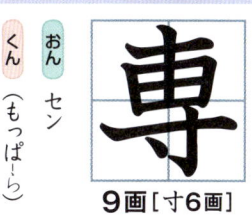

洗

9画［氵6画］

おん　セン
くん　あら-う

洗洗洗洗洗洗洗洗洗

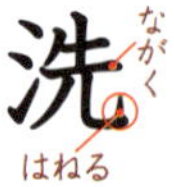

いみ

■ あらう。◆（顔《かお》を洗《あら》う）洗顔《せんがん》・洗眼《せんがん》・洗《せん》剤《ざい》・洗浄《せんじょう》・洗濯《せんたく》・洗髪《せんぱつ》・洗礼《せんれい》・洗練《せんれん》 ◆（水《みず》で洗《あら》う）水洗《すいせん》

つかいかた

● 手《て》を洗《あら》う。 ● 洗面所《せんめんじょ》をそうじする。
● 洗練《せんれん》された文章《ぶんしょう》。

もっとしろう

● ［「洗《あら》う」の別《べつ》のいみ］
「洗《あら》う」は、水《みず》であらういみのほかに、「わからないことがらを調《しら》べる」いみにも使《つか》われます。「身《み》もとを洗《あら》う」「犯人《はんにん》を洗《あら》い出《だ》す」などです。

なりたち

氵は水《みず》を表《あらわ》し、先がセンという読《よ》み方《かた》と「すあし」のいみをしめしています。水《みず》で足《あし》をあらうことから、「あらう」いみに使《つか》われます。

染

9画［木5画］

おん　（セン）
くん　そ-める・そ-まる・（し-みる・し-み）

染染染染染染染染染

いみ

1 そめる。◆染色《せんしょく》・染料《せんりょう》
2 うつる。◆汚染《おせん》・感染《かんせん》・伝染《でんせん》

つかいかた

● 布《ぬの》を染《そ》める。 ● 西《にし》の空《そら》が赤《あか》く染《そ》まる。
● 汗《あせ》が服《ふく》に染《し》みる。 ● 感染症《かんせんしょう》を防《ふせ》ぐ。

もっとしろう

● ［たいへん多《おお》い誤《あやま》り］
「九」を「丸」にしないようにしましょう。
部首《ぶしゅ》は「木《き》」で、「氿」が上《うえ》にのるのが正《ただ》しい形《かたち》です。
×染　×染

なりたち

木は「き」を表《あらわ》し、氿はしるがしみ出《で》るいみを表《あらわ》しています。草木《くさき》からとる染料《せんりょう》のいみから「そめる」いみに使《つか》われます。

銭

14画［金6画］

おん　セン
くん　（ぜに）

銭銭銭銭銭銭銭銭

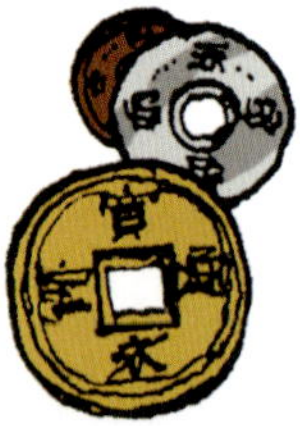

いみ

■ おかね。◆銭湯《せんとう》 ◆金銭《きんせん》・古銭《こせん》・日銭《ひぜに》

つかいかた

● 金銭《きんせん》を貸《か》し付《つ》ける。 ● 小銭《こぜに》をためる。

もっとしろう

● 一銭《いっせん》を笑《わら》う者《もの》は一銭《いっせん》に泣《な》く－わずかなお金《かね》だからと一銭《いっせん》を粗末《そまつ》にする人《ひと》は、いつか一銭《いっせん》足《た》りなくてこまることになる。たとえわずかでもお金《かね》はだいじにしなければいけないというましめ。「一銭《いっせん》」は、一円《いちえん》の百分《ひゃくぶん》の一《いち》。

なりたち

古《ふる》い字《じ》は錢。金は金属《きんぞく》を表《あらわ》し、戔がセンという読《よ》み方《かた》と「うすくけずる」いみをしめしています。金属《きんぞく》の先《さき》をうすくけずった農具《のうぐ》「すき」を表《あらわ》し、その形《かたち》のおかねがあったことから、「おかね」のいみに使《つか》われるようになりました。

善

おん ゼン
くん よ-い

12画［口9画］

善善善善善善善善善善善善

善 だす

いみ
1 正《ただ》しい。よい。◆（善《よ》い・良《よ》い）善良《ぜんりょう》・善《ぜん》意《い》・善行《ぜんこう》・善政《ぜんせい》・善玉《ぜんだま》・善人《ぜんにん》 ◆改善《かいぜん》・偽善《ぎぜん》・慈善《じぜん》
2 うまく。◆善後策《ぜんごさく》・善処《ぜんしょ》
3 なかよくする。◆親善《しんぜん》

つかいかた
●善《よ》い行《おこな》いをする。●善悪《ぜんあく》をわきまえる。
●善戦《ぜんせん》の末敗《すえやぶ》れる。●問題点《もんだいてん》を改善《かいぜん》する。

もっとしろう
●善《ぜん》は急《いそ》げ－よいことを思《おも》いついたら、機会《きかい》をのがさないうちに急《いそ》いでするのがよい。

なりたち
古《ふる》い字《じ》は譱。誩は「多《おお》くのことば」を表《あらわ》し、羊が「めでたい」いみをもっています。めでたいことばを表《あらわ》し、「よい」いみに使《つか》われます。

つかいわけ
●良《よ》い・善《よ》い→〈良《りょう》〉338ページ

奏

おん ソウ
くん （かな-でる）

9画［大6画］

奏奏奏奏奏奏奏奏奏

奏 ノにならない とめる

いみ
1 かなでる。◆奏楽《そうがく》・奏法《そうほう》 ◆合奏《がっそう》・序奏《じょそう》・前奏《ぜんそう》・独奏《どくそう》・伴奏《ばんそう》
2 申《もう》しあげる。◆奏上《そうじょう》 ◆上奏《じょうそう》
3 なしとげる。◆奏功《そうこう》・奏効《そうこう》

つかいかた
●ギターを奏《かな》でる。●ピアノの演奏会《えんそうかい》。

もっとしろう
●［奏功《そうこう》と奏効《そうこう》］
「奏功《そうこう》」は目的《もくてき》どおりになしとげること、「奏効《そうこう》」はききめがあらわれることをいいます。

なりたち
もとの形《かたち》は。動物《どうぶつ》をひきさいた形《かたち》（）と、両手《りょうて》（）を合《あ》わせて、いけにえの動物《どうぶつ》を両手にささげて神《かみ》にそなえることを表《あらわ》し、「すすめる」、さらに「かなでる」いみに使《つか》われます。

窓

おん ソウ
くん まど

11画［穴6画］

窓窓窓窓窓窓窓窓窓窓窓

窓 とめる はねる

いみ
1 まど。◆窓口《まどぐち》 ◆（車《くるま》の窓《まど》）車窓《しゃそう》・獄窓《ごくそう》・天窓《てんまど》
2 部屋《へや》。教室《きょうしつ》。◆学窓《がくそう》

つかいかた
●窓《まど》を開《あ》ける。●窓際《まどぎわ》に立《た》つ。
●窓辺《まどべ》に花《はな》をかざる。
●十年《じゅうねん》ぶりの同窓会《どうそうかい》。

もっとしろう
●深窓《しんそう》に育《そだ》つ－大《おお》きな家《いえ》のおくの部屋《へや》で育《そだ》つということで、世《よ》の中《なか》にもまれないでたいせつに育《そだ》てられるたとえ。

なりたち
古《ふる》い字《じ》は窗。穴は「あな」を表《あらわ》し、囱がソウという読《よ》み方《かた》と「れんじまど」のいみをしめしています。かべにあけた明《あ》かりとりのあなを表《あらわ》し、「まど」のいみに使《つか》われます。

六年

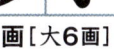

創

おん　ソウ

くん　つく-る

12画［刂10画］

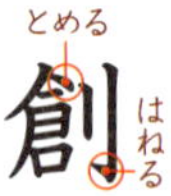

いみ

1 はじめる。はじめてつくる。◆（はじめて〈創〉刊《かん》行《こう》する）創刊《そうかん》・創建《そうけん》・創作《そうさく》・創始《そうし》・創世《そうせい》・創製《そうせい》・創設《そうせつ》・創造《そうぞう》 ◆独創《どくそう》

2 きず。◆創傷《そうしょう》 ◆刀創《とうそう》

つかいかた

● 創業《そうぎょう》二《に》百《ひゃく》年《ねん》の店《みせ》。 ● 学校《がっこう》の創立記念日《そうりつきねんび》。

もっとしろう

● 創意工夫《そういくふう》ー新《あたら》しいことを思《おも》いついたり、いい方法《ほうほう》をあれこれ考《かんが》えたりすること。

なりたち

刂は刀《かたな》を表《あらわ》し、倉がソウという読《よ》み方《かた》と「きずつける」いみをしめしています。刀《かたな》できずをつけることから「きず」のいみを表《あらわ》し、「はじめる」いみにも使《つか》われるようになりました。

つかいわけ

● 作《つく》る・造《つく》る・創《つく》る →〈作《さく》〉

151ページ

装

おん　ソウ・（ショウ）

くん　（よそお-う）

12画［衣6画］

いみ

1 よそおう。◆装飾《そうしょく》・装身具《そうしんぐ》・装束《しょうぞく》 ◆仮《か》装《そう》・偽装《ぎそう》・軽装《けいそう》・新装《しんそう》・盛装《せいそう》・塗装《とそう》・変《へん》装《そう》・舗装《ほそう》・包装《ほうそう》・洋装《ようそう》・和装《わそう》・衣装《いしょう》

2 そなえつける。◆装着《そうちゃく》・装備《そうび》

つかいかた

● 美《うつく》しく装《よそお》う。 ● 舞《ぶ》台《たい》の装置《そうち》。 ● 本《ほん》の装丁《そうてい》。
● 店《みせ》を改装《かいそう》する。 ● 服装《ふくそう》を整《ととの》える。

もっとしろう

● ［内装《ないそう》と外装《がいそう》］
「内装《ないそう》」は建物《たてもの》などの内側《うちがわ》のかざりつけをいい、「外装《がいそう》」は外側《そとがわ》のかざりつけをいいます。

なりたち

衣は衣服《いふく》を表《あらわ》し、壮がソウという読《よ》み方《かた》と「しまいこむ」いみをしめしています。衣服《いふく》でつつむことから、「よそおう」いみに使《つか》われます。

層

おん　ソウ

くん

14画［尸11画］

いみ

1 かさなる。かさなり。◆層雲《そううん》 ◆（かさなり〈層〉の下《した》の方《ほう》）下層《かそう》・上層《じょうそう》・断層《だんそう》・地《ち》層《そう》

2 社会《しゃかい》で、地位《ちい》や年齢《ねんれい》が同《おな》じような水準《すいじゅん》の人々《ひとびと》の集《あつ》まり。◆若年層《じゃくねんそう》・中間層《ちゅうかんそう》・読者《どくしゃ》層《そう》

つかいかた

● 赤土《あかつち》の層《そう》。
● 選手《せんしゅ》の層《そう》が厚《あつ》いチーム。
● はば広《ひろ》い層《そう》の支持《しじ》を集《あつ》める。
● 高層《こうそう》ビルが並《なら》ぶ。
● 古《ふる》い地層《ちそう》を調《しら》べる。

なりたち

古《ふる》い字《じ》は層。尸は「やね」を表《あらわ》し、曾がソウという読《よ》み方《かた》と「かさなる」いみをしめしています。やねのかさなった家《いえ》を表《あらわ》し、「かさなる」いみに使《つか》われます。

六年

操

16画［扌13画］

おん　ソウ

くん　（みさお・あやつ-る）

操 操 操 操 操 操 操 操

いみ

1 あやつる。◆操業《そうぎょう》・操車《そうしゃ》

2 かたく心《こころ》に守《まも》ってかえない。みさお。◆操行《そうこう》　◆情操《じょうそう》・節操《せっそう》

つかいかた

● 舟《ふね》を**操《あやつ》る**。● 機械《きかい》を**操作《そうさ》**する。

● 飛行機《ひこうき》を**操縦《そうじゅう》**する。

● **体操《たいそう》**の代表選手《だいひょうせんしゅ》になる。

もっとしろう

● **操《みさお》を立《た》てる**－志《こころざし》をしっかり持《も》ち、かたく守《まも》って変《か》えない。

なりたち

扌は手《て》（扌）を表《あらわ》し、喿がソウという読《よ》み方《かた》と「たぐる」いみをしめしています。手《て》を自由《じゆう》に動《うご》かすことから、「あやつる」いみを表《あらわ》し、また、手《て》をしっかり「もつ」いみから、「かたく守《まも》る」いみにも使《つか》われます。

蔵

15画［艹12画］

おん　ゾウ

くん　（くら）

蔵 蔵 蔵 蔵 蔵 蔵 蔵 蔵

いみ

1 しまいこむ。たくわえる。◆（しまってある〈蔵〉書物《しょもつ》）蔵書《ぞうしょ》　◆死蔵《しぞう》・内蔵《ないぞう》・秘《ひ》蔵《ぞう》・埋蔵《まいぞう》

2 くら。◆土蔵《どぞう》・穴蔵《あなぐら》・酒蔵《さかぐら》

つかいかた

● **愛蔵《あいぞう》**の品《しな》。● **冷蔵庫《れいぞうこ》**で冷《ひ》やす。

もっとしろう

● **腹蔵《ふくぞう》ない**－思《おも》っていることをかくさずに打《う》ち明《あ》けるようす。「腹蔵《ふくぞう》」は、腹《はら》の中《なか》にしまって、外《そと》に出《だ》さないこと。

なりたち

古《ふる》い字《じ》は藏。艹はくさ（艸）を表《あらわ》し、臧がゾウという読《よ》み方《かた》と「しまいこむ」いみをしめしています。くさをかぶせてしまいこむことから、「かくす、くら」のいみに使《つか》われます。

つかいわけ

● 倉《くら》・蔵《くら》　→〈倉《そう》〉315ページ

臓

19画［月15画］

おん　ゾウ

くん

臓 臓 臓 臓 臓 臓 臓 臓

いみ

■ はらわた。◆臓器《ぞうき》・臓物《ぞうもつ》　◆肝臓《かんぞう》・内臓《ないぞう》・肺臓《はいぞう》

つかいかた

● **臓器《ぞうき》**を移植《いしょく》する。● **心臓《しんぞう》**をわずらう。

もっとしろう

● ［内臓《ないぞう》と内蔵《ないぞう》］
「内臓《ないぞう》」はからだの中《なか》にある臓物《ぞうもつ》（はらわた）のことで、特《とく》に心臓《しんぞう》・肝臓《かんぞう》・肺臓《はいぞう》・腎臓《じんぞう》・脾臓《ひぞう》を指《さ》して「五臓《ごぞう》」といいます。「内蔵《ないぞう》」は中《なか》に組《く》みこまれていることで、「マイク内蔵《ないぞう》」などと使《つか》います。

なりたち

古《ふる》い字《じ》は臟。月は肉《にく》（月）を表《あらわ》し、藏がゾウという読《よ》み方《かた》と「おさめる」いみをしめしています。からだの中《なか》におさめられた器官《きかん》「はらわた」のいみに使《つか》われます。

六年

存

おん　ソン・ゾン

くん

6画［子3画］

いみ

1 **ある。いる。** ◆（ある〈存〉・在《あ》る）存在《そんざい》・存否《そんぴ》・存立《そんりつ》 ◆依存《いそん》（ぞん）・共存《きょうそん》（ぞん）・現存《げんそん》（ぞん）・残存《ざんそん》（ぞん）

2 **たもつ。** ◆存続《そんぞく》・存廃《そんぱい》・存命《ぞんめい》 ◆温存《おんぞん》・保存《ほぞん》

3 **考《かんが》える。思《おも》う。** ◆存外《ぞんがい》 ◆異存《いぞん》・一存《いちぞん》・所存《しょぞん》

つかいかた

●よく**存《ぞん》じている**。●**存亡《そんぼう》**の危機《きき》。

●**存分《ぞんぶん》**に楽《たの》しむ。●**生存者《せいぞんしゃ》**を探《さが》す。

●**保存《ほぞん》**のきく食料《しょくりょう》。

なりたち

もとの字《じ》は孖。子は「こども」を表《あらわ》し、才は在の省略形《しょうりゃくけい》で「ある」いみをもっています。こどもを手《て》もとにおいていたわり養《やしな》ういみを表《あらわ》し、「ある」いみに使《つか》われます。

尊

おん　ソン

くん　たっと-い・とうと-い・たっと-ぶ・とうと-ぶ

12画［寸9画］

いみ

■**とうとい。とうとぶ。** ◆（尊《とうと》く厳《おごそ》か）尊《そん》厳《げん》・尊敬《そんけい》・尊属《そんぞく》・尊大《そんだい》

つかいかた

●**尊《とうと》（たっ）い**神《かみ》。●祖先《そせん》を**尊《とうと》（たっ）ぶ**。

●**尊敬語《そんけいご》**を使《つか》う。●人命《じんめい》を**尊重《そんちょう》**する。

なりたち

もとの形《かたち》は〇。酒《さけ》のたる（〇）を両手《りょうて》（〇）で神《かみ》にささげているようすを表《あらわ》している字《じ》です。神《かみ》にささげることから、「とうとい」いみに使《つか》われます。

つかいわけ

●**尊《とうと》い・貴《とうと》い**

「**尊《とうと》い**」はたいせつなものとして敬《うやま》ういみに、「**貴《とうと》い**」は価値《かち》や身分《みぶん》が高《たか》いいみに使《つか》われます。

尊《とうと》い…尊《とうと》い神《かみ》。尊《とうと》いぎせいをはらう。

貴《とうと》い…貴《とうと》い資料《しりょう》。貴《とうと》い身分《みぶん》の人《ひと》。

退

おん　タイ

くん　しりぞ-く・しりぞ-ける

9画［辶6画］

いみ

■**しりぞく。しりぞける。** ◆（位《くらい》を退《しりぞ》く）退《たい》位《い》・退院《たいいん》・退化《たいか》・退会《たいかい》・退学《たいがく》・退却《たいきゃく》・退《たい》去《きょ》・退屈《たいくつ》・退校《たいこう》・退散《たいさん》・退社《たいしゃ》・退出《たいしゅつ》・退《たい》陣《じん》・退席《たいせき》・退団《たいだん》・退任《たいにん》・退歩《たいほ》 ◆引退《いんたい》・撃退《げきたい》・後退《こうたい》・辞退《じたい》・進退《しんたい》・早退《そうたい》・脱退《だったい》・中退《ちゅうたい》・敗退《はいたい》・勇退《ゆうたい》

つかいかた

●現役《げんえき》を**退《しりぞ》く**。●要求《ようきゅう》を**退《しりぞ》ける**。

●害虫《がいちゅう》を**退治《たいじ》**する。●選手《せんしゅ》が**退場《たいじょう》**する。

●定年《ていねん》で**退職《たいしょく》**する。●**退路《たいろ》**を断《た》つ。

●食欲《しょくよく》が**減退《げんたい》**する。

なりたち

もとの形《かたち》は〇。日は「ひ」を表《あらわ》し、夂・辵が「あとずさりして行《い》く」いみをしめしています。日《ひ》がしずむことを表《あらわ》し、「しりぞく」いみに使《つか》われます。

とくべつなよみ

立《た》ち退《の》く

六年

宅

おん　タク

くん

6画［宀3画］

いみ

■ いえ。うち。宅《たく》・別宅《べったく》・本宅《ほんたく》 ◆宅配《たくはい》 ◆在宅《ざいたく》・社宅《しゃたく》・邸《てい》

つかいかた

● 宅地《たくち》を造成《ぞうせい》する。 ● 夕方《ゆうがた》に帰宅《きたく》する。
● 自宅《じたく》でくつろぐ。 ● 静《しず》かな住宅地《じゅうたくち》。

もっとしろう

●［いろいろな「宅《たく》」］
話《はな》しことばで、「宅《たく》」が次《つぎ》のように使《つか》われることがあります。
・宅《たく》は留守《るす》です。（夫《おっと》は留守《るす》です。）
・お宅《たく》はどちらですか。（あなたの家《いえ》はどこですか。）（あなたはだれですか。）

なりたち

宀は家《いえ》を表《あらわ》し、毛がタクという読《よ》み方《かた》と「身《み》をよせる」いみをしめしています。身《み》をよせる家《いえ》のことから、「すまい、いえ」のいみに使《つか》われます。

担

おん　タン

くん　（かつ-ぐ・にな-う）

8画［扌5画］

いみ

■ かつぐ。うけもつ。◆（任《にん》務《む》を担《にな》う）担《たん》任《にん》・担架《たんか》・担当《たんとう》 ◆加担《かたん》・負担《ふたん》

つかいかた

● 荷物《にもつ》を担《かつ》ぐ。 ● 責任《せきにん》を担《にな》う。
● 担任《たんにん》の先生《せんせい》。 ● 仕事《しごと》を分担《ぶんたん》する。

もっとしろう

●［「担《かつ》ぐ」のいみ］
「担《かつ》ぐ」には、物《もの》をかたにのせるいみのほか、役《やく》におし立《た》てる（「会長《かいちょう》に担《かつ》ぐ」）、迷信《めいしん》を気《き》にする（「縁起《えんぎ》を担《かつ》ぐ」）、だます（「まんまと担《かつ》がれた」）いみもあります。

なりたち

古《ふる》い字《じ》は擔。扌は手《て》（龵）を表《あらわ》し、詹がタンという読《よ》み方《かた》と「になう」いみをしめしています。「担」は別《べつ》の字《じ》でしたが、「擔」に代《か》わって「かつぐ」いみに使《つか》われるようになりました。

探

おん　タン

くん　（さぐ-る）・さが-す

11画［扌8画］

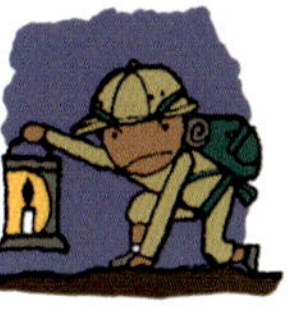

いみ

■ さぐる。さがす。◆（探《さぐ》り求《もと》める）探求《たんきゅう》・探究《たんきゅう》・探検《たんけん》・探査《たんさ》・探索《たんさく》・探照灯《たんしょうとう》・探《たん》偵《てい》・探訪《たんぼう》

つかいかた

● 秘密《ひみつ》を探《さぐ》る。 ● 日本人《にほんじん》のルーツを探《さぐ》る。
● 仕事《しごと》を探《さが》す。 ● 未開《みかい》の地《ち》を探険《たんけん》する。
● 魚群《ぎょぐん》を探知《たんち》する。

もっとしろう

● **探《さぐ》りを入《い》れる**－相手《あいて》の考《かんが》えやかくしていることを、それとなくさぐって知《し》ろうとする。

なりたち

扌は手《て》（龵）を表《あらわ》し、罙がタンという読《よ》み方《かた》と「かまどの穴《あな》のおくの火《ひ》だねを手《て》でさぐる」いみをしめしています。手《て》さぐりで「さぐる、さがす」いみに使《つか》われます。

六年

誕

おん　タン

くん

15画［言8画］

一にならない　誕

いみ

■生《う》まれる。　◇誕生《たんじょう》　◇降誕《こうたん》・生誕《せいたん》

つかいかた

●新《あたら》しい駅《えき》が**誕生**《たんじょう》する。　●**誕生会**《たんじょうかい》を開《ひら》く。

もっとしろう

●［降誕《こうたん》］

神《かみ》・仏《ほとけ》・聖人《せいじん》・君主《くんしゅ》などがこの世《よ》に生《う》まれ出《で》ることを「降誕《こうたん》」といいます。その日《ひ》を祝《いわ》って、たとえば四月八日《しがつようか》には釈迦《しゃか》の降誕《こうたん》会《え》（降誕会《ごうたんえ》）が、十二月二十五日《じゅうにがつにじゅうごにち》にはキリストの降誕祭《こうたんさい》（クリスマス）が行《おこな》われます。

なりたち

言は「ことば」を表《あらわ》し、延（エン）がタンと変《か》わって読《よ》み方《かた》と「ひきのばす」いみをしめしています。事実《じじつ》を大《おお》きくひきのばして言《い》うことを表《あらわ》しましたが、「うまれる」いみに使《つか》われるようになりました。

段

おん　ダン

くん

9画［殳5画］

くっつけない　段　だす

いみ

1 だん。　◇段差《だんさ》・段段畑《だんだんばたけ》　◇石段《いしだん》・階段《かいだん》

2 くぎり。　◇段階《だんかい》・段落《だんらく》　◇下段《げだん》・上段《じょうだん》・中段《ちゅうだん》・別段《べつだん》

3 等級《とうきゅう》。　◇段位《だんい》　◇昇段《しょうだん》

4 てだて。やりかた。　◇算段《さんだん》・手段《しゅだん》

つかいかた

●三《みっ》つの**段落**《だんらく》の文章《ぶんしょう》を書《か》く。

●**階段**《かいだん》の上《のぼ》り下《お》り。　●**値段**《ねだん》が上《あ》がる。

もっとしろう

●**一段落**《いちだんらく》**つく**－仕事《しごと》などが区切《くぎ》りのよい状《じょう》態《たい》になる。

なりたち

殳は「打《う》つ」いみを表《あらわ》し、𠂤がダンという読《よ》み方《かた》と「打《う》ちおろす」いみをしめしています。物《もの》を打《う》ついみを表《あらわ》しましたが、「くぎり、だん」のいみに使《つか》われるようになりました。

暖

おん　ダン

くん　あたた-か・あたた-かい・あたた-まる・あたた-める

13画［日9画］

ツにならない　暖　ださない

いみ

■あたたかい。　◇暖色《だんしょく》・暖冬《だんとう》・暖流《だんりゅう》・暖炉《だんろ》　◇温暖《おんだん》・寒暖《かんだん》

つかいかた

●**暖か**《あたた》な毛布《もうふ》。　●部屋《へや》を**暖める**《あたた》。

●**暖房**《だんぼう》をつける。

なりたち

日は「ひ」を表《あらわ》し、爰（エン）がダンと変《か》わって読《よ》み方《かた》と「あたたかい」いみをしめしています。日《ひ》があたって「あたたかい」いみに使《つか》われます。

つかいわけ

●**暖**《あたた》**かい・温**《あたた》**かい**

「暖《あたた》かい」は気温《きおん》がほどよいいみに、「温《あたた》かい」は水《みず》や物《もの》の温度《おんど》がちょうどよい、思《おも》いやりがあるいみに使《つか》います。

暖《あたた》**かい**…暖《あたた》かい春《はる》。暖《あたた》かい地方《ちほう》。

温《あたた》**かい**…温《あたた》かい料理《りょうり》。温《あたた》かい人《ひと》がら。

値

10画［亻8画］

おん　チ

くん　ね・(あたい)

いみ

1 ねうち。ねだん。◇値段《ねだん》・値幅《ねはば》　◇売値《うりね》・買値《かいね》・高値《たかね》・安値《やすね》

2 数《かず》の大《おお》きさ。◇数値《すうち》

つかいかた

● X《エックス》の値《あたい》を求《もと》める。　●賞賛《しょうさん》に値《あたい》する。

● 価値《かち》が高《たか》い品物《しなもの》。

● 売《う》れないので値下《ねさ》げする。

● 売《う》り手《て》の言《い》い値《ね》で買《か》う。

もっとしろう

● 値《ね》が張《は》る－値段《ねだん》がふつうより高《たか》い。高価《こうか》である。「張《は》る」は、高《たか》くつくこと。

なりたち

亻は人《ひと》を表《あらわ》し、直がチという読《よ》み方《かた》と「あたる」いみをしめしています。人《ひと》と人《ひと》がまっすぐむきあってつりあうことから、「あたい」のいみに使《つか》われます。

つかいわけ

● 価《あたい》・値《あたい》 ↓〈価《か》〉350ページ

宙

8画［宀5画］

おん　チュウ

くん

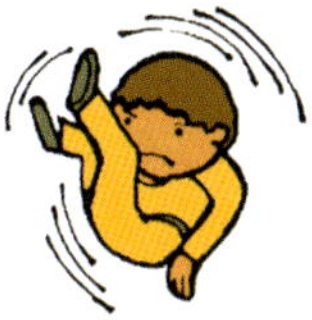

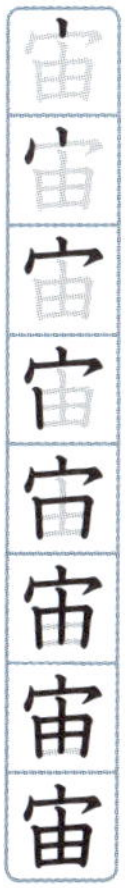

いみ

■ そら。空間《くうかん》。◇宙返《ちゅうがえ》り　◇宇宙《うちゅう》

つかいかた

● 計画《けいかく》が宙《ちゅう》に浮《う》く。　●宙返《ちゅうがえ》りをする。

● 宙《ちゅう》ぶらりんの立場《たちば》。　●宇宙《うちゅう》の果《は》て。

● 宇宙飛行士《うちゅうひこうし》になる。

もっとしろう

● 宙《ちゅう》に浮《う》く－①空《そら》に浮《う》く。②中途半端《ちゅうとはんぱ》のまま、ほうっておかれる。

● 宙《ちゅう》に舞《ま》う－空中《くうちゅう》で舞《ま》うように動《うご》く。(例《れい》)「ビラが宙《ちゅう》に舞《ま》う」

● 宙《ちゅう》に迷《まよ》う－行《い》き先《さき》が決《き》まらない。落《お》ち着《つ》く所《ところ》がない。

なりたち

宀は家《いえ》のやねを表《あらわ》し、由(ユウ)がチュウと変《か》わって読《よ》み方《かた》と「おおう」いみをしめしています。広《ひろ》くおおうやねを表《あらわ》し、「大空《おおぞら》、空間《くうかん》」のいみに使《つか》われます。

忠

8画［心4画］

おん　チュウ

くん

いみ

1 まごころ。◇忠言《ちゅうげん》・忠告《ちゅうこく》・忠実《ちゅうじつ》

2 主君《しゅくん》につくす。◇忠勤《ちゅうきん》・忠孝《ちゅうこう》・忠臣《ちゅうしん》・忠節《ちゅうせつ》　◇不忠《ふちゅう》

つかいかた

● 忠義《ちゅうぎ》をつくす。　●忠犬《ちゅうけん》ハチ公《こう》。

● 忠告《ちゅうこく》に従《したが》う。　●規則《きそく》を忠実《ちゅうじつ》に守《まも》る。

● 忠誠《ちゅうせい》をちかう。

もっとしろう

● 忠《ちゅう》言《げん》耳《みみ》に逆《さか》らう－自分《じぶん》の悪《わる》いところを直《なお》すように言《い》ってくれる忠告《ちゅうこく》は、気《き》にさわることが多《おお》く、すなおに聞《き》けないものだ。「良《りょう》薬《やく》は口《くち》に苦《にが》し」とともに使《つか》われることば。

なりたち

心は「こころ」を表《あらわ》し、中がチュウという読《よ》み方《かた》と「みちる」いみをしめしています。心《こころ》をこめてすることから、「まごころ」のいみに使《つか》われます。

六年

著

おん　チョ

くん　(あらわ-す・いちじる-しい)

11画[艹8画]

いみ

1 あらわす。本《ほん》を書《か》く。◆(本《ほん》を著《あらわ》す・作《つく》る) 著作《ちょさく》・著者《ちょしゃ》・著述《ちょじゅつ》・著書《ちょしょ》 ◆共著《きょうちょ》

2 めだつ。◆顕著《けんちょ》

つかいかた

● 夏目漱石《なつめそうせき》の著《ちょ》。● 参考書《さんこうしょ》を著《あらわ》す。

● 進歩《しんぽ》が著《いちじる》しい。● 宮沢賢治《みやざわけんじ》の著書《ちょしょ》を読《よ》む。

● 著名《ちょめい》な学者《がくしゃ》。

なりたち

艹は草《くさ》を表《あらわ》し、者(シャ)がチョと変《か》わって読《よ》み方《かた》をしめしています。もとは「箸」の代《か》わりの字《じ》でしたが、「あらわす」いみに使《つか》われるようになりました。

つかいわけ　● 著《あらわ》す・表《あらわ》す・現《あらわ》す

著《あらわ》す…書物《しょもつ》を著《あらわ》す。

表《あらわ》す…ことばに表《あらわ》す。顔《かお》に表《あらわ》す。

現《あらわ》す…姿《すがた》を現《あらわ》す。

庁

おん　チョウ

くん

5画[广2画]

いみ

■ 役所《やくしょ》。◆庁舎《ちょうしゃ》 ◆官庁《かんちょう》・気象《きしょう》庁《ちょう》・宮内《くない》庁《ちょう》・警視《けいし》庁《ちょう》・市庁《しちょう》・登庁《とうちょう》

つかいかた

● 県庁《けんちょう》所在地《しょざいち》を訪《おとず》れる。

● 東京《とうきょう》都庁《とちょう》を見学《けんがく》する。

もっとしろう

● [「丁《ちょう》」のつく字《じ》]

「庁《ちょう》」はもともと「廳」で、「聽」がチョウという読《よ》み方《かた》をしめしていましたが、画数《かくすう》が多《おお》く、書《か》くのがたいへんなので、「丁」に入《い》れかえて「庁《ちょう》」になりました。「丁《ちょう》」が読《よ》み方《かた》をしめす字《じ》には「町《ちょう》・頂《ちょう》」があります。

なりたち

古《ふる》い字《じ》は廳。广は建物《たてもの》を表《あらわ》し、聽がチョウという読《よ》み方《かた》と「きく」いみをしめしています。人《ひと》びとのうったえをきく「役所《やくしょ》」のいみに使《つか》われます。

頂

おん　チョウ

くん　いただ-く・いただき

11画[頁2画]

いみ

1 いただき。てっぺん。◆頂角《ちょうかく》・頂点《ちょうてん》 ◆山頂《さんちょう》・登頂《とうちょう》

2 いただく。◆頂戴《ちょうだい》

つかいかた

● 賞状《しょうじょう》を頂《いただ》く。● 山《やま》の頂《いただき》に立《た》つ。

● 富士山《ふじさん》の頂上《ちょうじょう》。● 三角形《さんかくけい》の頂点《ちょうてん》。

● 人気《にんき》の絶頂《ぜっちょう》。

もっとしろう

● 頂《いただ》けない－感心《かんしん》できない。受《う》け入《い》れられない。

● 有頂天《うちょうてん》になる－うまくいって、我《われ》を忘《わす》れるほど喜《よろこ》ぶ。

なりたち

頁は頭《あたま》を表《あらわ》し、丁(テイ)がチョウという読《よ》み方《かた》と「つきあたる」いみをしめしています。頭《あたま》のてっぺんを表《あらわ》し、「いただき」のいみに使《つか》われます。

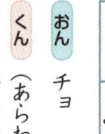

腸

おん　チョウ
くん

13画［月9画］

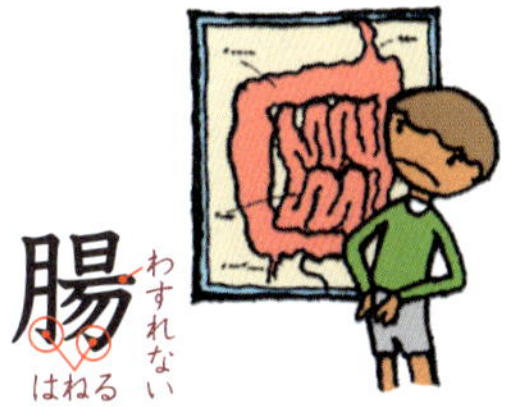

いみ
■ちょう。◇（胃《い》と腸《ちょう》）胃腸《いちょう》・小腸《しょうちょう》・大腸《だいちょう》

つかいかた
●腸《ちょう》のぐあいが悪《わる》い。
●十二指腸《じゅうにしちょう》をわずらう。

もっとしろう
●断腸《だんちょう》―はらわたがちぎれるほどつらく悲《かな》しいこと。むかし、中国《ちゅうごく》で、舟《ふね》で川《かわ》を上《のぼ》っている人《ひと》が、猿《さる》の子《こ》を捕《と》らえた。母猿《ははざる》は舟《ふね》を百里《ひゃくり》も追《お》いかけ、舟《ふね》に飛《と》びこんだが、息絶《いきた》えてしまった。その腹《はら》をさいてみたところ、腸《ちょう》がずたずたに断《た》ち切《き》れていたことからいう。

なりたち
月は肉《にく》（月）を表《あらわ》し、昜（ヨウ）がチョウと変《か》わって読《よ》み方《かた》と「のびる」いみをしめしています。長《なが》くのびるからだの器官《きかん》から、「ちょう」を表《あらわ》す字《じ》です。

潮

おん　チョウ
くん　しお

15画［氵12画］

いみ
1 海《うみ》の水《みず》。しお。◇潮位《ちょうい》・潮流《ちょうりゅう》・潮風《しおかぜ》・潮路《しおじ》・潮時《しおどき》・◇干潮《かんちょう》・高潮《こうちょう》（たかしお）・満潮《まんちょう》・赤潮《あかしお》・渦潮《うずしお》・大潮《おおしお》・親潮《おやしお》・黒潮《くろしお》
2 世《よ》の中《なか》のなりゆき。◇思潮《しちょう》・風潮《ふうちょう》

つかいかた
●潮《しお》の満《み》ち引《ひ》き。●顔面《がんめん》が紅潮《こうちょう》する。
●祭《まつ》りが最高潮《さいこうちょう》に達《たっ》する。●血潮《ちしお》がたぎる。

もっとしろう
●［潮《しお》と汐《しお》］
むかしは、「潮《しお》」は朝《あさ》のしおの満《み》ち引《ひ》きを、「汐《しお》」は夕方《ゆうがた》のしおの満《み》ち引《ひ》きを表《あらわ》しましたが、今《いま》は一般的《いっぱんてき》に「潮《しお》」で表《あらわ》します。

なりたち
氵は水《みず》を表《あらわ》し、朝がチョウという読《よ》み方《かた》と「あさ、あつめる」のいみをしめしています。あさの海《うみ》の水《みず》のあつまりから、「しお」のいみに使《つか》われます。

賃

おん　チン
くん

13画［貝6画］

いみ
■仕事《しごと》やものにおうじたお金《かね》。代金《だいきん》。◇賃金《ちんぎん》・◇運賃《うんちん》・車賃《くるまちん》・工賃《こうちん》・手間賃《てまちん》・電車賃《でんしゃちん》・船賃《ふなちん》

つかいかた
●賃金《ちんぎん》が上《あ》がる。●賃貸《ちんたい》のマンション。
●運賃《うんちん》を値上《ねあ》げする。●船賃《ふなちん》をはらう。
●家賃《やちん》の値上《ねあ》げ。

もっとしろう
●［ちんぎん］
「ちんぎん」には「賃金《ちんぎん》・賃銀《ちんぎん》」の両方《りょうほう》の書《か》き方《かた》がありますが、いっぱんに「賃金《ちんぎん》」のほうが使《つか》われています。

なりたち
貝は「お金《かね》」を表《あらわ》し、任（ニン）がチンと変《か》わって読《よ》み方《かた》と「仕事《しごと》」のいみをしめしています。「仕事《しごと》におうじたお金《かね》」のいみに使《つか》われます。

痛

12画［疒7画］

おん　ツウ

くん　いた-い・いた-む・いた-める

痛痛痛痛痛痛痛痛痛痛痛痛

痛　はねる　だす

いみ

1 いたむ。◆痛手《いたで》 ◆（苦《くる》しい・痛《いた》い）苦《く》痛《つう》・激痛《げきつう》・心痛《しんつう》・頭痛《ずつう》・鎮痛《ちんつう》・鈍痛《どんつう》・悲《ひ》痛《つう》・腰痛《ようつう》

2 ひどく。おおいに。◆痛快《つうかい》・痛恨《つうこん》・痛切《つうせつ》・痛烈《つうれつ》

つかいかた

●頭《あたま》が痛《いた》い。●傷口《きずぐち》が痛《いた》む。●肩《かた》を痛《いた》める。

●痛快《つうかい》な話《はなし》を聞《き》く。●勉強不足《べんきょうぶそく》を痛感《つうかん》する。

●腹痛《ふくつう》になやまされる。

なりたち

疒は人《ひと》（ト）が寝台《しんだい》（爿）でねている形《かたち》（疒）からでき、「病気《びょうき》」のいみを表《あらわ》し、甬（ヨウ）がツウと変《か》わって読《よ》み方《かた》と「つきとおす」いみをしめしています。つきとおすように「いたむ」いみに使《つか》われます。

つかいわけ

●傷《いた》む・痛《いた》む→〈傷《しょう》〉443ページ

敵

15画［攵11画］

おん　テキ

くん　（かたき）

敵敵敵敵敵敵敵敵敵敵敵敵敵敵敵

敵　商にならない　はねる

いみ

1 たたかう相手《あいて》。うらみのある相手《あいて》。◆敵《てき》・敵《てき》意《い》・敵軍《てきぐん》・敵国《てきこく》・敵視《てきし》・敵陣《てきじん》・敵対《てきたい》・敵役《かたきやく》・兵《へい》 ◆外敵《がいてき》・強敵《きょうてき》・宿敵《しゅくてき》・大敵《たいてき》

2 つりあう。◆匹敵《ひってき》

つかいかた

●敵《てき》をたおす。●親《おや》の敵《かたき》をうつ。

●敵地《てきち》に乗《の》りこむ。●無敵《むてき》の強《つよ》さ。

もっとしろう

●敵《てき》に塩《しお》を送《おく》る－こまっている敵《てき》を助《たす》ける。（戦国大名《せんごくだいみょう》の上杉謙信《うえすぎけんしん》が、対立《たいりつ》する武田信《たけだしん》玄《げん》が塩《しお》不足《ぶそく》でこまっていた時《とき》に塩《しお》を送《おく》ったことからいう）

なりたち

攵は「うつ」いみを表《あらわ》し、啇がテキという読《よ》み方《かた》と「まっすぐあたる」いみをしめしています。ぶつかることを表《あらわ》し、「てき、かたき」のいみに使《つか》われます。

展

10画［尸7画］

おん　テン

くん

展展展展展展展展展展

展　ノをつけない　はねる

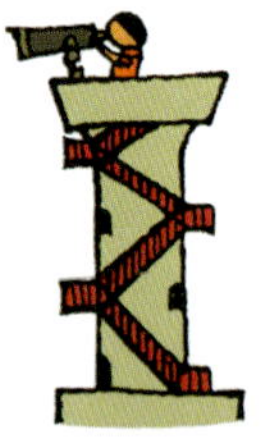

いみ

1 広《ひろ》げる。ならべる。◆展開《てんかい》・展示《てんじ》・展望《てんぼう》

◆個展《こてん》

2 のびる。◆進展《しんてん》

つかいかた

●展覧会《てんらんかい》に人《ひと》が集《あつ》まる。

●国《くに》の発展《はってん》をいのる。

もっとしろう

●［親展《しんてん》］

手紙《てがみ》の封筒《ふうとう》のあて名《な》のわきに書《か》かれる「親展《しんてん》」は、「みずから（親《しん》）ひろげる（展《てん》）」ということで、あて名《な》の人《ひと》だけに開封《かいふう》してほしいというみです。

なりたち

もとの形《かたち》は展（古字）。尸は人《ひと》が寝《ね》たようすを表《あらわ》し、㞟がテンという読《よ》み方《かた》と「ころがる」いみをしめしています。巻《ま》いてあるものを「ひろげる」いみに使《つか》われます。

討

10画[言3画]

おん　トウ

くん　(う-つ)

討 はねる

いみ

1 うつ。せめる。◇(討《う》つ・うつ〈伐〉)討伐《とうばつ》 ◇征討《せいとう》・追討《ついとう》

2 たずねる。くわしく調《しら》べる。◇討議《とうぎ》・討《とう》論《ろん》 ◇検討《けんとう》

つかいかた

● 敵《かたき》を討《う》つ。 ● 討論会《とうろんかい》を開《ひら》く。

もっとしろう

● 江戸《えど》の敵《かたき》を長崎《ながさき》で討《う》つ－思《おも》いがけない場《ば》所《しょ》やまったく関係《かんけい》のない別《べつ》のことで、むかしのうらみを晴《は》らす。(「江戸《えど》」と「長崎《ながさき》」は、かけはなれていることのたとえ)

なりたち

言は「ことば」を表《あらわ》し、寸は肘(チュウ)が略《りゃく》された形《かたち》で、トウと変《か》わって読《よ》み方《かた》と「おう」いみをしめしています。ことばで追及《ついきゅう》してとがめるいみを表《あらわ》し、「うつ」いみに使《つか》われます。

党

10画[⺌7画]

おん　トウ

くん

党 うえにはねる ツにならない

いみ

■ なかま。くみ。◇(党《とう》のかしら〈首〉)党《とう》首《しゅ》・党員《とういん》・党派《とうは》 ◇(党《とう》に入《はい》る)入党《にゅうとう》・悪《あく》党《とう》・結党《けっとう》・残党《ざんとう》・政党《せいとう》・脱党《だっとう》・徒党《ととう》・野《や》党《とう》・与党《よとう》

つかいかた

● 新《あたら》しい党《とう》を作《つく》る。 ● 党首《とうしゅ》が会談《かいだん》をする。

● 二大政党《にだいせいとう》が政権《せいけん》を争《あらそ》う。

もっとしろう

● 党利党略《とうりとうりゃく》－自《じ》分《ぶん》が属《ぞく》している党《とう》の利益《りえき》だけを目標《もくひょう》にして立《た》てる計略《けいりゃく》。

なりたち

古《ふる》い字《じ》は黨。黑は「くろい」いみを表《あらわ》し、尚(ショウ)がトウと変《か》わって読《よ》み方《かた》と「さえぎる」いみをしめしています。さえぎられて明《あき》らかでないことを表《あらわ》しましたが、「なかま」のいみに使《つか》われるようになりました。

糖

16画[米10画]

おん　トウ

くん

糖 だす はねない

いみ

■ あまいもの。さとう。◇糖《とう》衣《い》錠《じょう》・糖類《とうるい》 ◇果糖《かとう》・砂糖《さとう》・製糖《せいとう》・乳糖《にゅうとう》・麦芽糖《ばくがとう》

つかいかた

● 果実《かじつ》にふくまれる糖分《とうぶん》。

● コーヒーに砂糖《さとう》を入《い》れる。

もっとしろう

● [糖衣錠《とういじょう》]

むかしから「良薬《りょうやく》は口《くち》に苦《にが》し」といわれていますが、その薬《くすり》を飲《の》みやすくするために小《ちい》さく丸《まる》くかためたのが「錠剤《じょうざい》」で、さらに苦《にが》みをやわらげるために、外側《そとがわ》を砂糖《さとう》でくるんだ錠剤《じょうざい》が「糖衣錠《とういじょう》」です。

なりたち

米は「こめ」を表《あらわ》し、唐がトウという読《よ》み方《かた》と「のびる」いみをしめしています。あめを表《あらわ》し、「あまいもの」のいみに使《つか》われます。

六年

届

8画［尸5画］

おん

くん　とど-ける・とど-く

届（だす・はらう）

いみ

■ とどける。とどく。

つかいかた

●品物《しなもの》を届《とど》ける。●手紙《てがみ》が届《とど》く。

●届《とど》けを出《だ》す。●無届《むとど》けで休《やす》む。

もっとしろう

●手《て》が届《とど》く－①細《こま》かい所《ところ》まで注意《ちゅうい》や世話《せわ》がゆきとどく。「すみずみまで手《て》が届《とど》く」②自分《じぶん》の力《ちから》でできる範囲《はんい》の中《なか》にある。「その値段《ねだん》なら手《て》が届《とど》く」③もうすぐそうなる。「九十《きゅうじゅう》に手《て》が届《とど》く」

●目《め》が届《とど》く－注意《ちゅうい》がよくゆきわたる。

なりたち

古《ふる》い字《じ》は屆。尸は「からだ」を表《あらわ》し、凷が「くずれる」いみをもっています。からだの力《ちから》が抜《ぬ》けるいみを表《あらわ》していましたが、「とどく」いみに使《つか》われるようになりました。

難

18画［隹10画］

おん　ナン

くん　(かた-い)・むずか-しい

難（廿にならない・とめる）

いみ

1 むずかしい。◆(解《と》くのが難《むずか》しい)難解《なんかい》・難易《なんい》・難関《なんかん》・難行《なんぎょう》・難局《なんきょく》・難航《なんこう》・難産《なんざん》・難所《なんしょ》・難色《なんしょく》・難題《なんだい》・難聴《なんちょう》・難点《なんてん》・難病《なんびょう》・難物《なんぶつ》・難問《なんもん》・難路《なんろ》 ◆至難《しなん》

2 わざわい。苦《くる》しみ。◆難儀《なんぎ》・難破《なんぱ》・難民《なんみん》 ◆苦難《くなん》・困難《こんなん》・災難《さいなん》・受難《じゅなん》・遭難《そうなん》・多難《たなん》・盗難《とうなん》・万難《ばんなん》・避難《ひなん》

3 とがめる。欠点《けってん》。◆難点《なんてん》 ◆非難《ひなん》

つかいかた

●難《むずか》しい問題《もんだい》。●船《ふね》が難破《なんぱ》する。

●無難《ぶなん》にまとめる。●忘《わす》れ難《がた》い思《おも》い出《で》。

なりたち

古《ふる》い字《じ》は難。隹は鳥《とり》を表《あらわ》し、菓(カン)がナンと変《か》わって読《よ》み方《かた》をしめしています。鳥《とり》の名《な》を表《あらわ》す字《じ》でしたが、「むずかしい」いみに使《つか》われるようになりました。

乳

8画［し7画］

おん　ニュウ

くん　ちち・(ち)

乳（むきにちゅうい・かどをつけない）

いみ

■ ちち。◆(乳《ちち》をとる牛《うし》)乳牛《にゅうぎゅう》(ちちうし)・乳液《にゅうえき》・乳酸《にゅうさん》・乳児《にゅうじ》・乳白色《にゅうはくしょく》・乳幼児《にゅうようじ》・乳首《ちくび》・乳房《ちぶさ》 ◆授乳《じゅにゅう》・豆乳《とうにゅう》・粉乳《ふんにゅう》・母乳《ぼにゅう》・哺乳《ほにゅう》類《るい》・離乳《りにゅう》・練乳《れんにゅう》

つかいかた

●乳《ちち》をしぼる。●乳歯《にゅうし》が生《は》える。

●牛乳《ぎゅうにゅう》を飲《の》む。●母乳《ぼにゅう》で育《そだ》てる。

●乳飲《ちの》み子《ご》をあやす。

もっとしろう

●乳《ちち》くさい－①お乳《ちち》のにおいがする。②幼稚《ようち》で子《こ》どもっぽい。

なりたち

しはつばめの形《かたち》を表《あらわ》し、孚はたまごをかえすことを表《あらわ》しています。子《こ》どもを産《う》んで育《そだ》てることから、「ちち」のいみに使《つか》われます。

とくべつなよみ

乳母《うば》

六年

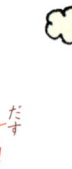

認

おん　（ニン）

くん　みと-める

14画［言7画］

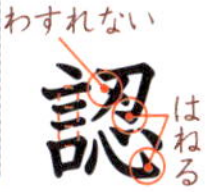

いみ

1 はっきりと見分《みわ》ける。◇認識《にんしき》　◇誤認《ごにん》

2 みとめる。ゆるす。◇（認《みと》めて定《さだ》める）認《にん》定《てい》・認可《にんか》・認証《にんしょう》　◇自認《じにん》・承認《しょうにん》・是認《ぜにん》・否認《ひにん》・黙認《もくにん》・容認《ようにん》

つかいかた

● 入学《にゅうがく》を認《みと》める。● 上級者《じょうきゅうしゃ》と認定《にんてい》する。

● 身元《みもと》を確認《かくにん》する。● 候補者《こうほしゃ》を公認《こうにん》する。

もっとしろう

● ［認《みと》め印《いん》］

ふだん使《つか》うはんこを「認《みと》め印《いん》」といい、役《やく》所《しょ》に届《とど》けてある正式《せいしき》のはんこを「実印《じついん》」といいます。

なりたち

言は「ことば」を表《あらわ》し、忍がニンという読《よ》み方《かた》と「まかせる」いみをしめしています。相手《あいて》の言《い》い分《ぶん》にまかせ、「みとめる」いみに使《つか》われます。

納

おん　ノウ・（ナッ・ナ・ナン・トウ）

くん　おさ-める・おさ-まる

10画［糸4画］

いみ

1 おさめる。◇納金《のうきん》・納税《のうぜい》・納品《のうひん》・納付《のうふ》　◇完納《かんのう》・前納《ぜんのう》・滞納《たいのう》・返納《へんのう》・未納《みのう》・結納《ゆいのう》

2 うけいれる。中《なか》にしまう。◇納骨《のうこつ》・納得《なっとく》・納屋《なや》・納戸《なんど》　◇格納《かくのう》・収納《しゅうのう》・出納《すいとう》

3 おわりにする。◇納会《のうかい》

つかいかた

● 月謝《げっしゃ》を納《おさ》める。● 注文《ちゅうもん》の品《しな》を納入《のうにゅう》する。

なりたち

糸は「いと」を表《あらわ》し、内（ダイ）がノウと変《か》わって読《よ》み方《かた》と「いれる」いみをしめしています。糸《いと》や織物《おりもの》をおさめることから、「おさめる」いみに使《つか》われます。

つかいわけ

修《おさ》める →〈収《しゅう》〉438ページ　● 収《おさ》める・治《おさ》める・納《おさ》める・

とくべつなよみ

※「ナッ・ナ・ナン・トウ」という読《よ》み—納得《なっとく》・納屋《なや》・納戸《なんど》・出納《すいとう》

脳

おん　ノウ

くん

11画［月7画］

いみ

■ あたま。のうみそ。◇（あたま〈脳〉のてっぺん〈天〉）脳天《のうてん》・脳髄《のうずい》・脳裏《のうり》　◇小脳《しょうのう》・頭脳《ずのう》・大脳《だいのう》

つかいかた

● 脳波《のうは》を調《しら》べる。● 各国《かっこく》の首脳《しゅのう》が集《あつ》まる。

もっとしろう

● 脳裏《のうり》に焼《や》きつく－忘《わす》れられないほどの強《つよ》い印象《いんしょう》を受《う》ける。「脳裏《のうり》」は脳《のう》のうちがわで、頭《あたま》の中《なか》のいみ。

● ［似《に》ている字《じ》に注意《ちゅうい》］

・脳《のう》…からだ（月）の一部《いちぶ》。「大脳《だいのう》」

・悩《のう》…心《こころ》（忄）のなやみ。「苦悩《くのう》」

なりたち

月は肉《にく》（⺝）を表《あらわ》し、㐫（ノウ）はもと𡿺で、かみの毛《け》のはえたあたまを表《あらわ》しています。「のう、あたま」のいみに使《つか》われます。

六年

派

9画［氵6画］

おん　ハ

くん

いみ

1 **分《わ》かれる。もとから分《わ》かれ出《で》たもの。** ◆派生《はせい》・派閥《はばつ》 ◆一派《いっぱ》・右派《うは》・学派《がくは》・硬派《こうは》・左派《さは》・宗派《しゅうは》・新派《しんぱ》・党派《とうは》・軟派《なんぱ》・分派《ぶんぱ》・別派《べっぱ》・流派《りゅうは》

2 **人《ひと》をつかわす。** ◆派遣《はけん》・派出所《はしゅつじょ》・派兵《はへい》 ◆特派員《とくはいん》

つかいかた

- 二《ふた》つの**派**《は》に分《わ》かれる。
- **派出所**《はしゅつじょ》に勤務《きんむ》する。
- 新《あたら》しい問題《もんだい》が**派生**《はせい》する。
- 海外《かいがい》に**派兵**《はへい》する。

なりたち

氵は水《みず》を表《あらわ》し、𠂢はもと𠂢で、ハという読《よ》み方《かた》と川《かわ》が本流《ほんりゅう》から支流《しりゅう》へ分《わ》かれていく形《かたち》を表《あらわ》しています。川《かわ》が支流《しりゅう》・分流《ぶんりゅう》に分《わ》かれることを表《あらわ》し、「わかれる」いみに使《つか》われます。

拝

8画［扌5画］

おん　ハイ

くん　おが-む

いみ

1 **おがむ。** ◆拝殿《はいでん》 ◆崇拝《すうはい》・礼拝《れいはい》（らいはい）

2 **へりくだる気持《きも》ちを表《あらわ》す。（…させていただく）** ◆拝謁《はいえつ》・拝顔《はいがん》・拝啓《はいけい》・拝借《はいしゃく》・拝聴《はいちょう》・拝読《はいどく》・拝命《はいめい》・拝領《はいりょう》

つかいかた

- 初日《はつひ》を**拝む**《おが》。
- お手紙《てがみ》を**拝見**《はいけん》しました。
- 神前《しんぜん》で**拝礼**《はいれい》する。
- 神社《じんじゃ》に**参拝**《さんぱい》する。

もっとしろう

- ［礼拝の読《よ》み方《かた》］
  神仏《しんぶつ》を敬《うやま》いおがむことをふつう「礼拝《れいはい》」といいますが、仏教《ぶっきょう》では多《おお》く「礼拝《らいはい》」と読《よ》みます。

なりたち

扌は手《て》（𠂇）を、手は供《そな》え物《もの》を表《あらわ》しています。供《そな》え物《もの》を両手《りょうて》でささげてからだをかがめることを表《あらわ》し、「おがむ」いみに使《つか》われます。

背

9画［月5画］

おん　ハイ

くん　せ・せい・（そむ-く・そむ-ける）

いみ

1 **せなか。** ◆（**背**《はい》後《ご》の**景**《けし》色《き》）**背景**《はいけい》・背泳《はいえい》・背面《はいめん》・背筋《せすじ》（はいきん）・背番号《せばんごう》・背骨《せぼね》 ◆猫背《ねこぜ》

2 **そむく。** ◆背信《はいしん》・背徳《はいとく》・背任《はいにん》

3 **せたけ。** ◆背格好《せかっこう》・背丈《せたけ》

つかいかた

- かべを**背**《せ》にする。
- 期待《きたい》に**背く**《そむ》。
- 敵《てき》の**背後**《はいご》に回《まわ》る。
- **背比べ**《せいくら》をする。

もっとしろう

- **背**《せ》**に腹**《はら》**はかえられぬ**－大事《だいじ》なもののためにはほかをぎせいにしてもやむを得《え》ない。

なりたち

月は肉《にく》（月）を表《あらわ》し、北（ホク）がハイと変《か》わって読《よ》み方《かた》と人《ひと》がせなかを向《む》けあっている形《かたち》（𠀀）を表《あらわ》しています。からだの反対側《はんたいがわ》のことから、「せなか」のいみに使《つか》われます。

肺

9画［月5画］

おん　ハイ

くん

いみ

■ はい。⬘(肺《はい》の炎症《えんしょう》) 肺炎《はいえん》・肺活量《はいかつりょう》・肺結核《はいけっかく》・肺臓《はいぞう》 ⬙(心臓《しんぞう》と肺臓《はいぞう》) 心肺《しんぱい》

つかいかた

● 肺《はい》を病《や》む。
● 肺炎《はいえん》を起《お》こして入院《にゅういん》する。
● 肺活量《はいかつりょう》をはかる。

もっとしろう

●［肺《はい》のはたらき］
「肺《はい》」は、呼吸《こきゅう》することを通《とお》して、からだに必要《ひつよう》な酸素《さんそ》を体内《たいない》に入《い》れ、二酸化炭素《にさんかたんそ》(炭酸《たんさん》ガス)を外《そと》に出《だ》します。

なりたち

月は肉《にく》(⺼)を表《あらわ》し、市(フツ)がハイと変《か》わって読《よ》み方《かた》と「わかれる」いみをしめしています。左右《さゆう》二《ふた》つに分《わ》かれているからだの器官《きかん》を表《あらわ》し、「はい」のいみに使《つか》われます。

俳

10画［亻8画］

おん　ハイ

くん

いみ

1 はいく。⬘俳句《はいく》・俳号《はいごう》・俳人《はいじん》
2 役者《やくしゃ》。⬙俳優《はいゆう》

つかいかた

● 俳句《はいく》を味《あじ》わう。
● 俳人《はいじん》松尾芭蕉《まつおばしょう》。

もっとしろう

●［俳句《はいく》］
「俳句《はいく》」は、日本《にほん》にむかしからある、五《ご》・七《しち》・五《ご》の十七音《じゅうしちおん》を決《き》まった形《かたち》とする短《みじか》い詩《し》のことです。なお、俳句《はいく》には、季節《きせつ》をしめすことばを入《い》れる約束《やくそく》があります。「季語《きご》」については、「季《き》」(286ページ)参照《さんしょう》。

なりたち

亻は人《ひと》を表《あらわ》し、非(ヒ)がハイと変《か》わって読《よ》み方《かた》と「左右《さゆう》に分《わ》かれる」いみをしめしています。左右《さゆう》に分《わ》かれてかけあいの芸《げい》を演《えん》じる人《ひと》から、「役者《やくしゃ》」のいみに使《つか》われます。

班

10画［王6画］

おん　ハン

くん

いみ

■ 分《わ》ける。いくつかに分《わ》けた組《くみ》。⬘救護班《きゅうごはん》・研究班《けんきゅうはん》 ⬙班長《はんちょう》

つかいかた

● クラスを三《みっ》つの班《はん》に分《わ》ける。
● 班長《はんちょう》になる。
● 首班《しゅはん》を指命《しめい》する。

もっとしろう

● 班田収授《はんでんしゅうじゅ》の法《ほう》－奈良時代《ならじだい》・平安時代《へいあんじだい》に行《おこな》われた土地制度《とちせいど》で、一定《いってい》の年齢《ねんれい》になると一定《いってい》の土地《とち》が分《わ》けあたえられ、死《し》ぬと国《くに》に返《かえ》すきまり。「収《しゅう》」は受《う》け取《と》る、「授《じゅ》」はあたえるいみ。

なりたち

王はもと玉《たま》を表《あらわ》し、刂は「分《わ》ける」いみの分のもとの形《かたち》(𠔁)を略《りゃく》したものです。二《ふた》つの玉《たま》を分《わ》けることを表《あらわ》し、「分《わ》ける」いみに使《つか》われます。

晩

12画［日8画］

晩　うえへはねる

おん　バン

くん

いみ

1 **夕**《ゆう》**ぐれ。夜**《よる》**。** ◆晩餐《ばんさん》・晩鐘《ばんしょう》 ◆（昨《きのう》日の晩《ばん》）昨晩《さくばん》・明晩《みょうばん》

2 **おそい。すえ。おわり。** ◆（春《はる》の終《お》わりごろ〈晩〉）晩春《ばんしゅん》・晩学《ばんがく》・晩婚《ばんこん》 ◆早晩《そうばん》

つかいかた

● 明日《あす》の晩《ばん》出《で》かける。● 晩《ばん》ご飯《はん》をつくる。

● 晩秋《ばんしゅう》の高原《こうげん》。● 晩年《ばんねん》を故郷《こきょう》で過《す》ごす。

● 毎晩《まいばん》勉強《べんきょう》を欠《か》かさない。

もっとしろう

● **大器晩成**《たいきばんせい》－大人物《だいじんぶつ》はすぐには目立《めだ》たないけれど、おそくなってから才能《さいのう》をあらわすということ。

なりたち

日は「ひ」を表《あらわ》し、免（メン）がバンと変《か》わって読《よ》み方《かた》と「かくれる」いみをしめしています。日《ひ》がかくれることから、「日《ひ》ぐれ」のいみに使《つか》われます。

否

7画［口4画］

否　はねない　とめる

おん　ヒ

くん　（いな）

いみ

■ **ちがうと打**《う》**ち消**《け》**す。** ◆（反対《はんたい》〈否〉と決《き》める）否決《ひけつ》・否認《ひにん》 ◆安否《あんぴ》・可否《かひ》・拒否《きょひ》・合否《ごうひ》・成否《せいひ》・諾否《だくひ》・適否《てきひ》・良否《りょうひ》

つかいかた

● 賛成《さんせい》か否《いな》か。● うわさを否定《ひてい》する。

● その考《かんが》えに対《たい》しては賛否両論《さんぴりょうろん》ある。

もっとしろう

● ［否《ひ》と非《ひ》の使《つか》い分《わ》け］

「否《ひ》」は多《おお》く上《うえ》の漢字《かんじ》と反対《はんたい》のいみを表《あらわ》し、「非《ひ》」は多《おお》く下《した》につく漢字《かんじ》のいみを打《う》ち消《け》します。

（例《れい》）「安否《あんぴ》」「良否《りょうひ》」「非常《ひじょう》」「非情《ひじょう》」

なりたち

口は「くち」を表《あらわ》し、不がヒという読《よ》み方《かた》と「反対《はんたい》」のいみをしめしています。口《くち》で反対《はんたい》することを表《あらわ》し、打《う》ち消《け》すいみに使《つか》われます。

批

7画［扌4画］

批　はねる

おん　ヒ

くん

いみ

■ **くらべてよいわるいをきめる。** ◆（くらべて〈批〉判断《はんだん》する）批判《ひはん》・批准《ひじゅん》・批評《ひひょう》

つかいかた

● やり方《かた》を批判《ひはん》する。● 作品《さくひん》を批評《ひひょう》する。

もっとしろう

● ［比《ひ》と批《ひ》］

「比《ひ》」はくらべるだけですが、「批《ひ》」はくらべてよいわるいをはっきりさせることです。

・比較《ひかく》…くらべる。（「較《かく》」もくらべるいみ）

・批評《ひひょう》…よいわるいについて意見《いけん》を言《い》う。

なりたち

扌は手《て》（𠂤）を表《あらわ》し、比がヒという読《よ》み方《かた》と「うつ」いみをしめしています。手《て》でうついみでしたが、「くらべてよしあしをきめる」いみに使《つか》われるようになりました。

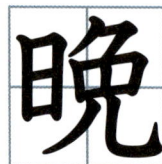

秘

10画［禾5画］

おん ヒ

くん (ひ-める)

秘秘秘秘秘秘秘秘秘秘

いみ

1 **かくす。** ◆(**秘**《ひ》密《みつ》の方**法**《ほうほう》)**秘法**《ひほう》・秘策《ひさく》・秘《ひ》術《じゅつ》・秘《ひ》書《しょ》・秘《ひ》蔵《ぞう》・秘《ひ》伝《でん》・秘《ひ》話《わ》 ◆極《ごく》秘《ひ》・黙《もく》秘《ひ》

2 **はかりしれないふしぎ。** ◆神《しん》秘《ぴ》

3 **とどこおる。** ◆便《べん》秘《ぴ》

つかいかた

● 名《な》を**秘**《ひ》**す**。● 決《けつ》意《い》を胸《むね》に**秘**《ひ》**める**。

● 世《せ》界《かい》の**秘境**《ひきょう》を探《たん》険《けん》する。

● 戦《たたか》いを前《まえ》に**秘策**《ひさく》を練《ね》る。

● **秘密**《ひみつ》を打《う》ち明《あ》ける。

なりたち 古《ふる》い字《じ》は祕。示は神《かみ》にそなえものをする机《つくえ》の形《かたち》からでき、必(ヒツ)がヒと変《か》わって読《よ》み方《かた》と「とざす」いみをしめしています。深《ふか》くとざされて人目《ひとめ》にふれない神《かみ》を表《あらわ》し、「かくす」いみに使《つか》われます。

俵

10画［亻8画］

おん ヒョウ

くん たわら

俵俵俵俵俵俵俵俵俵俵

いみ

■ **たわら。** ◆(**米**《こめ》を入《い》れた**俵**《たわら》)**米俵**《こめだわら》・炭《すみ》俵《だわら》

つかいかた

● **俵**《たわら》をかつぐ。● **五俵**《ごひょう》の米《こめ》。

● 力《りき》士《し》の**土俵入**《どひょうい》**り**。

もっとしろう

● **俵**《たわら》**を割**《わ》**る** — 相撲《すもう》で、寄《よ》られたり押《お》されたりして、土《ど》俵《ひょう》の外《そと》に出《で》る。「割《わ》る」は、外《そと》に出《で》ること。「土《ど》俵《ひょう》を割《わ》る」ともいう。

● [土俵《どひょう》]

相撲《すもう》を取《と》る「土《ど》俵《ひょう》」は、土《つち》をつめた細《ほそ》い俵《たわら》(土《ど》俵《ひょう》)で囲《かこ》って作《つく》ることからできたことばです。

なりたち 亻は人《ひと》を表《あらわ》し、表がヒョウという読《よ》み方《かた》をしめしています。人《ひと》に分《わ》けあたえることを表《あらわ》していましたが、「たわら」のいみに使《つか》われるようになりました。

腹

13画［月9画］

おん フク

くん はら

腹腹腹腹腹腹腹腹腹腹腹腹腹

いみ

1 **はら。** ◆(**腹**《はら》の**部**《ぶ》分《ぶん》)**腹部**《ふくぶ》・腹《ふく》膜《まく》・腹《ふく》話《わ》術《じゅつ》・腹《はら》鼓《つづみ》 ◆山《さん》腹《ぷく》・私《し》腹《ふく》・切《せっ》腹《ぷく》・船《せん》腹《ぷく》・満《まん》腹《ぷく》・横《よこ》腹《はら》

2 **心**《こころ》**の中**《なか》**。** ◆腹《ふく》案《あん》・腹《ふく》心《しん》・腹《ふく》蔵《ぞう》・腹《はら》芸《げい》 ◆立《りっ》腹《ぷく》

つかいかた

● **腹**《はら》がふくれる。● **腹痛**《ふくつう》を起《お》こす。

● **空腹**《くうふく》を満《み》たす。● 山《やま》の**中腹**《ちゅうふく》。

もっとしろう

● **腹**《はら》**を決**《き》**める** — 決《けっ》心《しん》する。決《けつ》意《い》する。

● **腹**《はら》**を割**《わ》**る** — 何《なに》もかくさずに、ほんとうのことを打《う》ち明《あ》ける。

なりたち 月は肉《にく》(⺼)を表《あらわ》し、复がフクという読《よ》み方《かた》と「おおう」いみをしめしています。からだの器《き》官《かん》をおおいつつむところから、「はら」のいみに使《つか》われます。

奮

16画［大13画］

おん　フン

くん　ふる-う

いみ

■ふるう。ふるいたつ。◆（奮《ふる》い起《お》こす）奮《ふん》起《き》・奮迅《ふんじん》・奮闘《ふんとう》・奮発《ふんぱつ》・奮励《ふんれい》◆興奮《こうふん》・発奮《はっぷん》

つかいかた

- 勇気《ゆうき》を奮《ふる》う。
- 国難《こくなん》に奮起《ふんき》して立《た》ち向《む》かう。
- 奮戦《ふんせん》むなしく敗《やぶ》れる。
- 興奮《こうふん》して眠《ねむ》れない。

もっとしろう

- 奮励努力《ふんれいどりょく》－気力《きりょく》をふるいおこして、物事《ものごと》にはげむこと。

なりたち

大は「おおきい」いみを表《あらわ》し、隹（ふるとり）は鳥《とり》を表《あらわ》し、田が「た」を表《あらわ》しています。鳥《とり》が田《た》からおおきくはばたいて飛《と》びたつことを表《あらわ》し、「ふるう」いみに使《つか》われます。

並

8画［⺍5画］

おん　（ヘイ）

くん　なみ・なら-べる・なら-ぶ・なら-びに

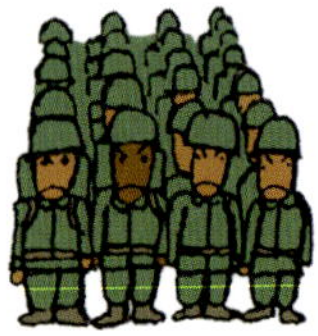

いみ

1 ならぶ。ならべる。◆（並《なら》んで立《た》つ）並《へい》立《りつ》・並列《へいれつ》・並木《なみき》

2 ふつうの。◆並製《なみせい》

つかいかた

- 並《なみ》の品《しな》。
- 机《つくえ》を並《なら》べる。
- 二列《にれつ》に並《なら》ぶ。
- 五年生《ごねんせい》並《なら》びに六年生《ろくねんせい》。
- 線路《せんろ》と道路《どうろ》が並行《へいこう》して走《はし》る。
- 並外《なみはず》れてからだが大《おお》きい。
- 美《うつく》しい町並《まちな》み。

もっとしろう

- 並並《なみなみ》ならぬ－ひととおりではない。ふつうの程度《ていど》をはるかにこえている。

なりたち

人《ひと》がふたり横《よこ》にならんだ形《かたち》からできた字《じ》で、「ならぶ」いみに使《つか》われます。

竝→竝→並と変《か》わりました。

陛

10画［阝7画］

おん　ヘイ

くん

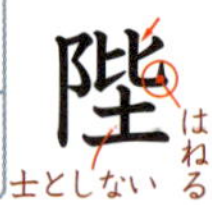

いみ

1 階段《かいだん》。

2 天皇《てんのう》や皇后《こうごう》をうやまって呼《よ》ぶ名《な》。◆陛下《へいか》

つかいかた

- 天皇陛下《てんのうへいか》と皇后陛下《こうごうへいか》。

もっとしろう

- ［陛下《へいか》］
天皇《てんのう》や皇后《こうごう》に対《たい》し直接面《ちょくせつめん》と向《む》かって呼《よ》ぶのは失礼《しつれい》なので、宮殿《きゅうでん》に上《のぼ》る階段《かいだん》の下《した》に仕《つか》えている人《ひと》を通《とお》して申《もう》し上《あ》げるということから、「陛下《へいか》」ということばが使《つか》われるようになりました。「閣下《かっか》」「殿下《でんか》」の呼《よ》び方《かた》と同《おな》じです。

なりたち

阝は盛《も》りあがった土《つち》を表《あらわ》し、坒がヘイという読《よ》み方《かた》と「ならぶ」いみをしめしています。土《つち》をつみならべた階段《かいだん》のいみに使《つか》われます。

閉

11画［門3画］

おん　ヘイ

くん　と-じる・（と-ざす）・し-める・し-まる

いみ

■ **とじる。しめる。終**《お》**える。** ◆（会《かい》を閉《と》じる）閉会《へいかい》・閉口《へいこう》・閉校《へいこう》・閉鎖《へいさ》・閉廷《へいてい》・閉《へい》店《てん》・閉幕《へいまく》・閉門《へいもん》 ◆開閉《かいへい》・密閉《みっぺい》・幽閉《ゆうへい》

つかいかた

● 目《め》を**閉**《と》**じる**。● 門《もん》を**閉**《と》**ざす**。
● 窓《まど》を**閉**《し》**める**。● 幕《まく》が**閉**《し》**まる**。
● 午後五時《ごごごじ》に**閉館**《へいかん》します。

もっとしろう

●［閉《へい》の対語《たいご》］
「閉《へい》」の対語《たいご》は「開《かい》」です。
閉会《へいかい》↕開会《かいかい》　閉幕《へいまく》↕開幕《かいまく》　閉門《へいもん》↕開門《かいもん》

なりたち

門は「もん」を表《あらわ》し、才が「ふさぐ」いみをしめしています。門《もん》をふさぎとじることから、「とじる」いみに使《つか》われます。

片

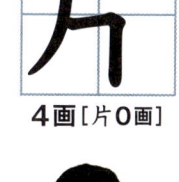

4画［片0画］

おん　（ヘン）

くん　かた

いみ

1 **かたほう。** ◆（片《かた》方《ほう》の手《て》）片手《かたて》・片腕《かたうで》・片《かた》方《ほう》

2 **きれはし。わずか。** ◆片仮名《かたかな》・片手間《かたてま》 ◆一片《いっぺん》・紙片《しへん》・断片《だんぺん》

つかいかた

● ガラスの**破片**《はへん》。● **片意地**《かたいじ》を張《は》る。
● **片側**《かたがわ》を通《とお》る。● **片言**《かたこと》の日本語《にほんご》を話《はな》す。
● **片時**《かたとき》も忘《わす》れない。● **片道**《かたみち》の運賃《うんちん》。

もっとしろう

● **片棒**《かたぼう》**をかつぐ**－（かごの棒《ぼう》の片方《かたほう》をかつぐことから）ある事《こと》（多《おお》く悪事《あくじ》）を協力《きょうりょく》して行《おこな》う。

なりたち

木《き》（）を半分《はんぶん》にわけた右側《みぎがわ》の形《かたち》（）からできた字《じ》です。板《いた》のかたほうを表《あらわ》し、「かたほう、きれはし」のいみに使《つか》われます。

補

12画［ネ7画］

おん　ホ

くん　おぎな-う

いみ

1 **おぎなう。** ◆補給《ほきゅう》・補強《ほきょう》・補欠《ほけつ》・補修《ほしゅう》・補習《ほしゅう》・補充《ほじゅう》・補助《ほじょ》・補償《ほしょう》・補正《ほせい》・補導《ほどう》

2 **見習**《みなら》**い。正式**《せいしき》**の職**《しょく》**につく前**《まえ》**。** ◆候補《こうほ》

つかいかた

● 不足《ふそく》を**補**《おぎな》**う**。● **補足**《ほそく》の説明《せつめい》をする。

もっとしろう

●［補償《ほしょう》と保証《ほしょう》・保障《ほしょう》］
・補償《ほしょう》…あたえた損害《そんがい》をつぐなう。
　・事故《じこ》を補償《ほしょう》する。　・補償金《ほしょうきん》をはらう。
・保証《ほしょう》…だいじょうぶだとうけ合《あ》う。
・保障《ほしょう》…災《わざわ》いを受《う》けないように守《まも》る。

なりたち

ネは衣で「ころも」を表《あらわ》し、甫がホという読《よ》み方《かた》と「つける」いみをしめしています。衣服《いふく》のやぶれに布《ぬの》をあててつくろうことを表《あらわ》し、「おぎなう」いみに使《つか》われます。

暮

おん （ボ）

くん く-れる・く-らす

14画［日10画］

暮　うえよりながく　だす

いみ

1 日がくれる。◆暮色《ぼしょく》 ◆薄暮《はくぼ》

2 季節《きせつ》や年《とし》のおわり。◆暮秋《ぼしゅう》・暮春《ぼしゅん》

3 くらす。くらし。

つかいかた

●日《ひ》が暮《く》れる。●幸《しあわ》せに暮《く》らす。

●年《とし》の暮《く》れ。●お歳暮《せいぼ》をおくる。

もっとしろう

●「暮《く》れる」のいみ

「途方《とほう》にくれる」のように「迷《まよ》ってこまりはてる」いみや、「なみだにくれる」「仕事《しごと》にくれる」のように「ずっとそのことをしてすごす」いみもあります。

なりたち

莫は「日《ひ》ぐれ」を表《あらわ》していましたが、「ない」いみに使《つか》われるようになったので、日を加《くわ》えて、「暮」の字《じ》を、「くれる」いみに使《つか》うようになりました。

宝

おん ホウ

くん たから

8画［宀5画］

宝　ながく

いみ

■たからもの。◆宝庫《ほうこ》・宝刀《ほうとう》・宝物《ほうもつ》（たからもの）
国宝《こくほう》・財宝《ざいほう》・重宝《ちょうほう》（じゅうほう）・秘宝《ひほう》

つかいかた

●宝《たから》の山。●宝石《ほうせき》を散《ち》りばめる。

●家宝《かほう》の置物《おきもの》。●七福神《しちふくじん》が乗《の》った宝船《たからぶね》。

もっとしろう

●宝《たから》の持《も》ちぐされ－役《やく》に立《た》つものを持《も》っているのに、それをうまく使《つか》わないこと。「持《も》ちぐされ」は、ただ持《も》っているだけでくさらせてしまういみ。

なりたち

古《ふる》い字《じ》は寶。宀（家《いえ》）と王（玉《たま》）と貝（お金《かね》）と缶（酒《さけ》を入れるかめ）からできています。缶（フ）がホウと変《か》わって読《よ》み方《かた》をしめしています。家《いえ》にしまっておくたいせつなものから、「たから」のいみに使《つか》われます。

訪

おん ホウ

くん （おとず-れる）・たず-ねる

11画［言4画］

訪　はねる

いみ

■おとずれる。たずねる。◆探訪《たんぼう》・来訪《らいほう》・歴訪《れきほう》

つかいかた

●寒《さむ》い冬《ふゆ》が訪《おとず》れる。

●名所《めいしょ》を訪《たず》ねる。

●友《とも》だちの家《いえ》を訪問《ほうもん》する。

もっとしろう

●［訪門《ほうもん》？訪問《ほうもん》？］

よその家《いえ》を訪《たず》ねるとき、門《もん》の前《まえ》に行《い》くだけではなく、来《き》たことを口《くち》で告《つ》げなければいけません。ですから、必《かなら》ず「口《くち》」を入れて「訪問《ほうもん》」と書《か》きます。

なりたち

言は「ことば」を表《あらわ》し、方がホウという読《よ》み方《かた》と「広《ひろ》い」いみをしめしています。広《ひろ》く人《ひと》に「たずねる」ことを表《あらわ》し、「おとずれる」いみに使《つか》われます。

亡

3画［亠1画］

おん ボウ・(モウ)

くん (な-い)

いみ

1 **ほろびる。ほろぼす。しぬ。** ◆亡国《ぼうこく》・亡命《ぼうめい》・亡霊《ぼうれい》・亡者《もうじゃ》 ◆興亡《こうぼう》・死亡《しぼう》・存亡《そんぼう》・滅亡《めつぼう》

2 **にげる。** ◆逃亡《とうぼう》

つかいかた

● 病気《びょうき》で**亡《な》くなる**。 ● 今《いま》は**亡《な》き**人《ひと》。
● 外国《がいこく》へ**亡命《ぼうめい》**する。 ● 国《くに》の**興亡《こうぼう》**の歴史《れきし》。
● 国家《こっか》の**存亡《そんぼう》**をかけて戦《たたか》う。

もっとしろう

● **亡《な》き者《もの》にする**－殺《ころ》す。

なりたち

もとの形《かたち》は亾。人《ひと》がかこいの中《なか》にかくれているようすを表《あらわ》し、「うしなう、ほろびる、しぬ」いみに使《つか》われます。

つかいわけ

● 無《な》い・亡《な》い →〈無《む》〉335ページ

とくべつなよみ

※「モウ」という読《よ》み—亡者《もうじゃ》

忘

7画［心3画］

おん (ボウ)

くん わす-れる

いみ

■ **わすれる。** ◆(恩《おん》を忘《わす》れる)忘恩《ぼうおん》・忘却《ぼうきゃく》 ◆健忘症《けんぼうしょう》

つかいかた

● 宿題《しゅくだい》を**忘《わす》れる**。 ● **忘年会《ぼうねんかい》**を開《ひら》く。
● **忘《わす》れ物《もの》**をする。

もっとしろう

● **忘年《ぼうねん》の交《まじ》わり**－年齢《ねんれい》や先輩《せんぱい》・後輩《こうはい》などに関《かん》係《けい》なく親《した》しくすること。年齢《ねんれい》のちがった友《ゆう》人関係《じんかんけい》。
● **忘《わす》れ形見《がたみ》**－①その人《ひと》を忘《わす》れないために残《のこ》しておく記念品《きねんひん》。②親《おや》が死《し》んで、あとに残《のこ》された子《こ》ども。

なりたち

心は「こころ」を表《あらわ》し、亡がボウという読《よ》み方《かた》と「なくなる」いみをしめしています。心《こころ》からなくなってしまうことから、「わすれる」いみに使《つか》われます。

棒

12画［木8画］

おん ボウ

くん

いみ

■ **ぼう。** ◆棒暗記《ぼうあんき》・棒線《ぼうせん》 ◆相棒《あいぼう》・警棒《けいぼう》・平行棒《へいこうぼう》・綿棒《めんぼう》

つかいかた

● 木《き》の**棒《ぼう》**。 ● **棒《ぼう》グラフ**でしめす。
● **指揮棒《しきぼう》**をふる。 ● 校庭《こうてい》の**鉄棒《てつぼう》**で遊《あそ》ぶ。

もっとしろう

● **棒立《ぼうだ》ちになる**－(おどろいたときなどに)棒《ぼう》のようにまっすぐ立《た》って動《うご》けなくなる。
● **棒《ぼう》にふる**－今《いま》までの苦心《くしん》や努力《どりょく》をすべてむだにしてしまう。
● **棒読《ぼうよ》み**－文章《ぶんしょう》のくぎりや、声《こえ》の高《たか》さなどを考《かんが》えずに、単調《たんちょう》に読《よ》みあげること。

なりたち

木は「き」を表《あらわ》し、奉(ホウ)がボウと変《か》わって読《よ》み方《かた》と「たたく」いみをしめしています。たたくときに使《つか》う木《き》から、「ぼう」のいみに使《つか》われます。

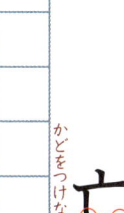

枚

8画［木4画］

おん　マイ

くん

いみ

1 一《ひと》つ一《ひと》つかぞえる。◆（かぞえ〈枚〉挙《あ》げる）枚挙《まいきょ》

2 うすい物《もの》をかぞえることば。◆枚数《まいすう》

つかいかた

● 千円札《せんえんさつ》一枚《いちまい》。
● 毛布《もうふ》を二枚《にまい》かける。
● ハンカチを三枚《さんまい》買《か》う。

もっとしろう

● 枚挙《まいきょ》にいとまがない－数《かず》が多《おお》すぎて、一《ひと》つずつ数《かぞ》えられない。「枚挙《まいきょ》」は一《ひと》つ一《ひと》つ数《かぞ》えること、「いとま」は時間《じかん》のゆとり。

なりたち

木は「き」を表《あらわ》し、攵が手（⺕）に棒《ぼう》（卜）をもっている形《かたち》（攴）を表《あらわ》していいます。木のむちを表《あらわ》す字《じ》でしたが、平《ひら》たい物《もの》をかぞえることばに使《つか》われるようになりました。

幕

13画［巾10画］

おん　マク・バク

くん

いみ

1 たれまく。◆幕間《まくあい》　◆暗幕《あんまく》・銀幕《ぎんまく》・黒幕《くろまく》・字幕《じまく》・閉幕《へいまく》

2 将軍《しょうぐん》の本陣《ほんじん》。◆幕末《ばくまつ》　◆討幕《とうばく》・倒幕《とうばく》

3 すもうのまくうち。◆幕下《まくした》　◆入幕《にゅうまく》

つかいかた

● 紅白《こうはく》の幕《まく》。● 幕内力士《まくうちりきし》になる。
● 事件《じけん》の内幕《うちまく》をあばく。
● 野球大会《やきゅうたいかい》が開幕《かいまく》する。● 幕府《ばくふ》の将軍《しょうぐん》。

もっとしろう

● 幕《まく》が上《あ》がる－幕《まく》が上《あ》がって芝居《しばい》が始《はじ》まることから、物事《ものごと》が始《はじ》まる。
● 幕《まく》が下《お》りる－物事《ものごと》が終《お》わる。

なりたち

巾は「ぬの」を表《あらわ》し、莫がバクという読《よ》み方《かた》と「ない」いみをしめしています。物《もの》にかけて見《み》えなくするぬのを表《あらわ》し、「まく」のいみに使《つか》われます。

密

11画［宀8画］

おん　ミツ

くん

いみ

1 すきまがない。◆密室《みっしつ》・密集《みっしゅう》・密生《みっせい》・密接《みっせつ》・密着《みっちゃく》・密封《みっぷう》・密閉《みっぺい》・密林《みつりん》　◆（親《した》しい・すきまがない〈密〉）親密《しんみつ》・緊密《きんみつ》・厳密《げんみつ》・細密《さいみつ》・濃密《のうみつ》

2 ひそかに。◆密会《みっかい》・密航《みっこう》・密告《みっこく》・密室《みっしつ》・密造《みつぞう》・密談《みつだん》・密売《みつばい》・密約《みつやく》・密輸《みつゆ》・密漁《みつりょう》・密猟《みつりょう》　◆機密《きみつ》・内密《ないみつ》・秘密《ひみつ》

つかいかた

● 連絡《れんらく》を密《みつ》にする。● 人口密度《じんこうみつど》が高《たか》い。
● 精密《せいみつ》な検査《けんさ》をする。● 秘密《ひみつ》を守《まも》る。
● 綿密《めんみつ》な計画《けいかく》を立《た》てる。

なりたち

山は「やま」を表《あらわ》し、宓がミツという読《よ》み方《かた》と「すきまがない」いみをしめしています。山《やま》の木《き》のしげった奥深《おくふか》いところを表《あらわ》し、「すきまがない、ひそか」のいみに使《つか》われます。

盟

13画［皿8画］

おん メイ

くん

いみ

■ちかう。ちかい。◆盟主《めいしゅ》・盟友《めいゆう》 ◆同盟《どうめい》

つかいかた

●盟約《めいやく》を結《むす》ぶ。 ●国連《こくれん》に加盟《かめい》する。

もっとしろう

●［同盟《どうめい》・盟主《めいしゅ》］
むかし、中国《ちゅうごく》で国《くに》の代表者《だいひょうしゃ》が集《あつ》まって協力《きょうりょく》をちかうとき、いけにえの血《ち》を皿《さら》に入《い》れ、みんながその血《ち》をすりあいました。それが「同盟《どうめい》」を結《むす》ぶことをいみし、その儀式《ぎしき》の、中心《ちゅうしん》となる人《ひと》を「盟主《めいしゅ》」と呼《よ》びました。

なりたち

皿は「さら」を表《あらわ》し、明がメイという読《よ》み方《かた》と「あきらか」のいみをしめしています。神《かみ》に供《そな》えたいけにえの血《ち》をすりあってあかしを立《た》てたことから、「ちかう」いみに使《つか》われます。

模

14画［木10画］

おん モ・ボ

くん

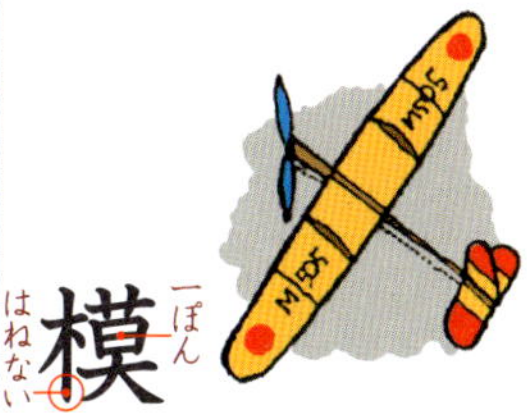

いみ

1 てほん。ひながた。◆（てほん〈模〉・てほん〈範〉）模範《もはん》

2 にせる。まねる。◆（まねて〈模〉写《うつ》す）模写《もしゃ》・模擬《もぎ》・模型《もけい》・模倣《もほう》

3 かたち。ありさま。ようす。◆模様《もよう》

つかいかた

●模型《もけい》の飛行機《ひこうき》。 ●店《みせ》の規模《きぼ》を広《ひろ》げる。

もっとしろう

●［模索《もさく》］
「模索《もさく》」は、手段《しゅだん》や方法《ほうほう》などを手《て》さぐりでさがすことをいいます。

なりたち

木は「き」を表《あらわ》し、莫がボという読《よ》み方《かた》と「うつし取《と》る」いみをしめしています。同《おな》じ形《かたち》のものを作《つく》るための木型《きがた》を表《あらわ》し、「まねる、てほん」のいみに使《つか》われます。

訳

11画［言4画］

おん ヤク

くん わけ

いみ

1 やくす。言《い》いなおす。◆訳語《やくご》・訳詩《やくし》・訳者《やくしゃ》・訳文《やくぶん》 ◆意訳《いやく》・英訳《えいやく》・誤訳《ごやく》・全訳《ぜんやく》・対訳《たいやく》・直訳《ちょくやく》・翻訳《ほんやく》・和訳《わやく》

2 わけ。理由《りゆう》。

つかいかた

●英語《えいご》を訳《やく》す。 ●訳《わけ》を話《はな》す。

もっとしろう

●［英訳《えいやく》と和訳《わやく》］
英語《えいご》以外《いがい》のことばを英語《えいご》に直《なお》すのが「英《えい》訳《やく》」で、日本語《にほんご》以外《いがい》のことばを日本語《にほんご》に直《なお》すのが「和訳《わやく》」です。

なりたち

古《ふる》い字《じ》は譯。言は「ことば」を表《あらわ》し、睪（エキ）がヤクと変《か》わって読《よ》み方《かた》と「かえる」いみをしめしています。ことばをほかのことばにかえることを表《あらわ》し、「やくす」いみに使《つか》われます。

六年

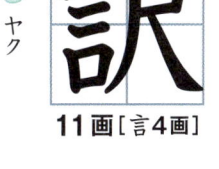

郵

11画［阝8画］

おん　ユウ

くん

郵　阝にならない

いみ

■ ゆうびん。◇（郵《ゆう》便《びん》で送《おく》る）郵送《ゆうそう》・郵政《ゆうせい》

つかいかた

● **郵便番号**《ゆうびんばんごう》を書《か》く。● **郵便物**《ゆうびんぶつ》が届《とど》く。

もっとしろう

●［送《おく》りがな］

郵便《ゆうびん》に関係《かんけい》する物《もの》で、特別《とくべつ》に送《おく》りがながはぶかれることばがあります。おぼえておきましょう。

・書《か》く…葉書《はがき》　・書《か》く・留《と》める…書留《かきとめ》

・消《け》す…消印《けしいん》　・包《つつ》み…小包《こづつみ》

なりたち

阝はもとで、人《ひと》（）が住《す》んでいる囲《かこ》い（○）から「むら」を表《あらわ》し、垂が「国《くに》のはて」のいみをもっています。国のはてにあるむらのいみで、そういうところには宿駅《しゅくえき》があったことから、「宿場《しゅくば》、駅《えき》、ゆうびん」のいみに使《つか》われます。

優

17画［亻15画］

おん　ユウ

くん　（やさ-しい・すぐ-れる）

優　目にならない　そろえる

いみ

1 すぐれる。まさる。◇優位《ゆうい》・優越感《ゆうえつかん》・優性《ゆうせい》・優勢《ゆうせい》・優先《ゆうせん》・優等《ゆうとう》・優良《ゆうりょう》・優劣《ゆうれつ》

2 やさしい。◇優雅《ゆうが》・優美《ゆうび》

3 てあつい。◇優遇《ゆうぐう》

4 役者《やくしゃ》。◇女優《じょゆう》・声優《せいゆう》・男優《だんゆう》・俳優《はいゆう》・名優《めいゆう》

つかいかた

● **優**《やさ》**しい**性格《せいかく》。● **優**《すぐ》**れた**才能《さいのう》。

● **優秀**《ゆうしゅう》な成績《せいせき》。● 大会《たいかい》で**優勝**《ゆうしょう》する。

もっとしろう

● **優柔不断**《ゆうじゅうふだん》－ぐずぐずしていて、物事《ものごと》をはっきりと決《き》められないこと。

なりたち

亻は人《ひと》を表《あらわ》し、憂がユウという読《よ》み方《かた》と「舞《ま》う」いみをしめしています。舞《ま》いおどる人《ひと》を表《あらわ》し、舞《ま》いのしなやかなようすから、「すぐれる、やさしい」いみに使《つか》われます。

預

13画［頁4画］

おん　ヨ

くん　あず-ける・あず-かる

預　はねる　とめる

いみ

■ あずける。あずかる。◇（お金《かね》を預《あず》ける）預金《よきん》・預託《よたく》

つかいかた

● 荷物《にもつ》を**預**《あず》**ける**。● 子《こ》どもを**預**《あず》**かる**。

● **預金**《よきん》をおろす。

もっとしろう

●［予言《よげん》と預言《よげん》］

「予言《よげん》」は、未来《みらい》のことを予想《よそう》して語《かた》ることをいい、「預言《よげん》」は、多《おお》くキリスト教《きょう》などで、神《かみ》のことばを人《ひと》びとに伝《つた》えることをいいます。

なりたち

頁は顔《かお》を表《あらわ》し、予がヨという読《よ》み方《かた》と「のびやか」のいみをしめしています。「のびやかな顔《かお》」のいみを表《あらわ》していましたが、のちに「あずける」いみに使《つか》われるようになりました。

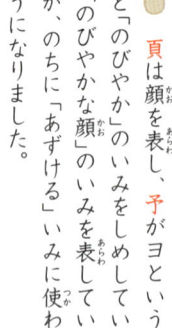

幼

5画［幺2画］

おん　ヨウ

くん　おさな-い

いみ

■おさない。幼年《ようねん》・幼名《ようめい》（みょう）・幼友達《おさなともだち》 ◇幼魚《ようぎょ》・幼児《ようじ》・幼時《ようじ》・幼女《ようじょ》・

つかいかた

●幼《おさな》い子《こ》ども。●幼少《ようしょう》のころの思《おも》い出《で》。

●幼稚園《ようちえん》に通《かよ》う。●かぶと虫《むし》の幼虫《ようちゅう》。

もっとしろう

●[送《おく》りがなに注意《ちゅうい》]

下《した》に「い」がつくことば(形容詞《けいようし》)で、送《おく》りがなの誤《あやま》りがたいへん多《おお》いのは、この「おさない」と「みじかい」です。

おさない…幼《おさな》い　○幼心《おさなごころ》(×幼な心)

みじかい…短《みじか》い　○手短《てみじか》(×手短か)

なりたち

力は「ちから」を表《あらわ》し、幺がヨウという読《よ》み方《かた》と「ちいさい」いみをしめしています。力《ちから》がちいさいことから、「おさない」いみに使《つか》われます。

欲

11画［欠7画］

おん　ヨク

くん　（ほっ-する・ほ-しい）

いみ

■ほしい。ほしいと思《おも》う気持《きも》ち。◇（欲《ほ》しがる・求《もと》める）欲求《よっきゅう》・欲得《よくとく》・欲目《よくめ》 ◇意欲《いよく》・私欲《しよく》・物欲《ぶつよく》・無欲《むよく》

つかいかた

●平和《へいわ》を欲《ほっ》する。●時間《じかん》が欲《ほ》しい。

●欲望《よくぼう》をおさえる。●食欲《しょくよく》が増《ま》す。

もっとしろう

●欲《よく》に目《め》がくらむ－欲《よく》のために正《ただ》しい判断《はんだん》ができなくなる。

●欲《よく》を言《い》えば－今《いま》のままでも十分《じゅうぶん》だが、さらに望《のぞ》むとすれば。

なりたち

欠は人《ひと》が口《くち》をあけている形《かたち》(欠)で、谷(コク)がヨクと変《か》わって読《よ》み方《かた》と「からっぽ」のいみをもっています。食《た》べ物《もの》の前《まえ》で口《くち》をあけていることを表《あらわ》し、「ほしい」いみに使《つか》われます。

翌

11画［羽5画］

おん　ヨク

くん

いみ

■つぎの。翌年《よくとし》（よくねん）・翌晩《よくばん》 ◇翌月《よくげつ》・翌日《よくじつ》・翌週《よくしゅう》・翌朝《よくちょう》（よくあさ）・

つかいかた

●翌《よく》十二月十日《じゅうにがつとおか》。●翌日《よくじつ》の朝《あさ》。

●翌週《よくしゅう》故郷《こきょう》へ帰《かえ》る。

もっとしろう

●[明日《あす》と翌日《よくじつ》]

「明日《あす》」といえば今日《きょう》の次《つぎ》の日《ひ》。昨日《きのう》・今日《きょう》・明日《あす》と続《つづ》きます。「翌日《よくじつ》」といえば、過去《かこ》または未来《みらい》の、ある日《ひ》の次《つぎ》の日《ひ》です。前日《ぜんじつ》・当日《とうじつ》・翌日《よくじつ》と続《つづ》きます。

なりたち

羽は「はね」を表《あらわ》し、立(リュウ)がヨクと変《か》わって読《よ》み方《かた》と「とぶ」いみをしめしています。鳥《とり》が飛《と》ぶことを表《あらわ》していましたが、「あくる日《ひ》」のいみに使《つか》われるようになりました。

乱

7画[乚6画]

おん　ラン

くん　みだ-れる・みだ-す

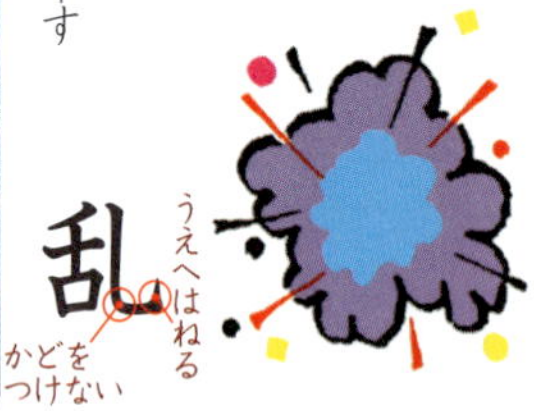

いみ

1 みだれる。◆乱行《らんぎょう》(らんこう)・乱視《らんし》・乱心《らんしん》・乱《らん》戦《せん》・乱丁《らんちょう》・乱調《らんちょう》・乱闘《らんとう》・乱入《らんにゅう》・乱発《らんぱつ》・乱《らん》筆《ぴつ》・乱舞《らんぶ》・乱文《らんぶん》・乱暴《らんぼう》 ◆狂乱《きょうらん》・混乱《こんらん》・散乱《さんらん》・腐乱《ふらん》

2 さわぎ。いくさ。◆乱世《らんせい》 ◆戦乱《せんらん》・騒乱《そうらん》・動乱《どうらん》・内乱《ないらん》・反乱《はんらん》

3 みだりに。◆乱獲《らんかく》・乱射《らんしゃ》・乱造《らんぞう》・乱打《らんだ》・乱読《らんどく》・乱伐《らんばつ》・乱発《らんぱつ》・乱用《らんよう》・乱立《らんりつ》

つかいかた

●ことばが乱《みだ》れる。●列《れつ》を乱《みだ》す。●乱雑《らんざつ》な部屋《へや》。●ごみが散乱《さんらん》する。

なりたち

古《ふる》い字《じ》は亂。乚は「おさめる」いみを表《あらわ》し、𤔔がランという読《よ》み方《かた》と、みだれた糸《いと》をひっぱるようすを表《あらわ》していま す。糸《いと》のもつれをおさめることを表《あらわ》し、「みだれる」いみに使《つか》われます。

卵

7画[卩5画]

おん　(ラン)

くん　たまご

いみ

■たまご。◆(卵《たまご》の白《しろ》み)卵白《らんぱく》・卵黄《らんおう》・卵《らん》子《し》・卵生《らんせい》・卵巣《らんそう》・卵酒《たまござけ》 ◆魚卵《ぎょらん》・鶏卵《けいらん》・生卵《なまたまご》

つかいかた

●卵《たまご》の黄身《きみ》と白身《しろみ》。●かえるが産卵《さんらん》する。●卵焼《たまごや》きをつくる。

もっとしろう

●卵《たまご》に目鼻《めはな》―卵《たまご》に目《め》や鼻《はな》をつけたようだということで、色《いろ》が白《しろ》くかわいらしい顔《かお》のたとえ。

●[卵《たまご》―修業中《しゅぎょうちゅう》の人《ひと》]

一人前《いちにんまえ》になろうとしてはげんでいる修《しゅ》業中《ぎょうちゅう》の人《ひと》を「卵《たまご》」で表《あらわ》すことがあります。

・医者《いしゃ》の卵《たまご》　・学者《がくしゃ》の卵《たまご》　・弁護士《べんごし》の卵《たまご》

なりたち

もとの形《かたち》は𠨧。かえるや魚《さかな》の「たまご」を表《あらわ》した字《じ》です。

覧

17画[見10画]

おん　ラン

いみ

■ひろく見《み》る。ながめ見《み》る。◆(回《まわ》してみる〔覧〕)回覧《かいらん》・一覧《いちらん》・閲覧《えつらん》・観覧《かんらん》・便覧《べんらん》(びん らん)・要覧《ようらん》

つかいかた

●あちらをご覧《らん》ください。●町内《ちょうない》の回覧板《かいらんばん》をとどける。●遊園地《ゆうえんち》の観覧車《かんらんしゃ》。●絵《え》の展覧会《てんらんかい》。●博覧会《はくらんかい》が開《ひら》かれる。●遊覧船《ゆうらんせん》に乗《の》る。

もっとしろう

●[敬語《けいご》としての「ご覧《らん》」]

・ご覧《らん》になる…見《み》る

・ご覧《らん》に入《い》れる…見《み》せる

なりたち

古《ふる》い字《じ》は覽。見は「みる」いみを表《あらわ》し、監(カン)がランと変《か》わって読《よ》み方《かた》と「みる」いみをしめしています。「みる」いみに使《つか》われます。

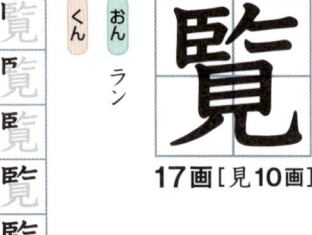

裏

おん （リ）
くん うら

13画［衣7画］

いみ

1 うらがわ。◆（裏《うら》の出入《でい》り口《ぐち》）裏口《うらぐち》・裏面《りめん》（うらめん）・裏表《うらおもて》・裏方《うらかた》・裏作《うらさく》・裏地《うらじ》・裏腹《うらはら》・裏町《うらまち》・裏道《うらみち》・裏目《うらめ》 ◆表裏《ひょうり》

2 うちがわ。◆脳裏《のうり》

3 …のうちに。◆成功裏《せいこうり》・秘密裏《ひみつり》

つかいかた

- **裏**《うら》に回《まわ》る。 ●シャツを**裏表**《うらおもて》に着《き》る。
- **裏口**《うらぐち》から入《はい》る。 ●**裏声**《うらごえ》で歌《うた》う。
- **屋根裏**《やねうら》の部屋《へや》。

もっとしろう

- **裏**《うら》**をかく** ‐ 相手《あいて》の計略《けいりゃく》を見抜《みぬ》き、予想《よそう》とちがったことをして、相手《あいて》を出《だ》し抜《ぬ》く。

なりたち

衣は「ころも」を表《あらわ》し、里がリという読《よ》み方《かた》と「うち」のいみをしめしています。衣《ころも》のうちがわを表《あらわ》し、「うちがわ、うら」のいみに使《つか》われます。

律

おん リツ・（リチ）
くん

9画［彳6画］

いみ

1 きまり。◆律令《りつりょう》・律儀《りちぎ》 ◆（規《き》則《そく》・きまり〈律〉）規律《きりつ》・自律《じりつ》・法律《ほうりつ》

2 音《おと》の調子《ちょうし》。◆律動《りつどう》 ◆韻律《いんりつ》・旋律《せんりつ》

つかいかた

- 自分《じぶん》で自分《じぶん》を**律**《りっ》**する**。 ●**規律**《きりつ》を守《まも》る。
- ピアノを**調律**《ちょうりつ》する。 ●**法律**《ほうりつ》を定《さだ》める。

もっとしろう

- ［律令《りつりょう》］
律令《りつりょう》は、奈良時代《ならじだい》・平安時代《へいあんじだい》に行《おこな》われた基本的《きほんてき》な法律《ほうりつ》。「律《りつ》」は刑罰《けいばつ》、「令《りょう》」は政治《せいじ》のしくみのことです。

なりたち

彳は道《みち》（亅亻）を表《あらわ》し、聿（イツ）がリツと変《か》わって読《よ》み方《かた》と「ひとつ」のいみをしめしています。ひとつの道《みち》を表《あらわ》し、「きまり」のいみに使《つか》われます。

とくべつなよみ

※「リチ」という読《よ》み――律儀《りちぎ》

臨

おん リン
くん （のぞ-む）

18画［臣11画］

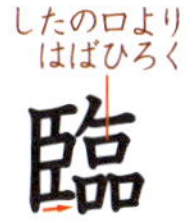

いみ

■ その時《とき》、その場《ば》にのぞむ。◆（海《うみ》に臨《のぞ》む）臨海《りんかい》・臨月《りんげつ》・臨終《りんじゅう》・臨床《りんしょう》・臨場《りんじょうかん》感・臨席《りんせき》 ◆君臨《くんりん》・来臨《らいりん》

つかいかた

- 海《うみ》に**臨**《のぞ》**む**ホテル。 ●試合《しあい》に**臨**《のぞ》**む**。
- **臨時**《りんじ》のニュース。

もっとしろう

- **臨機応変**《りんきおうへん》 ‐ 物事《ものごと》を、その場《ば》の変化《へんか》に応《おう》じて適切《てきせつ》に処理《しょり》すること。「臨機《りんき》」はその場《ば》に応《おう》じて適切《てきせつ》な手段《しゅだん》をとること、「応変《おうへん》」は変化《へんか》に応《おう》じること。

なりたち

臣（臥）は「うつむいて見《み》る」いみをもち、品（ヒン）がリンと変《か》わって読《よ》み方《かた》と品物《しなもの》のいみをしめしています。うつむいて品物《しなもの》を見《み》ることを表《あらわ》し、「のぞむ」いみに使《つか》われます。

朗

10画［月6画］

おん　ロウ

くん　（ほが-らか）

朗　はねる

いみ

1 ほがらか。あかるい。◆（晴《は》れる・あかるい（朗））晴朗《せいろう》・明朗《めいろう》

2 声《こえ》がよくとおる。◆朗詠《ろうえい》・朗読《ろうどく》・朗朗《ろうろう》

つかいかた

● 朗《ほが》らかに笑《わら》う。● 詩《し》を朗読《ろうどく》する。● 明朗《めいろう》な性格《せいかく》。

● 全員無事《ぜんいんぶじ》の朗報《ろうほう》が入《はい》る。

もっとしろう

● [送《おく》りがなの「らか」]

「らか」のつくことばの送《おく》りがなは「らか」です。

・朗《ほが》らか　・清《きよ》らか　・明《あき》らか　・柔《やわ》らか

なりたち

古《ふる》い字《じ》は朗。月は「つき」を表《あらわ》し、良（リョウ）がロウと変《か》わって読《よ》み方《かた》と「あきらか」のいみをしめしています。月《つき》の光《ひかり》のあきらかなことを表《あらわ》し、「ほがらか」のいみに使《つか》われます。

論

15画［言8画］

おん　ロン

くん

論　ださない　はねる

いみ

■ のべる。◆論議《ろんぎ》・論拠《ろんきょ》・論陣《ろんじん》・論説《ろんせつ》・論《ろん》戦《せん》・論争《ろんそう》・論題《ろんだい》・論点《ろんてん》・論評《ろんぴょう》・論理《ろんり》 ◆議論《ぎろん》・激論《げきろん》・結論《けつろん》・口論《こうろん》・推論《すいろん》・世論《せろん》（よろん）・討論《とうろん》・反論《はんろん》・評論《ひょうろん》・弁論《べんろん》・理論《りろん》

つかいかた

● 政治《せいじ》について論《ろん》じる。

● 論戦《ろんせん》をくり広《ひろ》げる。● 論文《ろんぶん》を書《か》く。

● 異論《いろん》がない。● 言論《げんろん》の自由《じゆう》。

もっとしろう

● 論《ろん》より証拠《しょうこ》－いろいろと議論《ぎろん》するよりも、実際《じっさい》の証拠《しょうこ》をしめすほうが有効《ゆうこう》である。

なりたち

言は「ことば」を表《あらわ》し、侖（リン）がロンと変《か》わって読《よ》み方《かた》と「すじみち」のいみをしめしています。すじみちをたてて述《の》べることを表《あらわ》し、「ろんじる」いみに使《つか》われます。

なかまの漢字《かんじ》をおぼえよう　かい

六年

むかし、お金《かね》の役割《やくわり》をしていたので、貝（かい）が部首《ぶしゅ》となっている漢字《かんじ》は、「お金《かね》」に関係《かんけい》するいみを表《あらわ》しています。

貝負貨責貧賀貴費貿資賛質

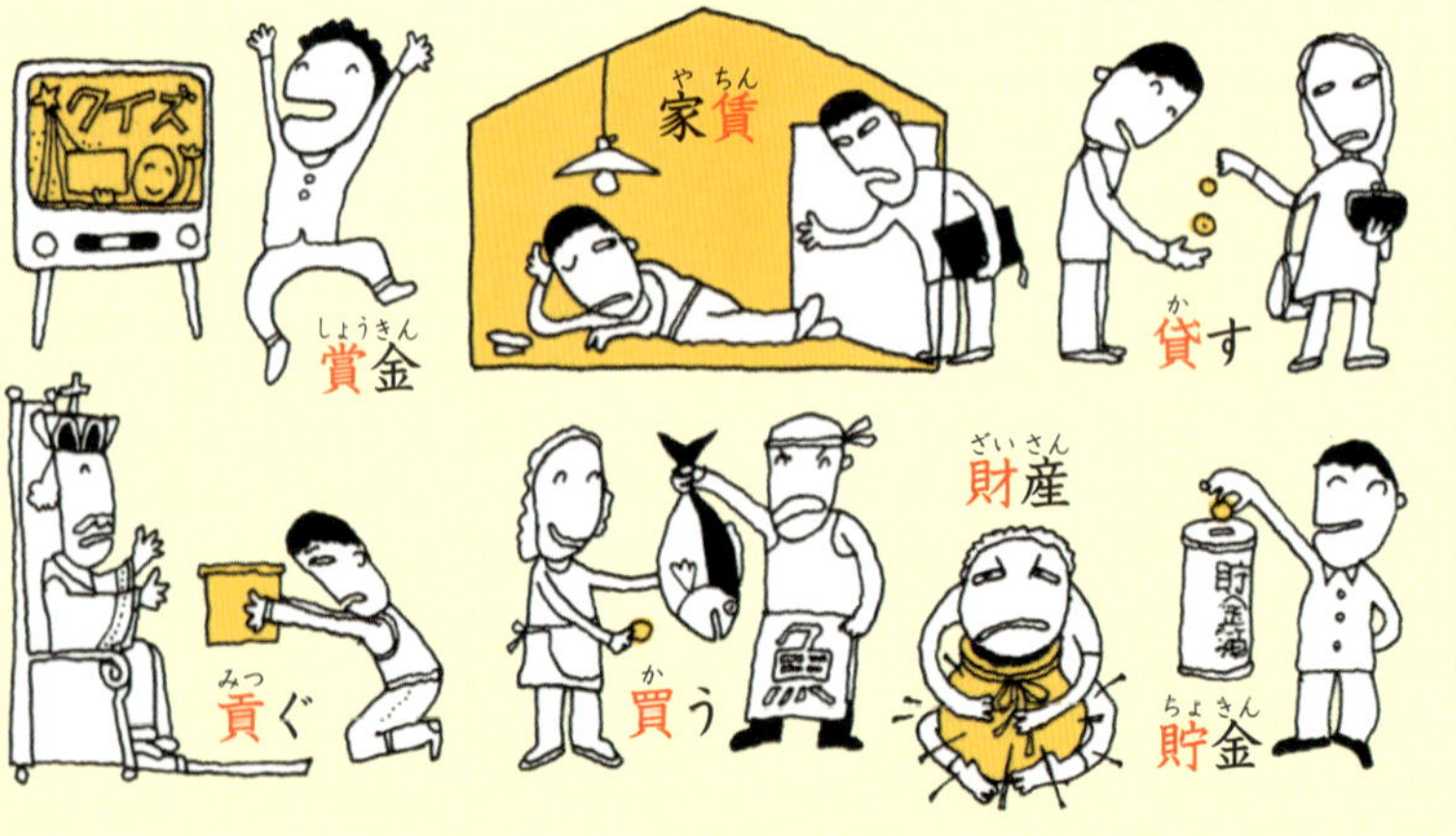

国字《こくじ》

漢字《かんじ》の中《なか》には、「働」のように、日本《にほん》で作《つく》られた文字《もじ》もあります。それらを国字《こくじ》とよんでいます。ほとんどの国字《こくじ》は、二《ふた》つの文字《もじ》が組《く》み合《あ》わさってできています。

人《ひと》が動《うご》いて 働《はたら-く》

風《かぜ》と木《き》で 凩《こがらし》

風《かぜ》が止《と》まって 凪《なぎ》

水田《すいでん》に対《たい》して水《みず》がないから 畑《はたけ》

神《かみ》さま木《き》 榊《さかき》

堅《かた》い木《き》 樫《かし》

弱《よわ》い魚《さかな》 鰯《いわし》

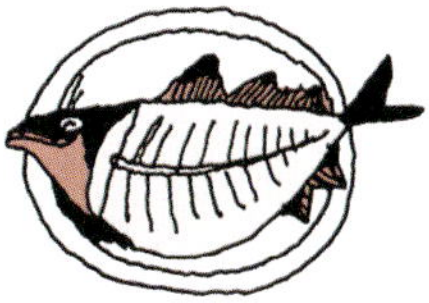

雪《ゆき》のように身《み》が白《しろ》い魚《さかな》 鱈《たら》

十文字《じゅうもんじ》のみち（辶） 辻《つじ》

上《うえ》の衣《ころも》下《した》の衣《ころも》 裃《かみしも》

山《やま》の上《うえ》山《やま》の下《した》 峠《とうげ》

格言《かくげん》・ことわざを知《し》ろう

「格言《かくげん》」「ことわざ」とは、どちらも教《おし》えやいましめの意味《いみ》をもつ短《みじか》いことばのことで、日本《にほん》では昔《むかし》から語《かた》りつがれてきました。

ここに示《しめ》したもののほかにもたくさんあります。お気《き》に入《い》りや自分《じぶん》の目標《もくひょう》となる格言《かくげん》・ことわざを見《み》つけてみましょう。

雨垂《あまだ》れ石《いし》をうがつ

わずかな力《ちから》でも根気《こんき》よく続《つづ》ければ成功《せいこう》する。

案《あん》ずるより産《う》むが易《やす》し

物事《ものごと》は実際《じっさい》やってみると初《はじ》めに心配《しんぱい》していたほどのことはないものだ。

石《いし》の上《うえ》にも三年《さんねん》

冷《つめ》たい石《いし》の上《うえ》にも三《さん》年《ねん》すわっていれば温《あたた》まってくるように、どんなことでもしんぼう強《づよ》くやればむくわれる。

急《いそ》がば回《まわ》れ

遠回《とおまわ》りなようでも着実《ちゃくじつ》な方法《ほうほう》をとったほうが、早《はや》く目的《もくてき》が達《たっ》せられる。

転《ころ》ばぬ先《さき》のつえ

何事《なにごと》も失敗《しっぱい》しないように、前《まえ》もって用心《ようじん》することがだいじである。

朱《しゅ》に交《まじ》われば赤《あか》くなる

人《ひと》は交際《こうさい》する友達《ともだち》によって良《よ》くも悪《わる》くもなる。

立《た》つ鳥跡《とりあと》をにごさず

立《た》ち去《さ》るときは、あとが見苦《みぐる》しくないように、よく始末《しまつ》すべきである。

天《てん》は自《みずか》ら助《たす》くる者《もの》を助《たす》く

天《てん》の神《かみ》は、人《ひと》をあてにしないで、自分《じぶん》から努力《どりょく》してゆく者《もの》を助《たす》けてくださる。

ふろく

部首《ぶしゅ》について

◇「部首《ぶしゅ》」とは

「部首《ぶしゅ》を制《せい》する者《もの》は漢字《かんじ》を制《せい》する」と言《い》ってもいいほど、部首《ぶしゅ》の勉強《べんきょう》はたいせつです。

漢字《かんじ》のほとんどは、二《ふた》つ以上《いじょう》の字《じ》が組《く》み合《あ》わさってできています。その中《なか》でも特《とく》に多《おお》いのは、読《よ》み方《かた》（音《おん》）をしめす部分《ぶぶん》といみを表《あらわ》す部分《ぶぶん》との組《く》み合《あ》わせです。表《おもて》の見《み》返《かえ》しにある「漢字《かんじ》のでき方《かた》」の形声文字《けいせいもじ》を例《れい》にとって説明《せつめい》しましょう。

持	星	志	問
「寺」の部分《ぶぶん》がジという読《よ》み方《かた》をしめし、「扌（手）」が手《て》でもついみを表《あらわ》しています。	「生」の部分《ぶぶん》がセイという読《よ》み方《かた》をしめし、「日」が天体《てんたい》のほしのいみを表《あらわ》しています。	「士」の部分《ぶぶん》がシという読《よ》み方《かた》をしめし、「心」がこころざしのいみを表《あらわ》しています。	「門」の部分《ぶぶん》がモンという読《よ》み方《かた》をしめし、「口」が口《くち》でとういみを表《あらわ》しています。

ここにあげた漢字《かんじ》は、それぞれ二《ふた》つの部分《ぶぶん》から成《な》り立《た》っています。どの部分《ぶぶん》もだいじなのですが、特《とく》に漢字《かんじ》の中心《ちゅうしん》となるところはいみを表《あらわ》す部分《ぶぶん》です。なぜなら、漢字《かんじ》はもともと一字《いちじ》でいみが伝《つた》わるように作《つく》られているからです。そのため、いろいろな部分《ぶぶん》から成《な》り立《た》っている漢字《かんじ》の中《なか》で、いみを表《あらわ》す部分《ぶぶん》を「部首《ぶしゅ》」と呼《よ》びます。部分《ぶぶん》の中《なか》の「かしら・中心《ちゅうしん》となるもの」のいみです。

ですから、まず部首《ぶしゅ》を理解《りかい》すれば、どんな複雑《ふくざつ》な字《じ》でも、何《なに》に関係《かんけい》のある字《じ》かがすぐにわかるのです。

いくつかの例《れい》をあげてみます。次《つぎ》の漢字《かんじ》の赤《あか》い部分《ぶぶん》が部首《ぶしゅ》です。だいたいでいいですから、何《なに》に関係《かんけい》している字《じ》か、どんないみを表《あらわ》す漢字《かんじ》か考《かんが》えてみましょう。

① 枝・板　② 姉・姿　③ 味・吸

④ 飯・飼　⑤ 効・努　⑥ 記・認

⑦ 悲・情　⑧ 洗・河　⑨ 花・芽

⑩ 近・遠

（説明《せつめい》）

①木（木《き》に関係《かんけい》がある）……枝《えだ》・板《いた》

②女（女《おんな》のひとに関係《かんけい》がある）……姉《あね》・姿《すがた》

③口（口《くち》に関係《かんけい》がある）……味《あじ》・吸《す》う

④飠（食《た》べることに関係《かんけい》がある）……飯《めし》・飼《か》う

⑤力（力《ちから》に関係《かんけい》がある）……効《き》く・努《つと》める

⑥言（ことばに関係《かんけい》がある）……記《しる》す・認《みと》める

⑦心・忄（心《こころ》に関係《かんけい》がある）……悲《かな》しい・情《なさ》け

⑧氵（水《みず》に関係《かんけい》がある）……洗《あら》う・河《かわ》

⑨艹（草《くさ》に関係《かんけい》がある）……花《はな》・芽《め》

⑩辶（道《みち》をいくことに関係《かんけい》がある）……近《ちか》い・遠《とお》い

◇「部首《ぶしゅ》のなまえ」のいわれ

「部首《ぶしゅ》のなまえ」は、どのようにしてつけられたのでしょう。これらの中《なか》から、難《むずか》しそうなものをいくつか選《えら》んで説明《せつめい》します。

●へん	〈いわれ〉	
イ（にんべん）	人《にん》べん	「人《ひと》」が細《ほそ》くなった形《かたち》。
氵（さんずい）	三水《さんずい》	三画《さんかく》の「水《みず》」。
彳（ぎょうにんべん）	行人《ぎょうにん》べん	「行《ぎょう》」の字《じ》に使《つか》われ、「イ（にんべん）」に似《に》ている。
禾（のぎへん）	ノ木《のぎ》へん	かたかなの「ノ」と「木《き》」。
扌（てへん）	手《て》へん	「手《て》」が省略《しょうりゃく》された形《かたち》。
冫（にすい）	二水《にすい》	二画《にかく》の「水《みず》」。
阝（こざとへん）	小里《こざと》へん	「阜《ふ》」の略字《りゃくじ》。「大里《おおざと》（阝）」と区別《くべつ》するためにつけられた名《な》。
忄（りっしんべん）	立心《りっしん》べん	「心《こころ》」が立《た》った形《かたち》。
月（にくづき）	肉月《にくづき》	「肉《にく》」が省略《しょうりゃく》されて月《つき》の形《かたち》になったもの。
犭（けものへん）	獣《けもの》へん	獣《けもの》の代表《だいひょう》「犬《いぬ》」が細《ほそ》くなった形《かたち》。
ネ（しめすへん）	示《しめ》すへん	「示《しめ》（す）」が細《ほそ》くなった形《かたち》。
衤（ころもへん）	衣《ころも》へん	「衣《ころも》」が細《ほそ》くなった形《かたち》。
飠（しょくへん）	食《しょく》へん	「食《しょく》」を一画《いっかく》省《はぶ》き細《ほそ》くした形《かたち》。
王（おうへん） （たまへん）	王《おう》へん 玉《たま》へん	もとは「王《おう》」という字《じ》で「玉《たま》」を表《あらわ》したので、二《ふた》つの呼《よ》び名《な》がある。

●つくり	〈いわれ〉	
刂（りっとう）	立刀《りっとう》	「刀《かたな》」が立《た》った形《かたち》。
卩（ふしづくり）	節《ふし》づくり	「節《ふし》」の字《じ》に使《つか》われるつくり。

欠（あくび）	欠《あくび》	人《ひと》が大《おお》きな口《くち》を開《あ》けている形《かたち》（）から。
殳（るまた）（ほこづくり）	ル又《また》 殳《ほこ》づくり	かたかなの「ル」と「又《また》」。「殳《ほこ》」は手《て》で打《う》つ武器《ぶき》で、漢字《かんじ》の右《みぎ》につくとつくりになる。
阝（おおざと）	大里《おおざと》	「邑《むら》」の略字《りゃくじ》。「小里《こざと》（阝）」と区別《くべつ》するためにつけられた名《な》。
頁（おおがい）	大貝《おおがい》	字形《じけい》が「貝《かい》」に似《に》ている。
隹（ふるとり）	舊《ふる》とり	旧《きゅう》（＝舊《ふる》い）の字《じ》に使《つか》われているとり（隹）。
攵（のぶん）	ノ文《のぶん》	かたかなの「ノ」と「文《ぶん》」。「ぼくにょう」ともいう。

●かんむり

	〈いわれ〉	
亠（なべぶた）	なべぶた	なべのふたの形《かたち》。
冖（わかんむり）	ワかんむり	かたかなの「ワ」に似《に》ている。
宀（うかんむり）	ウかんむり	かたかなの「ウ」に似《に》ている。
艹（くさかんむり）	草《くさ》かんむり	草《くさ》が並《なら》んで生《は》えている形《かたち》から。（艸→艹→艹）
癶（はつがしら）	癶《はつ》がしら	両足《りょうあし》をふんばった形《かたち》の「癶」から。

耂（おいかんむり）	老《お》いかんむり	腰《こし》の曲《ま》がった老人《ろうじん》がつえをついている形《かたち》から。

●あし

	〈いわれ〉	
灬（れっか）（れんが）	列火《れっか》 連火《れんが》	列《れつ》になっている「火《ひ》」。 連《つら》なっている「火《ひ》」。
儿（ひとあし）	人足《ひとあし》	人《ひと》が漢字《かんじ》の下部《かぶ》にくるときの形《かたち》。「儿《にん》にょう」ともいう。

●たれ

	〈いわれ〉	
厂（がんだれ）	雁《がん》だれ	「雁《がん》」などの略字《りゃくじ》に使《つか》われるたれ。
广（まだれ）	麻《ま》だれ	「麻《ま》」などの字《じ》に使《つか》われるたれ。
疒（やまいだれ）	病《やまい》だれ	病気《びょうき》を表《あらわ》すたれ。

●にょう

	〈いわれ〉	
辶（しんにょう）	之《し》んにょう	「之《し》にょう」から変《か》わった呼《よ》び名《な》。「しんにゅう」ともいう。
廴（えんにょう）	延《えん》にょう	「延《えん》」の字《じ》に使《つか》われているにょう。

●かまえ

	〈いわれ〉	
冂（けいがまえ）	冂《けい》がまえ 牧《まき》がまえ	「冂《けい》」は土地《とち》のさかいを表《あらわ》し、「牧《まき》」のいみにも使《つか》われる。
勹（つつみがまえ）	包《つつ》みがまえ	包《つつ》みこむ形《かたち》。

熟語《じゅくご》のなりたち

漢字《かんじ》は一字《いちじ》一字《いちじ》いみをもっていますが、同《おな》じ音《おん》の字《じ》が多《おお》いので、一字《いちじ》のことばを耳《みみ》で聞《き》いただけでは、いみがとりにくい場合《ばあい》があります。そこで、一字《いちじ》一字《いちじ》のことばを組《く》み合《あ》わせ、いみをはっきりさせるために作《つく》ったことばが熟語《じゅくご》です。熟語《じゅくご》は、ただ字《じ》を重《かさ》ねただけでなく、その組《く》み合《あ》わせには、いろいろな工夫《くふう》がみられます。

1 同《おな》じ字《じ》を重《かさ》ねる

＊くりかえし符号《ふごう》（々）を使《つか》って書《か》き表《あらわ》してもかまいません。

▽満《み》ちる・満《み》ちる……満満《まんまん》　▽続《つづ》く・続《つづ》く……続続《ぞくぞく》

〔刻刻《こっこく》　転転《てんてん》　堂堂《どうどう》　内内《ないない》　年年《ねんねん》　方方《ほうぼう》〕

2 いみの似《に》た字《じ》を重《かさ》ねる

▽温《あたた》かい・暖《あたた》かい……温暖《おんだん》　▽恐《おそ》ろしい・怖《こわ》い……恐怖《きょうふ》

〔安易《あんい》　暗黒《あんこく》　永遠《えいえん》　援助《えんじょ》　完全《かんぜん》　帰還《きかん》〕

3 反対《はんたい》のいみの字《じ》を組《く》み合《あ》わせる

▽高《たか》い・低《ひく》い……高低《こうてい》　▽勝《か》つ・敗《やぶ》れる……勝敗《しょうはい》

〔有無《うむ》　遠近《えんきん》　加減《かげん》　強弱《きょうじゃく》　公私《こうし》　出欠《しゅっけつ》〕

4 関連《かんれん》したいみの字《じ》を組《く》み合《あ》わせる

▽飲《の》む・食《く》う……飲食《いんしょく》　▽風《かぜ》と雨《あめ》……風雨《ふうう》

〔金銀《きんぎん》　草木《くさき》　軽薄《けいはく》　見聞《けんぶん》　妻子《さいし》　山河《さんが》
山川《さんせん》　耳目《じもく》　車馬《しゃば》　鳥獣《ちょうじゅう》　手足《てあし》　木石《ぼくせき》〕

5 上《うえ》の字《じ》が下《した》の字《じ》にかかる

▽改《あらた》めて選《えら》ぶ……改選《かいせん》　▽山《やま》の頂《いただき》……山頂《さんちょう》

〔異国《いこく》　快走《かいそう》　逆流《ぎゃくりゅう》　曲線《きょくせん》　古人《こじん》　自作《じさく》
実感《じっかん》　清流《せいりゅう》　善行《ぜんこう》　定価《ていか》　特技《とくぎ》　予告《よこく》〕

6 下《した》の字《じ》が上《うえ》の字《じ》にかかる

▽山《やま》に登《のぼ》る……登山《とざん》　▽文《ぶん》を作《つく》る……作文《さくぶん》

〔延期《えんき》　開会《かいかい》　加熱《かねつ》　帰国《きこく》　決心《けっしん》　始業《しぎょう》
就職《しゅうしょく》　出題《しゅつだい》　着席《ちゃくせき》　読書《どくしょ》　入港《にゅうこう》　有名《ゆうめい》〕

7 下《した》の字《じ》を打《う》ち消《け》す

▽正《ただ》しくない（不《ふ》）……不正《ふせい》

▽まだ開《あ》けていない（未《み》）……未開《みかい》

〔不信《ふしん》　不足《ふそく》　未定《みてい》　未満《みまん》　否定《ひてい》　否認《ひにん》
非行《ひこう》　非常《ひじょう》　非道《ひどう》　無害《むがい》　無用《むよう》　無力《むりょく》〕

教育漢字《きょういくかんじ》外《がい》の常用漢字《じょうようかんじ》

ここに掲《かか》げてある漢字《かんじ》は、常用漢字《じょうようかんじ》から、教育漢字《きょういくかんじ》を除《のぞ》いた一一一〇字《じ》の漢字《かんじ》を、五十音順《ごじゅうおんじゅん》にならべ、その漢字《かんじ》のおもな熟語例《じゅくごれい》をしめしたものです。漢字《かんじ》の下《した》の数字《すうじ》は総画数《そうかくすう》、カタカナは音《おん》、ひらがなは訓《くん》(細字《ほそじ》は送《おく》りがな)をしめします。また、音訓《おんくん》に|のついている読《よ》みは、特別《とくべつ》なものか用法《ようほう》のごく狭《せま》いもので、

＊印《じるし》は付表《ふひょう》(503ページ)の語《ご》です。

あ行

【亜】(7画) ア
亜流《ありゅう》 亜麻《あま》 亜熱帯《あねったい》

【哀】(9画) アイ あわれ・あわれむ
哀愁《あいしゅう》 哀願《あいがん》 悲哀《ひあい》

【挨】(10画) アイ
挨拶《あいさつ》

【曖】(17画) アイ
曖昧《あいまい》

【握】(12画) アク にぎる
握手《あくしゅ》 握力《あくりょく》 掌握《しょうあく》

【扱】(6画) あつかう
客扱《きゃくあつか》い

【宛】(8画) あてる
宛先《あてさき》

【嵐】(12画) あらし
嵐《あらし》 砂嵐《すなあらし》

【依】(8画) イ・エ|
依頼《いらい》 依然《いぜん》 帰依《きえ》

【威】(9画) イ
威力《いりょく》 威圧《いあつ》 示威《じい》

【為】(9画) イ
為政者《いせいしゃ》 行為《こうい》 作為《さくい》
＊為替《かわせ》

【畏】(9画) イ おそれる
畏敬《いけい》 畏怖《いふ》

【尉】(11画) イ
尉官《いかん》 一尉《いちい》 大尉《たいい》

【萎】(11画) イ なえる
萎縮《いしゅく》 萎《な》える

【偉】(12画) イ えらい
偉大《いだい》 偉人《いじん》 偉観《いかん》

【椅】(12画) イ
椅子《いす》

【彙】(13画) イ
語彙《ごい》

【違】(13画) イ ちがう・ちがえる
違反《いはん》 違法《いほう》 相違《そうい》

【維】(14画) イ
維持《いじ》 維新《いしん》 繊維《せんい》

【慰】(15画) イ なぐさめる・なぐさむ
慰安《いあん》 慰問《いもん》 慰労《いろう》

【緯】(16画) イ
緯度《いど》 北緯《ほくい》 経緯《けいい》

【壱】(7画) イチ
壱万円《いちまんえん》

【逸】(11画) イツ
逸話《いつわ》 逸品《いっぴん》 逸《いっ》する

【芋】(6画) いも
里芋《さといも》 焼《や》き芋《いも》

【咽】(9画) イン
咽喉《いんこう》

【姻】(9画) イン
姻族《いんぞく》 婚姻《こんいん》

【淫】(11画) イン みだら
淫行《いんこう》 淫乱《いんらん》

【陰】(11画) イン かげ・かげる
陰気《いんき》 光陰《こういん》 日陰《ひかげ》

【隠】(14画) イン かくす・かくれる
隠居《いんきょ》 隠忍《いんにん》 隠語《いんご》

【韻】(19画) イン
韻律《いんりつ》 韻文《いんぶん》 音韻《おんいん》

【唄】(10画) うた|
小唄《こうた》 長唄《ながうた》

【鬱】(29画) ウツ
憂鬱《ゆううつ》

【畝】(10画) うね
畝間《うねま》 畝織《うねおり》

【浦】(10画) うら
津々浦々《つつうらうら》

【詠】(12画) エイ よむ
詠嘆《えいたん》 詠草《えいそう》 朗詠《ろうえい》

【影】(15画) エイ かげ
影響《えいきょう》 撮影《さつえい》 人影《ひとかげ》

【鋭】(15画) エイ するどい
鋭利《えいり》 鋭敏《えいびん》 精鋭《せいえい》

【疫】(9画) エキ・ヤク|
疫病《えきびょう》 悪疫《あくえき》 防疫《ぼうえき》
疫病神《やくびょうがみ》

【悦】(10画) エツ
悦楽《えつらく》 喜悦《きえつ》

【越】(12画) エツ こす・こえる
越境《えっきょう》 超越《ちょうえつ》 優越《ゆうえつ》
年越《としこ》し

【謁】(15画) エツ
謁見《えっけん》 拝謁《はいえつ》

【閲】(15画) エツ
閲覧《えつらん》 閲歴《えつれき》 校閲《こうえつ》

【炎】(8画) エン ほのお
炎上《えんじょう》 炎天《えんてん》 火炎《かえん》

【怨】(9画) エン・オン
怨恨《えんこん》 怨念《おんねん》

【宴】(10画) エン
宴会《えんかい》 宴席《えんせき》 酒宴《しゅえん》

【援】(12画) エン
援助《えんじょ》 応援《おうえん》 声援《せいえん》

【煙】(13画) エン けむる・けむり・けむい 煙突《えんとつ》 煙霧《えんむ》 喫煙《きつえん》

【猿】(13画) エン さる 野猿《やえん》 類人猿《るいじんえん》 犬猿《けんえん》の仲《なか》

【鉛】(13画) エン なまり 鉛筆《えんぴつ》 亜鉛《あえん》 鉛色《なまりいろ》

【縁】(15画) エン ふち 縁故《えんこ》 血縁《けつえん》 額縁《がくぶち》

【艶】(19画) エン つや 妖艶《ようえん》 色艶《いろつや》

【汚】(6画) オ けがす・けがれる・けがらわしい・よごす・よごれる・きたない 汚点《おてん》 汚物《おぶつ》 汚名《おめい》

【凹】(5画) オウ 凹凸《おうとつ》 凹面鏡《おうめんきょう》 *凸凹《でこぼこ》

【押】(8画) オウ おす・おさえる 押収《おうしゅう》 押印《おういん》 押韻《おういん》

【旺】(8画) オウ 旺盛《おうせい》

【欧】(8画) オウ 欧文《おうぶん》 西欧《せいおう》 渡欧《とおう》

【殴】(8画) オウ なぐる 殴打《おうだ》

【翁】(10画) オウ 老翁《ろうおう》

【奥】(12画) オウ おく 奥義《おうぎ》(おくぎ) 奥底《おくそこ》

【憶】(16画) オク 記憶《きおく》 追憶《ついおく》

【臆】(17画) オク 臆説《おくせつ》 臆測《おくそく》 臆病《おくびょう》

【虞】(13画) おそれ

【乙】(1画) オツ 乙種《おつしゅ》 甲乙《こうおつ》 *乙女《おとめ》

【俺】(10画) おれ

【卸】(9画) おろす・おろし 卸商《おろししょう》

【穏】(16画) オン おだやか 穏和《おんわ》 穏当《おんとう》 平穏《へいおん》

か行

【佳】(8画) カ 佳作《かさく》 佳人《かじん》 絶佳《ぜっか》

【苛】(8画) カ 苛酷《かこく》 苛烈《かれつ》

【架】(9画) カ かける・かかる 架橋《かきょう》 架空《かくう》 書架《しょか》

【華】(10画) カ・ケ| はな 華美《かび》 栄華《えいが》 香華《こうげ》 華《はな》やかだ

【菓】(11画) カ 菓子《かし》 製菓《せいか》 茶菓《さか》

【渦】(12画) カ うず 渦中《かちゅう》 渦潮《うずしお》

【嫁】(13画) カ よめ・とつぐ 再嫁《さいか》 転嫁《てんか》 花嫁《はなよめ》

【暇】(13画) カ ひま 余暇《よか》 休暇《きゅうか》 寸暇《すんか》

【禍】(13画) カ 禍福《かふく》 禍根《かこん》 災禍《さいか》

【靴】(13画) カ くつ 製靴《せいか》 靴下《くつした》 革靴《かわぐつ》

【寡】(14画) カ 寡黙《かもく》 寡婦《かふ》 多寡《たか》

【箇】(14画) カ 箇条《かじょう》 箇所《かしょ》

【稼】(15画) カ かせぐ 稼業《かぎょう》 稼働《かどう》

【蚊】(10画) か 蚊柱《かばしら》 やぶ蚊《か》 *蚊帳《かや》

【牙】(4画) ガ・ゲ| きば 牙城《がじょう》 歯牙《しが》 象牙《ぞうげ》

【瓦】(5画) ガ かわら 瓦解《がかい》 瓦屋根《かわらやね》

【雅】(13画) ガ 雅趣《がしゅ》 優雅《ゆうが》 風雅《ふうが》

【餓】(15画) ガ 餓死《がし》 餓鬼《がき》 飢餓《きが》

【介】(4画) カイ 介入《かいにゅう》 紹介《しょうかい》

【戒】(7画) カイ いましめる 戒心《かいしん》 戒律《かいりつ》 警戒《けいかい》

【怪】(8画) カイ あやしい・あやしむ 怪談《かいだん》 怪物《かいぶつ》 奇怪《きかい》

【拐】(8画) カイ 拐帯《かいたい》 誘拐《ゆうかい》

【悔】(9画) カイ くいる・くやむ・くやしい 悔恨《かいこん》 後悔《こうかい》

【皆】(9画) カイ みな 皆無《かいむ》 皆勤《かいきん》 皆出席《かいしゅっせき》

【塊】(13画) カイ かたまり 塊状《かいじょう》 山塊《さんかい》

【楷】(13画) カイ 楷書《かいしょ》

【潰】(15画) カイ つぶす・つぶれる 潰瘍《かいよう》

【壊】(16画) カイ こわす・こわれる 壊滅《かいめつ》 破壊《はかい》 決壊《けっかい》

【懐】(16画) カイ ふところ・なつかしい・なつかしむ・なつく・なつける 懐中《かいちゅう》 述懐《じゅっかい》 懐手《ふところで》

【諧】(16画) カイ 俳諧《はいかい》

【劾】(8画) ガイ 弾劾《だんがい》

【崖】(11画) ガイ がけ 断崖《だんがい》 崖下《がけした》

【涯】(11画) ガイ 生涯《しょうがい》

【慨】(13画) ガイ 慨嘆《がいたん》 憤慨《ふんがい》 感慨《かんがい》

【蓋】(13画) ガイ ふた 頭蓋骨《ずがいこつ》 火蓋《ひぶた》

【該】(13画) ガイ 該当《がいとう》 該博《がいはく》 当該《とうがい》

【概】(14画) ガイ 概念《がいねん》 大概《たいがい》

【骸】(16画) ガイ 形骸化《けいがいか》 死骸《しがい》

【垣】(9画) かき
垣根《かきね》

【柿】(9画) かき

【核】(10画) カク
核心《かくしん》 核反応《かくはんのう》 結核《けっかく》

【殻】(11画) カク から
甲殻《こうかく》 地殻《ちかく》 貝殻《かいがら》

【郭】(11画) カク
城郭《じょうかく》 外郭《がいかく》 輪郭《りんかく》

【較】(13画) カク
比較《ひかく》

【隔】(13画) カク へだてる・へだたる
隔離《かくり》 隔月《かくげつ》 間隔《かんかく》

【獲】(16画) カク える
獲得《かくとく》 捕獲《ほかく》 獲物《えもの》

【嚇】(17画) カク
威嚇《いかく》

【穫】(18画) カク
収穫《しゅうかく》

【岳】(8画) ガク たけ
岳父《がくふ》 山岳《さんがく》

【顎】(18画) ガク あご
顎関節《がくかんせつ》

【掛】(11画) かける・かかる・かかり

【括】(9画) カツ
括弧《かっこ》 一括《いっかつ》 包括《ほうかつ》

【喝】(11画) カツ
喝破《かっぱ》 一喝《いっかつ》 恐喝《きょうかつ》

【渇】(11画) カツ かわく
渇望《かつぼう》 渇水《かっすい》

【葛】(12画) カツ くず
葛藤《かっとう》 葛湯《くずゆ》

【滑】(13画) カツ・コツ すべる・なめらか
滑走《かっそう》 円滑《えんかつ》 滑稽《こっけい》

【褐】(13画) カツ
褐色《かっしょく》 茶褐色《ちゃかっしょく》

【轄】(17画) カツ
管轄《かんかつ》 所轄《しょかつ》 直轄《ちょっかつ》

【且】(5画) かつ

【釜】(10画) かま

【鎌】(18画) かま
鎌倉時代《かまくらじだい》

【刈】(4画) かる
刈《か》り入《い》れ

【甘】(5画) カン あまい・あまえる・あまやかす
甘言《かんげん》 甘受《かんじゅ》 甘味料《かんみりょう》

【汗】(6画) カン あせ
汗顔《かんがん》 発汗《はっかん》

【缶】(6画) カン
缶詰《かんづめ》 製缶《せいかん》

【肝】(7画) カン きも
肝臓《かんぞう》 肝要《かんよう》 肝胆《かんたん》
肝《きも》っ玉《たま》

【冠】(9画) カン かんむり
冠詞《かんし》 王冠《おうかん》 栄冠《えいかん》

【陥】(10画) カン おちいる・おとしいれる
陥落《かんらく》 陥没《かんぼつ》 欠陥《けっかん》

【乾】(11画) カン かわく・かわかす
乾燥《かんそう》 乾杯《かんぱい》 乾電池《かんでんち》

【勘】(11画) カン
勘弁《かんべん》 勘当《かんどう》

【患】(11画) カン わずらう
患者《かんじゃ》 疾患《しっかん》 長患《ながわずら》い

【貫】(11画) カン つらぬく
貫通《かんつう》 縦貫《じゅうかん》 尺貫法《しゃっかんほう》

【喚】(12画) カン
喚問《かんもん》 召喚《しょうかん》 叫喚《きょうかん》

【堪】(12画) カン たえる
堪忍《かんにん》 堪能《かんのう》(たんのう)

【換】(12画) カン かえる・かわる
換気《かんき》 換算《かんさん》 交換《こうかん》

【敢】(12画) カン
敢然《かんぜん》 果敢《かかん》 勇敢《ゆうかん》

【棺】(12画) カン
棺《かん》おけ 石棺《せっかん》 出棺《しゅっかん》

【款】(12画) カン
定款《ていかん》 借款《しゃっかん》 落款《らっかん》

【閑】(12画) カン
閑静《かんせい》 閑却《かんきゃく》 繁閑《はんかん》

【勧】(13画) カン すすめる
勧誘《かんゆう》 勧奨《かんしょう》 勧告《かんこく》

【寛】(13画) カン
寛大《かんだい》 寛容《かんよう》 寛厳《かんげん》

【歓】(15画) カン
歓迎《かんげい》 歓声《かんせい》 交歓《こうかん》

【監】(15画) カン
監視《かんし》 監督《かんとく》 総監《そうかん》

【緩】(15画) カン ゆるい・ゆるやか・ゆるむ・ゆるめる
緩和《かんわ》 緩慢《かんまん》 緩急《かんきゅう》

【憾】(16画) カン
遺憾《いかん》

【還】(16画) カン
還元《かんげん》 生還《せいかん》 返還《へんかん》

【環】(17画) カン
環状《かんじょう》 環境《かんきょう》 循環《じゅんかん》

【韓】(18画) カン
韓国《かんこく》

【艦】(21画) カン
艦船《かんせん》 艦隊《かんたい》 軍艦《ぐんかん》

【鑑】(23画) カン かんがみる
鑑賞《かんしょう》 鑑定《かんてい》 年鑑《ねんかん》

【含】(7画) ガン ふくむ・ふくめる
含有《がんゆう》 含蓄《がんちく》 包含《ほうがん》

【玩】(8画) ガン
玩具《がんぐ》 愛玩《あいがん》

【頑】(13画) ガン
頑強《がんきょう》 頑健《がんけん》 頑固《がんこ》

【企】(6画) キ くわだてる
企画《きかく》 企図《きと》 企業《きぎょう》

【伎】(6画) キ
歌舞伎《かぶき》

【忌】(7画) キ いむ・いまわしい
忌避《きひ》 忌中《きちゅう》 禁忌《きんき》

【奇】(8画) キ
奇襲《きしゅう》 奇数《きすう》 珍奇《ちんき》
＊数奇屋《すきや》

【祈】(8画) キ いのる
祈願《きがん》 祈念《きねん》

【軌】(9画) キ
軌道《きどう》 広軌《こうき》 常軌《じょうき》

【既】(10画) キ すでに
既成《きせい》 既婚《きこん》 既往症《きおうしょう》

【飢】(10画) キ うえる
飢餓《きが》

【鬼】(10画) キ おに
鬼神《きじん》 鬼才《きさい》 赤鬼《あかおに》

【亀】(11画) キ かめ
亀裂《きれつ》

【幾】(12画) キ いく
幾何学《きかがく》 幾日《いくにち》

【棋】(12画) キ
棋士《きし》 棋譜《きふ》 将棋《しょうぎ》

【棄】(13画) キ
棄権《きけん》 放棄《ほうき》 遺棄《いき》

【毀】(13画) キ
毀損《きそん》 毀誉《きよ》

【畿】(15画) キ
畿内《きない》 近畿《きんき》

【輝】(15画) キ かがやく
輝石《きせき》 光輝《こうき》

【騎】(18画) キ
騎士《きし》 騎馬《きば》
一騎当千《いっきとうせん》

【宜】(8画) ギ
適宜《てきぎ》 便宜《べんぎ》

【偽】(11画) ギ いつわる・にせ
偽名《ぎめい》 真偽《しんぎ》 偽物《にせもの》

【欺】(12画) ギ あざむく
詐欺《さぎ》

【儀】(15画) ギ
儀式《ぎしき》 威儀《いぎ》 地球儀《ちきゅうぎ》

【戯】(15画) ギ たわむれる
戯曲《ぎきょく》 遊戯《ゆうぎ》 児戯《じぎ》

【擬】(17画) ギ
擬音《ぎおん》 擬人法《ぎじんほう》 模擬《もぎ》

【犠】(17画) ギ
犠牲《ぎせい》 犠打《ぎだ》

【菊】(11画) キク
菊花《きっか》 白菊《しらぎく》

【吉】(6画) キチ・キツ
吉日《きちにち》(きつじつ) 大吉《だいきち》
不吉《ふきつ》

【喫】(12画) キツ
喫煙《きつえん》 満喫《まんきつ》

【詰】(13画) キツ つめる・つまる・つむ
詰問《きつもん》 難詰《なんきつ》 面詰《めんきつ》

【却】(7画) キャク
却下《きゃっか》 退却《たいきゃく》 売却《ばいきゃく》

【脚】(11画) キャク・キャ あし
脚本《きゃくほん》 脚立《きゃたつ》 行脚《あんぎゃ》

【虐】(9画) ギャク しいたげる
虐待《ぎゃくたい》 虐殺《ぎゃくさつ》 残虐《ざんぎゃく》

【及】(3画) キュウ およぶ・および・およぼす
及第《きゅうだい》 追及《ついきゅう》 普及《ふきゅう》

【丘】(5画) キュウ おか
丘陵《きゅうりょう》 砂丘《さきゅう》

【朽】(6画) キュウ くちる
不朽《ふきゅう》 老朽《ろうきゅう》 腐朽《ふきゅう》

【臼】(6画) キュウ うす
臼歯《きゅうし》 脱臼《だっきゅう》 石臼《いしうす》

【糾】(9画) キュウ
糾弾《きゅうだん》 紛糾《ふんきゅう》

【嗅】(13画) キュウ かぐ
嗅覚《きゅうかく》

【窮】(15画) キュウ きわめる・きわまる
窮極《きゅうきょく》 窮屈《きゅうくつ》 困窮《こんきゅう》

【巨】(5画) キョ
巨大《きょだい》 巨匠《きょしょう》 巨万《きょまん》

【拒】(8画) キョ こばむ
拒絶《きょぜつ》 拒否《きょひ》

【拠】(8画) キョ・コ
拠点《きょてん》 根拠《こんきょ》 証拠《しょうこ》

【虚】(11画) キョ・コ
虚無《きょむ》 虚偽《きょぎ》 虚空《こくう》

【距】(12画) キョ
距離《きょり》

【御】(12画) ギョ・ゴ おん
御者《ぎょしゃ》 制御《せいぎょ》 御殿《ごてん》
御中《おんちゅう》 御礼《おんれい》

【凶】(4画) キョウ
凶悪《きょうあく》 凶作《きょうさく》 吉凶《きっきょう》

【叫】(6画) キョウ さけぶ
叫喚《きょうかん》 絶叫《ぜっきょう》

【狂】(7画) キョウ くるう・くるおしい
狂気《きょうき》 狂言《きょうげん》 熱狂《ねっきょう》

【享】(8画) キョウ
享有《きょうゆう》 享受《きょうじゅ》 享楽《きょうらく》

【況】(8画) キョウ
状況《じょうきょう》 実況《じっきょう》 概況《がいきょう》

【峡】(9画) キョウ
峡谷《きょうこく》 地峡《ちきょう》 海峡《かいきょう》

【挟】(9画) キョウ はさむ・はさまる
挟撃《きょうげき》

【狭】(9画) キョウ せまい・せばめる・せばまる
狭量《きょうりょう》 広狭《こうきょう》 偏狭《へんきょう》

【恐】(10画) キョウ おそれる・おそろしい
恐怖《きょうふ》 恐縮《きょうしゅく》 恐慌《きょうこう》

【恭】(10画) キョウ うやうやしい
恭賀《きょうが》 恭順《きょうじゅん》

【脅】(10画) キョウ おびやかす・おどす・おどかす
脅迫《きょうはく》 脅威《きょうい》

【矯】(17画) キョウ ためる
矯正《きょうせい》 奇矯《ききょう》

【響】(20画) キョウ ひびく
音響《おんきょう》 影響《えいきょう》 交響楽《こうきょうがく》

【驚】(22画) キョウ おどろく・おどろかす
驚異《きょうい》 驚嘆《きょうたん》

【仰】(6画) ギョウ・コウ あおぐ・おおせ
仰視《ぎょうし》 仰天《ぎょうてん》 仰角《ぎょうかく》
信仰《しんこう》

【暁】(12画) ギョウ あかつき
暁天《ぎょうてん》 今暁《こんぎょう》 通暁《つうぎょう》

【凝】(16画) ギョウ こる・こらす
凝固《ぎょうこ》 凝結《ぎょうけつ》 凝視《ぎょうし》

【巾】(3画) キン
頭巾《ずきん》 雑巾《ぞうきん》

【斤】(4画) キン
斤量《きんりょう》

【菌】(11画) キン
細菌《さいきん》 殺菌《さっきん》 保菌者《ほきんしゃ》

【琴】(12画) キン こと
琴線《きんせん》 木琴《もっきん》 手風琴《てふうきん》

【僅】(13画) キン わずか
僅差《きんさ》

【緊】(15画) キン
緊張《きんちょう》 緊密《きんみつ》 緊急《きんきゅう》

【錦】(16画) キン にしき
錦秋《きんしゅう》 錦絵《にしきえ》

【謹】(17画) キン つつしむ
謹慎《きんしん》 謹賀《きんが》 謹呈《きんてい》

【襟】(18画) キン えり
開襟《かいきん》 胸襟《きょうきん》 襟首《えりくび》

【吟】(7画) ギン
吟味《ぎんみ》 詩吟《しぎん》 苦吟《くぎん》

【駆】(14画) ク かける・かる
駆使《くし》 駆逐《くちく》 先駆《せんく》

【惧】(11画) グ
危惧《きぐ》

【愚】(13画) グ おろか
愚問《ぐもん》 愚鈍《ぐどん》 暗愚《あんぐ》

【偶】(11画) グウ
偶然《ぐうぜん》 偶数《ぐうすう》 配偶者《はいぐうしゃ》

【遇】(12画) グウ
境遇《きょうぐう》 待遇《たいぐう》

【隅】(12画) グウ すみ
一隅《いちぐう》 片隅《かたすみ》

【串】(7画) くし
串刺《くしざ》し 串焼《くしや》き

【屈】(8画) クツ
屈辱《くつじょく》 屈伸《くっしん》 不屈《ふくつ》
理屈《りくつ》

【掘】(11画) クツ ほる
掘削《くっさく》 発掘《はっくつ》 採掘《さいくつ》

【窟】(13画) クツ
巣窟《そうくつ》 洞窟《どうくつ》

【繰】(19画) くる
繰《く》り返《かえ》す

【勲】(15画) クン
勲功《くんこう》 勲章《くんしょう》 殊勲《しゅくん》

【薫】(16画) クン かおる
薫風《くんぷう》 薫陶《くんとう》

【刑】(6画) ケイ
刑罰《けいばつ》 刑法《けいほう》 処刑《しょけい》

【茎】(8画) ケイ くき
球茎《きゅうけい》 地下茎《ちかけい》 歯茎《はぐき》

【契】(9画) ケイ ちぎる
契約《けいやく》 契機《けいき》 黙契《もっけい》

【恵】(10画) ケイ・エ めぐむ
恵贈《けいぞう》 恵与《けいよ》 恩恵《おんけい》
知恵《ちえ》

【啓】(11画) ケイ
啓発《けいはつ》 啓示《けいじ》 拝啓《はいけい》

【掲】(11画) ケイ かかげる
掲示《けいじ》 掲載《けいさい》 前掲《ぜんけい》

【渓】(11画) ケイ
渓谷《けいこく》 渓流《けいりゅう》 雪渓《せっけい》

【蛍】(11画) ケイ ほたる
蛍光灯《けいこうとう》 蛍光塗料《けいこうとりょう》

【傾】(13画) ケイ かたむく・かたむける
傾斜《けいしゃ》 傾倒《けいとう》 傾向《けいこう》

【携】(13画) ケイ たずさえる・たずさわる
携帯《けいたい》 必携《ひっけい》 提携《ていけい》

【継】(13画) ケイ つぐ
継続《けいぞく》 継承《けいしょう》 中継《ちゅうけい》

【詣】(13画) ケイ もうでる
参詣《さんけい》 初詣《はつもうで》

【慶】(15画) ケイ
慶弔《けいちょう》 慶祝《けいしゅく》 慶賀《けいが》

【憬】(15画) ケイ
憧憬《しょうけい》

【稽】(15画) ケイ
稽古《けいこ》 滑稽《こっけい》

【憩】(16画) ケイ いこい・いこう
休憩《きゅうけい》

【鶏】(19画) ケイ にわとり
鶏卵《けいらん》 鶏舎《けいしゃ》 養鶏《ようけい》

【迎】(7画) ゲイ むかえる
迎合《げいごう》 歓迎《かんげい》 送迎《そうげい》

【鯨】(19画) ゲイ くじら
鯨油《げいゆ》 捕鯨《ほげい》

【隙】(13画) ゲキ すき
間隙《かんげき》 隙間《すきま》

【撃】(15画) ゲキ うつ
撃退《げきたい》 攻撃《こうげき》 打撃《だげき》

【桁】(10画) けた
桁違《けたちが》い 橋桁《はしげた》

【傑】(13画) ケツ
傑物《けつぶつ》 傑作《けっさく》 豪傑《ごうけつ》

【肩】(8画) ケン かた
肩章《けんしょう》 双肩《そうけん》 比肩《ひけん》

【倹】(10画) ケン
倹約《けんやく》 節倹《せっけん》 勤倹《きんけん》

【兼】(10画) ケン かねる
兼用《けんよう》 兼任《けんにん》 兼職《けんしょく》

【剣】(10画) ケン つるぎ
剣道《けんどう》 剣舞《けんぶ》 刀剣《とうけん》

【拳】(10画) ケン こぶし
拳銃《けんじゅう》 拳法《けんぽう》 握《にぎ》り拳《こぶし》

【軒】(10画) ケン のき
軒数《けんすう》 一軒《いっけん》 軒先《のきさき》

【圏】(12画) ケン
圏内《けんない》 圏外《けんがい》 成層圏《せいそうけん》

【堅】(12画) ケン かたい
堅固《けんご》 堅実《けんじつ》 中堅《ちゅうけん》

【嫌】(13画) ケン・ゲン きらう・いや
嫌悪《けんお》 嫌疑《けんぎ》 機嫌《きげん》
嫌気《いやけ》がさす

【献】(13画) ケン・コン
献上《けんじょう》 献身的《けんしんてき》 文献《ぶんけん》
献立《こんだて》 一献《いっこん》

【遣】(13画) ケン つかう・つかわす
派遣《はけん》 分遣《ぶんけん》 金遣《かねづか》い

【賢】(16画) ケン かしこい
賢人《けんじん》 賢明《けんめい》 先賢《せんけん》

【謙】(17画) ケン
謙虚《けんきょ》 謙譲《けんじょう》

【鍵】(17画) ケン かぎ
鍵盤《けんばん》 鍵穴《かぎあな》

【繭】(18画) ケン まゆ
繭糸《けんし》 繭玉《まゆだま》

【顕】(18画) ケン
顕著《けんちょ》 顕彰《けんしょう》 顕微鏡《けんびきょう》

【懸】(20画) ケン・ケ かける・かかる
懸垂《けんすい》 懸賞《けんしょう》 懸念《けねん》

【幻】(4画) ゲン まぼろし
幻滅《げんめつ》 幻覚《げんかく》 夢幻《むげん》

【玄】(5画) ゲン
玄米《げんまい》 玄関《げんかん》 幽玄《ゆうげん》
*玄人《くろうと》

【弦】(8画) ゲン つる
上弦《じょうげん》 正弦《せいげん》

【舷】(11画) ゲン　舷側《げんそく》　右舷《うげん》

【股】(8画) コ　また　股間《こかん》　股関節《こかんせつ》　内股《うちまた》

【虎】(8画) コ　とら　虎穴《こけつ》　猛虎《もうこ》

【孤】(9画) コ　孤児《こじ》　孤独《こどく》　孤立《こりつ》

【弧】(9画) コ　弧状《こじょう》　括弧《かっこ》　円弧《えんこ》

【枯】(9画) コ　かれる・からす　枯死《こし》　枯淡《こたん》　栄枯《えいこ》

【雇】(12画) コ　やとう　雇用《こよう》　解雇《かいこ》　日雇《ひやと》い

【誇】(13画) コ　ほこる　誇示《こじ》　誇大《こだい》　誇張《こちょう》

【鼓】(13画) コ　つづみ　鼓動《こどう》　鼓舞《こぶ》　太鼓《たいこ》

【錮】(16画) コ　禁錮《きんこ》

【顧】(21画) コ　かえりみる　顧慮《こりょ》　顧問《こもん》　回顧《かいこ》

【互】(4画) ゴ　たがい　互角《ごかく》　互選《ごせん》　相互《そうご》

【呉】(7画) ゴ　呉服《ごふく》　呉越同舟《ごえつどうしゅう》

【娯】(10画) ゴ　娯楽《ごらく》

【悟】(10画) ゴ　さとる　悟性《ごせい》　覚悟《かくご》　悔悟《かいご》

【碁】(13画) ゴ　碁石《ごいし》　碁盤《ごばん》　囲碁《いご》

【勾】(4画) コウ　勾配《こうばい》　勾留《こうりゅう》

【孔】(4画) コウ　鼻孔《びこう》　気孔《きこう》

【巧】(5画) コウ　たくみ　巧拙《こうせつ》　巧妙《こうみょう》　技巧《ぎこう》

【甲】(5画) コウ・カン　甲乙《こうおつ》　甲板《かんぱん》(こうはん)

【江】(6画) コウ　え　江湖《こうこ》　入《い》り江《え》

【坑】(7画) コウ　坑道《こうどう》　炭坑《たんこう》　廃坑《はいこう》

【抗】(7画) コウ　抗争《こうそう》　抗議《こうぎ》　対抗《たいこう》

【攻】(7画) コウ　せめる　攻守《こうしゅ》　攻撃《こうげき》　専攻《せんこう》

【更】(7画) コウ　さら・ふける・ふかす　更新《こうしん》　変更《へんこう》　今更《いまさら》

【拘】(8画) コウ　拘束《こうそく》　拘留《こうりゅう》　拘置《こうち》

【肯】(8画) コウ　肯定《こうてい》　首肯《しゅこう》

【侯】(9画) コウ　諸侯《しょこう》　王侯《おうこう》

【恒】(9画) コウ　恒常《こうじょう》　恒例《こうれい》　恒久《こうきゅう》

【洪】(9画) コウ　洪水《こうずい》　洪積層《こうせきそう》

【荒】(9画) コウ　あらい・あれる・あらす　荒天《こうてん》　荒涼《こうりょう》　荒波《あらなみ》

【郊】(9画) コウ　郊外《こうがい》　近郊《きんこう》

【貢】(10画) コウ・ク　みつぐ　貢献《こうけん》　年貢《ねんぐ》

【控】(11画) コウ　ひかえる　控除《こうじょ》　控訴《こうそ》

【梗】(11画) コウ　心筋梗塞《しんきんこうそく》　脳梗塞《のうこうそく》

【喉】(12画) コウ　のど　喉頭《こうとう》　咽喉《いんこう》　喉元《のどもと》

【慌】(12画) コウ　あわてる・あわただしい　恐慌《きょうこう》　大慌《おおあわ》て

【硬】(12画) コウ　かたい　硬度《こうど》　硬貨《こうか》　生硬《せいこう》

【絞】(12画) コウ　しぼる・しめる・しまる　絞殺《こうさつ》　絞首刑《こうしゅけい》

【項】(12画) コウ　項目《こうもく》　事項《じこう》　条項《じょうこう》

【溝】(13画) コウ　みぞ　下水溝《げすいこう》　排水溝《はいすいこう》

【綱】(14画) コウ　つな　綱紀《こうき》　綱領《こうりょう》　横綱《よこづな》

【酵】(14画) コウ　酵母《こうぼ》

【稿】(15画) コウ　草稿《そうこう》　原稿《げんこう》　投稿《とうこう》

【衡】(16画) コウ　均衡《きんこう》　平衡《へいこう》　度量衡《どりょうこう》

【購】(17画) コウ　購入《こうにゅう》　購買《こうばい》　購読《こうどく》

【乞】(3画) こう　命《いのち》乞《ご》い

【拷】(9画) ゴウ　拷問《ごうもん》

【剛】(10画) ゴウ　剛健《ごうけん》　金剛力《こんごうりき》

【傲】(13画) ゴウ　傲然《ごうぜん》　傲慢《ごうまん》

【豪】(14画) ゴウ　豪遊《ごうゆう》　豪雨《ごうう》　文豪《ぶんごう》

【克】(7画) コク　克服《こくふく》　克明《こくめい》　克己《こっき》

【酷】(14画) コク　酷似《こくじ》　冷酷《れいこく》　残酷《ざんこく》

【獄】(14画) ゴク　獄舎《ごくしゃ》　地獄《じごく》　疑獄《ぎごく》

【駒】(15画) こま　持《も》ち駒《ごま》

【込】(5画) こむ・こめる　やり込《こ》める

【頃】(11画) ころ　日頃《ひごろ》

【昆】(8画) コン　昆虫《こんちゅう》　昆布《こんぶ》(こぶ)

【恨】(9画) コン　うらむ・うらめしい　遺恨《いこん》　痛恨《つうこん》　悔恨《かいこん》

【婚】(11画) コン　婚約《こんやく》　結婚《けっこん》　新婚《しんこん》

【痕】(11画) コン　あと　痕跡《こんせき》　血痕《けっこん》　傷痕《きずあと》

【紺】(11画) コン　紺青《こんじょう》　紺屋《こんや》(こうや)　濃紺《のうこん》

【魂】(14画) コン たましい
魂胆《こんたん》 霊魂《れいこん》 商魂《しょうこん》
負《ま》けじ魂《だましい》

【墾】(16画) コン
開墾《かいこん》

【懇】(17画) コン ねんごろ
懇切《こんせつ》 懇親会《こんしんかい》

さ行

【沙】(7画) サ
沙汰《さた》

【唆】(10画) サ そそのかす
教唆《きょうさ》 示唆《しさ》

【詐】(12画) サ
詐欺《さぎ》 詐取《さしゅ》 詐称《さしょう》

【鎖】(18画) サ くさり
鎖国《さこく》 連鎖《れんさ》 封鎖《ふうさ》

【挫】(10画) ザ
挫折《ざせつ》 頓挫《とんざ》

【采】(8画) サイ
采配《さいはい》 喝采《かっさい》

【砕】(9画) サイ くだく・くだける
砕石《さいせき》 砕氷《さいひょう》 粉砕《ふんさい》

【宰】(10画) サイ
宰領《さいりょう》 宰相《さいしょう》 主宰《しゅさい》

【栽】(10画) サイ
栽培《さいばい》 盆栽《ぼんさい》

【彩】(11画) サイ いろどる
彩色《さいしき》 色彩《しきさい》 淡彩《たんさい》

【斎】(11画) サイ
斎場《さいじょう》 潔斎《けっさい》 書斎《しょさい》

【債】(13画) サイ
債務《さいむ》 負債《ふさい》 公債《こうさい》

【催】(13画) サイ もよおす
催眠《さいみん》 開催《かいさい》 主催《しゅさい》

【塞】(13画) サイ・ソク ふさぐ・ふさがる
要塞《ようさい》 脳梗塞《のうこうそく》 閉塞《へいそく》

【歳】(13画) サイ・セイ
歳末《さいまつ》 歳月《さいげつ》 歳暮《せいぼ》
＊二十歳《はたち》

【載】(13画) サイ のせる・のる
積載《せきさい》 掲載《けいさい》 記載《きさい》

【剤】(10画) ザイ
薬剤師《やくざいし》 錠剤《じょうざい》
消化剤《しょうかざい》

【削】(9画) サク けずる
削除《さくじょ》 削減《さくげん》 添削《てんさく》

【柵】(9画) サク
鉄柵《てっさく》

【索】(10画) サク
索引《さくいん》 思索《しさく》 鉄索《てっさく》

【酢】(12画) サク す
酢酸《さくさん》 酢《す》の物《もの》

【搾】(13画) サク しぼる
搾取《さくしゅ》 圧搾《あっさく》

【錯】(16画) サク
錯誤《さくご》 錯覚《さっかく》 交錯《こうさく》

【咲】(9画) さく
遅咲《おそざ》き

【刹】(8画) サツ・セツ
古刹《こさつ》 名刹《めいさつ》 刹那《せつな》

【拶】(9画) サツ
挨拶《あいさつ》

【撮】(15画) サツ とる
撮影《さつえい》

【擦】(17画) サツ する・すれる
摩擦《まさつ》 擦《す》り傷《きず》

【桟】(10画) サン
桟橋《さんばし》 ＊桟敷《さじき》

【惨】(11画) サン・ザン みじめ
惨劇《さんげき》 悲惨《ひさん》 惨殺《ざんさつ》

【傘】(12画) サン かさ
傘下《さんか》 落下傘《らっかさん》 雨傘《あまがさ》

【斬】(11画) ザン きる
斬殺《ざんさつ》 斬新《ざんしん》

【暫】(15画) ザン
暫時《ざんじ》 暫定《ざんてい》

【旨】(6画) シ むね
要旨《ようし》 趣旨《しゅし》 本旨《ほんし》

【伺】(7画) シ うかがう
伺候《しこう》

【刺】(8画) シ さす・ささる
刺激《しげき》 名刺《めいし》 風刺《ふうし》

【祉】(8画) シ
福祉《ふくし》

【肢】(8画) シ
肢体《したい》 下肢《かし》 選択肢《せんたくし》

【施】(9画) シ・セ ほどこす
施設《しせつ》 実施《じっし》 施主《せしゅ》

【恣】(10画) シ
恣意的《しいてき》

【脂】(10画) シ あぶら
脂肪《しぼう》 油脂《ゆし》 樹脂《じゅし》

【紫】(11画) シ むらさき
紫紺《しこん》 紫外線《しがいせん》 紫色《むらさきいろ》

【嗣】(13画) シ
嗣子《しし》 嫡嗣《ちゃくし》

【雌】(13画) シ め・めす
雌雄《しゆう》 雌伏《しふく》 雌花《めばな》

【摯】(15画) シ
真摯《しんし》

【賜】(15画) シ たまわる
賜暇《しか》 下賜《かし》 恩賜《おんし》

【諮】(16画) シ はかる
諮問《しもん》

【侍】(8画) ジ さむらい
侍従《じじゅう》 侍女《じじょ》 侍医《じい》

【慈】(13画) ジ いつくしむ
慈愛《じあい》 慈善《じぜん》 慈悲《じひ》

【餌】(15画) ジ えさ・え
好餌《こうじ》 食餌《しょくじ》 餌食《えじき》

【璽】(19画) ジ
御璽《ぎょじ》 国璽《こくじ》

【軸】(12画) ジク
車軸《しゃじく》 地軸《ちじく》

【叱】(5画) シツ しかる
叱責《しっせき》

【疾】(10画) シツ
疾患《しっかん》 疾走《しっそう》 悪疾《あくしつ》

【執】(11画) シツ・シュウ とる
執務《しつむ》 執筆《しっぴつ》 執念《しゅうねん》

【湿】(12画) シツ しめる・しめす
湿度《しつど》 湿地《しっち》 多湿《たしつ》

【嫉】(13画) シツ
嫉妬《しっと》

【漆】(14画) シツ うるし
漆器《しっき》 漆黒《しっこく》 乾漆《かんしつ》

【芝】(6画) しば
芝居《しばい》 ＊芝生《しばふ》

【赦】(11画) シャ
赦免《しゃめん》 大赦《たいしゃ》 恩赦《おんしゃ》

【斜】(11画) シャ ななめ
斜面《しゃめん》 斜線《しゃせん》 傾斜《けいしゃ》

【煮】(12画) シャ にる・にえる・にやす
煮沸《しゃふつ》 雑煮《ぞうに》 生煮《なまに》え

【遮】(14画) シャ さえぎる
遮断《しゃだん》

【邪】(8画) ジャ
邪悪《じゃあく》 邪推《じゃすい》 正邪《せいじゃ》
＊風邪《かぜ》

【蛇】(11画) ジャ・ダ へび
蛇腹《じゃばら》 大蛇《だいじゃ》 長蛇《ちょうだ》

【酌】(10画) シャク くむ
酌量《しゃくりょう》 晩酌《ばんしゃく》

【釈】(11画) シャク
釈明《しゃくめい》 釈放《しゃくほう》 解釈《かいしゃく》

【爵】(17画) シャク
爵位《しゃくい》

【寂】(11画) ジャク・セキ さび・さびしい・さびれる
静寂《せいじゃく》 寂然《せきぜん》(じゃくねん)

【朱】(6画) シュ
朱肉《しゅにく》 朱筆《しゅひつ》 朱塗《しゅぬ》り

【狩】(9画) シュ かる・かり
狩猟《しゅりょう》 狩《か》り込《こ》み

【殊】(10画) シュ こと
殊勲《しゅくん》 特殊《とくしゅ》 殊更《ことさら》

【珠】(10画) シュ
珠玉《しゅぎょく》 珠算《しゅざん》 真珠《しんじゅ》
＊数珠《じゅず》

【腫】(13画) シュ はれる・はらす
腫瘍《しゅよう》

【趣】(15画) シュ おもむき
趣向《しゅこう》 趣味《しゅみ》 興趣《きょうしゅ》

【寿】(7画) ジュ ことぶき
寿命《じゅみょう》 長寿《ちょうじゅ》 米寿《べいじゅ》

【呪】(8画) ジュ のろう
呪縛《じゅばく》 呪文《じゅもん》

【需】(14画) ジュ
需要《じゅよう》 需給《じゅきゅう》 必需品《ひつじゅひん》

【儒】(16画) ジュ
儒学《じゅがく》 儒教《じゅきょう》 儒者《じゅしゃ》

【囚】(5画) シュウ
囚人《しゅうじん》 死刑囚《しけいしゅう》

【舟】(6画) シュウ ふね・ふな
舟運《しゅううん》 舟航《しゅうこう》 小舟《こぶね》
舟歌《ふなうた》

【秀】(7画) シュウ ひいでる
秀逸《しゅういつ》 秀才《しゅうさい》 優秀《ゆうしゅう》

【臭】(9画) シュウ くさい・におう
臭気《しゅうき》 悪臭《あくしゅう》 俗臭《ぞくしゅう》

【袖】(10画) シュウ そで
領袖《りょうしゅう》 半袖《はんそで》

【羞】(11画) シュウ
羞恥心《しゅうちしん》

【愁】(13画) シュウ うれえる・うれい
愁傷《しゅうしょう》 哀愁《あいしゅう》 憂愁《ゆうしゅう》

【酬】(13画) シュウ
報酬《ほうしゅう》 応酬《おうしゅう》

【醜】(17画) シュウ みにくい
醜悪《しゅうあく》 醜態《しゅうたい》 美醜《びしゅう》

【蹴】(19画) シュウ ける
一蹴《いっしゅう》 蹴散《けち》らす

【襲】(22画) シュウ おそう
襲撃《しゅうげき》 襲名《しゅうめい》 世襲《せしゅう》

【汁】(5画) ジュウ しる
果汁《かじゅう》 墨汁《ぼくじゅう》 汁粉《しるこ》

【充】(6画) ジュウ あてる
充実《じゅうじつ》 充電《じゅうでん》 補充《ほじゅう》

【柔】(9画) ジュウ・ニュウ やわらか・やわらかい
柔軟《じゅうなん》 柔道《じゅうどう》 柔和《にゅうわ》

【渋】(11画) ジュウ しぶ・しぶい・しぶる
渋滞《じゅうたい》 苦渋《くじゅう》 渋紙《しぶがみ》

【銃】(14画) ジュウ
銃砲《じゅうほう》 銃弾《じゅうだん》 小銃《しょうじゅう》

【獣】(16画) ジュウ けもの
獣類《じゅうるい》 猛獣《もうじゅう》 鳥獣《ちょうじゅう》

【叔】(8画) シュク
伯叔《はくしゅく》 ＊叔父《おじ》 ＊叔母《おば》

【淑】(11画) シュク
淑女《しゅくじょ》 貞淑《ていしゅく》 私淑《ししゅく》

【粛】(11画) シュク
粛清《しゅくせい》 静粛《せいしゅく》 自粛《じしゅく》

【塾】(14画) ジュク
私塾《しじゅく》

【俊】(9画) シュン
俊敏《しゅんびん》 俊秀《しゅんしゅう》 俊才《しゅんさい》

【瞬】(18画) シュン またたく
瞬間《しゅんかん》 瞬時《しゅんじ》 一瞬《いっしゅん》

【旬】(6画) ジュン・シュン
旬刊《じゅんかん》 上旬《じょうじゅん》
旬《しゅん》の野菜《やさい》

【巡】(6画) ジュン めぐる
巡回《じゅんかい》 巡業《じゅんぎょう》 一巡《いちじゅん》
＊お巡《まわ》りさん

【盾】(9画) ジュン たて
矛盾《むじゅん》 後《うし》ろ盾《だて》

【准】(10画) ジュン
准将《じゅんしょう》 批准《ひじゅん》

【殉】(10画) ジュン
殉死《じゅんし》 殉職《じゅんしょく》 殉難《じゅんなん》

【循】(12画) ジュン
循環《じゅんかん》 因循《いんじゅん》

【潤】(15画) ジュン うるおう・うるおす・うるむ
潤色《じゅんしょく》 潤沢《じゅんたく》 湿潤《しつじゅん》

【遵】(15画) ジュン
遵守《じゅんしゅ》 遵法《じゅんぽう》

【庶】(11画) ショ
庶民《しょみん》 庶務《しょむ》

【緒】(14画) ショ・チョ お
緒戦《しょせん》 由緒《ゆいしょ》
情緒《じょうちょ》(じょうしょ) 鼻緒《はなお》

【如】(6画) ジョ・ニョ
欠如《けつじょ》 突如《とつじょ》 如実《にょじつ》

【叙】(9画) ジョ
叙述《じょじゅつ》 叙景《じょけい》 叙勲《じょくん》

【徐】(10画) ジョ
徐行《じょこう》 徐々《じょじょ》に

【升】(4画) ショウ ます
升目《ますめ》

【召】(5画) ショウ めす
召喚《しょうかん》 国会《こっかい》の召集《しょうしゅう》

【匠】(6画) ショウ
師匠《ししょう》 巨匠《きょしょう》 意匠《いしょう》

【床】(7画) ショウ　とこ・ゆか
起床《きしょう》　寝床《ねどこ》　床下《ゆかした》

【抄】(7画) ショウ
抄録《しょうろく》　抄本《しょうほん》　抄訳《しょうやく》

【肖】(7画) ショウ
肖像《しょうぞう》　不肖《ふしょう》

【尚】(8画) ショウ
尚早《しょうそう》　高尚《こうしょう》

【昇】(8画) ショウ　のぼる
昇降《しょうこう》　昇進《しょうしん》　上昇《じょうしょう》

【沼】(8画) ショウ　ぬま
沼沢《しょうたく》　湖沼《こしょう》　沼地《ぬまち》

【宵】(10画) ショウ　よい
徹宵《てっしょう》

【症】(10画) ショウ
症状《しょうじょう》　炎症《えんしょう》　重症《じゅうしょう》

【祥】(10画) ショウ
発祥《はっしょう》　吉祥《きっしょう》　不祥事《ふしょうじ》

【称】(10画) ショウ
称賛《しょうさん》　名称《めいしょう》

【渉】(11画) ショウ
渉外《しょうがい》　干渉《かんしょう》　交渉《こうしょう》

【紹】(11画) ショウ
紹介《しょうかい》

【訟】(11画) ショウ
訴訟《そしょう》

【掌】(12画) ショウ
掌中《しょうちゅう》　職掌《しょくしょう》　車掌《しゃしょう》

【晶】(12画) ショウ
結晶《けっしょう》　水晶《すいしょう》

【焦】(12画) ショウ　こげる・こがす・こがれる・あせる
焦土《しょうど》　焦心《しょうしん》　黒焦《くろこ》げ

【硝】(12画) ショウ
硝石《しょうせき》　硝酸《しょうさん》

【粧】(12画) ショウ
化粧《けしょう》

【詔】(12画) ショウ　みことのり
詔勅《しょうちょく》　詔書《しょうしょ》

【奨】(13画) ショウ
奨励《しょうれい》　推奨《すいしょう》

【詳】(13画) ショウ　くわしい
詳細《しょうさい》　詳報《しょうほう》　未詳《みしょう》

【彰】(14画) ショウ
表彰《ひょうしょう》　顕彰《けんしょう》

【憧】(15画) ショウ　あこがれる
憧憬《しょうけい》（どうけい）

【衝】(15画) ショウ
衝突《しょうとつ》　衝動《しょうどう》　折衝《せっしょう》

【償】(17画) ショウ　つぐなう
償金《しょうきん》　弁償《べんしょう》　代償《だいしょう》

【礁】(17画) ショウ
岩礁《がんしょう》　暗礁《あんしょう》

【鐘】(20画) ショウ　かね
半鐘《はんしょう》　警鐘《けいしょう》

【丈】(3画) ジョウ　たけ
丈夫《じょうぶ》な体《からだ》　背丈《せたけ》

【冗】(4画) ジョウ
冗談《じょうだん》　冗長《じょうちょう》　冗費《じょうひ》

【浄】(9画) ジョウ
浄化《じょうか》　清浄《せいじょう》　不浄《ふじょう》

【剰】(11画) ジョウ
剰余《じょうよ》　過剰《かじょう》　余剰《よじょう》

【畳】(12画) ジョウ　たたむ・たたみ
畳語《じょうご》　畳表《たたみおもて》　青畳《あおだたみ》

【壌】(16画) ジョウ
土壌《どじょう》

【嬢】(16画) ジョウ
令嬢《れいじょう》　愛嬢《あいじょう》

【錠】(16画) ジョウ
錠前《じょうまえ》　錠剤《じょうざい》　手錠《てじょう》

【譲】(20画) ジョウ　ゆずる
譲渡《じょうと》　譲歩《じょうほ》　謙譲《けんじょう》

【醸】(20画) ジョウ　かもす
醸造《じょうぞう》　醸成《じょうせい》

【拭】(9画) ショク　ふく・ぬぐう
払拭《ふっしょく》

【殖】(12画) ショク　ふえる・ふやす
生殖《せいしょく》　利殖《りしょく》　学殖《がくしょく》

【飾】(13画) ショク　かざる
装飾《そうしょく》　修飾《しゅうしょく》　服飾《ふくしょく》

【触】(13画) ショク　ふれる・さわる
触媒《しょくばい》　触発《しょくはつ》　接触《せっしょく》

【嘱】(15画) ショク
嘱託《しょくたく》　委嘱《いしょく》

【辱】(10画) ジョク　はずかしめる
恥辱《ちじょく》　雪辱《せつじょく》　屈辱《くつじょく》

【尻】(5画) しり
尻込《しりご》み　目尻《めじり》
＊尻尾《しっぽ》

【伸】(7画) シン　のびる・のばす・のべる
伸縮《しんしゅく》　屈伸《くっしん》　追伸《ついしん》

【芯】(7画) シン

【辛】(7画) シン　からい
辛苦《しんく》　辛酸《しんさん》　香辛料《こうしんりょう》

【侵】(9画) シン　おかす
侵入《しんにゅう》　侵害《しんがい》　不可侵《ふかしん》

【津】(9画) シン　つ
興味津々《きょうみしんしん》　津波《つなみ》

【唇】(10画) シン　くちびる
口唇《こうしん》

【娠】(10画) シン
妊娠《にんしん》

【振】(10画) シン　ふる・ふるう・ふれる
振動《しんどう》　振興《しんこう》　不振《ふしん》

【浸】(10画) シン　ひたす・ひたる
浸水《しんすい》　浸透《しんとう》　水浸《みずびた》し

【紳】(11画) シン
紳士《しんし》

【診】(12画) シン　みる
診察《しんさつ》　診療《しんりょう》　往診《おうしん》

【寝】(13画) シン　ねる・ねかす
寝室《しんしつ》　就寝《しゅうしん》　昼寝《ひるね》

【慎】(13画) シン　つつしむ
慎重《しんちょう》　謹慎《きんしん》

【審】(15画) シン
審判《しんぱん》　審議《しんぎ》　不審《ふしん》

【震】(15画) シン　ふるう・ふるえる
震動《しんどう》　震災《しんさい》　地震《じしん》

【薪】(16画) シン　たきぎ
薪炭《しんたん》　薪水《しんすい》

【刃】(3画) ジン　は
白刃《はくじん》　凶刃《きょうじん》　刃物《はもの》

【尽】(6画) ジン　つくす・つきる・つかす
尽力《じんりょく》　無尽蔵《むじんぞう》

【迅】(6画) ジン
迅速《じんそく》 疾風迅雷《しっぷうじんらい》

【甚】(9画) ジン はなはだ・はなはだしい
甚大《じんだい》 激甚《げきじん》 幸甚《こうじん》

【陣】(10画) ジン
陣頭《じんとう》 陣痛《じんつう》 円陣《えんじん》

【尋】(12画) ジン たずねる
尋問《じんもん》 尋常《じんじょう》 千尋《せんじん》
尋《たず》ね人《びと》

【腎】(13画) ジン
腎臓《じんぞう》 肝腎《かんじん》

【須】(12画) ス
必須《ひっす》

【吹】(7画) スイ ふく
吹奏《すいそう》 吹鳴《すいめい》 鼓吹《こすい》
＊息吹《いぶき》 ＊吹雪《ふぶき》

【炊】(8画) スイ たく
炊事《すいじ》 自炊《じすい》 雑炊《ぞうすい》
飯《めし》炊《た》き

【帥】(9画) スイ
統帥《とうすい》 元帥《げんすい》

【粋】(10画) スイ いき
粋人《すいじん》 純粋《じゅんすい》 精粋《せいすい》

【衰】(10画) スイ おとろえる
衰弱《すいじゃく》 盛衰《せいすい》 老衰《ろうすい》

【酔】(11画) スイ よう
麻酔《ますい》 心酔《しんすい》
二日酔《ふつかよ》い

【遂】(12画) スイ とげる
遂行《すいこう》 未遂《みすい》 完遂《かんすい》

【睡】(13画) スイ
睡眠《すいみん》 熟睡《じゅくすい》 午睡《ごすい》

【穂】(15画) スイ ほ
穂状《すいじょう》 稲穂《いなほ》

【随】(12画) ズイ
随行《ずいこう》 随意《ずいい》 追随《ついずい》

【髄】(19画) ズイ
骨髄《こつずい》 脳髄《のうずい》 真髄《しんずい》

【枢】(8画) スウ
枢軸《すうじく》 枢要《すうよう》 中枢《ちゅうすう》

【崇】(11画) スウ
崇拝《すうはい》 崇高《すうこう》

【据】(11画) すえる・すわる
据《す》え置《お》く

【杉】(7画) すぎ
杉並木《すぎなみき》

【裾】(13画) すそ
裾野《すその》

【瀬】(19画) せ
浅瀬《あさせ》 立《た》つ瀬《せ》

【是】(9画) ゼ
是非《ぜひ》 是認《ぜにん》 国是《こくぜ》

【姓】(8画) セイ・ショウ
姓名《せいめい》 改姓《かいせい》 百姓《ひゃくしょう》

【征】(8画) セイ
征服《せいふく》 遠征《えんせい》 出征《しゅっせい》

【斉】(8画) セイ
斉唱《せいしょう》 一斉《いっせい》

【牲】(9画) セイ
犠牲《ぎせい》

【凄】(10画) セイ
凄惨《せいさん》 凄絶《せいぜつ》

【逝】(10画) セイ ゆく・いく
逝去《せいきょ》 急逝《きゅうせい》 長逝《ちょうせい》

【婿】(12画) セイ むこ
女婿《じょせい》 花婿《はなむこ》

【誓】(14画) セイ ちかう
誓約《せいやく》 誓詞《せいし》 宣誓《せんせい》

【請】(15画) セイ・シン こう・うける
請求《せいきゅう》 申請《しんせい》 普請《ふしん》

【醒】(16画) セイ
覚醒《かくせい》

【斥】(5画) セキ
斥候《せっこう》 排斥《はいせき》

【析】(8画) セキ
析出《せきしゅつ》 分析《ぶんせき》 解析《かいせき》

【脊】(10画) セキ
脊髄《せきずい》 脊柱《せきちゅう》

【隻】(10画) セキ
隻手《せきしゅ》 数隻《すうせき》

【惜】(11画) セキ おしい・おしむ
惜敗《せきはい》 痛惜《つうせき》 愛惜《あいせき》
負《ま》け惜《お》しみ

【戚】(11画) セキ
親戚《しんせき》

【跡】(13画) セキ あと
追跡《ついせき》 遺跡《いせき》 足跡《あしあと》

【籍】(20画) セキ
書籍《しょせき》 戸籍《こせき》 本籍《ほんせき》

【拙】(8画) セツ つたない
拙劣《せつれつ》 拙速《せっそく》 巧拙《こうせつ》

【窃】(9画) セツ
窃盗《せっとう》 窃取《せっしゅ》

【摂】(13画) セツ
摂取《せっしゅ》 摂生《せっせい》

【仙】(5画) セン
仙骨《せんこつ》 仙人《せんにん》 酒仙《しゅせん》

【占】(5画) セン しめる・うらなう
占拠《せんきょ》 占星術《せんせいじゅつ》 独占《どくせん》

【扇】(10画) セン おうぎ
扇子《せんす》 扇風機《せんぷうき》 舞扇《まいおうぎ》

【栓】(10画) セン
給水栓《きゅうすいせん》 消火栓《しょうかせん》

【旋】(11画) セン
旋回《せんかい》 旋律《せんりつ》 周旋《しゅうせん》

【煎】(13画) セン いる
煎茶《せんちゃ》 煎《い》り豆《まめ》

【羨】(13画) セン うらやむ・うらやましい
羨望《せんぼう》

【腺】(13画) セン
前立腺《ぜんりつせん》 涙腺《るいせん》

【詮】(13画) セン
詮索《せんさく》 所詮《しょせん》

【践】(13画) セン
実践《じっせん》

【箋】(14画) セン
処方箋《しょほうせん》 便箋《びんせん》

【潜】(15画) セン ひそむ・もぐる
潜水《せんすい》 潜在的《せんざいてき》 沈潜《ちんせん》
潜《もぐ》り込《こ》む

【遷】(15画) セン
遷延《せんえん》 遷都《せんと》 変遷《へんせん》

【薦】(16画) セン すすめる
推薦《すいせん》 自薦《じせん》

【繊】(17画) セン
繊細《せんさい》 繊維《せんい》 化繊《かせん》

【鮮】(17画) セン あざやか
鮮魚《せんぎょ》 鮮明《せんめい》 新鮮《しんせん》

【禅】(13画) ゼン
禅宗《ぜんしゅう》 禅寺《ぜんでら》 座禅《ざぜん》

【漸】(14画) ゼン
漸次《ぜんじ》 漸進的《ぜんしんてき》 東漸《とうぜん》

【膳】(16画) ゼン
配膳《はいぜん》

【繕】(18画) ゼン つくろう
修繕《しゅうぜん》 営繕《えいぜん》

【狙】(8画) ソ ねらう
狙撃《そげき》

【阻】(8画) ソ はばむ
阻止《そし》 阻害《そがい》 険阻《けんそ》

【租】(10画) ソ
租税《そぜい》 公租公課《こうそこうか》

【措】(11画) ソ
措置《そち》 措辞《そじ》 挙措《きょそ》

【粗】(11画) ソ あらい
粗密《そみつ》 粗野《そや》 精粗《せいそ》

【疎】(12画) ソ うとい・うとむ
疎密《そみつ》 疎外《そがい》 親疎《しんそ》

【訴】(12画) ソ うったえる
訴訟《そしょう》 告訴《こくそ》 哀訴《あいそ》

【塑】(13画) ソ
塑像《そぞう》 彫塑《ちょうそ》 可塑性《かそせい》

【遡】(13画) ソ さかのぼる
遡及《そきゅう》 遡上《そじょう》

【礎】(18画) ソ いしずえ
礎石《そせき》 基礎《きそ》 定礎《ていそ》

【双】(4画) ソウ ふた
双方《そうほう》 無双《むそう》 双子《ふたご》

【壮】(6画) ソウ
壮大《そうだい》 壮健《そうけん》 強壮《きょうそう》

【荘】(9画) ソウ
荘厳《そうごん》 荘重《そうちょう》 別荘《べっそう》

【捜】(10画) ソウ さがす
捜索《そうさく》 捜査《そうさ》

【挿】(10画) ソウ さす
挿入《そうにゅう》 挿話《そうわ》 挿絵《さしえ》

【桑】(10画) ソウ くわ
桑園《そうえん》 桑畑《くわばたけ》

【掃】(11画) ソウ はく
掃除《そうじ》 清掃《せいそう》 一掃《いっそう》

【曹】(11画) ソウ
法曹《ほうそう》 法曹界《ほうそうかい》 陸曹《りくそう》

【曽】(11画) ソウ・ゾ
曽祖父《そうそふ》 未曽有《みぞう》

【爽】(11画) ソウ さわやか
爽快《そうかい》

【喪】(12画) ソウ も
喪失《そうしつ》 喪服《もふく》 喪主《もしゅ》

【痩】(12画) ソウ やせる
痩身《そうしん》

【葬】(12画) ソウ ほうむる
葬儀《そうぎ》 埋葬《まいそう》 会葬《かいそう》

【僧】(13画) ソウ
僧院《そういん》 高僧《こうそう》 尼僧《にそう》

【遭】(14画) ソウ あう
遭遇《そうぐう》 遭難《そうなん》

【槽】(15画) ソウ
水槽《すいそう》 浴槽《よくそう》

【踪】(15画) ソウ
失踪《しっそう》

【燥】(17画) ソウ
乾燥《かんそう》 焦燥《しょうそう》 高燥《こうそう》

【霜】(17画) ソウ しも
霜害《そうがい》 霜柱《しもばしら》 初霜《はつしも》

【騒】(18画) ソウ さわぐ
騒動《そうどう》 騒音《そうおん》 物騒《ぶっそう》

【藻】(19画) ソウ も
藻類《そうるい》 海藻《かいそう》 詞藻《しそう》

【憎】(14画) ゾウ にくむ・にくい・にくらしい・にくしみ
憎悪《ぞうお》 愛憎《あいぞう》

【贈】(18画) ゾウ・ソウ おくる
贈与《ぞうよ》 贈呈《ぞうてい》 寄贈《きそう》(きぞう)

【即】(7画) ソク
即応《そくおう》 即席《そくせき》 即興《そっきょう》

【促】(9画) ソク うながす
促進《そくしん》 促成《そくせい》 催促《さいそく》

【捉】(10画) ソク とらえる
捕捉《ほそく》

【俗】(9画) ゾク
俗事《ぞくじ》 風俗《ふうぞく》 民俗《みんぞく》

【賊】(13画) ゾク
賊軍《ぞくぐん》 盗賊《とうぞく》

【遜】(13画) ソン
謙遜《けんそん》 不遜《ふそん》

た行

【汰】(7画) タ
沙汰《さた》

【妥】(7画) ダ
妥当《だとう》 妥結《だけつ》 妥協《だきょう》

【唾】(11画) ダ つば
唾液《だえき》 唾棄《だき》 眉唾《まゆつば》
*固唾《かたず》

【堕】(12画) ダ
堕落《だらく》

【惰】(12画) ダ
惰眠《だみん》 惰気《だき》 怠惰《たいだ》

【駄】(14画) ダ
駄菓子《だがし》 駄作《ださく》 無駄《むだ》

【耐】(9画) タイ たえる
耐久《たいきゅう》 耐火《たいか》 忍耐《にんたい》

【怠】(9画) タイ おこたる・なまける
怠惰《たいだ》 怠慢《たいまん》

【胎】(9画) タイ
胎児《たいじ》 受胎《じゅたい》 母胎《ぼたい》

【泰】(10画) タイ
泰然《たいぜん》 泰斗《たいと》 安泰《あんたい》

【堆】(11画) タイ
堆積《たいせき》

【袋】(11画) タイ ふくろ
風袋《ふうたい》 郵袋《ゆうたい》 紙袋《かみぶくろ》
*足袋《たび》

【逮】(11画) タイ
逮捕《たいほ》 逮夜《たいや》

【替】(12画) タイ かえる・かわる
代替《だいたい》 両替《りょうがえ》 *為替《かわせ》

【滞】(13画) タイ とどこおる
滞在《たいざい》 滞貨《たいか》 沈滞《ちんたい》

【戴】(17画) タイ
戴冠《たいかん》 頂戴《ちょうだい》

【滝】(13画) たき
滝《たき》つぼ

【択】(7画) タク
選択《せんたく》 採択《さいたく》 二者択一《にしゃたくいつ》

【沢】(7画) タク さわ
光沢《こうたく》 潤沢《じゅんたく》
【卓】(8画) タク
卓越《たくえつ》 卓球《たっきゅう》 食卓《しょくたく》
【拓】(8画) タク
拓本《たくほん》 開拓《かいたく》
【託】(10画) タク
託宣《たくせん》 委託《いたく》 結託《けったく》
【濯】(17画) タク
洗濯《せんたく》
【諾】(15画) ダク
諾否《だくひ》 承諾《しょうだく》 快諾《かいだく》
【濁】(16画) ダク にごる・にごす
濁流《だくりゅう》 濁音《だくおん》 清濁《せいだく》
【但】(7画) ただし
但《ただ》し書《が》き
【脱】(11画) ダツ ぬぐ・ぬげる
脱衣《だつい》 脱出《だっしゅつ》 虚脱《きょだつ》
【奪】(14画) ダツ うばう
奪回《だっかい》 奪取《だっしゅ》 争奪《そうだつ》

【棚】(12画) たな
戸棚《とだな》 大陸棚《たいりくだな》
【誰】(15画) だれ
【丹】(4画) タン
丹念《たんねん》 丹精《たんせい》
【旦】(5画) タン・ダン
一旦《いったん》 元旦《がんたん》 旦那《だんな》
【胆】(9画) タン
大胆《だいたん》 落胆《らくたん》 魂胆《こんたん》
【淡】(11画) タン あわい
淡水《たんすい》 濃淡《のうたん》 淡雪《あわゆき》
【嘆】(13画) タン なげく・なげかわしい
嘆息《たんそく》 嘆願《たんがん》 驚嘆《きょうたん》
【端】(14画) タン はし・は・はた
端正《たんせい》 末端《まったん》 極端《きょくたん》
半端《はんぱ》 道端《みちばた》
【綻】(14画) タン ほころびる
破綻《はたん》
【鍛】(17画) タン きたえる
鍛錬《たんれん》 *鍛冶《かじ》

【弾】(12画) ダン ひく・はずむ・たま
弾力《だんりょく》 弾圧《だんあつ》 爆弾《ばくだん》
【壇】(16画) ダン・タン
壇上《だんじょう》 花壇《かだん》 土壇場《どたんば》
【恥】(10画) チ はじる・はじ・はじらう・はずかしい
恥辱《ちじょく》 無恥《むち》 生《い》き恥《はじ》
【致】(10画) チ いたす
誘致《ゆうち》 合致《がっち》 風致《ふうち》
【遅】(12画) チ おくれる・おくらす・おそい
遅延《ちえん》 遅刻《ちこく》 遅速《ちそく》
【痴】(13画) チ
痴情《ちじょう》 愚痴《ぐち》
【稚】(13画) チ
稚魚《ちぎょ》 幼稚《ようち》 *稚児《ちご》
【緻】(16画) チ
緻密《ちみつ》 精緻《せいち》
【畜】(10画) チク
畜産《ちくさん》 牧畜《ぼくちく》 家畜《かちく》

【逐】(10画) チク
逐次《ちくじ》 逐一《ちくいち》 駆逐《くちく》
【蓄】(13画) チク たくわえる
蓄積《ちくせき》 蓄電池《ちくでんち》 貯蓄《ちょちく》
【秩】(10画) チツ
秩序《ちつじょ》
【窒】(11画) チツ
窒息《ちっそく》 窒素《ちっそ》
【嫡】(14画) チャク
嫡子《ちゃくし》 嫡流《ちゃくりゅう》
【抽】(8画) チュウ
抽出《ちゅうしゅつ》 抽象《ちゅうしょう》
【衷】(9画) チュウ
衷心《ちゅうしん》 折衷《せっちゅう》 苦衷《くちゅう》
【酎】(10画) チュウ
焼酎《しょうちゅう》
【鋳】(15画) チュウ いる
鋳造《ちゅうぞう》 鋳物《いもの》 鋳型《いがた》
【駐】(15画) チュウ
駐車《ちゅうしゃ》 駐在《ちゅうざい》 進駐《しんちゅう》
【弔】(4画) チョウ とむらう
弔問《ちょうもん》 弔辞《ちょうじ》 慶弔《けいちょう》

【挑】(9画) チョウ いどむ
挑戦《ちょうせん》 挑発《ちょうはつ》
【彫】(11画) チョウ ほる
彫刻《ちょうこく》 木彫《きぼ》り
【眺】(11画) チョウ ながめる
眺望《ちょうぼう》
【釣】(11画) チョウ つる
釣魚《ちょうぎょ》 釣《つ》り合《あ》い
【貼】(12画) チョウ はる
貼付《ちょうふ》(てん)
【超】(12画) チョウ こえる・こす
超越《ちょうえつ》 超過《ちょうか》 入超《にゅうちょう》
【跳】(13画) チョウ はねる・とぶ
跳躍《ちょうやく》 縄跳《なわと》び
【徴】(14画) チョウ
徴収《ちょうしゅう》 特徴《とくちょう》 象徴《しょうちょう》
【嘲】(15画) チョウ あざける
嘲笑《ちょうしょう》 自嘲《じちょう》
【澄】(15画) チョウ すむ・すます
清澄《せいちょう》 上澄《うわず》み
澄《す》まし顔《がお》

【聴】(17画) チョウ きく
聴覚《ちょうかく》 聴衆《ちょうしゅう》 傍聴《ぼうちょう》
【懲】(18画) チョウ こりる・こらす・こらしめる
懲罰《ちょうばつ》 懲戒《ちょうかい》 懲役《ちょうえき》
【勅】(9画) チョク
勅語《ちょくご》 勅使《ちょくし》 詔勅《しょうちょく》
【捗】(10画) チョク
進捗《しんちょく》
【沈】(7画) チン しずむ・しずめる
沈滞《ちんたい》 沈黙《ちんもく》 浮沈《ふちん》
【珍】(9画) チン めずらしい
珍客《ちんきゃく》 珍重《ちんちょう》 珍妙《ちんみょう》
【朕】(10画) チン
【陳】(11画) チン
陳列《ちんれつ》 陳謝《ちんしゃ》 開陳《かいちん》
【鎮】(18画) チン しずめる・しずまる
鎮座《ちんざ》 鎮静《ちんせい》 重鎮《じゅうちん》
【椎】(12画) ツイ
椎間板《ついかんばん》 脊椎《せきつい》

【墜】(15画) ツイ
墜落《ついらく》 墜死《ついし》 撃墜《げきつい》

【塚】(12画) つか
貝塚《かいづか》

【漬】(14画) つける・つかる
漬物《つけもの》

【坪】(8画) つぼ
坪数《つぼすう》 建坪《たてつぼ》

【爪】(4画) つめ・つま
生爪《なまづめ》 爪先《つまさき》

【鶴】(21画) つる
千羽鶴《せんばづる》

【呈】(7画) テイ
呈上《ていじょう》 進呈《しんてい》 贈呈《ぞうてい》

【廷】(7画) テイ
宮廷《きゅうてい》 法廷《ほうてい》 出廷《しゅってい》

【抵】(8画) テイ
抵抗《ていこう》 抵触《ていしょく》 大抵《たいてい》

【邸】(8画) テイ
邸宅《ていたく》 邸内《ていない》 私邸《してい》

【亭】(9画) テイ
亭主《ていしゅ》 料亭《りょうてい》

【貞】(9画) テイ
貞淑《ていしゅく》 貞操《ていそう》 貞節《ていせつ》

【帝】(9画) テイ
帝王《ていおう》 帝国《ていこく》 皇帝《こうてい》

【訂】(9画) テイ
訂正《ていせい》 改訂《かいてい》

【逓】(10画) テイ
逓信《ていしん》 逓送《ていそう》 逓減《ていげん》

【偵】(11画) テイ
偵察《ていさつ》 探偵《たんてい》 内偵《ないてい》

【堤】(12画) テイ つつみ
堤防《ていぼう》 防波堤《ぼうはてい》

【艇】(13画) テイ
艦艇《かんてい》 舟艇《しゅうてい》 競艇《きょうてい》

【締】(15画) テイ しまる・しめる
締結《ていけつ》 引《ひ》き締《し》め

【諦】(16画) テイ あきらめる
諦観《ていかん》 諦念《ていねん》

【泥】(8画) デイ どろ
泥土《でいど》 雲泥《うんでい》 泥棒《どろぼう》

【摘】(14画) テキ つむ
摘要《てきよう》 摘発《てきはつ》 指摘《してき》

【滴】(14画) テキ しずく・したたる
水滴《すいてき》 点滴《てんてき》 一滴《いってき》

【溺】(13画) デキ おぼれる
溺愛《できあい》 溺死《できし》

【迭】(8画) テツ
更迭《こうてつ》

【哲】(10画) テツ
哲学《てつがく》 哲人《てつじん》 先哲《せんてつ》

【徹】(15画) テツ
徹底《てってい》 徹夜《てつや》 貫徹《かんてつ》

【撤】(15画) テツ
撤去《てっきょ》 撤回《てっかい》 撤兵《てっぺい》

【添】(11画) テン そえる・そう
添加《てんか》 添付《てんぷ》 添削《てんさく》

【塡】(13画) テン
装塡《そうてん》 補塡《ほてん》

【殿】(13画) デン・テン との・どの
殿堂《でんどう》 宮殿《きゅうでん》 御殿《ごてん》
殿様《とのさま》

【斗】(4画) ト
斗酒《としゅ》 北斗七星《ほくとしちせい》

【吐】(6画) ト はく
吐露《とろ》 吐血《とけつ》 吐《は》き気《け》

【妬】(8画) ト ねたむ
嫉妬《しっと》

【途】(10画) ト
途上《とじょう》 帰途《きと》 前途《ぜんと》

【渡】(12画) ト わたる・わたす
渡航《とこう》 渡河《とか》 譲渡《じょうと》

【塗】(13画) ト ぬる
塗布《とふ》 塗装《とそう》 塗料《とりょう》

【賭】(16画) ト かける
賭場《とば》 賭博《とばく》

【奴】(5画) ド
奴隷《どれい》 守銭奴《しゅせんど》

【怒】(9画) ド いかる・おこる
怒号《どごう》 怒気《どき》 激怒《げきど》
怒《いか》り狂《くる》う

【到】(8画) トウ
到着《とうちゃく》 到底《とうてい》 周到《しゅうとう》

【逃】(9画) トウ にげる・にがす・のがす・のがれる
逃走《とうそう》 逃亡《とうぼう》 逃避《とうひ》

【倒】(10画) トウ たおれる・たおす
倒産《とうさん》 圧倒《あっとう》 傾倒《けいとう》

【凍】(10画) トウ こおる・こごえる
凍結《とうけつ》 凍死《とうし》 冷凍《れいとう》

【唐】(10画) トウ から
唐本《とうほん》 唐突《とうとつ》 唐織《からおり》

【桃】(10画) トウ もも
白桃《はくとう》 桜桃《おうとう》 桃色《ももいろ》

【透】(10画) トウ すく・すかす・すける
透写《とうしゃ》 透明《とうめい》 浸透《しんとう》

【悼】(11画) トウ いたむ
悼辞《とうじ》 哀悼《あいとう》 追悼《ついとう》

【盗】(11画) トウ ぬすむ
盗難《とうなん》 盗用《とうよう》 強盗《ごうとう》

【陶】(11画) トウ
陶器《とうき》 陶酔《とうすい》 薫陶《くんとう》

【塔】(12画) トウ
五重《ごじゅう》の塔《とう》 石塔《せきとう》

【搭】(12画) トウ
搭載《とうさい》 搭乗《とうじょう》 搭乗券《とうじょうけん》

【棟】(12画) トウ むね・むな
病棟《びょうとう》 別棟《べつむね》 棟木《むなぎ》

【痘】(12画) トウ
種痘《しゅとう》 水痘《すいとう》 天然痘《てんねんとう》

【筒】(12画) トウ つつ
封筒《ふうとう》 水筒《すいとう》 筒抜《つつぬ》け

【稲】(14画) トウ いね・いな
水稲《すいとう》 陸稲《りくとう》 稲刈《いねか》り
稲作《いなさく》

【踏】(15画) トウ ふむ・ふまえる
踏破《とうは》 踏襲《とうしゅう》 高踏的《こうとうてき》

【謄】(17画) トウ
謄写《とうしゃ》 謄本《とうほん》

【藤】(18画) トウ ふじ
葛藤《かっとう》 藤色《ふじいろ》

【闘】(18画) トウ たたかう
闘争《とうそう》 闘志《とうし》 戦闘《せんとう》

【騰】(20画) トウ
騰貴《とうき》 暴騰《ぼうとう》 沸騰《ふっとう》

【洞】(9画) ドウ ほら
洞穴《どうけつ》(ほらあな) 洞察《どうさつ》

【胴】(10画) ドウ
胴体《どうたい》 双胴船《そうどうせん》

【瞳】(17画) ドウ ひとみ
瞳孔《どうこう》

【峠】(9画) とうげ
峠道《とうげみち》

【匿】(10画) トク
匿名《とくめい》 隠匿《いんとく》

【督】(13画) トク
督促《とくそく》 督励《とくれい》 監督《かんとく》

【篤】(16画) トク
篤農《とくのう》 危篤《きとく》 懇篤《こんとく》

【凸】(5画) トツ
凸版《とっぱん》 凹凸《おうとつ》 *凸凹《でこぼこ》

【突】(8画) トツ つく
突然《とつぜん》 突端《とったん》 衝突《しょうとつ》

【屯】(4画) トン
駐屯《ちゅうとん》 駐屯地《ちゅうとんち》

【豚】(11画) トン ぶた
養豚《ようとん》 子豚《こぶた》

【頓】(13画) トン
頓着《とんちゃく》 整頓《せいとん》

【貪】(11画) ドン むさぼる
貪欲《どんよく》

【鈍】(12画) ドン にぶい・にぶる
鈍感《どんかん》 鈍角《どんかく》 愚鈍《ぐどん》

【曇】(16画) ドン くもる
曇天《どんてん》

【丼】(5画) どんぶり・どん
丼飯《どんぶりめし》 牛丼《ぎゅうどん》 天丼《てんどん》

な行

【那】(7画) ナ
刹那《せつな》 旦那《だんな》

【謎】(16画) なぞ

【鍋】(17画) なべ
鍋料理《なべりょうり》

【軟】(11画) ナン やわらか・やわらかい
軟化《なんか》 軟弱《なんじゃく》 硬軟《こうなん》

【尼】(5画) ニ あま
尼僧《にそう》 修道尼《しゅうどうに》 尼寺《あまでら》

【弐】(6画) ニ
弐万円《にまんえん》

【匂】(4画) におう

【虹】(9画) にじ

【尿】(7画) ニョウ
尿意《にょうい》 尿素《にょうそ》

【妊】(7画) ニン
妊娠《にんしん》 懐妊《かいにん》 不妊《ふにん》

【忍】(7画) ニン しのぶ・しのばせる
忍者《にんじゃ》 忍耐《にんたい》 残忍《ざんにん》
忍《しの》び足《あし》

【寧】(14画) ネイ
安寧《あんねい》 丁寧《ていねい》

【捻】(11画) ネン
捻挫《ねんざ》 捻出《ねんしゅつ》

【粘】(11画) ネン ねばる
粘土《ねんど》 粘液《ねんえき》 粘着《ねんちゃく》
粘《ねば》り強《づよ》い

【悩】(10画) ノウ なやむ・なやます
悩殺《のうさつ》 苦悩《くのう》 煩悩《ぼんのう》

【濃】(16画) ノウ こい
濃厚《のうこう》 濃紺《のうこん》 濃淡《のうたん》

は行

【把】(7画) ハ
把握《はあく》 把持《はじ》 一把《いちわ》
三把《さんば》 十把《じっぱ》

【覇】(19画) ハ
覇権《はけん》 覇者《はしゃ》 制覇《せいは》

【婆】(11画) バ
老婆《ろうば》 産婆役《さんばやく》

【罵】(15画) バ ののしる
罵声《ばせい》 罵倒《ばとう》

【杯】(8画) ハイ さかずき
祝杯《しゅくはい》 銀杯《ぎんぱい》 一杯《いっぱい》

【排】(11画) ハイ
排斥《はいせき》 排気《はいき》 排除《はいじょ》

【廃】(12画) ハイ すたれる・すたる
廃止《はいし》 廃物《はいぶつ》 荒廃《こうはい》

【輩】(15画) ハイ
輩出《はいしゅつ》 同輩《どうはい》 先輩《せんぱい》

【培】(11画) バイ つちかう
培養《ばいよう》 栽培《さいばい》

【陪】(11画) バイ
陪席《ばいせき》 陪食《ばいしょく》 陪審《ばいしん》

【媒】(12画) バイ
媒介《ばいかい》 媒体《ばいたい》 触媒《しょくばい》

【賠】(15画) バイ
賠償《ばいしょう》

【伯】(7画) ハク
伯仲《はくちゅう》 画伯《がはく》
*伯父《おじ》 *伯母《おば》

【拍】(8画) ハク・ヒョウ
拍手《はくしゅ》 拍車《はくしゃ》 拍子《ひょうし》

【泊】(8画) ハク とまる・とめる
宿泊《しゅくはく》 停泊《ていはく》 外泊《がいはく》

【迫】(8画) ハク せまる
迫害《はくがい》 脅迫《きょうはく》 切迫《せっぱく》

【剝】(10画) ハク はがす・はぐ・はがれる・はげる
剝製《はくせい》 剝奪《はくだつ》

【舶】(11画) ハク
舶来《はくらい》 船舶《せんぱく》

【薄】(16画) ハク うすい・うすめる・うすまる・うすらぐ・うすれる
薄情《はくじょう》 軽薄《けいはく》 薄着《うすぎ》
品薄《しなうす》

【漠】(13画) バク
漠然《ばくぜん》 広漠《こうばく》 砂漠《さばく》

【縛】(16画) バク しばる
束縛《そくばく》 捕縛《ほばく》 金縛《かなしば》り

【爆】(19画) バク
爆発《ばくはつ》 爆弾《ばくだん》 原爆《げんばく》

【箸】(15画) はし

【肌】(6画) はだ
肌色《はだいろ》 地肌《じはだ》

【鉢】(13画) ハチ・ハツ
植木鉢《うえきばち》 衣鉢《いはつ》

【髪】(14画) ハツ かみ
頭髪《とうはつ》 整髪《せいはつ》 髪結《かみゆ》い
*白髪《しらが》

【伐】(6画) バツ
伐採《ばっさい》 征伐《せいばつ》 殺伐《さつばつ》

【抜】(7画) バツ ぬく・ぬける・ぬかす・ぬかる
抜群《ばつぐん》 選抜《せんばつ》

【罰】(14画) バツ・バチ
罰金《ばっきん》 処罰《しょばつ》 天罰《てんばつ》
罰当《ばちあ》たり

【閥】(14画) バツ
門閥《もんばつ》 財閥《ざいばつ》 派閥《はばつ》

【氾】(5画) ハン
氾濫《はんらん》

【帆】(6画) ハン ほ
帆船《はんせん》 出帆《しゅっぱん》 帆柱《ほばしら》

【汎】(6画) ハン
汎用《はんよう》

【伴】(7画) ハン・バン ともなう
同伴《どうはん》 随伴《ずいはん》 伴奏《ばんそう》

【畔】(10画) ハン
湖畔《こはん》

【般】(10画) ハン
諸般《しょはん》 一般《いっぱん》 先般《せんぱん》

【販】(11画) ハン
販売《はんばい》 販路《はんろ》 市販《しはん》

【斑】(12画) ハン
斑点《はんてん》

【搬】(13画) ハン
搬入《はんにゅう》 搬出《はんしゅつ》 運搬《うんぱん》

【煩】(13画) ハン・ボン| わずらう・わずらわす
煩雑《はんざつ》 煩悩《ぼんのう》

【頒】(13画) ハン
頒布《はんぷ》 頒価《はんか》

【範】(15画) ハン
範囲《はんい》 師範《しはん》 模範《もはん》

【繁】(16画) ハン
繁栄《はんえい》 繁茂《はんも》 繁華街《はんかがい》

【藩】(18画) ハン
藩主《はんしゅ》 廃藩《はいはん》

【蛮】(12画) バン
蛮行《ばんこう》 蛮人《ばんじん》 野蛮《やばん》

【盤】(15画) バン
基盤《きばん》 円盤《えんばん》 碁盤《ごばん》

【妃】(6画) ヒ
妃殿下《ひでんか》 王妃《おうひ》

【彼】(8画) ヒ かれ・かの|
彼我《ひが》 彼岸《ひがん》 彼《かれ》ら
彼女《かのじょ》

【披】(8画) ヒ
披見《ひけん》 披露《ひろう》 直披《じきひ》

【卑】(9画) ヒ いやしい・いやしむ・いやしめる
卑近《ひきん》 卑屈《ひくつ》 卑下《ひげ》

【疲】(10画) ヒ つかれる
疲労《ひろう》 疲弊《ひへい》

【被】(10画) ヒ こうむる
被服《ひふく》 被害《ひがい》 被告《ひこく》

【扉】(12画) ヒ とびら
開扉《かいひ》 門扉《もんぴ》

【碑】(14画) ヒ
碑銘《ひめい》 石碑《せきひ》 記念碑《きねんひ》

【罷】(15画) ヒ
罷業《ひぎょう》 罷免《ひめん》

【避】(16画) ヒ さける
避難《ひなん》 逃避《とうひ》 不可避《ふかひ》

【尾】(7画) ビ お
尾行《びこう》 首尾《しゅび》 尾根《おね》
*尻尾《しっぽ》

【眉】(9画) ビ・ミ| まゆ
眉目《びもく》 焦眉《しょうび》 眉間《みけん》
眉毛《まゆげ》

【微】(13画) ビ
微細《びさい》 微笑《びしょう》 衰微《すいび》

【膝】(15画) ひざ
膝頭《ひざがしら》

【肘】(7画) ひじ
肘掛《ひじか》け

【匹】(4画) ヒツ ひき
匹敵《ひってき》 匹夫《ひっぷ》 数匹《すうひき》

【泌】(8画) ヒツ・ヒ
分泌《ぶんぴつ》(《ぶん》ぴ) 泌尿器《ひにょうき》

【姫】(10画) ひめ
姫松《ひめまつ》

【漂】(14画) ヒョウ ただよう
漂着《ひょうちゃく》 漂白《ひょうはく》 漂流《ひょうりゅう》

【苗】(8画) ビョウ なえ・なわ|
種苗《しゅびょう》 苗木《なえぎ》 苗代《なわしろ》
*早苗《さなえ》

【描】(11画) ビョウ えがく・かく
描写《びょうしゃ》 点描《てんびょう》
描《えが》き出《だ》す 絵描《えか》き

【猫】(11画) ビョウ ねこ
愛猫《あいびょう》

【浜】(10画) ヒン はま
海浜《かいひん》 浜辺《はまべ》 砂浜《すなはま》

【賓】(15画) ヒン
賓客《ひんきゃく》 主賓《しゅひん》 来賓《らいひん》

【頻】(17画) ヒン
頻度《ひんど》 頻発《ひんぱつ》 頻繁《ひんぱん》

【敏】(10画) ビン
敏速《びんそく》 機敏《きびん》 鋭敏《えいびん》

【瓶】(11画) ビン
瓶詰《びんづめ》 花瓶《かびん》

【扶】(7画) フ
扶助《ふじょ》 扶養《ふよう》 扶育《ふいく》

【怖】(8画) フ こわい
恐怖《きょうふ》

【附】(8画) フ
附属《ふぞく》 寄附《きふ》

【訃】(9画) フ
訃報《ふほう》

【赴】(9画) フ おもむく
赴任《ふにん》

【浮】(10画) フ うく・うかれる・うかぶ・うかべる
浮沈《ふちん》 浮力《ふりょく》 浮薄《ふはく》
浮世絵《うきよえ》
*浮気《うわき》 *浮《うわ》つく

【符】(11画) フ
符号《ふごう》 切符《きっぷ》 音符《おんぷ》

【普】(12画) フ
普通《ふつう》 普遍《ふへん》 普請《ふしん》

【腐】(14画) フ くさる・くされる・くさらす
腐心《ふしん》 腐敗《ふはい》 陳腐《ちんぷ》

【敷】(15画) フ しく
敷設《ふせつ》 敷石《しきいし》 屋敷《やしき》
＊桟敷《さじき》

【膚】(15画) フ
皮膚《ひふ》 完膚《かんぷ》

【賦】(15画) フ
賦役《ふえき》 月賦《げっぷ》 天賦《てんぷ》

【譜】(19画) フ
系譜《けいふ》 楽譜《がくふ》 年譜《ねんぷ》

【侮】(8画) ブ あなどる
侮辱《ぶじょく》 軽侮《けいぶ》

【舞】(15画) ブ まう・まい
舞踏《ぶとう》 鼓舞《こぶ》 舞扇《まいおうぎ》

【封】(9画) フウ・ホウ
封鎖《ふうさ》 封書《ふうしょ》 封建的《ほうけんてき》

【伏】(6画) フク ふせる・ふす
伏線《ふくせん》 起伏《きふく》 潜伏《せんぷく》

【幅】(12画) フク はば
幅員《ふくいん》 振幅《しんぷく》 横幅《よこはば》

【覆】(18画) フク おおう・くつがえす・くつがえる
覆面《ふくめん》 転覆《てんぷく》

【払】(5画) フツ はらう
払暁《ふつぎょう》 払底《ふってい》 月払《つきばら》い

【沸】(8画) フツ わく・わかす
沸騰《ふっとう》 沸点《ふってん》 煮沸《しゃふつ》
湯沸《ゆわか》し

【紛】(10画) フン まぎれる・まぎらす・まぎらわす・まぎらわしい
紛失《ふんしつ》 紛争《ふんそう》 内紛《ないふん》

【雰】(12画) フン
雰囲気《ふんいき》

【噴】(15画) フン ふく
噴火《ふんか》 噴出《ふんしゅつ》 噴水《ふんすい》

【墳】(15画) フン
墳墓《ふんぼ》 古墳《こふん》

【憤】(15画) フン いきどおる
憤慨《ふんがい》 義憤《ぎふん》 発憤《はっぷん》

【丙】(5画) ヘイ
丙種《へいしゅ》 甲乙丙《こうおつへい》

【併】(8画) ヘイ あわせる
併合《へいごう》 併用《へいよう》 合併《がっぺい》

【柄】(9画) ヘイ がら・え
横柄《おうへい》 家柄《いえがら》 身柄《みがら》

【塀】(12画) ヘイ
板塀《いたべい》

【幣】(15画) ヘイ
貨幣《かへい》 紙幣《しへい》

【弊】(15画) ヘイ
弊害《へいがい》 旧弊《きゅうへい》 疲弊《ひへい》

【蔽】(15画) ヘイ
隠蔽《いんぺい》

【餅】(15画) ヘイ もち
煎餅《せんべい》 餅屋《もちや》 尻餅《しりもち》

【壁】(16画) ヘキ かべ
壁面《へきめん》 岸壁《がんぺき》 壁土《かべつち》

【璧】(18画) ヘキ
完璧《かんぺき》 双璧《そうへき》

【癖】(18画) ヘキ くせ
習癖《しゅうへき》 潔癖《けっぺき》 口癖《くちぐせ》

【蔑】(14画) ベツ さげすむ
蔑視《べっし》 軽蔑《けいべつ》

【偏】(11画) ヘン かたよる
偏向《へんこう》 偏見《へんけん》 偏食《へんしょく》

【遍】(12画) ヘン
遍歴《へんれき》 普遍《ふへん》 一遍《いっぺん》

【哺】(10画) ホ
哺乳類《ほにゅうるい》

【捕】(10画) ホ とらえる・とらわれる・とる・つかまえる・つかまる
捕獲《ほかく》 捕虜《ほりょ》 逮捕《たいほ》

【舗】(15画) ホ
舗装《ほそう》 店舗《てんぽ》 ＊老舗《しにせ》

【募】(12画) ボ つのる
募金《ぼきん》 募集《ぼしゅう》 応募《おうぼ》

【慕】(14画) ボ したう
慕情《ぼじょう》 敬慕《けいぼ》 思慕《しぼ》

【簿】(19画) ボ
簿記《ぼき》 名簿《めいぼ》 帳簿《ちょうぼ》

【芳】(7画) ホウ かんばしい
芳香《ほうこう》 芳紀《ほうき》 芳志《ほうし》

【邦】(7画) ホウ
邦楽《ほうがく》 本邦《ほんぽう》 連邦《れんぽう》

【奉】(8画) ホウ・ブ たてまつる
奉納《ほうのう》 奉仕《ほうし》 奉行《ぶぎょう》

【抱】(8画) ホウ だく・いだく・かかえる
抱負《ほうふ》 抱懐《ほうかい》 介抱《かいほう》

【泡】(8画) ホウ あわ
気泡《きほう》 水泡《すいほう》 発泡《はっぽう》

【胞】(9画) ホウ
胞子《ほうし》 同胞《どうほう》 細胞《さいぼう》

【俸】(10画) ホウ
俸給《ほうきゅう》 年俸《ねんぽう》 本俸《ほんぽう》

【倣】(10画) ホウ ならう
模倣《もほう》

【峰】(10画) ホウ みね
秀峰《しゅうほう》 霊峰《れいほう》 連峰《れんぽう》

【砲】(10画) ホウ
砲撃《ほうげき》 大砲《たいほう》 鉄砲《てっぽう》

【崩】(11画) ホウ くずれる・くずす
崩壊《ほうかい》 山崩《やまくず》れ ＊雪崩《なだれ》

【蜂】(13画) ホウ はち
蜂起《ほうき》 蜜蜂《みつばち》

【飽】(13画) ホウ あきる・あかす
飽和《ほうわ》 飽食《ほうしょく》

【褒】(15画) ホウ ほめる
褒章《ほうしょう》 褒美《ほうび》 過褒《かほう》

【縫】(16画) ホウ ぬう
縫合《ほうごう》 縫製《ほうせい》 裁縫《さいほう》

【乏】(4画) ボウ とぼしい
欠乏《けつぼう》 貧乏《びんぼう》 耐乏《たいぼう》

【忙】(6画) ボウ いそがしい
忙殺《ぼうさつ》 多忙《たぼう》 繁忙《はんぼう》

【坊】(7画) ボウ・ボッ
坊主《ぼうず》 朝寝坊《あさねぼう》
坊《ぼっ》ちゃん

【妨】(7画) ボウ さまたげる
妨害《ぼうがい》

【房】(8画) ボウ ふさ
独房《どくぼう》 冷房《れいぼう》 乳房《ちぶさ》

【肪】(8画) ボウ
脂肪《しぼう》

【某】(9画) ボウ
某氏《ぼうし》 某国《ぼうこく》 某所《ぼうしょ》

【冒】(9画) ボウ おかす
冒険《ぼうけん》 冒頭《ぼうとう》 感冒《かんぼう》

【剖】(10画) ボウ
解剖《かいぼう》

【紡】(10画) ボウ つむぐ
紡績《ぼうせき》 混紡《こんぼう》

【傍】(12画) ボウ かたわら
傍線《ぼうせん》 傍聴《ぼうちょう》 路傍《ろぼう》

【帽】(12画) ボウ
帽子《ぼうし》 脱帽《だつぼう》 無帽《むぼう》

【貌】(14画) ボウ
変貌《へんぼう》 美貌《びぼう》

【膨】(16画) ボウ ふくらむ・ふくれる
膨大《ぼうだい》

【謀】(16画) ボウ・ム はかる
謀略《ぼうりゃく》 無謀《むぼう》 首謀者《しゅぼうしゃ》
謀反《むほん》

【頬】(16画) ほお
頬張《ほおば》る

【朴】(6画) ボク
純朴《じゅんぼく》 素朴《そぼく》

【睦】(13画) ボク
親睦《しんぼく》 和睦《わぼく》

【僕】(14画) ボク
公僕《こうぼく》

【墨】(14画) ボク すみ
筆墨《ひつぼく》 白墨《はくぼく》 墨絵《すみえ》

【撲】(15画) ボク
撲殺《ぼくさつ》 撲滅《ぼくめつ》 打撲《だぼく》
＊相撲《すもう》

【没】(7画) ボツ
没収《ぼっしゅう》 没交渉《ぼっこうしょう》 出没《しゅつぼつ》

【勃】(9画) ボツ
勃興《ぼっこう》 勃発《ぼっぱつ》

【堀】(11画) ほり
外堀《そとぼり》 釣堀《つりぼり》

【奔】(8画) ホン
奔走《ほんそう》 奔放《ほんぽう》 出奔《しゅっぽん》

【翻】(18画) ホン ひるがえる・ひるがえす
翻意《ほんい》 翻訳《ほんやく》 翻刻《ほんこく》

【凡】(3画) ボン・ハン
凡人《ぼんじん》 平凡《へいぼん》 凡例《はんれい》

【盆】(9画) ボン
盆栽《ぼんさい》 盆地《ぼんち》 旧盆《きゅうぼん》

ま行

【麻】(11画) マ あさ
麻薬《まやく》 麻酔《ますい》 亜麻《あま》

【摩】(15画) マ
摩擦《まさつ》 摩天楼《まてんろう》

【磨】(16画) マ みがく
研磨《けんま》 磨《みが》き粉《こ》

【魔】(21画) マ
魔法《まほう》 悪魔《あくま》 邪魔《じゃま》

【昧】(9画) マイ
曖昧《あいまい》 三昧《ざんまい》

【埋】(10画) マイ うめる・うまる・うもれる
埋没《まいぼつ》 埋蔵《まいぞう》 埋葬《まいそう》
埋《う》め立《た》て

【膜】(14画) マク
膜質《まくしつ》 鼓膜《こまく》 粘膜《ねんまく》

【枕】(8画) まくら
枕元《まくらもと》

【又】(2画) また

【抹】(8画) マツ
抹殺《まっさつ》 抹消《まっしょう》 一抹《いちまつ》

【慢】(14画) マン
慢性《まんせい》 怠慢《たいまん》 自慢《じまん》

【漫】(14画) マン
漫画《まんが》 漫歩《まんぽ》 散漫《さんまん》

【魅】(15画) ミ
魅力《みりょく》 魅惑《みわく》

【岬】(8画) みさき

【蜜】(14画) ミツ
蜜月《みつげつ》

【妙】(7画) ミョウ
妙案《みょうあん》 奇妙《きみょう》 巧妙《こうみょう》

【眠】(10画) ミン ねむる・ねむい
不眠《ふみん》 睡眠《すいみん》 眠気《ねむけ》

【矛】(5画) ム ほこ
矛盾《むじゅん》 矛先《ほこさき》

【霧】(19画) ム きり
霧笛《むてき》 濃霧《のうむ》 噴霧器《ふんむき》
霧雨《きりさめ》 朝霧《あさぎり》

【娘】(10画) むすめ
娘心《むすめごころ》 小娘《こむすめ》

【冥】(10画) メイ・ミョウ
冥福《めいふく》 冥加《みょうが》 冥利《みょうり》

【銘】(14画) メイ
銘柄《めいがら》 碑銘《ひめい》

【滅】(13画) メツ ほろびる・ほろぼす
滅亡《めつぼう》 消滅《しょうめつ》 絶滅《ぜつめつ》

【免】(8画) メン まぬかれる
免許《めんきょ》 免除《めんじょ》 放免《ほうめん》

【麺】(16画) メン
麺類《めんるい》

【茂】(8画) モ しげる
繁茂《はんも》

【妄】(6画) モウ・ボウ
妄想《もうそう》 妄言《ぼうげん》(もうげん)

【盲】(8画) モウ
盲点《もうてん》 盲従《もうじゅう》 文盲《もんもう》

【耗】(10画) モウ・コウ
消耗《しょうもう》 心神耗弱《しんしんこうじゃく》

【猛】(11画) モウ
猛烈《もうれつ》 猛獣《もうじゅう》 勇猛《ゆうもう》
＊猛者《もさ》

【網】(14画) モウ あみ
網膜《もうまく》 漁網《ぎょもう》 網戸《あみど》
＊投網《とあみ》

【黙】(15画) モク だまる
黙殺《もくさつ》 暗黙《あんもく》 沈黙《ちんもく》

【紋】(10画) モン
紋章《もんしょう》 指紋《しもん》 波紋《はもん》

や行

【冶】(7画) ヤ
冶金《やきん》 陶冶《とうや》 ＊鍛冶《かじ》

【弥】(8画) や
＊弥生《やよい》

【厄】(4画) ヤク
厄年《やくどし》 災厄《さいやく》

【躍】(21画) ヤク おどる
躍動《やくどう》 躍起《やっき》 飛躍《ひやく》

【闇】(17画) やみ
闇夜《やみよ》 暗闇《くらやみ》

【喩】(12画) ユ
比喩《ひゆ》

【愉】(12画) ユ
愉快《ゆかい》 愉悦《ゆえつ》

【諭】(16画) ユ さとす
諭旨《ゆし》 教諭《きょうゆ》 説諭《せつゆ》

【癒】(18画) ユ いえる・いやす
癒着《ゆちゃく》 治癒《ちゆ》 平癒《へいゆ》

【唯】(11画) ユイ・イ
唯一《ゆいいつ》 唯物論《ゆいぶつろん》
唯々諾々《いいだくだく》

【幽】(9画) ユウ
幽境《ゆうきょう》 幽玄《ゆうげん》 幽霊《ゆうれい》

【悠】(11画) ユウ
悠然《ゆうぜん》 悠長《ゆうちょう》 悠々《ゆうゆう》

【湧】(12画) ユウ わく
湧水《ゆうすい》 湧出《ゆうしゅつ》

【猶】(12画) ユウ
猶予《ゆうよ》

【裕】(12画) ユウ
裕福《ゆうふく》 富裕《ふゆう》 余裕《よゆう》

【雄】(12画) ユウ お・おす
雄大《ゆうだい》 雄牛《おうし》 雄犬《おすいぬ》

【誘】(14画) ユウ さそう
誘惑《ゆうわく》 誘発《ゆうはつ》 勧誘《かんゆう》
誘《さそ》い水《みず》

【憂】(15画) ユウ うれえる・うれい・うい
憂愁《ゆうしゅう》 憂慮《ゆうりょ》 憂《う》き目《め》

【融】(16画) ユウ
融解《ゆうかい》 融和《ゆうわ》 金融《きんゆう》

【与】(3画) ヨ あたえる
与党《よとう》 授与《じゅよ》 関与《かんよ》

【誉】(13画) ヨ ほまれ
名誉《めいよ》 栄誉《えいよ》

【妖】(7画) ヨウ あやしい
妖怪《ようかい》 妖艶《ようえん》

【庸】(11画) ヨウ
凡庸《ぼんよう》 中庸《ちゅうよう》

【揚】(12画) ヨウ あげる・あがる
意気揚々《いきようよう》 抑揚《よくよう》
掲揚《けいよう》

【揺】(12画) ヨウ ゆれる・ゆる・ゆらぐ・ゆるぐ・ゆする・ゆさぶる・ゆすぶる
動揺《どうよう》 揺《ゆ》り籠《かご》

【溶】(13画) ヨウ とける・とかす・とく
溶解《ようかい》 溶液《ようえき》 水溶液《すいようえき》

【腰】(13画) ヨウ こし
腰痛《ようつう》 腰部《ようぶ》 物腰《ものごし》

【瘍】(14画) ヨウ
潰瘍《かいよう》 腫瘍《しゅよう》

【踊】(14画) ヨウ おどる・おどり
舞踊《ぶよう》

【窯】(15画) ヨウ かま
窯業《ようぎょう》

【擁】(16画) ヨウ
擁護《ようご》 擁立《ようりつ》 抱擁《ほうよう》

【謡】(16画) ヨウ うたい・うたう
謡曲《ようきょく》 民謡《みんよう》 歌謡《かよう》

【抑】(7画) ヨク おさえる
抑圧《よくあつ》 抑制《よくせい》 抑揚《よくよう》

【沃】(7画) ヨク
肥沃《ひよく》

【翼】(17画) ヨク つばさ
左翼《さよく》 尾翼《びよく》

ら行

【拉】(8画) ラ
拉致《らち》

【裸】(13画) ラ はだか
裸身《らしん》 裸体《らたい》 赤裸々《せきらら》
丸裸《まるはだか》

【羅】(19画) ラ
羅列《られつ》 羅針盤《らしんばん》 網羅《もうら》

【雷】(13画) ライ かみなり
雷雨《らいう》 雷名《らいめい》 魚雷《ぎょらい》

【頼】(16画) ライ たのむ・たのもしい・たよる
依頼《いらい》 信頼《しんらい》 無頼漢《ぶらいかん》

【絡】(12画) ラク からむ・からまる・からめる
連絡《れんらく》 脈絡《みゃくらく》

【酪】(13画) ラク
酪農《らくのう》

【辣】(14画) ラツ
辣腕《らつわん》 辛辣《しんらつ》

【濫】(18画) ラン
濫伐《らんばつ》 濫費《らんぴ》 濫用《らんよう》

【藍】(18画) ラン あい
出藍《しゅつらん》 藍色《あいいろ》 藍染《あいぞ》め

【欄】(20画) ラン
欄干《らんかん》 欄外《らんがい》 空欄《くうらん》

【吏】(6画) リ
吏員《りいん》 官吏《かんり》 能吏《のうり》

【痢】(12画) リ
疫痢《えきり》 下痢《げり》 赤痢《せきり》

【履】(15画) リ はく
履歴《りれき》 履行《りこう》 履物《はきもの》
＊草履《ぞうり》

【璃】(15画) リ
浄瑠璃《じょうるり》

【離】(19画) リ はなれる・はなす
離別《りべつ》 距離《きょり》 分離《ぶんり》

【慄】(13画) リツ
慄然《りつぜん》 戦慄《せんりつ》

【柳】(9画) リュウ やなぎ
川柳《せんりゅう》 柳腰《やなぎごし》

【竜】(10画) リュウ たつ
竜頭蛇尾《りゅうとうだび》 竜巻《たつまき》

【粒】(11画) リュウ つぶ
粒子《りゅうし》 豆粒《まめつぶ》

【隆】(11画) リュウ
隆起《りゅうき》 隆盛《りゅうせい》 興隆《こうりゅう》

【硫】(12画) リュウ
硫安《りゅうあん》 硫酸《りゅうさん》 硫化銀《りゅうかぎん》
＊硫黄《いおう》

【侶】(9画) リョ
僧侶《そうりょ》 伴侶《はんりょ》

【虜】(13画) リョ
虜囚《りょしゅう》 捕虜《ほりょ》

【慮】(15画) リョ
遠慮《えんりょ》 考慮《こうりょ》 無慮《むりょ》

【了】(2画) リョウ
了解《りょうかい》 完了《かんりょう》 校了《こうりょう》

【涼】(11画) リョウ すずしい・すずむ
涼味《りょうみ》 納涼《のうりょう》 夕涼《ゆうすず》み

【猟】(11画) リョウ
猟師《りょうし》 狩猟《しゅりょう》 渉猟《しょうりょう》

【陵】(11画) リョウ みささぎ
陵墓《りょうぼ》 丘陵《きゅうりょう》

【僚】(14画) リョウ
僚友《りょうゆう》 官僚《かんりょう》 同僚《どうりょう》

【寮】(15画) リョウ
寮生《りょうせい》 独身寮《どくしんりょう》

【療】(17画) リョウ
療養《りょうよう》 医療《いりょう》 治療《ちりょう》

【瞭】(17画) リョウ
明瞭《めいりょう》

【糧】(18画) リョウ・ロウ かて
糧食《りょうしょく》 糧道《りょうどう》 兵糧《ひょうろう》

【厘】(9画) リン
一分一厘《いちぶいちりん》

【倫】(10画) リン
倫理《りんり》 人倫《じんりん》 絶倫《ぜつりん》

【隣】(16画) リン となる・となり
隣室《りんしつ》 近隣《きんりん》 両隣《りょうどなり》

【瑠】(14画) ル
浄瑠璃《じょうるり》

【涙】(10画) ルイ なみだ
感涙《かんるい》 声涙《せいるい》 落涙《らくるい》

【累】(11画) ルイ
累計《るいけい》 累積《るいせき》 係累《けいるい》

【塁】(12画) ルイ
塁審《るいしん》 敵塁《てきるい》 土塁《どるい》

【励】(7画) レイ はげむ・はげます
励行《れいこう》 奨励《しょうれい》 精励《せいれい》

【戻】(7画) レイ もどす・もどる
戻入《れいにゅう》 返戻《へんれい》 後戻り《あともどり》

【鈴】(13画) レイ・リン すず
電鈴《でんれい》 振鈴《しんれい》 風鈴《ふうりん》

【零】(13画) レイ
零下《れいか》 零細《れいさい》 零落《れいらく》

【霊】(15画) レイ・リョウ たま
霊感《れいかん》 悪霊《あくりょう》 霊屋《たまや》

【隷】(16画) レイ
隷書《れいしょ》 隷属《れいぞく》 奴隷《どれい》

【齢】(17画) レイ
樹齢《じゅれい》 年齢《ねんれい》 妙齢《みょうれい》

【麗】(19画) レイ うるわしい
麗人《れいじん》 端麗《たんれい》 美麗《びれい》

【暦】(14画) レキ こよみ
暦年《れきねん》 還暦《かんれき》 太陽暦《たいようれき》
花暦《はなごよみ》

【劣】(6画) レツ おとる
劣等《れっとう》 卑劣《ひれつ》 優劣《ゆうれつ》

【烈】(10画) レツ
烈火《れっか》 壮烈《そうれつ》 猛烈《もうれつ》

【裂】(12画) レツ さく・さける
決裂《けつれつ》 破裂《はれつ》 分裂《ぶんれつ》

【恋】(10画) レン こう・こい・こいしい
恋愛《れんあい》 失恋《しつれん》 初恋《はつこい》

【廉】(13画) レン
廉価《れんか》 清廉《せいれん》 破廉恥《はれんち》

【錬】(16画) レン
錬金術《れんきんじゅつ》 鍛錬《たんれん》 精錬《せいれん》

【呂】(7画) ロ
風呂《ふろ》

【炉】(8画) ロ
炉辺《ろへん》 暖炉《だんろ》 原子炉《げんしろ》

【賂】(13画) ロ
賄賂《わいろ》

【露】(21画) ロ・ロウ つゆ
露出《ろしゅつ》 露店《ろてん》 披露《ひろう》
夜露《よつゆ》

【弄】(7画) ロウ もてあそぶ
愚弄《ぐろう》 翻弄《ほんろう》

【郎】(9画) ロウ
新郎《しんろう》

【浪】(10画) ロウ
浪費《ろうひ》 波浪《はろう》 放浪《ほうろう》

【廊】(12画) ロウ
廊下《ろうか》 回廊《かいろう》 画廊《がろう》

【楼】(13画) ロウ
楼閣《ろうかく》 鐘楼《しょうろう》 望楼《ぼうろう》

【漏】(14画) ロウ もる・もれる・もらす
漏電《ろうでん》 疎漏《そろう》 雨漏り《あまもり》

【籠】(22画) ロウ かご・こもる
籠城《ろうじょう》

【麓】(19画) ロク ふもと
山麓《さんろく》

わ行

【賄】(13画) ワイ まかなう
収賄《しゅうわい》 贈賄《ぞうわい》

【脇】(10画) わき
脇腹《わきばら》 両脇《りょうわき》

【惑】(12画) ワク まどう
惑星《わくせい》 迷惑《めいわく》 誘惑《ゆうわく》

【枠】(8画) わく
枠内《わくない》 窓枠《まどわく》

【湾】(12画) ワン
湾内《わんない》 湾入《わんにゅう》 港湾《こうわん》

【腕】(12画) ワン うで
腕章《わんしょう》 腕力《わんりょく》 敏腕《びんわん》
腕前《うでまえ》 細腕《ほそうで》

◎常用漢字表《じょうようかんじひょう》で認《みと》められた府県名《ふけんめい》の読《よ》み方《かた》

▽常用漢字表《じょうようかんじひょう》の備考欄《びこうらん》に注記《ちゅうき》された府県名《ふけんめい》の読《よ》み方《かた》について、まとめて示《しめ》しました。

えひめ 愛媛
いばらき 茨城
ぎふ 岐阜
かごしま 鹿児島
しが 滋賀
みやぎ 宮城
かながわ 神奈川
とっとり 鳥取
おおさか 大阪
とやま 富山
おおいた 大分
なら 奈良

常《じょう》用《よう》漢《かん》字《じ》表《ひょう》「付《ふ》表《ひょう》」

▽この表《ひょう》は、常用漢字表《じょうようかんじひょう》の付表《ふひょう》です。一字一字《いちじいちじ》の音訓《おんくん》ではなく、一《ひと》つの語《ご》としての読《よ》み方《かた》を掲《かか》げてあります。
▽赤色《あかいろ》の熟語《じゅくご》は小学校《しょうがっこう》で学習《がくしゅう》するものです。

あす	明日
あずき	小豆
あま	海女・海士
いおう	硫黄
いくじ	意気地
いなか	田舎
いぶき	息吹
うなばら	海原
うば	乳母
うわき	浮気
うわつく	浮つく
えがお	笑顔
おじ	叔父・伯父
おとな	大人
おとめ	乙女
おば	叔母・伯母
おまわりさん	お巡りさん
おみき	お神酒
おもや	母屋・母家
かあさん	母さん
かぐら	神楽
かし	河岸
かじ	鍛冶
かぜ	風邪
かたず	固唾
かな	仮名
かや	蚊帳
かわせ	為替
かわら	河原・川原
きのう	昨日
きょう	今日
くだもの	果物
くろうと	玄人
けさ	今朝
けしき	景色
ここち	心地
こじ	居士
ことし	今年
さおとめ	早乙女
ざこ	雑魚
さじき	桟敷
さしつかえる	差し支える
さつき	五月
さなえ	早苗
さみだれ	五月雨
しぐれ	時雨
しっぽ	尻尾
しない	竹刀
しにせ	老舗
しばふ	芝生
しみず	清水
しゃみせん	三味線
じゃり	砂利
じゅず	数珠
じょうず	上手
しらが	白髪
しろうと	素人
しわす（「しはす」とも言う）	師走
すきや	数寄屋・数奇屋
すもう	相撲
ぞうり	草履
だし	山車
たち	太刀
たちのく	立ち退く
たなばた	七夕
たび	足袋
ちご	稚児
ついたち	一日
つきやま	築山
つゆ	梅雨
でこぼこ	凸凹
てつだう	手伝う
てんません	伝馬船
とあみ	投網
とうさん	父さん
とえはたえ	十重二十重
どきょう	読経
とけい	時計
ともだち	友達
なこうど	仲人
なごり	名残
なだれ	雪崩
にいさん	兄さん
ねえさん	姉さん
のら	野良
のりと	祝詞
はかせ	博士
はたち	二十・二十歳
はつか	二十日
はとば	波止場
ひとり	一人
ひより	日和
ふたり	二人
ふつか	二日
ふぶき	吹雪
へた	下手
へや	部屋
まいご	迷子
まじめ	真面目
まっか	真っ赤
まっさお	真っ青
みやげ	土産
むすこ	息子
めがね	眼鏡
もさ	猛者
もみじ	紅葉
もめん	木綿
もより	最寄り
やおちょう	八百長
やおや	八百屋
やまと	大和
やよい	弥生
ゆかた	浴衣
ゆくえ	行方
よせ	寄席
わこうど	若人

（編集協力）
㈱ことば舎
（デザイン協力）
ももはらるみこ
（編集）
大霜真理子　望月敬子
吉田伊公子　門屋健一郎
藤倉尚子

小学生のための
漢字をおぼえる辞典〔第五版〕

初版発行　1976年 3月 10日
第五版発行　2018年 3月 10日
重版発行　2024年

編　者　川嶋　優
イラスト　五味太郎
発行者　粂川秀樹
発行所　株式会社 旺文社
〒162-8680 東京都新宿区横寺町 55
印刷所　共同印刷株式会社
製本所　牧製本印刷株式会社
●ホームページ　https://www.obunsha.co.jp/

S4g338

ISBN978-4-01-077727-5　Printed in Japan

旺文社 お客様総合案内
●内容に関するお問い合わせは、弊社ホームページの「お問い合わせ」フォームにて承ります。
【WEB】旺文社 お問い合わせフォーム
https://www.obunsha.co.jp/support/contact
●乱丁・落丁など製造不良品の交換・ご注文につきましては下記にて承ります。
【電話】0120-326-615
（土・日・祝日を除く 10:00～16:00）

PP

学年別《がくねんべつ》 漢字配当表《かんじはいとうひょう》

あらたに4年《ねん》に配当《はいとう》された漢字《かんじ》は赤字《あかじ》で示《しめ》しました。旧《きゅう》4年《ねん》の漢字《かんじ》には●、旧《きゅう》5年《ねん》の漢字《かんじ》には●、旧《きゅう》6年《ねん》の漢字《かんじ》には●、とそれぞれ印《しるし》をつけました。

一年 80

一右雨円王音下火花貝
学気九休玉金空月犬見
五口校左三山子四糸字
耳七車手十出女小上森
人水正生青夕石赤千川
先早草足村大男竹中虫
町天田土二日入年白八
百文木本名目立力林六

二年 160

引羽雲園遠何科夏家歌
画回会海絵外角楽活間
丸岩顔汽記帰弓牛魚京
強教近兄形計元言原戸
古午後語工公広交光考
行高黄合谷国黒今才細
作算止市矢姉思紙寺自
時室社弱首秋週春書少
場色食心新親図数西声
星晴切雪船線前組走多
太体台地池知茶昼長鳥
朝直通弟店点電刀冬当
東答頭同道読内南肉馬
売買麦半番父風分聞米
歩母方北毎妹万明鳴毛
門夜野友用曜来里理話

三年 200

悪安暗医委意育員院飲
運泳駅央横屋温化荷界
開階寒感漢館岸起期客
究急級宮球去橋業曲局
銀区苦具君係軽血決研
県庫湖向幸港号根祭皿
仕死使始指歯詩次事持
式実写者主守取酒受州
拾終習集住重宿所暑助
昭消商章勝乗植申身神
真深進世整昔全相送想
息速族他打対待代第題
炭短談着注柱丁帳調追
定庭笛鉄転都度投豆島
湯登等動童農波配倍箱
畑発反坂板皮悲美鼻筆
氷表秒病品負部服福物
平返勉放味命面問役薬
由油有遊予羊洋葉陽様
落流旅両緑礼列練路和